MARKUS WINKLER

Kollisionen verfassungsrechtlicher Schutznormen

Schriften zum Öffentlichen Recht

Band 824

Kollisionen verfassungsrechtlicher Schutznormen

Zur Dogmatik der „verfassungsimmanenten" Grundrechtsschranken

Von

Markus Winkler

Duncker & Humblot · Berlin

Die Deutsche Bibliothek – CIP-Einheitsaufnahme

Winkler, Markus:
Kollisionen verfassungsrechtlicher Schutznormen : zur Dogmatik der
„verfassungsimmanenten" Grundrechtsschranken / Markus Winkler. –
Berlin : Duncker und Humblot, 2000
  (Schriften zum öffentlichen Recht ; Bd. 824)
  Zugl.: Mainz, Univ., Diss., 1999
  ISBN 3-428-10101-4

Alle Rechte vorbehalten
© 2000 Duncker & Humblot GmbH, Berlin
Fremddatenübernahme und Druck:
Berliner Buchdruckerei Union GmbH, Berlin
Printed in Germany

ISSN 0582-0200
ISBN 3-428-10101-4

Gedruckt auf alterungsbeständigem (säurefreiem) Papier
entsprechend ISO 9706 ♾

Fritz Sieg
1907 – 1992
zu Gedenken

Vorwort

Die vorliegende Untersuchung ist im Sommersemester 1999 vom Fachbereich Rechts- und Wirtschaftswissenschaften der Johannes Gutenberg-Universität Mainz als Dissertation angenommen worden. Ihre Entstehung war begleitet von der Unterstützung vieler, die einen persönlichen Dank höher schätzen als die Erwähnung im Vorwort eines Buches, das sie selbst nicht oder jedenfalls nicht *so* geschrieben hätten und für dessen Fehler sie daher auch keineswegs verantwortlich sind.

Rechtsprechung und Literatur sind auf dem Stand vom 30. Juni 1999; spätere Veröffentlichungen konnten nur noch punktuell eingearbeitet werden. Der Querschnittscharakter des Themas bringt es mit sich, daß eine Vielzahl von Literaturbeiträgen und veröffentlichten Judikaten zu sichten war. Die Auswahl ist notgedrungen subjektiv und wird mit Sicherheit nicht jeden überzeugen. Sollte ich wichtige Erkenntnisse zu Unrecht übergangen haben, entschuldige ich mich bei ihren Autoren bereits an dieser Stelle. Eine *vollständige* Auswertung der einschlägigen Rechtsprechung und Literatur hätte jeden vertretbaren Rahmen gesprengt.

Herr Professor Dr. Norbert Simon hat die Arbeit in die Reihe der „Schriften zum Öffentlichen Recht" aufgenommen; die darin zum Ausdruck gekommene Wertschätzung freut mich besonders.

Mainz, im November 1999   *Markus Winkler*

Inhaltsverzeichnis

§ 1 **Einführung** 19

I. Bestandsaufnahme 19

   1. Ziel der Untersuchung 19

   2. Vorbehaltlos gewährleistete Grundrechte als Problemindikator 20

      a) Vorbehaltlose Gewährleistungen als Geburtsfehler des Grundgesetzes? 20

      b) Ungeschriebene Einschränkungsvorbehalte der Grundrechte? 23

         aa) Gemeinschaftsvorbehalt 23

         bb) Rechtsordnungsvorbehalt 24

   3. Die Rechtsprechung des Bundesverfassungsgerichts 25

      a) Zum Begriff der Immanenz 25

      b) Eine verfassungsrechtliche „Wertordung" als geeigneter Konstruktionsansatz? 27

II. Zum Rechtsbegriff der Schranke 29

   1. Normwirkungsreduktion als Weg zur Lösung von Güterschutzkonflikten 30

      a) Interessenkonflikte als Güterkonkurrenzen 30

         aa) Rechtsgüter als rechtlich geschützte Interessen 31

         bb) Verfassungsrang von Rechtsgütern als Verfassungsrang der Güterschutznormen 32

      b) Normbegrenzungs- und Normkollisionsmodelle für die Konfliktschlichtung 33

         aa) Normtheoretische Optionen 33

         bb) Terminologische Folgefragen 35

   2. Insbesondere: Konflikte zwischen Gewährleistungsnormen 37

      a) Zur verfassungsrechtlichen Bedeutung des Gewährleistungsbegriffs 37

         aa) Gewährleistung als spezifisch verfassungsrechtlicher Begriff 38

         bb) Abgrenzung zur bloßen Anerkennung 39

Inhaltsverzeichnis

	b) Die gewährleistende Wirkung von Grundrechtsnormen		41
		aa) Schutzbereichsgegenstände als Güter	41
		bb) Gewährleistungswirkung als Schutzbereichsfrage	44
		cc) Insbesondere: Gewährleistung von Freiheit durch Leistung	45
	c) Tendenzen zur Verallgemeinerung der Dogmatik immanenter Schranken		47
		aa) Verfassungsimmanente Beschränkung der Grundrechte unter Gesetzesvorbehalt	47
		bb) Verfassungsimmanente Beschränkung anderer Verfassungsnormen	48
3. Fazit			50
III. Geklärte und ungeklärte Fragen			50

Erster Teil

Verfassungsrechtlich gewährleistete Güter 53

§ 2 Der Gewährleistungsgehalt nicht-grundrechtlicher Verfassungsbestimmungen 56

I. Der Verfassungsvorbehalt für Schrankengüter			56
1. Zur Begründung eines Verfassungsvorbehalts für die Gütergewährleistung			57
	a) Anfechtungen der Rechtsprechung zum Verfassungsvorbehalt		57
	b) „Rechtsstaatlicher Verteilungsgrundsatz" und Vorrang der Verfassung		58
	c) Verfassungsrechtliche Ermächtigungen als Voraussetzung gesetzlicher Grundrechtsbeschränkung		60
2. Die Textbindung bei der güterbezogenen Verfassungsinterpretation			62
	a) Der Aufruf zu methodischer Präzision – nur hohles Pathos?		62
		aa) Textbindung als Postulat des Bundesverfassungsgerichts	63
		bb) Beliebigkeit der Verfassungsrechtsprechung?	64
		cc) Relativität des Verfassungsrangs?	66
	b) Besonderheiten der Verfassungsinterpretation?		67
		aa) Funktionale Besonderheiten des Verfassungsrechts als Auslegungshindernisse?	67
		bb) Sprachliche Eigenheiten des Verfassungstextes als Auslegungshindernisse?	71
	c) Folgen für die Suche nach Gewährleistungswirkungen in Verfassungsbestimmungen		74
		aa) Ersichtlich nicht gewährleistende Formulierungen	75
		bb) „Positive" Formulierungen	76
		cc) Ausgesparte Gegenstände	78

Inhaltsverzeichnis 11

    3. Verfassungsvorbehalt und Verfassungssystematik 79

        a) Die begrenzte Aussagekraft des Textzusammenhangs 80

            aa) Grade von systematischer Ordnung im Grundgesetz 81

            bb) Systematische Trennung „wertsetzender" Normen vom Organisationsrecht? 82

        b) Die „Schrankensystematik" des Grundgesetzes und die Frage eines Verfassungsrangs der in den qualifizierten Vorbehalten genannten Güter 84

            aa) Gewährleistung staatlicher Handlungsräume durch Vorbehaltsnormen 85

            bb) Die Funktion der Qualifikationsmerkmale 87

            cc) Verbot der „Schrankentransplantation" als Konsequenz 88

    4. Zusammenfassung 90

II. Kompetenzbestimmungen und Aufgabenzuweisungen 90

    1. Gewährleistung effektiver Kompetenzausübung 91

    2. Gewährleistung effektiver Aufgabenerfüllung 95

        a) Voraussetzungen einer verfassungsrechtlichen Gewährleistung von Staatsaufgaben 95

        b) Staatsaufgaben in Kompetenznormen 97

    3. Schutzwirkung für Kompetenzgegenstände? 101

        a) Wortlautindizien? 103

        b) Der Wille der historischen Normschöpfer als Indiz? 104

        c) Indizien in der Normstruktur von Kompetenzvorschriften 105

    4. Zusammenfassung 106

III. Einrichtungsnormen 107

    1. Einrichtungsnormen und einrichtungsbezogene Normen 108

        a) Differenzierte Wirkungen der Einrichtungsgarantien 109

        b) Abgrenzung zur tatbestandlichen Bezugnahme auf Einrichtungen 110

    2. Funktionsgarantien 112

        a) Die „Funktionsfähigkeit" abstrakter Funktionsbereiche 112

            aa) Verwaltung 113

            bb) Rechtspflege 114

12 Inhaltsverzeichnis

b) Insbesondere: Die „Funktionsfähigkeit der Landesverteidigung"	116
aa) Schwankende normative Verankerung	116
bb) Rückbesinnung auf den Grundgesetztext	118
c) Insbesondere: Die Funktionsfähigkeit der Schule	119
aa) Organisatorische Anforderungen und Grundrechte der Beteiligten	119
bb) Eigenes Erziehungsrecht des Staates, Grundrechte der Eltern und der Schüler	121
cc) Vermittlungs- und Ausgleichsfunktion des Staates in der Schule	123
3. Substanzgarantien	125
a) Verfassungsorgane des Bundes	126
aa) Bundesverfassungsgericht	127
bb) Gesetzgebungsorgane	127
cc) Die Bundesregierung	129
b) Andere staatliche Einrichtungen	130
aa) Oberste Gerichtshöfe des Bundes	131
bb) Ämter für Verfassungsschutz	131
c) Der Staat selbst als Verfassungseinrichtung?	132
aa) Der Staatsname als Garantienorm?	134
bb) Schutz des Staates als Verkörperung der freiheitlich-demokratischen Grundordnung?	135
cc) „Abfärben" eines Schutzes für die Sicherheits- und Friedensfunktion des Staates auf den Staat selbst?	136
dd) Garantierte „Staatsvoraussetzungen"?	137
4. Gewährleistete Rechtsinstitute mit Verfassungsrang?	138
a) Institutsbestand und Institutsfunktion als Gewährleistungsobjekte	139
b) Der Bestand des Institutssubstrats als Gewährleistungsobjekt?	141
c) Dimensionen einer Institutsgewährleistung am Beispiel des Feiertagsrechts	143
aa) Feiertagsrechtsschutz	144
bb) Feiertagsexistenzschutz?	145
d) Exkurs: Landesrecht als gewährleistetes Institut?	146
5. Zusammenfassung	147
IV. Verfassungsgrundsätze und Präambel	148
1. Verfassungsgrundsätze – Staatsziele – Staatszwecke	148
2. Die Präambel – ein Sonderfall?	150

Inhaltsverzeichnis 13

3. Spezialitätsprobleme 151
   a) „Objektive" Grundrechtsprinzipien 151
   b) Verfassungsrechtliche „Grundentscheidungen" 154
      aa) „Streitbare Demokratie" 156
      bb) Internationale Stellung der Bundesrepublik 158

4. Ausnahmecharakter eines konkreten Güterbezugs von Verfassungsgrundsätzen 161
   a) Sozialstaatsprinzip 161
   b) Rechtsstaatsprinzip 162
   c) Staatsziel Umweltschutz 165

5. Die Repräsentationsfunktion der Staatssymbole für Verfassungsgrundsätze 168

6. Zusammenfassung 171

Zweiter Teil

**Die Bewältigung von Konflikten zwischen grundrechtlichen
und anderen Verfassungsgewährleistungen**   173

§ 3 Kollisionsvermeidung durch Konfliktlösung innerhalb der Grundrechtsnorm 175

I. Begrenzung oder Beschränkung der Grundrechte? 176
   1. Beispiele für verfassungsnorminterne Konfliktlösungen 177
      a) Harmonisierung von Verfassungsgrundsätzen: Art. 20a und 109 Absatz 2 GG 177
      b) Grundrechtliche Zielharmonisierung: Art. 7 Absatz 4 und Art. 30 GG 178
   2. Norminterne Begrenzung der Grundrechte – Regel oder Ausnahme? 179
      a) In dubio pro differentia? 180
      b) Berechenbarkeit als rechtsstaatliches Gebot 181
         aa) Begründungszwang als Beitrag zur Transparenz von Entscheidungen .. 181
         bb) Begründungszwang als Vergewisserungszwang für die einwirkende
            Stelle 182
      c) Regel-Ausnahme-Verhältnis von Schranken und Grenzen als Konsequenz .. 183

II. Tatbestandsbegrenzungen 184
   1. Methodische Vorfragen 184
   2. Geschriebene und ungeschriebene Gewährleistungsgrenzen 188
      a) Erreichen eines bestimmten Alters als Gewährleistungsvoraussetzung? 188

b) Friedlicher Freiheitsgenuß als Gewährleistungsvoraussetzung? 190
      aa) Friedlichkeit als Grenze der Versammlungsfreiheit 190
      bb) Ausdehnung auf andere Grundrechte? 191

   3. Zulässigkeit von Ausgestaltungen als Begrenzungsermächtigung an den Gesetzgeber? 195
      a) Die Bindung der Ausgestaltung an grundrechtliche Vorgaben 196
      b) Besonderheiten der Ausgestaltung grundrechtlicher Institutionen? 198
         aa) Begrenzung des Freiheitsschutzes auf einen institutionellen „Kernbereich"? 199
         bb) Begrenzung des Freiheitsschutzes auf den Tatbestand grundrechtlicher Institute und Institutionen? 200
         cc) Begrenzung des Freiheitsschutzes in freiheitssichernden Institutionen? 202

   4. Zusammenfassung 206

III. Rechtsfolgenbegrenzungen 207

   1. Nichtanwendungsgebote für grundrechtliche Rechtsfolgen 207
      a) Rechtliche und faktische Rechtsfolgeausschlüsse 208
      b) Nichtberufungsklauseln 209
      c) Europarechtliches Nichtanwendungsgebot 211
      d) Begrenzung der Normgeltung durch den Normzweck 213

   2. Interne „Mäßigung" des Grundrechtsgebrauchs 216
      a) Verantwortliche „Grundrechtsausübung"? 217
         aa) Ausdrückliche Pflichtenbindung des Grundrechtsgebrauchs 218
         bb) Ein allgemeiner Grundsatz „verantwortlicher Grundrechtsausübung"? 218
         cc) Insbesondere: Die „Verantwortung der Wissenschaft" 220
         dd) Verfassungstreue „Ausübung" von Grundrechten 222
      b) Pflicht zur maßvollen „Grundrechtsausübung"? 226
         aa) Bindung der Einwirkung auf Rechtsgüter anderer an den Verhältnismäßigkeitsgrundsatz? 226
         bb) Pflicht zu toleranter Hinnahme von Grundrechtsbeeinträchtigungen? .. 228

   3. Ausgrenzung von „Grundrechtsmißbrauch" 231
      a) Dogmatische Grundlagen 232
      b) Kein Grundrechtsschutz für widersprüchliches Verhalten? 233

Inhaltsverzeichnis

c) Kein Grundrechtsschutz bei Verletzung eigener Pflichten? 234

    aa) Entzug des Grundrechtsschutzes als Konsequenz einer Verletzung staatlichen Vertrauens? 234

    bb) Nichteintritt grundrechtlicher Rechtsfolgen als Folge der Verletzung von Mitwirkungspflichten 236

d) Kein Grundrechtsschutz ohne schutzwürdiges Interesse? 237

    aa) Der Inanspruchnahmegedanke in der Lehre 238

    bb) Der Sprayer-Beschluß des Bundesverfassungsgerichts 240

4. Zusammenfassung 243

§ 4 Verfassungsunmittelbare Vorzugsnormen 244

I. Grundgesetz und Kollisionsregeln 244

II. Kollisionslösungen auf Grund verschiedener Zeitstufen? 246

  1. Neue Verfassungsrechtssätze: Art. 79 Absatz 1 GG als Ausnahme vom Posterioritätsprinzip 246

  2. Älteres Verfassungsrecht 248

    a) Insbesondere: Die „Überlagerung" von Art. 136 Absatz 1 WRV durch Art. 4 Absätze 1 und 2 GG 249

    b) Bedeutungswandel durch Veränderung des Textzusammenhangs 250

    c) Verfassungsgewohnheitsrecht 251

  3. Fazit 251

III. Rangstufen innerhalb des Grundgesetzes? 252

  1. Vorrang kraft Normrangs? 252

    a) „Verfassungskern" 253

    b) Unantastbarkeitsklausel 255

  2. Vorrang kraft „Grundlagencharakters"? 256

    a) Leben 257

    b) Staatlichkeit und Demokratie 259

  3. Fazit 260

IV. Kollisionslösungen auf Grund von Spezialität 261

  1. Differenzierung zwischen gleich- und gegensinnigen Spezialnormen 262

    2. Zweck- und Mittelverbote 265
        a) Die Gewährleistung der Menschenwürde als absolutes Mittelverbot 265
            aa) Ausnahmslosigkeit als Privileg der Menschenwürdegarantie 266
            bb) Der Sonderfall „Würde gegen Würde" 267
        b) Staatsgerichtete Zweck-Mittel-Verknüpfungsverbote 269
            aa) Einsatz von Menschenleben 269
            bb) Beeinträchtigung von Gewissensentscheidungen 272
            cc) Zwang zur Teilnahme an Veranstaltungen der Religionsgemeinschaften 273
            dd) Notstandsmaßnahmen gegen Arbeitskampfhandlungen 275
        c) Individualgerichtete Verfassungsimperative 276
            aa) Ver- und Gebote von Rechtsgeschäften 276
            bb) Strafrechtliche Verhaltensverbote 278

    3. Spezialität von Grundrechtsnormen 280
        a) Grundrechtsspezialität und Schrankenspezialität 280
            aa) Tatbestandsspezialität und Realkonkurrenz zwischen Grundrechten 280
            bb) Schrankenspezialität und Schrankenspezifik im Gefolge der Grundrechtsspezialität 284
        b) Insbesondere: Verdrängung verfassungsimmanenter Schranken durch Gesetzesvorbehalte? 288
            aa) Voraussetzungen und Hindernisse einer Sperrwirkung der Grundrechtsvorbehalte 289
            bb) Gewährleistungsnormen konkretisierende Vorbehalte als abschließende Schrankenregelungen 290
            cc) Durch Verfassungsgüter qualifizierte Vorbehalte als abschließende Schrankenregelungen? 291

    4. Zusammenfassung 297

V. Normeffektivität als Kollisionsregel? 298

    1. Allgemeine Probleme der teleologischen Auslegung 299

    2. „Effektivität" als Ausdruck von Spezialität und des Ausnahmecharakters der vorgehenden Gewährleistung 300
        a) Ausführung von Verfassungsgeboten 301
            aa) Erfüllung verfassungsrechtlicher Schutzpflichten 301
            bb) Ausführung verfassungsrechtlicher Erhaltungsaufträge 303
        b) Ausnutzung von Verfassungserlaubnissen 305
            aa) Wahrnehmung von Ermächtigungen zu grundrechtsspezifischem Verhalten 306
            bb) Gebrauchmachen von grundrechtsspezifischen Zuständigkeiten 308

3. „Effektivität" als Schutz vor Wirkungslosigkeit? 312
   a) Sachbezogene und rechtsbezogene Verfassungsnormzwecke 312
      aa) Die Zweckbindung faktischer Gewährleistungen 313
      bb) Die indirekte Wirksamkeit von Normgewährleistungen 314
   b) Das „Selbstverwirklichungsstreben" von Normen 315
      aa) Effektive Grundrechtsgeltung als Modell 315
      bb) Maximalverwirklichung anderer Verfassungsnormen? 318
      cc) Minimalverwirklichung anderer Verfassungsnormen 319
      dd) Die Obsoleszenz von Verfassungsnormen als Effektivitätsproblem 322
   c) Einseitigkeit der Normeffektivierung? 324
   d) Zwischenbilanz 327

4. „Effektivität" als Ausdruck oder Korrektiv des Platzes einer Gewährleistung in der Normhierarchie? 327
   a) Normeffektivität im Verhältnis von Bundes- und Landesrecht 327
      aa) Landesrechtliche Schranken der Wirkung von Bundesgrundrechten? ... 328
      bb) Bundesrechtliche Schranken der Wirkung von Landesgrundrechten 331
   b) Normeffektivität im Verhältnis von Verfassung und einfachem Gesetz 334
      aa) Ausgestaltung von Rechtsinstituten 335
      bb) Einrichtung von Sonderstatusverhältnissen 337

5. Zusammenfassung 341

§ 5 **Grundzüge der Konfliktlösung im Einzelfall** 342

I. Abstrakt-generelle Eingriffsregelungen 344

   1. Gesetzliche Eingriffsregelungen 345
      a) Der Vorbehalt des Gesetzes für verfassungsimmanente Beschränkungen 345
      b) Inhaltliche Anforderungen an das kollisionsregelnde Gesetz 350

   2. Verfassungsunmittelbare Eingriffsregelungen 353
      a) Ausdrückliche Eingriffsermächtigungen 354
      b) Ungeschriebene Eingriffsermächtigungen 356
         aa) Besonderheiten der Aufgaben von Verfassungsorganen? 357
         bb) „Sollen impliziert Dürfen"? 359

   3. Zusammenfassung 361

II. Die Verhältnismäßigkeit der konkreten Zuordnung 362

   1. Bedenken gegen den Einzelfallbezug der Kollisionslösung? 362

   2. Optimale Güterverwirklichung im Regelfall als Gebot der Verhältnismäßigkeit   364

       a) Besonderheiten im Vergleich mit der regulären Verhältnismäßigkeitsprüfung 364

       b) Optimierung konkurrierender Güter durch „schonenden Ausgleich" 366

       c) Inkurs: Die verhältnismäßige Lösung von Grundrechtskollisionen zwischen Übermaß und Untermaß 369

           aa) Allein Schutzpflichtenerfüllung als „Klemme" für den Gesetzgeber? ... 369

           bb) Verhältnismäßigkeit der „Grundrechtsausübung" durch die Hintertür? 372

       d) Gesichtspunkte des Güterausgleichs im einzelnen 372

           aa) Normbezogene Gesichtspunkte 373

           bb) Faktische Gesichtspunkte 375

   3. Alleinverwirklichung eines der konkurrierenden Güter als Ausnahme 376

       a) „Zwingende" Erforderlichkeit im Einzelfall 377

       b) Bevorzugung kollektiver Verfassungsgüter vor Grundrechten? 379

   4. Zusammenfassung 382

Dritter Teil

Fazit   383

§ 6 Ergebnisse in Thesen 383

Literaturverzeichnis 388

Sachregister 422

Zur Auflösung der verwendeten, nicht allgemein üblichen Abkürzungen verweise ich auf: *Hildebert Kirchner,* Abkürzungsverzeichnis der Rechtssprache, 4. Aufl., Berlin u. a. 1993.

§ 1 Einführung

I. Bestandsaufnahme

1. Ziel der Untersuchung

Auf den folgenden Seiten sollen Konstruktionsansätze entwickelt werden, nach denen die Figur der verfassungsimmanenten Grundrechtsschranken in die allgemeine Grundrechtsdogmatik eingefügt werden kann. Erstaunlicherweise sind in dieser Richtung bisher kaum Vorstöße unternommen worden. Die frühesten monographischen Arbeiten über verfassungsimmanente Grundrechtsschranken beleuchten nur oder beinahe nur die staatstheoretische Seite des Problems[1]. Erst seit 1981 gibt es verfassungsdogmatische, also beim geltenden Verfassungsrecht ansetzende Analysen der Rechtsprechung[2]. Auch sie begnügen sich aber damit, Einzelfragen wie die Herleitung solcher Schranken aus Kompetenzbestimmungen zu erörtern. Eine systematische monographische Behandlung des Themas fehlt weiterhin. Der grundlegende Handbuchbeitrag von *Sachs*[3] hat zwar Maßstäbe gesetzt, die in einer Doktorarbeit kaum einzuholen sind. Gleichwohl – und weitgehender Übereinstimmung in den Ergebnissen zum Trotz – möchte ich einen Kontrastentwurf wagen in der Hoffnung, daß Gegensätze die Diskussion beleben. Zahlreiche Fragen läßt *Sachs* ganz bewußt offen, so daß noch einige Pionierarbeit zu leisten bleibt.

Ich möchte daher nun ausführlich beschreiben, was verfassungsimmanente Grundrechtsschranken sind und in welcher Beziehung sie zu den Grundrechten stehen, und dabei den heute erreichten Stand von Rechtsprechung und Literatur berücksichtigen. Dieses Vorhaben ist auch von praktischem Interesse. Die Rechtsprechung ist gerade in den letzten 20 Jahren ein gutes Stück vorangekommen. Viele neuere Entscheidungen zeigen eine routinierte Beherrschung der verfassungsrechtlichen Vorgaben[4]. Manche Judikate dagegen – selbst von der Spitze der ordentlichen Gerichtsbarkeit – sind in der Behandlung verfassungsimmanenter Kollisionslagen schon sprachlich so unverständlich, daß ihre juristische Qualität

---

[1] *Graf*, Grenzen, passim; weithin auch *van Nieuwland*, Theorien.

[2] *Van Nieuwland*, Theorien, S. 116 ff.; *Wülfing*, Gesetzesvorbehalte, passim; neuerdings *Bumke*, Grundrechtsvorbehalt, S. 148 ff.; *Mis-Paulußen*, Frage der Begrenzung, S. 7 ff.

[3] *Stern*, Das Staatsrecht der Bundesrepublik Deutschland, Bd. III/2, §§ 79–82 bearb. von *Michael Sachs;* wertvoller Überblick auf hohem Abstraktionsniveau auch bei *Bumke*, Grundrechtsvorbehalt, S. 157 ff.

[4] Z. B. BVerwG, NJW 1982, 194 ff.; OVG Koblenz, NJW 1986, 2659 (2660); VG Berlin, NVwZ 1994, 506 (507 ff.); VG Hamburg, NVwZ 1994, 816 (817).

sich jeder Beurteilung entzieht[5]. Rechtssicherheit und Rechtsklarheit können nur gewinnen, wenn kein Gericht mehr in wolkige Leerformeln flüchten muß, sobald es mit vorbehaltlos gewährleisteten Grundrechten konfrontiert wird. Auch mißglückte Gerichtsentscheidungen zeigen aber immerhin, daß man heute nicht mehr sagen könnte, die praktische Erfahrung habe die Figur verfassungsimmanenter Grundrechtsschranken „falsifiziert"[6].

2. Vorbehaltlos gewährleistete Grundrechte als Problemindikator

Auslöser des Nachdenkens über verfassungsimmanente Schranken der Grundrechte war – und noch heute sein Schrittmacher ist – das Problem, ob und wenn ja, wie Grundrechte ohne geschriebene Vorbehaltsklauseln im Interesse gegenläufiger Individual- und Gemeinschaftsrechtsgüter eingeschränkt werden können. Jeder Ansatz zur Lösung der Frage ist indes problembehaftet, muß man doch mit bereits besetzten Begriffen arbeiten wie „Rechtsgüter" und „eingeschränkt". Im Laufe der Jahrzehnte sind so viele Lösungsmodelle erdacht worden, daß keiner dieser Begriffe ohne ein unsichtbares Fragezeichen verwendet werden darf.

a) Vorbehaltlose Gewährleistungen als Geburtsfehler des Grundgesetzes?

Der Gedanke, kein Grundrecht könne „schrankenlos" gewährleistet sein, ist zwar als verfassungstheoretische Aussage kaum zu bezweifeln. Wird er in verfassungsrechtliche Münze umgeprägt, droht er allerdings zur unkontrollierbaren Leerformel zu werden[7]. Am Beginn der Diskussion steht gleichwohl die Behauptung, mit der vorbehaltlosen Gewährleistung von Grundrechten habe der Grundgesetzgeber einen besonderen Fremdkörper in das Gefüge der Verfassung eingebaut, der mit den Mitteln herkömmlicher Rechtsanwendung nicht mehr zu bewältigen ist.

Versuche, die Vorbehaltlosigkeit unter Verweis auf ihre angeblich haarsträubenden Konsequenzen zu einem verfassungsgeberischen Lapsus zu erklären, hat es schon früh gegeben[8], und die Behauptung wird bis in die Gegenwart wiederholt. Noch heute warnen manche vor einem wildwüchsigen oder „willkürlich auseinanderdriftende(n) Freiheitsgebrauch"[9]. Um die Notwendigkeit verfassungsimmanenter Schranken zu untermauern, hat es nie an eindrucksvollen, ja apokalyptischen Schilderungen gefehlt, wohin es führen könne, wenn diese Freiheiten „schranken-

---

5 Vgl. etwa BGH, NJW 1996, 2940 (2944); OLG München, NVwZ 1994, 203 (204).
6 So noch *W. Schmidt*, NJW 1973, 585 (586 f.).
7 *Knies*, Kunstfreiheit, S. 92 und 94; *van Nieuwland*, Theorien, S. 98.
8 *v. Hippel*, Grenzen und Wesensgehalt, S. 22.
9 *Pieroth/Schlink*, Grundrechte, Rdnr. 280 und 345; *Heckel*, DVBl. 1996, 453 (458).

I. Bestandsaufnahme

los" ausgekostet werden könnten. Ein Richter des BVerfG schreckte noch 1972 nicht davor zurück, als Folge solcher grundrechtlicher Zügellosigkeit eine „Flut von Zerfallserscheinungen" vorauszusagen[10]. Manche Gerichte taten und tun es ihm heute noch gleich, indem sie etwa geschmacklose Satiren auf das Leben Jesu gleich zu einer Gefahr für den öffentlichen Frieden „in seiner religiösen und weltanschaulichen Ausprägung als Toleranzgedanke" hochstilisieren[11].

An Schulbeispielen für die Unhaltbarkeit „schrankenloser" Freiheit mangelt es nicht. Der Phantasie sind kaum Grenzen gesetzt, wenn es um die Erfindung drastischer Lehrbuchfälle geht, die sich dazu eignen, die Absurdität „schrankenloser" Freiheitsrechte zu zeigen. Harmlos mag noch der Trompetenvirtuose anmuten, den die Inspiration um Mitternacht übermannt, infolge welcher er seine Nachbarn aus dem Schlummer reißt[12]; etwas gefährlicher wirkt schon die Kunstausübung des Straßenmalers mitten auf der Kreuzung, wo er die richtige Perspektive sucht[13]. Tragische Züge weist der dramaturgisch notwendige echte Totschlag im Bühnenstück[14] auf. Daß die Wirklichkeit immer noch ein wenig phantasievoller ist als das einfallsreichste Lehrbuch, erweist sich – fast selbstverständlich – gleichfalls im Bereich der Kunst: platt wirkt die Schauervision vom Bühnenmord gegen das Bild einer Performance, bei der ein Wellensittich mit gebundenen Beinen bis zum Bauch, jedoch nur für kurze Zeit, in verrührte Eiermasse getunkt wird[15].

Nicht nur die Kunstfreiheit hat Rechtsgelehrte zu drastischen Szenarien dieser Art inspiriert; erst recht drohen Wissenschaftler gefährlich zu werden, die ihre Forschung mit seuchenverbreitenden Experimenten und in lebensgefährlicher Weise an menschlichen Probanden betreiben[16]. Vor allem aber Glaube und Gewissen scheinen – Jahrhunderte nach dem dreißigjährigen Krieg – wieder an den Grundfesten der gesellschaftlichen Ordnung zu rütteln. Wahrlich bedrohliche Schatten wirft religiöser Eifer nicht nur, wenn die Phantasie am Schreibtisch ihn bis zu Polygamie[17], Exorzismus[18] und Witwenverbrennung[19] treibt, während die noch 1950 angeführte Nacktkultur als Glaubensprinzip[20] heute wohl kaum mehr als Entrüstung, wo denn nicht eher doch bloße Belustigung erregt. Auch die Anwesenheit

---

[10] Wörtlich BVerfGE 33, 23 (38 – Sondervotum *v. Schlabrendorff*); sinngemäß auch *Zeidler*, Verhandlungen des 53. DJT, S. I 20.
[11] BayObLG, JZ 1969, 472 (473); jüngst OVG Koblenz, NJW 1997, 1174 (1175).
[12] *Bleckmann*, Grundrechte, S. 333; *Bleckmann/Wiethoff*, DÖV 1991, 722 (723).
[13] *Friedr. Müller*, Freiheit der Kunst, S. 65.
[14] *Starck*, in: v. Mangoldt/Klein, GG, Bd. 1, Art. 5 GG Rdnr. 211; *Starck*, JuS 1980, 237 (245); *Friedr. Müller*, Freiheit der Kunst, S. 107 f.
[15] AG Kassel, NStZ 1991, 443 (444).
[16] *R. Dreier*, DVBl. 1980, 471 (472); *Bettermann*, Grenzen der Grundrechte, S. 8.
[17] *Bettermann*, Grenzen der Grundrechte, S. 8.
[18] *Riegel*, BayVBl. 1980, 580.
[19] *Schatzschneider*, BayVBl. 1985, 312 (322); warnend auch BGHZ 38, 317 (319).
[20] *Nawiasky*, Die Grundgedanken des Grundgesetzes, S. 24.

einer großen Zahl von Anhängern muslimischer Bekenntnisse teils radikaler Prägung bereichert nicht nur die Palette des täglichen Lebens um ein paar Farben, sondern auch manches juristische Gruselkabinett. Noch steht die Zulässigkeit des Schächtens ohne Betäubung – ein durchaus auch praktisches Problem – im Vordergrund der diesbezüglichen Erörterungen[21]. Doch künden verschleierte Schülerinnen bereits von prinzipieller Feindschaft wenn auch nicht wie in Frankreich gegenüber einem Verfassungsgrundsatz der Trennung von Kirche und Staat[22], so doch zu modernen, weltoffenen Erziehungszielen[23].

Beliebt ist die Forderung nach zusätzlichen Schranken mit der Behauptung, die Schöpfer des Grundgesetzes wären sich des Problemfaktors nicht bewußt gewesen, den sie damit erzeugt hätten, zumal ihnen die Entwicklung der kommenden Jahrzehnte nicht habe vor Augen stehen können. Richtig war das entstehungsgeschichtliche Argument indes noch nie. Es hatte schon im Vorfeld nicht an Beratern gefehlt, die den Parlamentarischen Rat gerade unter derartigen Auspizien vor einer Entscheidung für vorbehaltlose Grundrechte gewarnt hatten. Zu ihnen zählte namentlich *Hans Nawiasky,* der auch noch nach Inkrafttreten des Grundgesetzes Horrorszenarien einer expansiven Inanspruchnahme vorbehaltloser Grundrechte ausmalte. Sie betreffen auch und gerade die Glaubens- und Gewissensfreiheit[24], also ein Grundrecht, das nach Ansicht der Gegner einer Orientierung am Willen der Verfassungsschöpfer gerade zu den dynamischsten und deshalb gefährlichsten der vorbehaltlosen Art zählt.

Ein Blick in die Materialien der Verfassungsberatungen zeigt, daß der Parlamentarische Rat das Problem durchaus gesehen und – jedenfalls nach seiner eigenen Überzeugung – auch bewältigt hat. Schon der Verfassungskonvent von Herrenchiemsee diskutierte die Frage, ob es „schrankenlos" gewährleistete Grundrechte geben solle. Von einem allgemeinen Gesetzesvorbehalt aller Grundrechte haben die Verfassungsschöpfer dann aber ganz bewußt zugunsten der differenzierten Vorbehalte einzelner Grundrechte abgesehen[25]. Daß bei manchen Grundrechten – z. B. der Glaubens- und Gewissensfreiheit, der Freiheit von Kunst und Wissenschaft, der Freiheit zu Versammlungen in geschlossenen Räumen und dem Petitionsrecht – Einschränkungsvorbehalte fehlen, beruht auf dieser Entscheidung des Parlamentarischen Rates. Von einer ungewollten Lücke des Verfassungsrechts kann also keine Rede sein.

---

[21] Siehe vor allem *Kuhl/Unruh,* DÖV 1991, 94 (96) mit Nachweisen zum Stand der Diskussion bis 1990.

[22] Vgl. *Spies,* NVwZ 1993, 637; *ders.,* NVwZ 1994, 1193 jew. m. w. Nachw.; *Rädler,* ZaöRV 56 (1997), 353 (361 ff.); *Gromitsaris,* AöR 121 (1996), 359 ff.

[23] Vgl. *Bothe,* VVDStRL 54 (1995), S. 7 (31); *Pieroth,* DVBl. 1994, 949 (959 f.).

[24] *Nawiasky,* Die Grundgedanken des Grundgesetzes, S. 24.

[25] Siehe insbes. zu Art. 4 I, II, 8 I und 9 III GG: JöR n. F. Bd. 1, S. 74 f.; 114 f., 118 ff.

I. Bestandsaufnahme

b) Ungeschriebene Einschränkungsvorbehalte der Grundrechte?

Die Reparaturanweisung für den vermeintlichen Webfehler des Verfassungsrechts wurde früh – und terminologisch bis heute nachwirkend – in einer Anlehnung an die Gesetzesvorbehalte und anderen Beschränkungsklauseln gesucht, die das Grundgesetz manchen Grundrechtsgewährleistungen ausdrücklich beigefügt hat. In mehr oder weniger offener Analogie zu den Gesetzesvorbehalten wird auf dieser Linie grundrechtsbeschränkendes Recht in einfachen Gesetzen gesucht[26]. Gemeinsame – und nicht nur ungeschriebene, sondern zumeist auch unausgesprochene – Voraussetzung dieser Ansätze ist nicht allein die Annahme, das Verfassungsrecht sei lückenhaft, soweit es Grundrechte vorbehaltlos gewährleistet. Erst recht wird nicht geprüft, ob sich einfaches Gesetzesrecht zur Ausfüllung verfassungsrechtlicher Lücken denn grundsätzlich eignet.

aa) Gemeinschaftsvorbehalt

Das BVerwG hatte schon früh eine Grundlage für die Beschränkung aller Grundrechte darin gesehen, daß sie nicht in Anspruch genommen werden dürften, wenn dies die für den Bestand der Gemeinschaft notwendigen Rechtsgüter gefährden würde[27]. Teile der Literatur griffen diesen Ansatz auf[28]. Diese Rechtsprechung des BVerwG beruhte auf der naturrechtlichen oder notrechtlichen Vorstellung[29], daß ein „schrankenlos" gewährleistetes Recht letztlich die gesamte Rechtsordnung überwuchern müßte. Den Kern des Problems traf diese dramatische Geste nie, hätte doch stets der Weg einer Verfassungsänderung bereitgestanden, um „schrankenlose" Grundrechte in ihre Schranken zu weisen[30].

Da die Anwendung eines Generalvorbehalts die Entscheidung des Grundgesetzes zu unterlaufen droht, Einschränkungen von Grundrechten nur unter verfassungsrechtlich bestimmten Voraussetzungen zuzulassen, erhielt diese Lösung schon in den ersten Entscheidungen, die die Einschränkung vorbehaltloser Grundrechte betrafen, eine gezielte Abfuhr vom BVerfG[31]. Nach dieser ausdrücklichen Kritik hat das BVerwG seine Linie denn auch verlassen[32]. Im Schrifttum wird zumindest das Wort „Gemeinschaftsvorbehalt" gleichwohl weiterhin benutzt, etwa

---

[26] Überblick zu den älteren Ansätzen bei *Bumke*, Grundrechtsvorbehalt, S. 148 f.

[27] Früher st. Rspr. des BVerwG von BVerwGE 1, 48 (52) an; weitere Nachweise: *van Nieuwland*, Theorien, S. 92.

[28] *Leiss*, NJW 1962, 2323.

[29] *Sachs*, Diskriminierungsverbot, S. 80.

[30] So zutr. *Sachs*, Diskriminierungsverbot, S. 82; krit. schon *Friauf*, JR 1970, 215 (216).

[31] BVerfGE 28, 243 (260 f.); sehr deutlich insbes. BVerfGE 30, 173 (193); ebenso schon *H. H. Klein*, DÖV 1962, 41 (44); zusf. *Wollenschläger*, BayVBl. 1973, 460 (461); *Borowski*, Grundrechte als Prinzipien, S. 266 f.

[32] BVerwGE 49, 202 (203 f.).

für Einschränkungen der Vereinigungsfreiheit[33]. In der Sache ist auch mit der neueren Lehre von der Einbindung der Grundrechte in eine „Gegenseitigkeitsrechtsordnung" nichts anderes gemeint als ein solcher Gemeinschaftsvorbehalt[34].

bb) Rechtsordnungsvorbehalt

Ihren Ursprung in der Lehre hat die verwandte Denkfigur eines generellen *Rechtsordnungs*vorbehalts aller Grundrechte. Dogmatisch fundierte vor allem *Dürig* diese Konstruktion mit einer Anwendung der Schranke der verfassungsmäßigen Ordnung aus Art. 2 Abs. 1 Halbs. 2 GG auf alle Grundrechte. Während er zunächst die unmittelbare Übertragung der Schranke aus Art. 2 Abs. 1 GG auf andere Freiheitsrechte für möglich hielt, stellte er in späteren Stellungnahmen auf einen allgemeinen Rechtsgedanken ab, der in Art. 2 Abs. 1 GG zum Ausdruck komme[35]. Seine Konstruktion fand einigen Anklang in der Literatur[36].

Doch es gab auch kritische Stimmen. Sie warfen *Dürig* den Kunstgriff eines „transpositivistischen Positivismus" vor[37], der auf eine vorverfassungsrechtliche Wert- und Pflichtenordnung zurückgreife[38]. Anderseits wollte auch *Bettermann* weiter an einem allgemeinen „Polizeivorbehalt", also einer Art von qualifiziertem Rechtsordnungsvorbehalt, festhalten[39]. Anzumerken ist zu dieser Debatte heute bloß noch, daß eine Anwendung der Schranke der verfassungsmäßigen Ordnung auf alle Grundrechte angesichts der Weite, die dieser Begriff in der Rechtsprechung des BVerfG erhalten hat, die Entscheidung des Grundgesetzes unterliefe, im Gegensatz zur Weimarer Verfassung nicht die „Grundrechte im Rahmen der Gesetze" zu gewährleisten, sondern Gesetze nur im Rahmen der Grundrechte zuzulassen[40]. Gleichwohl wird dieser Entwurf noch heute gelegentlich aufgefrischt, zum Teil auf einem etwas einseitigen rechtsphilosophischen Hintergrund[41].

---

[33] *v. Mutius,* JURA 1984, 193 (201); *Erichsen,* JURA 1992, 142 (144).

[34] Z. B. *Bethge,* Grundrechtskollisionen, S. 265 und 270; ihm folgend *Bamberger,* Gegenseitigkeitsvorbehalt, passim; zusf. *Palm,* Kunstförderung, S. 101.

[35] *Dürig,* AöR 81 (1956), 117 (121); *ders.,* in: Maunz/Dürig, GG, Art. 2 Rdnr. 69 ff., insbes. 72.

[36] *v. Hippel,* Grenzen und Wesensgehalt, S. 21; *Bettermann,* Grenzen der Grundrechte, S. 9; umfassende Nachw. bei *Bayer,* Religions- und Gewissensfreiheit, S. 157 Fußn. 107–110.

[37] *Knies,* Kunstfreiheit, S. 106.

[38] *Van Nieuwland,* Theorien, S. 36.

[39] *Bettermann,* Grenzen der Grundrechte, S. 15 f. und 19.

[40] *Herbert Krüger,* DVBl. 1950, 625 (626); kritisch auch *Böckenförde,* Gesetzgebende Gewalt, S. 328.

[41] *R. Vogel,* BayVBl. 1980, 584 (586); *Braczyk,* Rechtsgrund und Grundrecht, *passim,* insbes. S. 110 f., 115 und 125; OVG Koblenz, GewArch 1997, 145 ff. (krit. dazu *Bamberger,* GewArch 1997, 359 ff.); VG Berlin, NJW 1995, 2650 (2651).

3. Die Rechtsprechung des Bundesverfassungsgerichts

Der heute ganz überwiegende Ansatz in der Dogmatik der verfassungsimmanenten Grundrechtsschranken ist im Kern ein Geschöpf des BVerfG. Zwar haben auch die Fachgerichte wesentliche Beiträge zur Bewältigung des Problems vorbehaltloser Grundrechte geleistet. Maßgeblich haben indes immer Entscheidungen des BVerfG gewirkt. Ob ein Wehrpflichtiger vor seiner Anerkennung als Kriegsdienstverweigerer den Waffendienst im Frieden leisten[42] oder ein bekenntnisloser Schüler das morgendliche Schulgebet schweigend über sich ergehen lassen muß[43], jedesmal wird dem Grundrechtsträger zumindest die Offenbarung, wenn nicht gar die genaue Schilderung seiner Gewissenssituation abverlangt. Auch mit den verwaltungstechnischen Notwendigkeiten des Kirchensteuereinzugs kann eine Glaubensentscheidung, der Austritt aus der Kirche just zu Beginn des Abrechnungszeitraums, in Konflikt geraten[44]. Romane anrüchigen Inhalts müssen sich vor dem Jugendschutzgesetz als Kunstprodukte ausweisen können[45]. Vor Filmkunstwerken, die verfassungsfeindliche Darstellungen enthalten, schützt schon die Einfuhrkontrolle das deutsche Publikum[46]. Diese Entscheidungen illustrieren eindrucksvoll, daß vorbehaltlos gewährleistete Grundrechte Probleme aufwerfen, die sich nicht einfach aus der Welt diskutieren lassen.

a) Zum Begriff der Immanenz

In der Rechtsprechung des BVerfG ist seit der Kriegsdienstverweigerungs-Entscheidung von 1970 die Technik, „Grundrechte Dritter und andere mit Verfassungsrang ausgestattete Rechtswerte" den Grundrechten gegenüberzustellen, zu einer festen Größe geworden[47]. Damit hat es die verfassungsimmanente Grenzbestimmung oder Schrankensetzung kreiert, auch wenn es diese Begriffe erst Mitte der siebziger Jahre wörtlich aufgreift[48].

Das Gericht vermeidet dabei allerdings das Wort „verfassungsimmanent" und spricht von Grenzen oder Schranken, die „aus der Verfassung selbst" zu gewinnen oder zu bestimmen sind. Dieser Ausdruck mag umständlicher und weniger einprägsam sein, hat dem Begriff „verfassungsimmanent" aber den Vorzug größerer Präzision und Unmißverständlichkeit voraus. Denn „Immanenz" ist zu Recht als

---

[42] BVerfGE 28, 243 (257 ff.); 32, 40 (45); 69, 1 (34).
[43] Siehe in ausdrücklicher Anlehnung an die Wehrdienst-Entscheidungen BVerfGE 52, 223 (240 f. / 246).
[44] BVerfGE 44, 37 (50); 44, 59 (68).
[45] BVerfGE 80, 130 (139 ff.).
[46] BVerfGE 33, 52 (69).
[47] BVerfGE 28, 243 (261); danach vor allem BVerfGE 30, 173 (193); 32, 98 (108); 33, 23 (29) u. ö.
[48] BVerfGE 39, 334 (367).

theologisch getönte Formel ironisiert worden[49]. Als „immanent" werden in der Literatur die mit einem Objekt untrennbar verbundenen und seine Grenzen nicht überschreitenden Merkmale beschrieben, die ihm „wesensgemäß" innewohnen[50]. Die Verwendung dieser Begriffsbestimmung im juristischen Kontext stößt jedoch auf Bedenken. Einerseits gibt die Rezeption eines philosophischen und theologischen Begriffs Anlaß zu Mißverständnissen, da die herkömmliche Bedeutung von „*immanent*" mit dem Gegenbegriff des *Transzendenten* verknüpft ist[51]. Er weckt daher Assoziationen an überverfassungsrechtliche, ja überpositive Vorgaben, die nicht Inhalt des Verfassungsrechts sind. Die Definition krankt aber schon an einem inneren Widerspruch: Sie zielt einerseits auf Akzidentien, die mit einem Gegenstand „verbunden" und demnach – zumindest begrifflich – von ihm abtrennbar sind, andererseits jedoch auf seine identitätsbestimmenden „Wesens"-Merkmale.

Das ist nicht bloß eine sprachliche Ungenauigkeit, sondern Ausdruck des Versuchs, unvereinbare Ansätze in einem einzigen Begriff zusammenzufassen, nämlich einerseits einen ontologischen Zugang zum Verfassungsrecht, der gewisse konstante Züge des Staates, der Verfassung oder der Grundrechte als vorgegebene und erkennbare Tatsachen ansieht, und andererseits eine deskriptiv-analytische Betrachtung juristischer Phänomene, die ihre objektive Existenz weder voraussetzt noch ausschließt[52]. Zwar kann man dem BVerfG nicht vorwerfen, es vertrete eine „falsche" rechtsphilosophische Position[53]. Welche rechtsphilosophische Grundhaltung „richtig" ist, muß die Verfassung eines Staates, der plurale Gesellschafts- und Meinungsstrukturen anerkennt, offen lassen. Auf verfassungsrechtlicher Ebene ist eine solche Frage daher unentscheidbar. Allenfalls könnte man behaupten, ein Verfassungsgericht müsse immun sein gegen Zeitströmungen in der Rechtsphilosophie. Relevant ist dagegen, ob ein etwa „falsches Bewußtsein" sich auf die Entscheidung der vorliegenden Fälle und auf die dafür herangezogenen Methoden der Verfassungsinterpretation ausgewirkt hat.

Daher ist zunächst zu fragen, welchen Stellenwert eine bestimmte rechtsphilosophisch angehauchte Begrifflichkeit in der Verfassungsrechtsprechung einnimmt. Es läßt sich konstatieren, daß eine Reihe von Formeln, die bei der Einschränkung vorbehaltloser Grundrechte angesprochen werden, keine entscheidungstragende Funktion besitzen. Doch handelt es sich dabei zunächst nur um rechtstheoretische und -philosophische Rahmenbegriffe; die Vermutung, auch eine Reihe von Gegen-

---

[49] *H. Schneider,* Verfassungsrechtliche Grenzen einer gesetzlichen Regelung des Pressewesens, S. 67; abl. auch *Erichsen,* JURA 1992, 142 (144).

[50] *Van Nieuwland,* Theorien, S. 7.

[51] Vgl. Stw. Immanenz, in: Brockhaus-Enzyklopädie, Bd. 10, S. 424, sowie in: Der neue Herder, Bd. 3, S. 385; für die Verfassungstheorie repräsentativ *Smend,* Verfassung und Verfassungsrecht, in: ders., Staatsrechtliche Abhandlungen, S. 119 (128 f.) und öfter.

[52] Zu den rechtstheoretischen Grundpositionen einerseits *Larenz,* Methodenlehre, S. 58 ff., andererseits *Friedr. Müller,* Juristische Methodik, S. 101 ff.

[53] A. A. offenbar *van Nieuwland,* Theorien, S. 44; wie hier *Vesting,* DIALEKTIK 1994, 65 (66).

ständen, die selbst als Grund für die Beschränkung von Grundrechten herangezogen werden, gäbe es nur in Gestalt von Blankettformeln, ist damit noch nicht ausgeräumt. Wenn der Ausdruck „verfassungsimmanent" hier trotz aller Bedenken weiter verwendet wird, so also nur mit der pragmatischen Motivation, daß er sich eingebürgert hat und als Markierung für die im Laufe dieser Arbeit zu behandelnden Probleme allgemein verstanden wird. Bezeichnen soll er nicht mehr und nicht weniger als die Zugehörigkeit des Bezugsgegenstands zum Verfassungsrecht.

Weder die oben in der Definition von Immanenz angeführten Merkmale des „Untrennbaren" und des „Wesensmäßigen" noch das häufig auch mit „verfassungsimmanent" verbundene Kriterium der *Ungeschriebenheit* von Verfassungsrecht[54] haben im Rahmen dieser Untersuchung besonderes Gewicht. Essentialistische Ideen „wesensmäßiger" Zugehörigkeit[55] spielen verfassungsrechtlich allenfalls für die Bestimmung änderungsfester Bestandteile des Grundgesetzes im Sinne des Art. 79 Abs. 3 GG eine Rolle. Wenn Verfassungsrecht ungeschrieben ist, erschwert das seine Ermittlung und Auslegung. Daneben bereitet ungeschriebenes Verfassungsrecht dort Probleme, wo das Grundgesetz Ausdrücklichkeit verlangt wie in Art. 79 Absatz 1 Satz 1 und 87a Absatz 2 GG[56]. Beide Aspekte sind aber für die Frage der Einschränkbarkeit von Grundrechten durch sonstige Verfassungsinhalte von untergeordneter Bedeutung[57]. Allerdings ist die Herleitung ungeschriebener Grundrechtsschranken – dem Grunde wie dem Ausmaß nach – prinzipiell restriktiv zu handhaben, da die rechtsstaatlichen Gebote der Rechtssicherheit und Rechtsklarheit dafür sprechen, geschriebenes Recht dem ungeschriebenen vorzuziehen[58].

b) Eine verfassungsrechtliche „Wertordnung" als geeigneter Konstruktionsansatz?

Weitere terminologische Irritationen mögen den Eindruck der Beliebigkeit verstärkt haben. Im Kreuzfeuer der Kritik steht vor allem die Berufung des BVerfG auf eine *Wertordnung*. In der Entscheidung zur Kriegsdienstverweigerung erscheint sie noch als schmückendes Beiwerk[59]. Im Mephisto-Beschluß droht sie aber schon die dort skizzierten dogmatischen Ansätze zu überwuchern und damit

---

[54] So etwa *Heyde*, FSchr. Zeidler Bd. 2, S. 1429 (1433).

[55] Zur Kritik *Scheuerle*, AcP 163 (1963), 429 (469).

[56] Siehe besonders zur „ausdrücklichen" Zulassung sonstiger Bundeswehreinsätze andererseits *Frowein*, in: Frowein/Stein, Rechtliche Aspekte einer Beteiligung der Bundesrepublik an Friedenstruppen der UN, S. 12; *E. Klein*, a. a. O., S. 62 (Diskussionsbeitrag); andererseits *E. Klein*, ZAöRV 1974, 429 (442); *Lerche*, in: Frowein/Stein, a. a. O., S. 83 (Diskussionsbeitrag).

[57] Gegen ihre Überbewertung auch *Bumke*, Grundrechtsvorbehalt, S. 152 und 154.

[58] *Frankenberg*, KJ 1995, 421 (435), der allerdings auf den *Demokratie*grundsatz abstellt; *Friedr. Müller*, Einheit der Verfassung, S. 29.

[59] BVerfGE 28, 243 (261); zu diesem und zahlreichen weiteren Judikaten mit gleicher Bewertung *Murswiek*, Verantwortung, S. 167 f.

selbst zu einer solchen unbestimmten Klausel zu werden, wie sie das Gericht eben noch eindringlich verworfen hatte. Ist nach den Worten des Gerichts ein „zu berücksichtigender Konflikt nach Maßgabe der grundgesetzlichen Wertordnung und unter Berücksichtigung der Einheit dieses grundlegenden Wertsystems durch Verfassungsauslegung zu lösen"[60], so fällt es schwer, konkrete Handlungsanweisungen in diesem Satz zu entdecken. Außer der banalen Feststellung, daß eine Verfassungsauslegung stattzufinden hat, enthält er nur barock prunkende Worthülsen.

Wäre die Rede von „Werten" bloß eine stilistische Modeerscheinung, so könnte man sie heute unbeachtet lassen, nachdem das Gericht sie nicht mehr in dieser Opulenz weiterführt. Auf der anderen Seite wird dem Gericht aber auch vorgeworfen, die Wertordnung als undurchsichtige Fassade zu benutzen, um das „arcanum der Verfassungsinterpretation" gegen neugierige Blicke abzuschirmen[61].

Trifft diese Kritik zu, so betrifft sie indes nicht die Substanz der Wertordnungsrechtsprechung, sondern ihre ungenügende Transparenz. Abzuhelfen wäre ihr nur, indem karg oder unverständlich begründete Entscheidungen in ein systematisches Gerüst eingefügt werden. Damit ist indes keine Ablehnung des Wertordnungsbegriffs als solchen begründet, sondern eine Aufgabe dieser Arbeit bezeichnet. Einer begrifflichen Klärung harrt die Diktion des BVerfG allerdings in der Tat an einigen Stellen. Schon das eben wiedergegebene Zitat aus dem *Mephisto*-Beschluß schwankt zwischen den durchaus nicht synonymen Begriffen „Wert*ordnung*" und „Wert*system*". Während hier von einer grund*gesetz*lichen Wertordnung die Rede ist, gewinnt das Gericht die immanenten Schranken wenig später aus einer grund*rechts*lichen Ordnung[62]. Sowohl die Struktur als auch der Umfang der zur Einschränkung in Frage kommenden Wertsphäre bleiben also in der Schwebe. Vor der selbstgestellten Aufgabe präziser Verfassungsauslegung ist das BVerfG in dieser Phase weit entfernt.

Auch soweit Wertprämissen rechtliche Konsequenzen haben, kann man sie aber nicht gänzlich aus dem Rechtsfindungsprozeß ausschalten. Zum einen ist die Überführung von Wertvorstellungen in das Recht etwas Alltägliches[63]; zum anderen hieße es, die Augen vor den dahinter stehenden Problemen zu verschließen, statt sie zu lösen, wollte man die mit den „Wertordnungs"-Formeln begonnene Rechtsprechung pauschal ablehnen. Denn diese Rechtsprechung versucht immerhin in den meisten Fällen, Konfliktlagen mit einer juristischen Argumentationsweise anzugehen, für die sich keine ausdrücklich im Verfassungstext abgebildeten Normanordnungen finden lassen. Diese – und sei es auch nur scheinbare – Offenheit des Verfassungsrechts läßt sich mit Wertekritik allein nicht wegdiskutieren. Vielmehr

---

[60] BVerfGE 30, 173 (193).

[61] *Goerlich*, Wertordnung und Grundgesetz, S. 140; ähnlich *Berkemann*, Rechtstheorie 20 (1989), 451 (485); *Friedr. Müller*, Einheit der Verfassung, S. 197; *Roellecke,* in: FSchr. Pawlowski, S. 137 (156); selbstkritisch auch *Zeidler,* Verhandlungen des 53. DJT, S. I 8 f.

[62] BVerfGE 32, 98 (108).

[63] *E. Klein,* in: FSchr. Benda, S. 135 (147).

kommt es darauf an, Wertungen in eine handhabbare Dogmatik einzubinden[64]. Dazu sind in den ersten Entscheidungen durchaus tragfähige Fundamente gelegt worden.

Auch einige neuere Judikate haben zur Verdeutlichung dogmatischer Grundsätze der verfassungsimmanenten Schranken beigetragen. Allerdings handelt es sich noch nicht um eine ausgefeilte Dogmatik. Das BVerfG hat aber jedenfalls den entscheidungstragenden Gebrauch des Wertordnungsbegriffs schon vor geraumer Zeit beendet. An die Stelle der Wertordnungs-Judikatur ist längst die Lehre von den objektiven Grundrechtsgehalten getreten[65]. Ein Grundstein indessen ist schon mit der frühen „Werterechtsprechung" gelegt. Sie behandelte die sogenannten Verfassungswerte in der Sache nämlich als *Normzwecke* grundgesetzlicher Rechtssätze. Dieser Ansatz ist im folgenden weiter zu entfalten.

II. Zum Rechtsbegriff der Schranke

Weithin hat die Rechtswissenschaft in der Bundesrepublik die Leistung des BVerfG und der Fachgerichte seit spätestens Ende der siebziger Jahre anerkannt. Zunächst war sie jedoch durchaus umstritten, ja in einer maßgeblichen Kommentierung war zu lesen, Schranken der Grundrechtsbestimmungen gebe es nach reiner Logik nicht[66]. Manche Wissenschaftler, die den Ansatz des BVerfG grundsätzlich durchaus teilen, vermissen nachvollziehbare Kriterien für die Anwendung auf den konkreten Fall. Auch ist heute wieder häufiger die Frage zu hören, ob immanente Schranken wirklich stets Verfassungsrang besitzen müssen.

Es geht mit anderen Worten also gerade um die Fragen, was unter einer *Grundrechtsbeschränkung* im weitesten Sinn eigentlich zu verstehen ist, was sie mit *Rechtsgütern* zu tun hat, wieso und inwieweit sich der Schutz dieser Rechtsgüter *aus der Verfassung selbst* ergeben muß. Erst wenn diese Fragen geklärt sind, ist der Grund dafür gelegt, daß nach einzelnen verfassungsrechtlich geschützten Gütern gesucht und ihren Konfliktlagen mit Grundrechtsgütern nachgegangen werden kann. Daher sollen diese Schritte im folgenden Abschnitt und zu Beginn des zweiten Kapitels wenigstens in Umrissen nachgezeichnet werden.

---

[64] Gegen überzogene Kritik auch *Jarass*, AöR 110 (1985), 363 (367f.); *Dietlein*, Schutzpflichten, S. 60f.

[65] Im Ergebnis ebenso *H. Dreier*, Dimensionen der Grundrechte, S. 26; ders., JURA 1994, 504 (505, 509); *Holoubek*, Gewährleistungspflichten, S. 82f.; *Jarass*, AöR 120 (1995), 345 (367f.); *Mis-Paulußen*, Frage der Begrenzung, S. 118; *Vesting*, DIALEKTIK 1994, 65 (75); übersehen ist diese Entwicklung bei *Losch*, Wissenschaftsfreiheit, S. 185f.; übersehen ist diese Entwicklung bei *Schapp*, JZ 1998, 913 (914).

[66] *Friedr. Klein*, in: v. Mangoldt/ders., GG, 2. Aufl., Vorbemerkung XV 2 b).

1. Normwirkungsreduktion als Weg zur Lösung von Güterschutzkonflikten

Die gemeinsame Ausgangslage aller mit der Figur verfassungsimmanenter Grundrechtsbeschränkungen oder -begrenzungen zusammenhängenden Fragen ist, daß es erstrebenswert erscheint, verschiedene Lebensgüter oder Interessen zu erzeugen, zu erhalten oder zu mehren, ihre gleichzeitige Verwirklichung oder Erhaltung aber – zumindest in einem als maximal betrachteten Umfang – faktisch ausgeschlossen ist. Interessen können bei Knappheit der materiellen und immateriellen Ressourcen, die zu ihrer Erfüllung benötigt werden, um Verwirklichungschancen *konkurrieren*.

Man kann dies auch eine *Güterkonkurrenz* nennen: verschiedene tatsächliche Güter konkurrieren um „Wirklichkeitsgewinn"[67]. Genießen mehrere der betreffenden Güter jeweils normativen Schutz, so drückt sich ihre faktische Konkurrenz in einem Konflikt der normativen Schutzimperative aus: diese Schutzverheißungen sind nicht alle zugleich in vollem Maße erfüllbar[68]. Will man den prima facie unbegrenzte und unbeschränkte Befolgung gebietenden Güterschutzbestimmungen nicht ein permanentes Geltungsdefizit einbeschreiben, das auf die Dauer ihre normative Kraft beeinträchtigen würde, so muß ihre Schutzwirkung schon auf normativer Ebene teilweise oder ganz, einseitig oder beiderseits zurückgestutzt werden. Auf verfassungsrechtlicher Ebene treten solche Schutzkonflikte nicht nur zwischen den Freiheitsgrundrechten verschiedener Personen auf, bei denen die Problematik der Verschaffung von „Freiheitsgrundlagen" seit dem numerus-clausus-Urteil des BVerfG nur besonders deutlich geworden ist[69]. Ressourcenmangel ist ebenso ein Problem der Schaffung und Erhaltung materieller und organisatorischer Grundlagen von anderen Grundrechten und von sonstigen Beständen, die die Verfassung schützen soll.

a) Interessenkonflikte als Güterkonkurrenzen

Geht es darum, wie die Schutzwirkungen verschiedener Normen aufeinander abgestimmt werden können, so läßt sich die Frage nicht ausklammern, was Gegenstand und Wirkungsweise des jeweiligen normativen Schutzes ist. In gegenständlicher Hinsicht ist zunächst zu begründen, daß und in welchem Sinne es gerade um *Güter* gehen soll. Der Begriff der Schranke ist ja *norm*bezogen, nicht güterbezogen. Er drückt aus, daß Normen auf andere Normen einwirken. „Schranken" der

---

[67] Auch *Hesse*, Grundzüge, Rdnr. 72, bezieht den Ausdruck „Wirklichkeit gewinnen" nur scheinbar auf verfassungsrechtliche Gewährleistungsnormen, bei genauer Lektüre jedoch richtigerweise auf die von ihnen geschützten Güter.

[68] Der Hinweis auf diese Grundstruktur verfassungsrechtlicher Normkonflikte ist wohl das Hauptverdienst der Arbeit von *Zwirner*, Treuepflicht, insbes. auf S. 233 f.

[69] BVerfGE 33, 303 (331); aus neuerer Zeit BVerfGE 90, 107 (116 f.); BVerwG, NJW 1993, 609 f.

Grundrechte sind – in einem noch so weiten Sinne verstanden – ebenso *Normen* wie die Grundrechte selbst. Davon können reale Gegenstände, die durch manche Normen etwa geschützt werden, nicht direkt betroffen werden, sondern allenfalls mittelbar, nämlich nur insoweit, als die „schwächende" Einwirkung einer Schranke auf die zunächst betroffene Norm *deren* Wirkung zugunsten der in Bezug genommenen Gegenstände reduziert.

aa) Rechtsgüter als rechtlich geschützte Interessen

Güter oder Werte können nicht mit Grundrechten kollidieren, da es sich nach dem Vorstehenden um inkommensurable Größen handelt: einerseits (wenigstens auch) um soziale und wirtschaftliche Maßeinheiten, andererseits um rechtliche Festlegungen. Andererseits können nur Güter, nicht auch die sie schützenden Normen gegeneinander abgewogen oder in einen schonenden Ausgleich miteinander gebracht werden. Normen haben kein vergleichsfähiges „Gewicht"[70]. Interessen- oder Güterkonkurrenzen können daher nur anhand von Schranken und Abwägungen normativ bearbeitet werden, wenn Normen und Güter in eine Beziehung zueinander treten. Schrankennormen können diesen Bezug aber herstellen, indem sie auf Güter und Werte verweisen.

Rechtsgüter sind solche Lebenswerte der einzelnen, die das Recht als schutzwürdig anerkennt. Das BVerfG hat in der Entscheidung zum „Herrnburger Bericht" zwar die Begriffe „verfassungsrechtlich geschützte Interessen" und „verfassungsrechtlich geschützte Rechtsgüter" synonym verwendet[71]. Das geht in die richtige Richtung, ist aber zu ungenau. Nach wie vor maßgeblich ist zur Bestimmung des Verhältnisses zwischen Gütern und Interessen die Definition *Jellineks,* der Rechtsgüter als *Objektivierungen* persönlicher (materieller oder immaterieller) Interessen auffaßte[72]. Interessen werden also durch ihre Einbindung in das Beziehungsgeflecht der Rechtsordnung zu Rechtsgütern. *Jellinek* baute damit auf die Interessenlehre *Jherings*[73] auf. Wertungsjuristisch kann man Güter auch als objektivierte „Werte" definieren, die ihre Objektivierung über die *individuelle* oder im Rahmen einer *bestimmten* Ethik gefangene Bewertung hinaus auch wirtschaftlich oder kulturell bewertbar macht. Rechtsgüter sind danach alle tatsächlichen Zustände und Möglichkeiten, die von der Gesellschaft als einer Schaffung oder Erhaltung würdig betrachtet werden[74]. „Gemeinschaftsgüter" gründen dabei in legitimen

---

[70] Richtig OVG Koblenz, NJW 1998, 1422.

[71] BVerfGE 77, 240 (S. 253: „die widerstreitenden, verfassungsrechtlich geschützten Interessen"; S. 255: „die konkret verfassungsrechtlich geschützten Rechtsgüter").

[72] *Jellinek,* System der subjektiven öffentlichen Rechte, S. 43.

[73] *Jhering,* Der Zweck im Recht, in: Der Geist des Rechts, S. 254 (269 f.); vgl. a. *Herdegen,* in: Heckmann / Meßerschmidt, Gegenwartsfragen, 161 (163).

[74] *Sachs,* in: Stern, Staatsrecht III / 2, S. 686; *Schulte,* Rechtsgutsbegriff und öffentliches Recht, S. 80 ff.

Gemeinwohlinteressen[75]. Individualrechtsgüter sind im Gegensatz dazu die von der Rechtsgemeinschaft als schützenswert anerkannten partikularen Interessen der einzelnen[76].

Die als Rechtsgüter rezipierten Interessen sind vielfältig. Zu ihnen gehören zunächst wirtschaftlich wertvolle bzw. zum wirtschaftlichen Verkehr geeignete Gegenstände. Darüber hinaus umfassen sie ideelle, als wertvoll betrachtete Gegenstände, die mit Wirtschaftsgütern gemeinsam haben, der tatsächlichen oder rechtlichen Inbesitznahme durch einzelne oder Gemeinschaften zu unterliegen. Hier sollen die Grenzen des Begriffs aber noch weiter gezogen werden, so daß er nicht nur materielle und ideelle *Bestände* und *Zustände* umfaßt, sondern auch – rechtlich geprägte oder nur sozial vorgeordnete – *Einrichtungen* als komplexe Verbindungen materieller und ideeller Elemente zu einem organisierten Ganzen. Auch *Institutionen* i. w. S. sind damit Güter und mögliche verfassungsrechtliche Zwecke.

Nicht einmal *Normen als solche* sind als Güter von vornherein auszuschließen. Bedingung ist nur, daß sie von anderen Normen – hier: von Verfassungsnormen – in Bezug genommen, d. h. in deren Tatbestand aufgenommen werden. Die „aufnehmenden" Normen können dann als Normen zweiter Ordnung, Meta-Normen o. ä. bezeichnet werden[77]. Zwar ist die Frage, ob „Kompetenzvorschriften oder Ermächtigungsnormen ... zu Verfassungswerten aufgewertet werden können"[78], sprachlich mißlungen. Sie enthält aber nicht unbedingt auch einen unzulässigen Kategoriensprung. Denn der Schutz des Verfassungsrechts kann sich nicht nur auf außerrechtliche Inhalte beziehen, sondern ebensogut auf Regelkomplexe außerhalb oder sogar „selbstreferentiell" innerhalb des Verfassungsrechts. Doch muß auch in diesem Fall konstruktiv zwischen der *geschützten* und der *schützenden* Verfassungsnorm differenziert werden.

bb) Verfassungsrang von Rechtsgütern
als Verfassungsrang der Güterschutznormen

Diese Beziehung zwischen Normen und Gütern erklärt zumal, in welchem Sinne Güter „verfassungsrechtlichen Rang" haben. Interessen besitzen an sich nicht nur keinen Verfassungs-, sondern überhaupt keinen eigenen normhierarchischen „*Rang*". Verfassungsrang können nur *Normen* genießen, also *rechtliche* Einheiten[79]. Von einem verfassungsrechtlichen Rang grundrechtsbeschränkender Verfassungsbestandteile kann strenggenommen nur im Fall der Verfassungs*normen* die Rede sein. Diese besitzen selbstverständlich „verfassungsrechtlichen Rang". Inter-

---

75 Vgl. *Bleckmann,* JuS 1994, 177 (181).
76 *Schur,* Anspruch, S. 120.
77 Vgl. *Friedr. Müller,* Juristische Methodik, S. 249.
78 *Waechter,* Der Staat 30 (1991), 19 (28); ähnlich: BGH, NVwZ 1994, 203 (204).
79 Gegen die Vermengung insbes. von Grundrechtsgütern und Grundrechtsnormen *Knies,* Kunstfreiheit, S. 95 Fußn. 193; *Ipsen,* Grundrechte, Rdnr. 64.

essen und Werte haben dagegen als solche keinen Platz in der Normhierarchie; von *ihrem* Verfassungsrang zu sprechen, wäre daher sinnlos.

Wird also von einem „Güterrang" gesprochen, so ist dies eine unbedenkliche, weil nur verkürzte Ausdrucksweise dafür, daß die Güter Gegenstand von *Schutznormen* sind, die Verfassungsrang besitzen. Der Sinn dieser Aussage ist demnach der einer zusammenfassenden Beschreibung zweier Phänomene: Es gibt zum ersten Normen, die bestimmte Güter oder Interessen schützen; diese Normen können untergesetzlichen, einfachgesetzlichen oder eben auch verfassungsgesetzlichen Rang besitzen. Nur in diesem Sinne gibt es so etwas wie „Verfassungsgüter"[80].

b) Normbegrenzungs- und Normkollisionsmodelle für die Konfliktschlichtung

Damit die Konkurrenzen verschiedener Interessen um „Wirklichkeitsgewinn" rechtlich überhaupt lösbar sind, muß der Interessenkonflikt in einen Normkonflikt transformiert werden. Anders gewendet bedeutet dies, daß nur dann eine normative Schlichtung in Frage kommt, wenn alle beteiligten Interessen rechtlich geschützt, also nicht nur *Lebens*güter sind, sondern *Rechts*güter. Andernfalls braucht das Recht sich auch nicht um eine Konfliktlösung zu kümmern, sondern kann eines der beteiligten Interessen unbeachtet lassen. Außerdem ist nur dann eine Wirkungsreduktion auf Seiten einer oder mehrerer der betroffenen Gewährleistungsnormen nötig, wenn der Konflikt nicht von vornherein innerhalb derselben Norm ausgetragen wird. Die Alternative zwischen norminterner und normkollisionsbezogener Lösung kommt auch sprachlich zum Ausdruck, nämlich im Unterschied zwischen Gewährleistungs*grenzen* und *-schranken*. Allerdings zeigt das Grundgesetz hier, wie noch näher auszuführen sein wird[81], eine deutliche Präferenz: im Modell der vorbehaltenen Grundrechtsschranken ist eine Trennung von Grundrechtsschutzbereich und Grundrechtsschranken angelegt[82].

aa) Normtheoretische Optionen

Das auf den ersten Blick einfachere Modell führt zu einer einstufigen Konfliktbereinigung. Die konfligierenden Ziele werden in dieselbe Norm integriert; diese dient dann der Verfolgung mehrer Zwecke zugleich[83]. Normtheoretisch die einfachste Lösung für die aus Interessenkonkurrenzen entstehenden Zielkonflikte,

---

[80] So auch *Mahrenholz,* in: HdBVerfR, S. 1310, § 26 Rdnr. 68.
[81] Unten §§ 2 I 3 b) und 3 I 2 c).
[82] Wie hier *Lübbe-Wolff,* Eingriffsabwehrrechte, S. 25; noch weitergehend *Huster,* Rechte und Ziele, S. 89 f.
[83] Für die Anwendung dieses Modells auf die verfassungsimmanente Beschränkung der Grundrechte wohl *Waechter,* Der Staat 30 (1991), 19 (24).

aber die denkbar radikalste ist die Einführung einer einzelnen Vorzugsnorm, die einen klaren Vorrang zwischen zwei konkurrierenden Interessen herstellt. Immer wenn das Interesse A auftritt, muß dahinter das Interesse B zurücktreten. Dieser Grenzfall ist allerdings kaum in Reinform verwirklicht.

Typische zweckintegrierende und -optimierende Normen sind die Abwägungsgebote im Planungsrecht, etwa § 1 Absatz 6 BauGB. Ihr Optimierungszweck erfordert es, die einzelnen konkret in Betracht kommenden Belange vollständig zu ermitteln und zu bewerten, da ohne eine solche Bewertung nicht festgestellt werden kann, welche Belange in welchem Maße vorgezogen und zurückgestellt werden[84]. Trotz ihrer mehrseitigen Zweckrichtung können Abwägungsnormen Schutznormen sein, wenn und soweit sie unter anderem die Wahrung individueller Interessen zum Ziel haben. Das zeigt sich etwa daran, daß eine Verletzung des bauplanungsrechtlichen Abwägungsgebots seit kurzem nur noch dann im verwaltungsgerichtlichen Normenkontrollverfahren gerügt werden kann, wenn sie zu einer Verletzung subjektiver Rechte führt. Daß der einzelne bei Vorliegen der ihm günstigen Tatbestandsvoraussetzungen solcher Normen nicht die volle Durchsetzung, sondern nur die ordnungsgemäße Berücksichtigung seiner Interessen verlangen kann, reduziert ihre Schutzwirkung dem Maß nach. Es stellt sie aber nicht grundsätzlich in Frage[85].

Einfacher zu überblicken, in der Anwendung allerdings nicht immer klarer durchschaubar ist die Verteilung verschiedener Interessen auf *verschiedene,* ihnen entweder Schutz und Förderung oder Abwehr und Verpönung verheißende Normen. Im Gegensatz zur integrativen Lösung innerhalb von optimierenden Normen kann dies die *Isolationslösung* genannt werden, weil Interessen zu positiven oder negativen Zwecken von je „eigenen" Normen umgemünzt werden. Konkurrenzen der zugrundeliegenden Interessen werden damit auf die Normebene „gezont"; Zweckkonflikte werden zu Normenkonflikten. Die eindeutige Zuordnung von Normen zu einzelnen Zwecken also erzeugt im Zweckkonflikt Normkollisionen zwischen den jeweiligen Zweckverfolgungsnormen.

Derartige Kollisionen gibt es bei der einstufigen Lösung nicht, weil die Bewertung und Bevorzugung bzw. Zurückweisung von Interessen aus dem normativ geregelten Bereich herausverlagert und dem Rechtsanwender – also etwa dem Plangeber – aufgetragen ist. Dort findet eine konkrete Zweckharmonisierung statt. Bei der zweistufigen Lösung dagegen wird die Zweckharmonisierung abstrakt ausgetragen. Dafür ist eine zweite Ebene von Normen nötig, die jene anderen Normen als tatbestandliche Bezugspunkte erfassen. Diese Normen „zweiten Grades" kann man mit der üblichen Nomenklatur als *Kollisionsnormen* ansprechen. Sie können wiederum Vorrang- oder Abwägungscharakter haben.

---

[84] Siehe etwa *Krautzberger,* in Battis / Krautzberger / Löhr, BauGB, 6. Aufl., § 1 Rdnr. 96–98.

[85] Vgl. zur Antragsbefugnis aus dem Abwägungsgebot jetzt BVerwG, NJW 1999, 592.

bb) Terminologische Folgefragen

Die Wirkungsreduktion einer oder mehrerer der kollidierenden Normen kann terminologisch als Be*schränk*ung oder als Be*grenz*ung ihrer Normanordnung umschrieben werden – und zwar zunächst unabhängig davon, ob die konfligierenden Imperative in einer *einzigen*, spannungsgeladenen Norm zusammentreffen oder auf *mehrere* separat normierte Rechtssätze verteilt sind. Beide Begriffe werden auch in einem engeren Sinne gebraucht. Ihre Verwendung als gemeinsamer Oberbegriff für die beiden Techniken, konkurrierende Schutzgebote innerhalb einer einzigen Norm auszugleichen oder sie auf verschiedene Normen zu verteilen, ist daher ein Notbehelf. In Ermangelung eines dritten, ähnlich eingeführten Begriffs ist hierfür aber die Verwendung des Ausdrucks „Beschränkung" der Verwendung des Ausdrucks „Begrenzung"[86] vorzuziehen.

Sein Vorteil liegt darin, daß er im grundrechtsdogmatischen Zusammenhang – der hier ja ganz im Vordergrund steht – einen doppeldeutigen Einsatz des Terminus „Grenze" zu vermeiden hilft. Der Ausdruck „Grenze" wird nach ganz allgemeinem Sprachgebrauch bereits für die Abmessungen des grundrechtlichen Schutzbereichs, für die Definitionsmerkmale des grundrechtlich geschützten Sach- und Lebensbereichs benutzt. Diese klare Zuordnung des Grenz-Begriffs zur ersten Stufe der Grundrechtsprüfung[87] würde verwischt, sollte „Begrenzung" sowohl eine eventuelle Schrumpfung des Schutzumfangs einer Grundrechtsnorm zugunsten eines mit dem grundrechtlich geschützten Gegenstand konkurrierenden Gutes bezeichnen *als auch* eine Verdrängung der Grundrechtsnorm im Zuge der Kollision mit einer weiteren, selbständigen Schutznorm für das konkurrierende Gut.

Ähnliche Komplikationen sind von dem Oberbegriff „Schranke" nicht zu erwarten. Er wird gemeinhin mit der Verkürzung des prima facie gebotenen Güterschutzes auf ein definitiv gebotenes Maß assoziiert[88]. Daß Einschränkungen insbesondere in Form solcher gesetzlichen Normen vorgenommen werden, die gesonderte Schutzgebote *außerhalb* der Grundrechtsnormen verwirklichen, schließt es nicht von vornherein aus, daß auch grundrechts*interne* Rechtsfolgen einander widerstreiten können[89]. Schafft eine der kollidierenden Normen erst eine Grundlage für staatliches Handeln und muß sie infolge der Kollisionslösung „Boden abgeben", der demnach als Eingriffsgrundlage nicht mehr zur Verfügung steht, so bildet die Kollisionsnorm schon in dem Sinne eine (Eingriffs-)„Schranke", daß sie die staatlichen Handlungsmöglichkeiten beschränkt[90]. Schon deshalb erscheint die

---

[86] Für diesen Ausdruck namentlich *Sachs*, in: Stern, Staatsrecht III / 2, S. 226.
[87] Zum rechtsstaatlichen Wert klarer Prüfungsstufen s. namentlich *Holoubek*, Bauelemente, S. 61 (64); *Jestaedt*, Zuständigkeitsüberschießende Gehalte, S. 315 (341).
[88] Vgl. *Alexy*, Theorie, S. 257, allerdings unter Reduzierung des Anwendungsbereichs auf grundrechtliche *Prinzipien;* allgemein *Ipsen*, JZ 1997, 473 (479).
[89] Vgl. näher unten § 3 I 1 b).
[90] So – sehr plastisch – *Rohde*, Nachzensur, S. 156.

Erstreckung des Schrankenbegriffs auf *alle* Wirkungsverkürzungen an Gewährleistungsnormen plausibel.

Auch mit der Rechtsprechung des BVerfG läßt sich die hier gewählte Begrifflichkeit vereinbaren. Zwar sprach das Gericht zunächst von einer „Grenzziehung" bei vorbehaltlos gewährleisteten Grundrechten. Dazu schien es sich aber veranlaßt zu sehen, weil es von der vorbehaltlosen Formulierung des Art. 4 Absatz 3 GG darauf schloß, das Recht der Kriegsdienstverweigerung sei „uneinschränkbar", könne also nicht durch einfaches Gesetz eingeschränkt werden[91]. Das Gericht setzte also Schranken ohne weiteres mit *Vorbehalten* der Einschränkung gleich. Ein Vorbehalt *gestattet* jedoch allenfalls einem Ermächtigungsempfänger die Einschränkung eines Grundrechts, bewirkt sie aber nicht selbst. Eines Vorbehalts, d. h. einer Öffnungsklausel für künftige Regelungen bedürfte es für eine unmittelbar durch das Grundgesetz vorgenommene Einschränkung nicht. Das BVerfG korrigierte sich denn auch relativ bald und machte klar, daß die den Grundrechtsbestimmungen beigegebenen Vorbehalte nicht mit ihren Schranken verwechselt werden dürfen. Es unterschied in der *Mephisto*-Entscheidung klar zwischen der vorbehaltlosen Gewährleistung und einer etwaigen „Schrankenlosigkeit" von Grundrechten[92].

Allerdings schwankte der Sprachgebrauch des Bundesverfassungsgerichts bis in die 90er Jahre hinein noch zwischen „Begrenzung" und Beschränkung[93]. Indes ist es inhaltlich seit der *Mephisto*-Entscheidung konsequent vom Begrenzungsmodell, in dem Konflikte im Wege der restriktiven Interpretation der betroffenen Grundrechte gelöst werden, abgerückt und entschärft Güterschutzkonflikte zwischen Grundrechten und gegenläufigen Gewährleistungsbestimmungen durchweg in Form einer Kollisionslösung. Die nähere Analyse dieser Rechtsprechung kann im einzelnen erst im zweiten Hauptteil der Arbeit geleistet werden[94]. Hinzuweisen ist schon hier darauf, daß in der Schrankenkonstruktion der Konfliktlösung immer schon die grundsätzliche *Gegenseitigkeit* des Beschränkungsvorganges impliziert ist. Wie Grundrechte zugunsten sonstiger Verfassungsgehalte eingeschränkt werden können, so müssen auch diese sich eine Beschneidung ihrer juristischen „Wirkkraft" im Interesse der Grundrechtsgüter gefallen lassen. Grundrechte haben geradezu den Sinn, die Staatsgewalt bei der Verfolgung sonstiger Zwecke einzuschränken – und seien dies auch Verfassungszwecke. Grundrechte sind dadurch

---

[91] Kategorisch BVerfGE 12, 45 (53); gleich doppelt in BVerfGE 28, 243 (260 und 261).

[92] BVerfGE 30, 173 (191: „vorbehaltlos" – 193: „nicht schrankenlos").

[93] BVerfGE 32, 40 (46) enthält sich jeder präzisen dogmatischen Aussage. In BVerfGE 32, 98 (108) will derselbe 1. Senat, von dem auch die Mephisto-Entscheidung stammt, wieder die „Grenzen" eines vorbehaltlosen Grundrechts „im Rahmen der Garantie der Glaubensfreiheit" selbst bestimmen. Krit. zur Aufgabe der Begrenzungsalternative *Heyde*, in: FSchr. Zeidler Bd. 2, S. 1429 (1437); ebenso, aber überzogen polemisch *Burmeister*, in: FSchr. Stern, S. 835 (840 f.).

[94] Vgl. unten §§ 3 und 4.

ebenso „Schranken der Staatsgewalt"[95], wie sie selbst von der Staatsgewalt eingeschränkt werden können.

2. Insbesondere: Konflikte zwischen Gewährleistungsnormen

Um den begrifflichen Rahmen für die folgenden Hauptteile herauszuarbeiten, sind jedoch zunächst noch einige grundsätzliche Ausführungen dazu erforderlich, was die Aussage bedeutet, eine Norm „schütze" oder – dogmatisch genauer – „gewährleiste" ein „Gut". Wie oft bei grundlegenden Begriffen, so mag auch hier der erste Eindruck trügen, es handle sich um unkomplizierte, ja banale Verhältnisse[96]. Der Begriff „Gewährleistung" ist vielmehr hochkomplex und sogar mehrdeutig. Daß er in der Verfassungsdogmatik weder unproblematisch noch auf den Grundrechtsschutz beschränkt ist, zeigt die im Gefolge der Änderung der Art. 87e Abs. 4 und 87 f. Abs. 1 GG entstandene Diskussion über die Frage, welche Bedeutung der „Gewährleistungsauftrag" des Staates für die Infrastrukturnetze hat. Dabei werden sogar innerhalb dieses sachlich eng zusammenhängenden Normengeflechts subtile Differenzierungen ausgemacht, die von einer rein politischen Verantwortung bis zur Pflicht, eine Grundversorgung sicherzustellen, reichen[97].

a) Zur verfassungsrechtlichen Bedeutung des Gewährleistungsbegriffs

Gewährleistung ist nun durchaus keine außerjuristische Metapher[98]. Mit dem Begriff „Gewährleistung" sind Juristen durchaus vertraut, wenn auch zunächst weniger aus öffentlich-rechtlichen Zusammenhängen als vielmehr aus dem Zivilrecht. Im Sachmängelrecht ist zwar umstritten, ob die Gewährleistung einen Unterfall der Gefährdungshaftung oder ein eigenständiges Haftungsinstitut auf der Grundlage sogenannter „Gewährschaft" bildet, aber über die Voraussetzungen und Rechtsfolgen eines Gewährleistungsanspruchs herrscht weitgehend Einigkeit[99]. Verfassungsrechtlich ist der Begriff aber unabhängig hiervon zu bestimmen. Daß die Grundrechte Rechtsgüter der Bürger „gewährleisten", wird in der gegenwärtigen Grundrechtsdogmatik weithin – und mit Recht – als selbstverständlich behandelt[100]. Der güterschützende Charakter der Grundrechte soll daher hier als Grundlage einer Definition des Gewährleistungsbegriffs dienen, um von dort aus die Gewährleistungswirkung anderer Verfassungsnormen zu untersuchen.

---

[95] *Hufen*, Verwaltungsprozeßrecht, § 25 Rdnr. 52; *Schlink*, Abwägung, S. 200; *Jarass*, AöR 110 (1985), 363 (368).

[96] Fast dieselbe Feststellung zum Begriff der Schranke auch bei *Alexy*, Theorie, S. 249.

[97] Vgl. namentlich *Lerche*, in: FSchr. Friauf, S. 251 (253); *Stern*, DVBl. 1997, 309 (312 f.); *Heinze*, BayVBl. 1994, 266 (269); *Hoffmann-Riem*, DÖV 1999, 221 (221 f.).

[98] So aber *Henke*, DÖV 1984, 1 (2).

[99] Vgl. *Larenz*, Schuldrecht Besonderer Teil I, S. 68.

[100] Siehe etwa *Unruh*, Zur Dogmatik der grundrechtlichen Schutzpflichten, S. 20.

aa) Gewährleistung als spezifisch verfassungsrechtlicher Begriff

In der Rede von der „Gewährleistung" der Grundrechte kommt zunächst zum Ausdruck, daß die Grundrechte Güter des einzelnen als vorstaatliche Gegebenheiten schützen, die der Staat nicht erst durch einen verfassungsrechtlichen Verleihungsakt „gewährt"[101]. Bei der Gewährleistung handelt es sich im verfassungsrechtlichen Kontext also um eine normative Rezeption lebensweltlich präformierter Sachzusammenhänge durch das Verfassungsrecht. Gewährleistung ist aber mehr als der bloße Bezug des Rechts auf tatsächliche Verhältnisse. Hätte der Begriff nur diese Bedeutung, dann wäre er dogmatisch weitgehend wertlos. Denn es könnte gar kein sinnvoller Trennstrich mehr zwischen gewährleistenden Normen und allen (nicht unsinnigen, weil ohne sachlichen Bezugspunkt in der Wirklichkeit bleibenden) Normen überhaupt gezogen werden. Zur Gewährleistung gehört vielmehr auch eine rechtliche *Schutztendenz* in einem weiten Sinn. Rechtsgüterqualität setzt, allgemeiner gesagt, eine rechtliche *Absicherung* des in Bezug genommenen Interesses durch eine Norm voraus. Insbesondere Grundrechte „schützen" Lebensbereiche und Verhaltensoptionen ihrer Träger[102].

Was für die Grundrechte zutrifft, wird sich als auch Mindestvoraussetzung für die „Gewährleistung" von Gütern durch andere Verfassungsnormen herausstellen. Es ist die Rede davon, daß eine grundrechtseinschränkende Wirkung von Gesetzgebungskompetenzen oder Kompetenzgegenständen einen „Garantiegehalt der Kompetenznorm"[103] erfordert. So erwähnt etwa Art. 74 Abs. 1 Nr. 23 GG zwar die Bergbahnen, garantiert sie jedoch nicht[104] und eignet sich schon deshalb nicht als Schrankennorm, wenn es darum geht, Grundrechtseingriffe zu rechtfertigen, die der Errichtung oder Erhaltung von Bergbahnen dienen. Bemerkenswerterweise ist auch die Figur der institutionellen Garantien schon nach dem Modell der grundrechtlichen Schutzwirkungen geformt worden. Mit dieser Rezeption eines grundrechtsdogmatischen Modells griff *Carl Schmitt* nämlich auf die grundlegende Arbeit von *Giese* zurück. Von ihm stammt die Unterscheidung der Grundrechte in Schutzrechte und Freiheitsrechte. *Giese* rechnete Gleichheits- und Unverletzlichkeitsrechte zu den Schutzrechten. Gemeinsam war diesen Grundrechtstypen nach *Giese* der Bezug auf bestimmte Güter[105]. Auch *Anschütz* stellte fest, die Formulie-

---

[101] *J. Ipsen*, JZ 1997, 473 (476).
[102] Bündig und treffend *Groß*, JZ 1999, 326 (330).
[103] *Pestalozza*, Der Staat 11 (1972), 161 (161).
[104] *Scheuner*, in: FSchr. Scupin, S. 323 (327).
[105] *C. Schmitt*, in: Anschütz/Thoma, HdbDStR, Bd. 2, S. 590; *Giese*, Die Grundrechte, S. 97 ff. Daß *Giese* die *verfassungsrechtliche* Gewährleistung von Grundrechten 1905 noch als sekundäre Eigenschaft der Grundrechte bezeichnete, darf dabei nicht verwirren. Es beruht wie seine Beschränkung auf Freiheitsrechte (*Giese*, Grundriß, S. 196 f.; *ders.*, Verfassung, S. 242) auf dem jeweils vorgefundenen positiven Recht, das er kommentierte, ändert aber nichts an seinem Verständnis der „Gewährleistung". Daß die Einordnung der Grundrechte in das Verfassungsrecht durchaus nicht nur aus rechtsstaatlich-liberalen Motiven behauptet werden konnte, zeigt zumal *E. R. Hubers* Votum in AöR 23 (1933), 1 (93 f.).

rung „wird gewährleistet" bedeute dasselbe wie der traditionelle Verfassungsausdruck „ist unverletzlich"[106]. Bei der Gewährleistungsfunktion der Grundrechte handelt es sich also nicht um eine für die Grundrechte unpassende Metapher, sondern um die „Heimkehr" eines Rechtsbegriffs an seinen Ursprung.

bb) Abgrenzung zur bloßen Anerkennung

Durch die finale Ausrichtung auf die Bewahrung eines Zustandes oder Bestandes geht die Gewährleistung über eine bloße „Anerkennung" von Rechtsgütern hinaus. Ist ein Gegenstand verfassungsrechtlich anerkannt, so bedeutet dies zunächst nicht mehr, als daß seine Existenz verfassungsrechtlich weder gefordert noch verboten ist, sondern allenfalls „toleriert" wird[107]. Wo eine „Anerkennung" zwischen diesen beiden Extremen ihren Platz findet, ist aber keineswegs ausgemacht. Es wird fast jeder Grad von Aufmerksamkeit, den Verfassungsnormen einem Gegenstand schenken, als „Anerkennung" gebucht. Einzige Gemeinsamkeit aller Begriffsverwendungen ist: es handelt sich um einen Gegenstand, der zumindest auf irgendeiner *unter*verfassungsrechtlichen Stufe normativ geschützt und damit ein *Rechts*gut ist, aber kein *Verfassungs*gut. Was „anerkennen" darüber hinaus bedeuten soll, stellen die Autoren, die diese Formel benutzen, nicht klar. Die wenigen genaueren Ausführungen hierzu verhalten sich zum Güterschutzcharakter „anerkennender" Verfassungsvorschriften bestenfalls neutral.

Wird ein Gegenstand vom Verfassungsrecht bloß nicht *mißbilligt,* so ist damit nur eine Mindestvoraussetzung verfassungsrechtlichen Schutzes genannt. Sowenig die Verfassungsmäßigkeit eines Gesetzes ihm schon Verfassungsrang verleiht, macht die verfassungsrechtliche Zulässigkeit einen legitimen Zweck schon zum Verfassungsgut[108]. Interessanter sind Einlassungen mit dem Tenor, es gebe Rechtgüter, die „verfassungs*geschützt*" seien, wenn auch nicht mit Verfassungsrang. Es scheint dabei um Gegenstände zu gehen, die das Grundgesetz zwar nicht selbst als Verfassungszwecke aufnimmt, aber doch mehr als nur nicht mißbilligt. Es ignoriert sie nicht einfach, sondern billigt ihnen einen Wert, eine Bewahrungswürdigkeit zu, enthält aber gleichwohl keine eigenen Sicherungen für diese Gegenstände. Gegeben sein soll eine solche Anerkennung, wenn Verfassungsnormen an einen Tatbestand nicht nur Rechtsfolgen anknüpfen, mag der Tatbestand nun vorliegen oder nicht, sondern zum Ausdruck bringen, daß das Vorliegen des Tatbestandes (und nicht erst der Eintritt der Rechtsfolge) auch erwünscht ist. Genannt wird als Beispiel etwa die Anerkennung der Finanzmonopole durch Art. 105, 106 GG[109]. Sol-

---

[106] *Anschütz,* Die Verfassung des Deutschen Reiches, Art. 153 Rdnr. 3; a.A. hierzu damals etwa *W. Schelcher,* in: Nipperdey (Hrsg.), Grundrechte und Grundpflichten, S. 207.
[107] Vgl. etwa *Pestalozza,* in: v. Mangoldt/Klein, GG, 3. Aufl., Art. 74 Rdnr. 847 (zur Sozialversicherung).
[108] *Kloepfer,* JZ 1986, 205 (207).
[109] BVerfGE 14, 105 (111); i. Erg. zustimmend *Pestalozza,* Der Staat 11 (1972), 161 (187).

che impliziten „Wunschnormen" bilden sozusagen das Gegenstück zu den von *Binding* im Strafrecht ausgemachten impliziten Verbotsnormen, die der Sanktionsdrohung vorausliegen[110].

Verfassungsgarantien erwachsen aus einem „Anerkennen" aber auch in diesem prägnanten Sinn nicht. Deutlich macht das Art. 100 Abs. 3 GG. Er *setzt voraus*, daß es in den Ländern eine Verfassungsgerichtsbarkeit gibt. Dies gilt zunächst in dem einfachen Sinn, daß ohne Landesverfassungsgerichte kein Sachbereich der Vorschrift existiert. Art. 100 Abs. 3 GG kann darüber hinaus auch die *Intention* des Verfassungsgebers entnommen werden, daß die Länder Verfassungsgerichte errichten mögen. Die Landesverfassungsgerichtsbarkeit wird vom Grundgesetz also anerkannt. *Geboten* ist die Errichtung von Landesverfassungsgerichten durch Art. 100 Abs. 3 GG aber nicht; schon gar nicht *garantiert* er ihre Existenz[111]. Nichts anderes gilt für Art. 100 Abs. 1 Satz 1 Alt. 1 GG. Ein für Verfassungsstreitigkeiten zuständiges „Gericht des Landes" wird hier tatbestandlich vorausgesetzt. Ohne solche Gerichte läuft die Norm leer. Dennoch verletzt ein Land, das kein eigenes Verfassungsgericht einrichtet, damit nicht Art. 100 Abs. 1 oder 3 GG. Das ergibt sich schon daraus, daß Art. 93 Abs. 1 Nr. 4 Var. 3 GG seinerseits gerade *diesen* Fall voraussetzt. Die denkbare Folgerung aus Art. 100 Abs. 3 GG, es *müsse* Landesverfassungsgerichte geben, würde damit einen Widerspruch innerhalb des Grundgesetzes gerade erst herbeiführen, nicht auflösen.

In der verfassungsrechtlichen „Anerkennung" eines Gegenstandes liegt insgesamt nicht mehr als seine Würdigung als ein legitimes Ziel. Auslegungsmethodisch folgt daraus, daß die bloße Erwähnung eines Gutes im Grundgesetz noch längst nicht seine verfassungsrechtliche Gewährleistung indiziert. Die Aufnahme in den Tatbestand einer Verfassungsnorm zeigt nicht allein schon an, daß einem Gut ein hoher Wert in der Gesamtrechtsordnung beizumessen wäre[112]. Das gilt namentlich für die erwähnten Finanzmonopole als Regelungsthema von Art. 105 Abs. 1 und 106 Abs. 1 GG. Ihre Existenz wird durch die grundgesetzliche Erwähnung im Rahmen einer Gesetzgebungsbefugnisnorm zwar erlaubt, denn etwas Unzulässiges kann der Bund auch nicht regeln dürfen[113]. *Gesichert* ist die Existenz dieser Monopole damit aber nicht. Es ist dem Bund nicht verboten, seine Gesetzgebungskompetenz zu nutzen, um das letzte bestehende Finanzmonopol für Branntwein aufzuheben[114]. Wenn die Beschränkung der Berufsfreiheit gerechtfertigt sein sollte, die mit dem Bestand staatlicher Monopole verbunden ist, so liegt dies jedenfalls nicht an Art. 105 Abs. 1, 106 Abs. 1 GG.

---

[110] *Binding*, Die Rechtsnorm und ihre Übertretung, Bd. 1, S. 103; ähnlich, bereits verallgemeinernd *Bierling*, Juristische Prinzipienlehre, S. 27.

[111] *v. Olshausen*, Landesverfassungsgerichtsbarkeit und Bundesrecht, S. 56.

[112] So auch *Gusy*, JöR n. F. 33 (1984), 105 (121).

[113] Insoweit richtig *Pestalozza*, Der Staat 11 (1972), 161 (169).

[114] Ebenso *Pieroth*, AöR 114 (1989), 422 (436).

II. Zum Rechtsbegriff der Schranke

b) Die gewährleistende Wirkung von Grundrechtsnormen

Das herausragende verfassungsrechtliche Muster für den hier skizzierten Gewährleistungsbegriff bleiben jedoch die Schutzbereiche der Grundrechte. Grundrechte haben nach ganz herrschender Auffassung eine „gewährleistende" Wirkung, die in ihrer „spezifischen Abwehrkraft" gesehen wird[115]. Die Grundrechtsdogmatik hat herausgearbeitet, daß sie ganz verschiedenartige Sachverhalte „schützen": *Verhaltensweisen* einerseits (die sich dem Begriff „vorstaatlicher" Freiheit zuordnen lassen), *Zustände* und *Bestände* andererseits[116]. Letztere können wiederum auf verschiedene Weise eingeteilt werden, zunächst in sachlich und rechtlich „geprägte" Bestände, im rechtlichen Teilbereich in institutionelle und Institutsgewährleistungen. Man kann die grundrechtlichen Schutzbereiche auch zu Gruppen zusammenfassen, die einerseits *Schutzgüter* gewährleisten, andererseits *sachliche* Gewährleistungen bilden[117].

aa) Schutzbereichsgegenstände als Güter

Zunächst ist daher ins Auge zu fassen, was Kern der Grundrechtsgewährleistung ist, was einer Beeinträchtigung ebenso durch private als auch durch staatliche Verhaltensweisen ausgesetzt sein kann: nämlich der Inhalt, der von Grundrechten rechtlich geschützt wird, die grundrechtlich geschützten *Rechtsgüter* in einem engeren Sinn. Dabei handelt es sich um rechtlich gegen Verletzungen in ihrer Integrität geschützte *Lebenswerte* ebenso wie Interessen, die abstrakter sind und sich nicht so leicht als einen geschützten Bestand erfassen lassen, weil sie eher auf Betätigung in einem Freiraum bezogen sind wie alle Freiheitsrechte oder ganz „substanzleer" sind wie die von Art. 2 Abs. 1 und 3 Abs. 1 GG geschützte allgemeine Freiheit und Gleichheit. Nach der oben beschriebenen Definition des Rechtsguts umfaßt der Rechtsgüterbegriff nicht nur abschließend beschreibbare Zustände, sondern auch *Freiräume*, die Rechtssubjekten zur eigenen Gestaltung oder Entfaltung zugewiesen sind[118]. Anders als die Güter, die von Integritätsrechten geschützt werden, sind Freiheiten nur nicht als aktuelle, *bestehende*, sondern als potentielle, *mögliche* Zustände anzusprechen.

Die Weite des hier vertretenen Güterbegriffs ist allerdings Einwänden ausgesetzt. Diese greifen jedoch im Ergebnis nicht durch. Sie beruhen auf einer ungenügenden Unterscheidung zwischen den verschiedenen Stufen des rechtlichen Schutzmechanismus. Verbreitet ist namentlich der Einwand, die Freiheit könne kein Rechtsgut sein[119]. Als von Freiheitsgrundrechten geschützte Rechtsgüter

---

[115] So *Wendt*, AöR 104 (1979), 414 (438).
[116] *Gallwas*, Grundrechte, S. 28; *Lerche*, FSchr. Mahrenholz, S. 515 (515); *W. Roth*, Faktische Eingriffe, S. 95; ähnlich *J. Ipsen*, JZ 1997, 473 (476).
[117] *H. Dreier*, JURA 1994, 505 (506).
[118] So auch *Henke*, DÖV 1984, 1 (3).

kommen danach nur die Verwirklichungsbedingungen der Freiheit in Frage. Diese Kritik erkennt mit anderen Worten den Rechtsgutcharakter von *Verhaltensweisen* nicht an. Sie stützt sich dafür auf eine fundamental andere Grundrechtstheorie als die hier vorausgesetzte. Im Gegensatz zu dieser lädt sie den Freiheitsbegriff materiell auf mit einem Maß an Ungebundenheit und Unbestimmbarkeit, das die rechtliche Gewährleistung von Freiheit letztlich undurchführbar werden läßt.

Daß Freiheit ein Schutzgut der Grundrechtsnormen ist, bedeutet nicht, daß inhaltlich festliegen müßte, was für einen Gebrauch der Grundrechtsträger von der Freiheit macht. Mit der Ablehnung einer inhaltlich vorprogrammierten „Freiheit" läßt sich allerdings (aber auch *nur*) der Satz vertreten, Freiheit sei *kein Institut*[120]. Der Staat sichert vielmehr gerade die Möglichkeit des Grundrechtsträgers ab, in bestimmten gegenständlichen Zusammenhängen nach Belieben zu verfahren. Mit dem Begriff „Eigentum" etwa meint Art. 14 GG nicht die Sachen und (primären) Rechte, die Gegenstand des Eigentumsrechts sein können, sondern dieses (sekundäre) Recht als Beziehung zwischen der Person und ihren Lebensgütern. Schutzinhalt des Art. 14 GG sind nicht konkrete *Vermögens*güter, sondern die *Rechte,* die eine „Herrschaftsbeziehung" zu diesen Vermögensgegenständen aufbauen.

Eine andere Frage ist, wie weit die Verwirklichungsvoraussetzungen eines grundrechtlich garantierten Freiheitsraumes mit in den Schutzbereich des Grundrechts einbezogen sind – wann m. a. W. also eine Beeinträchtigung der faktischen Ausübungsbedingungen als Eingriff in das Grundrecht zu werten ist. Diese Frage kann nur für jedes Grundrecht getrennt und nicht anhand allgemeiner dogmatischer Begriffe wie „Freiheits- oder Leistungsgrundrechte" beantwortet werden. Ein wichtiges Kriterium ist hierbei die Grundrechtseffektivität[121]. Eine Grundrechtstheorie, die die Grundrechte allein mit konkreten Grundrechtsgütern in eins setzt und Freiheiten nur als Grundrechts*ansprüche* anerkennt, nicht aber als *absolut* geschützte Lebensbereiche, verbaut sich diese Differenzierung zwischen dem im Prinzip umfassend gewährleisteten Freiheitsbereich und seinen nur ausnahmsweise und ausschnittsweise mit gewährleisteten faktischen Substraten.

Grundsätzliche Skepsis wird zum anderen gegen den Ansatz bei Rechts*gütern* unter dem Gesichtspunkt geäußert, daß Güter wie Werte unweigerlich durch Abwägung aufeinander abzustimmen seien und damit einer methodisch unkontrollieren Dezision des Rechtsanwenders Tür und Tor öffnen[122]. Diese Skepsis ist weder berechtigt, noch kann sie auf eine vorzugswürdige Alternative verweisen. Einerseits sind Güter weder prinzipiell nur durch Abwägung in Ausgleich zu bringen noch ist jede Abwägung methodisch frei und damit unüberprüfbar. Es wird

---

[119] *J. Ipsen,* Grundrechte, Rdnr. 63; *Schwabe,* Grundrechtsdogmatik, S. 21; a.A. zu Recht *Henke,* DÖV 1981, 1 (3).
[120] So zu Recht *Friedr. Klein,* Institutionelle Garantien, S. 289.
[121] Siehe gleich cc) und unten § 4 V 3 b).
[122] *Jestaedt,* Zuständigkeitsüberschießende Gehalte, S. 325 Fußn. 43; *Denninger,* KJ 1988, 1 (11).

II. Zum Rechtsbegriff der Schranke

im Laufe dieser Arbeit zu zeigen sein, daß zahlreiche methodische Kautelen für die Ableitung von Verfassungsgütern, aber auch für ihre Zuordnung zueinander bestehen, und dies sowohl in abstracto als auch für die Abwägung im Einzelfall. Andererseits führt eine güterskeptische Haltung allein nicht weiter, solange sie nicht mit einem abwägungsfreien, d. h. geschlossenen Gegenentwurf für die Kollisionslösung aufwarten kann. Abwägungen sind in dem Maße, in dem das Grundgesetz Zielkonflikte zwischen Verfassungsnormen nicht abschließend regelt, unvermeidbar. Um so wichtiger ist es, zunächst alle strikt vorgezeichneten Vorgaben der Verfassung zu beachten, bevor man den vagen und zweifelsbehafteten Bereich des Abwägens betritt.

Gegenüber beiderlei Bedenken überwiegt ein klarer Vorteil des weiten Verfassungsgüterbegriffs. Er eignet sich zur Erfassung *aller* Verfassungszwecke mit grundrechtsverkürzender Wirkung, für die sonst kein Oberbegriff bereitsteht. Ebenso wie die Grundrechte beziehen sich auch sonstige Verfassungsnormen, denen grundrechtsbeschränkende Wirkung beigemessen wird, auf verkörperte und ideelle Gegenstände ebenso wie auf bloße Möglichkeiten, wie etwa die Kompetenzvorschriften auf den zukünftigen Erlaß von Gesetzen. Der Inhalt des Gewährleistens geht über die bloße Abwehr von Zugriffen des Staates oder Dritter hinaus und erstreckt sich auf eine „positive", „mehrende" und „unterstützende" Einwirkung auf das tatsächliche Substrat der Freiheitsausübung bzw. auf die tatsächlich hinter den Grundrechen stehenden Güter.

Insoweit wird zwar auf Grundrechtsseite neben den jeweils thematisch berührten Grundrechtsnormen oft auch das Sozialstaatsprinzip als normative Grundlage einer auch nur objektiven Förderungspflicht des Staates herangezogen. Die Diskussion war besonders in den siebziger Jahren konzentriert auf Leistungspflichten des Staates und – noch umstrittener – Leistungsansprüche des einzelnen aus Grundrechten[123]. Dabei geriet ein wenig aus dem Blickfeld, daß eine ganz wesentliche Förderleistung des Staates für bestimmte Grundrechte – über das Medium Geld hinaus – mit dem Medium Recht bewirkt wird. Soweit nämlich Grundrechte einen normativ geprägten Schutzbereich haben, hängt ihre effektive Wirkung davon ab, daß geeignete Ausführungsbestimmungen erlassen werden, sei es auf gesetzlicher oder auf untergesetzlicher Ebene. In diesem Sinne fördert der Staat insbesondere das Recht der nichtehelichen Kinder auf Gleichbehandlung mit den ehelichen durch ihre unterhaltsrechtliche und erbrechtliche Gleichstellung, die erst jüngst zu einem – wahrscheinlich auch nur vorläufigen – Abschluß gekommen ist[124].

---

[123] Siehe dazu jüngst BVerwGE 102, 142 (146) = DVBl. 1997, 611 (612) m. w. Nachw.
[124] Gesetz zur Reform des Kindschaftsrechts vom 16. 12. 1997, BGBl. 1997 I S. 2942 ff.

bb) Gewährleistungswirkung als Schutzbereichsfrage

Um das Funktionieren der Grundrechte als Gewährleistungsnormen und als Modelle für die Gewährleistungswirkung anderer Verfassungsnormen zu verstehen, muß man auch die *Rechtsfolgenseite* der grundrechtlichen Schutzbereiche näher betrachten. Die Gewährleistung von Rechtsgütern ist nämlich noch auf der Schutzbereichsebene der Grundrechtsprüfung angesiedelt. Zuweilen werden die Schutzbereiche in diesem Sinn als „grundrechtliche Gewährleistungsbereiche" bezeichnet[125]. Und in der Tat gehört die Gewährleistungswirkung der Grundrechte zu ihrem Schutzbereich. Ganz verständlich wird sie zwar erst vom Eingriff her, der in der üblichen Grundrechtsprüfung erst die *zweite* Stufe bildet, und nicht schon aus der herkömmlichen Schutzbereichsdogmatik. In der Eingriffsprüfung befindet sich aber nicht der dogmatische Standort der Gewährleistung, sondern der Eingriff ist bereits ihr dogmatisches Pendant.

Beim Eingriff und nicht im Schutzbereich wird nach dem heute weitgehend üblichen Prüfungsaufbau das Thema abgearbeitet, welches *Verhalten* dem Staat (oder sonstigen Grundrechtsverpflichteten) in bezug auf Grundrechtsgüter ge- oder verboten ist, *was* die Grundrechtsträger entsprechend der bekannten zivilistischen Formel: „wer will *was* von wem woraus warum" von ihm *verlangen* können[126]. Es geht dort mit anderen Worten um die relativen Rechte der Grundrechtsträger gegenüber den Grundrechtsverpflichteten. Dabei liegt ein Eingriff gerade dann vor, wenn ein grundrechtlicher Anspruch *nicht* erfüllt wurde, wenn dem Verhaltensgebot des Schutzbereichs *zuwider* gehandelt wurde. Der Eingriff ist als grundsätzlich verbotenes staatliches Verhalten die Negation einer grundrechtlichen Verhaltenspflicht. Ein Verstoß gegen dieses Gebot oder eine Verletzung dieser Pflicht liegt vor, wenn das pflichtwidrige staatliche Verhalten sich nicht rechtfertigen läßt.

Dagegen gehört im heute gängigen Prüfungsschema das rechtlich bezweckte *Ergebnis* dieses staatlichen Verhaltens schon in den Schutzbereich, und zwar auf die Rechtsfolgenseite dieses „Bereichs". Primär gebieten die Grundrechte nicht bestimmte Verhaltensweisen, sondern bestimmte Zustände von Rechtsgütern, die zum Tatbestand des Schutzbereichs gehören, namentlich die Integrität von Lebensgütern oder die Erhaltung von Verhaltensoptionen, die in den Schutzbereich „fallen"[127]. Diese Zwecke liegen schon einen Prüfungsschritt *vor* den Rechten, die bestimmten Grundrechtsträgern in bezug auf die Schutzgüter des Grundrechts zustehen können, den grundrechtlichen absoluten Rechten[128]. Wenn jemand verlan-

---

[125] *Pieroth/Schlink*, Grundrechte, Rdnr. 220; *van Nieuwland*, Theorien, S. 10.

[126] Ähnlich *Alexy*, Grundrechte, S. 172; *Eckhoff*, Grundrechtseingriff, S. 175 ff.; *J. Ipsen*, JZ 1997, 473 (474); a.A. offenbar *H. Dreier*, JURA 1994, 505 (506); *Sachs*, JuS 1995, 303 (304).

[127] Eingehend jetzt *Holoubek*, Gewährleistungspflichten, S. 165 f.

[128] Zu den Grundrechten als absoluten Rechten s. nur *Schur*, Anspruch, S. 116 und 118 ff.; verfehlt *Windel*, Der Staat 37 (1998), 385 (394).

gen kann, daß *sein* Grundrechtsgut unangetastet oder *sein* Verhalten möglich bleibt, setzt dies voraus, daß die Integrität des Rechtsgutes und die Erhaltung der Verhaltensmöglichkeit schon *als solche* von der Grundrechtsnorm geboten sind.

Da die Ableitung subjektiver (absoluter) Rechte aus Grundrechtsnormen aber als „persönlicher Schutzbereich" noch auf der ersten Stufe der Grundrechtsprüfung angesiedelt ist, gehört richtigerweise auch schon der Zustand der Grundrechtsgüter, auf dessen Belassung, Erhaltung oder Herstellung diese Rechte gerichtet sind, zum Schutzbereich. Der absolute, also von bestimmten Adressaten unabhängige Imperativ, bestimmte *Zustände von Grundrechtsgütern* zu belassen, zu erhalten oder herzustellen, ist die *Gewährleistungs*folge der grundrechtlichen Schutznormen. Ist ein Grundrecht nur zugunsten anderer verfassungsrechtlich gewährleisteter Güter einschränkbar, so betrifft das seine objektivrechtliche Wirkung in derselben Weise wie die darauf aufbauenden subjektiven Ansprüche einzelner Grundrechtsträger.

Hinsichtlich der Zulässigkeit etwaiger Begrenzungen oder Beschränkungen der Grundrechte ist des weiteren kein Unterschied zwischen Abwehr-, Leistungs- und Schutzgebotsnormgehalten zu machen[129]. Im Grundrechtsbereich lassen sich sehr verschiedene *Arten* von Gewährleistung in diesem Sinne ausfindig machen. Rechtsfolge der Grundrechtsnormen – insbesondere der Freiheitsrechte – ist traditionell zunächst die Wirkung der *Abwehr* beeinträchtigender Einflüsse auf die geschützten Güter. Schon sie besteht heute nicht mehr allein aus dem Schutz vor staatlichen Eingriffen. Dabei ist ihre Erweiterung auf nicht rechtsförmliche und nicht zielgerichtete Beeinträchtigungen weitgehend unstritig[130]. Gerade die Erfassung solcher „faktischen" Grundrechtsbeeinträchtigungen wird zunehmend als Schutzbereichsproblem erkannt[131].

cc) Insbesondere: Gewährleistung von Freiheit durch Leistung

Neben dem Schutz gegen Einwirkungen Dritter wird auch die Vornahme von fördernden Maßnahmen inzwischen zu Recht weithin auf die gewährleistende Wirkung der Grundrechte zurückgeführt, und zwar gerade auf die grundrechtlichen *Freiheits*gewährleistungen[132]. Daß staatliche Förderung als Rechtsfolge von Frei-

---

[129] A. A. wohl BVerwGE 102, 12 (19 f.).

[130] Grundlegend *Gallwas*, Faktische Beeinträchtigungen, 49 ff.; zusammenfassend *W. Roth*, Faktische Eingriffe, S. 94 f.

[131] Insbes. *Albers*, DVBl. 1996, 233 (236); zum Sonderfall des informationellen Selbstbestimmungsrechts *dies.*, in: Haratsch / Kugelmann / Repkewitz, Herausforderungen, S. 113 (123 f.).

[132] Vgl. *W. Roth*, Faktische Eingriffe, S. 101 und *Pietrzak*, JuS 1994, 748 (749) jew. m. w. Nachw.; BVerfGE 92, 26 (46). Daß zumindest alle *Freiheits*grundrechte eine Schutzpflicht des Staates auslösen, wenn es zu Übergriffen Dritter kommt, hat das Bundesverfassungsgericht in dieser Entscheidung allgemein – vielleicht etwas *zu* allgemein – ausgesprochen. Auf der *objektivrechtlichen* Ebene verdient diese Verallgemeinerung Zustimmung. Fraglich ist hieran vor allem, in welchem Maße ein subjektives *Recht auf Schutz* aus Grundrechten

heitsgrundrechten eingeordnet wird, mag überraschen. Soweit Grundrechte keine originären Leistungsrechte regeln und ein Gebot zur Gleichbehandlung mit bereits geförderten Leistungsempfängern nicht besteht, bietet aber gerade der Gewährleistungsbegriff einen Schlüssel zum Verständnis für das Bestehen grundrechtlicher Förderpflichten. Solche Förderpflichten können nämlich aus einer Pflicht des Staates folgen, die Wirkung der Grundrechtsnormen in der Realität zu erhalten. Werden die tatsächlichen Voraussetzungen für die Wirksamkeit eines Grundrechts knapp, weil es an den von ihm gewährleisteten Rechtsgütern fehlt, so kann der Staat verpflichtet sein, für ein ausreichendes Maß an realen Substraten der Grundrechtsnorm zu sorgen. Diese Garantenstellung kann dem Staat auch für die Wirksamkeit von Freiheitsgrundrechten zufallen. Im ihrem Fall ist es letztlich reale Voraussetzung der Wirksamkeit der Freiheitsgewährleistung, daß die Grundrechtsträger Zugang zu tatsächlichen Mittel haben, die die Ausübung des tatbestandlich geschützten Verhaltens ermöglichen. Wenn es an diesen materiellen Grundlagen freien Verhaltens fehlt, droht die Freiheitsgarantie faktisch leerzulaufen. Daher kann es dem Staat geboten sein, die Wirkungslosigkeit der Grundrechtsnorm zu verhindern, indem er die erforderlichen Mittel bereitstellt. Ein subjektiver Förderanspruch folgt daraus nicht ohne weiteres.

Noch weitgehend ungeklärt ist, *wann* dem Staat nicht nur geboten ist, die rechtliche Freiheit zu einem bestimmten Verhalten zu wahren, sondern auch dazu, die faktischen Freiheitsvoraussetzungen herzustellen. Jedenfalls hat der Staat dafür einzustehen, wenn er die Freiheitsausübung *selbst* so stark *erschwert* hat, daß das Grundrecht praktisch kaum noch wahrgenommen werden kann. Eine den Staat zum Ausgleich verpflichtende Erschwerung liegt zum Beispiel darin, wenn das tatbestandliche Verhalten nur unter gewissen verfassungsrechtlichen Bedingungen gewährleistet ist und wenn der Staat auf die tatsächlichen Voraussetzungen der Möglichkeit, diese Bedingungen zu erfüllen, rechtlich oder faktisch so eingewirkt hat, daß die Grundrechtsträger die Bedingungen in der Regel nicht aus eigener Kraft erfüllen können. So hat das BVerfG entschieden, der Staat schulde „einen Ausgleich für die vom Grundgesetz errichteten Hürden" auf dem Weg zur Errichtung einer Privatschule[133]. Diese „Hürden" ergeben sich allerdings nicht allein aus Art. 7 Absatz 4 Sätze 3 und 4 GG, sondern daraus, daß der Staat die Anforderungen an die dort verlangte Gleichwertigkeit privater Schulen mit den öffentlichen Schulen indirekt verschärft hat. Er hat den Standard seiner eigenen Schulen gehoben und die Besoldung staatlicher Lehrer verbessert; dem müssen die privaten Ersatzschulen sich anpassen[134]. Die Förderpflicht folgt erst aus der *tatsächlichen* Erschwerung des gewährleisteten Verhaltens. Die tatsächliche Erschwerung ist durch die tatsächliche *Förderung* dieses Verhaltens zu kompensieren.

---

abgeleitet werden kann. Da die subjektivrechtliche „Bewehrung" der Grundrechtsgüter aber im Rahmen ihrer Kollision mit anderen Verfassungsgütern keine selbständige Bedeutung hat, ist dieser Frage hier nicht weiter nachzugehen.

[133] BVerfGE 90, 107 (114 f.).
[134] BVerfGE 90, 107 (115).

c) Tendenzen zur Verallgemeinerung der Dogmatik immanenter Schranken

Das BVerfG geht offenkundig von einer *Symmetrie* der Beschränkungsbeziehung zwischen Grundrechten und anderen Verfassungsinhalten aus. Das wird sich noch zeigen, wenn von der Verhältnismäßigkeit der konkreten Konfliktlösung die Rede ist[135]. Aber es wird schon daran deutlich, daß das Gericht als Grund für die Verkürzung der grundrechtlichen Wirkung überhaupt und ausschließlich *Rechtsgüter* in den Blick nimmt[136].

Daß auf Seiten der Grundrechte und ihrer Schranken *gleichartige* Norminhalte miteinander konfligieren, ist dem ersten Eindruck nach plausibel. Ob alle Verfassungsinhalte, die Grundrechte einzuschränken imstande sind, als *Güter* bezeichnet werden können, ist allerdings umstritten. Normtheoretisch zwingend ist es jedenfalls nicht. Schützen Grundrechte primär Lebensgüter und Freiheiten, so ist damit noch nicht gesagt, daß entsprechende Schutzobjekte auch den Normzweck von Schranken bilden müßten. Ein topisches Argument spricht allerdings sehr für Ähnlichkeit der Zwecke auf beiden Seiten: die „Einheit der Verfassung" läßt sich kaum herstellen, wenn unvergleichbare Gegenstände gegeneinander in Stellung gebracht werden. Da die Grundrechte selbst durchweg als Gütergewährleistungen verstanden werden können, ist es wahrscheinlich, daß auch die mit ihnen kollidierenden „Rechtswerte" stets als Schutzgüter zu betrachten sind[137]. So verstanden, ist die Einheit der Verfassung nicht nur Aufgabe an die Verfassungsinterpretation, sondern zugleich ihre methodische Faustregel. Der Vergleich mit den Vorbehaltsschranken der Grundrechte legt es im übrigen nahe, auch als Grund für verfassungsimmanente Schranken regelmäßig Rechtsgüter anzunehmen[138].

aa) Verfassungsimmanente Beschränkung der Grundrechte unter Gesetzesvorbehalt

Die Anfänge der einschlägigen Rechtsprechung könnten nun zwar den Eindruck vermitteln, die Figur verfassungsimmanenter Beschränkungen sei ein Sonderproblem der vorbehaltlosen Grundrechte. Für eine spiegelbildliche Beschränkung anderer Verfassungsgüter spräche dann nicht viel. In der Tat hat sich die Diskussion über dieses Thema besonders in der Literatur an den Grundrechten ohne Gesetzesvorbehalt entzündet und auch lange Zeit fast ausschließlich um sie gedreht. Inzwischen haben sich die Akzente in der immer reichhaltiger gewordenen Rechtsprechung jedoch verschoben.

---

[135] Unten § 5 II.
[136] So auch *Bumke,* Grundrechtsvorbehalt, S. 217; *Hillgruber,* Schutz, S. 116 ff.
[137] Terminologisch auf dieser Linie bewegt sich seit BVerfGE 81, 278 (289 f.) auch das BVerfG.
[138] *Starck,* in: v. Mangoldt / Klein, GG, Art. 1 Abs. 3 Rdnr. 174.

Gerade das BVerfG hat den anfangs auf vorbehaltlos gewährleistete Grundrechte fixierten Blick der Dogmatik auf andere Kollisionslagen innerhalb des Verfassungsrechts erweitert. Seine mittlerweile recht vielseitige Judikatur zeigt, daß der zunächst auf die vorbehaltlosen Grundrechte gerichtete Lichtkegel – so verständlich seine Perspektive war – nicht den ganzen Horizont der Thematik verfassungsimmanenter Grundrechtsschranken ausgeleuchtet hat. Das Gericht sieht in nunmehr ständiger Rechtsprechung auch Grundrechte *unter Gesetzesvorbehalt* mit sonstigen Verfassungsinhalten kollidieren. In der Kontaktsperre-Entscheidung setzte das Gericht zur Bewahrung anderer verfassungsrechtlich geschützter Güter ausdrücklich bei der Rechtfertigung eines Eingriffs in Grundrechte *schlechthin* an und erwähnte erst anschließend die Begrenzung „uneinschränkbarer" Grundrechte als einen Unterfall „in diesem Rahmen"[139].

Die Entwicklung läßt sich gut anhand der Grundrechte aus Art. 5 Absatz 1 GG aufzeigen; ihre sachliche Nähe zur Kunst- und Wissenschaftsfreiheit hat hier wohl Parallelwertungen erleichtert. Angedeutet, wenn auch nicht für die Entscheidung im konkreten Fall benötigt hatte das Gericht eine Gleichordnung von Meinungs- und Kunstfreiheit im Konflikt mit den Belangen der freiheitlich-demokratischen Grundordnung und der Völkerverständigung bereits im Fall der Einfuhr verfassungsfeindlicher Filme[140]. Die Meinungsfreiheit war schon früher mit der Verfassungsentscheidung für eine funktionsfähige Landesverteidigung aneinandergeraten, die als Verfassungsgut ein gutes Jahr zuvor entwickelt worden war[141]. Nach Ansicht des BVerwG soll die Pressefreiheit in Gemeinderatssitzungen unter Berufung auf das Selbstverwaltungsrecht der Gemeinden eingeschränkt werden können, wobei das Gericht allerdings die Gemeindeordnungen als allgemeine Gesetze im Sinne des Art. 5 Absatz 2 GG heranzog[142].

bb) Verfassungsimmanente Beschränkung anderer Verfassungsnormen

Vor lauter Konzentration auf die Interessenkonflikte, an denen Grundrechte ohne Gesetzesvorbehalt beteiligt sind, wurde früher außerdem oft übersehen, daß das Grundgesetz auch andere Gewährleistungen ohne Vorbehalt enthält, deren Einschränkung nicht weniger Konstruktionsschwierigkeiten aufwirft. Wenn auch verfassungsgeschützte Rechtsgüter *außerhalb* des Grundrechtsbereichs untereinander kollidieren können, so spricht dies sehr dafür, daß sie im Konflikt mit Grundrechten nicht allein die Rolle des Schrankengrundes spielen, sondern ihrerseits Opfer bringen müssen, die Konfliktlösung also grundsätzlich in einer *gegenseitigen* Beschränkung liegt.

---

139 BVerfGE 49, 24 (56); vgl. aus neuerer Zeit BVerfG, NJW 1997, 2669 (2670).
140 BVerfGE 33, 52 (67 f.).
141 BVerfGE 28, 36 (47).
142 BVerwG, NJW 1991, 118 (119); zum parallelen Konflikt zwischen *Meinungs*freiheit und kommunalem Selbstverwaltungsrecht siehe auch *Geis*, BayVBl. 1992, 41 (44).

Jedenfalls wurden nicht nur Grundrechte, sondern auch grundrechtsähnliche Gewährleistungen in der Rechtsprechung durch anderweitiges Verfassungsrecht „begrenzt". Namentlich die kommunale Selbstverwaltungsgarantie konnte sich in Konflikten mit dem Verteidigungsauftrag der Streitkräfte[143] nicht immer uneingeschränkt behaupten. Auch die Organrechte der Bundestagsabgeordneten werden zum Schutz anderer Rechtsgüter von Verfassungsrang beschränkt[144]. Die Informationsrechte der Mitglieder eines Landtags sind sogar schon ausdrücklich zum Schutz des Persönlichkeitsrechts Dritter eingeschränkt worden[145]. Die Figur der verfassungsimmanenten Schranken hat sich damit sowohl aus der sachlichen Bindung an einzelne Grundrechte gelöst als auch aus einer etwaigen Beschränkung auf Grundrechtskollisionen überhaupt. Es wird noch zu zeigen sein, daß auch der Kreis der „grundrechtsähnlichen" Gewährleistungen längst nicht alle Verfassungsnormen umfaßt, die güterschützende und grundrechtsbeschränkende Wirkungen entfalten.

Die Parallelbehandlung auch nicht-grundrechtlicher grundgesetzlicher Gewährleistungen mit den Grundrechten setzt allerdings voraus, daß *jede* schrankenbegründende Norm innerhalb des Grundgesetzes, ebenso wie die Grundrechte selbst, einen *gewährleistenden* Zweck hat. Dies spricht dafür, sich bei der Suche nach gewährleistenden Wirkungen anderer Verfassungsnormen das Vorbild der Grundrechte vor Augen zu halten. Dem steht auch nicht entgegen, daß Grundrechte grundsätzlich subjektive Rechte des einzelnen vermitteln, die meisten anderen Verfassungsnormen aber nicht. Der gewährleistende Gehalt von Grundrechten liegt insofern auf der „objektivrechtlichen" Ebene, als es möglich wäre, bei seiner Betrachtung die einzelnen Grundrechtsträger quasi auszublenden[146].

Parallel zum weiten Güterbegriff auf Grundrechtsseite kann auch bei sonstigen gewährleistenden Verfassungsnormen von einer Schutzwirkung für Rechtsgüter gesprochen werden. Auch hier ist der Güterbegriff weit zu verstehen; er umfaßt insbesondere staatliche Kompetenzen. Auch hier, wie bei den Grundrechten, ist unter Gewährleisten nicht nur „Schutz" im engsten Sinne, eine Sicherung der betroffenen Güter gegen Drittbeeinträchtigung zu verstehen. Nicht von vornherein ausklammern kann man die Möglichkeit, daß auch sie dem Staat gebieten, eigenes Verhalten zu unterlassen, das Bestandsminderungen an den gewährleisteten Gütern herbeiführt. In Betracht kommen auch normative Imperative zur Aufrechterhaltung gewährleisteter Zustände durch Dritte und durch den Staat selbst, zur Not auch zu ihrer aktiven Förderung. Auf der Rechtsfolgenseite geht es mit anderen Worten auch hier um die *Wahrung*, die *Erhaltung* und u. U. auch um die *Mehrung* der verfassungsrechtlich geschützten Güter.

Können sonstige Rechtsgüter als Zwecke kollidierender Schutzgewährleistungen die Beschränkung von Grundrechten begründen, so gilt dasselbe im übrigen

---

143 BVerwG, DVBl. 1997, S. 954 (956).
144 BVerfG, EuGRZ 1998, 452 (455).
145 VerfG Brandenburg, NJW 1996, 3334 (3335).
146 Vgl. *Dietlein*, Schutzpflichten, S. 56.

auch in umgekehrter Richtung: Grundrechte kommen ihrerseits als rechtfertigende Gründe für die Reduzierung der Schutzwirkungen in Frage, die anderen Rechtsgütern zustehen, die aber mit dem Schutz grundrechtlicher Rechtsgüter nicht oder nicht uneingeschränkt vereinbar sind. Und ebenso wie Grundrechte zur Sicherung anderer Grundrechte Einbußen erleiden können, ist auch die *gegenseitige* „verfassungsimmanente Beschränkung" der Gewährleistungsnormen für *andere* Rechtsgüter möglich.

3. Fazit

Zusammenfassend kann festgehalten werden, daß der Gewährleistungsbegriff zwar weit, aber nicht völlig konturenlos ist. Seine Weite hängt damit zusammen, daß die Gewährleistung ein Normwirkungstyp der verfassungsrechtlichen Rahmenordnung ist. Die ungeschmälerte Erhaltung eines genau feststehenden Sachbestandes muß genauso von diesem Begriff erfaßt sein wie die prinzipielle Fortgeltung einer Norm, deren Sachbereich grundlegend umgestaltet oder sogar inhaltlich völlig ausgewechselt wird.

Gemeinsam ist den Gewährleistungsfunktionen des Grundgesetzes aber, daß der Staat eine Verantwortung für die Sicherung eines positiv bewerteten Sach- oder Rechtszusammenhanges übernimmt. Hält er sich aus der „Ausführungsverantwortung" heraus, so verbleibt ihm auf jeden Fall noch eine „Sicherstellungsverantwortung", die sich bei Beeinträchtigungen des sicherzustellenden Inhalts immerhin noch in Ausgleichspflichten niederschlägt.

III. Geklärte und ungeklärte Fragen

1. Als Ausgangspunkt der weiteren Untersuchung läßt sich feststellen, daß wichtige Eckpunkte der Verfassungsrechtsprechung heute allgemein akzeptiert werden und sich damit gut als Basis einer zusammenhängenden Dogmatik der Grundrechtsbeschränkung auf Grund verfassungsrechtlich geschützter Güter eignen. Unbestritten ist, daß auch Grundrechte ohne Gesetzesvorbehalt *nicht immer* ihre theoretisch denkbaren *Maximalwirkungen* entfalten können. Da Grundrechte Rechtsnormen sind, können ihre Wirkungen im Vergleich zum theoretischen Maximum nur auf *normativem* Weg reduziert werden. Der Grund oder, weniger normtheoretisch und eher dogmatisch ausgedrückt, der *Zweck* dieser Reduzierung liegt in der Sicherung anderer *Rechtsgüter* in einem weiten Sinn, der rechtlich geschützte Interessen und Werte aller Art umfaßt.

2. Auf der Basis derjenigen Grundsätze der Rechtsprechung des BVerfG, die allgemeine Anerkennung erfahren haben, bleiben noch manche nach wie vor oder wieder umstrittene Fragen zu beantworten. Zunächst steht – nach einer Phase relativ breiter Akzeptanz – wieder in Zweifel und muß deshalb begründet werden, daß

III. Geklärte und ungeklärte Fragen

sich nur *verfassungsrechtlich* geschützte Güter als Zwecke der Beschränkung vorbehaltlos gewährleisteter Grundrechte eignen. Daran schließen sich die Fragen an, *unter welchen* allgemeinen *Voraussetzungen* Güter in diesem Sinne verfassungsmäßig gesichert sind, und *welche Güter* demnach im Besonderen verfassungsrechtlich gewährleistet sind. Dieser Problemkreis, der allein die verfassungsrechtliche Gewährleistung potentieller Schrankengüter betrifft, wird im ersten Hauptteil näher betrachtet.

3. Steht die verfassungsrechtliche Gewährleistung bestimmter Güter insoweit fest, als Verfassungsnormen die Sicherung und u. U. die Förderung dieser Güter gebieten, so wendet sich der Blick zurück auf die möglichen Hindernisse staatlicher Gewährleistungsmaßnahmen. Im Vordergrund steht in dieser Untersuchung der mögliche Konflikt zwischen den Schutzverheißungen der Grundrechte und den parallelen Schutzgeboten nicht-grundrechtlicher Gewährleistungsnormen. Ist ein beiderseitiger maximaler Schutz nicht zu verwirklichen, so muß der Schutzumfang auf einer oder auf beiden Seiten reduziert werden. Im zweiten Hauptteil werden die verschiedenen denkbaren Mechanismen erörtert, mit denen die Wirkungsreduktion erreicht werden kann; im Zentrum des Interesses steht dabei die Verkürzung der *Grundrechts*wirkungen, deren Varianten folglich den Aufbau innerhalb des Teils bestimmen.

Dabei ist zunächst festzustellen, ob und wenn ja in welchem Umfang eine Konfliktlösung erreicht werden kann, indem der *Gewährleistungsbereich* der Grundrechte (bzw. sonstiger Verfassungsnormen) begrenzt wird. Schutzbereichsreduktionen dieser Art können auf der Tatbestandsseite, bei den geschützten Gütern, und auf der Rechtsfolgenseite, d. h. bei dem gebotenen Umgang mit diesen Gütern ansetzen. Sodann sind die verschiedenen Lösungen zu betrachten, die sich durch eine *Einschränkung* der Grundrechte zugunsten sonstiger Verfassungsgüter erreichen lassen. Verfassungsunmittelbar geregelte Einschränkungsermächtigungen sind dabei als seltene, aber doch aufschlußreiche Fälle mit zu behandeln.

Schließlich geht es in einem letzten Kapitel um die Anstalten, die unterhalb der Verfassungsebene zu treffen sind, um die verschiedenen verfassungsrechtlich gewährleisteten Güter auf Grundrechtsseite und anderwärts im einzelnen möglichst schonend ins Verhältnis zu setzen. Vergleichsweise genaue Angaben sind hier nur über die Spielräume zu machen, die der *Gesetzgeber* hat, will er für die konkrete Konfliktbehandlung – ergänzend zum Grundgesetz – Maßstäbe vorprägen. Denn dabei geht es noch um einen abstrakt-generell beschreibbaren Vorgang. Wie die Konfliktlösung im Einzelfall durchzuführen ist, hängt von so vielen variablen Faktoren ab, daß nur angedeutet werden kann, welche Aspekte zu berücksichtigen sind, nicht aber ein fertiges Prüfungsraster zu erwarten ist.

4. Im Verlauf der Untersuchung sind einige bisher nicht befriedigend gelöste *Einzelfragen* zu beantworten. So ist noch nicht hinreichend geklärt, warum auch Grundrechte mit Gesetzesvorbehalten – quasi an diesen vorbei – verfassungsunmittelbar beschränkt werden können.

Daß der Gesetzgeber Bestimmungen über den konkreten Ausgleich zwischen Grundrechten und anderen Verfassungsgütern treffen darf, setzt voraus, daß nur die *Gewährleistung* der zur Verkürzung von Grundrechten zugelassenen Rechtsgüter einer verfassungsrechtlichen Regelung vorbehalten ist, nicht aber die Auswahl der Maßnahmen, durch die sie miteinander im Einzelfall in *Ausgleich* gebracht werden. Doch auch wenn der Vorbehalt der Verfassung auf die Gütergewährleistung beschränkt ist, bleibt zu untersuchen, ob (zumindest) der Vorbehalt des einfachen, d. h. des formellen Gesetzes auch für die verfassungsunmittelbare Grundrechtseinschränkung gilt.

Auch hinsichtlich weiterer rechtsstaatliche Sicherungen, die im Normalfall als „Schranken-Schranken" wirken, ist ungewiß, ob sie bei der Regelung verfassungsinterner Konflikte zum Zuge kommen. Die Rechtsprechung des BVerfG ist namentlich darauf zu befragen, ob sie die Prüfung der *Verhältnismäßigkeit* dem Gegenstand der verfassungsimmanenten Grundrechtsbeschränkung angemessen modifiziert hat.

Erster Teil

Verfassungsrechtlich gewährleistete Güter

Grundrechtsbeschränkende Gesetze haben wie alle anderen Gesetze auch gewisse *Zwecke*. Verfassungsimmanente Beschränkungen beruhen auf Zwecken, die das Grundgesetz selbst vorgibt. Was es aber heißt, daß ein Zweck vom Grundgesetz selbst vorgegeben sei, ist weitgehend ungeklärt. Im Zentrum des Interesses stehen die Verfassungs*güter,* die wohl nicht allein zur verfassungsimmanenten Einschränkung von Grundrechten befähigt sind, aber doch jedenfalls den Kern des Kreises der dazu geeigneten Verfassungszwecke bilden. Die bloße Behauptung, ein Rechtsgut genieße Verfassungsrang, kann für seine Fähigkeit, Grundrechtseingriffe zu legitimieren, allerdings nicht genügen[1]. Auch macht nicht jede Erwähnung in Verfassungsvorschriften ein Objekt zum Schutzgut des Grundgesetzes. Es ist daher für diese Arbeit nötig, sich vom „Verfassungsrang" der Kollisionsgüter ein genaues Bild zu machen, bevor die Ableitung solcher Güter aus bestimmten Verfassungsnormtypen untersucht wird.

Als verfassungsrechtlich gesicherte Rechtsgüter ins Gespräch gebracht wurden im Lauf der Zeit so unterschiedliche Gegenstände wie die Funktionsfähigkeit des Parlaments[2], seine Integrität und Vertrauenswürdigkeit[3], die Funktionsfähigkeit der Regierung[4], der militärischen Verteidigung[5], einer geordneten Verwaltung[6], der Parteien[7], der Schulen[8], ja des Postbetriebs[9] und – zumindest früher – auch der Strafrechtspflege[10]. Verfassungsgüter sollen höchst abstrakte Ziele sein wie Frieden und Völkerverständigung[11], die außenpolitische Handlungsfreiheit der

---

[1] *W. Schmidt,* AöR 106 (1981), 497 (507).
[2] BVerfGE 47, 198 (227).
[3] BVerfG, EuGRZ 1998, 452 (455 f.); angedeutet schon in BVerfGE 94, 351 (368).
[4] BVerfGE 62, 1 (42); 70, 324 (359).
[5] BVerfGE 28, 243 (261); 48, 127 (159); 44, 197 (202); 77, 170 (221).
[6] BVerfGE 28, 191 (200).
[7] OLG Köln, NJW 1998, 3721 (3724).
[8] BayVerfGH, BayVBl. 1975, 298 (299).
[9] BVerwG, DVBl. 1999, 1441 (1442).
[10] BVerfGE 33, 23 (32); 41, 246; 46, 214 (222 f.); 63, 266 (298); vgl. aber BVerfGE 77, 240 (255).
[11] BVerfGE 33, 52 (67); *Bleckmann,* DÖV 1979, 309 (312, 316).

deutschen Behörden[12], die freiheitlich-demokratische Grundordnung[13], das Prinzip streitbarer Demokratie[14] oder gleich der Schutz der Verfassung[15] in ihrer Gesamtheit, ja sogar die Autorität des Staates[16].

Verfassungsrang besitzen sollen darüber hinaus das Recht der Kirchen auf ordnungsgemäße Besteuerung[17] und auf Durchführung der Krankenhausseelsorge[18], die Krankenversorgung durch Universitätsklinika[19], die Wahlbestandssicherung[20] und die friedliche Nutzung der Kernenergie[21] sowie nach Meinung mancher auch die Arbeitsvermittlung durch die Arbeitsämter[22], nicht aber die Einrichtung der Sozialversicherung[23] oder der Sport[24]. Gelegentlich wird für die Sicherheit und Leichtigkeit des Straßenverkehrs verfassungsrechtlicher Schutz reklamiert[25]. Sehr umstritten ist der Verfassungsrang des Tierschutzes; an seinem Beispiel wird mancher hochinteressante Aspekt der Ableitung immanenter Schranken aus der Verfassung diskutiert. Daher ist zu bedauern, daß das BVerfG diese Frage nicht geklärt hat, als es eine Kollision zwischen Tierschutz und Forschungsfreiheit zu lösen hatte[26].

Die Anerkennung verfassungsrechtlichen Schutzes für bestimmte Güter scheint schon bei erster Durchsicht dieser etwas zusammengewürfelt wirkenden und keineswegs vollständigen[27] Aufzählung allzusehr vom Zufall abzuhängen, der hier und da ein Bedürfnis zur Einschränkung von Grundrechten aufzeigt, die anders als verfassungsimmanent nicht zu bewältigen wäre. Der besonders an die Adresse der

---

[12] *Cremer*, Auslandsfolgen, S. 409 f.
[13] BVerfGE 33, 52 (71).
[14] BVerfGE 30, 1 (19 f.).
[15] BVerfGE 33, 23 (29); 38, 154 (167).
[16] BVerfGE 81, 278 (294).
[17] BVerfGE 44, 37 (57); 49, 375 (376); 55, 32 (36).
[18] BVerfGE 46, 266 (267).
[19] BVerfGE 57, 70 (99).
[20] *Koenig*, DÖV 1994, 286 (292).
[21] BVerfGE 53, 30 (56).
[22] So *Löwisch*, NZS 1993, 473 (478).
[23] BVerfGE 21, 362 (371); 39, 302 (314 f.); *Pestalozza*, in: v. Mangoldt/Klein, GG Bd. 8, 3. Aufl., Art. 74 Rdnr. 847; a.A. *Hellenthal*, JURA 1989, 169 (177); *Pieroth*, AöR 114 (1989), 422 (448); *v. Münch*, in: ders./Kunig, GG, 1. Bd., 4. Aufl., vor Art. 1 Rdnr. 57; zu Art. 161 WRV schon *E. R. Huber*, AöR 23 (1933), 1 (72); *Friedr. Klein*, Institutionelle Garantien, S. 321 f.
[24] *Steiner*, DÖV 1983, 173 (176); zu den Verfassungen der neuen Länder vgl. jetzt *Schwarz*, NdsVBl. 1998, 225 (227).
[25] *Meyer*, DÖV 1991, 542 (547).
[26] BVerfGE 48, 376 (388 f.); vgl. *Kuhlmann*, JZ 1990, 162 (169); *R. Dreier*, DVBl. 1980, 471 (473); näher dazu unten § 2 II 3 b).
[27] Weitere Beispiele: *Wülfing*, Gesetzesvorbehalte, S. 123 f.; *Mahrenholz*, HdBVerfR, S. 1311 ff., § 26 Rdnr. 71 ff.

Instanzgerichte gerichtete Vorwurf der „Unbekümmertheit"[28] bezieht sich vor allem hierauf. Der Vorwurf trifft aber nicht weniger auch den Phantasiereichtum mancher literarischen Beiträge.

Wenn zum Beispiel das steuerrechtliche Legalitätsprinzip in Art. 1 Absatz 1 GG verfassungsrechtlich verankert werden soll, begründet mit dem Argument, wer einseitig seinen Profit anstrebe, der behandle die anderen Mitglieder der Solidargemeinschaft als bloße Mittel zu seinen Zwecken[29], wird die Menschenwürde im wahrsten Sinne des Wortes zu kleiner Münze geschlagen. Diese Ableitung geht nicht nur ohne Problembewußtsein von einer unmittelbaren Drittwirkung der Menschenwürdegarantie aus. Sie löst die „Objektformel" zugleich aus dem Kontext der Eingriffsdogmatik und prägt sie zu einem Tatbestandsmerkmal des Grundrechtsschutzes um. Außerdem wird sie mit unbestimmten Begriffen wie „Solidargemeinschaft" und „einseitiges Streben nach Profit" gekoppelt. Der Gewährleistungsumfang des Art. 1 Abs. 1 GG verschwimmt so ins Unbestimmbare.

Erstreckt man den verfassungsrechtlichen Schutz schließlich sogar auf *alle* im Grundgesetz genannten Gegenstände, so verliert er jegliche Konturen. Mit der Behauptung, die Verfassung enthalte breitgestreute Einrichtungsgarantien für Post und Bahn, das Postrecht, den Kern des bürgerlichen Rechts, des Strafrechts, des Arbeitsrechts und des Urheberrechts, den Schutz des Währungswesens, alle Eisenbahnen, den Luftverkehr, die Zusammenarbeit von Bund und Ländern bei der Kriminalpolizei und beim Verfassungsschutz[30], führt man die Figur verfassungsimmanenter Schranken auf unübertreffliche Weise ad absurdum[31].

Im Gegensatz zu solchen Extrembeispielen für eine methodisch unkontrollierte Erfindung von Verfassungsgütern ist auf nachvollziehbaren und dadurch kontrollierbaren Voraussetzungen für die Anerkennung als Verfassungsgut zu bestehen[32]. Darin, grundrechtsverkürzend wirkende Verfassungsgüter von darauf nicht angelegten Norminhalten des Grundgesetzes zu unterscheiden, besteht gerade eine wesentliche Funktion des Verfassungsgüterbegriffes.

---

28 *Voßkuhle*, BayVBl. 1995, 613 (614).
29 So *Tiedemann*, DÖV 1996, 594 (601).
30 Alle Beispiele von *Bleckmann*, DÖV 1983, 129 (129, 130, 131).
31 Hiergegen auch *Pieroth*, AöR 114 (1989), 422 (429).
32 So schon *Knies*, Kunstfreiheit, S. 96 gegen die ältere Rechtsprechung des BVerwG.

§ 2 Der Gewährleistungsgehalt nicht-grundrechtlicher Verfassungsbestimmungen

Entscheidend für die verfassungsimmanente Einschränkung auf Grund sonstigen Verfassungsrechts ist, welche Dimensionen der Schutz der Verfassung für andere Güter als die grundrechtlich gewährleisteten annimmt. Dabei kann von einer Typologie der gewährleistenden Verfassungsnormen ausgegangen werden, wie sie sich in der bisherigen wissenschaftlichen Literatur zum Thema herausgebildet hat. Um zu bestimmen, welche Art von Norm eine Bestimmung enthält, kann nicht die äußere Gestalt des Verfassungstextes den Ausschlag geben, sondern nur die Norminhalte der betreffenden Vorschriften. Einzelne Bestimmungen können dabei durchaus eine Doppelrolle spielen.

Eine zentrale Rolle kommt für die Gewährleistungsfunktion verfassungsrechtlicher Normen der Normierung von *Staatsaufgaben* zu. Da allerdings die Kategorie der Staatsaufgabennormen keine ebenso breite Anerkennung gefunden hat wie die formale Einteilung entsprechender Klassen der Kompetenznormen, Einrichtungsgarantien und Staatszielbestimmungen, soll hier dieser gängigen Klassifikation gefolgt werden. Schon am Beispiel des Typs von Verfassungsbestimmungen, dessen gewährleistender Charakter seit Jahren am umstrittensten ist – desjenigen der Kompetenzvorschriften –, wird sich zeigen, daß der aufgabenzuteilende Gehalt einer Norm den Schlüssel zu ihrem Gewährleistungsfunktion bildet.

I. Der Verfassungsvorbehalt für Schrankengüter

Nachdem sich die Rechtsprechung zur Beschränkung vorbehaltloser Grundrechte in technischer Hinsicht konsolidiert hatte, wurde in den letzten zehn bis fünfzehn Jahren allerdings Kritik am anderen Grundpfeiler der frühen Entscheidungen laut: an dem im *Mephisto*-Beschluß so deutlich unterstrichenen, aber nicht argumentativ untermauerten Vorbehalt der Verfassung. Seit dem *Mephisto*-Beschluß hält das BVerfG für alle vorbehaltlosen Grundrechte an der Entscheidung fest, „daß die Grenzen der Kunstfreiheitsgarantie nur von der Verfassung zu bestimmen sind"[1]. Diese Sentenz hat es seit Mitte der 80er Jahre nur um die Forderung präzisiert, daß eine Grundlage in *einzelnen* Verfassungs*bestimmungen* zu suchen sei;

---

[1] BVerfGE 30, 173 (193); für Art. 4 Absätze 1 und 2 GG übernommen in BVerfGE 32, 98 (108) und 33, 23 (29); allgemein formuliert in BVerfGE 44, 37 (50) und 52, 223 (247); für die Wissenschaftsfreiheit: BVerfGE 47, 327 (369).

I. Der Verfassungsvorbehalt für Schrankengüter

in der Sache dürfte dies kaum etwas geändert haben. Man kann dieses Postulat des BVerfG schlagwortartig als Verfassungsgütervorbehalt kennzeichnen[2].

1. Zur Begründung eines Verfassungsvorbehalts für die Gütergewährleistung

Allerdings begründet das Gericht nach wie vor weder, *wieso* ein derartiger Vorbehalt der Verfassung bestehen soll[3] – wohl im beruhigenden Bewußtsein der Evidenz dieser Feststellung –, noch wie weit dieser Vorbehalt gegebenenfalls reicht. Bis vor wenigen Jahren nahm der überwiegende Teil der Verfassungsrechtswissenschaft den Grundsatz vom Verfassungsrang „immanenter" Schranken unwidersprochen hin; da die Figur des kollidierenden Verfassungsrechts weithin als bedenkliche Ausdehnung der Möglichkeiten gesehen wurde, Grundrechtseingriffe zu rechtfertigen, war eine solche greifbare Festlegung eher höchst willkommen. Daß verfassungsrechtlich nur *zulässige* Gegenstände sich nicht dazu eignen, Grundrechte unmittelbar auf Grund Verfassungsrechts zu begrenzen oder zu beschränken, ist ohnehin ganz unstrittig. Doch sind in jüngerer Zeit vermehrt Vorstöße zur Auflösung des strengen Beharrens auf verfassungsrechtlich *geschützten* Gütern unternommen worden.

a) Anfechtungen der Rechtsprechung zum Verfassungsvorbehalt

Im Rückgriff auf die Lehre vom allgemeinen Rechtsordnungsvorbehalt machte sich ein vielbeachteter Aufsatz aus dem Jahre 1984 daran, die Einschränkbarkeit aller Grundrechte zugunsten aller vom Gesetzgeber statuierten Schutzgüter wieder salonfähig zu machen. Er zog aus der empirischen Feststellung, daß zahlreiche einfachgesetzliche Institute in der Rechtsprechung auf Umwegen Verfassungsrang erlangt hatten, die Folgerung, die Fähigkeit einfachen Gesetzesrechts zur Grundrechtsbeschränkung solle offen anerkannt werden[4]. Noch weiter ging *Lerche* mit seiner These, jedes schutzbedürftige und schutzwürdige Interesse müsse auch gegen vorbehaltlose Grundrechte verteidigt werden können[5].

Doch ist es sicher nicht zulässig, *jedes* Rechtsgut für prinzipiell fähig zu halten, Grundrechte zurückzudrängen. Es fragt sich daher, welchen Vorzug die genannten Kriterien gegenüber einer völlig beliebigen Wahl von Schutzgütern besitzen sollen. Nur mit der Berufung auf ihr „Gewicht" können z. B. die im Gesetzesvorbehalt des Art. 11 Absatz 2 GG aufgeführten Rechtsgüter nicht zur Beschränkung der

---

[2] So *Bumke,* Grundrechtsvorbehalt, S. 171.
[3] Kritisch daher *Lübbe-Wolff,* Eingriffsabwehrrechte, S. 96.
[4] *Kriele,* JA 1984, 629 ff.; ihm folgend *Mis-Pauluβen,* Frage der Begrenzung, S. 163.
[5] *Lerche,* FSchr. Mahrenholz, 515 (525); ähnlich schon *ders.,* DVBl. 1958, 524 (528 f.).

Religionsfreiheit herangezogen werden[6]. Die „Schutz*bedürftigkeit*" eines Gutes kann ebenso schnell verabschiedet werden: dieser Begriff besagt nicht mehr, als daß ein Rechtsgut überhaupt mit grundrechtlich geschützten Verhaltensweisen in Konflikt geraten kann und dabei Einbußen zumindest auch auf seiner Seite zu befürchten sind[7]. Damit beschreibt der Begriff nichts weiter als das Vorliegen einer Güterkollision, gibt aber nichts für ihre normative Regulierung her. Was die „Schutz*würdigkeit*" angeht, stellt sich die Frage, woraus sie sich ergeben soll, wenn nicht wiederum aus dem verfassungsrechtlichen Rang eines Gutes[8]. Es wird daher daran festzuhalten sein, daß nur vom *Grundgesetz selbst* geforderte Be- und Zustände Verfassungszwecke sind[9]. Eine Begründung für diese zentrale These ist mit den genannten Bedenken gegen die ablehnende Auffassung indes noch nicht gegeben.

b) „Rechtsstaatlicher Verteilungsgrundsatz"
und Vorrang der Verfassung

Für die Einschränkung von Grundrechten als Güterschutznormen versteht sich ein Verfassungsvorbehalt nun nicht von selbst. Insoweit ist der eingangs zitierten Kritik durchaus zuzustimmen. Auch in der Rechtsordnung der Bundesrepublik gibt es Bereiche, deren Regelung nicht verfassungsrechtlich determiniert ist. Das betrifft grundsätzlich auch die Einschränkung der Grundrechte[10]. Damit ist allerdings nur gesagt, daß nicht alle Voraussetzungen von Grundrechtsbeschränkungen verfassungsrechtlich *vorherbestimmt* sein müssen. Einer verfassungsrechtlichen *Zulassung* für jede Verkürzung grundrechtlicher Schutzgebote bedarf es durchaus. Diese Anforderung ergibt sich aus dem Grundsatz des Vorrangs der Verfassung.

Daß zwischen der Freiheit des Bürgers, nach seinem Belieben zu verfahren, und der Zulässigkeit staatlicher Beschränkungen dieser Freiheit eine Regel-Ausnahme-Beziehung besteht, ist in Deutschland zunächst nur als verfassungstheoretisches Postulat des liberalen Rechtsstaates erkannt worden[11]. In der Diskussion um den Vorbehalt des Gesetzes für „faktische" Grundrechtseingriffe wurde dieser Grundsatz wieder aufgegriffen. Dabei ist deutlich geworden, daß der Vorrang der Verfassung vor allen einfachgesetzlichen und untergesetzlichen Normanordnungen – gleich ob in Form von Rechtssätzen oder Einzelfallentscheidungen – dieses

---

[6] So *Bleckmann/Wiethoff,* DÖV 1991, 722 (729).
[7] Ähnlich *W. Schmidt,* AöR 106 (1981), 497 (498).
[8] *Starck,* in: v. Mangoldt/Klein, GG, Bd. 1, Art. 1 Abs. 3 Rdnr. 174.
[9] *Jestaedt,* Zuständigkeitsüberschießende Gehalte, S. 318 im Anschluß an *Eckertz,* Kriegsdienstverweigerung, S. 147 ff., allerdings mit einem Plädoyer für die extensive Auslegung von Verfassungsnormen auf ihr grundrechtsbeschränkendes Potential hin, um dort das „Widerlager eines extensiven Grundrechtsverständnisses" zu verankern (318 Fußn. 12).
[10] *Gallwas,* Grundrechte, S. 36; *Sachs,* in: ders., GG, Art. 20 Rdnr. 61; insoweit mißverständlich der Titel des Aufsatzes von *W. Schmidt,* AöR 106 (1981), 497 ff.
[11] *Schmitt,* Verfassungslehre, S. 126; ebenso noch *Brugger,* JZ 1988, 633 (636).

I. Der Verfassungsvorbehalt für Schrankengüter

Regel-Ausnahme-Verhältnis zu einer Norm des positiven Verfassungsrechts werden läßt[12]. Auch das BVerfG ging zumindest in etwas älteren Entscheidungen von der verfassungsrechtlichen Existenz einer „allgemeine(n) rechtsstaatliche(n) Freiheitsvermutung" aus[13]. Diese Verankerung des „rechtsstaatlichen Verteilungsprinzips" läßt sich wie folgt rekonstruieren.

Grundrechte schützen bestimmte Lebensbereiche und Freiheiten auf verfassungsrechtlicher Ebene. In einem eventuellen Konflikt um die Verwirklichung einander entgegengesetzter Interessen kann sich die grundrechtlich bewehrte Seite also auf eine Verfassungsnorm stützen. Tritt ein Interessenkonflikt auf, so ist zunächst die Norm zu bestimmen, die die Sicherung des der Grundrechtsverwirklichung entgegengesetzten Interesses zum Zweck hat. Dieses gegenläufige Interesse wird nach der oben gegebenen Definition von Gütern (spätestens) durch seine Erhebung zum Normzweck ebenso zu einem Gut, wie es auf Seiten des Grundrechts um Güter geht. Allerdings ist sein Verfassungsrang hier noch nicht entscheidend. Nur insofern ist die Kritik am Hantieren mit *Verfassungs*gütern[14] berechtigt.

Erst wenn eine entsprechende Schutznorm identifiziert werden kann, ist der zwischen dem Grundrecht und dieser anderen Schutznorm bestehende Zweckkonflikt einer Lösung zuzuführen. Da der Zweckkonflikt sich auf der Ebene des *Norm*konflikts zwischen gewährleistenden Normen abspielt, kommen zu seiner Auflösung prima facie alle allgemein anerkannten methodischen Vorrangregeln in Frage. Nicht von vornherein außer acht zu lassen ist namentlich der Grundsatz der *Spezialität*. Enthält das Grundrecht eine Schutzanordnung mit *Regel*charakter für die von ihm gewährleisteten Güter, so muß es um eine Ausnahmeklausel ergänzt werden, um die Geltung der Regel in bestimmten, abgegrenzten Teilen ihres Anwendungsbereichs ganz oder teilweise aufzuheben. Handelt es sich um ein grundrechtliches Gewährleistungs*prinzip*, so genügt ein gegenläufiges Prinzip, um den Schutz des Grundrechts zurückzudrängen[15]. Daß die Verwirklichung des Grundrechtsschutzes in diesem Fall nicht im Sinne eines strengen „Alles oder Nichts" ausfällt, ist im vorliegenden Zusammenhang nebensächlich. Auf jeden Fall verkürzt die Anwendung der entgegengesetzten Gewährleistung dadurch den Schutz der grundrechtlichen Gewährleistung, daß sie ihn für abstrakt umrissene Teile des grundrechtlichen Normbereichs ausschließt oder vermindert. Jede Grundrechtsbeschränkung beruht in dieser Weise *auch* auf der Technik der Normspezialität.

Da Grundrechte Verfassungsnormen und somit auf der höchsten Stufe der innerstaatlichen Normenhierarchie angesiedelt sind, wird der Spezialitätsmechanismus

---

[12] *Bethge*, VVDStRL 57 (1998), 9 (11) m. w. N.; *Wahl/Masing*, JZ 1990, 533 (536); *Holoubek*, DVBl. 1997, 1031 (1033) unter Hinweis auf *Merkl*, Allgemeines Verwaltungsrecht (1927, Ndr. 1969), S. 160; kritisch für den Sonderfall des informationellen Selbstbestimmungsrechts *Albers*, Neukonzeption, S. 113 (125).
[13] BVerfGE 17, 306 (313 f.); 19, 342 (348 f.).
[14] *Jestaedt*, Zuständigkeitsüberschießende Gehalte, S. 323 Fußn. 34.
[15] *Alexy*, Grundrechte, S. 77 und 79.

aber vom Grundsatz des Vorrangs höherrangiger Normen vor Normen niedrigeren Ranges überlagert. Spätere und auf engere Bereiche beschränkte Normen des unterverfassungsrechtlichen Rechts beseitigen die Rechtsfolgen verfassungsrechtlicher Normen auch dann nicht, wenn sie ihnen widersprechen. „Vorrang der Verfassung" bedeutet nämlich gerade, daß Verfassungsnormen *jeder* sonstigen innerstaatlichen Norm unabhängig vom Zeitpunkt ihres Erlasses und unabhängig von deren sachlicher Regelungsbreite vorgehen[16].

Der lex superior-Grundsatz genießt also nicht etwa nur aus methodologischen Gründen, sondern infolge des Vorrangs der Verfassung auch rechtlich den Vorzug gegenüber den übrigen Konkurrenzregeln. Um die verfassungsrechtliche Schutzanordnung eines Grundrechts aufzuheben, reichen speziellere oder später in Kraft getretene Regeln niederen Ranges deshalb nicht aus. Es bedarf wieder einer *verfassungsrechtlichen* Norm, die die Schutzanordnung ganz oder teilweise aufhebt[17].

Zu den Grundrechten gehört nun auch Art. 2 Absatz 1 GG, der die allgemeine Handlungsfreiheit in einem umfassenden Sinne schützt. Soweit nicht speziellere Freiheitsverbürgungen eingreifen, ist schlechthin *jedes* menschliche Verhalten grundsätzlich gegen die Behinderung durch staatliche Maßnahmen geschützt[18]. Insbesondere bedürfen Verhaltensverbote einer eigens herzuleitenden Rechtfertigung. Damit ist dasselbe ausgesagt wie mit dem oben zitierten rechtsstaatlichen „Verteilungsgrundsatz". Allerdings gewinnt er bei der allgemeinen Handlungsfreiheit nur geringe Durchschlagskraft. Auf verfassungsrechtlich gesicherte Zwecke ist der Aktionsradius des grundrechtsbeeinträchtigend tätigen Staates nur begrenzt, wenn das Grundgesetz ihm nicht zusätzliche Ermächtigungen zur Verkürzung des grundrechtlichen Schutzes erteilt, die sich auch auf die Verfolgung *außer*verfassungsrechtlicher Zwecke erstrecken.

c) Verfassungsrechtliche Ermächtigungen als Voraussetzung gesetzlicher Grundrechtsbeschränkung

Normen, deren Rechtsfolgen mit der Gewährleistung grundrechtlicher Schutzgüter in Widerspruch stehen, können infolge des Vorrangs der Verfassung nämlich nur in zwei Fällen vor dem Grundgesetz bestehen. Entweder gehören *sie selbst* zum verfassungsrechtlichen Normenbestand, stehen also auf derselben hierarchischen Stufe wie die Grundrechte. Oder das Grundgesetz *läßt* eine Abweichung vom Gewährleistungsbefehl, den das Grundrecht erteilt, auch durch niederrangiges Recht *zu*. Eine derartige Ermächtigung könnte sich auf die *Modalitäten* der Sicherung verfassungsrechtlich gesetzter Zwecke beziehen. Ob dies sinnvoll ist, hängt

---

[16] Vgl. *Otto Mayer,* Deutsches Verwaltungsrecht, Bd. 1, S. 72 (zur gleichen Frage beim Vorrang des Gesetzes).
[17] So auch *Sachs,* in: Stern, Staatsrecht III / 2, S. 292.
[18] BVerfGE 6, 32 (36) u. öfter; zusammenfassend 80, 137 (152 f.).

davon ab, ob und wenn ja welche Staatsorgane einer verfassungsrechtlichen Erlaubnis zur Verfolgung von Verfassungszwecken bedürfen[19]. Die Ermächtigung kann aber auch dahin gehen, daß durch subkonstitutionelle Rechtsakte die Sicherung weiterer Güter zum *Zweck* einer Grundrechtseinschränkung erhoben werden darf. In diesem Fall ist nicht jeder Eingriffszweck vom Grundgesetz selbst gesetzt. Es hat die Zwecksetzungskompetenz dann vielmehr anderen Instanzen, regelmäßig dem Gesetzgeber, übertragen[20]. Den letztgenannten Weg schlagen die Einschränkungsvorbehalte der Grundrechte ein.

Insbesondere bilden die *Gesetzes*vorbehalte die verfassungsrechtliche Grundlage für gesetzliche Beschränkungen von Grundrechten[21]. Sie *begrenzen* einerseits die Einschränkungsbefugnis zwar in *formeller* Hinsicht auf Akte des Gesetzgebers. Insoweit regeln sie nicht mehr, als sich aus dem allgemeinen Vorbehalt des Gesetzes ohnehin ergäbe. Zum anderen und vor allem *erweitern* sie aber das Feld zulässiger Grundrechtseinschränkungen[22] in *materieller* Hinsicht. Einfache Gesetzesvorbehalte erlauben dem Gesetzgeber, sich beliebige Ziele zu setzen, die nicht verfassungsrechtlich verboten sind, und diese im Rahmen des Verhältnismäßigkeitsgrundsatzes und der Wesensgehaltgarantie zum Zweck einer Einschränkung zu erheben. Die qualifizierten Gesetzesvorbehalte heben diese Erweiterung nicht grundsätzlich auf. Sie normieren nur spezifische Rückausnahmen, die dem Grundsatz des Vorrangs der Verfassung nur indirekt wieder vermehrte Geltung verschaffen, indem sie die grundsätzlich zugelassene gesetzliche Beschränkung an spezielle Schranken-Schranken[23] binden.

Da die Einschränkungsvorbehalte Abweichungen von Geboten der Verfassung durch unterverfassungsrechtliche Normen erlauben, ergeben sich aus ihnen auch Orientierungen für die Auffindung *verfassungsrechtlicher* Ausnahmebestimmungen, also den erstgenannten Fall. Indem die Verfassung diese Abweichungen zuläßt, bestätigt sie nämlich *e contrario*, daß Normen, die die Verwirklichung der Zwecke von Verfassungsnormen beschränken, wenn sie überhaupt zulässig sind, regelmäßig auf Verfassungsebene stehen müssen. Explizite Ausnahmen für subkonstitutionelle Schrankennormen wären sonst überflüssig. Dies gilt namentlich für Ausnahmen vom grundrechtlichen Güterschutz, ist aber auf die Gewährleistung anderer Verfassungszwecke übertragbar. Wer das Erfordernis einer verfassungsrechtlichen Normierung tauglicher Zwecke von grundrechtseinschränkenden Normen mit der Bemerkung überspielt, fast jedes einfachgesetzlich geschützte Gut lasse sich letztlich auf ein Grundrecht „zurückführen"[24], ebnet leichthin den Unter-

---

[19] Dazu unten § 5 I 1.
[20] *Gallwas*, Grundrechte, S. 36.
[21] *Schnapp*, ZBR 1977, 208 (209); *Isensee*, Grundrecht auf Sicherheit, S. 45.
[22] Grdl. dazu *Jarass*, AöR 120 (1995), 345 (370); *Sachs*, in: Stern, Staatsrecht III/2, S. 230 ff. und 502 ff.; *ders.*, JuS 1995, 693.
[23] *Schlink*, EuGRZ 1984, 457 ff.; *Wülfing*, Gesetzesvorbehalte, S. 27.
[24] *Kriele*, JA 1984, 629 (631); *Mis-Paulußen*, Frage der Begrenzung, S. 163 f.

schied zwischen verfassungsrechtlich normiertem Schutz*grund* und gesetzlichen Schutz*regeln*, die sich eventuell auf ihn „zurückführen" lassen, ein.

Der Vorrang der Verfassung hat zur Sicherung der Grundrechte im übrigen noch eine zweite Verankerung im Grundgesetz neben Art. 20 Absatz 3 GG gefunden, nämlich in der Grundrechtsbindung aller Staatsgewalten nach Art. 1 Absatz 3 GG. Art. 1 Absatz 3 GG geht als besondere Vorrangregel noch ein Stück über Art. 20 Absatz 3 GG hinaus. Die Bindungsklausel verlangt, daß das Verhältnis von Grundrecht und Schranken dem Grunde nach verfassungsrechtlich festliegt[25].

Wollte man dem Gesetzgeber gestatten, grundrechtsbeschränkende Rechtsgüter *frei* auszuwählen, so würde dieses Gütererfindungsrecht folglich Art. 1 Absatz 3 GG aushöhlen[26]. Er drückt einen strikten Bindungswillen der Verfassung aus und ermöglicht Ausnahmen von der Grundrechtsgebundenheit nur dann, wenn das Grundgesetz sie selbst relativiert. Für eine solche abgeschwächte Bindung kann es sprechen, wenn eine Bestimmung nur die *Berücksichtigung* bestimmter Grundsätze im Gegensatz zu einem vollen Beachten fordert, wie in Art. 33 Absatz 5 GG geschehen[27]. Die ergebnisorientierte Suche nach Einschränkungsmöglichkeiten auf Grund einfachen Gesetzesrechts – und zwar unter ausdrücklichem Verzicht auf verfassungsrechtliche Verankerungen – nimmt den unmittelbar bindenden Rechtscharakter der Grundrechte dagegen nicht ernst[28]. Ihr kann nicht gefolgt werden.

2. Die Textbindung bei der güterbezogenen Verfassungsinterpretation

Die neuere Rechtsprechung des BVerfG betont besonders die Textbindung bei der Gewinnung verfassungsrechtlich geschützter Güter. Schon im *Mephisto-Beschluß* hatte das Gericht eine „unbestimmte Klausel ..., welche ohne verfassungsrechtlichen Ansatzpunkt ... auf eine Gefährdung der für den Bestand der staatlichen Gemeinschaft notwendigen Güter abhebt", abschlägig beschieden[29]. Mit am Beginn der Verfassungsrechtsprechung zur Figur immanenter Schranken steht also eine nachdrückliche Absage an Leerformeln, die je nach Bedarf mit Inhalten ausgefüllt werden könnten, die gerade für existenznotwendig gehalten werden.

a) Der Aufruf zu methodischer Präzision – nur hohles Pathos?

Da das BVerfG aber im selben Atemzug auf die nicht gerade klare Formel zurückgriff, die Schranken der Kunstfreiheit seien „nach Maßgabe der grundgesetz-

---

25 Ebenso *Bumke*, Grundrechtsvorbehalt, S. 172.
26 *Starck*, in: v. Mangoldt/Klein, Bd. 1, Art. 1 Absatz 3 Rdnr. 174.
27 *Nierhaus*, AöR 116 (1991), 72 (103).
28 So auch *Losch*, Wissenschaftsfreiheit, S. 184.
29 BVerfGE 30, 173 (193).

lichen Wertordnung und unter Berücksichtigung der Einheit dieses grundlegenden Wertsystems" zu bestimmen, überrascht es kaum, daß die Literatur den Appell zur Suche nach verfassungsrechtlichen Ansatzpunkten nicht im Sinne einer Rückbindung aller immanenten Schranken an den Wortlaut des Grundgesetzes aufnahm.

aa) Textbindung als Postulat des Bundesverfassungsgerichts

Einen Textbezug des „verfassungsrechtlichen Ansatzpunktes" forderte klar erst die Schulgebets-Entscheidung des BVerfG. Sie mahnte die Herleitung von Verfassungsgütern aus anderen Verfassungsbestimmungen an[30]. Darin blieb sie indes noch für einige Jahre ein Einzelfall und brachte die Mahnungen der Literatur zu genauerem Textbezug nicht zum Verstummen[31].

Als die Kritik bis in die Reihen der Verfassungsrichter vordrang[32], entschied sich der 1. Senat jedoch zu einer deutlichen Reaktion. Einen Vorgeschmack brachte die Entscheidung zum „Anachronistischen Zug", die auf andere Bestimmungen der Verfassung abhob, „die ein in der Verfassungsordnung des Grundgesetzes ebenfalls wichtiges Rechtsgut schützen"[33]. Seither stellt das BVerfG verstärkt auf einzelne Verfassungsbestimmungen ab. Ähnlich programmatisch wie im *Mephisto*-Beschluß heißt es vor allem in der Entscheidung zum „Herrnburger Bericht":

„Dabei reicht es nicht aus, die Einschränkung des vorbehaltlos gewährleisteten Grundrechts formelhaft mit dem „Schutz der Verfassung" oder mit der Funktionstüchtigkeit der Strafrechtspflege zu rechtfertigen. Eine solche pauschale Betrachtung würde dem hohen Rang dieser Grundfreiheit sowie dem Umstand nicht gerecht, daß das Grundgesetz auf verfassungsrechtlicher Ebene nur ganz bestimmte Vorkehrungen zu ihrem Schutz vorsieht. Es ist daher geboten, anhand einzelner Grundgesetzbestimmungen die konkret verfassungsrechtlich geschützten Rechtsgüter festzustellen, die bei realistischer Einschätzung der Tatumstände der Wahrnehmung des Rechts aus Art. 5 Abs. 3 Satz 1 GG widerstreiten, und diese in Konkordanz zu diesem Grundrecht zu bringen"[34].

Kernsatz dieser Entscheidung ist zum einen die die Formel des Mephisto-Beschlusses auf die Textebene zentrierende Aussage, die Kunstfreiheit finde ihre „Schranken ... nur in anderen Verfassungs*bestimmungen*"; wichtig ist weiter die Anschlußbemerkung, anhand dieser Verfassungsbestimmungen seien die „konkret verfassungsrechtlich geschützten Rechtsgüter festzustellen". Noch klarer wird die Entscheidung zum Schutz der Bundesflagge. Sie wiederholt die eben zitierten Sätze nicht nur leicht modifiziert; sie ergänzt sie anschließend auch um die unge-

---

30 BVerfGE 52, 223 (247).
31 *Wülfing*, Gesetzesvorbehalte, S. 114; *Schlink*, EuGRZ 1984, 457 (464: „Normdifferenzierung statt Wertemonismus"); *Pieroth*, AöR 114 (1989), 422 (431).
32 BVerfGE 69, 57 (60 f. – Sondervotum *Mahrenholz/Böckenförde*).
33 BVerfGE 67, 213 (228).
34 BVerfGE 77, 240 (255); ähnlich wieder BVerfGE 80, 130 (142).

wöhnlich abstrakte Feststellung, verfassungsimmanente Grundrechtsschranken könnten sich aus „Verfassungsbestimmungen *aller Art*" ergeben.

„Die Garantie des Art. 5 III 1 GG findet ihre Grenzen nicht nur in den Grundrechten Dritter. Vielmehr kann sie mit Verfassungsbestimmungen aller Art kollidieren ... Dabei ist allerdings zu beachten, daß sich Einschränkungen dieses vorbehaltlos gewährleisteten Grundrechts nicht formelhaft mit allgemeinen Zielen wie etwa dem „Schutz der Verfassung" oder der „Funktionstüchtigkeit der Strafrechtspflege" rechtfertigen lassen; vielmehr müssen anhand einzelner Grundgesetzbestimmungen diejenigen verfassungsrechtlich geschützten Güter konkret herausgearbeitet werden, die bei realistischer Einschätzung der Tatumstände mit der Wahrnehmung des Rechts aus Art. 5 Abs. 3 Satz 1 GG kollidieren"[35].

Dieses Bekenntnis zur Texttreue ist ernstzunehmen. Es ist so unmißverständlich formuliert, daß man dem BVerfG nicht unterstellen kann, es habe „seine Absicht ... falsch etikettiert"[36].

bb) Beliebigkeit der Verfassungsrechtsprechung?

Mit der Überzeugungskraft dieser Dikta wäre es indes nicht sehr weit her, wenn das BVerfG selbst die von ihm geforderte Präzision in der Ableitung verfassungsimmanenter Schranken aus dem Grundgesetz vermissen ließe. Genau dies wird ihm aber immer wieder unter wechselnden Vorzeichen vorgeworfen. Ein Defizit an nachvollziehbaren Maßstäben wäre im übrigen nicht nur ein Schönheitsfehler, sondern auch ein ernstes rechtliches Problem. Auch die Rechtsprechung des BVerfG muß die Gleichmäßigkeit zeigen, die Art. 3 Absatz 1 GG erfordert, und seine Entscheidungen über Einzelfälle müssen dem rechtsstaatlichen Gebot der Vorsehbarkeit genügen[37]. Daher ist diesen Einwänden gegen die Rechtsprechung des BVerfG hier zunächst nachzugehen, um in den späteren Teilen dieser Arbeit mit Korrekturen (nur) dort anzusetzen, wo sie wirklich erforderlich sind. Manche dieser Vorwürfe erscheinen dabei berechtigter als andere.

Angriffspunkte lagen vor allem in den frühen einschlägigen Verfassungsgerichtsentscheidungen. Das grundlegende Kriegsdienstverweigerungs-Urteil stützte die Einschränkung der Gewissensfreiheit gerade nicht auf die dort hervorgehobenen Grundrechte anderer und auch nicht auf einen namentlich im Grundgesetz genannten „Rechtswert", sondern auf die „Einrichtung und Funktionsfähigkeit der Bundeswehr", der es zudem ausdrücklich nur „für diese Abwägung" Verfassungsrang zuerkannte[38]. Die Wahl des beschränkenden Verfassungsgutes scheint also hier vor allem am angestrebten Ergebnis orientiert zu sein. Die Reihe der richtungweisenden, aber nicht unangreifbar begründeten Entscheidungen setzt sich mit

---

[35] BVerfGE 81, 278 (292 f.).
[36] So aber *Enders*, Menschenwürde, S. 333.
[37] *Fehlau*, JuS 1993, 441 (442 f.).
[38] BVerfGE 28, 243 (260 f.).

I. Der Verfassungsvorbehalt für Schrankengüter

dem Mephisto-Beschluß fort. Nach seiner Begründung ist „ein im Rahmen der Kunstfreiheitsgarantie zu berücksichtigender Konflikt nach Maßgabe der grundgesetzlichen Wertordnung und unter Berücksichtigung der Einheit dieses grundlegenden Wertsystems durch Verfassungsauslegung zu lösen"[39].

Diese Formel ist nun allerdings und nicht ganz zu Unrecht mit ironischen, wenn nicht sarkastischen Kommentaren bedacht worden. *Walter Schmidt* tat sie mit den Worten ab: „Das klingt gewichtig und besagt doch gar nichts"[40]. Zuweilen ist dem BVerfG sogar Beliebigkeit in der (Er)findung neuer Verfassungsgüter vorgeworfen worden[41]. Oft wurde bemerkt, der Kreis der nicht-grundrechtlichen „Verfassungsgüter" sei schwer überschaubar[42], ja es gebe kaum ein ernsthaft relevantes Gut, das die höheren verfassungsrechtlichen Weihen *nicht* erlangen könne[43]. Dem BVerfG wurde vorgehalten, es zöge Verfassungsgüter wie das sprichwörtliche Kaninchen aus dem Zylinder[44]. Je weiter der Anwendungsbereich der Technik immanenter Beschränkungen wird, um so dringender stellt sich die Frage nach ihrem methodischen Fundament.

Bezeichnenderweise gibt es einen nicht unbedeutenden Teil der Literatur, der die Tendenz zu immer weiteren Schrankengütern begrüßt, und zwar ausdrücklich aus ergebnisorientierten Erwägungen. Soweit Vertreter dieser Ansicht den gegenteiligen Willen der Verfassungsschöpfer anerkennen, halten sie ihn für überholt. Ihrer Ansicht nach hat das BVerfG die Schutzbereiche der Grundrechte in ursprünglich nicht vorhersehbarem Maße ausgeweitet. Dem wollen sie mit einem entsprechenden Erfindungsreichtum auf der Seite kollidierender Güter begegnen[45]. Dogmatische Grundlagen sind in der Rechtsprechung des BVerfG aber durchaus vorhanden, auch wenn es in der Regel nicht zu umfangreichen methodologischen Erwägungen ausholt. Die Grundlinien der Rechtsprechung herauszupräparieren, ist auch nicht Aufgabe eines Gerichts, sondern der Wissenschaft. Wo sie das BVerfG für ein „beliebiges" Vorgehen schilt, trifft der Vorwurf sie selbst, weil sie keine verläßlichen Konturen hinter den ihr disparat wirkenden Entscheidungen ausmachen konnte.

---

39 BVerfGE 30, 173 (193); wiederholt in BVerfGE 47, 327 (369).

40 *W. Schmidt*, NJW 1973, 585 (586); ähnlich *Waechter*, Der Staat 30 (1991), 19 (35), der sich selbst allerdings auch nicht gerade eine allzu deutliche Ausdrucksweise vorwerfen lassen muß.

41 *Wülfing*, Gesetzesvorbehalte, S. 114.

42 *van Nieuwland*, Theorien, S. 123 f.

43 *Lerche*, BayVBl. 1974, 177 (180).

44 *Jestaedt*, Zuständigkeitsüberschießende Gehalte, S. 318 (mit Bezug auf das *Ergebnis* der Abwägung, nicht auf die einschränkenden *Verfassungsgüter* oder *-normen*; vgl. folgende Fußnote).

45 So insbes. *Kriele*, JA 1984, 629 (631 ff.); *Jestaedt*, Zuständigkeitsüberschießende Gehalte, S. 318 Fußn. 12.

cc) Relativität des Verfassungsrangs?

Die frühesten Entscheidungen des BVerfG schränkten ihre Reichweite aber auch noch – wie schon erwähnt – mit den Worten ein, „Einrichtung und Funktionsfähigkeit der Bundeswehr h(ätt)en *für diese Abwägung* verfassungsrechtlichen Rang"[46]. Daß nicht geschützte Güter selbst, sondern nur die sie schützenden *Normen* verfassungsrechtlichen Rang innehaben, läßt – jedenfalls theoretisch – die Vorstellung zu, der Schutz bestimmter Güter sei kein absoluter, von den Umständen des Einzelfalls gelöster, da die in Frage kommenden Verfassungsnormen die betroffenen Güter nur in einzelnen Beziehungen schützen. Es könnte mit anderen Worten so etwas wie *relative Verfassungsgüter* geben, denen nur in bestimmten Rechtsverhältnissen verfassungsrechtliche Schutznormen zur Seite stehen.

Diese Konsequenz ist aus dem Bezug auf „diese" Abwägung aber nicht gezogen worden. Offenbar wollte das Gericht vor allem demonstrieren, daß es mit Vorsicht voranschreitet und sich auf die Entscheidung des Einzelfalls beschränkt. So scheint der Zusatz „für diese Abwägung" nur dem Bemühen des Gerichts zu danken zu sein, keine zu weit über die Bedürfnisse der Einzelfallentscheidung hinausreichenden Aussagen zu treffen und sich um der weisen Selbstbeschränkung willen lieber mißverständlich als unvorsichtig auszudrücken.

Die zitierte Passage läßt im übrigen auch eine *kollisions*bezogene Lesart zu, und so gesehen erhält sie einen aufschlußreichen Sinn. Einrichtung und Funktionsfähigkeit der Streitkräfte sind nicht unmittelbar verfassungsrechtlich gewährleistet[47]. Sie leiten ihre Verfassungswürde vielmehr von der Verfassungsentscheidung für eine wirksame militärische Verteidigung ab. Nur insoweit, als sie diesem Verfassungsgut dienen, stehen die institutionellen Modalitäten der Streitkräfte unter dem Schutz der Verfassung. In einer Kollisionslage, die nur im Rahmen ihres innerstaatlichen Einsatzes auf der Grundlage der Art. 35 Absatz 3 Satz 1 und 87a Absätze 3 und 4 GG eintreten kann, verlieren die Streitkräfte diese Abstützung; im Fall des inneren Notstands (Art. 87a Absatz 4 GG) könnte z. B. das Prinzip der wehrhaften Demokratie an diese Stelle rücken.

Nachdem die Wendung „für diese Abwägung" in späteren Entscheidungen zur Funktionsfähigkeit der Streitkräfte aus der im übrigen wortgleichen Formel verschwunden war, ließ die Entscheidung zum „Herrnburger Bericht" allerdings wieder vermuten, daß einzelne Rechtsgüter nur in einzelnen Beziehungen verfassungsrechtlich geschützt seien. Hier führte der 1. Senat des BVerfG aus, es sei geboten, „die *konkret* verfassungsrechtlich *geschützten* Rechtsgüter festzustellen"[48]. Damit sollte aber wohl nicht angedeutet werden, daß bestimmte Güter nur von Gelegen-

---

[46] BVerfGE 28, 243 (261); ähnlich BVerfGE 28, 282 (289); Hervorhebung vom Verfasser.

[47] Siehe zum Streit um die angebliche institutionelle Garantie der Streitkräfte einerseits *Hernekamp*, in: v. Münch/Kunig, GG, Bd. 3, Art. 87a Rdnr. 8; andererseits *Pieroth*, AöR 114 (1989), 422 (446); näher unten III 2 b).

[48] BVerfGE 77, 240 (250); Hervorhebung vom Verfasser.

heit zu Gelegenheit schwankend Verfassungsschutz erhielten. Das kommt in der genauer formulierten Bundesflaggen-Entscheidung zum Ausdruck, wo die entsprechende Stelle lautet: „vielmehr müssen ... diejenigen verfassungsrechtlich geschützten Güter *konkret herausgearbeitet* werden, die ... mit der Wahrnehmung des Rechts aus Art. 5 Abs. 3 Satz 1 GG kollidieren"[49]. *Konkret* ist hier nicht der *Schutz*, sondern die *Arbeit* am Einzelfall, aus dem das einem verfassungsrechtlich (immer) geschützten *Rechts*gut zuzuordnende (fallbezogene) *Lebens*gut herauspräpariert wird. Einen relativen Verfassungsrang besitzen Rechtsgüter danach *nicht*, sie erscheinen nur in fallweise wechselnden konkreten *Ausprägungen*.

b) Besonderheiten der Verfassungsinterpretation?

Die Feststellung des BVerfG, daß der Wortlaut des Grundgesetzes zum Ausgangspunkt der Herleitung von Verfassungsgütern zu machen ist, ist vor allem als Aufforderung an die wissenschaftliche Dogmatik zu verstehen. Große Teile der Literatur pflichten ihr auch bei. So wird oft betont, Respekt vor dem Verfassungstext sei ein aus Art. 1 Absatz 3, 20 Absatz 3 und 79 Absatz 1 Satz 1 GG ableitbares Verfassungsgebot[50]. Da es um Normen geht, ist die Suche nach bestimmten Rechtsfolgen eine Frage der *Auslegung*. Das zu bearbeitende Material legt der grundsätzlichen Bindung an den Grundgesetztext auch keine unüberwindlichen Hindernisse in den Weg. Es erstaunt, wenn noch heute die Methodik der Herleitung von Verfassungsgütern aus dem Grundgesetz als ein wenig diskutiertes Problem bezeichnet wird[51]. Erst recht gilt das für die Untersuchung von Verfassungsnormen auf ihre Tauglichkeit als Kollisionsnormen.

aa) Funktionale Besonderheiten des Verfassungsrechts als Auslegungshindernisse?

Angesichts der Vorstöße zu einer von den juristischen Methoden gelösten, dem Spiel der politischen Kräfte anheimgestellten Verfassungsauslegung noch um 1970 mag zwar Anlaß bestanden haben, auf der Gültigkeit allgemeiner methodischer Grundsätze auch bei der Auslegung des Grundgesetzes zu bestehen. Die Interpretation des Verfassungsrechts sollte nach Ansicht mancher Autoren anderen Regeln folgen als diejenige von Gesetzen, schärfer ausgedrückt: die üblichen Auslegungsmethoden galten ihnen als inadäquat. An ihre Stelle sollten besondere Prinzipien

---

[49] BVerfGE 81, 278 (293); Hervorhebung vom Verfasser.

[50] *Gallwas*, Grundrechte, S. 31; ähnlich *Pestalozza*, in: v. Mangoldt/Klein, GG, 3. Aufl., Bd. 8, Art. 70 Rdnr. 58.

[51] So insbes. zur Herleitung aus Verfassungsprinzipien *Gusy*, JZ 1993, 796 (797). Eine andere Frage ist, ob das GG *selbst* methodologische Normen enthält; dazu (abl.) *Hain*, JZ 1998, 1059 (1060); (zust.) *Schilling*, Rang und Geltung, S. 455.

der Verfassungsinterpretation treten[52]. Das BVerfG hatte einer Absetzbewegung von den gewöhnlichen Auslegungsmethoden Vorschub geleistet, indem es den Wortlaut des Grundgesetzes zugunsten immer wieder neuer Varianten der fragwürdigen Figur einer „Einheit der Verfassung" hintanstellte. Die Formel von der Einheit der Verfassung läßt sich indes auf die üblichen Kriterien systematischer und teleologischer Auslegung reduzieren[53] und verliert damit ihre methodologische Exotik.

Nachdem diese Vorstöße sich nicht durchsetzen konnten, ist die Forderung nach möglichst methodisch kontrollierter Auslegung eher banal. Sie stößt gleichwohl heute auf zum Teil sogar noch grundlegendere Bedenken. In den letzten Jahren ist das Postulat einer Textbindung der Auslegung nämlich nicht mehr nur für das Verfassungsrecht, sondern ganz allgemein Anfechtungen ausgesetzt. Die Bindung an einen Text als bloß sprachliches Phänomen, so lassen sie sich zusammenfassen, könne das Auslegungsergebnis weder absichern noch gar legitimieren[54]; in Wirklichkeit entscheide der Rechtsanwender gar nicht textgebunden, sondern gebunden an eine tradierte Auslegung[55].

Bestände die verbreitete Textbindungsskepsis zu Recht, so läge darin ein gewichtiges Hindernis für das Vorhaben, abstrakt-normative Maßstäbe zur Ableitung und Anwendung verfassungsimmanenter Grundrechtsschranken mit den herkömmlichen methodischen Mitteln zu entwickeln. Die genannten Einwände gehen jedoch fehl. Die methodologische Skepsis wird zudem von der Praxis widerlegt. Die generelle Kritik an der Forderung nach Wortlautbindung liest zu starke Voraussetzungen in dieses Postulat hinein. Es trifft zu, daß ein Text weder das Auslegungsergebnis noch die richterliche Entscheidung *legitimieren* kann. Textbindung kann jedoch auch als das Gebot einer nachvollziehbaren *Rechtfertigung* von Auslegung und Anwendung vor der sinnstabilisierenden Sprachform des Gesetzes definiert werden. Der Vorzug geschriebenen Rechts liegt in der Fixierung einer Norminterpretationsgrundlage. Textbindung heißt nach der gegebenen Definition nur, aber doch immerhin, daß diese Grundlage als Ausgangspunkt der Lösung von Rechtsfällen ernstgenommen und nicht von vornherein zugunsten frei flottierender Argumentationen und Abwägungen über Bord geworfen wird. Sicherheit, daß das gefundene Ergebnis das „richtige" sei, ist ohnehin nie zu gewinnen.

Auch andere, geläufige Argumente gegen die Anwendung der herkömmlichen Interpretationsmittel auf das Verfassungsrecht greifen nicht durch. Der *„politi-*

---

[52] Siehe nur *Ehmke,* Prinzipien der Verfassungsauslegung, VVDStRL 20 (1963), S. 53 (100 f.); ähnlich *Lerche,* DVBl. 1961, 690 (692).
[53] So auch *Brugger,* AöR 119 (1994), 1 (31); ähnlich *Graf,* Grenzen, S. 17; s. näher *Hablitzel,* BayVBl. 1981, 104 und unten vor § 3.
[54] *Depenheuer,* Der Wortlaut als Grenze, S. 45; *Roellecke,* in: FSchr. Pawlowski, S. 137 (145).
[55] *Christensen,* Was heißt Gesetzesbindung?, S. 218; *Laudenklos,* Sprachspiel und semantischer Kampf, in: Forgó / Holzleithner, Rechtsphilosophie und Rechtstheorie, S. 12 (14).

sche" Charakter jeder Verfassung betrifft nur den *Gegenstand* der Regelung, nicht aber den *Inhalt* ihrer Rechtssätze. Trotz seiner oft feierlichen Sprache hebt gerade das Grundgesetz sich dadurch von der Weimarer Reichsverfassung ab, daß es durchgehend normativ verbindliche Regelungen trifft. Programmsätze sind die Ausnahme und finden sich fast ausschließlich in der Präambel. Das Grundgesetz überläßt die Ordnung des staatlichen Zusammenlebens daher nicht der politischen Dezision. Zu Recht vereinzelt geblieben ist die Ansicht, da die Verfassung den politischen Prozeß regele, müsse ihre Auslegung vom Willen der politisch Handelnden bestimmt sein[56]. Seine *Integrationsfunktion* erfüllt das Grundgesetz anders als die Weimarer Verfassung nicht durch staatsethische Erbaulichkeit, sondern durch normative Verbindlichkeit[57]. Wo sein Wortlaut eine moralisierende Auslegung nahelegt – etwa in der Schranke des Sittengesetzes nach Art. 2 Absatz 1 Halbs. 2 GG –, ist dennoch zunächst der rechtliche Bedeutungsgehalt auszuschöpfen, bevor auf die normative Reserve des Anstandsgefühls zurückgegriffen wird.

Es ist daher zumindest als Ausgangsbasis festzuhalten, daß die Verfassung in ihrer Form als Gesetz ernstzunehmen ist[58]. Das Grundgesetz ist eine formstrenge, „rigide" Verfassung[59]. Zur normativen Kraft der Verfassung gehört, daß sie auf dieselbe Weise wirkt wie andere Gesetze: durch Beachtung der in ihrer sprachlichen Formulierung festgelegten Gebote, Verbote und Erlaubnisse. Nicht impliziert ist hiermit eine Begrenzungsfunktion des Wortlautes[60]. Im allgemeinen ist die Ermittlung grundrechtsverkürzender Rechtsfolgen zwar schwierig, weil sie außerhalb des Vorbehaltskanons der Art. 1 bis 19 GG wenig deutlich im Verfassungstext zum Ausdruck kommen. Diese Aussage setzt allerdings schon voraus, daß Auslegung mit der Betrachtung des Normtexts beginnt und nicht ganz losgelöst davon allein nach dem Willen des historischen Normgebers sucht[61]. Daher ist es auch vorzuziehen, von stillschweigend mitgeschriebenen anstatt von ungeschriebenen Schranken der Grundrechte zu sprechen[62].

Gewisse Rücksichten auf die Besonderheiten des Verfassungsrechts sind von der grundsätzlichen Anwendbarkeit der üblichen Auslegungsmethoden nicht ausgeschlossen. So begrenzt das Fehlen einer höheren Ebene von Zwecknormen teleo-

---

[56] So *Ehmke*, VVDStRL 20 (1963), 5 (65); *H. P. Schneider*, Opposition, S. 21; a.A. etwa *R. Dreier*, in: ders. (Hrsg.), Probleme der Verfassungsinterpretation, S. 13 (14); *Ossenbühl*, DVBl. 1965, 649 (651).
[57] Ebenso *H. H. Klein*, DVBl. 1991, 729 (736).
[58] So schon *Forsthoff*, res publica 7 (1961), S. 34.
[59] *Wülfing*, Gesetzesvorbehalte, S. 59 m. w. Nachw.
[60] Dagegen vehement *Depenheuer*, Wortlaut als Grenze, S. 57; anders ders., DVBl. 1997, 685 (686).
[61] So aber *Jestaedt*, Zuständigkeitsüberschießende Gehalte, 326 f.; anders zu Recht *Isensee*, in: FSchr. G. Winkler, S. 367 (378).
[62] Vgl. zur parallelen Ausdrucksweise bei den Gesetzgebungskompetenzen *Lerche*, in: Maunz/Dürig, GG, Art. 83 Rdnr. 39 mit Fußnote 136; *Achterberg*, JA 1980, 210 (217) mit Fußnote 69.

logische Erwägungen im Verfassungsrecht deutlich. Jedoch sind grundsätzlich alle klassischen Auslegungsmethoden auch im Verfassungsrecht anwendbar. Allein an den Normtext[63] oder an den Willen des Verfassungsgebers[64] anknüpfende Methodenlehren kommen nicht um die Feststellung herum, daß oft weder der Text noch die Entstehungsgeschichte eindeutigen Aufschluß über den Regelungsinhalt einer Verfassungsnorm gibt. Zwischen den hergebrachten Auslegungskriterien gibt es insoweit auch keine allgemeine Rangfolge. Schon gar nicht ist eines von ihnen das eigentliche Auslegungsziel, dem sich die anderen unterzuordnen hätten.

Insbesondere ist der Wille des historischen Verfassungsgebers nicht das eigentliche Interpretationsziel[65]. Nur als Hilfskriterium ist daher auch hier die sogenannte subjektiv-historische oder genetische Auslegung zu berücksichtigen[66]. Der Wille der an der Normsetzung beteiligten Personen läßt sich ohnehin oft nur auszugsweise feststellen und ist nicht identisch mit dem Willen „des Gesetzgebers", eines fiktiven Zurechnungssubjekts der Staatsfunktion Gesetzgebung. Genetische Aspekte helfen daher oft nur über Zweifel hinweg, die die Mehrdeutigkeit des Verfassungstextes aufwirft. Gegen einen eindeutigen Wortlaut und klare systematische Beziehungen kann sich eine bestimmte normsetzerische Motivation nicht durchsetzen, auch wenn sie innerhalb des normsetzenden Gremiums völlig unumstritten war. *Eingeengt* wird die mögliche Wortlautinterpretation durch begriffsgeschichtliche Gesichtspunkte und den klar feststellbaren Willen des historischen Gesetzgebers aber durchaus. Warum die historische Auslegung gerade hier nicht weiterhelfen sollte[67], ist nicht erkennbar. Zum Beispiel dürfen bewußt von den Normschöpfern verworfene Textfassungen nicht wiederhergestellt werden, indem die angenommene Fassung in ihrem Lichte interpretiert wird[68].

Die Besonderheiten des Verfassungsrechts erscheinen insgesamt nicht so groß, daß eine Anwendung der üblichen Methodencanones unmöglich wäre. Zwar bestehen Unsicherheiten im Detail, und Abweichungen mögen im einzelnen erforderlich sein. Doch gibt es zahlreiche Beispiele für eine gelungene, differenzierte Auslegung der Verfassungsnormen im Hinblick auf ihre Gütergewährleistungs- und Grundrechtsschrankenfunktion hin[69].

---

[63] So der Ansatz bei *Wülfing*, Gesetzesvorbehalte, S. 63.

[64] *Jestaedt*, Zuständigkeitsüberschießende Gehalte, S. 321 und 326 f.; *Depenheuer*, Der Wortlaut als Grenze, S. 55.

[65] So namentlich *Jestaedt*, Zuständigkeitsüberschießende Gehalte, S. 322.

[66] Ebenso VerfG Brandenburg, DVBl. 1999, 34 (37) m. w. Nachw. und die Nachweise bei *Friedr. Müller*, Juristische Methodik, S. 256; für die verstärkte Anwendung der genetischen Methode jüngst H. P. Schneider, in: FSchr. Stern, S. 903 (904).

[67] So aber *Nierhaus*, AöR 116 (1991), 72 (99).

[68] So auch *Gusy*, JöR n. F. 33 (1984), 105 (122).

[69] Vorbildlich etwa BVerwG, NJW 1982, 194 ff.; VG Berlin, NVwZ 1994, 506 (507 ff.).

bb) Sprachliche Eigenheiten des Verfassungstextes
als Auslegungshindernisse?

Daß die Verfassung anders zu interpretieren sei als ein gewöhnliches Gesetz, soll außer von ihrer Stellung an der Spitze der Normenhierarchie vor allem von ihrem fragmentarischen Charakter geboten sein[70]. Die Wortlautauslegung findet in Verfassungsbestimmungen nun aber nicht etwa zu wenig Substanz, um darauf Wortlautauslegungen zu stützen. Ist die Regelung eines Gegenstandes im Grundgesetz fragmentarisch, so beeinflußt dies demnach die Wortlautauslegung nicht allzu sehr. Sie muß sich allerdings auf eine schmalere Basis stützen, was die Wahrscheinlichkeit, daß schon unter *diesem* Gesichtspunkt ein Verfassungsgut gefunden werden kann, verringert.

Wenn es im übrigen als Besonderheit der Verfassungsbestimmungen hervorgehoben wird, sie zeichneten sich durch lapidare Kürze aus und bedürften daher besonderer Interpretationskünste, galt dies schon von jeher nur zum Teil und in letzter Zeit immer weniger. Ganz abgesehen von der fortschreitenden Ausformung sehr präziser, zur abschließenden Regelung tendierender Normen auf Verfassungsebene nach Tatbestand und Rechtsfolge hindert auch eine begriffliche Weite der Verfassungssprache nicht an ihrer präzisen Untersuchung auf gewährleistende Inhalte. Gerade das sogenannte organisatorische Verfassungsrecht enthält zahlreiche detaillierte, sehr technische und kaum noch auslegungsbedürftige Aussagen, besonders zur Verwaltungsorganisation und im Bereich des Finanzwesens. Eine bundesstaatliche Verfassung, die die Kompetenzen ausdifferenzierter und allgegenwärtiger Staatswesen auf Bundes- und Gliedstaatenebene ordnen soll, kommt ohne exakte Verteilungsregeln dieses Kalibers wohl nicht aus.

Doch sind seit Mitte der sechziger Jahre auch immer mehr umfangreiche Artikel im Grundrechtsbereich eingefügt worden, die allesamt Schrankenregelungen der verschiedensten Art betreffen. Sie waren allerdings nicht ohne Vorbild im Urtext des Grundgesetzes. Schon Art. 104 GG ist kein Muster an Kürze und Prägnanz, sondern bewußt in Verfassungsnormen gefaßtes Strafverfahrensrecht[71]. Doch blieb der eigentliche Grundrechtsabschnitt bis zur Einfügung der Notstandsverfassung von unübersichtlichen Vorschriften verschont. Art. 12a und erst recht Art. 16a GG haben diese große Linie der Verfassungsstilistik durchbrochen. So sehr dies unter verfassungspolitischen Gesichtspunkten zu bedauern ist[72], wäre es doch als interpretationstechnischer Vorteil zu vermerken, wenn es dahin führte, daß die Grundrechtsschranken insoweit klarer und unmißverständlicher geregelt wären. Fraglich mag allerdings scheinen, ob die Genauigkeit nicht vielmehr zur Auflösung der Einschränkung in technische Details führt, m. a. W. ob über der Präzisierung einzelner Handlungsanweisungen an die Exekutive und den Richter nicht jeder Anhaltspunkt

---

[70] So *Böckenförde*, NJW 1974, 1526 (1529); *ders.*, NJW 1976, 2088 (2091).
[71] *Niemöller / Schuppert*, AöR 107 (1982), 387 (406).
[72] *Voßkuhle*, DÖV 1994, 53 (65 f.); *Schuppert*, AöR 120 (1995), 32 (67 f.).

für den Schutzzweck derartiger Schrankenbestimmungen verloren geht. Außerdem taugt auch das detailliertere Verfassungsrecht in seinem technischen Charakter kaum als Grundlage besonders hochrangiger Güter. Die Vorgaben des Art. 16a Absatz 4 Satz 1 GG für das verwaltungsgerichtliche Verfahren zum Beispiel erzeugen nur *erschwert änderbares* Verfahrensrecht. Sie erheben die dort erwähnten Institute des Prozeßrechts nicht in *Verfassungsrang*, schon weil die Norm im Hinblick auf Eilrechtsschutz und Prüfungsumfang eine restriktive und keine verfestigende Regelungstendenz aufweist.

Die lakonische Kürze und Allgemeinheit des Verfassungstextes ist nach alledem kein Anlaß, ihn unter Berufung auf die grundlegende Funktion jeder Verfassung für die staatliche Rechtsordnung im Lichte des einfachen Gesetzesrechts auszulegen und damit eine verfassungsrechtliche Durchregelung aller Lebensbereiche zu erreichen, die nur um den Preis zu haben ist, daß sich die Unterscheidung zwischen Verfassungsrecht und unterverfassungsrechtlichen Normen auflöst. Die unvollständige Formulierung des Grundgesetzes läßt vielmehr Spielräume; deren Ausfüllung ist aber an die Verfassung gebunden und bestimmt *nicht* umgekehrt deren Regelungsgehalt. Je genauer man die bewußt unvollständige Normierung des Grundgesetzes beachtet, desto mehr ist man gezwungen, seine präzisen Rechtsfolgen zu beachten, statt unbestimmte Wertungen aus ihm zu gewinnen[73]. Insbesondere ist die Herleitung ungeschriebener Grundrechtsschranken – dem Grunde wie dem Ausmaß nach – prinzipiell restriktiv zu handhaben, da die rechtsstaatlichen Gebote der Rechtssicherheit und Rechtsklarheit für eine Bevorzugung des geschriebenen vor dem ungeschriebenen Recht sprechen[74].

Soweit für das Grundgesetz weiter gilt, daß seinen Begriffen große *Offenheit* und *Weite* eignet[75], ist dies eher Anlaß besonders intensiver Interpretationsbemühungen als ein Hindernis für sie. Dabei ist unter „Offenheit" und „Weite" etwas anderes zu verstehen als der eben erwähnte (und auch nicht durchgehend beobachtete) *fragmentarische* Charakter des Verfassungsrechts. Dieser bezieht sich auf die Grobmaschigkeit des Netzes von Verfassungsregeln als ganzer; dagegen betreffen „Offenheit" und „Weite" schon die Auslegungsfähigkeit *einzelner* Begriffe des Verfassungsrechts. Mit beiden Begriffen ist gemeint, daß eine verfassungsrechtliche Regelung zwar existiert, aber so unbestimmte Begriffe verwendet, daß ihre Anwendung im Einzelfall nicht ohne Konkretisierungsarbeit möglich ist[76]. Im einzelnen ist die Definition der Offenheit verfassungsrechtlicher Begriffe aber alles andere als geklärt. Diese offene Flanke des Offenheitsbegriffs drückt sich schon darin aus, daß verschiedene Untergliederungen des Offenheitscharakters vorgeschlagen werden, um ihn methodisch in den Griff zu bekommen. So wird einerseits zwischen sachbezogener und normbezogener, andererseits zwischen struktureller

---

[73] *Gusy*, JöR 33 (1984), 105 (120 f.).
[74] *Frankenberg*, KJ 1995, 421 (435); vgl. a. *Friedr. Müller*, Einheit der Verfassung, S. 29.
[75] *Ehmke*, VVDStRL 20 (1963), S. 53 (62 f.).
[76] Bereits früh erkannt von *Lerche*, DVBl. 1960, 690 (693 und 700).

I. Der Verfassungsvorbehalt für Schrankengüter

und materieller Offenheit sowie drittens zwischen „organgerichteter" und „außengerichteter" Offenheit unterschieden[77].

Während das BVerfG – darin noch relativ wenig angefochten – sich und die Rechtsprechung überhaupt für befugt zur Konkretisierung offener Verfassungsbegriffe hält, sehen einige neuere Beiträge der Literatur in der Offenheit verfassungsrechtlicher Normierungen eine *Interpretationssperre* für die Rechtsprechung, z. T. sogar für die Rechtswissenschaft. In den „Lücken" der Verfassung herrscht danach eine Konkretisierungsprärogative des Gesetzgebers[78]. Nur wenn der Gesetzgeber Regelungspflichten, die ihm die Verfassung auferlegt, auf Dauer nicht nachkommt, könne die Rechtsprechung subsidiär eintreten[79]. Jedenfalls für *planmäßige* Verfassungslücken ist dieser Auffassung zuzustimmen, allerdings nicht im Hinblick auf die Rechtswissenschaft. Sie ist unabhängig von der Funktionenordnung der Verfassung, da sie kein verbindliches Recht setzt, sondern nur Deutungen und Konkretisierungen *vorschlägt*. So ist insbesondere der Begriff des gesamtwirtschaftlichen Gleichgewichts in Art. 109 Absatz 2 GG offen für neue wirtschaftswissenschaftliche Erkenntnisse. Der verfassungsändernde Gesetzgeber wollte eine Festlegung auf den 1969 erreichten Stand der Wirtschaftstheorie vermeiden[80]. Die Rechtswissenschaft hindert dies nicht, immer neue Elemente des Art. 109 Absatz 2 GG zu entdecken. Einem womöglich mit Bindungswirkung gemäß § 31 BVerfGG ausgestatteten definitiven Urteilsspruch ist der Begriff des gesamtwirtschaftlichen Gleichgewichts aber verschlossen.

Plan*widrige* Lücken der Verfassung kann die Rechtsprechung dagegen im Wege systematischer Auslegung schließen wie auf anderen Rechtsgebieten auch[81]. Gegenüber *gesetzgeberischen* Auslegungen ist die Normverwerfungskompetenz selbstverständlich auch insoweit auf das BVerfG beschränkt. Versagt ist dem BVerfG eine Konkretisierung unbestimmter Begriffe keineswegs, wenn das Grundgesetz sie (wie für Art. 109 Absatz 2 GG ausgeführt) schon mit dem Ziel benutzt, der Verfassungsrechtsprechung Interpretationsspielräume offenzuhalten. Daß „offene" Begriffe im Grundgesetz sich gegen eine dogmatische Präzisierung keineswegs sperren, mag an dieser Stelle zunächst an einem grundrechtlich wenig auffälligen Beispiel gezeigt werden: dem Wort „benötigt" in Art. 134 Absatz 3 GG. Es kann – statisch – auf einen Bedarf zur Zeit des Inkrafttretens der Bestimmung bezogen werden, aber auch – dynamisch – auf jeden Zeitpunkt während ihrer Geltung. Da das Grundgesetz zunächst als Provisorium gedacht war, ist der

---

[77] *H. P. Schneider*, Opposition, S. 27 f.; *ders.*, in: Festgabe Hesse, S. 39 (44 f.); *ders.*, in: FSchr. Stern, S. 903 (916 f.); *Höfling*, Offene Grundrechtsinterpretation, S. 94.

[78] *Gusy*, JöR n. F. 33 (1984), 105 (123); *ders.*, DÖV 1986, 321 (326); ähnlich *Karpen*, Auslegung und Anwendung, S. 43.

[79] *Wahl*, DVBl. 1996, 641 (642).

[80] *Häde*, JZ 1997, 269 (273) m. zahlr. Nachw.

[81] Ebenso, allerdings zur Zurückhaltung mahnend *Böckenförde*, Der Staat 1990, 1 (25) und *H. H. Klein*, DVBl. 1991, 729 (736).

Unterschied zwischen beiden zeitlichen Bezugspunkten wohl ursprünglich nicht gesehen worden, sondern erst mit zunehmender Dauer des Bestands der Bundesrepublik Deutschland zum Problem geworden[82]. Systematisch steht Art. 134 Absatz 3 GG im Kontext der Übergangsbestimmungen des Grundgesetzes. Einen *dauerhaften* Behaltensgrund für ehemalige Gemeindevermögen sollte er dem Bund daher nicht verschaffen[83]. Der Zweck der Vorschrift liegt vielmehr darin, der Rückübertragung auf die Gemeinden einen rechtlichen Rahmen und eine verfassungsrechtliche Absicherung zu geben[84]. Daher können die Gemeinden auch ehemaliges Gemeindevermögen, das der Bund erst seit kurzem nicht mehr „benötigt", von ihm herausfordern[85]. Hier führen teleologische und systematische Auslegungsansätze zur Wahl der dynamischen Interpretation des Begriffs „benötigt", obwohl er nach seiner Entstehungsgeschichte und seinem Wortlaut auch für die statische Lesart offen war.

Als Folge einer *offenen* Formulierung ist daher auch für die Frage der Gütergewährleistung zu vermuten: wenn das Grundgesetz den Umfang eines Begriffs der Konkretisierung durch den Gesetzgeber oder den Rechtsanwender überläßt, so stellt das den gewährleistenden Gehalt der Norm, die den Begriff in Bezug nimmt, nicht in Frage; es begründet ihn aber ebensowenig. Die Offenheit der Verfassungsbegriffe ist, mit einem Wort, gewährleistungsneutral.

c) Folgen für die Suche nach Gewährleistungswirkungen in Verfassungsbestimmungen

Nur in Extremfällen ist schon dem Wortlaut der Verfassung klar zu entnehmen, daß eine Gewährleistung vorliegt oder nicht. Einerseits enthält das Grundgesetz an manchen Stellen ausdrücklich Begriffe, die eine Absicherung von Gütern vermuten lassen, wie „gewährleisten", „garantieren" oder „sicherstellen". Andererseits sind manche Gegenstände so deutlich negativ eingeordnet, daß ihre Gewährleistung von vornherein nicht in Betracht kommt. Bei der Suche kann auf die Kategorien des primären und des sekundären Entscheidungsziels einer Bestimmung zurückgegriffen werden[86], allerdings nicht in der Bedeutung eines vorrangigen und eines nachrangigen Normzwecks[87], sondern als sprachwissenschaftliche Vorfrage der Auslegung. Die damit gemeinten Verhältnisse sind im Grunde trivial. Sie zu erwähnen besteht dennoch Anlaß, da es sich durchaus nicht um methodologisches Gemeingut handelt.

---

82 Wie hier *Höfling*, DVBl. 1997, 1301 (1307).
83 Ebenso *Ipsen/Koch*, in: Sachs, GG, Art. 135 Rdnr. 13.
84 *Höfling*, DVBl. 1997, 1301 (1307).
85 Im Ergebnis ebenso *Dolde*, NVwZ 1993, 525 (528 f.).
86 *Badura*, Das Verwaltungsmonopol, S. 337; *Isensee*, Subsidiaritätsprinzip, S. 202 f.
87 Insoweit skeptisch *Jestaedt*, Zuständigkeitsüberschießende Gehalte, S. 327 Fn. 52.

Primäres Ziel einer Vorschrift ist danach, eine normative Anordnung abzubilden. Sekundäres, unterstützendes Ziel der Vorschrift ist, zunächst einmal den begrifflichen Rahmen der Regelung abzustecken, in dem die Norm dann wirksam werden soll. Dient die Erwähnung eines Gegenstandes in einer Bestimmung nur dem zweiten Ziel, so gewährleistet ihn die Norm nicht; es handelt sich um eine sogenannte Nominalrezeption oder „bloß faktische Erwähnung"[88]. Aus dem *Fehlen* eines Ausdrucks mit sicherndem Sinngehalt kann ebensowenig geschlossen werden, daß eine verfassungsrechtliche Gewährleistung *nicht* bestehe[89], wie umgekehrt jede positiv konnotierte Benennung eines Gegenstandes ihn schon verfassungsrechtlich absichert. Ausgeschlossen ist nicht einmal, daß ein Gegenstand verfassungsrechtlich gewährleistet wird, den das Grundgesetz begrifflich gezielt *ausspart*. In allen diesen Fällen entfaltet der Wortlaut eine bloße – und zudem schwache – Indizwirkung. Andere Gesichtspunkte sind stets mit heranzuziehen. Ausgeschlossen erscheint es allerdings, ein Verfassungsgut aus einer beliebigen Ansammlung verfassungsrechtlicher Bestimmungen und „Intentionen" abzuleiten[90].

aa) Ersichtlich nicht gewährleistende Formulierungen

Klar erkennbar sind schon dem Wortlaut nach *mißbilligende* Nennungen, die in Worten wie „Schutz vor", „Abwehr von", „Maßnahmen gegen" u. ä. zum Ausdruck kommen. Die isolierte Betrachtung des Einzelwortes würde hier zu grotesken Fehlurteilen führen, wollte man daraus auch nur auf die Zulässigkeit, womöglich aber sogar auf die Gewolltheit des Bezeichneten schließen. So sollen *wirtschaftliche Machtstellungen* nach Art. 74 Absatz 1 Nr. 16 GG zwar nicht vom Gesetzgeber zerschlagen werden[91], sie sind aber dennoch schon durch den Zusatz „Verhütung des Mißbrauchs" als Verfassungsgut disqualifiziert. Dasselbe trifft auf *Seuchen* zu, von denen nur als Gegenstand einer Gefahr die Rede ist[92] (Art. 11 Absatz 2, 13 Absatz 7 und 74 Absatz 1 Nr. 19 GG).

Weitere Beispiele lassen sich, wenn auch weniger leicht, finden. So ist die Inbezugnahme klassischer Materien der Gefahrenabwehr wie des Waffen- und Sprengstoffrechts in Art. 74 Absatz 1 Nr. 4a GG nicht dazu angetan, den gefährlichen Gegenständen, um die es dort geht, verfassungsrechtliche Dignität zu verschaffen. Ungeeignet sind Begriffe wie „Waffen" aus diesem systematischen Kontext heraus auch zur Bildung einer verfassungsrechtlichen „Grundentscheidung". So wirkt es grotesk, wenn Art. 74 Absatz 1 Nr. 4a GG zusammen mit dem Verteidigungsauftrag der Streitkräfte für den Verfassungsrang der Rüstungsforschung bemüht

---

88 *Schmidt-Jortzig,* Einrichtungsgarantien, S. 26; *Scheuner,* in: FSchr. Scupin, S. 322 (337).

89 A. A. *Merten,* in: FSchr. Carstens, S. 721 (735) für nicht genannte Institutionen.

90 So gelangt *Cremer,* Auslandsfolgen, S. 410 zur „ausländerpolitischen Handlungsfreiheit" der Behörden.

91 *Pestalozza,* in: v. Mangoldt / Klein, GG, Bd. 8, 3. Aufl., Art. 74 Rdnr. 1089.

92 Ebenso *Merten,* in: FSchr. Carstens, S. 721 (735).

wird[93]. Erst recht gewährleistet das Grundgesetz die Existenz von Kriegsschäden (Art. 74 Absatz 1 Nr. 9 GG) mit Gewißheit nicht.

bb) „Positive" Formulierungen

Begriffe wie „gewährleisten", „sicherstellen", „garantieren" sind nicht unbedingt unjuristische Interpretationshindernisse[94]. Sie begründen zumindest eine starke Vermutung dafür, daß der Gegenstand, auf den sie sich beziehen, vom Grundgesetz gewährleistet sein soll. Der Schutz bestimmter „Bereiche" steht dabei gleichberechtigt neben anerkannten institutionellen Garantien[95]. Ein wichtiges Argument für ihre Indizfunktion für eine gewährleistende Normanordnung ist die Parallele zu einer Reihe von Grundrechten, deren Sicherung auf diese Weise festgeschrieben ist (Art. 5 Absatz 1 Satz 2, 7 Absatz 4 Satz 1, 9 Absatz 3 Satz 1 und 14 Absatz 1 GG). Ähnliche Ausdrücke sind – gerade im organisatorischen Teil der Verfassung – die qualifizierenden Zusätze „Förderung", „Nutzung" und „Nutzen"[96]. Jedoch sind derartige Ausdrücke keine völlig eindeutigen Indikatoren, weil auch der Kontext der Erwähnung zu beachten ist[97]. Nicht jede positiv konnotierte Nennung bringt die Erhebung zu einem verfassungsrechtlich geschützten Gut mit sich. Umgekehrt kommen nicht ausschließlich solche Gegenstände, die mit „positiven" Epitheta bestückt sind, als Güter in Betracht. Dies mag banal klingen, muß aber betont werden, weil durchaus *ambivalente* Erwähnungen durch ähnlich kontextblinde Betrachtung zu schutz- oder jedenfalls legitimitätsvermittelnden Gewährleistungen aufgewertet werden könnten.

Abgestufte schützende Sinngehalte des Wortlautes finden sich beispielsweise in Art. 74 Absatz 1 Nr. 20 GG. Während der Tierschutz ohne alle Einschränkungen genannt ist, richtet sich der Schutz der Pflanzen bereits nur „gegen Krankheiten und Schädlinge". Der Verkehr mit Lebens- und Genußmittel u. ä. ist nicht mehr selbst Objekt des Schutzes, sondern nur dessen Anlaß („beim"). Nicht nachzuvollziehen wäre es auch, wenn die „Reinhaltung" zwar der Luft zur Qualität eines Verfassungsguts verhelfen sollte (Art. 74 Absatz 1 Nr. 24 GG), das Umweltgut Wasser dagegen nicht Verfassungsrang besäße, weil es nur in einen neutralen „Haushalt" einfließt (Art. 75 Absatz 1 Nr. 4 GG).

„Sicherzustellen" hat der Bund besonders im föderalen Verhältnis zu den Ländern einiges: die verfassungsmäßige Ordnung der Länder (Art. 28 Absatz 3 GG), ihre Größe und Leistungsfähigkeit als Voraussetzungen der wirksamen Erfüllung

---

[93] So bei *Oppermann*, in: FSchr. Thieme, S. 671 (676 f.), der außerdem die Bedeutung des Begriffs „dual use" verkennt – vgl. dazu *Reuter*, NJW 1995, 2190 ff.

[94] So *Henke*, DÖV 1984, 1 (2).

[95] *Scheuner*, FSchr. Scupin, 323 (328); *Waechter*, DV 1996, 47 (59).

[96] *Pieroth*, AöR 114 (1989), 422 (435); *Hermes*, Grundrecht auf Schutz, S. 135.

[97] *Schmidt-Jortzig*, Einrichtungsgarantien, S. 25; *Waechter*, DV 1996, 47 (60).

I. Der Verfassungsvorbehalt für Schrankengüter 77

ihrer Aufgaben (Art. 29 Absatz 1 GG), den Vollzug fachaufsichtlicher Weisungen durch die Landesbehörden (Art. 85 Absatz 3 Satz 3 GG) und die Finanzkraft der Länder (Art. 107a Absatz 2 GG). „Gewahrt werden" kann die Rechts- und Wirtschaftseinheit per Bundesgesetz auf Gebieten der konkurrierenden Gesetzgebung (Art. 72 Absatz 2 GG), dem gesamtwirtschaftlichen Gleichgewicht ist zumindest „Rechnung zu tragen" (Art. 109 Absatz 2 GG). Umgekehrt sind „Beeinträchtigungen" von Stellung und Aufgabenerfüllung des BVerfG auch im Verteidigungsfall zu unterlassen (Art. 115g Satz 1 GG) und „Gefahren" für den Bestand oder die freiheitliche demokratische Grundordnung des Bundes oder eines Landes abzuwehren (Art. 91 Absatz 1 GG). Auch die Formulierung, daß die rechtsprechende Gewalt den Richtern „anvertraut" ist (Art. 92 Halbs. 1 GG), deutet neben der kompetenzverteilenden Funktion dieser Vorschrift auf eine Garantie des Kompetenz*gegenstandes* hin, der da in die Obhut eines bestimmten Berufsstandes gegeben wird. In allen genannten Fällen läßt schon die Formulierung des Grundgesetzwortlautes vermuten, daß die sicherzustellenden, zu wahrenden oder gegen Gefahr und Beeinträchtigung gewappneten Sach- und Normbestände in irgendeiner Form aufrechterhalten und geschützt werden müssen. Wo derartige Ansatzpunkte fehlen, muß indes weiter gesucht werden; die Schutzrichtung vieler Verfassungsnormen ergibt sich nicht so klar aus ihrem Text.

Manche gerade auch der vom BVerfG herangezogenen Belege für den Verfassungsrang eines Gutes lassen erhebliche Zweifel offen, ob aus ihrer Textaussage so weitreichende Schlüsse gezogen werden können. Denn es handelt sich um sprachliche Formulierungen, die schon als solche einen Zwiespalt in der Bewertung des betreffenden Gegenstandes ausdrücken, so daß ihm Güterqualität nicht schon aus Gründen der Wortlautauslegung zuerkannt werden dürfte. So ist in Art. 74 Absatz 1 Nr. 11a GG eine verfassungsrechtliche Unbedenklichkeitsbescheinigung für die friedliche Nutzung der Kernenergie gesehen worden[98]. Dabei wird der gleich anschließend genannte „Schutz gegen Gefahren, die bei Freiwerden von Kernenergie oder durch ionisierende Strahlen entstehen", einfach ausgeblendet. Die Kernenergienutzung ist schon deshalb kein Verfassungsgut, weil das Grundgesetz sie unmittelbar (auch) als Gefahrenquelle behandelt[99], nicht nur – wie Grundrechte unter qualifiziertem Gesetzesvorbehalt – als mögliche Ursache für *Situationen, in denen* die in den Gesetzesvorbehalten genannten Güter gefährdet sein könnten. Inhalte, die in so zwiespältiger Weise vom Verfassungstext in Bezug genommen werden, eignen sich weder als ausgesprochene *Güter* noch unterliegen sie umgekehrt einem strikten *Unwerturteil* des Grundgesetzes. Es handelt sich weder um *bona* noch um *mala constitutionis*, sondern um neutrale Bezugspunkte für eine verfassungsrechtliche Normaussage, die ihre Regelungswirkung außerhalb ihrer Einstufung als Gut oder Übel findet. Wie das Beispiel der „Nutzung" der Kernenergie zeigt, gibt ein positiv besetzter Ausdruck in solchen Fällen nicht allein den Güter-

---

[98] BVerfGE 49, 89 (127 ff.); 53, 30 (56); dagegen auch *Murswiek,* Verantwortung, S. 272 und 274 f.

[99] *Hermes,* Grundrecht auf Schutz, S. 136 Fn. 350.

charakter an, sondern ist im Zusammenhang mit dem Gesamtwortlaut der Bestimmung zu würdigen.

cc) Ausgesparte Gegenstände

Besonders interessante Beispiele finden sich in einer Konstellation, der man auf den ersten Blick kaum den Ausdruck verfassungsrechtlicher Gewährleistung zutrauen würde: auch die *Herausnahme* eines Gegenstandes aus dem Regelungsbereich einer Verfassungsnorm kann darauf hindeuten, daß er verfassungsrechtlich gesichert ist. Das genaue Abgrenzen einer Materie allein eignet sich aber – das sei hier nochmals betont – nicht dazu, aus ihr schon ein Verfassungsgut zu machen. Sie ist damit nur in der *sachlichen* Rezeption ausdrücklich erwähnten Verfassungsmaterien gleichgestellt, nicht aber in *normativer* Hinsicht zum Gut aufgerückt. Daß das Grundgesetz „Unzuständigkeiten" regelt oder sonst *ausdrücklich* ein Sachgebiet ausklammert, bleibt außerdem eine Ausnahme.

Ausdrücklich aus dem Kompetenzkatalog des Bundes ausgespart ist das Recht der Erschließungsbeiträge durch Art. 74 Absatz 1 Nr. 18 GG. Damit ist zumindest die Gesetzgebungszuständigkeit der Länder für dieses Rechtsgebiet in relativ präziser Weise festgeschrieben[100]. Ein paralleles Beispiel ist die Landeskompetenz für die Gesetzgebung über Bergbahnen in Art. 74 Absatz 1 Nr. 23 GG. Noch seltener ist die *implizite* Aussparung eines Gegenstandes, wie sie mit seiner bloßen Nicht-Nennung allein nicht zu erreichen ist – die Konturen eines Sachbereichs werden erst dann quasi in Form seines Negativs sichtbar, wenn ausdrücklich genannte Bereiche eine bestimmbare Lücke freilassen. Das gilt allerdings nicht schon automatisch für jeden Fall, in dem ein genannter Gegenstand mit dem Wort „Ausnahme" in einem Atemzug genannt ist. So garantiert zum Beispiel Art. 7 Absatz 3 Satz 1 GG nicht, daß öffentliche Schulen im Regelfall bekenntnisgebundene Schulen sind, während die bekenntnisfreie Schule selbst eine Ausnahme bilden müßte. Art. 97 Absatz 2 Satz 1 GG verlangt nicht etwa die Existenz ehrenamtlicher Richter, weil er im Gegensatz zu Absatz 1 dieses Artikels dem Begriff „Richter" das Adjektiv „hauptamtlich" voranstellt[101].

Doch können besonders Kompetenzbestimmungen Gegenstände der Landesgesetzgebungszuständigkeit auch als bloßen Schattenriß im Grundgesetz erkennbar werden lassen, weil sich der Regelungsstil des Grundgesetzes dem Regel-Ausnahme-Verhältnis anpaßt, wie es Art. 30 GG markiert. In diesem Zusammenhang wird namentlich das *öffentlich-rechtliche Versicherungswesen* immer wieder angeführt[102]. Es wird von Art. 74 Absatz 1 Nr. 11 GG als zulässiger *Gegenstand landesgesetzlicher Regelung* fixiert, da keine Beschränkung der Bundeskompetenz auf

---

[100] *Heintzen*, DVBl. 1997, 689 (691) auch mit Nachw. zur Gegenauffassung.
[101] So offenbar *Weigert*, BayVBl. 1988, 747 (748).
[102] BVerfGE 41, 205 (218 f.); *Pieroth*, AöR 114 (1989), 422 (448); *Pestalozza*, in: v. Mangoldt/Klein, GG, Bd. 8, Art. 70 Rdnr. 47 und Art. 74 Rdnr. 644.

I. Der Verfassungsvorbehalt für Schrankengüter

das privatrechtliche Versicherungswesen nötig wäre, wenn die Länder das öffentlich-rechtliche Versicherungswesen ohnehin nicht regeln dürften. Zumindest die *kompetenzrechtliche Zulässigkeit* landesrechtlicher Normen steht damit per Ausklammerung des Regelungsbereichs aus der Bundeskompetenz fest. Nicht schon beantwortet ist dadurch aber die Frage, ob Versicherungsgesetze in Grundrechte eingreifen dürfen, zumal in die Berufsfreiheit der ja in Art. 74 Absatz 1 Nr. 11 GG gerade *ausdrücklich* vorausgesetzten privaten Versicherungsunternehmer.

Nicht nur in den Vorschriften über die Kompetenzverteilung zwischen Bund und Ländern finden sich indes Bezugnahmen durch Aussparung; sie treten auch ganz beiläufig in Normtexten auf, die zum Beispiel die Zuständigkeiten von Verfassungsorganen des Bundes gegeneinander abgrenzen. So teilt Art. 60 Absatz 2 GG zunächst, also primär, dem Bundespräsidenten die Organkompetenz für Begnadigungen zu. Die Vorschrift zeigt hinsichtlich des Rechtsinstituts Begnadigung damit nur, daß es dieses überhaupt *geben darf.* Angesichts möglicher Abweichungen vom Rechtsstaatsprinzip, das grundsätzlich den Vollzug rechtskräftig verhängter Strafen verlangt, und vom allgemeinen Gleichheitssatz ist schon dies nicht selbstverständlich[103]. Weiter schränkt Art. 60 Absatz 2 GG den *Zuständigkeitsbereich* des Bundespräsidenten auf das Begnadigungsrecht im Bunde ein. Damit erstreckt er sich nur auf Fälle, in denen das Strafverfahren ausschließlich vor Gerichten des Bundes geführt worden ist[104]. Diese restriktive Bestimmung des Zuständigkeitsbereichs weitet zugleich die *güterbezogene* Aussage des Art. 60 Absatz 2 GG aus: sie zeigt, daß es auch ein Begnadigungsrecht „in den Ländern" geben darf, das nur nicht gerade der Bundespräsident ausübt.

Damit rechtfertigt Art. 60 Absatz 2 GG den Bestand eines Instituts Begnadigung auch im Bereich der Justizhoheit der Länder. Da allerdings Art. 3 Absatz 1 GG nur die Gleichbehandlung durch jeweils denselben Hoheitsträger verlangt[105], scheidet ein *Gleichheitsverstoß* infolge der Unterscheidung zwischen Gnadenrecht des Bundes und der Länder schon von vornherein aus. *Grundrechtliche* Bedeutung erlangt die Bestimmung im Hinblick auf Art. 3 Absatz 1 GG ohnehin allenfalls, soweit das Gnadenrecht noch als Ausdruck willkürlicher Herrschermacht verstanden wird. Jedoch ist die Gleichbehandlung innerhalb des Zuständigkeitsbereichs eines Staatsverbandes durch die Gnadenordnungen weitgehend sichergestellt.

3. Verfassungsvorbehalt und Verfassungssystematik

Die Systematik ist auch für die Verfassungsinterpretation ein wichtiger, wenngleich nicht allein maßgeblicher Gesichtspunkt. Auch die Formel von der Einheit

---

[103] Siehe insbes. *Kunig,* Rechtsstaatsprinzip, S. 450 m. w. Nachw.
[104] *Herzog,* in: Maunz/Dürig, GG, Art. 60 Rdnr. 33; *Hemmrich,* in: v. Münch/Kunig, GG, Bd. 2, Art. 60 Rdnr. 19.
[105] Vgl. *Jarass,* in: ders./Pieroth, GG, Art. 3 Rdnr. 19 m. w. N.

der Verfassung wird – wie *Friedrich Müller* im einzelnen dargelegt hat[106] – in der großen Masse der Entscheidungen nur als Hinweis auf das selbstverständliche methodische Gebot eingesetzt, die Verfassung wie jedes andere Gesetz systematisch auszulegen. Zu Recht betont das BVerfG, jede Bestimmung des Grundgesetzes müsse im Kontext der Gesamtverfassung ausgelegt werden[107].

a) Die begrenzte Aussagekraft des Textzusammenhangs

Wegen ihres „Alleinstandes" kann die Verfassung allerdings nicht aus dem Vergleich mit anderen Gesetzen, auch nicht mit den Landesverfassungen, ausgelegt werden. Doch würde es sich dabei auch eher um eine komparative denn um eine systematische Methode handeln[108]. Als systematische Auslegung ist vielmehr ein *interner* Vergleich der Vorschriften des Grundgesetzes untereinander anzusprechen. Gerade als Ergebnis eines solchen Vergleichs ist nicht feststellbar, daß die Vorbehalte des Grundrechtsabschnitts ein abschließendes „System" bilden sollten[109]. Schlüsse aus einer grundrechtlichen „Schrankensystematik"[110] haben daher nur begrenzte Überzeugungskraft.

Ergiebig ist für eine systematische Auslegung im Hinblick auf die Gewährleistung von Gütern durch das Grundgesetz vornehmlich der *engere* Kontext von Begriffen, in denen die Güter vermutet werden, d. h. die Funktion dieser Begriffe innerhalb der *einzelnen* Bestimmung. Weit überzogen ist insbesondere der Vorwurf, das Grundgesetz habe einen „Schrankenwirrwarr" angerichtet[111]. Zumindest aus einem Vergleich der Vorbehaltsklauseln verschiedener Grundrechte lassen sich durchaus Schlüsse auf die gewährleistende Funktion dieser Klauseln ziehen[112].

Will man eine Systematik des Grundgesetzes im *weiteren* Sinn als Auslegungsgrundlage nutzen, so stößt man schnell auf Grenzen. Da der Aufbau des Grundgesetzes als ganzen nicht auf *Systematik* beruht, sondern auf *Thematik*, ist die Aussagekraft systematischer Analysen für seine Auslegung sehr begrenzt[113]. Denn während sich innerhalb der *einzelnen* Vorschriften des Grundgesetzes die „typisch

---

[106] *Friedr. Müller*, Einheit der Verfassung, S. 230 f.

[107] Vgl. aus anderen Zusammenhängen namentlich BVerfGE 37, 271 (279); 53, 366 (408 f.) sowie *Zeidler*, Verhandlungen des 53. DJT, S. I 20.

[108] Vgl. *Häberle*, Gemeineuropäisches Verfassungsrecht, in: ders., Europäische Rechtskultur, S. 33 (65).

[109] So aber *Pieroth/Schlink*, Grundrechte, Rdnr. 359.

[110] *Frankenberg*, KJ 1995, 421 (437); *Kluge*, ZRP 1992, 192 (194); *A. Lübbe*, NuR 1994, 469; *Starck*, in: v. Mangoldt/Klein, GG, Bd. 1, Art. 1 Absatz 3 Rdnr. 172 ff.

[111] So *Bettermann*, Grenzen, S. 3; *Schwabe*, Probleme, S. 444. Vgl. dagegen nur *Staupe*, Parlamentsvorbehalt, S. 194 ff. mit überzeugenden systematischen Schlüssen aus den Vorbehalten.

[112] Siehe insbes. unten b).

[113] So auch *Sachs*, in: Stern, Staatsrecht III/2, S. 556.

juristische", an der herkömmlichen Regelungstechnik orientierte Aufbaureihenfolge „vom Allgemeinen zum Besonderen" wiederfindet, ist das Grundgesetz *als Ganzes* nicht systematisch, sondern nach Sachbereichen gegliedert. Die Stringenz systematischer Argumente nimmt deshalb mit wachsender Größe der herangezogenen Textblöcke ab.

aa) Grade von systematischer Ordnung im Grundgesetz

Streng systematisch geordnet ist das Grundgesetz nur, was den inneren Aufbau einzelner Artikel betrifft. Schon die Systematik des Grundrechtsabschnitts wird gelegentlich als unbefriedigend angesehen[114]. Immerhin ist auf dieser unteren Ebene sowohl zwischen einzelnen Gewährleistungen als auch – ihnen folgend – zwischen den ihnen zugeordneten Vorbehaltsbestimmungen ein *Spezialitätsverhältnis* festzustellen, das sich im Text in einer Abfolge von den allgemeineren zu den besonderen Bestimmungen widerspiegelt. Dies entspricht der in der klassischen Methodenlehre vorausgesetzten Regelungstechnik. Diese Feststellung trifft namentlich für die innere Ordnung der einzelnen Grundrechtsartikel zu.

Weithin anerkannt ist vor allem, daß Art. 5 Absatz 3 Satz 1 GG zwei Grundrechtsgewährleistungen enthält, die als Schutz besonderer Kommunikationsformen leges speciales zu den Rechten aus Art. 5 Absatz 1 GG sind, und daß für künstlerische und wissenschaftliche Äußerungen deshalb nicht die Garantien der Meinungsfreiheit usw. anwendbar sind, sondern ausschließlich die Freiheitsrechte aus Art. 5 Absatz 3 Satz 1 GG. Darauf beruht es auch, daß die Schranken des Art. 5 Absatz 2 GG nicht auf die Rechte des Absatzes 3 anzuwenden sind[115]: Die Schranken der allgemeineren Gewährleistungen beziehen sich auf deren Anwendungsbereiche; sie gelten daher nicht für speziellere Gewährleistungen. Nicht ganz so unbestritten sind die parallelen systematischen Beziehungen innerhalb des Art. 9 GG. Einigkeit besteht allerdings insoweit, als ein engerer Sachbereich aus dem lebensweltlichen Gesamtkomplex der Vereinigungen in Art. 9 Absatz 3 GG spezieller geregelt worden ist. Warum diese Spezialität des Art. 9 Absatz 3 GG gegenüber Art. 9 Absatz 1 GG nicht die Unanwendbarkeit der Schranken aus Art. 9 Absatz 2 GG nach sich ziehen sollte, ist bisher nicht überzeugend dargelegt worden[116]. Das BVerfG hat daher zu Recht festgestellt, daß die Koalitionsfreiheit vorbehaltlos gewährleistet ist[117].

Schon wenn man den Blick nur ein wenig hebt und auf den Grundrechtsabschnitt als ganzen ausdehnt, verliert die systematische Ordnung gegenüber anderen Gesichtspunkten an Gewicht, die die Abfolge der einzelnen Artikel bestimmen.

---

[114] *Henke*, DÖV 1984, 1 (1).

[115] BVerfGE 30, 173 (191); zusammenfassend *Würkner*, Das BVerfG und die Freiheit der Kunst, S. 149; anders vor allem *Knies*, Die Schranken der Kunstfreiheit, S. 257 ff.

[116] So insbesondere nicht von *Scholz*, in: Maunz/Dürig, GG, Art. 9 Rdnr. 337.

[117] BVerfGE 88, 103 (115); 92, 26 (41).

Als allgemeine Gewährleistungen, die den besonderen vorangestellt sind, wären allenfalls Art. 2 Absatz 1 GG mit der allgemeinen Handlungsfreiheit und Art. 3 Absatz 1 GG als allgemeines Gleichheitsrecht zu bezeichnen. Im übrigen ist kein Fortschreiten vom Allgemeinen zum Besonderen mehr zu erkennen; vielmehr sind die Grundrechte in Art. 2 Absatz 2, Art. 3 Absätze 2 und 3 und Art. 4 ff. GG nach sachlichen Zusammenhängen gruppiert. Ganz grob kann eine – mehrfach durchbrochene – Linie vom inneren Kern der Persönlichkeitsentfaltung über familiäre und private Bezüge „hinaus" bis zur Sozialsphäre beobachtet werden. Speziell verhalten sich die eher gemeinschaftsbezogenen gegenüber den eher auf das Individuum bezogenen Grundrechten deswegen aber nicht. So hat es das BVerfG sorgsam vermieden, etwa die Versammlungsfreiheit bloß als Grundrecht der kollektiven Meinungskundgabe zu deuten und damit in ein ausschließendes Konkurrenzverhältnis zur Meinungsfreiheit zu setzen. Beide Grundrechte sind nebeneinander anwendbar[118].

bb) Systematische Trennung „wertsetzender" Normen vom Organisationsrecht?

Geht man über den Grundrechtsabschnitt hinaus, läßt sich ein einheitlicher Ordnungsgesichtspunkt kaum noch erkennen, der zu systematischen Schlüssen aus dem Textaufbau berechtigen könnte. Dies drückt sich schon in den Abschnittsüberschriften aus. Die Grundrechte sind nicht als „Allgemeiner Teil" des Grundgesetzes, sondern um ihrer staatstheoretischen Fundamentalbedeutung willen nach vorn gezogen worden. Insbesondere gegen die Behauptung, primär der Staatsorganisation gewidmete Vorschriften könnten grundrechtlich relevante Rechtsfolgen besitzen, ließe sich nur einwenden, sie mißachte eine funktionale Trennung von materiellen und organisatorischen Normen im Grundgesetz, wenn das Grundgesetz eine scharfe Trennung materieller und organisatorischer Normen enthielte[119]. Eine solche Trennung würde aber eine Textsystematik des Grundgesetzes als ganzen voraussetzen, wie sie auch nicht im Ansatz verwirklicht ist[120].

Dies verdeutlichen besonders die „Justizgrundrechte". Außerhalb des Abschnitts „die Grundrechte", ja unter dem organisatorisch klingenden Titel „Die Rechtsprechung" angesiedelt, enthalten Art. 101, 103 und 104 GG doch echte Grundrechte oder wenigstens „grundrechtsgleiche" Gewährleistungen, die sich im Hinblick auf Anspruchscharakter und Schutzgewähr für den einzelnen nicht im mindesten von den Rechten der Art. 1 – 17 GG unterscheiden. Dafür sorgt schon ihre Berücksich-

---

[118] Offen insoweit BVerfGE 69, 315 (343); klarstellend BVerfGE 82, 236 (258); 90, 241 (246); a.A. wohl *Hesse,* Grundzüge, Rdnr. 404 f. (Spezialität des Art. 8 GG).

[119] In dieser Richtung BVerfGE 69, 1 (62 f. – Sondervotum *Mahrenholz/Böckenförde*); *Wülfing,* Gesetzesvorbehalte, S. 116 f.

[120] *Pestalozza,* Der Staat 11 (1972), 161 (179); *Pieroth,* AöR 114 (1989), 422 (427 und 439).

I. Der Verfassungsvorbehalt für Schrankengüter 83

tigung in Art. 93 Nr. 4a GG. Auch zeigt der umgekehrte Blick in den 1. Abschnitt des Grundgesetzes, daß nicht alle dort plazierten Normen (zumindest auch) grundrechtliche Verbürgungen sind. Aus Gründen des Sachzusammenhangs sind auch der Entzug und die Beschränkung der Grundrechte (Art. 18 f. GG) sowie einige Rechtsinstitute ohne Grundrechtscharakter (Art. 7 Absatz 1, 14 Absatz 3 GG) dort verankert, ganz zu schweigen von den Vorbehaltsklauseln, die ihrerseits der Grundrechts*einschränkung* dienen. So enthält Art. 7 GG neben Grundrechten auch, wenn nicht in erster Linie, Einrichtungsgarantien, Organisationsregeln und Auslegungsgrundsätze für das Schulrecht[121].

Art. 7 Absatz 1 GG zeigt aber auch nicht etwa anders herum, daß *sonstige* organisationsrechtliche Vorschriften *keine* Gewährleistung enthalten könnten. Allenfalls könnte der Unterschied in der systematischen Einordnung Zweifel daran wecken, ob der Gewährleistungsinhalt jener Normen zur Grundrechtsbeschränkung geeignet ist. Auch die Staatsgrundsätze der Art. 20 und 28 Absatz 1 GG sind – textlich untrennbar verbunden – sowohl materielle (Verfassungsprinzipien) als auch organisatorische Normen (Staatsstrukturbestimmungen). Andererseits sind Grundrechtsschrankennormen aus Gründen des Sachzusammenhangs in die Art. 104 und 117 GG verschoben worden, die dem Textzusammenhang nach eher zum organisatorischen Verfassungsrecht zählen. Schon nach dieser groben Skizze kann die Unterscheidung von organisatorischen und materiellen Grundgesetzvorschriften nicht als mehr denn eine grobe Faustregel gelten.

Weniger formal betrachtet, spricht auch die kompetentielle Funktion der Grundrechte gegen die scharfe Unterscheidung eines „materiellen" und eines „organisatorischen" Verfassungsteils. Grundrechte sind nicht nur in dem Sinne „negative Kompetenzvorschriften", daß sie der Ausübung der Staatsmacht Grenzen setzen[122]. Darüber hinaus bezeichnen sie auch „positive" Staatsaufgaben wie den Schutz bestimmter Freiheitsausübungen vor Drittbeeinträchtigungen oder ihre Förderung. *Eine* Grundrechtsvorschrift weist die von ihr definierte Aufgabe kompetenzregelnd im engeren Sinne einem Staatsverband zu, nämlich Art. 7 Absatz 4 GG, der die Genehmigung privater Ersatzschulen den *Ländern* aufgibt. Die *Organkompetenz des Gesetzgebers* ist mitgeregelter Norminhalt aller Gesetzesvorbehalte[123].

Einen gütergewährleistenden Gehalt kann man folglich bei keinem Teil des Grundgesetzes aus systematischen Gründen schon von vornherein ausschließen. Es könnte daher zutreffen, daß *alle* Bestimmungen des Grundgesetzes zur Beschränkung von Grundrechten in Frage kommen[124]. Der Sinn einer Abgrenzung organisatorischer und materiellrechtlicher Norm*inhalte* ist mit dieser Feststellung nicht in

---

[121] BVerfGE 75, 40 (61); *Pieroth/Schlink,* Grundrechte, Rdnr. 54 f.
[122] Vgl. *Böckenförde,* NJW 1974, 1529 (1530); *Classen,* JöR n. F. 36 (1987), 29 (36); *Pieroth/Schlink,* Grundrechte, Rdnr. 79; *Schnapp,* JuS 1989, 1 (2 f.).
[123] Dazu auch *Wülfing,* Gesetzesvorbehalte, S. 37.
[124] Vgl. nochmals BVerfGE 81, 278 (292).

84 § 2 Gewährleistungsgehalt nicht-grundrechtlicher Verfassungsbestimmungen

Frage gestellt. Zu weit geht es namentlich, das gesamte Verfassungsrecht „materialisieren" oder sogar „vergrundrechtlichen" zu wollen. Das Organisationsrecht hat auch noch andere Funktionen, als die in den Grundrechten – wie auch in anderen Normen, etwa im Sozialstaatsprinzip[125] – festgelegten Ziele des Grundgesetzes zu verwirklichen[126]. Es hieße nur das Kind mit dem Bade ausschütten, wollte man erwarten, daß organisatorische und materielle Festsetzungen säuberlich getrennt auf verschiedene *Text*bereiche des Grundgesetzes verteilt wären.

Eine systematische Ausgrenzung ist allerdings gleich vorweg möglich: Für die Textgrundlage möglicher Verfassungsgüter bildet die *Verfassungsurkunde* den äußersten Rahmen. Es kann nur einem Rechtsgut Verfassungsrang zuerkannt werden, das selbst Gegenstand von Normen des Verfassungsgesetzes, der Verfassung im formellen Sinne ist. Daher haben nicht alle Einrichtungen des materiellen Verfassungsrechts auch Verfassungsrang. So ist den Fraktionen des Bundestages nur ihr Recht auf Repräsentation im gemeinsamen Ausschuß durch Art. 53a S. 2 GG verfassungsmäßig gewährleistet. Auf Befugnisse, die nur in der Geschäftsordnung des Bundestages geregelt sind, kann eine Verfassungsgewährleistung der Fraktionen *als solcher* nicht gestützt werden.

b) Die „Schrankensystematik" des Grundgesetzes und die Frage einer Verfassungsrangs der in den qualifizierten Vorbehalten genannten Güter

Systematische Überlegungen sind es namentlich, die von der zunächst recht einleuchtend erscheinenden Vorstellung wegführen, die in qualifizierten Vorbehalten genannten Güter wären chancenreiche Kandidaten für einen Platz auf der Verfassungsebene. Unter „Vorbehalten" sind hier die sogenannten Gesetzesvorbehalte im verfassungssystematischen Sinn[127] – und damit im Gegensatz zum Vorbehalt des Gesetzes – zu verstehen. Es ist fast zu vorsichtig formuliert, nicht *jeder* in qualifizierten Vorbehalten genannte Rechtswert habe Verfassungsrang[128]. Mindestens kann gesagt werden, daß die Erwähnung in einem solchen Vorbehalt deutlich *gegen* den Verfassungsrang eines Gutes spricht.

Die Nennung in einer Verfassungsbestimmung mag im allgemeinen eher das Gegenteil vermuten lassen. Von Gegenständen, die in *anderen* Verfassungsbestimmungen vorkommen, könnte auch keine entsprechende Negativvermutung aufgestellt werden. Doch haben die qualifizierten Vorbehalte hier eine Sonderstellung, die aus ihrer Funktion als Ausnahmen vom Gebot unmittelbar verfassungsrechtlicher Festsetzung von Grundrechtsschranken folgt. Ihr Zweck ist zunächst

---
[125] *Bieback*, JURA 1987, 229 (232).
[126] A. A. *Willke*, Grundrechtstheorie, S. 41 und 43.
[127] *Staupe*, Parlamentsvorbehalt, S. 32.
[128] *Pache*, JURA 1995, 150 (157); Hervorhebung vom Verfasser.

nicht der Schutz der in ihnen genannten *Güter durch,* sondern der Schutz der *Grundrechte gegen* bestimmte Einschränkungen.

aa) Gewährleistung staatlicher Handlungsräume durch Vorbehaltsnormen

Die Gesetzesvorbehalte der Grundrechte markieren nicht etwa die „Grenzen der Freiheit" bzw. der zulässigen Grundrechtsausübung[129], sondern im Gegenteil Grund und Grenze möglicher Freiheits*verkürzungen*. Man kann sie also cum grano salis als „spezielle Schranken-Schranken" einzelner Grundrechte einstufen[130]. Gesetzesvorbehalte normieren Ausnahmen vom grundsätzlichen Verfassungsvorbehalt für die Durchbrechung verfassungsrechtlicher Normfestsetzungen. Sie ermächtigen den Gesetzgeber, Normen zu erlassen, die die prima facie von Grundrechten gebotenen Rechtsfolgen verkürzen[131]. Von daher erscheint eine Auffassung jedenfalls begründungsbedürftig, die sonstige Verfassungsgüter als Ergänzungen der qualifizierten Gesetzesvorbehalte überall da, wo diese *unzureichende* Eingriffsmöglichkeiten bieten, als subsidiäre Beschränkungstatbestände heranziehen will[132]. Auch geht die Behauptung fehl, soweit der Gesetzgeber von einem Gesetzesvorbehalt in zulässiger Weise Gebrauch gemacht habe, entstehe schon keine Kollisionssituation[133]: Gesetzesvorbehalte sind keine Ermächtigungen zur Schutzbereichsverengung, sondern zur Einschränkung und damit gerade zur *Lösung* von Kollisionen.

Der Ermächtigungscharakter der Vorbehalte indiziert auch keinen Auftrag und schon gar keine Verpflichtung des Gesetzgebers zum Schutz der genannten Güter. Gesetzesvorbehalte enthalten in der Regel keine Gesetzgebungs*pflichten,* wie umgekehrt auch grundrechtliche Schutzaufträge in der Regel nicht Schutz*pflichten* auslösen. Schon deshalb gebietet das Grundgesetz allein durch die Aufnahme von Gegenständen in einen Gesetzesvorbehalt nicht ihren Schutz[134]; vielmehr bedeutet die Ermächtigung zum Gesetzeserlaß gerade, daß dem Gesetzgeber nicht nur Gestaltungsmöglichkeiten hinsichtlich der Art und Weise verbleiben, in der ein Vorbehaltsgegenstand zu sichern ist, sondern regelmäßig auch die Einschätzung darüber, ob Gewährleistungsmaßnahmen überhaupt erforderlich sind. Es steht dem Gesetzgeber von Verfassungs wegen frei, die in Gesetzesvorbehalten aufgeführten Güter gesetzlichem Schutz zu unterstellen oder nicht. Sie können damit nicht bereits verfassungsrechtlich garantiert sein. Daß eine Ermächtigung weniger starke

---

[129] Mißverständlich daher *Nierhaus,* AöR 116 (1991), 72 (79).
[130] *Voßkuhle,* BayVBl. 1995, 611 (615); *Sachs,* JuS 1995, 693 (696).
[131] *Jarass,* AöR 120 (1995), 345 (370).
[132] *Lerche,* FSchr. Mahrenholz, 515 (525).
[133] So *Fohmann,* EuGRZ 1985, 49 (61); weiter als hier auch *Bumke,* Grundrechtsvorbehalt, S. 25, der auch (deklaratorische) „Ausgestaltungsvorbehalte" in den Begriff des Gesetzesvorbehalts einbezieht.
[134] So *Dietlein,* Schutz, S. 31 f.; ähnlich *Berkemann,* Rechtstheorie 20 (1989), 451 (481).

rechtliche Bindungen entfaltet als ein Verfassungs*auftrag*, zeigt die Änderung des Art. 29 Absatz 1 GG im Jahre 1976. Der ursprüngliche Auftrag zur Länderneugliederung wurde damit zu einer Ermächtigung abgeschwächt[135]. Eine solche Herabstufung wäre sinn- und wirkungslos gewesen, würde von der verbliebenen Ermächtigung immer noch ein *Gebot* zu ihrer Wahrnehmung ausgehen.

Eine Ausnahme, die die Regel bestätigt, bildet insoweit das „Recht der persönlichen Ehre" in Art. 5 Absatz 2 GG. Da die dritte Alternative dieses Absatzes anders als die vorhergehenden zwei nicht auf gesetzliche Bestimmungen verweist, enthält diese Wendung eine *unmittelbare* verfassungsrechtliche Bestandsgarantie für den Ehrenschutz im Verhältnis zu den Grundrechten des Art. 5 Absatz 1 GG. Wegen dieser einseitigen Abwehrrichtung kann Art. 5 Absatz 2 Alt. 3 GG andererseits aber nicht schon ein vollwertiges Verfassungsgut „Ehre" entnommen werden[136]. Nur ein Mindestbestand an Ehrenschutznormen im einfachen Recht wird von Art. 5 Absatz 2 GG gewährleistet. Art. 5 Absatz 2 GG garantiert den Bestand eines *Rechtsgutes* persönliche Ehre; das *Lebensgut* „Ehre" muß *vom Recht geschützt* bleiben[137]. Gleichwohl handelt es sich dabei nicht um ein Verfassungsgut. Art. 5 Absatz 2 GG beläßt es bei der Schrankenwirkung des ehrenschützenden Gesetzes und übernimmt diese Funktion nicht selber. Da das Schutzobjekt des allgemeinen Persönlichkeitsrechts gem. Art. 1 Absatz 1, 2 Absatz 1 GG aus systematischen Gründen enger zu fassen ist als das des Ehrenschutzes[138], hat die Frage durchaus praktische Relevanz bei der Einschränkung anderer Grundrechte als der in Art. 5 Absatz 1 GG genannten.

Allerdings haben alle Gesetzesvorbehalte gerade wegen ihres fehlenden Pflichtcharakters eine *formale* Garantiefunktion: sie halten den ermächtigten Organen einen *Wirkungskreis* offen. In diesem Sinne kann man die Entscheidungsprärogative des Gesetzgebers als ein von den Gesetzesvorbehalten gewährleistetes Gut bezeichnen. Sie konkretisiert den allgemeinen Vorbehalt des Gesetzes als Ausprägung des Demokratieprinzips, der Gewaltenteilung und der Schutzfunktion der Grundrechte selbst. Da dieses Verständnis der Gesetzesvorbehalte als formale Garantienormen auf allgemeinen Interpretationsgrundsätzen beruht, eignet es sich zur Verallgemeinerung. Auch sonstige Verfassungsnormen können grundsätzlich eine Platzhalter-, Leerstellen- oder Variablenfunktion einnehmen, indem sie bestimmte Funktionsträger ermächtigen, Grundrechtsschranken festzulegen – und

---

[135] BGBl. 1976 I, S. 2381; dazu *Häde*, JA 1994, 39.

[136] So *van der Decken*, NJW 1983, 1400 (1402); *Gornig*, JuS 1988, 274 (278); *Isensee*, FSchr. Kriele, 5 (10); *Kriele*, NJW 1994, 1897 (1899); *Tettinger*, JuS 1997, 769 (770 f.); jetzt auch *Hufen*, in: Hill / Hufen / Müller / Ullmann, Meinungsfreiheit, S. 1 (9); *Buscher*, NVwZ 1997, 1097 (1099); *Maurer*, Staatsrecht, Rdnr. 65.

[137] So auch *Sachs*, in: Stern, Staatsrecht III/2, S. 504; *Scholz/Konrad*, AöR 124 (1998), 60 (67 f.); *Stark*, Ehrenschutz, S. 41; insoweit übereinstimmend auch *Tettinger*, JuS 1997, 769 (774).

[138] BVerGE 30, 173 (220 f. – Sondervotum *Rupp-v. Brünneck/Simon*); vgl. die Differenzierungen bei *Ehmann*, JuS 1997, 193 (194).

zwar sowohl im Hinblick auf die *Gründe,* aus denen, als auch auf die *Wege,* auf denen die Beschränkung vorgenommen wird.

bb) Die Funktion der Qualifikationsmerkmale

Durch *qualifizierte* Vorbehalte wird die Erlaubnis zu Einschränkungen der betroffenen Grundrechte zunächst einmal auf die Verfolgung bestimmter Ziele *beschränkt,* insbesondere auf den Zweck, bestimmte Güter zu wahren. Die Qualifikationsmerkmale sind spezifische Voraussetzungen der Einschränkung[139]. Sie beschränken den Gesetzgeber nicht in der Herstellung einer Mittel-Zweck-Relation zwischen Grundrechtsverkürzung und damit angestrebtem Zweck; sie begrenzen auch schon seine Mittel- und Zweckauswahl[140].

Solche Güter sind jedenfalls als grundrechtsbeschränkend *zugelassen* – daher wird zu Recht von einer „Maßstabsfunktion" der Gesetzesvorbehalte für die verfassungsimmanente Schrankenziehung gesprochen[141]. Ja man kann auch formulieren: Die Erwähnung bestimmter Güter in Gesetzesvorbehalten bedeutet, daß sie in besonderer Weise Schutz verdienen und durch den Gesetzgeber sogar stärker als andere gegen grundrechtsgestützte Beeinträchtigungen gesichert werden dürfen. Dies ist unzweifelhaft eine Anerkennung ihres herausgehobenen Wertes.

Damit werden Vorbehaltsmerkmale aber nicht flugs zu Verfassungsgütern befördert[142]. Die in Gesetzesvorbehalten genannten Güter *kann* der Gesetzgeber als Schutzobjekte aufgreifen, muß es aber nicht. Gegen den Verfassungsrang gerade von Vorbehaltsmerkmalen spricht insbesondere ein genuin systematisches Argument: als Verfassungsgüter könnten diese Merkmale *alle* Grundrechte beschränken. Damit würde es jedoch sinnlos, daß sie jeweils in den Vorbehaltsvorschriften einzelner Grundrechte aufgeführt sind. Diese Nennung geschieht auch nicht etwa nur beispielhaft. Denn zu diesem Zweck bräuchte man nicht einige Gegenstände *mehrmals* in Vorbehalten zu erwähnen, wie es beim Schutz der Jugend ausdrücklich in Art. 5 Absatz 2, 11 Absatz 2 und 13 Absatz 7 GG geschehen ist. Diese Bestimmungen zeigen in ihrer differenzierten Formulierung vielmehr gerade, daß ein Schutzgegenstand im Verhältnis zu verschiedenen Grundrechten sich gerade unterschiedlich weitgehend soll durchsetzen können.

Gerade hier zeigt sich die Bedeutung der oben gemachten Unterscheidung zwischen Verfassungs*normen* und verfassungsrechtlich gewährleisteten *Gütern.* Nur letztere sind in der Lage, die Einschränkung vorbehaltlos gewährleisteter Grundrechte materiell zu rechtfertigen. Die Gesetzesvorbehalte sind selbstver-

---

[139] *Jarass,* AöR 120 (1995), 345 (370).
[140] *Bumke,* Grundrechtsvorbehalt, S. 214; *Sachs,* JuS 1995, 693 (696); *Schlink,* EuGRZ 1984, 457 (459 f.); *Wülfing,* Gesetzesvorbehalte, S. 27.
[141] *Wülfing,* Gesetzesvorbehalte, S. 56 und 121.
[142] So aber *Wülfing,* Gesetzesvorbehalte, S. 32.

ständlich Verfassungsnormen. Aber gerade weil die in ihnen genannten Güter *einzelnen* Grundrechten spezifisch zugeordnet sind, können sie nicht wie Verfassungsgüter prinzipiell gegen *alle* Grundrechte aufgeboten werden. Soll diese spezifische Zuordnung nicht überspielt werden, so können die vorbehaltsqualifizierenden Güter nicht verfassungsrechtlich gewährleistet sein. Zu schwach formuliert ist daher die Feststellung, die Erwähnung der Qualifikationsmerkmale reiche allein zur Begründung ihres Verfassungsranges nicht aus[143]. Sie steht in diesem Fall dem Verfassungsrang gerade *entgegen*.

Um Verfassungsgüter könnte es sich insoweit nur mit dem Hintergrund handeln, daß die Vorbehalte noch innerhalb dieses Kreises eine restriktive Wirkung entfalten sollen. Diese Wirkung könnte sich nicht gegen das Verfassungsgut richten; denn dürfte es nur eine Einschränkung dieses und keines anderen Grundrechts bewirken, so wäre sein Verfassungsrang nichts wert, da es als gesetzlich gewährleistetes Gut dieselbe Kraft hätte. Würden bestimmte Verfassungsgüter zu einzelnen Grundrechten in einen hervorgehobenen Bezug gebracht, so könnte dies allenfalls umgekehrt heißen, daß *andere* Verfassungsgüter das betreffende Grundrecht *nicht* einschränken könnten. Es würde sich also um eine enorme Stärkung des Grundrechtsschutzes handeln, da der qualifizierte Vorbehalt ausnahmsweise *jede* nicht auf ihn gestützte Beschränkung ausschlösse – gerade auch die durch kollidierendes Verfassungsrecht, soweit es nicht im Vorbehalt genannt ist.

Eine so weitgehende Schutzwirkung der qualifizierten Vorbehalte entspricht aber nicht der erkennbaren Abstufung[144], die das Grundgesetz zwischen Vorbehaltlosigkeit, qualifiziertem und einfachem Vorbehalt macht. Qualifizierte Vorbehalte mit so exklusivem Charakter ständen als Zeichen geringster Beschränkungsmöglichkeit den einfachen Vorbehalten gegenüber, die die weitestgehenden Beschränkungen zulassen. Die vorbehaltlosen Grundrechte wären in mittlerem Maße gegen Beschränkung geschützt. Vorbehaltsnormen mit und ohne Qualifikationsmerkmale würden von diesem Mittelmaß in entgegengesetzten Richtungen abweichen. Ein solcher Gegensatz ist im Wortlaut der Vorbehalte aber nicht angelegt. Zwar unterscheiden sich ihre Formulierungen in mancher Weise, aber in dem hier entscheidenden Punkt stimmen sie überein: sie sind als Ausnahmen von einem Grundrechtsschutz angelegt, den die Schutzbereichsnorm als Maximum kennzeichnet. Eine *Überschreitung* dieses Maximums deutet kein Text eines Vorbehalts an.

cc) Verbot der „Schrankentransplantation" als Konsequenz

Folge aus dieser spezifischen systematischen Zuordnung einzelner Vorbehaltsgüter zu einzelnen Grundrechten ist der Ausschluß einer *Schrankentransplantation* von einem Grundrecht auf das andere. Gemeint ist damit nicht nur technisch, daß

---

[143] So *Bumke*, Grundrechtsvorbehalt, S. 176.
[144] Insoweit übereinstimmend *Bäumler*, JZ 1988, 469 (477); *Losch*, Wissenschaftsfreiheit, S. 189 f.

kein *Vorbehalt* auf Grundrechte angewandt werden darf, denen er nicht zugeordnet ist[145]. Es bedeutet auch, daß die in einem Vorbehalt genannten *Güter* nicht zur Einschränkung anderer Grundrechte mit engeren Vorbehaltsvoraussetzungen benutzt werden können. Denn Güter werden von den jeweiligen Vorbehalten tatbestandlich vorausgesetzt; dürfen diese nicht verschoben werden, dann betrifft das erst recht jene. Aus der Differenzierung der Gesetzesvorbehalte folgt auch, daß die durch sie abgestuften Zuordnungsverhältnisse von Grundrechtsgütern und gegenläufigen Schutzgütern nicht durch eine Transplantation der Schrankeninhalte hin und her nivelliert werden dürfen.

Von einer – eher selten anzutreffenden – Spezialität der Grundrechts*schutzbereiche* hängt die Unzulässigkeit der Vorbehaltsübertragung dagegen nicht ab[146]. Diese Besonderheit betrifft ausschließlich die allgemeine Handlungsfreiheit als Auffanggrundrecht im Verhältnis zu den besonderen Freiheitsrechten sowie das allgemeine Gleichheitsrecht gegenüber den besonderen Gleichheitsrechten. Der Vorschlag, vorbehaltlose Grundrechte den Schranken des Art. 2 Absatz 1 GG zu unterstellen[147], läßt daher in der Tat den Grundsatz der Spezialität außer acht. Im Ergebnis liefe es auf dasselbe hinaus, könnten alle Grundrechte unter einen einfachen Gesetzesvorbehalt gestellt werden[148]. Auch auf diese Weise würde die Differenzierung zwischen vorbehaltlosen Grundrechten, Grundrechten unter qualifiziertem und unter einfachem Gesetzesvorbehalt eingeebnet. Demnach ist etwa die Anwendung der Schranken des Art. 9 Absatz 2 GG[149] oder des Art. 13 Absatz 7 Alt. 1 GG[150] auf die Versammlungsfreiheit in geschlossenen Räumen unzulässig, weil es sich um jeweils sachbereichsspezifische Schrankennormen handelt. Daß die Vereinigungsfreiheit oft denselben Sachverhalt schützt wie Art. 8 Absatz 1 GG, darf nicht zur Vermischung der rechtlichen Maßstäbe führen: so wenig eine kriminelle Bande durch das Dach, unter dem sie sich trifft, gegen ein *Vereinsverbot* gefeit wird, ist es der Polizei gestattet, den Bandenmitgliedern schon wegen der strafbaren Zwecke ihrer Vereinigung auch die *Zusammenkunft* unter diesem Dach zu verbieten. Der Sach*bereich* dieser Normen ist nicht mit dem – typischerweise einheitlichen – Sachverhalt zu verwechseln, auf den die verschiedenen Normen sämtlich anwendbar sind.

---

[145] Dagegen ausdrücklich BVerfGE 30, 173 (191 f.); a.A. noch *Herbert Krüger,* DVBl. 1950, 625 (627).

[146] Darauf abstellend BVerfGE 30, 173 (191). Dies übersieht *Planker,* DÖV 1997, 101 (102 f.).

[147] So noch *Henke,* DÖV 1984, 1 (5).

[148] Dafür aber *Enderlein,* Freiheit, S. 180.

[149] Dafür *Arnold,* BayVBl. 1978, 520 (524).

[150] So noch *Krüger* DÖV 1993, 658 (661); *ders.,* DÖV 1997, 13 (18). A. A. *Ketteler,* DÖV 1990, 954 (957 und 960).

4. Zusammenfassung

a) Das BVerfG postuliert zu Recht, daß Grundrechte ohne Gesetzesvorbehalt nur zu Gunsten von Rechtsgütern eingeschränkt werden können, die mit verfassungsrechtlichem Rang gewährleistet sind. Eine beliebige Auswahl von Schrankengütern ließe die Grundrechte ebenso in die „Hand des Gesetzgebers" fallen wie eine beliebige Ausgestaltung ihrer Schutzbereiche, soweit diese normgeprägt sind. Daß Gesetzesvorbehalte es dem Gesetzgeber bei vielen Grundrechten ermöglichen, diese zu selbstgewählten Zwecken einzuschränken, widerlegt diese These nicht, sondern bestätigt sie gerade, da die Gesetzesvorbehalte Ausnahmen vom grundsätzlich bestehenden Vorbehalt der Verfassung regeln.

b) Verfassungsrang besitzt ein Rechtsgut nur, wenn seine Gewährleistung einer Bestimmung des Grundgesetzes (oder mehreren) mit den Mitteln juristischer Auslegungsmethodik entnommen werden kann. Die Besonderheiten des Verfassungsrechts befreien nicht von methodischer Disziplin.

c) Die Nennung eines Gegenstands in einer Verfassungsbestimmung reicht danach nicht aus, um ihm Verfassungsrang zu verleihen. Zu differenzieren ist zwischen der bloßen Erwähnung des Gegenstands, die der tatbestandlichen Anknüpfung der Norm dient, einerseits, und der Einbeziehung in den Bezugsbereich des Regelungsziels der Norm andererseits. Gerade die in den Gesetzesvorbehalten der Grundrechte genannten Sachbereiche sind keine Verfassungsgüter, sondern allenfalls Vorfeldbereiche zu Verfassungsgütern. Da die Gesetzesvorbehalte den Gesetzgeber gerade dazu ermächtigen, Grundrechte auch zu *nicht* verfassungsrechtlich gewährleisteten Zwecken einzuschränken, würden sie insoweit funktionslos, als die sie qualifizierenden Güter ohnehin schon verfassungsrechtlich gewährleistet wären.

d) Formale Kriterien wie der organisationsrechtliche Charakter oder die Regelungssystematik des Grundgesetzes bieten keine hinreichenden Anhaltspunkte, um einzelne Verfassungsbestimmungen von vornherein als Gewährleistungsnormen auszuscheiden. Vielmehr bestimmt sich der Gewährleistungsgehalt einer Verfassungsnorm danach, ob sie überhaupt auf „Güter", „Werte" oder ähnliches Bezug nimmt und ob sie eine sichernde oder schützende Zielrichtung für diese Gegenstände erkennen läßt. Nur dann besitzt sie eine den grundrechtlichen Gewährleistungen vergleichbare und mit ihnen konkurrenzfähige Zweckrichtung.

II. Kompetenzbestimmungen und Aufgabenzuweisungen

Gerade Kompetenzbestimmungen sind als Quelle grundrechtsbeschränkender Wirkungen in der Literatur besonders kritisch behandelt worden, vielleicht mehr, als sie es im Vergleich mit anderen Typen von Verfassungsnormen verdient hätten[151]. Besonders umstritten ist namentlich, ob die *Fakultativität* einer Kompe-

II. Kompetenzbestimmungen und Aufgabenzuweisungen

tenzwahrnehmung sich auf die Fähigkeit der Kompetenzgegenstände auswirkt, Grundrechte einzuschränken. Dabei handelt es sich aber nicht um ein Sonderproblem dieses Normtyps. Der Verpflichtungsgrad einer Verfassungsnorm mit gütergewährleistendem Charakter spielt vielmehr immer, aber auch immer *erst* für die Vorzugsentscheidung zwischen Grundrechtsschutz und nichtgrundrechtlichem Güterschutz eine Rolle.

An dieser Stelle soll zunächst nur geklärt werden, wann und in welchem Umfang die Gegenstände von Kompetenznormen *Schutzgegenstände* verfassungsrechtlicher Gewährleistungen sind. Der mehr oder weniger zwingende Gebotscharakter ist hierfür – wie noch näher zu erläutern ist – ohne Bedeutung. *Allein* auf den Gütercharakter der Sachbereiche, die zur Abgrenzung von Kompetenzzonen in den einschlägigen Vorschriften genannt sind, kommt es andererseits aber auch nicht an[152]. Auch die Ungestörtheit der Kompetenzausübung als solche kommt als Verfassungsgut in Betracht. Indes ist der Umstand, daß „auch die Kompetenzvorschriften ... Ausdruck der Ordnungsabsicht der Verfassung"[153] sind, kein hinreichend präziser Anhaltspunkt für ihre Tauglichkeit zur Grundrechtsbeschränkung.

Die Diskussion leidet auch und gerade auf diesem Feld darunter, daß Kompetenz*normen* schematisch mit Kompetenz*vorschriften* gleichgesetzt werden und deshalb – aber nicht nur deshalb – ausschließlich in den Art. 70 ff., 83 ff. und 92 GG gesucht werden. Schon der Kreis der Kompetenz*vorschriften* ist außerdem nicht auf diese Abschnitte begrenzt; solche Vorschriften finden sich vielmehr auch in Art. 104 ff. GG u. ö., typischerweise in Formulierungen wie „das Nähere regelt ein Bundesgesetz"[154]. Kompetenzregelnde Wirkung entfalten außerdem nicht nur die bundesstaatlichen Kompetenzvorschriften, sondern auch Regelungen für die einzelnen Bundesorgane wie Art. 60 Absatz 2 GG[155] und die grundrechtlichen Gesetzesvorbehalte, wofür Art. 7 Absatz 4 Satz 2 GG nur ein außergewöhnlich klar formuliertes Beispiel ist.

1. Gewährleistung effektiver Kompetenzausübung

„Kompetenzen" sind zunächst nicht nur – ja im strengen Sinne gar nicht – *sachliche Bereiche* der Staatstätigkeit. Primär bezeichnet der Begriff die Zuweisung solcher Aufgabenbereiche an getrennte Funktionsträger der öffentlichen Gewalt[156].

---

[151] Besonders eindringlich BVerfGE 69, 1 (60 bis 62 – Sondervotum *Mahrenholz/ Böckenförde*); *Schlink*, EuGRZ 1984, 437 (464).
[152] Im gleichen Sinne insoweit *Muckel*, Religiöse Freiheit, S. 267.
[153] So *Battis*, JuS 1973, 25 (28).
[154] *Degenhart*, in: Sachs, GG, Art. 70 Rdnr. 5 und 8.
[155] Siehe oben § 2 I 2 c) cc).
[156] *Isensee*, DVBl. 1995, 1 (3); *Kirchhof*, HdBStR Bd. 3, § 59 Rdnr. 17 ff.; *Menzel*, DÖV 1983, 805 (806); *Pieroth*, AöR 114 (1989), 422 (434); weitergehend *Stettner*, in: Dreier, GG, Bd. 2, Art. 70 Rdnr. 17.

Auch Gegenstände verfassungsrechtlichen Schutzes sind daher zunächst einmal nicht die Kompetenz*materien*, sondern die Kompetenz*zuweisungen*[157]. Diese Einordnung ist unabhängig davon, ob es ein subjektives Recht staatlicher Stellen an ihrer Kompetenz gibt. Betrachtet man Kompetenzen wie Grundrechte als Rechtsgüter, so können sie absolut geschützt sein unabhängig davon, ob dieser Schutz nur objektivrechtlich wirkt oder verfahrensrechtlich durchsetzbare Positionen im Verhältnis zu anderen Stellen verleiht.

Der Schutz der Kompetenzwahrnehmung kann in mehrere Richtungen aufgefächert werden. Ein schutzfähiges Rechtsgut ist zunächst die Kompetenz*ausübungsfähigkeit* der zuständigen Organe, d. h. die Möglichkeit, die zugewiesenen Aufgaben mit den zu diesem Zweck übertragenen Befugnissen wahrzunehmen. Die Kompetenz gibt ihrem Träger Handlungsbefugnisse. Wird er an ihrer Ausübung gehindert, so wird neben der Erlaubnis zum Handeln auch die dahinter stehende Kompetenzzuweisungsnorm beeinträchtigt. Die Befugnis, bestimmte Handlungen auf Grund der Kompetenz vorzunehmen, ist zum Teil ausdrücklich in Bestimmungen des Grundgesetzes genannt, so in Art. 70 Absatz 1 und 83 GG für die Handlungsformen des Erlasses und des Vollzugs von Gesetzen. Zum Teil ist sie nur stillschweigend mitgeregelt; das betrifft etwa die Befugnis der Bundesregierung zur Öffentlichkeitsarbeit, die von Art. 62 ff. GG mit umfaßt sein soll[158].

Der Gehalt der Kompetenznormen an Kompetenzwahrnehmungsgarantien darf nicht überschätzt werden. Gesetzgebungskompetenznormen setzen zwar voraus, daß der Erlaß gesetzlicher Regeln für ein bestimmtes Gebiet jedenfalls nicht völlig unzulässig ist[159]. Jedoch geben sie damit keinen Freibrief zu *beliebiger* Gesetzgebung. Erstens besteht grundsätzlich keine Gesetzgebungspflicht, sondern der Erlaß von Gesetzen steht im Ermessen des Gesetzgebers[160]. Auch Einrichtungsgarantien, die zum Tätigwerden verpflichten könnten, enthalten die Kompetenzvorschriften – jedenfalls in aller Regel – nicht[161]. Drittens können sowohl die Regelung einzelner thematischer Ausschnitte des angesprochenen Sachgebiets als auch bestimmte Modi der Regelung aus anderweitigen Gründen ausgeschlossen sein. All diese Umstände begrenzen den Garantiegehalt von Kompetenznormen.

---

[157] Zur Trennung von Kompetenzgegenstand und Kompetenzausübung vgl. *Jestaedt*, Zuständigkeitsüberschießende Gehalte, S. 323.

[158] Siehe unten § 5 I 2 b).

[159] *Kuhl/Unruh*, DÖV 1991, 94 (100); *Pestalozza*, in: v. Mangoldt/Klein, GG, Bd. 8, Art. 70 Rdnr. 46.

[160] VG Berlin, NVwZ-RR 1994, 506 (507); *Menzel*, DÖV 1983, 805 (807); *Pieroth*, AöR 114 (1989), 422 (436), *Stettner*, in: Dreier, GG, Bd. 2, Art. 70 Rdnr. 23; mißverständlich *Jestaedt*, Zuständigkeitsüberschießende Gehalte, S. 334, der im Begriff eines „staatsaufgabenrechtlichen Pflichtgehalts" die Pflicht staatlicher Stellen zum *Tätigwerden* mit der ihr vorgelagerten Frage vermischt, ob ein Verbot der *Privatisierung* der Ausführung öffentlicher Aufgaben besteht. Ein Privatisierungsverbot begründet allein noch keine Pflicht des Staates, die ihm verbleibende Aufgabe auszuführen.

[161] Kategorisch: *Merten*, in: FSchr. Carstens, S. 721 (735).

Die Organ-, insbesondere aber die Verbandskompetenz schützt außerdem nicht nur positiv gegen die Behinderung bei der Kompetenzausübung. Sie hat auch eine Vorbehaltswirkung gegenüber anderen Kompetenzträgern, von denen Übergriffe in den eigenen Kompetenzbereich zu befürchten sind. Man könnte von einem Kompetenz*anmaßungsverbot* oder – aus Sicht des berechtigten Kompetenzinhabers – von *Ingerenzschutz* in bezug auf dessen eigenen Zuständigkeitsbereich sprechen. Zwar eignen sich Kompetenzverteilungsregeln nicht zur Begründung des Vorbehalts des Gesetzes oder auch nur zur Abgrenzung seines Anwendungsbereichs[162]. Doch schützen sie die Gesetzgebungskompetenz des Bundes und – implizit – die der Länder gegen Ingerenz jeweils anderer Normsetzungsorgane und -verbände[163]. Ausgenommen sind die seltenen Fälle, in denen zugleich *mehrere* Kompetenzträger für die Erfüllung einer Aufgabe zuständig sind[164]. Ein Bundesgesetz über die Begnadigungszuständigkeit in den Ländern würde Art. 30 i. V. m. Art. 60 Absatz 2 GG verletzen; ein Bundesgesetz zur Privatschulförderung wäre nicht mit Art. 7 Absatz 4 Satz 2 GG vereinbar. Solche Gesetze wären zwar mangels Zuständigkeit nichtig, aber keine *Nicht*gesetze; schon der Schein ihrer Wirksamkeit stört den Rechtskreis des „Konkurrenten". In die Normsetzungskompetenz einer anderen Körperschaft greift ein Hoheitsträger allerdings erst ein, wenn er selbst eine Norm erläßt oder aufhebt, die nur die andere Körperschaft setzen oder beseitigen dürfte. Er beeinträchtigt sie dagegen nicht, wenn er nur die Wirksamkeit der Norm prüft, diese verneint und die Norm daher inzident unangewendet läßt[165].

Diese Schutzwirkung der Kompetenznormen entfaltet sich nicht nur im Verhältnis Bund – Länder, sondern auch zwischen den Bundesorganen und als Pflicht zur Abwendung von Ingerenzen Dritter, etwa durch Hoheitsakte der EG auf Gebieten der Länderkompetenz, die in Deutschland unmittelbar rechtlich wirken. Ein Rückgriff auf allgemeine Verfassungsnormen, insb. Prinzipien wie Bundesstaatlichkeit und Bundestreue, ist insoweit überflüssig. Sind bei der Übertragung von Hoheitsrechten auf die Europäische Union die Verfahrensvorschriften des Art. 23 Absätze 2 bis 7 GG eingehalten, können sich die Ländern auch nicht mehr auf eine Verletzung ihrer Kompetenzen durch mangelnde Ingerenzabwehr des Bundes gegenüber den europäischen Institutionen berufen. Der Bund hat insoweit nur eine begrenzte Bemühenspflicht, die er mit der Durchführung des Beteiligungsverfahrens erfüllt.

Im Hinblick auf die Beschränkung von Grundrechten ist diese Schutzwirkung der Kompetenznormen allerdings von geringer Relevanz. Nur in bezug auf die Rechte und Befugnisse potentiellen Konkurrenten, d. h. eventueller „Störer" der Erfüllung und „Usurpatoren" ausschließlicher Zuständigkeiten bestimmter staat-

---

[162] *Staupe,* Parlamentsvorbehalt, S. 191 f.; zum Teil a. A. *Bleckmann,* DÖV 1983, 129 (132).
[163] So auch *Heintzen,* DVBl. 1997, 689 (691); *Frenz,* DÖV 1999, 41 (43).
[164] Dazu *Oebbecke,* in: FSchr. Stree/Wessels, S. 1119 (1130 ff.).
[165] *Pietzcker,* DVBl. 1986, 806 (808).

licher Stellen, kann deren Kompetenz als Schutzgut auch rechts- oder befugnisbeschneidende Wirkungen entfalten. Zu dem betroffenen Kreis gehören Grundrechtsträger zumeist von vornherein nicht[166]. Weder sind Private in der Lage, Normen und Verwaltungsakte mit dem Anschein staatlicher Regelungsautorität zu erzeugen und sich damit Kompetenzen des Staates oder anderer Hoheitsträger anzumaßen, noch können sie – mit Ausnahme weniger Großunternehmen – wirksam die Kompetenzwahrnehmung durch einen bestimmten Kompetenzträger zugunsten eines anderen behindern. Soweit Hoheitsträger auch Grundrechtsinhaber sind, sind ihre grundrechtsgeschützten und hoheitlichen Tätigkeiten so klar getrennt, daß eine Anmaßung fremder Kompetenzen unter Berufung auf den Grundrechtsschutz ausgeschlossen erscheint, so etwa wenn eine Universität nicht als Prüfungsamt, sondern als Forschungseinrichtung agiert.

Aus der Bundeskompetenz für die Pflege auswärtiger Beziehungen nach Art. 32 GG kann deshalb zum Beispiel nicht geschlossen werden, Privatpersonen dürften keine außenpolitisch beachtlichen Erklärungen abgeben oder Handlungen vornehmen, die sich auf die Beziehungen Deutschlands zu anderen Staaten auswirken. Die Kompetenzverteilung des Grundgesetzes verwehrt es nur den Ländern, eine eigene Außenpolitik zu betreiben[167]. Privatpersonen, auch Vereine und Verbände[168], können dagegen die internationalen Beziehungen beeinflussen, ohne daß dies unter Berufung auf Art. 32 Absatz 1 oder – erst recht – auf Art. 59, 73 Nr. 1 oder 87 Absatz 1 Satz 1 GG unterbunden werden könnte. Anders wäre natürlich der Versuch der Länder zu beurteilen, in Privatrechtsform gekleidete, ausgegliederte Verwaltungseinheiten mit außenpolitischen Aufgaben zu betrauen.

Nur geringen Schutz bietet die Zuweisung von Kompetenzen den Adressaten schließlich für ihre eigene Existenz. Die Kompetenzbestimmungen *setzen voraus,* daß es die Körperschaften oder die Organe gibt, denen Aufgaben und Befugnisse übertragen werden, sie *gebieten* es aber nicht. Leerlaufen würden Kompetenznormen erst dann, wenn es *keinen* der jeweils von ihnen vorausgesetzten potentiellen Kompetenzinhaber (mehr) gäbe. So würde die Eingliederung einzelner Länder in andere nicht bewirken, daß Art. 30, 70ff., 83ff. GG ausgehöhlt würden, solange Länder, die diesen Namen verdienen, überhaupt noch bestehen. Die genannten Vorschriften des Grundgesetzes ordnen Kompetenzen nicht einzelnen Staatsindividuen zu, sondern jeweils einem Staatstypus[169]. Bundesorgane, die vom Grundgesetz mit bestimmten Kompetenzen versehen werden, gibt es dagegen jeweils nur einmal. Insoweit entfalten aber die Verfassungsbestimmungen, die die Einrichtung dieser Organe gebieten, unmittelbar gewährleistende Wirkung für die Existenz der Organe, so daß der mittelbare Garantiegehalt der Aufgabenübertragung von der unmittelbar gewährleistenden Wirkung der spezifischeren Sachnorm verdrängt wird.

---

166 BVerwG, NJW 1982, 194; a.A. wohl *Muckel,* Religiöse Freiheit, S. 267.
167 *Haas-Traeger,* DÖV 1983, 105 (106).
168 Siehe *Heintzen,* Auswärtige Beziehungen privater Verbände, S. 36 ff.
169 *Heintzen,* DVBl. 1997, 689 (692).

II. Kompetenzbestimmungen und Aufgabenzuweisungen   95

2. Gewährleistung effektiver Aufgabenerfüllung

Auf die Verteilung der Zuständigkeiten zwischen Bundesstaat und Gliedstaaten beschränkt sich die Bedeutung der Kompetenznormen des Grundgesetzes nun nicht[170]. Kompetenzvorschriften geben – wenn man den Blick wendet und den Kompetenzträger zunächst ausblendet – den von ihnen angesprochenen Organen oder Verbänden die Zuständigkeit, sich mit gegenständlich umrissenen *Themen* zu beschäftigen. Grundsätzlich setzt die Verteilung von Kompetenzen also mit anderen Worten voraus, daß eine entsprechende staatliche *Aufgabe* existiert[171].

Die *Erfüllung* der staatlichen Aufgaben *als solche* eignet sich allerdings nicht als verfassungsrechtlich geschütztes Rechtsgut. Eine generelle verfassungsrechtliche Wertigkeit der gesamten Staatstätigkeit müßte fast jedes entgegenstehende Interesse schon dem Grunde nach aus dem Rennen werfen. Das gilt um so mehr, als es nicht nur verfassungsrechtliche Staatsaufgaben gibt. Das Grundgesetz regelt nämlich nicht selbst abschließend, welche Aufgaben dem Staat gestellt sind[172]. Es gibt zwar eine Reihe von Aufgaben bindend vor; andererseits aber läßt es auch Spielraum für weitere Aufgaben, die der Staat frei übernehmen kann. Insoweit handelt es sich nicht um Verfassungsaufgaben[173] und folglich nicht um Aufgaben, deren Verfolgung oder Erreichung Verfassungsrang haben könnte. Eine weitere Frage ist, wann das Gebot der Wahrnehmung einer Aufgabe gerade von einer Kompetenzbestimmung ausgeht. Nur in diesem Fall läßt sich von einem *Garantiegehalt* der Kompetenznorm für die der Kompetenzverteilung zugrundeliegende *Aufgabe* sprechen. Verweist die Kompetenzbestimmung auf eine Aufgabe, die sich staatliche Organe ohne inhaltliche verfassungsrechtliche Vorgabe stellen können, oder auf eine in eigenen Aufgabenbestimmungen des Grundgesetzes normierte Aufgabe, so scheidet ein gewährleistender Gehalt dieser Kompetenzbestimmung aus.

a) Voraussetzungen einer verfassungsrechtlichen Gewährleistung von Staatsaufgaben

Staatsaufgaben sind rechtliche Maßstäbe, von denen staatliche Organe in bezug auf bestimmte Bereiche Handlungsanweisungen empfangen. Diese Definition ist zwar äußerst vage, läßt sich aber mit Rücksicht auf die Offenheit des Aufgabenbegriffs auch nicht präziser fassen. Aufgaben lassen sich weder durch die zu ihrer Erfüllung nötigen Tätigkeiten umschreiben noch durch konkrete Ergebnisse ihrer

---

[170] Zu eng daher *Beisel*, Kunstfreiheitsgarantie, S. 144.
[171] *Hofmann*, JZ 1988, 265 (273) m. w. Nachw.; *Isensee*, DVBl. 1995, 1 (3); *Kirchhof*, HdBStR, § 59 Rdnr. 16; *Heintzen*, DVBl. 1997, 689 (691 f.); *Jestaedt*, Zuständigkeitsüberschießende Gehalte, S. 333 f.
[172] *Ress*, VVDStRL 48 (1989), 56 (70); *H. H. Klein*, DVBl. 1991, 729 (731).
[173] *Gusy*, DÖV 1996, 573 (574); *Bleckmann*, JR 1978, 221 (221).

Wahrnehmung, da sie nur Ziele vorgeben und auch diese nur selten konkret formulieren[174]. Auch welche staatliche Stelle, ja welche staatliche Gliederungsebene im Bundesstaat eine Aufgabe wahrnehmen soll, ist in der Regel nicht schon Gegenstand der Aufgabenbestimmung. Vielmehr ist Adressat von Staatsaufgaben ohne weitere Differenzierung „der Staat"[175].

Grundgesetzliche Aufgaben des Staates ergeben sich namentlich aus Staatszielbestimmungen[176]. In ihnen ist der Kreis verfassungsrechtlicher Aufgaben aber keineswegs vollständig aufgezählt. Eine Staatsaufgabe kann auch erst darin zu verfassungsrechtlichem Ausdruck kommen, daß ihre Zuweisung an einzelne Verbände und Organe anderweitigen Regelungen zugrunde liegt. Vor allem die Kompetenzbestimmungen des Grundgesetzes können auf weitere Staatsaufgaben hinweisen. Das Grundgesetz geht schon in Art. 30 GG, seiner Fundamentalnorm über die Kompetenzverteilung zwischen Bund und Ländern, von der Existenz staatlicher Aufgaben aus und knüpft die Verteilung der Verbandskompetenz an sie an. Da es den Ländern alle nicht ausdrücklich dem Bund übertragenen Aufgaben zuweist, geht der Einwand gegen die Begründung eines Verfassungsrangs von Rechtsgütern aus Kompetenznormen fehl, der sich auf die Annahme stützt, die Materien der Landestätigkeit seien in der bundesstaatlichen Verfassung *nicht* aufgeführt, so daß Verfassungsgüter nur im Kompetenzbereich des Bundes erscheinen könnten[177]. Träfe dies zu, so wäre es in der Tat eine unangemessene Auswahl, da die Aufgaben zwischen Bund und Ländern nach anderen Gesichtspunkten verteilt sind als nach dem Bedarf an Grundrechtsbeschränkungen.

Eine verfassungsrechtliche Regelung, die eine Aufgabe des Staates mit Verfassungsrang ausstatten soll, muß nicht nur erkennen lassen, daß ein legitimes (öffentliches oder partikulares) *Interesse* an der *Behandlung* eines Gegenstands besteht, so daß sie verfassungsrechtlich zumindest nicht mißbilligt wird. Sie muß darüber hinaus inhaltlich auf ein schützendes und förderndes Tätigwerden als staatliche Aktionsform angelegt sein. Das ist nur bei selbst *rechtsgüterbezogenen* Aufgaben der Fall. Die Weite des Aufgabenbegriffs bringt es mit sich, daß auch rechtsgüterneutrale Ziele staatliche Aufgaben begründen. Aufgaben, die ohne Bezug auf Rechtsgüter in dem oben genannten weiten Sinn das Handeln des Staates leiten, können aber nicht selbst Güter des Verfassungsrechts sein, soll nicht das gesamte verfassungsrechtlich legitime Handeln des Staates in den Bereich der Verfassungsgüter einbezogen sein. Angesichts des weiten Anwendungsfeldes des Aufgabenbegriffs ist also eine Beschränkung auf *güterbezogene* Normen geboten. Um Rechtsgüter, die ihrerseits Verfassungsrang besitzen, braucht es sich dabei nicht zu handeln, denn die Möglichkeit, zu deren Erhaltung und Förderung Grundrechte

---

[174] *Bull,* Staatsaufgaben, S. 44 und 46.
[175] *Martens,* Öffentlich als Rechtsbegriff, S. 131; *Bull,* Staatsaufgaben, S. 50.
[176] *Bull,* Staatsaufgaben, S. 128; *Sommermann,* Staatsziele, S. 365.
[177] BVerfGE 69, 1 (62 – Sondervotum *Mahrenholz/Böckenförde*); *Heyde,* in: FSchr. Zeidler, Bd. 2, S. 1429 (1441).

II. Kompetenzbestimmungen und Aufgabenzuweisungen 97

einzuschränken, bräuchte durch den Verfassungsrang einer zusätzlich gewährleistenden Aufgabennorm nicht unnötig verdoppelt zu werden.

Aufgabennormen können damit einen abgestuften Güterschutz bewirken. Von den Aufgaben erfaßte Rechtsgüter des einfachen Gesetzesrechts sind zwar nicht unmittelbar Gegenstand einer verfassungsrechtlichen Gewährleistung, aber doch wenigstens Gegenstand einer staatlichen Bemühenspflicht mit Verfassungsrang. Entscheidend ist, daß sich die Aufgabe erkennbar auf konkrete Güter bezieht. Hinreichend konkrete Gewährleistungsgegenstände sind etwa die Grundversorgung der Bevölkerung mit Transport- und Kommunikationsdienstleistungen, deren Sicherstellung Art. 87e Absatz 4 und Art. 87f Absatz 1 GG dem Bund auferlegen[178]. Daß die *Durchführung* dieser Aufgabe auf Privatrechtssubjekte übertragen ist, hindert hier gerade nicht daran, sie als Gegenstand einer verfassungsrechtlichen Gewährleistung zu betrachten. Sinn der Art. 87e, f GG ist gerade, die Infrastrukturverantwortung des Staates auch dort zu erfüllen, wo Private den Aufgabenvollzug übernommen haben. Die Funktionsfähigkeit des Bahnbetriebs oder des Telefonverkehrs sind jedenfalls heute nur noch einfachgesetzlich geschützte Rechtsgüter, die Befriedigung der Verkehrs- und Kommunikationsbedürfnisse der Allgemeinheit dagegen ist ein Verfassungsgut.

b) Staatsaufgaben in Kompetenznormen

Daß Staatsaufgaben ihren Verfassungsrang aus Kompetenzbestimmungen gewinnen, setzt zunächst voraus, daß diese Bestimmungen auf eine dahinterstehende Staatsaufgabe schließen lassen. Hauptsächlicher Regelungsinhalt von Kompetenznormen ist allerdings nie die Festlegung einer staatlichen Aufgabe, sondern eine auf der Normierung von Aufgaben schon aufbauende Festsetzung: vorhandene Aufgaben werden – mit Rechtssubjektivität ausgestatteten oder unselbständigen, aber jedenfalls – *handlungsfähigen Einheiten zugeordnet*. Damit eine Kompetenznorm vorliegt, muß dieser *relationierende* Regelungsgehalt zumindest für die Seite der aufgabenbetrauten Stelle gegeben sein; gelegentlich stellen Kompetenznormen die Aufgabenwahrnehmung aber auch schon in den Zusammenhang der typischerweise in Frage kommenden Konfliktkonstellation, wie etwa in das Verhältnis zwischen Bund und Ländern.

Immer aber setzt die Kompetenzzuweisung das Bestehen einer *Aufgabe* als ein von einzelnen Trägern abstrahierbares Ziel staatlicher Tätigkeit schon voraus. Kompetenzbestimmungen knüpfen dabei zum einen an anderwärts normierte Staatsaufgaben an, andererseits zeigen sie aber auch erst selbst, daß bestimmte Sachgebiete Gegenstand staatlicher Tätigkeit sein sollen[179]. Um einen aufgaben-

---

[178] Vgl. zu Art. 87e und 87f GG *Lerche*, in: FSchr. Friauf (1997), S. 251 (258 f.); *Stern*, DVBl. 1997, 309 (312); *Heinze*, BayVBl. 1994, 266 (269).

[179] *Bull*, Staatsaufgaben, S. 52 f.

7 Winkler

begründenden Gehalt zu besitzen, muß eine Kompetenzbestimmung mehr zeigen, als daß Regelungen in einem bestimmten Sachbereich jedenfalls nicht ganz unzulässig sind. Sie müssen ausdrücken, daß der Staat auf diesem Gebiet grundsätzlich tätig werden soll und es nicht dem freien Spiel gesellschaftlicher Kräfte überlassen darf.

Damit die Wahrnehmung einer vorausgesetzten und nicht spezieller geregelten Aufgabe auch von der Kompetenznorm *gewährleistet* wird, muß darüber hinaus ein Bezug auf die Sorge für konkret erkennbare Gegenstandsbereiche aus der Bestimmung ablesbar sein, die die Kompetenznorm enthält. Es muß sich also aus der Kompetenzbestimmung ergeben, daß der Kompetenzträger zum Schutz und zur Wahrung bestimmter Interessen berufen ist, und seien es auch erst von ihm selbst näher umrissene und dadurch zu Gütern objektivierte Interessen. Den Konkretisierungsgrad der betroffenen Interessen braucht demnach nicht die Verfassungsbestimmung selbst erkennen zu lassen, sondern sie kann dies dem von ihr beauftragten staatlichen Verband oder Organ überlassen. Zu unbestimmt, um durchgehend verfassungsrechtlich gewährleistet zu sein, ist eine so allgemeine und komplexe Staatsaufgabe wie „Sicherheit"[180].

Der Aufgabenbezug steht denn auch im Mittelpunkt eventueller Schutzwirkungen der Kompetenznormen. Neben den relativ wenigen expliziten Staatsaufgabenbestimmungen des Grundgesetzes kommen deshalb bevorzugt Kompetenzbestimmungen als Grundlage einer Gewährleistung der Wahrnehmung staatlicher Aufgaben in Betracht, weil in ihnen nur der formale und damit leicht abtrennbare Aspekt der Zuständigkeitszuweisung zum Regelungsgehalt einer Aufgabenfixierung hinzutritt. Sind allerdings selbständige Aufgabennormen vorhanden, auf die sich eine Kompetenzvorschrift implizit oder ausdrücklich bezieht, so ergibt sich der Aufgabenschutz allein aus diesen. Für eine eigenständige, erweiternde oder verengende Konkretisierung der Aufgabe durch die Kompetenzvorschrift ist dort kein Raum; sie verteilt dann nur noch vorhandene Aufgaben zwischen Bund und Ländern. Nur subsidiär kommen auch Kompetenznormen als Aufgabenquelle zum Zuge. Soweit also eine Schutz- oder Förderaufgabe durch die Gesetzgebungskompetenznormen der Art. 70 ff. GG nicht dem Bund zugewiesen ist, bedeutet dies, daß die Aufgabe den Ländergesetzgebern überlassen ist, nicht, daß das Gut insoweit doch nicht schützenswert ist.

Keine Kompetenzzuweisungsnormen mit nur sekundärem Aufgabengehalt sind allerdings eine Reihe von Aufgabennormen, die systematisch deplaziert im Zusammenhang der Zuständigkeitskataloge der Art. 73 ff., 87 ff. GG stehen. Wenigstens aus der Abschnittsüberschrift erkennbar ist bei Art. 91 a Absatz 1 und Art. 91 b S. 1 GG, daß hier echte Aufgabengrundnormen niedergelegt sind. Eine gemeinschaftliche Verwaltungsaufgabe des Bundes und der Länder enthält aber auch, ohne daß dies aus Wortlaut und Regelungszusammenhang recht deutlich wird, Art. 73

---

[180] *Gusy,* DÖV 1996, 573 (578); *Robbers,* Sicherheit als Menschenrecht, S. 186 ff.; a.A. *Isensee,* Grundrecht auf Sicherheit, S. 33.

II. Kompetenzbestimmungen und Aufgabenzuweisungen

Nr. 10 GG in Gestalt der kriminalpolizeilichen und geheimdienstlichen Zusammenarbeit[181]. Ebenso versteckt sind der Verteidigungsauftrag in Art. 87a Absatz 1 GG und die Infrastrukturgewährleistungsaufträge für Bahn, Post und Telekommunikation in Art. 87e Absatz 4 und 87f Absatz 1 GG geregelt[182].

Zum Kontrast erweist sich ein Blick auf die systematisch eng mit Art. 30 GG zusammenhängende Bestimmung über die Kompetenzverteilung auf dem Gebiet der auswärtigen Beziehungen, Art. 32 GG, als nützlich. Sie zeigt, daß Voraussetzung der Kompetenzverteilung zunächst die Definition einer staatlichen *Aufgabe* ist. Die bereits nach staatlichen Funktionen vorsortierten Kompetenzbestimmungen der Art. 70 ff., 83 ff. und 92 GG erschweren diese Erkenntnis eher, da hier die verschiedenen Dimensionen der Gewaltenverteilung – zwischen Gliedstaaten und Bund einerseits, zwischen Gesetzgebung, Verwaltung und Rechtsprechung andererseits – sich überlagern und die Regierungsfunktion insoweit ausgeblendet ist. Dagegen macht Art. 32 GG deutlich, daß ein staatlicher Aufgabenbereich – hier die Pflege auswärtiger Beziehungen – sowohl der Funktionentrennung als auch der Regelung der Verbands- und Organzuständigkeit vorgelagert ist. Diese Aufgliederung ist für die „Sache" Außenbeziehungen teilweise direkt in Art. 32 GG, dann aber auch in den Art. 59, 73 Nr. 1 und 87 Absatz 1 Satz 1 GG vorgenommen. Art. 32 Absatz 1 GG benennt zunächst explizit die *Aufgabe* der Pflege auswärtiger Beziehungen.

Nicht jede Kompetenzbestimmung zeigt die ihr zugrundeliegende Aufgabe so klar an. Auch ist nicht jeder Kompetenzbestimmung ohne weiteres zu entnehmen, daß die ihr zugrundeliegende Aufgabe vom Grundgesetz selbst dem Staat vorgegeben ist und nicht erst Ergebnis eigener Zielsetzungen staatlicher Stellen ist. Regelfall ist vielmehr, daß Kompetenzbestimmungen der Erfüllung von Aufgaben nur einen organisatorischen Rahmen verleihen. Sie können damit einerseits Verfassungsaufgaben des Staates operationalisieren, andererseits aber auch verfassungsrechtlich undefinierte Aufgaben. Eine Kompetenzbestimmung kann die allgemeine Aufgabenstellung, die z. B. in einer Staatsgrundsätzenorm enthalten ist, daneben weiter konkretisieren. Sie kann einzelnen Staatsorganen besondere *Befugnisse* zur Ausübung einer Aufgabe verleihen, die sie mit anderen gemeinsam wahrnehmen, und kann dem kompetenten Staatsorgan Abwehrbefugnisse gegen Störungen seiner Aufgabenerfüllung durch konkurrierende Aufgabenträger in die Hand geben. Namentlich sind hier die föderalen Sicherungsbefugnisse des Bundesrates nach Art. 23 Absätze 4 und 5 Sätze 1 und 2, Art. 35 Absatz 3 Satz 2 und 37 Absatz 1 GG zu erwähnen, mit deren Hilfe die Länder Übergriffe des Bundes in ihre Aufgabenkreise durch europäische Mitwirkungsakte und durch Notstandsmaßnahmen abwehren können.

---

[181] *Gusy*, DVBl. 1993, 1117 (1120).
[182] Vgl. nochmals *Lerche*, in: FSchr. Friauf, S. 251 ff.; gegen einen Aufgabencharakter des Art. 87f Absatz 1 GG allerdings *Stern*, DVBl. 1997, 309 (313) unter Hinweis auf die Entstehungsgeschichte der Vorschrift.

100 § 2 Gewährleistungsgehalt nicht-grundrechtlicher Verfassungsbestimmungen

Kompetenzbestimmungen können auch begrenzende Wirkungen für die Wahrnehmung staatlicher Aufgaben entfalten. Dabei erscheint es eher unglücklich, von „verbotenen Staatsaufgaben" zu sprechen, wenn sich der Staat bestimmte Ziele nicht setzen darf[183]. Bloße Handlungsverbote für bestimmte Sachbereiche sind zwar auch normative Verhaltensanweisungen und entsprechen damit der oben gegebenen Definition. Was die Verfassung dem Staat zu tun verbietet, kann aber nicht als seine „Aufgabe" verstanden werden. Inhalt der Staatsaufgabe ist hier nicht das verbotene *Tätigwerden*, sondern seine *Unterlassung*.

Aber schon der bereits angesprochene zuständigkeitsverteilende Gehalt der Kompetenznormen entfaltet eine aufgabenbegrenzende Wirkung. Die Abwehrfunktion der Kompetenznormen gegen Aufgabenanmaßung schützt nicht nur die *Kompetenzinhaber* gegen Einmischung; sie begrenzt auch die Erfüllung der zugeteilten Aufgaben auf den Tätigkeitsbereich der Kompetenzträger und schränkt damit die Staatstätigkeit nach außen hin ein. Indem eine Aufgabe einzelnen Aufgabenträgern zugewiesen wird, werden nicht nur *diese* zur Aufgabenwahrnehmung *ermächtigt;* auf der anderen Seite schließt die Kompetenzzuweisung *andere* staatliche Stellen von der Wahrnehmung derselben Aufgabe aus, es sei denn, das Grundgesetz hätte deutlich eine Doppelzuständigkeit regeln wollen. Es kann nicht jede staatliche Stelle jede Aufgabe an sich ziehen, sondern alle sind darauf beschränkt, die ihnen zugewiesenen Aufgaben – und zwar auch ausschließlich mit den ihnen zugeteilten Befugnissen – zu erfüllen. Dadurch setzt sie die Aufgabenerfüllung nicht nur – effektivitätsbegründend – ins Werk, sondern *begrenzt* ihre Wirksamkeit auch. Schon aus dem aufgabenzuweisenden Gehalt von Kompetenznormen ergibt sich damit eine wichtige *Begrenzung* der staatlichen Möglichkeiten zur Grundrechtseinschränkung: Unter Berufung auf eine Aufgabe, zu deren Erfüllung sie *nicht* berufen ist, darf keine Behörde in Grundrechte eingreifen. Darin liegt der freiheitssichernde Aspekt der Kompetenzbestimmungen[184]. Nicht nur Grundrechte enthalten „negative Kompetenznormen"[185], sondern auch die eigentlichen Kompetenzvorschriften unterstützen die grundrechtlichen Freiheitsgarantien.

Gegenstände, deren Gütercharakter sich aus einer Kompetenzbestimmung ergibt, sind nach den vorgenannten Grundsätzen etwa die staatliche Ausbildungs-

---

[183] So *Gusy,* DÖV 1996, 573 (574).
[184] *Wülfing,* Gesetzesvorbehalte, S. 116; *W. Schmidt,* AöR 106 (1981), 497 (497); *Herdegen,* in: Heckmann / Meßerschmidt, Gegenwartsfragen, S. 161 (169).
[185] *Böckenförde,* NJW 1974, 1529 (1530); *Classen,* JöR n. F. 36 (1987), 29 (36); *Pieroth/ Schlink,* Grundrechte, Rdnr. 79; *Schnapp,* JuS 1989, 1 (2 f.). – Von einer Einschränkung der Kompetenznorm in Art. 73 Nr. 3 GG durch *Art. 11 Absatz 2 GG* kann dagegen keine Rede sein (so aber OVG Bremen, NVwZ 1999, 314 f.). Daß auch die Länder freizügigkeitsbeschränkende Gesetze auf Grund von Art. 11 Absatz 2 GG erlassen können, folgt schon aus der tatbestandlichen Begrenzung des Art. 73 Nr. 3 GG auf Gesetze, deren *Hauptinhalt* es ist, Freizügigkeitsregelungen zu treffen. Dient ein Gesetz etwa dem Jugendschutz oder der Seuchenbekämpfung, so können die Länder im Rahmen von Gesetzen, die in kompetentieller Hinsicht auf den ihnen nach Art. 74 Absatz 1 Nr. 7 und Nr. 19 GG verbleibenden Zuständigkeiten beruhen, *auch* die Freizügigkeit beschränken.

förderung und die wissenschaftliche Forschung. Hinsichtlich der Forschung zeigt Art. 74 Absatz 1 Nr. 13 GG schon durch den Zusatz „Förderung der" an, daß es sich um einen grundsätzlich positiv bewerteten Gegenstand handelt. Daß er zugleich auch grundrechtlichen Schutz aus Art. 5 Absatz 3 Satz 1 GG genießt, kann hierfür außer Betracht bleiben; dies macht das Beispiel allerdings zu einem rein akademischen. Weniger einfach liegt der Fall ohnehin bei der Ausbildungsförderung. Sie ist im Wortlaut des Art. 74 Absatz 1 Nr. 13 GG nur als „Regelung der Ausbildungsbeihilfen" angesprochen, also ohne positive sprachliche Wertung. Allein dem Wortbestandteil "-hilfe" kann eine solche positive Wertung nicht entnommen werden, da es sich um eine bloße Bezugnahme auf einen tradierten Rechtsbegriff für staatliche Geldleistungen („Beihilfe") handelt. In bezug auf deutsche Empfänger überlagert auch hier ein grundrechtliches Aufgabenpostulat, das aus Art. 12 Absatz 1 GG folgt, die aufgabenregelnde Wirkung von Art. 74 Absatz 1 Nr. 13 GG. Daß der Staat aber auch dazu berufen ist, die Ausbildung *ausländischer* Schüler, Studenten und Berufsanfänger finanziell zu unterstützen, ergibt sich – will man Art. 2 Absatz 1 GG insoweit keine leistungsrechtliche Wirkung zuschreiben – erst aus der Gesetzgebungskompetenz für die Ausbildungsförderung. Ein hinreichend genauer Interessenbezug liegt in dem als Regelungszweck potentieller Gesetze auf diesem Gebiet schon aus Art. 74 Absatz 1 Nr. 13 GG erkennbaren *Ausbildungsinteresse* der ausländischen Auszubildenden. Es wird damit nicht zum Verfassungsgut; doch enthält Art. 74 Absatz 1 Nr. 13 GG immerhin eine Verfassungsaufgabe zur Förderung der Ausländerausbildung. Dieser Aufgabe erfüllt der Bund durch den Erlaß und Vollzug von § 8 Absatz 1 BAFöG.

3. Schutzwirkung für Kompetenzgegenstände?

Über die bloße Aufgabensicherung hinaus ginge ein etwaiger Schutz von Kompetenzvorschriften für die Sachgebiete, auf die sie sich beziehen. Anders als eine bloße Ermächtigung, sich mit einem Gegenstand zu befassen, und auch als plus gegenüber einem Auftrag zu solcher Befassung läge in der Garantie von Kompetenzgegenständen ein Erhaltungs- oder sogar ein Förderauftrag für gegenständliche Bereiche. Ob die Kompetenzbestimmungen als Quelle einer solchen Gewährleistung taugen, ist sehr fraglich. Sicher können nicht beliebige Kompetenzgegenstände zum Objekt verfassungsrechtlichen Schutzes erklärt werden[186].

Wenig trägt auch das oft wiederholte Argument zur Klärung bei, die Erwähnung eines Gegenstands in einer Kompetenzvorschrift zeige, daß er nicht „als solcher" verfassungswidrig sein könne, wenn sich schon der Gesetzgeber seiner annehmen dürfe[187]. Es ist zum einen trivial, daß auch kompetenzgerecht erlassene Gesetze in *anderer* Hinsicht gegen das Grundgesetz verstoßen können[188]; zum anderen kann

---
[186] So im Erg. *Bleckmann*, DÖV 1983, 129 (129–131).
[187] Statt aller *Pestalozza*, in: v. Mangoldt/Klein, GG, 8. Bd., 3. Aufl., Art. 70 Rdnr. 46.
[188] *Friedr. Müller*, Einheit der Verfassung, S. 19.

die Behandlung des Gegenstands in einem Gesetz schon von der Kompetenzvorschrift selbst auf Abwehr, Verhütung oder Gegenmaßnahmen hin programmiert sein[189].

Einer etwa durchgehenden Interpretation der Kompetenzvorschriften als Gewährleistungsreservoir steht schon der große Kreis von Kompetenzgegenständen als solcher entgegen. Der Katalog der Kompetenzvorschriften ist zudem höchst inhomogen. Ihre Bezugspunkte lassen sich allenfalls ganz grob einteilen in Rechtsmaterien einerseits, Wirklichkeitsausschnitte andererseits[190]. In Anbetracht dieser bunten Vielfalt wäre es geradezu erstaunlich, wenn die in den Kompetenzvorschriften genannten Sachbereiche sich allesamt als Schutzobjekte eignen würden. Andererseits kann aber nicht darauf abgestellt werden, wenn Kompetenzvorschriften den dort genannten Gegenständen Verfassungsrang verleihen könnten, hinge der Schutz von Verfassungsgütern von der Entscheidung des Gesetzgebers ab, die Ermächtigung zum Erlaß von Schutznormen zu nutzen[191]. Auf dem gleichen Fehler beruht die Kritik, wenn Kompetenzbestimmungen die Einschränkung von Grundrechten rechtfertigen könnten, würden *alle* Bundesgesetze Verfassungsgüter schützen[192]. Beide Einwände übersehen, daß der verfassungsrechtliche Schutz nach der Theorie vom materiellen Gehalt der Kompetenznormen nicht erst von dem kompetenzgemäß erlassenen Gesetz ausgehen, sondern zum Regelungsgehalt der Kompetenznorm selbst gehören soll.

Für die Beantwortung der grundsätzlichen Frage, ob Kompetenzbestimmungen die Gegenstände der Kompetenz gewährleisten können, ist letztlich zu differenzieren. Entscheidend ist, daß die Normstruktur kompetenzverteilender Regeln nur im Ausnahmefall auch einen Nebenzweck „Güterschutz" umfaßt. Zunächst umschreiben sie bestimmte Materien regelmäßig nur als *Anwendungsbereich* der Rechtsfolge „Zuständigkeitszuweisung". Ihre primäre normative Festlegung richtet sich nur auf die – selbst rechtliche – Sphäre der Rechtserzeugung und nicht auf Phänomene der rechtlich geregelten Wirklichkeit; und sie hat dem Grade nach zumeist nur Erlaubnischarakter, nicht verpflichtende Wirkung. Gegenüber diesen grundsätzlichen Hemmnissen ist einiger Begründungsaufwand zu treiben, um nachzuweisen, daß Normen mit einem so spezifischen primären Inhalt mit Unterlassungs-, ja sogar mit Förderpflichten des Staates verbunden sind. Ganz ausgeschlossen ist zwar nicht, daß der Verfassungsgeber auch in Kompetenzvorschriften Güter schützt, mag dieser Regelungsort auch etwas abgelegen scheinen. Eine starre Zuordnung von Regelungsgehalten zu bestimmten Normtext- und Normzusammenhangskategorien ist nicht möglich[193]. Da aber Wortlautinterpretation wie subjektiv-historische Auslegung hier nicht zu eindeu-

---

[189] Siehe oben § 2 I 2 c).
[190] Vgl. nur *Pieroth*, AöR 114 (1989), 422 (435).
[191] So *Kloepfer*, JZ 1986, 205 (207).
[192] *Kriele*, JA 1984, 629 (631).
[193] Insoweit zutreffend *Jestaedt*, Zuständigkeitsüberschießende Gehalte, S. 317 f.

II. Kompetenzbestimmungen und Aufgabenzuweisungen

tigen Ergebnissen führen, sind normstrukturelle Erwägungen ergänzend heranzuziehen.

a) Wortlautindizien?

Ein schützender Charakter kann Kompetenzvorschriften nicht schon immer dann entnommen werden, wenn sie ähnliche Gegenstände in Bezug nehmen wie Gesetzesvorbehalte, die damit den Schutz des jeweils angesprochenen Gutes unstrittig ermöglichen sollen. Das folgt schon daraus, daß qualifizierte Gesetzesvorbehalte grundsätzlich nicht auf den Verfassungsrang der in ihnen genannten Güter schließen lassen, und gilt sogar für Kompetenzbestimmungen, die den „Schutz" von Gegenständen thematisieren[194]. Ausdrücke wie „Schutz" verhalten sich vielmehr grundsätzlich neutral zur Güterschutzwirkung der sie umfassenden Kompetenznormen. Ihre Gegenstandsbereiche sind im übrigen oft schwer bestimmbar, was allerdings nicht entscheidend gegen eine Schutzwirkung spricht; es würde ihre genaue Reichweite nur schwer faßbar machen. Unklar wäre zum Beispiel, was der Schutzgegenstand von Vorschriften ist, die den „Schutz bei" oder – erst recht – die „Abwehr von" Entwicklungen vorsehen, aber nicht einmal sagen, wer oder was geschützt und bewehrt sein soll[195].

Klare Schlüsse hinsichtlich der Güterqualität von Kompetenzmaterien lassen sich wohl nur dort aus dem Wortlaut ziehen, wo es um die Gesetzgebung über Gegenstände der Gefahrenabwehr geht. Sie führen aber gerade zu dem Ergebnis, daß ein Verfassungsgut *nicht* in diesen Kompetenznormen steckt. Ganz klar trifft das auf Waffen und Sprengstoff zu, deren Existenz Art. 74 Absatz 1 Nr. 4a GG einerseits voraussetzt und daher nicht generell wird beenden wollen. Aber als typische Gefahrenquellen sind beide Arten von Gegenständen vom Gesetzgeber tendenziell eher mit restriktiver Zielrichtung zu behandeln, nicht zu schützen und zu fördern. Zumindest traditionell gehören auch die Materien zum Recht der Gefahrenabwehr, die in Art. 74 Absatz 1 Nr. 19 a. E. und Nr. 20 Halbs. 1 GG als Objekte eines „Verkehrs" auftauchen. Arzneien, Heil- und Betäubungsmittel und Gifte werden dabei auch heute noch als zumindest vorsichtig zu behandelnde Stoffe primär in einer gefahrenvorsorgenden Weise zu regeln sein. Bei Lebens- und Genußmitteln, Bedarfsgegenständen usw. zeigt der Zusatz „Schutz bei" – wie erwähnt – jedenfalls an, daß nicht die genannten Dinge selbst Schutzinhalt sind, sollte es sich auch nicht mehr um eine allein sicherheitsrechtliche Materie handeln.

Es kommt sogar vor, daß die in Kompetenzbestimmungen genannten Gegenstände nicht nur mit deutlich auf Erhaltung und Förderung gerichteten, sondern zugleich mit gegenläufigen Zusätzen versehen sind, so daß die Wortlautauslegung zu *ambivalenten* Ergebnissen führt. Das betrifft namentlich die friedliche Nutzung der Kernenergie, die Art. 74 Absatz 1 Nr. 11a GG zum Thema hat. „Nutzung" ist zwar

---

[194] Für ihre güterschützende Wirkung namentlich *Hermes*, Grundrecht auf Schutz, S. 135.
[195] Siehe dazu *Pestalozza*, in: v. Mangoldt/Klein, GG, Bd. 8, Art. 74 Rdnr. 1056 f.

ein Ausdruck, der grundsätzlich eine positive Wertung indiziert. Aber seine Vermutungswirkung für eine positive Bewertung der genutzten Energiequelle wird dadurch neutralisiert, daß Art. 74 Absatz 1 Nr. 11a GG im selben Atemzug auch von der „Abwehr von Gefahren" redet, die von dieser Energiequelle ausgehen[196]. Jedenfalls enthält Art. 74 Absatz 1 Nr. 11a GG keinen Verfassungsauftrag zur Gestattung der friedlichen Erzeugung und Nutzung der Kernenergie[197].

b) Der Wille der historischen Normschöpfer als Indiz?

Keine Bedeutung haben auch *entstehungsgeschichtliche* Umstände, die auf den Zweck hindeuten, bestimmte Gegenstände einfachgesetzlich auf Grund der Kompetenz zu schützen. Im Gegenteil: sie zeigen zuweilen gerade, daß ein verfassungsrechtlicher Schutz nicht beabsichtigt oder nicht mehrheitsfähig war. So verhält es sich beim Verfassungsrang des Tierschutzes. Nicht erst die neuesten Initiativen zu einer Verfassungsänderung[198] beweisen, daß der Tierschutz bislang kein Verfassungswert ist. Auch daß Versuche erfolglos blieben, den Tierschutz als Teil des Umweltschutzes in Art. 20a GG mit zu verankern, läßt erkennen, daß das Grundgesetz hier *bewußt* eine Lücke enthält. Aus Erklärungen der Parlamentsmehrheit, deren Vorstoß zur Einbeziehung des Tierschutzes in Art. 20a GG gescheitert war, läßt sich ein gegenteiliger Schluß gerade nicht ziehen[199], da diese Mehrheit nicht den für eine Verfassungsänderung erforderlichen Umfang von zwei Dritteln in Bundestag und Bundesrat (Art. 79 Absatz 2 GG) erreicht hatte und ihre Erklärung nicht dem Ausdrücklichkeitserfordernis des Art. 79 Absatz 1 GG genügt.

Gegenteilige Folgerungen lassen sich angesichts dieser klaren genetischen Indizien *gegen* einen Verfassungsrang des Tierschutzes auch nicht aus dem Umstand ziehen, daß mit Art. 74 Absatz 1 Nr. 20 a. E. GG eine Kompetenznorm zu dem erklärten Zweck in das Grundgesetz eingefügt wurde, auf ihrer Grundlage das Tierschutzgesetz zu erlassen[200]. Ganz im Gegenteil: die vom – teilweise verfassungsändernden – Gesetzgeber gewählte Differenzierung zwischen Gesetz und Verfassungsbestimmung selbst spricht gegen seinen Willen zur Schaffung eines Verfassungsgutes Tierschutz. Er „wollte" eben nur einen einfachgesetzlichen Schutz für Tiere einführen. Ein Grund für diese differenzierte Behandlung scheint darin

---

[196] Ebenso *Pieroth,* AöR 114 (1989), 422 (447); für eine noch offenere Bedeutung *Pestalozza,* in: v. Mangoldt/Klein, GG, Bd. 8, Art. 74 Rdnr. 786.

[197] *Menzel,* DÖV 1983, 805 (807); *Pestalozza,* in: v. Mangoldt/Klein, GG, Bd. 8, Art. 74 Rdnr. 791 f.; a.A. *Bleckmann,* DÖV 1983, 128 (130).

[198] Entwurf der Fraktion der GRÜNEN zu einem GG-Änderungsgesetz, BT-Drs. 13/8249.

[199] So aber *Kluge,* ZRP 1992, 141 (144); *Maisack,* NVwZ 1997, 761 (763); dagegen zu Recht *v. Loeper,* ZRP 1996, 143 (144).

[200] Dafür *Degenhart,* in: Sachs, GG, Art. 70 Rdnr. 60; *Pieroth,* AöR 114 (1989), 422 (447); *Heyde,* FSchr. Zeidler Bd. 2, S. 1429 (1442); a.A. VG Berlin, NVwZ-RR 1994, 506 (507); *Kloepfer,* JZ 1986, 203 (205); *Kuhl/Unruh,* DÖV 1991, 94 (100); *A. Lübbe,* NuR 1994, 469 (471); *Frankenberg,* KJ 1995, 421 (437); *Hobe,* WissR 31 (1998), 309 (324).

gelegen zu haben, daß zwar Einigkeit über den Grundsatz bestand, daß Tierschutz nötig geworden war, so daß eine verfassungsändernde Mehrheit für die Einführung einer entsprechenden Kompetenzbestimmung zustande kam. Da aber nicht einmal eine so breite Übereinstimmung hinsichtlich der Art und Weise des Schutzes zu erzielen war, daß man sich zur Einführung einer Staatsaufgabe Tierschutz in den Verfassungstext durchringen konnte, darf diese Aufgabe nun nicht durch Interpretation auf die verfassungsrechtliche Ebene hochgezont werden. Sollte im konkreten Fall der Gesetzgeber des Tierschutzgesetzes davon ausgegangen sein, sein Verfahren genüge, um ein neues Verfassungsgut „Tierschutz" einzuführen[201], so wäre dieser rechtsirrtümliche Wille des historischen Gesetzgebers unbeachtlich gegenüber dem interpretatorisch zu ermittelnden wirklichen Inhalt der Verfassung.

c) Indizien in der Normstruktur von Kompetenzvorschriften

Ausschlaggebend steht die Normstruktur von Kompetenzvorschriften ihrer gewährleistenden Wirkung für bestimmte Gegenstände entgegen, selbst wenn diese eine „schützende" Beigabe erhalten haben. Sie stehen damit in Parallele zu einigen qualifizierten Gesetzesvorbehalten wie Art. 5 Absatz 2, 10 Absatz 2, 11 Absatz 2 und 13 Absatz 7 GG. Daß diese Gesetzesvorbehalte schützens*werte* Güter bezeichnen, kann zwar kaum in Frage gestellt werden. Auch kann sich hier wie dort die Befassungserlaubnis, die dem Gesetzgeber erteilt wird, durch die schützende Zielrichtung der Verfassungsbestimmung in Richtung auf eine Befassungsaufgabe verengen. Gleichwohl besitzen auch solche Aufgaben nur *fakultativen* und *prinzipiellen* Charakter, zwingen den Gesetzgeber also nicht dazu, *überhaupt* irgendwelche oder sogar *bestimmte* Maßnahmen zu ergreifen. Doch die Parallelen zwischen Qualifikations- und Kompetenzgegenständen gehen noch weiter.

Ebenso wie die qualifizierten Gesetzesvorbehalte ordnen auch Kompetenzbestimmungen dieser Art schon deshalb nicht den Schutz der in ihnen erwähnten Gegenstände an, weil die Erwähnung bestimmter Schutzzwecke in beiden Arten von Vorschriften nur eine *restriktive* Bedeutung für die Tätigkeit des Staates hat: er darf nur zur Verfolgung *dieser* Zwecke bestimmte Eingriffe vornehmen bzw. Gesetze erlassen. Es handelt sich also um Rückausnahmen, durch die das Grundgesetz den Staat bei der Inanspruchnahme der jeweiligen Ermächtigung einschränkt[202]. Als solche setzen sie den Gütercharakter der in Bezug genommenen Inhalte möglicherweise voraus; aber sie bewirken ihn nicht. So wenig der Schutz der Jugend aus Art. 5 Absatz 2, 11 Absatz 2 oder 13 Absatz 7 GG seine „Weihe" als verfassungsrechtliches Gut erhält, weil er dort nur Teil der besonderen Schranken-Schranke „Qualifikationsmerkmal" ist, so wenig erhebt die „Schutztendenz" des Art. 74 Absatz 1 Nr. 20 GG die Tiere in den Rang verfassungsrechtlich gewährleisteter Güter. Ein weiteres Negativattest läßt sich direkt aus diesem

---
[201] So das zusätzliche Argument *Heydes*, FSchr. Zeidler Bd. 2, S. 1429 (1442).
[202] *Kleindiek*, Wissenschaft und Freiheit, S. 185 f.

Ergebnis zum Tierschutz ableiten: Sind schon die Tiere nicht auf Grund des Art. 74 Absatz 1 Nr. 20 GG verfassungsgeschützt, so trifft dies erst recht auf Pflanzen zu, deren Schutz sich im selben Kontext nur gegen bestimmte Gefahrenherde – Krankheiten und Schädlinge – richtet. Aber dies folgt zugleich auch aus der Erwägung, daß Kompetenzgegenstände allein wegen ihrer Erwähnung im Zusammenhang mit dem Wort „Schutz" nicht bereits verfassungsrechtliche Güter sind, weil der Zweck ihrer Erwähnung überhaupt nur ist, die Gesetzgebungsermächtigung durch Kompetenznormen einzuschränken. Das gilt unabhängig davon, ob diese Ermächtigung auch „material" gemeint ist[203].

Daher ist auch den Krankenhäusern kein Einrichtungsschutz aus Art. 74 Absatz 1 Nr. 19a GG zuzubilligen[204], die Ernährung und landwirtschaftliche Erzeugung sind nicht von Art. 74 Absatz 1 Nr. 17 GG gewährleistet. Obwohl der Schutz des deutschen Kulturgutes gegen Abwanderung in das Ausland ein „verfassungslegitimes" Ziel ist, genießt das deutsche Kulturgut Schutz nicht unmittelbar aus Art. 75 Absatz 1 Nr. 6 GG, sondern erst und nur auf Grund der in seiner Ausführung erlassenen Gesetze. Sollten die Länder das KulturgutSchG – nachdem die Zuständigkeit des Bundes für seinen Erlaß nun aus der konkurrierenden Gesetzgebungskompetenz des Bundes in die Rahmengesetzgebungskompetenz überführt worden ist – nicht flächendeckend um rahmenausfüllende Gesetze ergänzen, so wäre folglich *kein* ergänzender Kulturgüterschutz aus dem Grundgesetz selbst zu entnehmen. Die Beschränkung des Eigentums an deutschem Kulturgut, die in einem Verbringungsverbot liegen kann, muß sich daher als Ausprägung der Sozialbindung gemäß Art. 14 Absatz 2 GG rechtfertigen lassen[205]. Art. 75 Absatz 1 Nr. 6 GG stützt keine weitergehende Rechtfertigung.

4. Zusammenfassung

a) Kompetenzvorschriften schützen nach ihrem primären Normzweck, Zuständigkeiten zwischen Staatsverbänden und -organen zu verteilen, vor allem das Kompetenzgefüge als ganzes (und mit ihm Aspekte der Gewaltenteilung) sowie die Träger von Kompetenzen gegen die Verletzung ihres Zuständigkeitsbereichs. Solche Kompetenzübergriffe können naturgemäß fast nur von konkurrierenden staatlichen Stellen drohen.

b) Da Zuständigkeiten eine Aufgabe voraussetzen, deren Wahrnehmung einer bestimmten Stelle „zusteht", gewährleisten Kompetenzbestimmungen in zweiter Linie auch die Erfüllung von Staatsaufgaben. Dasselbe gilt erst recht für „reine" Staatsaufgabennormen. Daß die Ausübung von Grundrechten die Erfüllung von Staatsaufgaben auch nur berührt, wird aber sehr selten vorkommen.

---

203 So *Ehmke,* VVDStRL 20 (1963), 53 (90 f.).
204 Im Ergebnis ebenso *Scheuner,* in: FSchr. Scupin, S. 323 (331).
205 BVerwG, DVBl. 1993, 1099 (1100 – zu Art. 74 Nr. 5 GG a. F.).

c) Zusätzlichen Begründungsaufwand erfordert der Nachweis, daß ein Gegenstand, auf den sich eine staatliche Aufgabe oder Zuständigkeit bezieht, als solcher von der Kompetenznorm gewährleistet sein solle. Die hierzu bisher vorgeschlagenen Begründungen sind nicht geeignet, einen Gewährleistungsgehalt der Kompetenznormen auch für ihre Gegenstände nachzuweisen. Methodisch unzureichend begründet wäre es jedenfalls, jedem Kompetenzgegenstand schon allein wegen seiner Erwähnung im Grundgesetz Verfassungsrang zuzubilligen.

III. Einrichtungsnormen

Am einleuchtendsten fügt sich wohl die Art von Bestimmungen in eine Typologie verfassungsrechtlicher Gewährleistungsnormen ein, der ein gewährleistender Inhalt geradezu auf die Stirn geschrieben zu sein scheint: Normen, die die Errichtung und Inganghaltung verfassungsrechtlich gebotener Einrichtungen anordnen. Als *Einrichtungen* sollen hier Gesamtheiten rechtlicher Regelungskomplexe und faktischer Zusammenhänge bezeichnet werden, deren organisierte und deshalb umgrenzbare und unterscheidbare Existenz als ein „rechtlich geordneter Lebensbereich"[206] von (weiteren) Normen vorausgesetzt und durch tatbestandliche Anknüpfung bestätigt wird. Haben diese sekundären Normen konservierende und bewehrende Wirkung für das Bestehen und Funktionieren der Einrichtung, so kann man von Einrichtungsgewährleistungen sprechen.

Dieser Begriff deckt sich weitgehend, aber nicht ganz mit den hergebrachten Definitionen institutioneller Garantien bzw. Institutsgarantien. Mit den verfassungsrechtlich gewährleisteten Einrichtungen eng zusammen hängen mutmaßliche Gewährleistungen, die die Verfassung unterverfassungsrechtlich geregelten Einrichtungen zugute kommen läßt. Das allgemein in der Anerkennung institutioneller Gewährleistungen liegende Problem ihrer faktischen Reichweite wirkt sich im Bereich ihrer grundrechtsbeschränkenden Wirkung nämlich besonders stark aus: verschwimmt durch die Rezeption einfachgesetzlich oder untergesetzlich geregelter Institute und Institutionen der Unterschied zwischen der Verfassung und dem übrigen Recht, so drohen Regelungen, die mit gutem Grund nicht in das Grundgesetz selbst aufgenommen worden sind, die Grundrechte zu „überwuchern"[207] und – wenn sie, um im Bild zu bleiben, üppig sprießen – schließlich zu ersticken.

---

[206] Vgl. *Friedr. Klein*, Institutionelle Garantien, S. 165.
[207] *Kalkbrenner*, BayVBl. 1978, 80 (81 – zur „Funktionsfähigkeit der Bundeswehr" als Rangkatapult für das Wehrrecht).

1. Einrichtungsnormen und einrichtungsbezogene Normen

Heute weitgehend überholt ist die Differenzierung zwischen institutionellen Garantien und Institutsgarantien nach der Zugehörigkeit zum *öffentlichen* Recht einerseits, zum *Privatrecht* andererseits. Bei *Carl Schmitt* war diese Unterscheidung getragen von der Vorstellung, Institutionen des Staatslebens gehörten schon deshalb in eine Verfassung, weil sie das Staatsleben regelt, während Phänomene des gesellschaftlichen Zusammenlebens primär vom Privatrecht erfaßt und nur insoweit ausnahmsweise besonders vom Verfassungsrecht geschützt würden, als es die institutsprägenden Normen des Privatrechts in ihrem Bestand verfestigt[208]. *Schmitt* griff damit auf Gedanken der Staatslehre aus dem Kaiserreich zurück, für die der Unterschied zwischen öffentlichem und privatem Recht von der strikten Trennung der Sphären Staat und Gesellschaft vorgezeichnet war. Für eine Verfassung wie das Grundgesetz, die mit einem hervorgehobenen Grundrechtsteil und Prinzipien, die über gesetzliche Generalklauseln auch die Rechtsverhältnisse zwischen den Bürgern mit beeinflussen[209], nicht allein Staatsgeschäftsordnung sein soll, sondern rechtliche Grundordnung des ganzen Gemeinwesens[210], ist die Trennung von öffentlichrechtlichen und privatrechtlichen Einrichtungen aber bedeutungslos[211].

Wichtiger ist die zweite Unterscheidungslinie zwischen Institutionen und Instituten, und weil sie Strukturunterschiede der beiden Rechtsfiguren betrifft, hängt sie nicht so stark von den politischen und historischen Rahmenbedingungen ab. Institutionen sind rechtlich geordnete Organisationszusammenhänge mitsamt ihrer *tatsächlichen* Grundlage an Personen, Informationen, Sach- und Finanzmitteln. Entfällt dieses faktische Substrat, so ist die Institution nicht mehr vorhanden. Dagegen läßt sich ein Rechtsinstitut auch als bloßer abstrakter *Normkomplex* definieren[212], ohne daß die Lebenswirklichkeit, die er regelt und deren unauftrennbarem Zusammenhang er durch die Kohärenz seiner Normen Rechnung trägt, selbst Teil des Instituts wäre. Diese Unterscheidung von Institutionen als Gemengelagen zwischen Normen und Realität einerseits, Instituten als reinen Rechtseinrichtungen andererseits hat Einfluß auf die Reichweite möglicher Gewährleistungen beider Einrichtungstypen durch Verfassungsnormen. Das ist die zentrale Problematik dieser Art von Gewährleistungsnormen des Grundgesetzes. Denn der Streit geht hier regelmäßig nicht darum, *ob* eine Einrichtung verfassungsrechtlich geschützt ist, sondern darum, welchen *Umfang* dieser Schutz einnimmt.

---

[208] *C. Schmitt*, Verfassungslehre, S. 170 f.; noch auf diesem Stand *Windel*, Der Staat 37 (1998), 385 (399).

[209] Grundlegend BVerfGE 7, 198 (207); zum Wirkungsmechanismus *Alexy*, Grundrechte, S. 479.

[210] *Hesse*, Grundzüge, Rdnr. 17 f.

[211] Im Ergebnis übereinstimmend *Schmidt-Jortzig*, Einrichtungsgarantien, S. 33; ähnlich schon für die Weimarer Reichsverfassung *Friedr. Klein*, Institutionelle Garantien, S. 104 f.

[212] Siehe etwa *Friedr. Klein*, Institutionelle Garantien, S. 105 f.; *Lübbe-Wolff*, Eingriffsabwehrrechte, S. 129.

III. Einrichtungsnormen

a) Differenzierte Wirkungen der Einrichtungsgarantien

Die Garantie von Institutionen eignet sich besonders zur Begründung weit ausgreifender Verankerungen im Verfassungsrecht, da sie als rechtlich geordnete Wirklichkeitsstruktur eine Vielzahl von Querverbindungen zwischen Verfassungsrecht, Verfassungswirklichkeit, verfassungsausführendem Recht und der von ihm geordneten Wirklichkeit herstellt. Die verschiedenen Ebenen sind so aufeinander bezogen und miteinander verflochten, daß ihre getrennte Betrachtung dem Sinn des Ganzen kaum gerecht werden könnte.

Um so wichtiger ist es aber, sich für rechtsdogmatische Analysen einen differenzierenden Blick zu bewahren. Allzu leicht wird ein verfassungsrechtlich nicht selbst garantiertes Gut, das der Erfüllung einer verfassungsrechtlichen Aufgabe dient, wegen seines faktischen Nutzens zum mittelbaren Verfassungsgut hochstilisiert. Wichtig ist zumal die Unterscheidung zwischen Garantien, die sich auf den Bestand einer Einrichtung beziehen, und solchen, die nur ihre Funktion betreffen. Die mitgeschützten Wirklichkeitsstrukturen müssen daher anhand des „funktionalen Telos" der Verfassungseinrichtung[213] bestimmt, d. h. auch: eingegrenzt, werden. Besonders fragwürdig ist ein Vorgehen, das *Institute* des einfachgesetzlichen Rechts – also bloße Normzusammenhänge ohne notwendig von ihnen umschlossene Wirklichkeitsstrukturen – über eine verfassungsrechtliche Schutznorm in den Genuß herausgehobenen Schutzes und letztlich quasi-verfassungsmäßiger Abänderbarkeitshindernisse bringt. Ist bei Institutionen ein verfassungsrechtlicher Platz wenigstens von Teilen ihres Realbereichs unbestreitbar, droht das „Hochzonen" einfachen Rechts zum verfassungsrechtlich gesicherten Institut den Unterschied zwischen Verfassungsrecht und Gesetzesrecht vollends zu verwischen.

Richtet sich der Norminhalt von Einrichtungsnormen außer auf die Errichtung auch auf die Ermöglichung und Aufrechterhaltung des täglichen Betriebs einer Einrichtung, so ist dies Ausdruck des schon beschriebenen Grundsatzes effektiver Normwirkung. Fordert das Grundgesetz die Existenz einer Einrichtung, so gebietet es neben ihrer Errichtung auch ihren Betrieb, und zwar nicht als Leerlauf, sondern als *Funktionieren*. Vorhandensein und Geschäftsgang einer Einrichtung wären ohne einen Zweck, auf den sie sich richten, sinnlos. Sind sie verfassungsgeschützt, so muß dies erst recht für den Zweck gelten, der mit der Einrichtung verfolgt wird. Die Einrichtung „impliziert den Willen der Verfassung", daß die Einrichtung den ihr zugewiesenen Aufgaben gerecht werden möge[214]. Aus der Bestandsgewährleistung folgt insoweit also stets auch eine Funktionsgewährleistung. Dagegen ist nicht jede Funktionsgewährleistung auch zugleich Indiz dafür, daß der Bestand einer Einrichtung erhalten bleiben muß[215], soweit es die Erfüllung der Funktion nicht zwingend erfordert. Auch im einfachen Gesetzesrecht sind Schutznormen für

---

[213] Begriff von *Riehle*, KJ 1980, 316 (323).
[214] *Kunig*, Rechtsstaatsprinzip, S. 441.
[215] Zu restriktiv allerdings *Schlink*, in: FSchr. Roellecke, S. 301 (314).

Einrichtungen geläufig, die zwischen dem Bestand und der Funktionsfähigkeit der geschützten Einrichtung unterscheiden. So ist mit der inneren Sicherheit der Bundesrepublik Deutschland in § 46 Nr. 1 AuslG sowohl der Bestand als auch die Funktionsfähigkeit des Staates gemeint[216].

Daß alle Einrichtungsgarantien deshalb auf bloße Funktionsgewährleistungen reduziert werden könnten[217], erscheint indes kaum vertretbar. Gewöhnlich wird dem Grundgesetz zwar nur das Gebot zu entnehmen sein, eine erwähnte Einrichtung möge den ihr zugewiesenen Zweck erfüllen. Daß sie *selbst* – in ihrer „Substanz", die nicht notwendig physischer Art sein muß – existenzgesichert ist, bildet die Ausnahme. Aber zumindest im Fall institutioneller Garantien ist eine Trennung von Funktions- und Bestandsgarantie nicht nur von theoretischem, sondern auch von praktischem Interesse. Es erscheint nicht von vornherein als ausgeschlossen, daß Einrichtungen über ihr funktionales Telos hinaus als Selbstwerte geschützt sind[218]. Einen Hinweis darauf gibt etwa für die Selbstverwaltung der Gemeinden Art. 11 Absatz 2 der Bayerischen Verfassung, der sie – im Gegensatz zu den Gemeindeverbänden und Landkreisen – als „ursprüngliche", dem Staat ähnlich wie die Einzelmenschen *vorgegebene* Rechtssubjekte anspricht.

b) Abgrenzung zur tatbestandlichen Bezugnahme auf Einrichtungen

Nicht jede Bestimmung des Grundgesetzes, die Einrichtungen in irgendeiner Weise anspricht, enthält nun allerdings eine Einrichtungs*norm* im Sinne der Verfassungsnormentypologie. *Einrichtungsnormen* sind nur solche Festlegungen, die die Errichtung, das Ingangsetzen und Inganghalten einer Einrichtung zum Thema haben. Allenfalls indirekt können Einrichtungen und Organe vom Grundgesetz gesichert sein, die keine Erwähnung im Verfassungstext finden. Gewährleistet ist in ihrem Fall ein vorgelagertes Gut, das auch ein grundrechtliches Schutzobjekt sein kann.

So ist zum Beispiel eine Garantie der Funktionsfähigkeit des *Rettungsdienstes* nicht Inhalt des Verfassungsrechts. Der Rettungsdienst ist zwar eine Einrichtung, die dem Schutz von Leben und Gesundheit dient und in dieser Funktion heute praktisch nicht beseitigt werden könnte, ohne daß der Staat damit seine Schutzpflicht für die Grundrechte des Art. 2 Absatz 2 GG verletzen würde[219]. Gleichwohl umfaßt die Gewährleistung des Art. 2 Absatz 2 GG nicht die Einrichtung „Rettungsdienst"[220]. Denn wie der Staat seine Schutzpflichten für Leben und

---

216 BVerwGE 96, 86 (91); BVerwG, NVwZ 1995, 1134.
217 So *Waechter*, DV 1996, 47 (55).
218 So aber wohl generell *Riehle*, KJ 1980, 316 (323).
219 *Winkler*, DÖV 1995, 899 (902).
220 Offen insoweit BVerwGE 97, 79 (84); OVG Münster, NWVBl. 1995, 26 f.; BayVGH, BayVBl. 1996, 176.

III. Einrichtungsnormen

Gesundheit verwirklicht, ist in den Grenzen eines effektiven Schutzes seiner Gestaltung überlassen[221]. Art. 2 Absatz 2 GG ist in diesem Sinne nur eine einrichtungs*bezogene* Norm, er sichert die Einrichtung nicht ab.

Andere Einrichtungen sind zwar im Grundgesetz genannt, allerdings in einer Weise, die nicht zwingend auf ihre Sicherung schließen läßt. So steht es insbesondere um Einrichtungen, die in Kompetenznormen aufgeführt sind. Da sie auf der Tatbestandsseite von Normtexten erwähnt sind, gehören sie zu den Merkmalen, deren Vorliegen Auslöser einer *anderweitigen* Rechtsfolge ist. Ob diese nun in einem Gebot, einem Verbot oder einer Erlaubnis besteht, betrifft nicht die tatbestandlich erfaßte Einrichtung. Daß sie zu den Tatbestands*voraussetzungen* gehört, läßt entgegen einer weit verbreiteten Folgerungsweise nicht erkennen, daß das Grundgesetz den Bestand der Einrichtung selbst als feststehend voraussetze und die Einrichtung damit verfassungsrechtlich „gefordert" sei. Wo die Einrichtung nicht schon aus anderen Verfassungsnormen stammenden Schutz genießt, kommt ihr ebensowenig wie anderen Gegenständen von Normtexten wegen ihrer bloßen Erwähnung in einer Verfassungsbestimmung schon Verfassungsgutcharakter zu.

Zum Beispiel ist aus der Erwähnung der *Statistik* für Bundeszwecke in Art. 73 Nr. 11 GG nur zu entnehmen, daß diese Statistik von Verfassungs wegen nicht ganz unzulässig sein kann. Auch die Statistik für *Landes*zwecke profitiert von dieser Grundsatzwertung, da ein Grund für die unterschiedliche Behandlung der Bundes- und der Landesstatistik nicht ersichtlich ist[222]. Jedoch sieht Art. 73 GG die Bundesstatistik nicht vor und vermittelt ihr auch keine „Schutzwürdigkeit"[223]. Er ermöglicht ihre Erstellung in kompetenzrechtlicher Hinsicht und schließt zugleich eine Interpretation anderer Verfassungsnormen aus, nach der keinerlei Statistiken mehr erstellt werden könnten. Darüber hinaus geht die Schutzwirkung des Art. 73 Nr. 11 GG nicht. Ähnlich liegt der Fall bei der „deutschen Handelsflotte", die Art. 27 GG erwähnt. Nach Wortlaut und systematischer Stellung verdeutlicht diese Norm nur, daß es eine *einheitliche* deutsche Handelsflotte geben soll und nicht getrennte „Flotten" der Länder. Wie Art. 32 GG faßt er damit als Teil des Abschnitts „Der Bund und die Länder" eine Reihe von aufgaben- und kompetenzrechtlichen Aussagen „vor der Klammer" zusammen. Eine Einrichtungsgarantie für die Handelsflotte kann ihm – trotz der dafür sprechenden historischen Anhaltspunkte – aber nicht entnommen werden[224].

---

[221] BVerfGE 39, 1 (42).
[222] *Pestalozza,* in: v. Mangoldt / Klein, GG, Art. 73 Rdnr. 731.
[223] A.A. BVerfGE 65, 1 (50).
[224] *Herzog,* in: FSchr. Redeker, S. 149 (154); *Erbguth,* in: Sachs, GG, Art. 27 Rdnr. 8 m. w. Nachw.; a.A. *Dörr,* Handelsflotte, S. 164 f.

2. Funktionsgarantien

Gemeinsam ist den im folgenden durchzumusternden Kandidaten für institutionelle Güter, daß sie um ihrer *Funktion* willen gewährleistet sein könnten. Genauer ausgedrückt, ist also nicht der Schutz der Einrichtung selbst Zweck der evtl. gewährleistenden Norm, sondern der Schutz der *Erfüllung ihrer Aufgabe.* Umgekehrt kann von der Forderung der Erfüllung bestimmter Funktionen *nicht* notwendig auf den gebotenen Bestand einer *bestimmten,* funktionsgerichteten Institution geschlossen werden. Funktionale Notwendigkeit allein kann Normativität regelmäßig nicht ersetzen[225]. Nur wenn *allein* eine bestimmte Institution bestimmte Aufgaben wahrnehmen kann, ist der Schluß von der Funktion auf das Funktionierende erlaubt.

Problematisch ist besonders in dieser Richtung die Reichweite der Gewährleistung – insb. *ob* und auch, in welchem *Umfang* die Funktions*fähigkeit* gewährleistet wird. Bestimmte *Organisationsstrukturen* kann diese Gewährleistung nur mit erfassen, wenn sie für den Bestand und die Funktion des Institutes bzw. der Institution *unerläßlich* sind. Die Programmautonomie der Parteien etwa ist von ihrer durch Art. 21 GG geschützten Funktionsfähigkeit umfaßt[226], da der Mitwirkung der Parteien an der politischen Willensbildung ohne Programmatik die Grundlage fehlen würde.

a) Die „Funktionsfähigkeit" abstrakter Funktionsbereiche

Besonders konturenlos drohen Verfassungsnormen infolge einer Auslegungstechnik zu werden, die ihnen nicht nur abstrakte Funktionsbereiche entnimmt – was nach Wortlaut und Sinnzusammenhang methodisch richtig sein mag –, sondern in einem Folgeschritt die Funktionsfähigkeit *dieser Funktionen* und nicht allein der sie erfüllenden Einrichtungen zum Verfassungsgut erklärt. Hat ein Verfassungszweck seinerseits einen Zweck, so verstärkt dessen (Mit-)Erstrebenswert die Notwendigkeit, den primären Zweck zu verfolgen, denn erst wenn dieser erreicht ist, besteht auch nur eine Chance auf Erfüllung des Sekundärzwecks. Die Koppelung von Funktionsfähigkeiten an Funktionen verstärkt also deren Position gegenüber kollidierenden Grundrechten und ist schon aus diesem Grund besonders kritisch zu betrachten. Das BVerfG ist in jüngerer Zeit zu der Einsicht gelangt, daß heuristische Begriffe nicht aus ihrem Verwendungszusammenhang gelöst und auf eine Weise verwendet werden dürfen, die ihre bloß erkenntnisleitende Funktion außer acht läßt[227].

---

[225] *Penski,* ZRP 1994, 192 (zur angeblichen Garantie der deutschen Staatlichkeit als einer „Voraussetzung", die Art. 79 III GG mit gewährleiste); a.A. insbes. *Ziemske,* ZRP 1994, 229 (231).

[226] OLG Köln, NJW 1998, 3721 (3724).

[227] BVerfGE 83, 216 (234).

III. Einrichtungsnormen   113

Diese Erkenntnis des Gerichts läßt sich unverändert auf seine Funktionsfähigkeitsrechtsprechung anwenden. Allgemein gesagt, darf der abstrakte Begriff „Funktionsfähigkeit" nicht zum selbständigen Schrankengrund erhoben werden. Er vermittelt nur zwischen güterschützenden Verfassungsnormen[228] und verweist mit seinem Bezug auf die Funktion von Einrichtungen auf den Zweck, den das Verfassungsrecht mit ihrer Installation verfolgt[229]. Verfassungsrechtlich gesichert ist lediglich die Funktion der drei staatlichen Haupttätigkeitsbereiche Legislative, Exekutive und Judikative[230]. Aber auch bei ihnen ist nach Umfang und Intensität der Garantiewirkung des Grundgesetzes zu differenzieren.

aa) Verwaltung

Über die Sicherung einzelner Behörden und Organe hinaus kann aus dem Grundgesetz namentlich ein allgemeiner Grundsatz der *Funktionsfähigkeit der Verwaltung* abgeleitet werden[231]. Er hat seine sedes materiae nicht in den Verwaltungskompetenzvorschriften, die nur Zuständigkeiten zwischen (bestehenden) Verwaltungsträgern verteilen. Jedoch gehört er als Zweck zahlreicher hergebrachter Grundsätze des Berufsbeamtentums zu den Grundstrukturen des Beamtenrechts und damit zum Regelungsgehalt von Art. 33 Absatz 5 GG. Zu nennen ist insbesondere die Treuepflicht als Ausdruck des Bedürfnisses nach einer krisenfesten, d. h. auch in Krisenzeiten funktionsfähigen Verwaltung[232]. Da es sich dabei nur um eine Gewährleistung *einfachgesetzlicher* Rechtsinstitute handelt, ist die Durchschlagskraft der Garantie einer „Funktionsfähigkeit der Verwaltung" im Konflikt mit Grundrechten allerdings zum einen gering. Nur wenn Beamte unter Berufung auf ihre Freiheitsrechte jeden Beitrag zur Erhaltung einer funktionstüchtigen Verwaltung ablehnen würden, könnte ihnen Art. 33 Abs. 5 GG entgegengehalten werden.

In dieser Verankerung liegt es zum anderen auch begründet, daß dieser Grundsatz für die Arbeit der kommunalen *Vertretungsorgane* schon dem Grunde nach nicht gilt. Nicht aus ihm, sondern aus der gemeindlichen Selbstverwaltungsgarantie ergibt sich, daß die Pressefreiheit hinsichtlich der Berichterstattung aus Gemeinderatssitzungen beschränkt werden kann[233]. Ungeeignet ist dieser Grundsatz deshalb auch, um die Grundrechte der Mandatsträger einzuschränken. Zwar üben die kommunalen Vertretungsorgane Verwaltungsfunktionen aus, doch bekleiden ihre Mitglieder keine beamtenähnliche Stellung. Der Unterschied zwischen Beamten und Kommunalvertretungsmitgliedern darf nicht mit einem aus Art. 33 Absatz 5 GG

---
[228] *Lerche*, BayVBl. 1991, 517 (522); *Denninger*, in: FSchr. Wassermann, S. 279 (290, 291).
[229] *B. Fischer*, DVBl. 1981, 517 (521).
[230] *Waechter*, Legitimation, S. 105.
[231] BVerfGE 28, 191 (200).
[232] BVerfGE 39, 334 (367).
[233] Vgl. BVerwG, NJW 1991, 118 (119).

abgeleiteten Prinzip der Funktionsfähigkeit *aller* Verwaltungsorgane überspielt werden. Das gilt insbesondere für die Beschränkung des besonderen Gleichheitssatzes nach Art. 33 Absatz 3 GG auf Grund von Art. 33 Absatz 5 GG[234].

bb) Rechtspflege

Überflüssig erscheint es dagegen, eine eigene Garantie der Verfassung für die Funktionsfähigkeit der Rechtspflege aus Art. 20 Absatz 3 und 28 Absatz 1 GG abzuleiten[235]. Soweit die Verfahren der Justiz der Durchsetzung grundrechtlich geschützter Ansprüche und Positionen dienen, kann besser, weil mit der Möglichkeit genauer fallbezogener Differenzierung verbunden, auf die Schutzwirkung kollidierender Grundrechte verwiesen werden[236]. Auch die Justizgewährungspflicht des Staates tritt als allgemeines und unterstützendes Prinzip hinter die vom Tätigwerden der Gerichte jeweils geschützten Grundrechte zurück. Sie ist kein eigenständiges, zusätzliches Verfassungsgut[237].

Andererseits ist ein Funktionsminimum der Gerichtsbarkeit schon aus den Einrichtungsnormen für die einzelnen Gerichtszweige im Grundgesetz abzulesen. Ein Rückgriff auf Art. 20 GG ist daneben überflüssig. Für die Obersten Gerichtshöfe des Bundes ergibt sich eine Bestandsgarantie aus Art. 95 Absatz 1 GG, da der Bund zu ihrer Einrichtung auf Grund der indikativischen Nennung der Gerichtshöfe verpflichtet ist[238]. Da Art. 95 Absatz 1 GG von dem Bestehen der Gerichtszweige – ordentliche Gerichtsbarkeit, Verwaltungs-, Finanz-, Arbeits- und Sozialgerichtsbarkeit – als „Gebiete" tatbestandlich ausgeht, kann dieser Nennung zwar keine Garantie für eine entsprechende Gerichtszweigaufteilung in den Ländern entnommen werden. Den Ländern stünde es von Verfassungs wegen frei, z. B. einheitliche Verwaltungs- und Sozialgerichte zu bilden oder die Arbeitsgerichtsbarkeit den ordentlichen Gerichten zu übertragen. Erst das Gerichtsverfassungsgesetz und die Prozeßordnungen erzwingen insoweit Einheitlichkeit.

Jedoch sind *Vorinstanzen* der in Art. 95 Absatz 1 GG genannten Bundesgerichte grundsätzlich gewährleistet, wenn diese Norm auch keinen Instanzenzug und keine Beschränkung der Bundesgerichtsbarkeit auf die Revisionsinstanz gebietet. Damit ist schon Art. 95 Absatz 1 GG als mittelbare Wirkung der Garantie für die Existenz oberster Gerichtshöfe über die Vermittlung der darin implizierten Funktionsgarantie auch eine Gewährleistung der Rechtsprechungsfunktion auf Landesebene zu entnehmen, und zwar einer Rechtsprechungsfunktion, die alle Tätigkeiten der genannten Gerichtszweige inhaltlich umfaßt. Als Teil der Gerichtstätigkeit ist einer-

---

234 BVerwGE 79, 69 (76 f.) und dazu *Pieroth/Schlink*, JuS 1984, 345 (348 f.).
235 Dagegen auch BVerfGE 77, 240 (255).
236 So – jedoch etwas zu einseitig – *Kunig*, Rechtsstaatsprinzip, S. 442 ff.
237 So aber *Lücke*, EuGRZ 1995, 651 (657).
238 *Hömig*, in: Seifert/ders., GG, Art. 95 Rdnr. 2.

III. Einrichtungsnormen

seits die Durchführung von Gerichtsverfahren geschützt, allerdings auch nur in Hinblick auf ihre Zugehörigkeit zur Funktion der Gerichte. Andererseits gehören auch die Funktionen materieller *Verwaltungs*tätigkeit durch Gerichte auf dem Gebiet der Freiwilligen Gerichtsbarkeit zum Tätigkeitsbereich der ordentlichen Gerichte. Schließlich gewährleistet Art. 95 Absatz 1 GG in Verbindung mit dem Demokratie- und dem Rechtsstaatsprinzip auch die Aufgabe der Gerichte, ihre Entscheidungen zu veröffentlichen[239]. Ein Grundsatz der Richterernennung durch die Exekutive, von dem Art. 98 GG nur eng begrenzte Ausnahmen zuließe, besteht nicht[240].

Nicht garantiert ist von Art. 95 Absatz 1 GG die Einrichtung von Anklagebehörden und Strafvollzugsanstalten oder der Beruf des Anwalts; gleichwohl handelt es sich um Organe der Rechtspflege. Für den Anwaltsberuf ergibt sich daraus kein minderer Verfassungsschutz, da er von Art. 12 Absatz 1 GG gewährleistet wird. Die Staatsanwaltschaften können sich für ihre Tätigkeit dagegen ebensowenig auf eine verfassungsrechtliche Garantie berufen wie die Justizvollzugsbehörden. Nur der Schutz der Bevölkerung vor Straftätern als Staatsaufgabe, die sich aus den Grundrechten insbesondere auf Leben, Gesundheit, Eigentum, körperliche Freiheit und Handlungsfreiheit ergibt, verhilft den Strafverfolgungs- und -vollstreckungsorganen zu einer verfassungsrechtlichen Legitimation ihrer Arbeit. Keine zusätzliche Garantiefunktion kommt insoweit auch der Kompetenzbestimmung des Art. 74 Absatz 1 Nr. 1 GG mit den Alternativen „Strafrecht und Strafvollzug" sowie „Rechtsanwaltschaft" oder „Rechtsberatung" zu. Nicht auf einer Gewährleistung „funktionsfähiger Rechtspflege", sondern auf der staatlichen Neutralitätspflicht beruht auch das Verbot für Richter, sich in Ausübung ihres Amtes für oder gegen eine bestimmte Religion zu äußern[241].

Nur eine *Minimal*funktionsgarantie kann schließlich aus Art. 99 und 93 Absatz 1 Nr. 4 GG für die *Verfassungs*rechtspflege entnommen werden. Art. 99 GG eröffnet nur eine Möglichkeit („kann"), Art. 93 Absatz 1 Nr. 4 GG greift subsidiär ein, soweit auf Landesebene eine Entscheidungskompetenz für landesverfassungsrechtliche Organstreitverfahren fehlt. Er erhält den Landesverfassungsordnungen damit ein „verfassungsgerichtliche[s] Minimum"[242]. Zur Einrichtung von Verfassungsgerichten *verpflichtet* sind sie gerade deshalb nicht, weil notfalls der Bund für dieses Funktionsminimum einsteht. Auch Art. 100 Absätze 1 und 3 GG setzen zwar voraus, daß es Landesverfassungsgerichte gibt, gebieten aber nicht ihre Errichtung[243].

---

[239] BVerwG, NJW 1997, 2694 (2695); allerdings stützt das BVerwG sich überflüssigerweise zusätzlich auf die „Funktionsfähigkeit der Rechtspflege".
[240] OVG Schleswig-Holstein, DVBl. 1999, 937.
[241] *Röger,* DRiZ 1995, 471 (474).
[242] *Pestalozza,* Verfassungsprozeßrecht, S. 148.
[243] *v. Olshausen,* Landesverfassungsbeschwerde, S. 56.

b) Insbesondere: Die „*Funktionsfähigkeit der Landesverteidigung*"

Besonders deutlich macht gerade die Rechtsprechung zur Funktionsfähigkeit der Streitkräfte, daß mit Hilfe des Funktionsfähigkeitstopos „vorausgesetzte" Strukturelemente mit zu Verfassungsrang erhoben werden. In der Praxis hat sich das Wehrverfassungsrecht dadurch als geradezu unerschöpfliche Quelle verfassungsrechtlich gewährleisteter Einrichtungen und Normen erwiesen. Als ältestes Produkt der Rechtsprechung zu den verfassungsimmanenten Schranken der Grundrechte erfreut das Verfassungsgut „Funktionsfähigkeit der Streitkräfte" sich einer gewissermaßen schon traditionellen Verfestigung. Es soll nach der Rechtsprechung sowohl das innere Gefüge der Streitkräfte als auch die jederzeitige Präsenz und Einsatzbereitschaft ihrer Angehörigen – im Sinne ihrer Einsatzfähigkeit und ihres Einsatzwillens – umfassen[244].

aa) Schwankende normative Verankerung

In welchen Verfassungsbestimmungen dieses Gut indes konkret geschützt sein soll, ist bis heute alles andere als geklärt. Nicht nur terminologisch schwankt das BVerfG zwischen verschiedenen Objekten hin und her, die im Zusammenhang mit der militärischen Einrichtungen der Bundesrepublik aufrechtzuerhalten sein sollen. Zunächst war konstant von der Funktionsfähigkeit der Landesverteidigung die Rede[245]. Nachdem die C-Waffen-Entscheidung die darin liegende territoriale Begrenzung aufgegeben hatte, indem es die *Landes*verteidigung auch auf Art. 24 Absatz 2 GG stützte[246], hob die Somalia-Entscheidung die „militärische Wehrfähigkeit und Bündnisfähigkeit der Bundesrepublik" auf den Schild[247]. Nicht nur in die Breite, auch in die Tiefe wird der Verfassungsrang aber in diesen Entscheidungen ausgebaut. Nicht nur die Verteidigung selbst, auch die diese Aufgabe wahrnehmende *Institution* der Streitkräfte kommt gleich zu Beginn in den Genuß verfassungsrechtlichen Ranges[248]. Die Gewährleistung dieser beiden Gegenstände findet in Art. 87a Absatz 1 GG immerhin noch eine Textgrundlage. Doch schon in derselben Entscheidung wird auch die *Funktionsfähigkeit* der Streitkräfte zu Verfassungsrang erhoben, ohne daß dies im Text des Grundgesetzes irgendwo festgemacht würde.

So begrüßenswert die Rückkehr zu einer bloßen Funktionsgewährleistung wäre, so bedenklich ist die Lösung vom Verteidigungszweck, den das Gericht im Laufe der Zeit vollzog. *Alle* – im wahrsten Sinne des Wortes – nur *mittelbar* mit der Grundgesetznorm zur Verteidigung zusammenhängenden Phänomene zur Ein-

---

244 Zusammenf. BVerwGE 103, 361 (372); BVerwG, NJW 1997, 536 (539).
245 BVerfGE 12, 45 (54); 28, 243 (260); 48, 127 (Ls. 1 und 159); 69, 1 (21).
246 BVerfGE 77, 170 (221); vgl. aber auch schon BVerfGE 28, 243 (261); 32, 40 (46).
247 BVerfGE 90, 286 (388); ganz auf dieser Linie nunmehr BVerwG, NJW 1997, 536.
248 BVerfGE 28, 243 (261); *Dörr*, Handelsflotte, S. 162; *Hernekamp*, in: v. Münch/Kunig, GG, Art. 87a Rdnr. 8; dagegen zu Recht *Krölls*, KJ 1978, 413 (414).

III. Einrichtungsnormen

schränkung von Soldatengrundrechten für geeignet zu halten, läßt die Erwähnung der Streitkräfte zum Keim einer unbegrenzten Auslegung werden, die methodisch nicht mehr kontrollierbar ist. Schon über die zugrunde zu legenden Verfassungsbestimmungen gibt die Rechtsprechung des BVerfG vielfältige und keineswegs einheitliche Antworten. Allerdings hat das Gericht sich nie dazu herabgelassen, „das Wehrverfassungsrecht" in toto zu einer Schranke des Art. 6 Absatz 1 GG zu erklären[249]. Dafür begann es zunächst mit der Kompetenzbestimmung des Art. 73 Nr. 1 GG a. F., fügte später den damals neu erlassenen Art. 87a Absatz 1 GG hinzu und ließ Art. 73 Nr. 1 GG wieder fallen, um zur Absicherung nebenher schließlich noch Art. 12a Absatz 1 und 115b GG sowie vorübergehend auch Art. 24 Absatz 2 GG heranzuziehen.

Von einem in *einzelnen* Grundgesetzbestimmungen *konkret* geschützten Gut kann keine Rede mehr sein. Die Rechtsprechung zieht vielmehr eine beliebige Auswahl locker thematisch zusammenhängender Vorschriften heran, ohne ihre Wirkung im einzelnen konkret herauszuarbeiten. Die Funktionsfähigkeit stellt sich nur infolge dieser methodischen Unzulänglichkeiten als höchst fruchtbarer Nährboden für Güter dar, die Grundrechtseinschränkungen rechtfertigen sollen[250]. Sogar den primären Regelungszweck der Art. 87a und b GG droht die undifferenzierte Gewährleistung der Institution Streitkräfte zu konterkarieren: so soll es erlaubt sein, die strikte organisatorische Trennung der Bundeswehrverwaltung von den (bewaffneten) Streitkräften aus Gründen „zwingender Sachnotwendigkeit" zugunsten einer Wahrnehmung von Verwaltungsaufgaben durch die Streitkräfte zu durchbrechen[251]. Besonders grotesk wird die Ausweitung dieser Verfassungsgewährleistung, wenn sogar die *Traditionspflege* der Bundeswehr, ja die kameradschaftliche Verbundenheit ihrer Angehörigen vom verfassungsrechtlichen Schutz des Verteidigungsauftrags erfaßt sein und Einschränkungen der Glaubens- und Gewissensfreiheit rechtfertigen können soll[252].

Wie die Institution Streitkräfte ist auch das statusrechtliche Verhältnis des Soldaten zum Staat nur ein Mittel zur Erfüllung des Verteidigungsauftrags. Grundrechtseinschränkungen durch den Wehrdienst, die nicht von Art. 17a Absatz 1 GG gedeckt sind, können weiterhin nur zur Erhaltung der Funktionsfähigkeit der Streitkräfte als eines Mittels der Landesverteidigung gerechtfertigt werden[253]. Sonst wird ein einfachgesetzlich geregeltes Rechtsgebiet verselbständigt und pauschal zur Schranke erklärt, ohne im einzelnen zu hinterfragen, welche seiner Bestimmungen eigentlich verfassungsrechtliche Rechtsgüter gewährleisten und in wel-

---

[249] BVerwG, NVwZ 1996, 474; zust. *Schmidt-Bremme*, NVwZ 1996, 455 (456).

[250] Krit. auch *Eckertz*, JuS 1985, 683 (685).

[251] So *Lerche*, in: FSchr. Dürig, S. 402 (402 f.); zu Recht zweifelnd *Walz*, NZWehrr 1997, 89 (92 f.).

[252] So aber *Spranger*, RiA 1997, 173 (175); *ders., DÖD* 1999, 58 (59).

[253] Siehe zur Lage vor der Somalia-Entscheidung des BVerfG schon *Sachs*, BayVBl. 1983, 460 (461); *Winkler*, NVwZ 1993, 1151 (1152).

chem Umfang es das Funktionieren der Landesverteidigung erhalten soll. Das Bestehen eines „inneren Gefüges" der Bundeswehr mag man mit Fug und Recht für eine Voraussetzung ihrer Funktionsfähigkeit halten und seinerseits von der Aufrechterhaltung eines gewissen Maßes an Disziplin abhängig machen. Wenn jedoch schon eine einzige politische Diskussion auf der Stube als Gefahr für den Zusammenhalt der Soldaten untereinander angesehen wird, die bereits die Funktionsfähigkeit der Streitkräfte gefährdet[254], ist der Weg nicht mehr weit dahin, das „ungestörte Funktionieren" der Verteidigung mit ihrer Funktionsfähigkeit gleichzusetzen[255]; es geht m. a. W. dann um eine Maximalgarantie[256] der Institution Bundeswehr. Der kleinste Anlaß droht nach einer Art Lawinentheorie die ganze äußere Sicherheit und letztlich den Bestand des Staates in den Abgrund zu reißen. Ergebnis ist eine Ausweitung des Verfassungsgutes Verteidigung in die mehr oder weniger akzidentiellen Ausgestaltungen des Wehrrechts durch einfachgesetzliche Regelungen hinein, so daß hier etwa das Verbot politischer Äußerungen von Soldaten (§ 10 SG) verfassungsrechtliche Weihen erlangt.

bb) Rückbesinnung auf den Grundgesetztext

All dem gegenüber ist daran festzuhalten, daß Art. 87a Absatz 1 GG die Verteidigung zwar nicht als ausschließliche, aber als „Grundwidmung" der Streitkräfte festlegt[257]. Daraus folgt, daß andere Funktionen der Einrichtung Bundeswehr nur – „ausdrücklich" im Sinne des Art. 87a Absatz 2 GG – *zugelassen* sind, wenn das Grundgesetz entsprechende Bestimmungen enthält, daß sie aber nicht schon deshalb auch verfassungsmäßig *garantiert* sind. Verfassungsrang hat das Funktionieren der Streitkräfte unabhängig von einer weitergehenden Zulässigkeit ihres Einsatzes nur in *dem* Funktionszusammenhang, in den Art. 87a Absatz 1 GG sie stellt. Nur die Erfüllung der Verteidigungsaufgabe, nicht aber die Einrichtung Streitkräfte genießt infolgedessen Verfassungsrang. Die Einrichtung „Streitkräfte" selbst ist keine verfassungsrechtliche Institution. Sie wird in Art. 87a GG bloß als *Mittel* zum Zweck der (durch sie ausgeführten) Verteidigungsaufgabe aufgeführt. An diesem Zweck ist die Verhältnismäßigkeit der Grundrechtsbeschränkungen zu messen, die sich aus dem Wehrdienst ergeben[258].

Die Rückkehr zum Text des Grundgesetzes ist folglich vor allem deshalb geboten, weil eine unkontrollierte Ausweitung des Kreises tauglicher Schrankengüter den *Verhältnismäßigkeitsgrundsatz* auszuhebeln droht[259]. Nirgends ist die Tendenz

---

[254] BVerfGE 28, 36 (47); krit. zu dem dort unterstellten Ursachenzusammenhang *Plander*, DVBl. 1980, 581 (589).
[255] BVerfGE 32, 40 (46).
[256] *Lerche*, BayVBl. 1991, 517 (518).
[257] Dazu eingehend *Depenheuer*, DVBl. 1997, 685 (687 f.).
[258] *Steinlechner*, WPflG, § 1 Rdnr. 10 m. w. Nachw.
[259] Vgl. u. § 5 II.

III. Einrichtungsnormen 119

zur Maximalgarantie derart ausgeprägt gewesen wie im Hinblick auf die militärische Absicherung der staatlichen Existenz. Folge ist ein Ungleichgewicht in verfassungsrechtlichen Kollisionslagen. Entgegenstehende Verfassungsgüter – insbesondere Grundrechte –, die nicht ihrerseits zu maximaler Verwirklichung getrieben werden können, sind gegen die Maximalgarantie des Verteidigungszwecks chancenlos. Von einem gebotenen Ausgleich für expansiven Grundrechtsschutz[260] kann keine Rede sein – im Gegenteil. Grundrechte werden in der Konfrontation mit so unangreifbaren Institutionen nicht nur zu „Abwägungsgesichtspunkten"[261]. Sie verlieren in der Abwägung sogar regelmäßig *jede* Verwirklichungschance.

c) Insbesondere: Die Funktionsfähigkeit der Schule

Der Bereich des Schulrechts wird von Art. 7 GG zwar im Hinblick auf die institutionelle Verkörperung in einzelnen Bildungseinrichtungen in Bezug genommen. Doch für die Leitnorm dieser Grundgesetzbestimmung, die Regelung über die Schulaufsicht in Art. 7 Absatz 1 GG, zählt der Schulbereich doch zunächst als Instrument zur Erfüllung einer Funktion. Die Stellung des gesamten Artikels im Grundrechtsteil der Verfassung, im Anschluß an die Garantie von Ehe und Familie und an die in den Art. 2–5 GG vor allem geregelten Persönlichkeitsrechte zeigt, daß die Schulaufsicht nicht eine Überwachung bloßer organisatorischer Abläufe in einer vom Staat verantworteten Einrichtung ist, sondern dem Zweck dienen soll, die Persönlichkeit der Schüler zu bilden und sie auf das Leben in der Gemeinschaft vorzubereiten.

Im Hinblick auf diese Erziehungsfunktion wird Art. 7 Absatz 1 GG allgemein ein materieller Gehalt zugeschrieben, der über den rein organisatorischen Aufsichtszweck hinausgeht[262]. Doch ist schon der mögliche Verfassungsgutcharakter der Schule als *organisatorischer* Einheit einer kurzen Betrachtung wert. Eine Rechtfertigung für Grundrechtseingriffe aus Art. 7 Absatz 1 GG ist generell unerläßlich, soweit es um vorbehaltlose Grundrechte geht, da die Schulpflicht nicht schon eine verfassungsrechtliche Pflicht ist[263].

aa) Organisatorische Anforderungen und Grundrechte der Beteiligten

Soweit in der Schule Grundrechte der Schüler und der Lehrer beeinträchtigt werden, ist nach heutigem Erkenntnisstand nicht mehr allgemein bezweifelbar, daß

---

260 In dieser Richtung *Lerche*, BayVBl. 1991, 517 (521 f.).
261 BVerfGE 69, 1 (64 – Sondervotum *Mahrenholz/Böckenförde*).
262 *Evers*, Erziehungsziele, S. 54; *Bothe/Dittmann*, VVDStRL 54 (1995), 7 (18) und 47 (55); *Pieroth*, AöR 114 (1989), 422 (427); *ders.*, DVBl. 1994, 949 (951); anders jetzt *Waechter*, DV 1996, 47 (62).
263 *Pieroth*, DVBl. 1994, 949 (951); *Schmitt-Kammler*, in: Sachs, GG, Art. 7 Rdnr. 14 und 18; a.A. *Hufen*, JuS 1993, 156.

es sich um Grundrechtseingriffe handeln kann. Zwar wird zuweilen noch die Einordnung in den Sonderstatus als Schüler bzw. als Beamter bemüht, um die Geltung der Grundrechte zu modifizieren[264]. Nicht mehr vertreten wird dagegen die These, in solchen „besonderen Gewaltverhältnissen" sei die Geltung von Grundrechten ausgeschlossen, da der einzelne sich in den Innenbereich der Staatsorganisation begebe[265]. Auch daß die Schüler vom Schulbesuch in der Regel gerade eine Förderung und Bereicherung ihrer Persönlichkeitsentfaltung und damit eine Unterstützung in der Grundrechtsausübung erfahren, schließt Grundrechtsverkürzungen bei Anlaß des Schulbesuchs nicht schon aus.

Gerade daß das Schulverhältnis verfassungsrechtlich in Art. 7 Absatz 1 GG verankert ist, zeigt nach dessen systematischer Stellung, daß es sich bei der „Einordnung" in die Schule jedenfalls um einen zumindest grundrechtsrelevanten Vorgang handelt. Als „besonderes Gewaltverhältnis" ist die Schule zwar im bayerischen Recht verfassungsmäßig durch Art. 128 BV anerkannt. Das hindert die Gerichte des Freistaats Bayern aber keineswegs, Maßnahmen, die der Funktionsfähigkeit der Schulen dienen, als Grundrechtsbeeinträchtigung zu behandeln und auf das zur Erhaltung eines organisatorisch zwingend erforderlichen Minimums an Schulbetrieb notwendige Maß zu begrenzen[266]. Gerade diese Entscheidungen zeigen, wie differenziert und genau grundrechtliche und institutionell-funktionelle Gesichtspunkte *auch* ausgeglichen werden können.

Anwendungsbereich einer Verfassungsgarantie für das Funktionieren der *Organisationsstruktur* Schule ist nur der Bereich reiner *Ordnungsmaßnahmen*. Dagegen können *Erziehungsmaßnahmen* nur mit Erziehungszwecken der Schule gerechtfertigt werden, die über ihr organisatorisches Bestehen und Funktionieren hinausgehen. Oft werden beide Gesichtspunkte disziplinaren Einschreitens von Lehrern und Schulverwaltung nur schwer zu trennen sein. Nicht nur die Wirkung beim betroffenen Schüler, auch die äußere Form der Maßnahme selbst kann hier und da übereinstimmen. Grundlage ist hierfür letztlich aber nicht ein abstraktes Funktionieren der Schule, sondern der Schutz, den der Staat den kraft der Schulpflicht zur Anwesenheit in der Schule verpflichteten Schülern auch gegen Angriffe ihrer Mitschüler schuldet[267].

Das gilt auch für Festsetzungen der äußeren Bedingungen des Schulbesuchs, die von Maßregelungen wegen Fehlverhaltens weit entfernt sind. So ist noch kaum geklärt, ob eine einheitliche *Schulsprache* – nämlich in der Regel Deutsch – einem kulturellen Unterrichtsziel wie der Einübung des hierzulande meistgebrauchten Verständigungsmittels dient oder auf der organisatorischen Notwendigkeit beruht,

---

[264] *Loschelder*, HdBStR § 123 Rdnr. 19; *Merten*, in: FSchr. Carstens, S. 721 (735).
[265] Grundlegend BVerfGE 33, 1 (10 f.).
[266] VG Regensburg, BayVBl. 1981, 249 (251); BayVerfGH, BayVBl. 1981, 495 (498 f.) – Schanderl –.
[267] Vgl. BayVerfGH, DVBl. 1995, 419 (423); BayVBl. 1999, 406 (408); OVG Münster, DVBl. 1995, 1370; VGH Mannheim, VBlBw 1996, 148 (150).

III. Einrichtungsnormen 121

im Unterricht eine problemlose Verständigung zu ermöglichen. Diese Frage ist grundrechtlich nicht ganz unbedeutend, sondern mit Hinblick auf die allgemeine Handlungsfreiheit, das Persönlichkeitsrecht[268] und den Gleichheitssatz[269] diskussionsbedürftig. In der Ungleichbehandlung durch differenzierende Freistellung vom Schulbesuch an (nicht gesetzlichen) *Feiertagen* wird immerhin ein Gleichheitsproblem erkannt[270]. Seine Lösung kann wohl nicht in einem bloßen Hinweis auf die aus Art. 140 GG i. V. m. Art. 139 WRV folgende Ausgestaltungsbefugnis des Staates für das Feiertagsrecht liegen[271], sondern die kollidierenden Grundrechte aus Art. 3 Absatz 3 Satz 1, 4 Absätze 1 und 2 GG einerseits und der Erziehungsauftrag auf der anderen Seite müssen unter Berücksichtigung ihrer jeweiligen Bedeutung für den Einzelfall zum Ausgleich gebracht werden.

bb) Eigenes Erziehungsrecht des Staates,
Grundrechte der Eltern und der Schüler

Art. 7 Absatz 1 GG ermöglicht dem Staat nicht nur die Aufsicht über alle Schulen im Sinne der rechtlichen und fachlichen Kontrolle, sondern er verleiht dem Staat auch einen eigenen materiellen Auftrag zur Erziehung der Schüler[272]. Man kann es mit einem Anklang an die Drei-Stufen-Theorie zur Berufsfreiheit auch so sagen: das Schulverhältnis ist zwar selbst kein „überragendes Gemeinschaftsgut", aber es hat die Erhaltung solcher Güter zum Zweck[273]. Der Staat kann daher nicht nur den organisatorischen Rahmen der Schule – etwa Schularten, Notenskalen u. ä. – festsetzen, sondern auch Inhalte der schulischen Bildung und Erziehung. Das verdeutlicht auch Art. 7 Absatz 4 Satz 3 GG, der die „Lehrziele" öffentlicher Schulen *voraussetzt*. Solche Lehrziele sind einerseits Unterrichtsinhalte, also die Existenz und der Zuschnitt einzelner Fächer, der dort vermittelte Lehrstoff und die Darstellungsweise, andererseits aber auch Erziehungsziele, das heißt Vorgaben für die Persönlichkeitsentwicklung der Schüler, was die Vermittlung bestimmter Werthaltungen einschließt.

---

[268] Siehe zum parallelen Problem der Rechtschreibreform *Kopke,* NVwZ 1996, 1081 (1083 f.); *Löwer,* RdJB 1997, 226 f.

[269] Ohne eigene Begründung unter unzutreffendem Verweis auf BVerfGE 64, 135 (156 f.) a. A. *Jarass,* in: ders./Pieroth, GG, Art. 3 Rdnr. 71; wie hier *Starck,* in: v. Mangoldt/Klein, GG, Art. 3 Rdnr. 266.

[270] BayVerfGH, DÖV 1996, 558; *Mattner,* Sonn- und Feiertagsrecht, S. 42 f.; *Starck,* in: v. Mangoldt/Klein, GG, Bd. 1, Art. 4 Rdnr. 59; schon einen Eingriff verneint dagegen BVerfG, NJW 1995, 3378 (3379); a. A. auch *Sachs,* RdJB 1996, 154 (166), der aber beim überholten Merkmal eines *unmittelbaren Anknüpfens* an personenbezogene Voraussetzungen ansetzt.

[271] So aber BVerfG, NJW 1995, 3378 (3379) und BayVerfGH, DÖV 1996, 558 zur Streichung des Buß- und Bettages als gesetzlicher Feiertag.

[272] BVerfGE 34, 165 (181 f.); 47, 46 (71 f.); 52, 223 (236); 93, 1 (21); BayVerfGH, DVBl. 1995, 419 f.; *Evers,* Erziehungsziele, S. 54; *Bothe/Dittmann,* VVDStRL 54 (1995), 7 (18) und 47 (55); *Pieroth,* DVBl. 1994, 949 (951).

[273] So ausdrücklich BayVerfGH, BayVBl. 1975, 298 (299).

Wie weit diese eigene Erziehungsbefugnis des Staates allerdings reicht, ist im konkreten Fall aber selten scharf abzugrenzen. Eine verständliche Furcht vor staatlicher Indoktrination steht den legitimen Erziehungszielen der Schule ebenso gegenüber wie die Berechtigung der Eltern auf Grund des Art. 6 Absatz 2 Satz 1 GG[274], die Erziehung ihrer Kinder „zuvörderst" selbst in die Hand zu nehmen. Bei der näheren Bestimmung des Inhalts des aus Art. 7 Absatz 1 GG abgeleiteten Erziehungsauftrags sind besonders *sonstige Verfassungsentscheidungen* zu berücksichtigen. Einerseits bilden sie die *Grundlage* der gesetzgeberischen Formulierung solcher Ziele, andererseits ziehen sie ihr *Grenzen*. So ist bei der Einrichtung eines Ethikunterrichts für Schüler, die vom Religionsunterricht befreit sind, darauf zu achten, daß die Freiwilligkeit der Teilnahme gewährleistet ist. Handelt es sich bei dem Fach Ethik um ein ordentliches Pflichtfach, so ist nur schwer zu erkennen, wodurch die Befreiung der Schüler gerechtfertigt ist, die am Religionsunterricht teilnehmen. Undeutlich ist, woher eine allgemeine Berufung auf die *„Kulturstaatlichkeit"* einen normativen Geltungsanspruch bezieht[275] und welche konkreten Folgerungen aus ihr im Schulrecht gezogen werden sollten. Eine so unklare Formel droht politisch beliebig ausgefüllt zu werden und eröffnet gerade damit Manipulation und Indoktrinierung der Schüler ein zu großes Einfallstor. Sie gibt dem Vorwurf Nahrung, deutsche Schulen diskriminierten und indoktrinierten Angehörige anderer Kulturkreise im Sinne „deutscher" oder „westlicher Werte".

Auf sicherem Boden steht man dagegen, wo Erziehungsziele ihren Orientierungspunkt in konkreten Bestimmungen des Grundgesetzes finden. Je genauer die Vorschrift eine Zukunftsperspektive für die Entwicklung des Staates Bundesrepublik anzeigt, um so sicherer darf dieser Staat das ihr zugrundeliegende Prinzip auf die schulische Erziehung übertragen. Aus den Artikeln 1 Absatz 2, 9 Absatz 2, 24, 25 i. V. m. dem Gewaltverbot und 26 sowie der Präambel läßt sich – unabhängig von einem Verfassungsprinzip Frieden[276] – die Legitimität einer Erziehung zur Friedlichkeit ableiten. Daß allerdings Art. 87a Absatz 1 GG dazu zwänge, den Akzent eines Friedensunterrichts auf die *militärische* Friedenssicherung zu legen[277], kann kaum behauptet werden. Eine solche Akzentuierung wäre zu einseitig und verkennt den – hier die Auslegung einfachen Gesetzesrechts beeinflussenden – Grundsatz einer Einheit der Verfassung. Ebenso unproblematisch – wenn nicht noch klarer – ist das Ziel einer Erziehung zu *demokratischer* Einstellung und Achtung der *Menschenwürde* verfassungsrechtlich durch Art. 7 Absatz 1 GG i. V. m. Art. 20 Absatz 1 und 1 Absatz 1 GG gedeckt. Das Gebot der *Toleranz* andererseits, das schon im Verhältnis zwischen Staat und Bürger nicht den einzelnen bindet, sondern ausschließlich den Staat, kann *als staatsorganisatorische*

---

[274] Insbes. dazu BVerfGE 47, 46 (69 f.).

[275] Für eine differenzierte Betrachtung insbes. *Geis,* Kulturstaat, S. 235 ff. und *ders.,* ZG 1992, 38 (47).

[276] Siehe dazu unten IV 3 b).

[277] So VGH Baden-Württ., NJW 1987, 3274 (3277); insofern berechtigte Kritik bei *Tödt/ Eckertz,* KJ 1986, 460 (486).

Regel nicht auf das Verhalten einzelner übertragen und damit auch nicht aus *diesem* Grund zum Ziel schulischer Erziehung gemacht werden[278]. Dies gilt um so mehr, als die Achtung vor der Menschenwürde und der Persönlichkeit jedes anderen als Erziehungsziel den einzelnen Schüler vor weit konkretere – und strenggenommen auch anspruchsvollere – Anforderungen stellt als die Erziehung zu einer der staatlichen Toleranz angenäherten charakterlichen Duldsamkeit.

cc) Vermittlungs- und Ausgleichsfunktion des Staates in der Schule

Zur Vermittlung abstrakter Werthaltungen und Verhaltensmuster gelangt die Schule praktisch ohnehin am besten durch Einübung im alltäglichen Umgang von Schülern und Lehrern miteinander und untereinander. Hier wird am greifbarsten, daß der Erziehungsauftrag des Staates nicht Selbstzweck ist, sondern daß es um die Vermittlung zwischen den Grundrechten der Beteiligten[279] und mit rechtlich geschützten Allgemeininteressen geht. Soweit die Schule ein enges Zusammenleben mit sich bringt, stoßen gegensätzliche Interessen der Schüler aufeinander und auf Interessen der Lehrer; auch die Eltern können in ihrer Rolle als Erzieher, aber auch in mehr beiläufig berührten Belangen betroffen sein. Viele dieser Interessen sind grundrechtlich bewehrt. Das Kruzifix im Klassenzimmer, von manchen erwünscht, von anderen abgelehnt, ist nur das meistdiskutierte[280], aber nicht unbedingt ein alltägliches Beispiel. Soweit der Staat hier schlichtend und ausgleichend eingreift, hat er allerdings den Toleranzgedanken zu beachten – aber als Richtlinie für sein *eigenes* Handeln, das unparteiisch und kompromißfördernd sein muß.

Um mit einem drastischen Beispiel anzusetzen: Ein Schulausschluß als besonders drakonische Maßnahme ist kaum mit organisatorischen Belangen der Schule allein zu rechtfertigen. Doch kann diese einseitige Konfliktlösung durchaus in extremen Fällen einer Gefährdung anderer Kinder zulässig sein. Der betroffene Schüler verliert damit zwar Bildungs- und Entfaltungschancen. Der Schulbesuch dient der Vorbereitung der Berufswahl und ist daher durch Art. 12 Absatz 1 GG geschützt. Er ermöglicht auch die Persönlichkeitsentfaltung, indem die Schüler Gelegenheit erhalten, ihren Horizont zu erweitern und Erfahrungen zu gewinnen; dieser Aspekt wird mit blinder Polemik gegen den emanzipatorischen Wert der Schulbildung nicht angemessen gewürdigt[281]. Doch die Gesundheit – in gravierenden Fällen auch: das Leben – von Kindern, die der betroffene Schüler angegriffen hat und zukünftig weiter anzugreifen droht, sind hier höher zu bewerten[282].

---

[278] Vgl. *Winkler,* in: Erberich u. a., Frieden und Recht, S. 53 (71); ähnlich *Muckel,* Religiöse Freiheit, S. 116; *Schmitt-Kammler,* in: Sachs, GG, Art. 7 Rdnr. 35; a.A. wohl *Hufen,* Diskussionsbeitrag, in: VVDStRL 54 (1995), 128 (129).

[279] Dazu insbes. *Oebbecke,* DVBl. 1996, 336 (340).

[280] BVerfGE 93, 1 (24) und dazu *Geis,* RdJB 1995, 373 (382 ff.); *Müller-Volbehr,* JZ 1995, 996 ff.

[281] Vgl. aber *Friesecke/Friesecke,* DÖV 1996, 639 (642).

Auch die *eigenen* grundrechtlichen Interessen von Schülern darf der Staat schützen, auch wenn dies ihrem eigenen Willen zuwiderläuft. In der Erziehungsermächtigung des Art. 7 Absatz 1 GG ist vorausgesetzt, daß der Staat besser wissen kann als die Schüler selbst, was ihrer Persönlichkeitsentwicklung und Ausbildung nützt. Soweit sich die Schüler für ihren entgegenstehenden Willen auf Grundrechte berufen können, sind diese hier so wenig wie sonst auch durch die Erziehungsfunktion des Staates außer Kraft gesetzt. Sie können jedoch auf Grund von Art. 7 Absatz 1 GG in Verbindung mit dem objektivrechtlichen Gebot zur Förderung der Schülerpersönlichkeiten, wie es aus Art. 2 Absatz 1 GG abzuleiten ist, beschränkt werden. Hier liegt der Ansatz für die differenzierte Behandlung, die die Berufung auf religiöse Bekleidungsvorschriften in deutschen Schulen erfährt. Wird ein religiöses Gebot zur Einhaltung solcher Vorschriften glaubhaft vorgebracht, so kann der Staat in der Regel keinen Zwang zur Teilnahme an Unterrichtsveranstaltungen wie dem Sportunterricht ausüben, bei denen ihre Einhaltung nicht möglich ist. Doch ist zu prüfen, ob es nicht organisatorische Alternativen wie die nach Geschlechtern getrennte Veranstaltung von Sportunterricht gibt, mit deren Hilfe der Staat seiner Pflicht zur Erteilung solcher Unterrichtsarten nachkommen könnte, ohne Schülerinnen zur Verletzung ihrer religiös begründeten Kleidervorschriften zu zwingen.[282a)]

Schon nach den oben ausgeführten Bedenken gegen die unklare Berufung auf eine Kulturstaatsklausel versteht es sich, daß die Gewährleistung *gesellschaftlicher* Interessen nicht in besonders weitem Umfang zur grundrechtlich relevanten Ausformung der Bildungs- und Erziehungsinhalte wird herhalten können. Ein möglicherweise rechtspolitisch wünschenswertes Ziel, aber nicht Gegenstand von Verfassungsnormen ist namentlich die Erhaltung eines bestimmten Bildungsstandes der Schulabgänger, um den Bedarf an qualifiziertem Nachwuchs im Berufsleben zu decken[283]. Erst recht gewährleistet das Grundgesetz nicht den Erhalt eines bestimmten Bildungsniveaus der Gesellschaft. Diese Ziele müßten sich auf wirtschaftspolitische und kulturelle Prinzipien stützen, die das Grundgesetz aber gerade nicht festschreibt.

Gerade in diesem Bereich ist die Versuchung groß, zum Ersatz auf Normen der *Landesverfassungen* auszuweichen, die in erheblichem Umfang gesellschaftsgestaltende Grundnormen dieser Art vorsehen. Das gilt namentlich für die vor dem Grundgesetz ergangenen Verfassungen Hessens und Bayerns. Diese Bestimmungen geben jedoch für die Beschränkung bundesverfassungsrechtlich gewährleisteter Grundrechte nichts her. Landesverfassungsrecht bildet keineswegs „selbstverständlich" eine verfassungsimmanente Schranke der Bundesgrundrechte[284]. Vielmehr wird es von diesen bei Vorliegen eines Normwiderspruchs nach der allgemeinen Regel des Art. 31 GG verdrängt.

---

[282] Siehe OVG Münster, DVBl. 1995, 419 (423); VGH Mannheim, VBlBW 1996, 148 (150).

[282a)] BVerwGE 94, 82 (91).

[283] Dafür *P. M. Huber*, BayVBl. 1994, 545 (546).

[284] So aber *Müller-Volbehr*, JZ 1995, 996 (997).

Weder die Verfassungsautonomie der Länder noch Art. 142 GG erlauben eine gegenteilige Beurteilung. Die Verfassungsautonomie, die Art. 28 Absatz 1 Satz 1 GG den Ländern einräumt, macht keine Ausnahmen vom Vorrang des Bundesrechts, sondern beschränkt die Bindung der Länder an die Homogenitätsklausel dieser Vorschrift. Es geht also um eine Rückausnahme von der Einschränkung der Gestaltungsfreiheit, die Art. 28 Absatz 1 Satz 1 GG den Ländern über den Vorrang des Bundesrechts hinaus auferlegt[285]. Nicht zu bestreiten ist zwar, daß das Verfassungsrecht der Länder immanente Schranken für die Landesgrundrechte enthalten kann und Art. 142 GG hiervor keinen Schutz gewährt. Die praktische Bedeutung dieser Feststellung bleibt aber gering, weil sich Betroffene stets auf die weitergehenden Bundesgrundrechte berufen können. Im Ergebnis bleibt es dabei, daß Landesverfassungsrecht als Schranke der Grundrechte des Grundgesetzes nicht taugt und damit auch nicht als verfassungsrechtliche Begründung eines landesrechtlichen Erziehungsziels. Daß ein aus der Landesverfassung abgeleitetes Erziehungsziel zulässig sein kann, ist damit nicht ausgeschlossen. Doch muß es vorbehaltlosen Grundrechten im Konfliktfall weichen.

3. Substanzgarantien

Aus dem vorangegangenen Abschnitt läßt sich das Resümee ziehen, daß eine selbständige Gewährleistung der Funktionsfähigkeit von Einrichtungen nicht erforderlich ist, sondern eine Garantie der *Aufgabenerfüllung* ausreicht. Sozusagen als Randbereich dieser Funktionssicherung kommt der Schutz von Einrichtungen in ihrem Bestand in Frage, um das Risiko zu bändigen, das mit dem Wegfall der Institution für die Erreichung des funktionalen Zwecks verbunden wäre. Als Mittel zur Erfüllung ihrer Funktion kann eine Einrichtung – wenigstens vorübergehend – unersetzbar sein. Dann erfordert die Funktionssicherung zugleich eine relative Bestandssicherung; es handelt sich um eine *aufgabenakzessorische Substanzgarantie*. Im Verhältnis zur Erhaltung der Funktion geht es um eine Art von Vorfeldschutz, die der objektivrechtlichen Wirkung von Grundrechtsprinzipien vor der Geburt oder nach dem Tod eines Grundrechtsträgers nicht unähnlich ist.

So ist der Bundesrechnungshof insoweit von Art. 114 GG als Einrichtung gewährleistet, als es zur Erfüllung seiner Aufgabe, der Rechnungsprüfung, erforderlich ist[286]. Eine Versteinerung der bestehenden *institutionellen Struktur* des Rechnungshofes schließt die Zweckbindung, der seine Substanzgarantie unterliegt, jedoch aus. Ähnlich liegt der Fall bei der Deutschen Bundesbank, die Art. 88 GG

---

[285] Statt aller *März*, Bundesrecht bricht Landesrecht, S. 187; *Dietlein*, Grundrechte, S. 49 ff.

[286] *Franz Klein*, in: Schmidt-Bleibtreu/Klein, GG, Art. 114 Rdnr. 1 und 6; *F. Becker*, ZG 1996, 261 (262) m. w. Nachw.; *Häußer*, DÖV 1998, 544 (546); *Heintzen/Lilie*, NJW 1997, 1601 (1602); enger *Siekmann*, in: Sachs, GG, Art. 114 Rdnr. 25; zur landesverfassungsrechtlichen Parallelgarantie für Landesrechnungshöfe BVerfG, DVBl. 1997, 481.

nicht in ihrem Bestand garantiert, sondern nur hinsichtlich der Funktion, zur Geldwertstabilität beizutragen[287].

Ein darüber hinausgehender Schutz von Einrichtungen *ohne* Rücksicht auf die Erfüllung der ihr zugewiesenen Aufgaben – eine *aufgabenneutrale Substanzgarantie* – ist demgegenüber die Ausnahme. Denn eine solche Gewährleistung widerspricht zum einen dem Grundsatz, daß alles staatliche Handeln durch legitime Zwecke begründet sein muß. Dieser Einwand betrifft naturgemäß vor allem *staatliche* Einrichtungen. Aufgabenneutrale Substanzgarantien gibt es für diese nicht, sie sind in ihrer Substanz stets *nur* um der Erfüllung von Staatsaufgaben willen gewährleistet. Dieser Grundsatz steht dagegen konsequenterweise nicht der aufgabenunabhängigen Gewährleistung von Institutionen im Wege, die nicht in den Staatsaufbau eingegliedert sind, aber wegen ihrer Nützlichkeit für die Gesellschaft verfassungsrechtlich anerkannt sind. Das gilt für autonome Körperschaften wie die Gemeinden im Tätigkeitsbereich ihrer Selbstverwaltung, vornehmlich aber für die Kirchen. Eine andere Gefahr besteht aber auch dort. Die Substanzgarantie für Institutionen, die von ihrer Zweckbindung an Aufgaben der Einrichtung gelöst wird, droht sich zu verselbständigen und die Institution in geradezu zweckwidriger, also dem ursprünglichen Grund der Gewährleistung entgegengesetzter Weise zu verfestigen.

a) Verfassungsorgane des Bundes

Zu bejahen ist nun insbesondere, daß das Grundgesetz die Verfassungsorgane des Bundes mit den sie tragenden Einrichtungsnormen auch gewährleistet. Das gilt namentlich für die parlamentarischen Organe, die Bundesregierung und das BVerfG. Die Rechtfertigung für den Gewährleistungscharakter dieser Einrichtungsnormen liegt hinsichtlich des Verfassungswortlautes in der indikativen, keine Abweichung zulassenden Formulierung des Verfassungstextes.

Diese würde allein noch nicht den Gewährleistungseffekt tragen, doch kommt ein teleologisch-systematisches Argument hier maßgeblich hinzu: die Staatsorganisation ist das Hauptthema des größeren Teils der Verfassung. Ihr Zweck liegt in der konkreten Einrichtung des Staates (zu unterscheiden von seiner abstrakten Funktion). Wäre diese Einrichtung nicht gleichzeitig als Gebot zur Sicherung und Erhaltung der staatlichen Kernstrukturen zu verstehen, so entfiele eine der wesentlichen Funktionen einer Verfassung: ihre Stabilisierungswirkung. Die verschiedenen Funktionen, die das Grundgesetz diesen Organen zuweist, sind anders als die Funktionen einzelner Verwaltungszweige außerdem notwendig mit dem Vorhandensein gerade jeweils *diesen* Organs verbunden. Damit gesellt sich zu der Funktionsgarantie für die obersten Bundesorgane – abweichend vom Grundsatz, daß nicht jede Funktionsgarantie zugleich den Bestand einer Einrichtung sichert – durchgehend auch eine Bestandsgarantie.

---

[287] Differenzierend *Brosius-Gersdorf*, Deutsche Bundesbank und Demokratieprinzip, S. 226.

III. Einrichtungsnormen 127

aa) Bundesverfassungsgericht

Das BVerfG ist die einzige Einrichtung, deren Funktionsfähigkeit vom Grundgesetz – nämlich in Art. 115g S. 2 – ausdrücklich genannt wird. Sein Schutz umfaßt die Funktion des Gerichts und den von ihr vorausgesetzten Bestand als Institution. Satz 1 desselben Artikels zeigt, daß „die Erfüllung der verfassungsmäßigen Aufgaben des Bundesverfassungsgerichts" von Verfassungs wegen „nicht beeinträchtigt werden" darf. Was nach diesem Wortlaut für den Verteidigungsfall gilt, trifft auf den „Normalfall" erst recht zu. Auch ist die verfassungsrechtliche Gewährleistung der Funktion des Gerichts nicht auf den in Art. 115g S. 2 GG vorgesehenen Schutz vor übermäßigen Eingriffen des gemeinsamen Ausschusses begrenzt.

Verallgemeinern läßt sich der Grundgedanke des Art. 115g GG aber sogar über das Verfassungsorgan BVerfG hinaus. Er enthält eine ausdrückliche Formulierung des auch in Normalzeiten und für das Verhältnis *aller* Verfassungsorgane zueinander geltenden Beeinträchtigungsverbots[288]. Es umfaßt jeweils den gesamten Umfang an Befugnissen des betroffenen Organs.

bb) Gesetzgebungsorgane

Folgen hat dieses Beeinträchtigungsverbot insbesondere für das Funktionieren der gesetzgebenden Organe des Bundes. Bundestag und Bundesrat genießen verfassungsrechtlichen Schutz im Hinblick auf ihren Bestand und ihre Tätigkeit. Damit ist nicht nur ihre Gesetzgebungsarbeit als solche angesprochen, sondern schon das gesamte Umfeld, in dem eine solche Arbeit nur gedeihen kann. Geschützt ist, anders ausgedrückt, die Organhandlungsfreiheit der parlamentarischen Organe. Noch nicht gesichert scheint, ob auch die Integrität und Vertrauenswürdigkeit des Bundestages vom Schutz seiner Funktionsfähigkeit umfaßt ist[289]. Nicht verfassungsrechtlich garantiert ist dagegen ein bestimmtes Maß an Abgeordnetenbezügen. Zwar sind Diäten grundsätzlich nötig, um den Abgeordneten eine Vollzeitbeschäftigung mit ihren Aufgaben zu ermöglichen. Das Grundgesetz setzt aber nur voraus, daß die Parlamentarier ihr Mandat als Hauptberuf ausüben[290]; gewährleistet ist diese „Verfassungserwartung" nicht. Auch ist insbesondere der Bundesrat nicht funktionsunfähig, wenn er Zustimmungsgesetzen regelmäßig die Zustimmung verweigert, auch wenn dies vor allem aus parteipolitischen Gründen geschieht. Die Funktion des Bundesrats ist nicht auf die Wahrung von Landesinteressen beschränkt. Bringt er politisch umstrittene Vorhaben zu Fall, so zeugt dies gerade von seiner Funktionsfähigkeit[291].

---

288 *Füßlein,* in: Seifert/Hömig, GG, Art. 115g einzige Rdnr.
289 Dafür jetzt BVerfG, EuGRZ 1998, 452 (455 f.); ähnlich bereits BVerfGE 94, 351 (368).
290 BVerfGE 40, 296 (314).
291 Ebenso *Gusy,* DVBl. 1998, 917 (927 mit Fußn. 91).

Die Gewährleistung der gesetzgeberischen Handlungsfähigkeit richtet sich aber nicht nur gegen die Auflösung, die Behinderung und den Kompetenzentzug durch andere Staatsorgane, sondern auch gegen Störungen von dritter Seite. Sie erstreckt sich über den Bestand und das aktuelle Funktionieren hinaus auch auf die Funktionsfähigkeit als abstrakte Eigenschaft des Parlaments. So können schon im Vorfeld des Zusammentritts Vorkehrungen geschaffen werden, um stabile Mehrheitsverhältnisse im Bundestag zu sichern. Hierfür kann die Gleichheit der Wahl in Form der Erfolgswertgleichheit insofern beschränkt werden, als Stimmen, die hinter einer Sperrklausel von derzeit 5% zurückbleiben, bei der Mandatsverteilung in der Regel außer acht bleiben[292]. Dahinter den Wahlbestand als weiteres Verfassungsgut zu vermuten[293], ist überflüssig.

Direkter und für viele Bürger deutlicher als Grundrechtsbeschränkung wahrnehmbar ist die Beschränkung der Versammlungsfreiheit, die aus Bannmeilenregelungen folgt. Auch sie dient dem Funktionieren des Parlaments, da sie es gegen in der unmittelbaren Nachbarschaft stattfindende öffentliche und kollektive Meinungskundgaben abschirmt. Dabei kann nicht allein von einem Schutz vor dem „Druck der Straße" gesprochen werden, da auch Versammlungen in geschlossenen Räumen in der Bannmeile unzulässig sind. Die Ermächtigung des Art. 8 Absatz 2 GG reicht hierfür nicht aus, so daß verfassungsunmittelbar geschützte Güter zur Einschränkung heranzuziehen sind. Der „Druck der Säle" kann jedoch ebenso groß sein wie der der „Straße", denn eine Gefahr für die unbeeinflußte Meinungsbildung der Abgeordneten geht weniger von Drohungen mit Zwang aus – die für Aufzüge im Freien als typisch angesehen werden können –, als vielmehr von der in räumlicher Nähe mit Nachdruck vorgebrachten Stellungnahme zum Gegenstand der Beratung als kommunikativem Einfluß. Keinesfalls rechtfertigt die Funktionsfähigkeit des Parlaments jeden Ausschluß von Demonstrationen in der Bannmeile; vielmehr ist im einzelnen Fall ein schonender Ausgleich der beteiligten Rechtsgüter zu suchen[294].

Im Verhältnis zur *Regierung* erleidet das Parlament dagegen selbst funktionelle Einbußen. Hinter Gründen des Geheimschutzes etwa sollen die parlamentarischen Kontrollbefugnisse selbst in solchen Ausschüssen zurückstehen müssen, deren Mitglieder zu besonderer Vertraulichkeit verpflichtet sind[295]. Verfassungsrechtliche Grundlage für den exekutivischen Geheimschutz sollen neben dem Schutz der Grundrechte und dem Prinzip der „streitbaren Demokratie" auch ein rechtsstaatliches Effizienzgebot und der „Kernbereich exekutivischer Eigenverantwor-

---

[292] BVerfGE 47, 198 (227); 62, 1 (42); krit. *Becht*, Die 5%-Klausel, S. 61.
[293] So *Koenig*, DÖV 1994, 286 (292).
[294] So auch *Tsatsos/Wietschel*, ZRP 1994, 211 (212 f.); *Kniesel*, NJW 1996, 2606 (2610 f.); im einzelnen *Breitbach*, Bannmeile, S. 128 f., 160 ff.
[295] BVerfGE 70, 324 (359); zum nordrhein-westf. Verfassungsrecht auch VerfGH NRW, DVBl. 1994, 48 (50), der der Landesregierung eine umfassende Einschätzungsprärogative über Zeitpunkt, Art und Weise der Auskunfterteilung einräumt.

tung" sein[296]. Ob die Geheimschutzinteressen und das öffentliche Interesse an der Kontrolle der Regierung durch das Parlament einander hierbei korrekt zugeordnet wurden, ist an dieser Stelle nicht zu entscheiden. Festzuhalten bleibt aber, daß grundsätzlich ein Anspruch des Bundestages und des Bundesrates auf Information gegen die Bundesregierung besteht. Er ergibt sich für den Bundestag aus Art. 38 Absatz 1 und 43 Absatz 1 GG[297], für den Bundesrat aus Art. 53 S. 3 GG. Daß die Formulierung der Voraussetzungen dieses Anspruchs Probleme bereitet[298], steht auf einem anderen Blatt.

cc) Die Bundesregierung

Der Bestand der Bundesregierung als Kollegium ist von Art. 62 GG garantiert. Die indikativische Formulierung „besteht" sichert nicht nur eine bestimmte Zusammensetzung, sondern auch die Existenz des Gremiums als deren Voraussetzung. Neben der gesamten Regierung sind auch die Geschäftsbereiche bestimmter Minister vom Grundgesetz ausdrücklich erwähnt und damit der Organisationsgewalt des Bundeskanzlers entzogen[299].

Das gilt für den Bundesminister der Verteidigung, dessen Zuständigkeit im Kern von Art. 65a GG geschützt wird; es gilt aber nicht weniger für den Bundesminister der Finanzen, der in Art. 108 Absatz 3 Satz 2 und 112 S. 1 sowie Art. 114 Absatz 1 GG bestimmte Aufgaben punktuell zugewiesen erhält, und den Bundesminister der Justiz, obgleich dessen Ressort nur am Rande, nämlich in Art. 96 Absatz 2 Satz 4 GG, erwähnt wird. Alle diese Ämter muß es geben, und zwar mit einem gewissen, dem Grundgesetz in unterschiedlichem Umfang zu entnehmendem Aufgabenbereich. Die funktionale Absicherung der Ministerämter scheint um so schwächer zu sein, je weniger Vorgaben das Grundgesetz dafür macht. Doch sind auch die Kernaufgaben des Finanz- und des Justizministers gegen Organisationsakte des Kanzlers geschützt, die diese Ressorts zu leeren Hülsen entwerten würden. Im Ergebnis führt die unterschiedlich dichte Bezugnahme des Verfassungstextes auf die drei „notwendigen" Ministerämter daher nicht zu einer abgestuften, sondern zu einer gleichmäßigen Gewährleistung dieser Ämter.

Eine Grundrechtsbeschränkung besonderer Art folgt aus dem Zusammenwirken von Art. 12a Absatz 4 GG und Art. 65a GG. Folgte man der herrschenden Auffassung zur Verbotswirkung von Art. 12a Absatz 4 Satz 2 GG, so dürften Frauen nicht nur nicht freiwillig bewaffneten Wehrdienst leisten; sie dürften auch nicht Bundes-

---

[296] *Th. Müller,* Geheimschutz, S. 337; zum „Kernbereich der Exekutive" s. a. BVerfGE 90, 286 (389).

[297] Zu Art. 38 Absatz 1 GG BVerfGE 57, 1 (5); zu Art. 43 Absatz 1 GG *Maunz,* in: Maunz/Dürig, GG, Art. 43 Rdnr. 1; a.A. insoweit *Hömig,* in: Seifert/Hömig, GG, Art. 43 Rdnr. 3.

[298] *Gusy,* DVBl. 1998, 917 (923); Kriterien bei *Th. Müller,* Geheimschutz, S. 339.

[299] *Oldiges,* in: Sachs, GG, Art. 62 Rdnr. 31; *Pieroth,* in: Jarass/Pieroth, GG, Art. 64 Rdnr. 2.

minister(in) der Verteidigung werden, da der Amtsinhaber Soldaten Befehle erteilen kann und damit am Waffeneinsatz beteiligt ist. Zwischen „soldatischem" und „nichtsoldatischem" Waffendienst kann nicht unterschieden werden[300]. Damit würde Art. 65a i. V. m. Art. 12a Absatz 4 Satz 2 GG den Gleichheitsgrundsatz des Art. 3 Absatz 2 Satz 1, Absatz 3 GG einschränken. Das Problem entfällt aber, wenn – richtigerweise – der systematische Zusammenhang des Art. 12a Absatz 4 Satz 2 GG berücksichtigt wird, so daß seine Wirkung auf den Waffendienst anläßlich gesetzlicher Dienstverpflichtungen von Frauen begrenzt ist[301].

b) Andere staatliche Einrichtungen

Das Grundgesetz hebt bestimmte Einrichtungen besonders hervor, indem es sie im Indikativ erwähnt. Soweit sie nicht als Verfassungsorgane zum klassischen Regelungsbereich einer Verfassung gehören, geschieht dies, weil sie sonst wichtige Funktionen im Gefüge der gesamtstaatlichen Ordnung erfüllen. Die obersten Gerichtshöfe des Bundes sind ebenso wie einzelne Bundesoberbehörden im Grundgesetz ausdrücklich erwähnt. Ähnlich liegt der Fall beim Bundesrechnungshof[302]. Für andere Gerichte und Behörden sind die Indizien weitaus spärlicher. Die Erwähnung der vorgenannten Einrichtungen ist ein Grund, die nicht genannten als Verfassungseinrichtungen *nicht* anzuerkennen. Dies gilt um so mehr, als schon die Erwähnung bestimmter Einrichtungen im Grundgesetz nicht als Gewährleistung ihres Bestehens oder ihrer Funktion anzuerkennen ist. Manche Einrichtungen geraten auch nur wegen ihrer Stellung auf einer kompetenzrechtlichen Scheidelinie zwischen Bund und Ländern in die Bundesverfassung. Solche Grenzfälle sind insbesondere die Ämter für Verfassungsschutz und die Landesverfassungsgerichte[303].

Minimalanforderung einer Gewährleistung anderer Einrichtungen ist, daß es sich um staatliche oder sonstige, verfassungsrechtlich vorgesehene *Hoheitsträger* handelt. Insbesondere ist die verfassungsrechtliche Anerkennung der Kirchen in Art. 140 GG i. V. m. Art. 137 WRV nicht geeignet, ihnen eine verfassungsrechtlich notwendige Stellung zuzuerkennen. Den Untergang öffentlich-rechtlicher Religionsgemeinschaften nimmt der Staat hin; er ist nicht verpflichtet, davon bedrohte Kirchen zu retten. Daran ändert die Garantie des Kirchengutes (Art. 138 Absatz 2 WRV) ebensowenig wie der Kirchensteuereinzug durch den Staat. Zwar hat das

---

[300] So aber *Bergmann*, in: Seifert/Hömig, GG, Art. 65a Rdnr. 4.

[301] Truppendienstgericht Nord, NJW 1997, 2834 (2835); *Doehring*, NZWehrr 1997, 45 (51 f.), *Repkewitz*, NVwZ 1997, 506 (508), und *Zuleeg*, DÖV 1997, 1017 (1020), jew. m. w. Nachw.; abl. jetzt aber BVerfG, NJW 1998, 57; BVerwGE 103, 301 (302 ff.); BVerwG, DVBl.1999, 1437 (1438).

[302] Siehe dazu *Häußer*, DÖV 1998, 544 (546); *Franz Klein*, in: Schmidt-Bleibtreu/Klein, GG, Art. 114 Rdnr. 1 und 6.

[303] Vgl. schon oben § 1 III 2 b).

III. Einrichtungsnormen   131

BVerfG diese Zusammenarbeit als Mittel zur Erhaltung der Funktionsfähigkeit der Kirchen bezeichnet[304]. Doch folgt daraus gerade, daß es keine verfassungsrechtliche *Substanz*garantie für die Kirchen gibt. Auch die Landesmedienanstalten genießen keinen verfassungsrechtlichen Schutz, obwohl sie zur Förderung der Rundfunkfreiheit eingerichtet sind. Die gesetzlich errichteten Landesmedienanstalten können daher wieder abgeschafft werden, ohne in Art. 5 Absatz 1 Satz 2, Alt. 2 GG einzugreifen. Ein Grundrechtsschutz dieser Anstalten scheitert nicht erst an Art. 19 Absatz 3 GG[305].

aa) Oberste Gerichtshöfe des Bundes

Für die Obersten Gerichtshöfe des Bundes enthält Art. 95 Absatz 1 GG eine Bestandsgarantie[306]. Diese läßt auf eine gleichzeitig bestehende Funktionsgarantie schließen; die Ausübung der Rechtspflege allein durch Revisionsinstanzen wäre zwar kaum effektiv. Art. 92 GG als die allgemeinere Vorschrift tritt hinter der Spezialnorm des Art. 95 Absatz 1 GG zurück. Weder Art. 92 noch Art. 95 Absatz 1 GG schützt dagegen den Bestand der von der Einrichtung eines Revisionsgerichts wohl „vorausgesetzten" gesamten Gerichtsbarkeit. Das gilt trotz der Erwähnung des BVerfG in Art. 95 GG auch und insbesondere für die Verwaltungsgerichtsbarkeit. Ihre Landesstufen sind nicht verfassungsrechtlich gewährleistet[307]. Nur daß es gerichtlichen Rechtsschutz gegen Verwaltungsmaßnahmen geben muß – egal durch welchen Gerichtszweig –, ist verfassungsrechtlich abgesichert, aber nicht durch Einrichtungsnormen, sondern durch Art. 19 Absatz 4 GG.

bb) Ämter für Verfassungsschutz

Anderes gilt trotz ihrer Erwähnung in Art. 87 GG für die Verfassungsschutzämter. Sie sind nicht von Art. 73 Nr. 10 lit. b) oder Art. 87 Absatz 1 Satz 2 GG als Verfassungseinrichtung abgesichert[308]. Eine Gewährleistung des *Bundesamtes* für Verfassungsschutz müßte sich aus einzelnen Verfassungsbestimmungen ableiten lassen. An solchen aber fehlt es. Art. 87 Absatz 1 Satz 2 GG regelt eine Verwaltungskompetenz. Er *erlaubt* die Errichtung des Bundesamtes für Verfassungsschutz – *geboten* ist sie nicht. Art. 73 Nr. 10 GG enthält eine Gesetzgebungskompetenz, die erst recht nicht die Errichtung eines Amtes notwendig macht. Diese Kompe-

---

304 BVerfGE 44, 37 (57).
305 Vgl. einerseits – differenzierend – *Gersdorf*, in: Haratsch/Kugelmann/Repkewitz, Herausforderungen, S. 163 (174 u. 183); andererseits – pauschal ablehnend – *Bethge*, NJW 1995, 557 (558).
306 Siehe schon oben 2 a cc).
307 A. A. *Hufen*, Verwaltungsprozeßrecht, § 4 Rdnr. 2.
308 Dagegen auch *Blanke*, KJ 1988, 281 (301 f.).

tenzvorschrift ist durch so viele Kautelen eingeschränkt, daß ihr kein Errichtungsauftrag entnommen werden kann[309]. Erst recht sind die Verfassungsschutzämter der Länder *nicht* bundesverfassungsrechtlich geschützt.

Keinen Schutz bietet die Verfassung den Verfassungsschutzämtern auch als etwa notwendiger organisatorischer Grundlage für die Erfüllung der *Aufgabe* Verfassungsschutz. Diese ist ihrerseits nicht verfassungsrechtlich geboten. Keine Basis findet sie namentlich in der – fraglos bestehenden – *Selbstabsicherung* des Grundgesetzes gegen Identitätsveränderungen. Daß die Verfassung sich *selber* schützt, ist kein Schutz faktischer Bestände, sondern ein besonderer Fall von Normgewährleistung – in diesem Fall: von Normbestandsgewährleistung. Diese ist Art. 79 Absatz 3 GG unumstritten zu entnehmen. Das Grundgesetz kann seine eigene Geltung zwar nicht faktisch verewigen, aber es hat in Art. 79 Absatz 3 GG die Argumentationslast für Veränderungen eines Verfassungskerns sehr schwer erfüllbar gemacht.

Darin liegt eine normativ starke Selbstgewährleistung der Verfassung. Allerdings erfaßt sie nur die Grundsätze der Art. 1 und 20 GG sowie einige nähere Ausprägungen der Bundesstaatlichkeit. Nicht gewährleistet ist der Kernbereich aller Grundrechte; auch kann auch aus der Normgewährleistung des Art. 79 Absatz 3 GG gerade nicht darauf geschlossen werden, der „Schutz der Verfassung" sei insgesamt und als solcher ein einschränkungsfähiges Gut[310]. Näher läge der Umkehrschluß, daß außer den Identitätsbestandteilen kein Schutz der Verfassung als solcher und erst recht nicht ein Schutz der Funktion Verfassungsschutz gewollt ist.

c) Der Staat selbst als Verfassungseinrichtung?

Eine Gewährleistung des Verfassungsschutzes als Aufgabe kann schließlich nicht darauf gestützt werden, daß er den Staat als solchen oder daß er den Erhalt der freiheitlichen demokratischen Grundordnung absichert. Keine Grundlage findet nämlich auch eine verfassungsrechtliche Gewährleistung des *Staates* als solchen im Grundgesetz[311]. Gewährleistungsvorschriften für den Staat sind in diesem Normgefüge nicht nachzuweisen, so daß die ältere Rechtsprechung, die das Interesse an der Erhaltung des Staates gegen vorbehaltlose Grundrechte aufzubieten versuchte, als überholt bezeichnet werden muß, nachdem das BVerfG selber eine methodisch kontrollierte Ableitung der Verfassungsgüter aus einzelnen Bestimmungen fordert. Auch im entgegengesetzten Falle wären keine Schlüsse auf die Sicherung der Ämter möglich. Denn auch die „Grundentscheidung" des Grundgesetzes für eine wehrhafte Demokratie darf nicht dafür eingesetzt werden, klare

---

[309] *Gusy,* DVBl. 1993, 1117 (1119); *Jestaedt,* Zuständigkeitsüberschießende Gehalte, S. 336.
[310] BVerfGE 81, 278 (294); anders noch *Klein/Grabowski,* BayVBl. 1981, 265 (266).
[311] A. A. *H. H. Klein,* VVDStRL 37 (1979), S. 61 f.

III. Einrichtungsnormen

Aussagen des Verfassungstextes zu überspielen[312]. Den wenigen Entscheidungen des BVerfG, in denen es dem Staat Verfassungsrang zuerkannt haben könnte, ist eine Behauptung, sein Bestand sei damit verfassungsrechtlich gewährleistet, tatsächlich nicht zu entnehmen. Vielmehr sind eine legitimatorisch-begründende und eine normativ wirksame Verwendung der „Verfassungswertigkeit" des Staates zu unterscheiden.

Normativ ist der „Bestand der Bundesrepublik und ihrer freiheitlich demokratischen Ordnung" in einigen Sondervoten seit Beginn der 70er Jahre als Verfassungswert bezeichnet worden[313]. Diese Wendung stand jedoch stets im Zusammenhang mit dem Versuch, ausufernden Freiheitsbeschränkungen durch die Senatsmehrheit Einhalt zu gebieten, und diente als konzessive rhetorische Floskel. In umgekehrter Stoßrichtung und folglich mit grundrechtsbeschränkender, durchaus rechtlich bedeutender Wirkung formulierte das Gericht in der Kontaktsperre-Entscheidung: „Die Sicherheit des Staates als verfaßter Friedens- und Ordnungsmacht und die von ihm zu gewährleistende Sicherheit seiner Bevölkerung sind Verfassungswerte"[314]. Diese Verfassungswerte – und nicht etwa die hier viel näher liegende Funktionsfähigkeit des Strafvollzugs – schränkten denn auch die Grundrechte Gefangener ein.

Die Einwände gegen ein so umfangreich formuliertes Verfassungsgut sind offensichtlich. Nimmt man sie wörtlich, so besteht die halbe Rechtsordnung aus Verfassungswerten[315]. Die Entscheidung ist auch im übrigen kein Meisterstück genauer Terminologie. So spricht das BVerfG entgegen seiner Gewohnheit nicht von *vorbehaltlos* gewährleisteten Grundrechten, die gleichwohl nicht schrankenlos seien, sondern nennt Grundrechte ohne Gesetzesvorbehalt „uneinschränkbare Grundrechte". Nun könnte man diese – in der Rechtsprechung des BVerfG einmalig gebliebene – Entscheidung mit Stillschweigen übergehen, wäre sie nicht heute noch Vorbild für andere Gerichte. So stellt der *BGH* in neueren Entscheidungen auf die „Sicherheit der Bevölkerung" als Verfassungsgut ab[316]. Allerdings ist die Rechtsprechung des BVerfG auch nicht *nur* ein Modeprodukt der 70er Jahre, sondern geht auf ein ehrwürdiges Muster zurück. Als unausgesprochenes oder ausdrückliches Vorbild für die Ableitung verfassungsgeschützter Güter dient der polizeirechtliche Begriff der Öffentlichen Sicherheit[317]. Er hat auch wissenschaftliche Resonanz gefunden. So erkennt *Starck* als Schranken für gewissensgeleitete Handlungen an: die innerstaatliche Friedensordnung, den Bestand des Staates, seine Sicherung nach außen, Sicherheit von Leben und Freiheit der

---

312 Vgl. allgemein unten IV 2 b).
313 BVerfGE 30, 1 (45 – Sondervotum *Geller/Rupp/v. Schlabrendorff*); 63, 298 (309 – Sondervotum *Simon*).
314 BVerfGE 49, 24 (56); ebenso vorher BVerwGE 49, 202 (209).
315 Krit. daher auch *Wülfing*, Gesetzesvorbehalte, S. 122.
316 BGH, NJW 1996, 2940 (2944); NVwZ 1994, 203 (204).
317 *Erichsen*, VVDStRL 35 (1976), 171 (188); *Isensee*, Grundrecht auf Sicherheit, S. 23.

Person, die Funktionsfähigkeit der Gerichtsverfassung, der Verwaltung und der Polizei[318].

Nun ist es aber zweierlei, ob aufgefundene Verfassungsgüter anhand der polizeilichen Generalklausel *systematisiert* werden oder ob aus ihr ein verfassungsrechtlicher Schutz des Staates als Inbegriff aller Verfassungsgüter *normativiert* wird. Da es sich bei der Orientierung an der polizeilichen Generalklausel um nicht mehr als eine heuristische Anlehnung handelt, der nur erkenntnisleitender und nicht normativer Charakter zukommt, ist ein derartiger Schluß auf die Geltung einer Verfassungsnorm methodisch nicht begründet. Richtig ist an den zitierten Formeln allerdings, daß die *Sicherheit der Bevölkerung* die Einrichtung des Staates (mit) *legitimiert*[319]. Der Staat bedarf dieser funktionalen Legitimation, da er als Verfassungsstaat nicht mehr selbstzweckhaft in sich ruht[320]. Eine Rechtsprechungslinie, die dies aufgreift, zieht sich durch zahlreiche Entscheidungen zum Wehrdienst[321] und hat ihren vorläufigen Abschluß in der Spionage-Entscheidung gefunden, wo der Schutz der Grundrechte erneut als letzte Rechtfertigung der Staatsordnung genannt ist[322]. Daß nicht nur den staatlicherseits gesicherten Grundrechtsgütern, sondern auch dem sichernden Staat selbst Verfassungsgutcharakter zukäme, ergibt sich aber aus dieser bloßen Legitimationswirkung *nicht*. Interessant ist die Annahme, die Sicherheit des Staates sei verfassungsrechtlich garantiert, ohnehin nur, wenn sie ein *juristisches* „mehr" im Vergleich zur Summe seiner juristischen Rechtfertigungsbeiträge enthält, wenn ein Konflikt von Grundrechten einer Person mit der mutmaßlichen Gewährleistung des Staates sich also nicht restlos in Grundrechtskollisionen auflösen läßt. Anders ausgedrückt: Bekommt die Organisationsstruktur Staat einen *Sicherheitszuschlag* im Vergleich mit der Summe der Sicherheit aller Bürger? Begründen ließe sich dies nur damit, daß das *Risiko* nicht hinnehmbar sei, das für den Schutz der Grundrechte mit einer Selbstaufgabe des Staates verbunden wäre. Denkbar wäre dafür aus dem Grundgesetz zunächst eine *formale* Begründung, mehr Gewicht käme einer material-zweckbezogenen Begründung zu.

aa) Der Staatsname als Garantienorm?

Der Name „Bundesrepublik Deutschland" kommt im Text des Grundgesetzes in Art. 20 Absatz 1 Satz 1 GG an prominenter Stelle vor. Diese Nennung ist nur Ausgangspunkt für die anschließende Beschreibung der Staatsstruktur, so daß man sich darüber streiten kann, ob die *Umbenennung* des Staates – und zwar wegen Art. 79

---

[318] *Starck*, in: v. Mangoldt/Klein, GG, Bd. 1, Art. 4 Absätze 1 und 2, Rdnr. 50 ff.; ähnlich *Bettermann*, Grenzen, S. 20.
[319] *Isensee*, in: HdBStR, § 13 Rdnr. 82 ff.; *Schulte*, DVBl. 1995, 130 (132).
[320] *Preu*, JZ 1990, 265 (268) m. w. Nachw.; vgl. dagegen etwa *E. R. Huber*, AöR 23 (1933), 1 (91).
[321] BVerfGE 12, 45 (51); 28, 175, (189); 38, 154 (167).
[322] BVerfGE 92, 277 (317) = EuGRZ 1995, 211 (213).

III. Einrichtungsnormen   135

Absatz 3 GG unwiderruflich – vom Grundgesetz verboten wird[323]. Zu Recht hat diese Ansicht nicht viele Anhänger gefunden. Denn sie baut auf einer allzu schmalen Textgrundlage auf, um eine so weitreichende Konsequenz zu stützen; auch deutet der Satzbau des Art. 20 Absatz 1 GG klar darauf hin, daß die Norm anderes regelt, die Existenz des Staates „Bundesrepublik" dabei voraussetzt, aber nicht gebietet.

Aus Art. 20 Absatz 1 GG ergibt sich nicht schon, daß der Staat als solcher von der Verfassung gefordert ist. Vielmehr spricht die Bestimmung eine Selbstverständlichkeit aus, nämlich die, daß Verfassungsnormen immer nur soweit gelten können, wie ein Staat existiert, dessen Ordnung sie einrichten und ausgestalten. Nur vereinzelt wird darüber hinaus die These vertreten, die Erwähnung des Staatsnamens in Art. 20 Absatz 1 GG – und nicht etwa die Aufzählung in Art. 28 Absatz 1 GG – gebe auch dem *republikanischen* Prinzip Verfassungsrang[324].

bb) Schutz des Staates als Verkörperung
der freiheitlich-demokratischen Grundordnung?

Materiell gehaltvoller wäre ein Schutz des Staates in seiner konkreten Gestalt als bestehende Staatsordnung, so wie sie in ihren Grundzügen in der Formel von der freiheitlich-demokratischen Grundordnung zum Ausdruck kommt[325]. Dieser Ausdruck findet sich auch in einer Reihe von Verfassungsbestimmungen, namentlich in Art. 18 und 21 Absatz 2 GG; auch der Begriff der verfassungsmäßigen Ordnung in Art. 9 Absatz 2 GG ist gleichbedeutend. Vorteil einer solchen Grundlage für die eigenständige Gewährleistung des Staates wäre, daß das BVerfG eine genauere, wenn auch nicht abschließend gemeinte Liste der Verfassungsbestandteile entwickelt hat, die zur freiheitlich-demokratischen Grundordnung zählen. Dies sind die Achtung vor den im Grundgesetz konkretisierten Menschenrechten, die Volkssouveränität, die Gewaltenteilung, die Verantwortlichkeit der Regierung, die Gesetzmäßigkeit der Verwaltung, die Unabhängigkeit der Gerichte, das Mehrparteienprinzip und die Chancengleichheit der Parteien einschließlich des Rechts auf Bildung und Ausübung einer Opposition[326].

Allerdings handelt es sich auch dabei nicht um eine begrifflich präzise Umschreibung, sondern nur um den Mindestbestand der „Grundordnung". Alle genannten Elemente sind auf die eine oder andere Weise schon als eigene Verfassungsgüter oder Teile davon geschützt. Worin der Gewinn einer zusätzlichen Verfassungsgewährleistung der freiheitlich demokratischen Grundordnung als solcher

---

[323] Siehe nur *Sachs*, in: ders., GG, Art. 20 Rdnr. 8; *Antoni*, in: Seifert / Hömig, GG, Art. 20 Rdnr. 2.

[324] *Henke*, in: HdBStR I, § 21 Rdnr. 1; dagegen zu Recht *Sachs*, in: Stern, Staatsrecht III/2, S. 573 f.; *Muckel*, Religiöse Freiheit, S. 262.

[325] So wohl *H. H. Klein*, VVDStRL 37 (1979), S. 62.

[326] BVerfGE 2, 1 (12 f.); 5, 85 (140).

liegen soll, ist nicht ersichtlich. Entscheidend spricht aber gegen eine Gleichsetzung von freiheitlich demokratischer Grundordnung und Staat, daß beide in Art. 73 Absatz 1 Nr. 10 lit. b) GG *nebeneinander* aufgezählt sind. Würde eines der beiden Elemente im anderen aufgehen, so wäre seine Nennung überflüssig. Dem Grundgesetz ist aber nicht zu unterstellen, daß es überflüssige Doppelregelungen enthält. Eine Staatsgewährleistung enthält das Grundgesetz mit der Garantie für die freiheitlich-demokratische Grundordnung deshalb nicht.

cc) „Abfärben" eines Schutzes für die Sicherheits- und Friedensfunktion
des Staates auf den Staat selbst?

Als tragfähiger denn die Erwähnung des Staatsnamens, weil nicht an der Oberfläche der sprachlichen Form bleibend, oder als die Suche nach einem Überschuß an freiheitlich-demokratischer Grundordnung neben den Normen des Grundgesetzes könnte sich die Begründung des Verfassungsranges des Staates mit seiner „Friedensfunktion" erweisen. Verfassungsgut wäre danach der innerstaatliche Friedenszustand. Gewährleistete das Grundgesetz auch die *Schutzvorkehrungen für* Verfassungsgüter, so wäre der Staat als Garant des inneren Friedens auch verfassungsrechtlich gesichert.

Indes geht diese Begründung einer Gewährleistung des Staates in den Bereich der Staats*zweck*lehre über. Die Legitimation des Staates aus seiner friedenserhaltenden Wirkung ist direkt oder indirekt bei *Hobbes* ausgeliehen. Zumeist wird daraus zunächst die – zutreffende – Folgerung gezogen, daß es nur um eine Beschreibung der sozialen Realität geht: der Staat ist als Garant eines inneren Friedenszustandes erforderlich[327]. Staatszwecke sind im Gegensatz zu Staatszielen die Funktionen einer Staatsordnung, aus denen der Staat seine Existenzberechtigung herleitet. Sie bilden damit – die Friedensfunktion ist nur das prominenteste Beispiel – eine Kategorie der Staatstheorie, nicht des positiven Verfassungsrechts[328]. Sie eignen sich deshalb nicht als Quelle von Grundrechtseinschränkungen, sondern allenfalls als legitimierender Hintergrund für die Einschränkung anhand von anderweitigen Gütern, die einen positivrechtlichen Niederschlag im Verfassungsrecht gefunden haben. Das betrifft schon den Integrationszweck des Staates[329], vor allem aber seinen Friedenszweck.

Zuweilen wird die Grenze zum normativ Gebotenen aber gleichwohl verwischt. Woher die rechtliche Verankerung für den innerstaatlichen Frieden als Verfassungsgut kommen soll, wird schon recht vage mit einem Hinweis auf die Art. 9 Absatz 2, 23–26 GG und die Präambel beantwortet, allerdings ohne zwischen den

---

[327] *Isensee,* in: HdBStR I, § 12 Rdnr. 109 f.
[328] *Ress,* in: ders./Link, Staatszwecke im Verfassungsstaat, VVDStRL 48 (1990), S. 56 (78 f.).
[329] Dazu *Depenheuer,* DÖV 1995, 854 (855).

möglicherwiese verschiedenen Friedensbegriffen dieser Bestimmungen zu unterscheiden und daraus rechtliche Konsequenzen zu ziehen[330]. Ganz unklar ist dann der Rückschluß vom verfassungsrechtlich gebotenen inneren Frieden zur Garantie des Friedensstifters Staat. Gemeint ist damit die soziale Faktizität des Staates und nicht seine rechtliche Form als Verfassungsstaat. Damit entzieht sich eine Argumentation, die auf verfassungsrechtliche Garantien für den Staat hinaus will, aber selbst den Boden: Verfassungsrechtliche Gewährleistung kann nur – allenfalls – dem Staat als Rechtsinstitution zukommen, aber nicht der sozialen Machtstruktur „Staat", einer vorverfassungsrechtlichen Tatsache.

dd) Garantierte „Staatsvoraussetzungen"?

Geradezu abenteuerliche Blüten treibt die Ansicht, das Grundgesetz enthalte eine Garantie des Staates, wenn sie gar noch auf die *Voraussetzungen* der staatlichen Existenz ausgedehnt wird. So soll sich nach einer vereinzelten Auffassung die verfassungsrechtliche Garantie des Staates auf die Sorge für ausreichenden Nachwuchs beziehen, da die Bevölkerung als biologische Grundlage des Staates von seiner Garantie vorausgesetzt werde[331]. Die Sicherung der staatlichen Existenz generiert so eine Staatsaufgabe Reproduktionsförderung. Von jüngeren Autoren wird diese fundamentale Bedeutung der Bevölkerung für das Bestehen des Staates zu Recht nur noch allenfalls als Motiv für den besonderen Schutz der Familie in Art. 6 Absatz 2 GG angeführt. Daraus ist keine Handlungspflicht des Staates mit einer möglicherweise grundrechtsbeschränkenden Wirkung abzuleiten. Bei konsequenter Durchführung müßte die Begründung des Familienschutzes aus einer Staatsaufgabe „Erhaltung des deutschen Volkes" ohnehin zu einer Beschränkung des Individualfreiheitsrechts aus Art. 6 Absatz 1 Alt. 2 GG auf deutsche Familien führen[332].

Daß das Grundgesetz dem Staat nicht die Erhaltung seiner eigenen Grundlagen zur Pflicht macht, zeigt auch ein weit alltäglicheres Beispiel: anders als die Orientierungssysteme Zeit, Maß und Gewicht ist die deutsche Sprache nicht als Gegenstand der Bundesgesetzgebung in Art. 73 Nr. 4 GG aufgeführt. Daß eine einheitliche Sprache für den Bestand eines Staatsvolkes von weit größerer Bedeutung ist, wurde gerade in der Diskussion um die Rechtschreibreform und über die „Verfassungsfähigkeit" der Europäischen Union vor kurzem betont[333]. Dennoch zeigt Art. 73 Nr. 4 GG, daß der Staat Bundesrepublik Deutschland sich nicht mit der

---

330 Vgl. *Frank,* in AltK-GG, nach Art. 87a Rdnr. 6 f.; abl. auch *Beisel,* Kunstfreiheitsgarantie, S. 306 f.
331 *Moderegger,* Familienschutz, S. 23 ff.
332 *Pechstein,* Familiengerechtigkeit, S. 62 und 79; *V. Schmid,* Familie, S. 436. – Zur sozialethischen Fundierung des Staates im Bewußtsein der Bürger vgl. unten IV 3.
333 *v. Brünneck,* EuR 1989, 249 ff.; z. T. a.A. *Häberle,* ThürVBl. 1998, 121 (128); allgem. *P. Kirchhof,* in: HdBStR I, § 18 Rdnr. 52.

Staatssprache Deutsch befassen darf[334]. Mit einer Gewährleistung der Sicherheit, des Bestandes oder gar der Grundlagen des Staates durch das Grundgesetz sind Grundrechtsbeschränkungen im Ergebnis nicht zu rechtfertigen[335].

4. Gewährleistete Rechtsinstitute mit Verfassungsrang?

Zu den vorstehend beschriebenen Substanz- und Funktionsgarantien zählen nur Normen, durch die das Grundgesetz reale Organisationszusammenhänge selbst unmittelbar gewährleistet. Gelegentlich bezieht sich das Verfassungsgesetz aber auch auf Bestandteile der Wirklichkeit, die in einfachen Gesetzen eine gestaltbestimmende Regelung gefunden haben. Da sie zum Gegenstand von Verfassungsbestimmungen nur über den vermittelnden Schritt einer Bezugnahme auf einfachgesetzliche Regelungsgeflechte werden, sind die hier anvisierten Einrichtungen, auch soweit sie tatsächliche Komponenten umfassen, in der auf *Carl Schmitt* zurückgehenden Terminologie sämtlich als Institutsgarantien einzuordnen[336]. Im weiteren kann von der *Schmitt*schen Begriffsunterscheidung zwischen institutionellen Garantien und Institutsgarantien (vgl. schon 1.) ganz abgesehen werden. Wichtig ist dagegen immer noch die Unterscheidung zwischen gewährleisteten *Sach*beständen – genauer: faktischen Verhältnissen auch nichtverkörperter Art – und Rechtsbeständen, seien es zum „Institut" verdichtete oder eher lose zusammenhängende, aber typischerweise verflochtene Normen.

Hier bleibt nun zu klären, wie sich Substanz- und Funktionsschutz für *Normen* – in anderer Terminologie: Normbestandsschutz und Normanwendungsschutz – gegenseitig bedingen und beeinflussen und ob auch auf den faktischen Anwendungsbereich der gewährleisteten Normen ein Abglanz der Institutsgarantien fällt. Dabei liegt der Akzent auf der *Instituts*gewährleistung. Die unmittelbare Gewährleistung einfachrechtlich gestalteter *Institutionen* durch die Verfassung bereitet weniger Probleme, da die Sicherung faktischer Inhalte hier nicht erst im Durchgang durch eine zwischengeschaltete Rechtsgewährleistung erfolgt. Der institutionelle Schutz ist – auch bei Einrichtungsgarantien, die als institutionelle bezeichnet werden, weil sie letztlich auf den Schutz tatsächlicher Strukturen abzielen – zunächst *immer* Normgewährleistung[337]. Die deutlich Rechtsinstitute garantierenden Bestimmungen des Grundgesetzes – wie insbesondere Art. 6 Absatz 1, 14 Absatz 1

---

[334] Grunds. VG Hannover, NJW 1998, 1250 (1251 f.); SächsOVG, DÖV 1998, 118 (119 f.); *Löwer,* RdJB 1997, 226; im Ansatz anders, im Ergebnis ebenso BVerfG, EuGRZ 1998, 395 (403 f.).

[335] *Wülfing,* Gesetzesvorbehalte, S. 112; *Mahrenholz,* HdBVerfR, S. 1319, § 26 Rdnr. 94; ausdrücklich auch BVerfGE 77, 240 (255); 81, 274 (294).

[336] *C. Schmitt,* in: Anschütz/Thoma, HdbDStR, Bd. 2, S. 590; wie hier auch *de Wall,* Der Staat 37 (1998), 377 (380).

[337] *Lübbe-Wolff,* Eingriffsabwehrrechte, S. 129; *Schmidt-Jortzig,* Einrichtungsgarantien, S. 29.

III. Einrichtungsnormen

und 33 Absatz 5 GG – begründen eine Vermutung abschließender Regelung. Es ist schon deshalb e contrario auszuschließen, daß jedes „hergebrachte Rechtsgebiet" durch seine Erwähnung in den Kompetenzbestimmungen des Grundgesetzes Verfassungsrang gewinnt[338]. Genügend deutlich ist eine Erwähnung des Instituts, die einerseits seine einfachrechtlichen Umrisse klar erkennen läßt, andererseits aber auch das verfassungsrechtliche Gebot seiner Existenz ausspricht.

Das militärische Dienstverhältnis[339] zum Beispiel gewinnt solche Konturen nicht schon aus Art. 12a Absatz 1 GG, der nur Wehrpflichtige betrifft und im übrigen die Einführung der Wehrpflicht auch der Disposition des Gesetzgebers überläßt. Art. 60 Absatz 1 GG nennt die Offiziere und Unteroffiziere, Art. 137 Absatz 1 GG alle längerdienenden Soldaten komplementär zu Art. 12a Absatz 1 GG. Doch setzen diese Vorschriften nur tatbestandlich voraus, daß es Soldaten gibt; sie fordern es nicht. Erst Art. 87a Absatz 1 GG ist zwingend zu entnehmen, daß es Soldaten geben *muß*. Denn die *Auf*stellung von Streitkräften ist ohne *Ein*stellung von Soldaten nicht durchführbar. Hier greift das Normeffektivitätsprinzip ein. Dennoch kann aus Art. 87a Absatz 1 GG keine Gewährleistung des militärischen Dienstverhältnisses abgeleitet werden. Denn diese Vorschrift läßt nicht klar erkennen, wie dieses Dienstverhältnis zu gestalten ist. Hinweise gibt dafür zwar Art. 17a GG aus der Perspektive der Grundrechtsbeschränkungen. Gerade diese Vorschrift zeigt jedoch, daß ein Institut „militärisches Dienstverhältnis" zur Legitimation verfassungsimmanenter Beschränkungen der dort genannten Grundrechte überflüssig und zur Beschränkung sonstiger Grundrechte wegen der Spezialität dieser Schrankenklausel untauglich ist.

a) Institutsbestand und Institutsfunktion als Gewährleistungsobjekte

Rechtsinstitutsgarantien kann man wie die Gewährleistung von Verfassungseinrichtungen weiter in funktions- und bestandsschützende Gewährleistungen unterteilen. Anders ausgedrückt, gibt es sowohl einen Normbestands- als auch einen Normanwendungsschutz[340]. Mehr Bedeutung kommt unter dem Gesichtspunkt der Normeffektivierung dem Funktionsschutz zu; denn effektiv wird jede Norm nur bei ihrer Anwendung in der Realität. Sinn ergibt eine davon getrennte, verselbständigte Normbestandsgarantie nur, um ein Rechtsinstitut zu erhalten, das – insbesondere wegen eines zeitweiligen Wegfalls seines Anwendungsbereichs – obsolet zu werden droht. Sie ergänzt dann den Funktionsschutz, der alleine – ebenso wie im Fall verfassungsrechtlich geschützter Institutionen – die tatsächliche Grundlage eines Regelungszusammenhangs nicht mit garantiert.

---

[338] So aber *Bleckmann*, DÖV 1984, 129 (130 f.).

[339] Ohne klare Textgrundlage herangezogen in BVerfGE 44, 197 (206).

[340] *Lübbe-Wolff*, Eingriffsabwehrrechte, S. 122 und 125; zur Unterscheidung zwischen Bestand und Funktion der ausgestaltenden Normen im Fall des Art. 9 Absatz 3 GG s. *Otto*, in: FSchr. Zeuner, S. 121 (127 ff.).

140   § 2 Gewährleistungsgehalt nicht-grundrechtlicher Verfassungsbestimmungen

Bei aller Unsicherheit, die mit der Figur der Einrichtungsgarantien verbunden ist, muß die Anwesenheit einiger Exemplare im Grundgesetz doch zur Kenntnis genommen und dogmatisch verarbeitet werden. Es führt nicht weiter, die gesamte Kategorie als „dogmatische Fossilien" abzutun[341]. Zwar ist die These gut begründet, alle Einrichtungsgarantien seien nur um der Erfüllung letztlich wiederum verfassungsrechtlicher Zwecke willen gewährleistet und daher entbehrlich. Im Fall der gemeindlichen Selbstverwaltungsgarantie des Art. 28 Absatz 2 GG mag das auch stimmen[342]. Dem ist hier aber nicht weiter nachzugehen, da eine auf die „Entbehrlichkeit" als dogmatische Figur abstellende Kritik jedenfalls übers Ziel hinausschießt. Eine nicht so leicht ersetzbare Funktion der Figur ist nämlich, den Nachweis funktioneller Nützlichkeit für ein verfassungsrechtlich gesichertes Gut im Einzelfall durch den Nachweis der (allgemein feststellbaren) Zugehörigkeit einer Norm oder eines Faktums zu einem Institut oder einer Institution zu ersetzen, die verfassungsrechtlich gewährleistet ist. Der Sinn einer solchen Institutsgewährleistung liegt nicht nur in der Arbeitserleichterung (bzw. – systemtheoretisch ausgedrückt – Entlastung von Begründungszwängen) bei der Herleitung von Schutz für eine konkrete Norm), sondern auch in der Erhöhung von Rechtssicherheit und Vorhersehbarkeit durch Standardisierung gleichförmiger Phänomene. Die Schutzfunktion der Garantie besteht darin, daß der institutsändernde Gesetzgeber die Argumentationslast dafür trägt, wenn er bei einer Änderung anführen will, eine Norm gehöre zwar zum Institut, nicht aber zu seinem (änderungsfesten) Kernbereich[343].

Nicht zum Kernbereich der kommunalen Selbstverwaltungsgarantie gehört bspw. das sogenannte „Selbstgestaltungsrecht" der Gemeinden aus Art. 28 Absatz 2 GG[344]. Dieser Ausdruck umschreibt keinen Schutz für eigene Gestaltungsvorstellungen der Kommunen, sondern nur ihre hoheitliche Aufgabe, die Gestaltungsabsichten verschiedener Bauherrn planend aufeinander abzustimmen. Notwendige Vorzugsentscheidungen sind nicht nach einem „institutionalisierten" Geschmack der beschließenden Organwalter, sondern nach überprüfbaren und zu dokumentierenden Sachgesichtspunkten zu treffen, zu denen durchaus auch die kulturelle Tradition oder das Landschaftsbild der Umgebung zählen kann; allerdings nur insoweit, als die zuständigen Gemeindeorgane eine vertretbare Auffassung auf der Grundlage landespflegerischer bzw. volkskundlicher Erkenntnisse gewonnen haben. Da diese begrenzte Kompetenz zur Ortsbildgestaltung nicht zum Kern der Selbstverwaltungsgarantie gehört, ist sie nicht geeignet, um vorbehaltlos gewährleistete Grundrechte einzuschränken. Einen eigenen Gestaltungswillen kann die Gemeinde daher jedenfalls gegen die *künstlerische* Baugestaltung durch den Bauherrn nicht ins Feld führen[345].

---

341 *Waechter,* DV 1996, 47 (47).
342 Dazu *Waechter,* DV 1996, 47 (55).
343 *Lübbe-Wolff,* Eingriffsabwehrrechte, S. 139; zur Kernbereichslehre s. nur *Schmidt-Jortzig,* Einrichtungsgarantien, S. 41 ff.
344 BVerwG, NVwZ 1991, 983 ff.; zustimmend *Voßkuhle,* BayVBl. 1995, 613 (621).

III. Einrichtungsnormen

b) Der Bestand des Institutssubstrats als Gewährleistungsobjekt?

Ein weitergehender, praktisch wohl bedeutsamerer Schritt wäre getan, wenn mit dem Schutz einfachrechtlicher Regelungszusammenhänge auf Umwegen zugleich ein *institutioneller* Schutz i. e. S. erreicht würde, wenn also der faktische Anwendungsbereich eines verfassungsrechtlich gewährleisteten Instituts – zumeist ein organisatorisch verbundener Lebensbereich, der sich mit formell gewährleisteten Institutionen durchaus vergleichen läßt – von der Institutsgarantie nicht nur tatsächlich und reflexhaft, sondern auch rechtlich mit gesichert wäre.

Eine solche Ausstrahlungswirkung der Institutsgarantie auf die faktischen Voraussetzungen des Instituts kann nicht schon ganz allgemein aus dem Grundsatz der Normeffektivität abgeleitet werden. Wie andere Verfassungsnormen auch bleiben die Institutsgarantien auch ohne tatsächliche Grundlage noch in dem Sinne wirksam, daß sie eine Reservefunktion erfüllen; nur mit der Besonderheit, daß die Reservenormen hier nicht Medium, sondern Gegenstand der Gewährleistung sind. Denn die Verfassungsnorm, die das Institut sichert, entfaltet insoweit weiter eine Wirkung, als sie den Fortbestand des Rechtsinstituts gebietet. *Ihr* unmittelbarer Bezugsgegenstand ist nicht weggefallen. Der Gesetzgeber darf ein Institut ebensowenig aus Gründen der Obsoleszenz streichen, wenn es aus nicht dem Staat zurechenbaren Gründen keinen Anwendungsbereich mehr besitzt, wie er es gezielt aushöhlen dürfte[346]. Nur in dem Sinne, daß der Staat den faktischen Boden, auf dem ein gewährleistetes Institut steht, nicht zurechenbar fortziehen darf, gibt es auch eine allgemeine Garantie des faktischen Substrats von Rechtseinrichtungen. Dieses Auszehrungsverbot betrifft nicht nur finale Beeinträchtigungen.

Insbesondere gilt für den Schutz von *Ehe und Familie:* Der Staat muß zwar auf den Erhalt der Lebensformen Ehe und Familie hinwirken. In diesem Rahmen ist er zu einer familienfreundlichen Gestaltung der gesamten Rechtsordnung verpflichtet[347]. Dagegen kann er das faktische Abnehmen der Verehelichung nicht aufhalten, ebensowenig die Reproduktion erzwingen. Wie die Individuen mit ihrer Eheschließungsfreiheit und mit ihrer Freiheit zur Familiengründung umgehen, ist Inhalt des neben der Institutsgarantie aus Art. 6 Absatz 1 GG folgenden *Freiheitsrechts*. Der Institutsschutz ist demgegenüber „weicher", da er dem Staat keine strikten Ge- und Verbote auferlegt, sondern nur Gestaltungsaufträge. Er tritt im Konflikt mit dem Individualgrundrecht deshalb zumeist zurück.

Geringe Bedeutung hat als Verfassungsgut auch der Regelungskomplex der hergebrachten Grundsätze des *Berufsbeamtentums*. Der einzige unmittelbar vom

---

[345] Wie hier *Zeiss*, ZfBR 1997, 286 (290); nicht einleuchtend differenzierend dagegen *Koenig/Zeiss*, Jura 1997, 225 (229 f.).

[346] Siehe die Listen der durch eine Einrichtungsgarantie „verbotenen" gesetzgeberischen Aktivitäten bei *Friedr. Klein*, Institutionelle Garantien und Institutsgarantien, S. 136; *Schmidt-Jortzig*, Einrichtungsgarantien, S. 37.

[347] *Pechstein*, Familiengerechtigkeit, S. 174 f.

Grundgesetz gewährleistete Grundsatz des Berufsbeamtentums ist das in Art. 33 Absatz 2 GG enthaltene Leistungsprinzip[348]. Art. 33 Absatz 5 GG dagegen enthält entgegen der überwiegenden Auffassung in Rechtsprechung und Literatur keine institutionelle Garantie des Berufsbeamtentums und auch für die Grundstrukturen des Beamten*rechts* nur eine *Instituts*gewährleistung. Diese wird zutreffend mit dem Stichwort „Strukturgarantie" beschrieben[349]. Sie gebietet die Erhaltung bestimmter Kernmerkmale des Beamtenrechts, hebt sie aber nicht auf Verfassungsebene.

Als Beleg für die Richtigkeit dieser These kann die Privatisierung von Post und Bahn herangezogen werden. Die „Ausleihe" von Beamten an privatrechtlich organisierte Dienstleistungsunternehmen widerspricht dem hergebrachten Grundsatz der ausschließlichen Dienst- und Treuebindung an einen öffentlich-rechtlichen Dienstherrn. Erst recht verbietet es dieser Grundsatz, Privatunternehmen *selbst* Dienstherrnfähigkeit zu übertragen[350]. Hätte der Grundsatz der ausschließlichen Bindung an einen öffentlich-rechtlichen Dienstherrn Verfassungsrang, so wären Bahn und Post verfassungsrechtlich gehindert, Beamte zu beschäftigen, seit sie gemäß Art. 87e Absatz 3 Satz 1, 87f Absatz 2 Satz 1 GG in Privatrechtsform betrieben werden. Art. 143a Absatz 1 S. 3 und Art. 143b Absatz 3 Satz 2 GG wären dann als Kollisionslösungsnormen anzusehen, die verfassungsunmittelbar eine Ausnahme von dem genannten Grundsatz statuieren würden[351].

Dieser Umweg ist indes unnötig, weil Art. 33 Absatz 5 GG den Grundsatz ausschließlicher Bindung nicht auf Verfassungsebene hebt. Er sichert nur seinen Bestand als einfachgesetzliches Recht ab. Gesetzliche Ausnahmen bedürfen einer besonderen verfassungsrechtlichen Zulassung aufgrund eines Gesetzesvorbehalts, behalten aber ihrerseits ihren einfachgesetzlichen Charakter. Art. 143a Absatz 1 Satz 3 GG enthält schon nach seinem klaren Wortlaut den danach nötigen Gesetzesvorbehalt, nicht eine verfassungsunmittelbare Einschränkung des Ausschließlichkeitsprinzips. Trotz seiner weniger eindeutigen Fassung gilt dasselbe für Art. 143b Absatz 3 Satz 2 GG. Im übrigen enthalten auch Art. 87e, f GG keine Gewährleistung für Verfassungsgüter, zu deren Schutz von den Gesetzesvorbehalten der Art. 143a, b GG Gebrauch gemacht werden könnte, um vom Grundsatz der ausschließlichen Bindung an einen öffentlich-rechtlichen Dienstherrn abzuweichen. Art. 87e und f GG sind reine Kompetenzbestimmungen, die den Bestand der Deutschen Bahn AG und der Deutschen Post AG nicht institutionell garantieren.

Grundrechtsbeschränkungen können folglich nicht aus Art. 33 Absatz 5 GG damit gerechtfertigt werden, daß sie zur Erhaltung eines funktionsfähigen Beamtentums – geschweige denn einer „funktionsfähigen" Verwaltung – erforderlich

---

[348] *Battis*, ZBR 1996, 193 (195); er stellt allerdings nur auf die einzige *ausdrückliche* Erwähnung ab.

[349] *Battis*, in: Sachs, GG, Art. 33 Rdnr. 65; *Lecheler*, ZBR 1998, 331 (337); *Studenroth*, ZBR 1997, 212 (213).

[350] BVerfGE 9, 268 (286 f.); BVerwGE 69, 303 (306).

[351] So in der Tat *Benz*, DÖV 1995, 679 (682).

wären[352]. Erforderlich ist vielmehr ein konkreter Nachweis von Pflichten und (Grund-) Rechtseinbußen, die sich aus dem hergebrachten Kern des Beamtenrechts ergeben, wie etwa Einschränkungen der Versammlungs- und der Religionsfreiheit im Hinblick auf das für Beamte, Richter und Soldaten geltende Mäßigungsgebot[353]. Daß dabei der Verhältnismäßigkeitsgrundsatz einzuhalten ist, versteht sich eigentlich von selbst. Schon gar nicht kann Art. 33 Absatz 5 GG Einschränkungen von Grundrechten der Angehörigen freier, aber „staatlich gebundener" Berufe rechtfertigen[354].

Kehrseite der hier vertretenen Auffassung ist allerdings, daß Art. 33 Absatz 5 GG auch die Rechte der Beamten, z. B. auf amtsangemessene Alimentation, nicht verfassungskräftig absichert[355]. Ein grundrechtsgleiches Recht besteht nur auf Zugang zu den öffentlichen Ämtern nach Maßgabe der in Art. 33 Absatz 2 GG aufgezählten (und *nur* aufgrund dieser) Kriterien.

c) Dimensionen einer Institutsgewährleistung am Beispiel des Feiertagsrechts

Daß Institutsgarantien regelmäßig keine Sicherung des Institutssubstrats einschließen, zeigt sich auch an einem Beispiel, das fast so sehr wie das Privatschulwesen mit Grundrechtsgewährleistungen verwoben ist, nämlich an der Garantie der gesetzlichen Feiertage und des Sonntags in Art. 139 WRV i. V. m. Art. 140 GG. Zugleich läßt sich daran auch das Zusammenspiel der Funktions- und Substanzgewährleistung für das gewährleistete Institut selbst zeigen. Als Grundrechtsschranke wird die Feiertagsgarantie zwar nur selten, dafür dann aber sehr vehement ins Gespräch gebracht[356].

139 WRV lautet: „Der Sonntag und die staatlich anerkannten Feiertage bleiben als Tage der Arbeitsruhe und der seelischen Erhebung gesetzlich geschützt." Schon dieser Wortlaut wirft das Verständnisproblem auf, was eigentlich Gegenstand der verfassungsrechtlichen Garantie sein soll: der *Sonntag* und die *Feiertage* unmittelbar – wobei das Problem aufträte, daß letztere nur nach Maßgabe staatlicher Anerkennung geschützt wären –, oder vielmehr der *gesetz*liche Feiertags*schutz*[357]. Wenn letzteres der Fall ist, stellt sich die Frage, wie sich das für die Festtage als seinen Anwendungsbereich auswirkt.

---

[352] So aber BVerfGE 28, 191 (200).
[353] *Röger*, DRiZ 1995, 471 ff.
[354] *Hufen*, MedR 1996, 394 (400).
[355] Vgl. zur Gegenansicht nur *A. Leisner*, ZBR 1998, 259 (263); *Ziemske*, DÖV 1997, 605 (610).
[356] So etwa bei *Pahlke*, in: Essener Gespräche 24 (1990), S. 53 (73 f.); abgewogen dagegen *Mattner*, Sonn- und Feiertagsrecht, S. 58 ff.
[357] Wegen dieser Unklarheit skeptisch gegenüber einer Garantiewirkung *Friedr. Klein*, Institutionelle Garantien, S. 304.

144   § 2 Gewährleistungsgehalt nicht-grundrechtlicher Verfassungsbestimmungen

aa) Feiertagsrechtsschutz

Die Verfassungsnorm ist nicht ganz leicht zu verstehen, weil sie sich zunächst unmittelbar auf den Sonntag und bestimmte Feiertage bezieht, diese letztlich aber nur indirekt in Bezug nimmt. Primär bezieht sich Art. 139 WRV auf den *Regelungs*zusammenhang des Feiertags*rechts*[358]. Verfassungsrechtlich gewährleistet ist eine *einfachgesetzliche Rechtslage,* die ihrerseits darin besteht, daß etwas geschützt wird. Gewährleistet ist damit der wesentliche Inhalt der Feiertagsgesetze, die bestimmen, welche Feiertage in welchem Umfang arbeitsfrei sind und welche Verrichtungen an Feiertagen allgemein oder zu bestimmten Zeiten zulässig oder unzulässig sind. Der Schutz der Sonn- und Feiertage ist insoweit Inhalt dieser Gesetze, nicht Inhalt des Grundgesetzes.

Dieser Schutz der Feiertage ist im übrigen nicht Selbstzweck. Er wird verfassungsrechtlich an die Zwecke der Arbeitsruhe und der „seelischen Erhebung" gebunden, erhält also eine ethische und eine sozialpolitische Funktion. Beide Zwecke stehen nebeneinander. Auch weltliche Feiertage genießen den Schutz des von Art. 139 WRV gewährleisteten Feiertagsrechts, so der Tag der deutschen Einheit oder der Tag der Arbeit[359]. Die bezweckte „Ruhe" bezieht sich nur auf Arbeitshektik und Konkurrenzdruck, schließt aber lebhafte Feiern nicht aus[360]. Selbst wenn die „seelische Erhebung" ein Mindestmaß an Würde und Gemessenheit voraussetzt, könnte daher z. B. ein Schutz des Rosenmontags – will der rheinland-pfälzische Gesetzgeber ihn denn anordnen – die Institutsgarantie mit ausfüllen. *Andere* Funktionen dieser Tage gewährleistet Art. 139 WRV im Gegenzug nicht – etwa die Förderung des Zusammenhalts innerhalb der Familie; insoweit kommt nicht Art. 139 WRV, sondern allenfalls Art. 6 Absatz 1 GG in Betracht.

Der Schutz des Feiertagsrechts ist damit zunächst ein *Normfunktionsschutz.* Er bestimmt auch den Umfang des *Normbestandsschutzes* durch Art. 139 WRV. Das Feiertagsrecht muß insoweit *aufrechterhalten* bleiben, wie es der Arbeitsruhe und der seelischen Erhebung *dient*[361]. Der Gesetzgeber dürfte die Feiertagsgesetze nicht abschaffen oder so abändern, daß die gesetzliche Regelung den verfassungsrechtlichen Zweck der Sonn- und Feiertage nicht mehr erfüllt. Für die *Ausgestaltung* des Feiertagsrechts jenseits dieses Mindestmaßes an Funktionserreichung – insbesondere für die Wahl gesetzlicher Feiertage – bietet das sonstige Verfassungsrecht Legitimationsgesichtspunkte. Das BVerfG deutet das in seiner Entscheidung zum Buß- und Bettag an. Anderen Tagen vorziehen dürfe der Gesetzgeber nament-

---

[358] *Kästner,* DÖV 1994, 464 (471).

[359] *Kästner,* DÖV 1994, 464 (467 f.); *Rüthers,* Diskussionsbeitrag, in: Essener Gespräche 24 (1990), S. 109; einschränkend *Pahlke,* ebd., S. 53 (60); *Isensee,* Diskussionsbeitrag, ebd., S. 92; abwegig *Lipphardt,* Diskussionsbeitrag, ebd., S. 113, der einen *ausschließlich* religiösen Zweck unterstellt.

[360] *Mattner,* Sonn- und Feiertagsrecht, S. 45 f.

[361] *Kästner,* DÖV 1994, 464 (471 f.); ähnl. HessStGH, Urt. vom 3. 5. 1999 – P. St. 1296, Ls. 5 (noch unveröffentlicht).

lich „den 1.5. mit Blick auf dessen traditionelle Bedeutung für die Arbeiterbewegung oder den 3.10. mit Blick auf die erst vor kurzem erlangte Wiedervereinigung"[362]. Bemerkenswert ist hier, daß Art. 9 Absatz 3 GG oder die Präambel zwar nicht ausdrücklich genannt werden, aber die Koalitionsfreiheit und der Hinweis auf die Vollendung der deutschen Einheit doch offenbar als Anhaltspunkte für die Auswahl der genannten Beispiele gedient haben. Der 1. Mai selbst wird im Grundgesetz nicht ausdrücklich hervorgehoben, wie dies etwa Art. 32 HessVerf. tut[363].

bb) Feiertagsexistenzschutz?

Über diesen Funktionsschutz hinaus gewährleistet Art. 139 WRV nicht auch, daß bestimmte Feiertage erhalten bleiben[364]. Es ist also mißverständlich, ihn als Institutsgarantie *der Feiertage* zu bezeichnen. Das gilt schon für den *rechtlichen* Bestand der Feiertage. Mittelbar ergibt sich zwar ein – reflexartiger – Schutz für den rechtlichen Bestand von Feiertagen *in abstracto* aus dem Funktionsschutz für das Feiertagsrecht. Der Gesetzgeber muß um der Funktion der Feiertage willen so viele Feiertage anerkennen, daß ihre Gesamtzahl überhaupt noch zur Arbeitsruhe und zur seelischen Erhebung taugt. Nicht gewährleistet ist damit aber der rechtliche Bestand *einzelner* Feiertage. Das gilt sogar für die „gesellschaftlich besonders relevanten" Feiertage zu Weihnachten, Ostern und Pfingsten[365]. Das Institut besteht eben nur aus der rechtlichen Regelung, nicht aus ihren einzelnen tatsächlichen Manifestationen. Ganz fernliegend ist die Vorstellung, Feiertage oder sogar der Sonntag könnten „abgeschafft" werden, durchaus nicht; staatliche Eingriffe in den Kalender sind früher nichts ungewöhnliches gewesen. Erinnert sei an die revolutionäre Zeitrechnung, die von 1793 bis 1803 in Frankreich angewendet wurde. Als möglicher Kompetenzgegenstand schlummert die „Zeitbestimmung" noch immer in Art. 73 Nr. 4 GG, von dem bisher nur zur Einführung der Sommerzeit Gebrauch gemacht wurde[366].

Erst recht sichert Art. 139 WRV nicht die Existenz von Feiertagen als *soziale* Tatbestände[367]. Würden zum Beispiel die Gewerkschaften keine Maifeiern mehr abhalten, die Kirchen die Fronleichnamsprozessionen oder die Karfreitagsgottesdienste einstellen, so könnte und müßte der Staat sie nicht nach Art. 139 WRV dazu zwingen. Eine solche Pflicht folgt nicht einmal aus dem Gebot, für die Erfüllung bestimmter Funktionen der Feiertage zu sorgen. Soweit religiöse Feiern zur seelischen Erhebung i. S. d. Art. 139 WRV gehören, aber in Ermangelung von

---

[362] BVerfG, NJW 1995, 3378 (3379); ähnlich BayVerfGH, DÖV 1996, 558 f.; ebenso *Kelm*, JURA 1997, 599 (601 f.); krit. hierzu *Schmitt Glaeser/Horn*, BayVBl. 1996, 417 (422).
[363] Siehe dazu *Sachs*, KritV 1996, 125 (132).
[364] *Mattner*, Sonn- und Feiertagsrecht, S. 39.
[365] Insoweit a.A. *Busch/Werner*, DÖV 1998, 680 (683); *Renck*, NVwZ 1993, 648 (650).
[366] BGBl. 1978 I, S. 1110 und 1262; BGBl. 1994 I, S. 2322.
[367] So aber *Pirson*, Diskussionsbeitrag, in: Essener Gespräche 24 (1990), S. 96.

praktizierenden Gläubigen nicht mehr stattfinden, wäre Art. 139 WRV insoweit auf die Rolle einer Reservenorm reduziert.

Für den *Sonntag* ist eine staatliche Anerkennung nicht vorausgesetzt. Auf den Sonntag wird schlicht Bezug genommen. Art. 139 WRV geht davon aus, daß es einen Sonntag als soziales Faktum *gibt.* Geschützt ist verfassungsrechtlich weder sein Bestand noch seine staatliche Anerkennung[368]. Da allerdings die *Funktion* des Sonntags gesondert gewährleistet ist und ohne den Bestand eines solchen Tages nicht erfüllt werden könnte, genießt der Sonntag immerhin einen reflexartigen verfassungsrechtlichen Schutz, der den Sonntag, anders als die Feiertagsgarantie die einzelner Feiertage, gegen eine gänzliche Aufhebung absichert.

d) Exkurs: Landesrecht als gewährleistetes Institut?

Eine ähnlich weite, von daher nicht bedenkenfreie Institutionalisierung wie im Fall der gesamten Rechtsordnung ergäbe sich, wenn das Grundgesetz eine Gewährleistung für das gesamte *Landesrecht* enthielte. Einen Ansatzpunkt könnte dafür zwar das Bundesstaatsprinzip bieten, wo nicht speziellere föderale Verteilungsnormen eingreifen. Das Verhältnis dieser Rechtssätze untereinander sei hier zunächst dahingestellt.

Plausibel wäre eine solche Schutzwirkung des Grundgesetzes zugunsten des Landesrechts als „Kompensation" für die Tendenz, aus bundesstaatlichen Kompetenzvorschriften Güter herzuleiten. Diese Quelle von „Bundesrechtsgütern" findet auf den Gebieten der Landesgesetzgebung keine Entsprechung im Verfassungstext, und dies allein deshalb, weil das Grundgesetz von einem technischen Regel-Ausnahme-Verhältnis zwischen Landes- und Bundeskompetenzen ausgeht und daher nur die Bundeszuständigkeiten weitgehend vollständig ausdrücklich regelt[369]. Da auch die in den Landesverfassungen ausdrücklich gewährleisteten Rechtsgüter sich nicht gegen Bundesgrundrechte durchsetzen können[370], könnten landesrechtliche Schutzvorschriften nur dann vor den Grundrechten des Grundgesetzes bestehen, wenn sie von einer Absicherung innerhalb des Bundesverfassungsrechts überwölbt wären.

Fraglich ist aber vom Ergebnis her schon, ob das gesamte Landesrecht von der Bundesverfassung *als Gut,* d. h. mit einem absoluten, allseitigen Verteidigungseffekt, verfestigt sein soll. Es geht insoweit ja gerade nicht um die Freiheit des Landesgesetzgebers zur Schaffung neuen Landesrechts; ja dieser selbst würde von einer grundgesetzlichen Garantie des bestehenden Landesrechts noch weiter in sei-

---

[368] A. A. *Pahlke,* in: Essener Gespräche 24 (1990), S. 53 (59); *Mattner,* Sonn- und Feiertagsrecht, S. 39; *Richardi,* Sonntagsarbeit, S. 45; wohl auch *Häberle,* Sonntag als Verfassungsprinzip, S. 16.

[369] Zur Dysfunktionalität von Kompetenzvorschriften für die Gütergewährleistung aus diesem Grund vgl. vor allem BVerfGE 69, 1 (62 – Sondervotum *Mahrenholz/Böckenförde*).

[370] Dazu unten § 4 IV 4 a).

nen Gestaltungsmöglichkeiten eingeschränkt. Eine Verfestigung des ganzen Landesrechts ginge noch über die – relativ punktuelle – Gewährleistungswirkung einzelner Kompetenznormen für die in ihnen aufgeführten Gegenstände hinaus. Es trifft daher nicht zu, daß aus dem Bundesstaatsprinzip in Verbindung mit gliedstaatlichen Rechtsvorschriften Grundrechtsschranken von Verfassungsrang abgeleitet werden könnten[371].

Etwas anderes ergibt sich auch für Landesverfassungsnormen nicht aus Art. 28 Absatz 1 Satz 1 GG. Zwar gibt er den Ländern weitergehende Gestaltungsspielräume in bezug auf ihre Verfassungen, als sie sie beim Erlaß des einfachen Landesrechts besitzen. Es handelt sich dabei aber lediglich um eine Freiheit bei der Gestaltung der eigenen *Staatsordnung,* die kein verkleinertes Abbild der grundgesetzlichen Ausgestaltung zu sein braucht, solange sie sich im Rahmen der Grundprinzipien des Bundesverfassungsrechts hält. Von der Bindung an die Bundes*grundrechte* stellt Art. 28 Absatz 1 Satz 1 GG die Länder nicht frei. Das ergibt sich schon systematisch daraus, daß Art. 28 Absatz 1 Satz 1 GG im Abschnitt „Der Bund und die Länder" und damit gleichgeordnet neben der entsprechenden Grundsatzbestimmung im Grundrechtsabschnitt steht, nämlich Art. 1 Absatz 3 GG. In diesem ist im Unterschied zu Art. 28 Absatz 1 Satz 1 GG nicht nur von einer Bindung an *Grundsätze* die Rede. Art. 1 Absatz 3 GG bindet die Länder ebenso strikt an die Grundrechte wie den Bund. Unterschiede in der Bindungsintensität ergeben sich allenfalls aus dem Charakter der Grundrechte selbst als Regeln oder Prinzipien[372], nicht aber für verschiedene Bindungsadressaten. Eine „Rundumgarantie" für den Bestand des Landesrechts gegenüber bundesrechtlich geregelten Grundrechtsnormen enthält das Grundgesetz demnach nicht.

5. Zusammenfassung

a) Nicht jede Bestimmung des Grundgesetzes, die eine Institution oder ein Rechtsinstitut nur in irgendeiner Weise anspricht, gewährleistet es auch. Gewährleistende Wirkung setzt vielmehr voraus, daß die Grundgesetzvorschrift zumindest die *Funktion* der Einrichtung, ihren Zweck sichern soll. Eine Garantie der *Substanz* der Einrichtung fällt bei Rechtsinstituten weitgehend mit der Funktionsgarantie zusammen, muß als Gewährleistung des faktischen Substrats von Institutionen dagegen eigens gerechtfertigt werden. Sie ist nur in Ausnahmefällen damit zu begründen, daß die Funktion der Institution nicht anders gesichert werden könne.

b) Je abstrakter und sachlich umfassender ein Gegenstand ist, um so schwerer ist zu rechtfertigen, daß er als ganzer instituionell garantiert sein solle. Daher ist vor allem der Staat „als solcher" keine verfassungsgewährleistete Einrichtung.

---

[371] So jedoch BVerfGE 93, 1 (26 – Sondervotum *Seidl/Söllner/Haas*); differenzierend *Goerlich,* NVwZ 1995, 1184 (1186).
[372] Vgl. *Alexy,* Grundrechte, S. 122.

Gesichert sind durch das Grundgesetz nur die Verfassungsorgane der Bundesrepublik Deutschland und einige weitere wichtige Einrichtungen, nicht aber eine abstrakte Staatlichkeit oder *alle* Staatsorgane. Auch die „Einrichtung" des Berufsbeamtentums ist – trotz ihrer tragenden Bedeutung für das Funktionieren des Staates – nicht als solche verfassungsrechtlich garantiert. Art. 33 Absatz 5 GG sichert nur die Grundstrukturen des Beamten*rechts*. Die verschiedenen möglichen Abstufungen von Funktions- und Substanzgarantien lassen sich am Beispiel des Feiertagsschutzes (Art. 140 GG i. V. mit Art. 139 WRV) demonstrieren.

IV. Verfassungsgrundsätze und Präambel

1. Verfassungsgrundsätze – Staatsziele – Staatszwecke

Mit dem Begriff der Verfassungs- bzw. Staatsfundamentalnormen wird herkömmlich ein Normtyp bezeichnet, der zwei grundlegend verschiedene Regelungsinhalte umfaßt[373]. Beide werden in erster Linie in Art. 20 GG lokalisiert, den seine Verfestigung in Art. 79 Absatz 3 GG als eine der elementarsten Bestimmungen des Grundgesetzes ausweist. Art. 20 Absätze 1 und 3 GG kennzeichnen die Bundesrepublik Deutschland als demokratischen und sozialen Bundesstaat sowie als Rechtsstaat; darüber hinaus zeigt neben Art. 28 Absatz 1 Satz 1 GG schon der Staatsname an, daß sie eine Republik ist[374]. Grund*legende* Bedeutung haben diese Begriffe für die Gestalt der staatlichen Ordnung. In diesem Sinne enthält Art. 20 GG *Staatsstrukturbestimmungen*[375]. Als Grund*sätze* strahlen vor allem die Sozialstaatlichkeit und die Rechtsstaatlichkeit in die gesamte Rechtsordnung aus. Dieser Prinzipiengehalt der Staatsfundamentalnormen kommt vor allem in ihrer Funktion als *Staatsziele* zum Ausdruck[376]. Staatsziele können nicht nur Art. 20 GG entnommen werden; sie ergeben sich auch aus Grundrechten wie Art. 6 Absätze 4 und 5 oder finanzverfassungsrechtlichen Bestimmungen wie Art. 109 Absatz 2 GG[377]. Als neues Staatsziel enthält das Grundgesetz seit 1994 in Art. 20a den Schutz der natürlichen Lebensgrundlagen. Keine Staatsziele, sondern konkrete Aufgabennormen enthalten dagegen etwa die Gewährleistungsaufträge der Art. 87e Absatz 4 und 87f Absatz 1 GG[378]. Kein Staatsziel der „Verhinderung eines Wiederauflebens des Nationalsozialismus", sondern allein eine Übergangsvorschrift enthält Art. 139 GG[379].

---

[373] *Sommermann,* Staatsziele, S. 372 f.
[374] Vgl. statt aller *Jarass* in ders. / Pieroth, GG, Art. 20 Rdnr. 1 ff., 9 ff., 20 ff. und 72 ff.
[375] Zu dieser Funktion grdl. *H. J. Wolff,* in: GedSchr. Jellinek, S. 33 (47 ff.).
[376] *Scheuner,* in: FSchr. Scupin, S. 323 (328); *Graf Vitzthum,* in: GedSchr. Grabitz, S. 819 (828 f.).
[377] *Brohm,* JZ 1994, 213 (217).
[378] A. A. *Stern,* DVBl. 1997, 309 (313).
[379] Ebenso *Kniesel,* NJW 1996, 2606 (2607) m. w. Nachw.

IV. Verfassungsgrundsätze und Präambel

Die Verfassungsgrundsätze sind sowohl in ihrer staatsstrukturgestaltenden Funktion als auch als Zielbestimmungen für das staatliche Handeln bindendes Recht, nicht bloßes politisches Programm[380]. Von den Staats*zielen* – als Normen des Verfassungsrechts – in dieser Hinsicht abzugrenzen ist die staats*theoretische* Kategorie der Staats*zwecke*[381]. So wenig wie der Staat an sich (oben III 3 c) sind sie Bestandteil des geltenden Verfassungsrechts. Staatszweckerwägungen stehen zwar oft legitimierend hinter einem Schutz von Gütern, der Grundrechtseinschränkungen nötig macht. Gleichwohl sind sie nur zur argumentativen Untermauerung von Ergebnissen nutzbar, die sich aus dem Verfassungsrecht auch ohne ihre Hilfe ergeben. Das begrenzt auch ihre Rolle als Interpretationsrichtlinien. Eine „staatszweckoptimierende" Umdeutung von Verfassungsnormen zu Grundrechtsschranken ist unzulässig[382].

Daß den Staatszielbestimmungen nur vergleichsweise wenig steuernde Kraft im Gesamtzusammenhang der Verfassung zuerkannt wird, hängt mit einer Eigenschaft zusammen, die gewöhnlich als „Weite und Unbestimmtheit" gekennzeichnet wird[383]. Damit ist zum einen die (Norm-)*Struktur* der Staatsgrundsatznormen selbst gemeint. Aus ihnen folgen regelmäßig keine detailgenau bestimmten Gebote für die Lösung einzelner Fälle oder auch nur Fallgruppen. Ihr Prinzipiencharakter schlägt sich darin nieder, daß sie ein Ziel vorgeben, dessen Erreichung auf verschiedenen Wegen möglich ist, die die Norm selbst offen läßt[384]. Anderseits bezieht sich die Qualifikation als unbestimmt auf die *Begriffe* in Staatsfundamentalnormen, die einen weitgespannten und konkretisierungsbedürftigen Anwendungsbereich besitzen[385].

Die „Weite und Unbestimmtheit" der Bezugsgegenstände von Staatsgrundsatznormen verhindert in beiden ihren Ausformungen, daß dieser Normtypus in nennenswertem Umfang als Verankerung für verfassungsgeschützte Güter in Betracht kommt. In ihrer Konsequenz liegt, daß Staatsgrundsatzbestimmungen in einzelnen Vorschriften des Grundgesetzes zahlreiche besondere Ausprägungen erfahren haben und hinter diesen leges speciales als allgemeineres Gesetz zurücktreten. Sie sind schon ihrer Struktur nach nur begrenzt geeignet, um bei der Lösung schwieriger Einzelfallprobleme weiterzuhelfen[386]. Ihre wichtigste Rolle für die Einschränkung von Grundrechten spielen Staatsgrundsatzbestimmungen daher als Gewich-

---

[380] *Graf Vitzthum*, in: GedSchr. Grabitz, S. 819 (828).
[381] *Link*, in: VVDStRL 48 (1990), S. 7 (51); *Murswiek*, NVwZ 1996, 222 (223).
[382] *Ress*, in: VVDStRL 48 (1990), S. 56 (79 und 114).
[383] *Gusy*, JöR n. F. 33 (1984), 105 (126); eingehend *Sommermann*, Staatsziele, S. 355 ff.; skeptisch dagegen *Neumann*, DVBl. 1997, 92 (99).
[384] So nur *Sommermann*, Staatsziele, S. 377 f.
[385] *Graf Vitzthum*, in: GedSchr. Grabitz, 819 (828); *Achterberg*, Der Staat 8 (1969), 159 (160).
[386] Ebenso zu ihrer kompetenzrechtlichen (Un-)Ergiebigkeit *Staupe*, Parlamentsvorbehalt, S. 183.

tungsaspekte im Rahmen der Verhältnismäßigkeitsprüfung, nicht schon als entgegenstehende Verfassungsgüter[387].

2. Die Präambel – ein Sonderfall?

Die vorstehenden Charakterzüge trägt neben den Staatsgrundsätzen im engeren Sinn auch die Präambel des Grundgesetzes. Auch ihr wird trotz ihrer vornehmlich programmatischen Funktion rechtlich bindende Kraft zugesprochen; ihr werden sogar konkrete Rechtsfolgen und Handlungsanweisungen entnommen. Zwar deutet die Bezugnahme auf Gott in der Präambel keinen religiösen oder gar theokratischen Grundcharakter des deutschen Staates an[388].

Rechtliche Wirkungen entfaltete dagegen in der alten Fassung der Präambel sowie von Art. 23 GG das Wiedervereinigungsgebot[389]. Dieses Gebot wirkt sogar noch heute, also über seine Streichung aus dem Grundgesetztext hinaus, fort: Das BVerfG rechtfertigt mit den Erfordernissen, die sich aus der Sondersituation der Herstellung der deutschen Einheit ergeben, Ausnahmen vom Grundsatz der Gewaltenteilung auf dem Gebiet der Legalplanung[390] und den Ausschluß der Restitution in der ehemaligen SBZ/DDR enteigneter Gegenstände. Art. 143 Absatz 3 und 135a GG konkretisieren und konservieren insoweit die Absicht des Grundgesetzes, zur Verwirklichung des Wiedervereinigungsgebotes notfalls auch Abstriche von der Gewährleistung des Eigentums zu machen[391].

Bemerkenswert ist auch der Einsatz des früheren Wiedervereinigungsgebotes im Fall der Abschaffung des Buß- und Bettages. Die Erschwernisse, die die Streichung des Feiertagscharakters für evangelische Christen mit sich bringt, die am Buß- und Bettag die Kirche besuchen wollen, berührt die vorbehaltlos gewährleisteten Grundrechte der Art. 4 Absätze 1 und 2 und 3 Absatz 3 Satz 1 GG. Diese Beeinträchtigung kann nur verfassungsunmittelbar gerechtfertigt werden[392]. Für den Erhalt des 3. 10. als Tag der deutschen Einheit streitet auf dieser Ebene nur das – mit seiner Einführung schon erfüllte! – Wiedervereinigungsgebot[393]. Gleichwohl durfte der Landesgesetzgeber nach Ansicht des BVerfG bei der Auswahl

---

[387] Ebenso *Sommermann*, Staatsziele, S. 423.

[388] *Schwemer*, RuP 1996, 7 (11 f.); *Ennuschat*, NJW 1998, 953 (955); noch restriktiver *Czermak*, NJW 1999, 1300 (1303).

[389] BVerfGE 36, 1 (14 f.); 82, 316 (320 f.); zusti. *P. Kirchhof*, JZ 1998, 965 (970).

[390] BVerfGE 95, 1 (16 f.); dazu zu Recht kritisch *Repkewitz*, VerwArch 1997, 137 (155); noch weitergehend jetzt BVerfG, NVwZ 1998, 1060 (1061).

[391] BVerfGE 84, 90 (131); 94, 12 (34); BVerwGE 104, 92 ff.; BGH, NJW 1999, 489 (491 f.); dazu *Haratsch*, Befreiung von Verbindlichkeiten, S. 103 f. und *Bernsdorff*, NJW 1997, 2712 (2715).

[392] Dazu *Mattner*, Sonn- und Feiertagsrecht, S. 42 f.

[393] Zweifel an der Motivation des Gesetzgebers bei *Busch/Werner*, DÖV 1998, 680 (683).

IV. Verfassungsgrundsätze und Präambel

eines Feiertages, der zur Finanzierung der Pflegeversicherung gestrichen wurde, zugunsten des Tags der deutschen Einheit den Schutz des religiösen Feiertages Buß- und Bettag aufgeben[394].

3. Spezialitätsprobleme

Geringe Bedeutung als Schutznorm haben die allgemeinen Grundsätze des Verfassungsrechts zumal wegen des Vorrangs zahlreicher Spezialnormen. Viele aus Art. 20 und 28 Absatz 1 GG ableitbare Güter sind präziser in anderen Verfassungsbestimmungen umrissen und können nicht ohne Mißachtung der Grenzfunktion dieser Normen mit expansiver Tendenz auf Staatsgrundsätze gegründet werden. Wer wie das BVerfG in einer Reihe von früheren Entscheidungen ein Verfassungsprinzip im Wege der „Gesamtschau" aus einer wahllosen Reihung von Verfassungsbestimmungen herleitet, überspielt gerade diese begrenzende Wirkung der speziellen Normierung in konkreteren Sachzusammenhängen.

So hat das *Bundesstaatsprinzip* in der Verfassung vielfältige Ausprägungen erfahren, die seinen güterschützenden Gehalt weitgehend erschöpfen. Darunter ist namentlich an den Kompetenzausübungsschutz für die Länder zu erinnern, den die Vorschriften über die Gesetzgebungs- und Verwaltungskompetenzen bewirken. Ihm wird immerhin ein Anspruch der Länder auf Erhaltung „kompakter" Gesetzgebungsmaterien in ihrer Zuständigkeit entnommen[395]. Weniges, das die Einschränkung von Grundrechten rechtfertigen könnte, bleibt auch vom *Sozialstaatsprinzip* übrig. So ist Art. 7 Absatz 4 Satz 4 GG ein Ausdruck des Sozialstaatsprinzips[396] und sperrt eine Beschränkung des Rechts zur Errichtung privater Volksschulen unter Berufung auf weitergehende soziale Gesichtspunkte, als sie in Art. 7 Absatz 4 GG selber genannt sind. Sollte das Grundgesetz ein „nationalstaatliches Prinzip" enthalten, so wäre es hinsichtlich seiner möglichen grundrechtlich relevanten Wirkungen jedenfalls durch die *Begrenzung* des persönlichen Schutzbereichs einiger Grundrechte auf Deutsche erschöpft[397] und könnte bei anderen Grundrechten nicht ergänzend zur *Beschränkung* herangezogen werden.

a) „Objektive" Grundrechtsprinzipien

Nicht nur Verfassungsgüter, die auf die Staatsgrundsätze der Art. 20 und 20a GG gestützt werden, können ein Spezialitätsproblem aufwerfen; nicht minder trifft

---

[394] BVerfG, NJW 1995, 3378 (3379); zu Art. 139 WRV näher oben III 4 c).

[395] *Heintzen*, DVBl. 1997, 689 (692).

[396] *Eiselt*, DÖV 1987, 211 (211); vgl. zu Grundrechtsnormen, die das Sozialstaatsprinzip konkretisieren, weiter *Bieback*, EuGRZ 1985, 657 (660); *Neumann*, DVBl. 1997, 92 (99).

[397] *v. Hodenberg*, Bekenntnis des deutschen Volkes, S. 100.

diese Gefahr auf Verfassungsgrundsätze zu, die aus *Grundrechten* abgeleitet werden[398]. Zwar können Grundrechte wie alle Verfassungsnormen mehrere Geltungsdimensionen haben. Neben ihrer historisch bedeutsamsten als subjektive Anspruchsnormen ist heute in vielfältiger Weise ihre objektivrechtliche „Schicht" getreten. Diese verschiedenen Ebenen müssen nicht gleichgerichtete Wirkung entfalten, ja sie können innerhalb „einer" Grundrechtsnorm in Widerstreit geraten[399]; doch vor allem dient die objektivrechtliche Dimension der Grundrechte dazu, als teleologische Grundschicht ihre Geltung als Individualrechte zu effektivieren[400]. Gibt es einzelne, konkrete Ausprägungen einer grundrechtlichen Garantie im Grundgesetz, so fragt sich besonders, was ihre Vermehrung um ein dahinterstehendes grundrechtliches Prinzip nützen soll: soll sie zur Schwächung oder zur Stärkung der mit ihr korrespondierenden subjektiven Rechte führen?

Fragwürdig ist namentlich der grundrechtseffektivierende Nutzen eines Verfassungsprinzips *Jugendschutz*. Der Schutz der Jugend ist nicht nur in Art. 5 Absatz 2[401], 6 Absatz 3, 11 Absatz 2 und 13 Absatz 7 GG genannt. Er kann auch auf den Schutz der Persönlichkeit von Kindern und Jugendlichen sowie auf den Schutz der Familie gestützt werden, die Art. 2 Absatz 1 und 6 Absatz 1 GG sichern[402]. Gerade die differenzierte Normierung in einzelnen Schrankennormen spricht aber dagegen, daß ein *Verfassungsgut „Jugendschutz"* als Allzweckwaffe gegen Gefahren eingesetzt wird, die Jugendlichen aus der Ausübung sonstiger Grundrechte erwachsen, seien es ihre eigenen, seien es die konkurrierender Grundrechtsträger[403]. Will man den einzelnen Bezugnahmen auf den Jugendschutz in den Beschränkungsvorbehalten einiger Grundrechte nicht gleich im Umkehrschluß entnehmen, daß die übrigen Grundrechte *gar nicht* zum Schutz der Jugend eingeschränkt werden können[404], so ist jedenfalls bei *vorbehaltlosen* Grundrechten Zurückhaltung geboten. Eine weitergehende Einschränkung, als sie aus den kollidierenden Einzelgrundrechten zu begründen wäre, die das Verfassungsgut „Jugendschutz" tragen, ist nicht zulässig. Gefahren für Jugendliche brauchen danach zwar nicht im Einzelfall nachgewiesen werden, um solche Grundrechte einzuschränken; die abstrakte Möglichkeit von Schäden für die Persönlichkeitsentwicklung und die familiäre Einbindung Jugendlicher genügt. Doch darf andererseits nicht auf ein objektiviertes Gut zurückgegriffen werden, sondern es ist nach dem Alter, der Einsichtsfähigkeit und nicht zuletzt nach dem Informationsinteresse typisierter Gruppen von

---

[398] *Gusy,* JZ 1993, 796 (797); abschwächend *H. Dreier,* JURA 1994, 505 (511).
[399] *Zeidler,* Verh. des 53. DJT, S. I 10 und 14.
[400] *Lübbe-Wolff,* Eingriffsabwehrrechte, S. 281 und 284.
[401] Siehe dazu BVerfGE 30, 336 (347 f.).
[402] BVerfGE 99, 145 (156); BVerwG, GewArch 1998, 256 f.; ausführlich *Engels,* AöR 122 (1997), 212 (217 ff.).
[403] A. A. *Vlachopoulos,* Jugendschutz, S. 144 m. w. Nachw.; *Beisel,* Kunstfreiheitsgarantie, S. 205 im Widerspruch zu seiner eigenen differenzierten Analyse von Jugendschutznormen auf S. 199 ff.; mißverständlich auch BVerfGE 83, 130 (139 f.).
[404] Siehe zum Problem der Ausschlußwirkung spezieller Gesetzesvorbehalte § 5 II 2 b).

Jugendlichen zu differenzieren. Pauschale Schutzmaßnahmen würden dem Grundsatz der Verhältnismäßigkeit nicht gerecht. Damit verliert das Verfassungsgut „Jugendschutz" allerdings an eigenständiger Bedeutung[405]. BVerwG und BVerfG hatten es gerade zur Einschränkung der Kunstfreiheit herangezogen, soweit pornographische Romane zugleich Kunst sind. In dieser Kollisionslage müssen Art. 2 Absatz 1 und 6 Absatz 1 GG selbst ergeben, daß die Verbreitung der Kunstwerke jugendgefährdend ist. Gerade gegenüber den Grundrechten des Art. 5 Absatz 3 Satz 1 GG ist eine Beschränkung aus Gründen des Jugendschutzes besonders streng zu behandeln, um der Gefahr einer Einebnung der Schranken aller Grundrechte des Art. 5 GG zu begegnen[406].

Ähnliches gilt für die organisatorische Unterstützung der *Wissenschaft* als Staatsaufgabe. Zwar kann aus Art. 5 Absatz 3 Satz 1, Alt. 2 GG abgeleitet werden, daß der Staat eine freie Wissenschaft schützen und fördern muß. Jedoch kann dieses objektivrechtliche Gebot nicht völlig von der individuellen Freiheitsgarantie gelöst und gegen sie ausgespielt werden[407]. Grundrechtliche Prinzipien dieser Art sind an die Verfolgung der ihrer Objektivierung zugrunde liegenden Zwecke gebunden[408]; darin unterscheiden sie sich besonders von den jeweiligen definitiven, subjektiven Grundrechten des einzelnen. Die den Hochschulen zukommenden Entscheidungsbefugnisse dürfen also gegen die Freiheit des einzelnen Wissenschaftlers nicht als „Wissenschaftsverhinderungsrecht" eingesetzt werden. So darf die Erteilung der Lehrbefugnis an habilitierte Mitglieder der eigenen Fakultät nicht an zusätzliche Voraussetzungen geknüpft werden[409]. Auch im Verhältnis zu grundrechtsähnlichen Gewährleistungen anderer Art schlägt diese Zweckgebundenheit der Staatsaufgabe Wissenschaft durch. Als Schranke des kirchlichen Selbstverwaltungsrechts bei der Einrichtung theologischer Fachbereiche kann sie daher nur herhalten, soweit der Verkündungsauftrag der Kirche nicht durch einen Mangel an theologisch qualifizierten Pfarrern gefährdet wird[410].

Den Grundrechten gefährlich zu werden droht auch eine übergreifende, den Staatsgrundsatzbestimmungen schon sehr weit angenäherte *Kulturstaatsklausel*[411].

---

[405] Bemerkenswert BVerfGE 77, 346 (356), das den Jugendschutz zwar ein „Ziel von bedeutsamem Rang und ein wichtiges Gemeinschaftsgut" nennt, aber gerade nicht als *Verfassungs*gut bezeichnet.

[406] BVerfGE 83, 130 (137 ff.); BVerwG, NJW 1997, 602 f.

[407] Kritisch dazu *Bethge*, VVDStRL 57 (1998), S. 9 (53).

[408] *Alexy*, Grundrechte, S. 414; *Rossen*, in: Grabenwarter u. a., Allgemeinheit, S. 41 (58); zur institutionellen Garantie aus Art. 142 I WRV schon *Friedr. Klein*, Institutionelle Garantien, S. 188.

[409] BVerwGE 91, 24 (38).

[410] BVerwG, NJW 1996, 3287 (3288) und dazu *Morlok/Müller*, JZ 1997, 549 (554); *Muckel*, DVBl. 1997, 873 (877); zur (umgekehrten) Beschränkung der Wissenschaftsfreiheit theologischer Hochschullehrer durch das Selbstbestimmungsrecht der Kirchen zu weitgehend *Mainusch*, DÖV 1999, 677 (683 f.) – s. dazu unten § 3 II 3 b) cc).

[411] Dafür etwa *Heckel*, DVBl. 1996, 453 (462 und 477).

Sie wird schwerpunktmäßig aus grundrechtlichen Gewährleistungen abgeleitet, birgt aber die Gefahr einer undifferenzierten Verwendung als immanente Grundrechtsschranke[412]. Die Lösung einschlägiger Konflikte ist regelmäßig angemessener auf der Ebene der konkret miteinander kollidierenden Grundrechte in den Griff zu bekommen. So kann zwischen den religiösen Empfindungen von Schülern, die Kreuze in den Klassenzimmern einer öffentlichen Schule ablehnen, und dem religiös begründeten Wunsch anderer nach solchen Kreuzen ein schonender Ausgleich hergestellt werden, indem dezent gestaltete Kreuze unauffällig im Klassenraum plaziert werden. Der Wucht eines kulturstaatlichen Auftrages zur Erhaltung abendländischer Werte[413] hätte die individuelle Religionsfreiheit der dissentierenden Schüler wohl kaum genug Widerstandskraft entgegenzusetzen gehabt. Auch aufs Ganze gesehen können die Grundrechte nur verlieren, wenn sie auf einen übergreifenden Prinzipiengehalt reduziert und so ihrer sachbezogenen Konkretheit beraubt werden[414].

b) Verfassungsrechtliche „Grundentscheidungen"

Erst recht eine fragwürdige Erfindung sind „Grundentscheidungen", die dem Grundgesetz im Wege einer Zusammenschau vielfältiger Bestimmungen entnommen werden[415]. Entscheidungen für eine militärische Verteidigung, eine umfassende Verfassungsgerichtsbarkeit[416] und die „streitbare Demokratie"[417] hat die Rechtsprechung schon früh in der Verfassung gefunden, später dann auch die Entscheidung für eine internationale Zusammenarbeit[418]. Auffallend schwankt jedoch die Textgrundlage, auf die einzelne „Grundentscheidungen" gestützt werden. So hat das BVerfG die Entscheidung für die militärische Verteidigung – bzw. Landesverteidigung, auch die Begrifflichkeit wechselt – anfangs Art. 73 Nr. 1, dann Art. 12a Absatz 1, 73 Nr. 1 und 87a Absatz 1 Satz 1 und schließlich zusätzlich Art. 24 Absatz 2 und 115a GG entnommen[419]. Im textlichen Ausgangspunkt zwar übereinstimmend, jedoch mit unterschiedlichem Ergebnis wird die Frage beantwortet, ob Art. 109 Absatz 2 GG das gesamtwirtschaftliche Gleichgewicht als

---

[412] Zu Recht kritisch daher *Geis,* ZG 1992, 38 (46).
[413] *Heckel,* DVBl. 1996, 453 (462 f.); zur Kritik vgl. *Gröschner,* Sepulkralkultur, S. 43, mit einem rein grundrechtlichen Ansatz zur „Kulturstaatlichkeit".
[414] Abschreckendes Beispiel: *Gick,* JuS 1988, 585 (590 f.); vgl. die Reaktionen in JuS 1989, 687 f.
[415] Zusammenfassend, aber ohne Bedenken *H. H. Klein,* DVBl. 1991, 729 (734).
[416] BVerfGE 36, 1 (15).
[417] BVerfGE 30, 1 (19 f.); 28, 36 (48); dazu ausführlich *Sattler,* Streitbare Demokratie, S. 11 ff.
[418] BVerfGE 63, 343 (370); dazu schon *Vogel,* Zusammenarbeit, 1964, S. 33 f.
[419] BVerfGE 12, 45 (50); 32, 40 (46) u. ö.; 69, 1 (21); krit. dazu BVerfGE 69, 59 (61 – Sondervotum *Böckenförde/Mahrenholz*).

"Grundentscheidung" festschreibt[420]. Gemeinsam ist zumindest den weithin anerkannten unter diesen Verfassungsentscheidungen, daß sie Frieden und Sicherheit nach innen und außen zum Thema haben. Die Kategorie der Grundentscheidung berührt sich daher in besonderer Weise mit dem Legitimationsgrund aller Staatsziele, den Staatszwecken. Um so wichtiger ist es allerdings auch hier, aus der "Fundamentalität" der Gegenstände nicht auf die Notwendigkeit ihrer verfassungsrechtlichen Verankerung oder sogar auf ihre prinzipielle Hochrangigkeit zu schließen. Anfänglich hatte das BVerfG solchen "Grundentscheidungen" allerdings höheren Rang eingeräumt als anderen Verfassungsnormen. Davon ist es schon relativ frühzeitig wieder abgerückt, und dies zu Recht. Der Rückschluß von Einzelnormen auf ihren "prinzipiellen" Hintergrund ist nicht nur deshalb problematisch, weil der allgemeine Grundsatz in solchen Fällen abschließenden Ausdruck in den Einzelbestimmungen gefunden haben kann, sondern darüber noch hinausgehend deshalb, weil das Prinzip sich nicht notwendig auf verfassungsrechtlichem, sondern eventuell schon auf staatstheoretischem Boden befindet.

Doch sind schon gegen das grundsätzliche Festhalten an der Kategorie Einwände vorzubringen. Sie gehen im wesentlichen in zwei Richtungen. Mit dem Begriff verfassungsrechtlicher Grundentscheidungen soll mehr ausgedrückt werden als eine zusammenfassende Beschreibung unter einem leitenden und auf tiefere Legitimation verschiedener besonderer Bestimmungen hinweisenden Gesichtspunkt. Sie dient vielmehr zur Erweiterung des Fundus an rechtlichen Maßstäben, die das Grundgesetz enthält. Zum einen bedient sich die Verfassungsinterpretation hier einer rechtsschöpferischen Technik, der Gesamtanalogie. Doch während das Ziel gesamtanaloger Rechtsfindung regelmäßig ist, eine konkrete Norm für anderweitige Regelungszusammenhänge zu erschließen, indem zunächst ein gemeinsamer Grundgedanke aus vorhandenen Normen entnommen wird, bleibt die Herleitung von Verfassungsentscheidungen auf der abstrakten Ebene stehen. Ziel der Behauptung, verschiedene Einzelregelungen beruhten auf einem gemeinsamen Grundgedanken, ist nicht wieder eine Einzelregelung, sondern der gemeinsame Rechtsgedanke selbst. Da eine konkrete Sachregelung nicht formuliert wird, sondern Rechtsfolgen im Einzelfall unmittelbar aus der "Grundentscheidung" gezogen werden, fehlt es der normativen Begründung für das letztlich gefundene Ergebnis an einem mit juristischen Argumenten (an-)greifbaren Rechtssatz als letzter Stufe. So entsteht der Eindruck, die Rechtsfindung verfange sich in einem Zirkel. Tatsächlich fällt ein Teil der notwendigen Argumentation aus.

Der zweite Einwand ist nicht methodischer, sondern normtheoretischer Art. Mit der Destillation hochabstrakter Prinzipien aus relativ konkreten Verfassungsbestimmungen droht die Verfassungsinterpretation Differenzierungen zu verwischen, die mit der Festlegung einzelner Norminhalte erreicht und in den meisten Fällen wohl

---

[420] Dafür *Wießner,* EuGRZ 1980, 473 (478); *H. H. Klein,* DVBl. 1991, 729 (734); *Brohm,* JZ 1994, 213 (217); für ein Staatsziel *Funktionsfähigkeit* neuerdings *Schwarz,* BayVBl. 1998, 710 (712).

auch vom Verfassungsgeber bezweckt waren. Diese Verfahrensweise steht zum einen mit dem Grundsatz der Spezialität in Konflikt, der nicht nur gebietet, die je speziellere Norm in ihrem Anwendungsbereich *vor*zuziehen, sondern ebenso, die allgemeinere Norm nicht *ersatzweise* heranzuziehen, wenn die Anwendung der spezielleren Norm dazu führt, daß eine – möglicherweise erwünschte – Rechtsfolge nicht eintritt. Zum anderen und allgemeiner gesprochen, läßt die Erfindung ungeschriebener Verfassungsgrundsätze neben den geschriebenen den Respekt vor dem Verfassungstext als Träger der normativen Entscheidung des Verfassungsgebers vermissen. Die klaren Vorgaben des Textes, wie bestimmte Situationen zu behandeln sind, werden in der Allgemeinheit unbestimmter Formeln aufgelöst.

Zu Recht hat das BVerfG in neueren Entscheidungen eine Abkehr von dieser Linie eingeleitet, indem es betonte, Verfassungsgüter könnten nicht auf unbestimmte Formeln gestützt werden, sondern müßten aus konkreten Verfassungsbestimmungen gewonnen werden[421]. Es reiche nicht aus, die Einschränkung eines vorbehaltlos gewährleisteten Grundrechts formelhaft mit dem „Schutz der Verfassung" oder mit der Funktionstüchtigkeit der Strafrechtspflege zu rechtfertigen. Eine solche pauschale Betrachtung würde dem Umstand nicht gerecht, daß das Grundgesetz auf verfassungsrechtlicher Ebene nur *ganz bestimmte* Vorkehrungen zum Schutz der genannten Gegenstände vorsieht[422]. Diese programmatischen Wendungen verdienen nachdrückliche Zustimmung.

aa) „Streitbare Demokratie"

Namentlich einer „Grundentscheidung für die *streitbare Demokratie*" als eines eigenständigen verfassungsrechtlicher Schrankengutes bedarf es nicht, um Grundrechtseinschränkungen zu legitimieren, die der Abwehr von Gefahren für die verfassungsmäßige Ordnung dienen. Weithin wird eine „Vorstellung des Verfassungsgebers" unterstellt, die dahin gehen soll, „die freiheitliche Demokratie" solle allseitig in umfassender Weise gegen Beseitigung geschützt sein[423]. Die Voraussetzungen von Eingriffen zu diesem Zweck sind jedoch abschließend in Art. 9 Absatz 2, 18 und 21 Absatz 2 GG normiert. Eine ähnliche Rolle spielt Art. 5 Absatz 3 Satz 2 GG. Auch auf einfachgesetzlicher Ebene formen etwa die Tatbestände des Ausländergesetzes, die in einer Gefährdung der freiheitlichen demokratischen Grundordnung ein Einbürgerungshindernis vorsehen, den Schutz der Verfassungsordnung hinreichend aus[424]. Diese eng begrenzten normativen Vorgaben werden mit der Figur der „streitbaren Demokratie" zugunsten eines undifferenzierten Vorbehalts der freiheitlich-demokratischen Grundordnung eingeebnet[425];

---

[421] BVerfGE 81, 278 (294).
[422] BVerfGE 77, 240 (255); Hervorhebung vom Verfasser.
[423] So *Sattler,* Streitbare Demokratie, S. 55 m. w. Nachw.
[424] BVerwGE 96, 86 (90); BVerwG, NVwZ 1995, 1134.
[425] *Bäumler,* JZ 1986, 469 (474); *Karpen,* Auslegung und Anwendung, S. 7 f.

IV. Verfassungsgrundsätze und Präambel

im Ergebnis wird die Eingriffsschwelle bei fast allen Grundrechten weit abgesenkt. An einem fehlgeschlagenen Versuch, die „Entscheidung" für die streitbare Demokratie interpretatorisch genau zu begründen, zeigt sich darüber hinaus auch die Haltlosigkeit der Kategorie der „Grundentscheidungen" als ganzer: Mit dem Argument, daß der Grundgesetzgeber jede Einzelbestimmung des Grundgesetzes bewußt im Zusammenhang mit den übrigen geschaffen hat, läßt sich gerade *nicht* die Möglichkeit einer Ableitung von Grundentscheidungen aus einem nicht weiter differenzierten und spezifizierten Gesamtzusammenhang stützen[426], sondern nur die Möglichkeit systematischer Auslegung jeder *einzelnen* Vorschrift des Grundgesetzes.

Daß die „streitbare Demokratie" ein allzu grober Keil ist, um alle Klötze zu spalten, die sich dem demokratischen Rechtsstaat in den Weg stellen, illustriert eine jüngere Entscheidung des OVG Berlin. Es ging dort um die Gewährung der Rechtsstellung einer Körperschaft des öffentlichen Rechts für die Glaubensgemeinschaft der Zeugen Jehovas. Das Gericht stellte fest, daß die Gruppierung nach Mitgliederzahl und innerer Organisation die Gewähr der Dauer bietet, wie Art. 140 GG i. V. m. Art. 137 Absatz 5 Satz 2 WRV voraussetzt. Daß die innere Organisation der Glaubensgemeinschaft demokratischen Grundsätzen nicht entspricht, erkannte das OVG zu Recht nicht als zusätzlichen – in Art. 137 WRV nicht erwähnten – Versagungsgrund an[427]. Nur wenn sich die Glaubensgemeinschaft gegen die demokratische Organisation *des Staates* wenden würde, hätte die Demokratie Anlaß, streitbar zu werden; diese Fälle lassen sich aber mit dem Vorbehalt des Art. 9 Absatz 2 GG bewältigen, ohne daß ein Rückgriff auf ungeschriebene Verfassungsprinzipien nötig würde. Infolge dieser Spezialität der demokratiebezogenen Schrankenvorbehalte eignet sich auch das Demokratieprinzip als solches nicht zur Beschränkung von Grundrechten[428].

Indes läßt sich eine Abwandlung des Falles denken, in der es nötig werden könnte, verfassungsimmanente Schranken heranzuziehen. Eine religiöse Gruppe könnte ihre autoritäre und staatsfeindliche Tendenz bis zu dem glaubensgeleiteten Gebot treiben, sich jeder Teilnahme am öffentlichen Leben zu enthalten, insbesondere nicht zu wählen. Betroffen wäre hier – jedenfalls vorrangig – allerdings nicht die Staatsordnung, sondern das Wahlrecht der Mitglieder. Die Wahlfreiheit aus Art. 38 Absatz 1 Satz 1 GG kann auch von privater Seite beeinträchtigt werden; den Staat trifft dann eine Pflicht zu ihrem Schutz. Für die ergriffenen Schutzmaßnahmen bildet das kollidierende Grundrecht aus Art. 38 Absatz 1 Satz 1 GG ein hinreichendes Verfassungsgut. Ist die Verfassungsfeindlichkeit gerade Glaubensinhalt der Gemeinschaft, so greift außerdem der Gesetzesvorbehalt des Art. 137 Absatz 3 Satz 2 gegenüber dem Anerkennungsanspruch nach Art. 137 Absatz 5

---

[426] So aber *Sattler*, Streitbare Demokratie, S. 32.
[427] OVG Berlin, NVwZ 1996, 478 (480 f.); ebenso nun BVerwG, NJW 1997, 2396 (2398).
[428] *Sachs*, in: Stern, Staatsrecht III/2, S. 571; insofern bedenklich BVerwG, NJW 1997, 2396 (2398 f.); ähnlich auch OVG Münster, NWVBl. 1996, 181 (184 ff.).

WRV durch[429]. Systematische Bedenken, wie sie der Anwendung von Art. 136 Absatz 1 WRV als Schranke der individuellen Religionsfreiheit entgegenstehen, greifen *innerhalb* der staatskirchenrechtlichen Vorschrift des Art. 137 WRV nicht.

bb) Internationale Stellung der Bundesrepublik

Wenig erbracht hat auch eine Reihe von Ansätzen, die grundrechtsbeschränkende Güter aus der Einbindung der Bundesrepublik Deutschland in die internationale Gemeinschaft folgen sehen. Auf den größten Bestand an juristischer Substanz kann sich insoweit ein Verfassungsgut *Frieden* stützen. Der zwischenstaatliche Friedenszustand ist Gegenstand einer Reihe von Grundgesetzbestimmungen, namentlich der Präambel, von Art. 1 Absatz 2, Art. 24 Absatz 2 und 26 Absatz 1 GG. Auch Art. 9 Absatz 2 GG stellt mit dem „Gedanken der Völkerverständigung" auf den zwischenstaatlichen Friedenszustand ab[430]. Ob in ihnen ein allgemeines Verfassungsprinzip Friedenssicherung zum Ausdruck kommt[431], kann allerdings im hier interessierenden Zusammenhang offen bleiben. Denn auf jeden Fall wäre ein solches Prinzip durch eine der es tragenden Normen verdrängt, soweit es um die Beschränkung von Grundrechten geht.

Art. 26 Absatz 1 Satz 1 GG legt für den verfassungsrechtlichen Kontext abschließend fest, welches friedensstörende Verhalten einzelner „verfassungswidrig" ist. Er schließt damit zwar nicht aus, daß der Gesetzgeber im Rahmen einzelner Gesetzesvorbehalte weitere Tätigkeiten um des Friedens willen verbietet, obwohl sie grundrechtlich geschützt sind. Sofern es ein Verfassungsprinzip der Friedenserhaltung gibt, konkretisiert Art. 26 Absatz 1 Satz 1 GG seine Wirkung gegenüber Privaten jedenfalls dahin, daß nur die absichtliche Friedensgefährdung durch konkrete Vorbereitungshandlungen bereits *von Verfassungs wegen* verboten ist. Im Umkehrschluß ist daraus zu entnehmen, daß Handlungen, die unterhalb dieser Schwelle liegen, nicht unter Berufung auf den Frieden als Verfassungsgut unterbunden werden können. Dieser Umkehrschluß rechtfertigt sich aus der restriktiven Fassung des Art. 26 Absatz 1 Satz 1 GG, der damit tendenziell grundrechtsschützenden Charakter erhält, soweit eine Handlung nicht sicher dem Bereich der Friedensgefährdung zugerechnet werden kann[432]. Daß sich weitergehende individualgerichtete Normen zum Schutz des Friedens nicht unmittelbar auf das Grundgesetz stützen lassen, zeigt auch das Beispiel des Art. 25 GG in Verbindung mit dem völkerrechtlichen Interventionsverbot. Zwar ist auch das Interventionsverbot ein allgemeiner Grundsatz des Völkerrechts; es erzeugt aber über Art. 25 Satz 2 GG

---

[429] Vgl. BVerfGE 70, 138 (164); 72, 278 (289); BVerwGE 68, 62 (66).

[430] *Höfling*, in: Sachs, GG, Art. 9 Rdnr. 45.

[431] So *Frank*, in: AltK-GG, nach Art. 87a Rdnr. 6; *H. H. Klein*, DVBl. 1991, 729, 734; *Hömig*, in: Seifert/ders., GG, Präambel Rdnr. 3; *Burmester*, NZWehrr 1993, 133 (142f.).

[432] BVerwG, NJW 1982, 194 (195); *Haas-Traeger*, DÖV 1983, 105 (106); a.A. *Maunz*, in: Maunz/Dürig, GG, Art. 26 Rdnr. 3.

IV. Verfassungsgrundsätze und Präambel

gerade keine Pflichten der Individuen. Bei ihm handelt es sich um eine ausschließlich *staats*gerichtete Norm[433].

Eine Grundentscheidung, die die internationale Verflechtung des deutschen Staates betrifft, hat das BVerfG im Grundgesetz auch für die „wirksame (oder funktionsfähige) (Landes-)*Verteidigung*" gefunden[434]. Die schwankende Begrifflichkeit des Gerichts nährt Zweifel an der inhaltlichen Richtigkeit seiner Entdeckung. Die Verteidigung ist zwar als Auf*gabe* in Art. 87a Absatz 1 Satz 1 GG genannt. Da diese Bestimmung im Indikativ formuliert ist, handelt es sich darüber hinaus um einen zwingend zu erfüllenden Auf*trag:* die Einrichtung von Streitkräften ist geboten, ohne daß den staatsleitenden Organen insoweit ein Ermessen eingeräumt wäre. Nicht ganz so offensichtlich ist, ob Art. 87a Absatz 1 Satz 1 GG auch den *Zweck* „Verteidigung" mit sichert. Eine solche Gewährleistung enthielt *vor* der Einfügung des Art. 87a Absatz 1 GG jedenfalls nicht schon Art. 73 Nr. 1 GG. Über seinen Wortlaut hinaus gewährleistet Art. 87a Absatz 1 Satz 1 GG auch die mit den Streitkräften bezweckte *Verteidigung*. Daß die Verteidigung in Art. 87a Absatz 1 Satz 1 GG ausdrücklich genannt ist, hat zwar auch begrenzenden Charakter für die Einsatzmöglichkeiten des militärischen Machtinstruments des Staates. Daß die Streitkräfte nur zu den im Grundgesetz enumerativ aufgeführten Zwecken genutzt werden dürfen, ist allerdings schon Thema von Art. 87a Absatz 2 GG. Die Restriktionswirkung von Art. 87a Absatz 1 Satz 1 GG erschöpft sich darin, die Verteidigung als „Grundwidmung" der Streitkräfte zu benennen[435]. Art. 87a Absatz 1 Satz 1 GG gebietet aber andererseits dem Bund nicht nur, Streitkräfte zu *schaffen* und zu *haben*, sondern auch, sie nötigenfalls *zur Verteidigung einzusetzen*. Er darf nicht unter politischen Opportunitätsgesichtspunkten einem Angriff kampflos nachgeben, solange Verteidigung überhaupt möglich erscheint. Hinsichtlich ihrer militärischen Komponente ist die Verteidigung deshalb von Art. 87a Absatz 1 Satz 1 GG geboten. In ihrem speziellen Anwendungsbereich geht diese Gewährleistung der Verteidigung einem etwaigen Friedensgrundsatz des Grundgesetzes vor: zwischen der Erhaltung des Friedens um den Preis einer Beseitigung der verfassungsmäßigen Ordnung und der Erhaltung dieser Ordnung um den Preis vorübergehender militärischer Auseinandersetzungen mit dem Ziel baldmöglichster Wiederherstellung des Friedenszustandes hat sich die Verfassung für die letztere Option entschieden. Es ist daher legitim, wenn Lehrpläne im Fach Sozialkunde/Politik eine sachliche Information über die Bundeswehr zum verbindlichen Inhalt des Unterrichtsthemas „Frieden und Sicherheit" erklären[436].

Noch allgemeiner gehalten als ein Verfassungsprinzip Friedenswahrung wäre ein Grundsatz, nach dem alle Grundrechte nur in den Grenzen des völkerrechtlich

---

[433] *Haas-Traeger,* DÖV 1983, 105 (105).
[434] Vgl. oben II 2 a).
[435] So zu Recht *Pieroth,* AöR 114 (1989), 422 (446).
[436] Insoweit korrekt VGH Mannheim, NJW 1987, 3274 (3276); krit. *Tödt/Eckertz,* KJ 1986, 460 (486).

Erlaubten gewährt sein oder daß völkerrechtliche Verträge unmittelbar die Grundrechte beschränken könnten[437]. Diese Thesen beruhen auf der Vorstellung, die Bundesrepublik könne innerstaatlich nicht mehr an Handlungsmöglichkeiten zulassen, als sie als völkerrechtlich verantwortliches Rechtssubjekt im Verhältnis zu anderen Völkerrechtssubjekten darf, und damit letztlich auf dem Rechtssprichwort „nemo plus iuris transferre potest quam ipse habet". Auf dasselbe Ergebnis laufen Versuche hinaus, die Völkerrechtsfreundlichkeit des Grundgesetzes über ihre Rolle als Interpretationsmaxime[438] hinaus zu einer Grundrechtsschranke hochzustilisieren[439]. Die Debatte wurde früher konkret am Beispiel des Asylrechts geführt. Die Theorie von seiner völkerrechtlichen Begrenztheit[440] übersah freilich, daß das Recht der Staaten, fremden Staatsangehörigen Asyl zu gewähren, schon deshalb keine Grenzen für das innerstaatliche subjektive Recht auf Asyl errichten kann, weil es völkerrechtlich im freien Ermessen eines Staates steht, wem er Zuflucht bietet und aus welchen Gründen[441]. Auch für eine Beschränkung des Aktionsradius der Träger *anderer* Grundrechte bietet das Völkerrecht keinen Anlaß. Soweit die Bundesrepublik Deutschland um der Interessen fremder Staaten willen Grundrechte beschränken muß, reichen als Grundlage hierfür Gesetzesvorbehalte oder anderweitige Verfassungsgüter regelmäßig aus. Eines Verfassungsgutes „Völkerrecht" jedenfalls bedarf es dazu nicht. Die Völkerrechtsfreundlichkeit hätte eine zu geringe normative Dichte, um diese Rolle zu spielen[442]. Dem gebotenen Ausgleich zwischen den Grundrechtspositionen des einzelnen und den außenpolitischen Interessen der Bundesrepublik Deutschland ist ggf. durch ein zweistufiges Verfahren Rechnung zu tragen, in dem diese divergierenden Aspekte nacheinander berücksichtigt werden, so z. B. im Fall der Entscheidung über ein Auslieferungsersuchen[443].

Daß die *Europäische Einigung* der vollen Verwirklichung der deutschen Grundrechte im Wege stehen kann, hat das Grundgesetz dagegen anerkannt. Mit Art. 23 Absatz 1 Satz 1 GG ist die Einräumung von Hoheitsbefugnissen an die Organe der EG den deutschen Stellen gestattet worden, unter der Voraussetzung, daß der europäische Grundrechtsschutz einen bestimmte Mindeststandard erreicht und hält. Da auch der ausschließliche Vollzug von Gemeinschaftsrecht durch deutsche Organe ein Handeln der EG in diesem Sinne ist, werden auch – grundsätzlich weiterhin grundrechtsgebundene – Behörden der Bundesrepublik Deutschland partiell von der Einhaltung der deutschen Grundrechte freigestellt. Art. 23 Absatz 1 Satz 1 GG räumt damit eine Ausnahme von der Anwendbarkeit der Grundrechte im Interesse

---

[437] *Bleckmann,* DÖV 1978, 309 (316); abl. für einen Anwendungsfall *Gröpl,* ZRP 1995, 13 (17).
[438] Dazu *Ress,* BerDGVR 23 (1982), 7 (38).
[439] So – wenn auch terminologisch schwankend – *Schöbener/Bausback,* DÖV 1996, 621 (623 f.); zu Recht ablehnend *Schmalenbach,* AVR 36 (1998), 285 (301).
[440] So zuletzt *Doehring,* in: FSchr. Schlochauer, 45 (49 f. und 54).
[441] *Reichel,* Asylrecht, S. 167 f.; *Weberndörfer,* Schutz vor Abschiebung, S. 99.
[442] *Ress,* BerDGVR 23 (1982), 7 (38).
[443] BVerfG, NJW 1997, 3013 (3014 f.).

IV. Verfassungsgrundsätze und Präambel

der Europäischen Einigung ein[444]. Diese kann insofern als Verfassungsgut betrachtet werden.

4. Ausnahmecharakter eines konkreten Güterbezugs von Verfassungsgrundsätzen

Hauptursache der schwachen Rolle von Staatsgrundsätzen als Basis von Verfassungsgütern aber ist, daß sie selten auf hinreichend *konkrete Güter* verweisen. Zumeist beschränkt sich ihr Regelungsinhalt auf die Definition verfassungsrechtlicher Ziele ohne genaue sachliche Konkretisierung. Die normative Kraft von Verfassungsnormen hängt aber vom Grad ihrer Konkretisierung ab[445]. Das soll nicht heißen, die Anwendungsbereiche von Verfassungsgrundsätzen umfaßten keine bestimmten oder wenigstens bestimmbaren Güter[446]. Immerhin kann die Festlegung einzelner Ziele den Gütercharakter solcher Zustände und Bestände ausschließen, deren Sicherung mit der Erreichung des Ziels *unvereinbar* wäre[447].

Die Schwierigkeit ist eher im Gegenteil, daß allzu *viele,* nicht eindeutig als schützenswert markierte oder sogar in Bezug zueinander gesetzte Güter sich im Anwendungsbereich einer Staatsfundamentalnorm drängeln. Wollte man sie als Gewährleistungsnormen für das ganze Sammelsurium an Gütern in ihrem Anwendungsbereich verstehen, so sähe man sich unweigerlich der Aufgabe ausgeliefert, nicht nur zwischen, sondern schon innerhalb der Staatsgrundsätze schwer überwindbare Antinomien aufzulösen[448]. Gerade die nicht grundrechtlich radizierten „Grundentscheidungen" des Grundgesetzes bedürfen der Konkretisierung[449].

a) Sozialstaatsprinzip

Das Sozialstaatsprinzip verankert zwar die Verantwortung des Staates für das Gemeinwohl[450] im Verfassungsrecht (woraus sich allerdings nicht der Umkehrschluß ziehen läßt, der Staat dürfe nicht auch soziale Verantwortung für Fremde – namentlich Asylbewerber – übernehmen[451]). Doch wird es allgemein als zu

---

[444] S. dazu *Nettesheim,* NJW 1994, 2083 (2084); *E. Klein,* in: FSchr. Stern, S. 1301 (1305) sowie unten § 3 III 2 c); zum notwendigen Korrelat einer Europäisierung des Menschenrechtsschutzes *Hobe,* Der Staat 37 (1998), 521 (536 f.).

[445] *Sommermann,* Staatsziele, S. 397.

[446] Zu pauschal *Bethge,* VVDStRL 57 (1998), S. 9 (48); zu Recht differenziert *H. H. Klein,* DVBl. 1991, 729 (734).

[447] *Gusy,* JöR n. F. 33 (1984), 105 (126, 128).

[448] Grdl. *Achterberg,* Der Staat 8 (1969), 159 (163).

[449] So auch *Karpen,* JZ 1988, 431 (436).

[450] BVerfGE 72, 278 (290).

[451] A. A. *von Pollern,* BayVBl. 1979, 200 (204).

unbestimmt und weitgespannt angesehen, um einzelnen Gütern verfassungsrechtlichen Schutz zu vermitteln oder sogar selbst als Verfassungsgut in Betracht zu kommen[452]. Zu erinnern ist auch daran, daß das Sozialstaatsprinzip nur insoweit grundrechtsbeschränkend wirken kann, als es nicht seinerseits verfassungsrechtlich beschränkt ist, insbesondere durch andere Verfassungsgrundsätze[453]. Wenn das BVerfG für die Zwecke einer Einschränkung des kirchlichen Selbstbestimmungsrechts im Kernbereich kirchlichen Wirkens einmal eine Ausnahme in Erwägung gezogen hat[454], so nur, um die Folgen seiner zu engen Anwendung des Vorbehalts des für alle geltenden Gesetzes in Art. 137 Absatz 3 Satz 1 WRV[455] zu bereinigen.

b) Rechtsstaatsprinzip

Vor allem aber betrifft das Problem mangelnder inhaltlicher Dichte das Rechtsstaatsprinzip. Es hat zahlreiche Konkretisierungen erfahren, die zum Teil im Grundgesetz selbst geregelt, zum Teil als ungeschriebene Grundsätze anerkannt sind, ob sie nun wie die allgemeine Justizgewährungspflicht des Staates[456] grundrechtsfördernd wirken oder, wie dies für die effektive Organisation der Verwaltung[457] zutrifft, eher in ambivalenter Beziehung zu den Grundrechten stehen. Daß es sich bei *diesen* Unterprinzipien um *Rechtsgüter* handelt, ist eher zu bezweifeln. Wo andererseits ein Lebensbereich so konkrete Gestalt annimmt, daß er der Sache nach als Rechtsgut in Frage kommt, ist die rechtliche Verbindung zum Himmel des Verfassungsrechts schon so weitläufig, daß die Verankerung seines Schutzes unmittelbar im Grundgesetz sehr fragwürdig wird. Zu Recht ist etwa die Behauptung, jedes Grundrecht stehe unter einem u. a. in Art. 20 Absatz 3 GG verankerten Vorbehalt der Funktionsfähigkeit der Rechtsordnung, als „Griff in die verfassungsrechtliche Mottenkiste" abqualifiziert worden[458].

Besonders deutlich wird dies an der mutmaßlichen Gewährleistung einer *funktionstüchtigen Strafrechtspflege* unmittelbar durch das Rechtsstaatsprinzip[459]. Konkretere Verfassungsnormen stehen zur Begründung einer verfassungsrecht-

---

[452] BVerfGE 59, 231 (263); *Sachs,* in: Stern, Staatsrecht III/2, S. 577; *Hermes,* Das Grundrecht auf Schutz, S. 132; *Bieback,* EuGRZ 1985, 657 (661 f.) m. zahlr. Nachw.; zur Sozialversicherung etwa BVerfGE 21, 362 (371); 39, 302 (314 f.); a.A. *Neumann,* DVBl. 1997, 92 (99); kritisch zu dessen Ansatz auch *Steidle,* Mitbestimmung, S. 125 f.

[453] Dazu *Kreutz,* ZfSH 1998, 534 (537 f.).

[454] BVerfGE 72, 278 (289 f.).

[455] *v. Campenhausen,* in: v. Mangoldt/Klein, GG, 3. Aufl., Art. 138 WRV Rdnr. 128; *Preuß,* AltK-GG, Art. 140 Rdnr. 27.

[456] Vgl. etwa *Voßkuhle,* Rechtsschutz gegen den Richter, S. 207 ff.; *Lücke,* EuGRZ 1995, 651 (657).

[457] S. dazu *Kunig,* Rechtsstaatsprinzip, S. 438 f. mit dem wichtigen Hinweis auf Art. 108 Absatz 4 Satz 1 und 114 Absatz 2 GG als sachlich speziellere Gewährleistungsgrundlagen.

[458] *Geis,* JZ 1997, 60 (64).

[459] Abwegig etwa *Kröpil,* JuS 1999, 681 (682).

IV. Verfassungsgrundsätze und Präambel

lichen Gewährleistung der Strafrechtspflege nicht zur Verfügung, so daß es hier auf die Ergiebigkeit einer unmittelbaren Anknüpfung an das Verfassungsprinzip Rechtsstaat ankommt. Insbesondere kann aus Art. 92 Halbs. 2 GG als einer reinen Funktionen- und Kompetenzverteilungsnorm kein Gebot inhaltlicher Gestaltungen der Rechtsprechung abgeleitet werden. Nichts anderes gilt für Art. 95 Absatz 1 GG, der zwar immerhin die ordentliche Gerichtsbarkeit nennt und damit auf die traditionell mit der Zivilgerichtsbarkeit zusammengefaßte Strafgerichtsbarkeit Bezug nimmt, jedoch nur die Einrichtung des Bundesgerichtshofes als Rechtspflegeorgan des Bundes zum Thema hat. Eine Garantie der gesamten Strafrechtspflege kann sich aus dieser spezifisch bundesgerichtlichen Einrichtungsnorm nicht ergeben. Die Vorinstanzen der Landesgerichtsbarkeit sichert Art. 95 Absatz 1 GG nicht mit ab[460].

Ebensowenig wie diese Organisationsbestimmungen enthalten Art. 103 Absätze 2 und 3 und Art. 104 oder Art. 74 Absatz 1 Nr. 1 GG Sicherungen der Strafrechtspflege als ganzer[461]. Zwar zeigen sie – übereinstimmend mit Art. 12 Absatz 3 GG –, daß Freiheitsstrafen und freiheitsentziehende Untersuchungshandlungen als Eingriffe in die Freiheit der Person grundsätzlich zulässig sein müssen, weil die Regelungen sonst keinen Ansatzpunkt in der Lebenswirklichkeit hätten. Das Normeffektivitätsprinzip führt also zur grundsätzlichen Zulässigkeit freiheitsentziehender Maßnahmen. Damit ist aber nur ein kleiner Ausschnitt der Strafrechtspflege als ganzer angesprochen. Zudem ist es der Zweck der Gesetzesvorbehalte und eigenständigen grundrechtsgleichen Garantien der Art. 12 Absatz 2, 103 und 104 GG, Grundrechtsbeschränkungen zu *begrenzen*. Eine zusätzliche Sicherungswirkung zugunsten der Gebiete, auf denen der Freiheitsentzug möglich bleiben soll, wäre anderweitig zu begründen; sie ergibt sich nicht aus der bloßen „Anerkennung" strafprozessualer und strafrechtlicher Regelungen.

Doch auch direkt aus Art. 20 Absatz 3, 28 Absatz 1 GG läßt sich eine Garantie effektiver Strafrechtspflege nicht ableiten. Rückhalt erhält die Vermutung, die „Funktionstüchtigkeit der Strafrechtspflege" tauge nicht zum Verfassungsgut, schon durch die ausdrückliche Rüge des 1. Senats des BVerfG für die unbestimmten Formelhaftigkeit dieser Figur[462]. In diesen obiter dicta distanziert sich der Senat von der früheren Rechtsprechung des Gerichts, die die Figur der „funktionstüchtigen Strafrechtspflege" ausdrücklich als Verfassungsgut im Gewährleistungsbereich des Rechtsstaatsprinzips abgesegnet hatte[463]. Betrachtet man den sachlichen Hintergrund der beanstandeten Rechtsprechung, so wird verständlich, daß

---

[460] Zur Gewährleistung der Einrichtung Bundesgerichte vgl. o. III 2 a).

[461] So *Pieroth/Schlink*, Grundrechte, Rdnr. 819; *H. P. Schneider*, in: FSchr. Klug, S. 597 (611).

[462] BVerfGE 77, 240 (255); 81, 278 (293) – 1. Senat; gleiche Bewertung bei *Mis-Pauluβen*, Frage der Begrenzung, S. 115.

[463] BVerfGE 33, 367 (383); 38, 105 (115 f.); 39, 156 (163); 41, 246 (250); 46, 214 (222 f.) – 2. Senat –.

sie ohne viel dogmatischen Aufwand den Durchgriff auf „die Idee der Gerechtigkeit" wagte, der ohne eine funktionstüchtige Rechtspflege „nicht zum Durchbruch verholfen werden kann"[464]. Bemerkenswert ist nämlich nicht nur, daß hier eine unmerkliche Begriffsverschiebung von der Rechtspflege im allgemeinen zur Strafprozeßordnung im ganz besonderen vollzogen wird. Diese Operation steht vor allem im Kontext der Terroristenprozesse, in denen sich die Strafgerichte durch Obstruktionsversuche der Verteidiger in eine Ausnahmesituation gedrängt wähnten[465]. Wenn Fachgerichte eine „Pflicht des Staates zur effektiven Strafverfolgung" gleichwohl noch in der Gegenwart auf das Rechtsstaatsprinzip stützen, weil der Schutz des Gemeinwesens und seiner Bürger ein Verfassungsgut sei[466], abstrahieren sie den ungesicherten Rückgriff auf die verfassungstheoretische Ebene nur von seinem aktuellen Bezug aus den 70er Jahren, begründen ihn aber nicht verfassungsrechtlich.

Auch dieser Fall einer Ableitung von Gütern aus Staatsgrundsätzen wirft im übrigen das Problem auf, daß der weitere Schluß auf bestimmte, mitgewährleistete *tatsächliche* Strukturen der Strafrechtspflege die Grenze zwischen Verfassungsrecht und ausführendem Gesetz verschwimmen und so das vermeintliche Verfassungsgut hypertroph anschwellen läßt. Die Differenz zwischen Verfassung und einfachem Gesetz wird eingeebnet, wenn mit Hilfe des Rechtsstaatsprinzips die gesamte Strafrechtspflege auf die Ebene der Verfassung gehoben und ihre Effektivität zum Verfassungsgut erklärt wird[467]. Weder die „Bedürfnisse des Strafvollzugs" noch die „Anerkennung" der Freiheitsstrafe in Art. 12 Absätze 2 und 3 GG machen die Vollzugsverwaltung zu einer verfassungsrechtlich gesicherten Institution[468]. Vorzugswürdig ist im Ergebnis auch gegenüber dem Rückgriff auf das Rechtsstaatsprinzip ein differenzierendes Vorgehen, das statt auf die pauschale Gewährleistung staatlicher Einrichtungen durch Staatsgrundsätze darauf abstellt, in welchem Maße die grundrechtsbeschränkende Strafrechtsnorm auf der Gegenseite auch der *Sicherung* von Grundrechten dient[469].

Ein solches Vorgehen führt auch zu praktikablen Ergebnissen. Soweit es um die Grundrechtsbeeinträchtigung durch die Freiheitsentziehung als solche geht, bieten Art. 2 Absatz 2 Satz 3 und Art. 104 GG hinreichende Grundlagen für die Einschränkung des Rechts auf Freiheit der Person. Dasselbe trifft auf die Zulassung von Arbeitspflichten im Strafvollzug durch Art. 12 Absatz 3 GG zu. Soweit vorbehaltlose Grundrechte im Rahmen der Freiheitsentziehung beschränkt werden

---

[464] So BVerfGE 33, 367 (383), die in den folgenden Entscheidungen ohne weitere Begründung als Beleg zitiert wird.
[465] Siehe *Riehle,* KJ 1980, 316 (318 f.) und *Niemöller/Schuppert,* AöR 107 (1982), 387 (391) mit zahlr. Nachw.
[466] So BGH, NJW 1996, 2940 (2944).
[467] *Kunig,* Rechtsstaatsprinzip, S. 447.
[468] Zu ersterem bereits ablehnend BVerfGE 15, 288 (296); 34, 369 (381).
[469] Ebenso *Kunig,* Rechtsstaatsprinzip, S. 442 f.

IV. Verfassungsgrundsätze und Präambel 165

sollen, muß die Ordnung des Strafvollzugs zu Kompromissen fähig sein. So sind Versammlungen in der Vollzugsanstalt nach Art. 8 Absatz 1 GG zulässig. Die Beschränkungen durch §§ 17 Absatz 3 Nr. 1 und 3, 18 Absatz 1 Satz 1, 88 Absatz 2 Nr. 3 und 89 StrVollzG können nur mit dem Schutz der Grundrechte von Mitgliedern des Personals und von außenstehenden Dritten, besonders den Anliegern der Vollzugsanstalt, begründet werden.

c) Staatsziel Umweltschutz

Eine Ausnahmerolle spielt im Hinblick auf die Gewährleistung konkreter Güter der neue *Umweltschutzgrundsatz* des Art. 20a GG[470]. Ob er sich auf konkrete Güter bezieht, ist zwar umstritten. Zum Teil wird behauptet, der Ausdruck „die natürlichen Lebensgrundlagen" sei zu weit und unbestimmt, um bestimmte Güter zu schützen[471]. Doch ist der Rechtsbegriff „natürliche Lebensgrundlagen" keine substanzlose Neuschöpfung, sondern hatte sich schon vor der Entstehung des Art. 20a GG durch einfachgesetzliche Ausformungen inhaltlich verfestigt. Unbestimmt sind allenfalls die *Rechtsfolgen,* die aus der Gewährleistung eines Gutes durch Art. 20a GG zu ziehen sind[472]. Die vorgelagerte Frage der gegenständlichen Bestimmtheit dessen, was „natürliche Lebensgrundlagen" sind, berührt dies nicht. Zu diesen Lebensgrundlagen gehören – ohne Rücksicht auf ihre Nützlichkeit gerade für das *menschliche* Leben – die Umweltmedien Luft, Wasser und Boden, Tiere und Pflanzen, das Klima und die Biosphäre als Gesamtheit neben den Lebensmitteln und Rohstoffen, die sich für den menschlichen Gebrauch eignen[473]. Nicht zum gesicherten Bestand der Umweltgüter gehört dagegen der „ästhetische Umweltschutz" unter Einschluß des Orts- und Landschaftsbildes im Sinne von § 35 Absatz 3 Satz 1 Spiegelstrich 6 BauGB[474]. Inhaltlich unbestimmt und entwicklungsoffen ist das Staatsziel Umweltschutz nur hinsichtlich des konkret gebotenen staatlichen Handelns; nur dieses hängt von der politischen Gestaltungsfreiheit des Gesetzgebers ab[475].

---

[470] Zur Parallele im Europarecht vgl. *Epping,* NuR 1995, 497 (500 f.).

[471] *Brohm,* JZ 1994, 211 (218); *Uhle,* JuS 1996, 96 (101).

[472] *U. Becker,* DVBl. 1995, 713 (718); *Kloepfer,* DVBl. 1996, 73 (76 f.); *Murswiek,* NVwZ 1996, 222 (226 f.); zur Vorgeschichte *Hennecke,* NuR 1995, 325 (328 f.); *Rohn/Sannwald,* ZRP 1994, 65 (71).

[473] *Berlit,* JöR n. F. 44 (1996), 17 (65); *Bernsdorff,* NuR 1997, 328 (331); *Hennecke,* NuR 1995, 325 (329); *Murswiek,* in: Sachs, GG, Art. 20a Rdnr. 22; *ders., NVwZ 1996, 222 (224 f.); *Schink,* DÖV 1997, 221 (223 f.); *Waechter,* NuR 1996, 321 (326); zu eng *Steinberg,* NJW 1996, 1985 (1987).

[474] *Beisel,* Kunstfreiheitsgarantie, S. 143; *Schütz,* JuS 1996, 498 (504); *Vesting,* NJW 1996, 1111 (1113); anders aber BVerwG, NJW 1995, 2648 (2649); NVwZ 1998, 852; dem zustimmend *Murswiek,* JuS 1995, 1131 (1132); *ders.,* NVwZ 1996, 222 (225); zum Grenzfall des Schutzes kulturell *und* natürlich bedeutsamer Gärten und Parks auch *Hönes,* DÖV 1998, 491 (501); *ders.,* NWVBl. 1998, 383 (388).

[475] *Berlit,* JöR n. F. 44 (1996), 17 (23).

Schließlich ist gegen die Gewährleistung aller genannten Güter durch Art. 20a GG auch nicht vorzubringen, daß sie fast alle auch schon von Art. 2 Absatz 2 Satz 1 und Art. 14 GG mitgeschützt werden, soweit sie – als *menschliche* Lebensgrundlagen – zur Erhaltung von Leben, Gesundheit und Eigentum beitragen[476]. Zwar ist es – wie schon oben ausgeführt – ein gewichtiger Einwand gegen die güterschützende Funktion einer Verfassungsbestimmung, wenn speziellere Normen ihren mutmaßlichen Gewährleistungsbereich bereits (weitgehend) erschöpfen. Doch geht Art. 20a GG zumindest in seiner gewährleistenden Wirkung, wenn schon nicht in seinem sachlichen Anwendungsbereich über die rein anthropozentrisch begründeten Umweltschutzeffekte der Grundrechte hinaus. Art. 2 Absatz 2 und Art. 14 GG garantieren die Umweltgüter nur als faktische Voraussetzungen der Grundrechtsausübung, nicht als die von ihnen geschützten Rechtsgüter. Verfassungsrang kommt kraft dieser Grundrechtsvorschriften *nur* dem menschlichen Leben und der menschlichen Gesundheit sowie der rechtlichen Exklusivbeziehung zu Sachen und Rechten zu, die als Eigentum im verfassungsrechtlichen Sinn anerkannt ist. Einen Vorfeldschutz für die tatsächlichen Substrate, auf denen Leben, Gesundheit und Eigentum aufbauen, enthalten die Grundrechtsnormen nur unter der Voraussetzung, daß der Staat ihre Verknappung besonders zu verantworten hat. Eine solche Verantwortlichkeit kann sich außer aus den betroffenen Grundrechten selbst aus direkten Erhaltungspflichten für die Substrate ergeben, wie sie gerade Art. 20a GG bewirkt. Umgekehrt aber ersetzen die eventuell aus der Grundrechtsgewährschaft des Staates folgenden Erhaltungspflichten nicht restlos eine eigenständige Gewährleistungspflicht zugunsten der Umweltgüter. Der rein anthropozentrische Umweltschutz versagt bei Umweltgütern, deren Bedeutung für das menschliche Leben unbedeutend oder nicht genug erforscht ist. Daher ist die zusätzliche Schutzwirkung des Art. 20a GG nicht ohne Belang.

Wichtiger ist in dogmatischer Hinsicht aber, daß die Anerkennung einzelner Umweltbestandteile *als Schutzgüter* erst aus Art. 20a GG folgt. Auch soweit sie bereits als Grundrechtssubstrate faktisch mitgeschützt waren, handelte es sich nur um einen Schutzreflex, nicht um einen verselbständigten Schutz. Mit der vom anthropozentrischen Ansatz gelösten Formulierung „natürliche Lebensgrundlagen", der der Zusatz „des Menschen" absichtlich nicht beigefügt wurde[477], sollte diese Mittelbarkeit des Umweltschutzes im Schlepptau des Lebens-, Gesundheits- und Eigentumsschutzes gerade überwunden werden[478].

Was allerdings den *Tier*schutz betrifft[479], so kann dieser auch durch die Einfügung von Art. 20a GG nicht zum Verfassungsgut geworden sein. Ihn hat

---

[476] *Uhle*, DÖV 1993, 947 (953); *ders.*, JuS 1996, 96 (100 f.).
[477] BT-Drs. 12/6633, S. 6.
[478] So auch die Bewertung bei *Steinberg*, NJW 1996, 1985 (1991).
[479] So zur Diskussion insgesamt (pro) *Brandhuber*, NVwZ 1994, 561 (564); *Caspar*, ZRP 1998, 441 (442); *Erbel*, DVBl. 1986, 1235 (1237 f.); *Turner*, ZRP 1986, 172 ff.; (contra)

der verfassungsändernde Gesetzgeber ausdrücklich aus dem Anwendungsbereich des Art. 20a GG ausgeklammert. Das ergibt sich daraus, daß die namentliche Erwähnung des Tierschutzes in Art. 20a von einer Abgeordnetengruppe im Zuge der Verfassungsberatungen beantragt und von der verfassungsändernden Mehrheit ausdrücklich abgelehnt wurde[480].

Auch die Erklärung der *Parlaments*mehrheit über die Zugehörigkeit des Tierschutzes zum Anwendungsbereich von Art. 20a GG[481] kann nicht als „authentische Interpretation" der Verfassungsänderung anerkannt werden[482], da es einem weniger als die verfassungsändernde Mehrheit umfassenden Teil der Abgeordneten an der Kompetenz zur verbindlichen Festlegung verfassungsrechtlicher Regelungsinhalte fehlt. Was er durch Verfassungsänderung nicht erreichen kann, weil er die Zweidrittelmehrheit des Art. 79 Absatz 2 GG in beiden parlamentarischen Gremien verfehlt, kann ein solcher Teil des Bundestages auch durch Abgabe einer feierlichen Erklärung nicht zuwege bringen. Tiere sind daher nach wie vor nur mittelbar als Lebensgrundlage des Menschen vom grundrechtlichen Schutz des Lebens und der Gesundheit sowie des Eigentums erfaßt[483]. Bestätigt wird diese Rechtslage durch den (erneuten) Anlauf der Fraktionen von SPD und Bündnis 90 / Die Grünen dazu, einen „Tierschutzartikel" 20b in das Grundgesetz einzufügen[484].

Zu weit geht die Rechtsprechung schließlich, wenn sie sogar den *Arten*schutz als ein von Art. 20a GG umfaßtes Rechtsgut betrachtet[485]. Der Artenschutz ist bestrebt, die Artenvielfalt jedenfalls teilweise als Selbstzweck, nicht im Zusammenhang mit den Lebensgrundlagen des Menschen zu erhalten. Er kann daher nicht (vollständig) auf die anthropozentrisch ausgerichtete Bestimmung des Art. 20a GG zurückgeführt werden.

HessVGH, DVBl. 1994, 651; VG Berlin, NVwZ-RR 1994, 506 ff.; *Kloepfer,* JZ 1986, 205 ff.; *Kuhl / Unruh,* DÖV 1991, 94 (100 f.); *A. Lübbe,* NuR 1994, 469 ff.; zusammenfassend *Bayer,* Religions- und Gewissensfreiheit, S. 199 ff.; *Hobe,* WissR 31 (1998), 309 (323 ff.).

[480] *v. Loeper,* ZRP 1996, 143 (144); *ders.,* in: Caspar / Koch, Versuchstiere, S. 21 (22); *Händel,* ZRP 1996, 137 (140); *Hobe,* WissR 31 (1998), 309 (327).

[481] BT-Drs. 12 / 6000, S. 68 ff.

[482] So aber *Kuhlmann,* NuR 1995, 1 (4); wie hier VG Berlin, NVwZ-RR 1994, 506 (507); *Kleindiek,* Wissenschaft und Freiheit, S. 189.

[483] VGH Mannheim, VBlBW 1996, 556 (357); *Berlit,* JöR n. F. 44 (1996), 17 (67); *Bernsdorff,* NuR 1997, 328 (331); *Brohm,* JZ 1994, 211 (219); *Kloepfer / Rossi,* JZ 1998, 369 (370); *v. Loeper,* ZRP 1996, 143 (144); a.A. *Maisack,* NVwZ 1997, 761 (763); vgl. a. BVerfG, NVwZ 1994, 869 ff.

[484] BT-Drs. 14 / 282.

[485] BVerwG, NJW 1996, 1163 – Vermarktungsverbot für Elfenbein.

5. Die Repräsentationsfunktion der Staatssymbole für Verfassungsgrundsätze

Besonders problematisch wird der Bezug auf Staatsprinzipien, wenn sie Verfassungsgutcharakter nicht nur den ihnen zuzuordnenden Sachbereichen verschaffen sollen, sondern – sozusagen in Richtung auf noch höhere Abstraktion – den *Staatssymbolen*. Das BVerfG hat es zwar einerseits zu Recht abgelehnt, einen solchen Schutz für die Bundesflagge aus Art. 22 GG herzuleiten[486]. Die darin vorgenommene Festlegung der Bundesfarben[487] ist zunächst technischer Natur, indem lapidar drei Farben aufgezählt werden. Sie weist nicht auf eine Schutzwürdigkeit des gesamten Farbdreiklangs oder seiner Bestandteile hin. Auch ist die Bundesflagge das einzige im Grundgesetz erwähnte Staatszeichen. Es wäre äußerst befremdend, wenn sie deswegen stärkeren Schutz genösse als das Staatswappen, das als Hoheitszeichen eher noch gewichtigeren Einsatz findet als die Flagge[488]. Während diese vorwiegend repräsentativen Zwecken dient, ist das Bundeswappen Bestandteil der Bundesdienstsiegel und damit Ausweis der Amtlichkeit von Dokumenten.

Das BVerfG begründet seine Ansicht, die Bundesflagge wie die Nationalhymne genössen Verfassungsrang, denn auch vielmehr mit der *staatsethischen Wirkung* dieser Symbole im Bewußtsein der Bevölkerung, die mit ihnen die „Autorität des Staates" verbinde[489]. Ähnliches hatte schon *v. Schlabrendorff* in seiner abweichenden Meinung zum gerichtlichen Eid geäußert. An seinem Sondervotum wird die ganze Fragwürdigkeit einer Argumentation deutlich, die zwischen staatsethischen Postulaten und dem geltenden Verfassungsrecht keine deutliche Grenze zieht. Daß es sich beim Zeugeneid um die „stärkste Ausprägung der Wechselbeziehung zwischen Einzelbürger und Gemeinschaft" handele, würde wohl heute niemand mehr behaupten. Und die „Flut von Zerfallserscheinungen"[490], die der Richter hinter der Senatsentscheidung hereinstürzen sah, betrifft jedenfalls bis heute nicht die Staatsordnung der Bundesrepublik.

Setzt man schon so früh an und sieht den *Staat selbst* mit gefährdet, wenn seine Symbole verunglimpft werden, so stellt sich nicht nur das Problem, ob der Staat selbst Verfassungsgut ist (s. o.), sondern auch dasjenige, ob und durch welche Aktionen er konkret gefährdet wird. Mit anderen Worten: es ist nicht ersichtlich, wie die Mißachtung von Symbolen sich in irgendwelchen bestimmbaren Schäden des Staates manifestieren könnte. Doch auch diese Frage stellt sich nur hypothetisch. Denn es wird heute nicht mehr in Frage gestellt, daß Symbole wie Flagge, Wappen und Hymne nicht die Staatlichkeit *als solche* versinnbildlichen, sondern die kon-

---

[486] BVerfGE 81, 278 (293).
[487] Zur Ungenauigkeit des Verfassungstextes vgl. *Herzog,* in: FSchr. Redeker, 149 (150).
[488] Kritisch daher *Beisel,* Kunstfreiheitsgarantie, S. 140; *Buscher,* NVwZ 1997, 1057 (1064); *Gusy,* JZ 1990, 641; *Karpen/Hofer,* JZ 1992, 1060 (1066 f.).
[489] BVerfGE 81, 278 (294).
[490] Beide Zitate: BVerfGE 33, 23 (37).

IV. Verfassungsgrundsätze und Präambel

krete, rechtlich konstituierte Staatsordnung der Bundesrepublik Deutschland als Verfassungsstaat[491]. Der Schluß vom Schutz des Symbolisierten auf einen Schutz der Symbole ist gleichwohl nicht selbstverständlich[492]. Dies gilt um so mehr, soweit sich die Staatsgrundsätze selbst nicht auf konkrete Güter beziehen. Daß ihre Darstellung in staatlichen Sinnbildern demgegenüber Inhalt einer Gewährleistung sein sollte, ist nicht sehr plausibel. Dennoch verfolgt das BVerfG auch diese Begründungslinie[493]. Sie ist gleichfalls durchgreifenden Einwänden ausgesetzt.

Fragwürdig ist schon der *faktische* Zusammenhang von „Verfassungsbejahung" und Flaggen. Die wenigsten Betrachter von Flaggen und Wappen werden sie mit einem rechtlichen Hintergrund in Bezug setzen. Das gilt auch für die Bundesfarben im Verständnis der Bundesbürger[494]. Sich selbst mögen sie als Verfassungspatrioten verstehen, die ihre Beziehung zum Staat vorwiegend über eine grundsätzliche Zustimmung zu den Grundprinzipien der Verfassung definieren. Doch die Symbole des Staates Bundesrepublik ordnen wohl die meisten Deutschen der abstrakten Staatlichkeit Deutschlands zu, und zwar – mag der Schwerpunkt auch bei manchen auf der Ausübung von Staatsgewalt liegen – vor allem den greifbaren Staatselementen. Fraglich ist aber auch, ob eine Bejahung der Verfassungsgrundsätze durch die *Bürger* verfassungsrechtlich *gefordert* ist. Es müßte zunächst nachgewiesen werden, daß ihr *Ansehen* ein Verfassungsgut ist, um auf *dieser* Argumentationsschiene Eingriffe in Grundrechte zum Schutz staatlicher Symbole zu rechtfertigen[495]. Ähnlich liegt es mit der Rechtfertigung hoheitlicher Propaganda mit dem Ziel der Sicherung eines Grundkonsensus aller Bürger[496] oder der Stärkung ihres „Gemeinschaftsgefühls"[497]. Nicht einmal die auf nationaler Ebene integrative Kraft des Sports genießt unmittelbar verfassungsrechtlichen Schutz[498].

Auch ein *normativer* Zusammenhang ist insbesondere zwischen „Staatsbejahung" und Integrationswirkung der Verfassung[499] nur schwer zu erkennen. Wer für eine normative Ausstrahlung der Staatssymbole wegen ihrer *Integrationsfunktion* eine dogmengeschichtliche Verankerung in der Staatslehre der Weimarer Republik sucht, wird kaum fündig werden, nicht einmal bei *Smend*. Er sah die Vorschriften

---

[491] Vgl. nur *Maunz*, in: ders./Dürig, GG, Art. 22 Rdnr. 3 und 9; *Klein*, in: Schmidt-Bleibtreu/ders., GG, Art. 22 Rdnr. 4; unklar nun aber *P. M. Huber*, in: Sachs, GG, Art. 22 Rdnr. 5.

[492] So auch *Mahrenholz*, HdBVerfR, S. 1320 und 1325, § 26 Rdnr. 95 und 108 ff.

[493] BVerfGE 81, 278 (293 f.); 81, 294 (309).

[494] Skeptisch auch *Sachs*, KritV 1996, 125 (132).

[495] So BVerfGE 81, 278 (294).

[496] Dafür *Discher*, JuS 1993, 463 (68).

[497] *Würtenberger*, JR 1979, 309 (311); kritisch gegen einen verfassungsrechtlichen Schutz des „Nationalgefühls" auch *Beisel*, Kunstfreiheitsgarantie, S. 140.

[498] *Steiner*, DÖV 1983, 173 (174).

[499] Zu dieser Funktion gerade von Staatszielen vgl. *H. H. Klein*, DVBl. 1991, 729 (735); *Schuppert*, AöR 120 (1995), 32 (76 ff.); skeptisch gegen die Integrationswirkung der Verfassung *Depenheuer*, DÖV 1995, 854 ff.

der Weimarer Verfassung zur Nationalflagge nur als Interpretationsrichtschnur und allgemeine Leitlinie für die Gesetzgebung an. Zwar ist schon bei *Smend* die Bemerkung zu finden, die Nationalflagge sei als Integrationsfaktor ein Verfassungsgut von hohem Rang[500]. Dabei argumentiert er aber aus einem gänzlich anderen verfassungsrechtlichen und rechtspolitischen Kontext heraus, als er für das Grundgesetz relevant ist. *Smend* kämpft gegen die Leugnung der Rechtsqualität von Art. 3 WRV an. Er setzt ihr entgegen, diese Norm habe durchaus rechtliche Wirkung, indem sie die Entscheidung für die republikanische Staatsform mit Verfassungsrang festlege und dadurch auch den Gesetzgeber binde[501].

Einen Ansatz für den Verfassungsgutcharakter der Staatssymbole liegt auch nicht im Staatsprinzip „*Republik*". Zunächst ist fraglich, ob es sich dabei auch um eine Staatszielnorm handelt und nicht ausschließlich um eine Staatsstrukturbestimmung. Zwar wird dieser Einwand nicht unüberwindlich sein. Da diese normative Dimension der Republik aber noch wenig diskutiert wurde, sind ganz unterschiedliche Inhalte eines solchen Staatsziels denkbar, die sich zum Teil (fast) ausschließlich an den Staat selbst richten und damit grundrechtlich irrelevant bleiben[502]. Solche Elemente des Republikbegriffs sind etwa der Ausschluß einer monarchischen Staatsspitze und sogar entsprechende Verhaltenskodices für die Angehörigen der staatsleitenden Organe. Eine solche Rolle könnte das Republikprinzip auch für Beamte spielen; aber insoweit geht die Spezialnorm des Art. 33 Abs. 5 GG vor, wenn man sie auch materiell versteht. Grundrechtseinwirkungen sind indes nur von etwaigen Komponenten des Republikanischen Prinzips zu erwarten, die sich (auch) an die *Bürger* richten. Im Kern verlangt die in diese Richtung zielende Auslegung vom einzelnen mehr Mitwirkung an den Angelegenheiten des Gemeinwesens[503]. Daraus ließe sich etwa eine Verpflichtung zur Übernahme von Ehrenämtern begründen[504] und sogar der Verfassungsrang der allgemeinen Wehrpflicht[505].

Es ist zwar nun nicht erforderlich, daß eine solche allgemeine Bürgerpflicht in einem Verfassungstext en detail aufgeschlüsselt wird. Art. 20 Absatz 1 GG könnte daher eine hinreichende textliche Verankerung für eine Pflicht aller Staatsbürger sein, die Leitprinzipien des Grundgesetzes anzuerkennen und sich nach besten Kräften verfassungspatriotisch zu verhalten. Doch läßt das Grundgesetz nicht erkennen, wie eine laxe Wahrnehmung dieser staatsbürgerlichen Tugend ggf. zu sanktionieren wäre. Ein Verlust von Grundrechten liegt mit Blick auf die strengen

---

500 *Smend*, Verfassung und Verfassungsrecht, S. 217 und 241.
501 *Smend*, Verfassung und Verfassungsrecht, S. 261 f.; klärend *Hennis*, JZ 1999, 485 ff.
502 Ausführlich *Kratzmann*, Der Staat 26 (1987), 187 (194 ff.).
503 So insbes. *Henke*, HdBStR I, § 21 Rdnr. 33 und ders., JZ 1981, 249 (251) im Anschluß an *Isensee*, JZ 1981, 1 (8).
504 Für eine Begründung dieser Pflicht aus dem Demokratieprinzip *Weigert*, BayVBl. 1980, 747 (748).
505 So – fälschlich auf Art. 12a GG gestützt – BVerfGE 48, 127 (161); vgl. dazu *Kratzmann*, Der Staat 26 (1987), 187 (194 ff.); *Krölls*, KJ 1978, 413 (416).

IV. Verfassungsgrundsätze und Präambel

Voraussetzungen selbst einer Verwirkung nach Art. 18 GG ganz fern, auch in bezug auf die politischen Mitwirkungsrechte wie etwa das Wahlrecht. Für „einfache" Staatsbürger enthält Art. 20 Absatz 1 GG daher mit dem Grundsatz der Republik keine Verpflichtung auf „gutes Bürgertum". Auch ein Auslegungsgrundsatz für andere Verfassungsbestimmungen in Richtung auf ein Recht und eine Pflicht zu maximaler Mitwirkung an staatlichen Veranstaltungen wie etwa dem Einsatz der Streitkräfte[506] läßt sich aus dem Prinzip der Republik auf diesem Wege nicht gewinnen. Art. 87a Absatz 1 GG läßt auch einen Zwang zur Teilnahme am staatsbürgerlichen Unterricht im Wehrdienstverhältnis ebenfalls nur in dem Maße zu, wie eine Mindestloyalität aller Soldaten zwingend geboten ist, um den Verteidigungsauftrag der Bundeswehr zu erfüllen[507]; außerdem setzt dieser Teilnahmezwang voraus, daß der staatsbürgerliche Unterricht geeignet ist, um die Loyalität der Teilnehmer zu stärken.

Wäre trotz aller dieser Bedenken dem Schutz der Staatssymbole Verfassungsrang beizumessen, so müßte dieser Rang doch auf erkennbar würdevolle Erscheinungsformen dieser Symbole begrenzt bleiben. So ist ein kleines „Jubelfähnchen" in den Bundesfarben nicht „die Bundesflagge" im Sinne des § 90a StGB; wer es demonstrativ in einen Haufen Pferdemist steckt, verunglimpft daher kein Staatssymbol[508].

6. Zusammenfassung

a) Die Staats- und Verfassungsgrundsätze des Grundgesetzes sind zum ganz überwiegenden Teil zu abstrakt gefaßt, um sich auch nur auf bestimmte Rechtsgüter zu beziehen, geschweige denn diese zu schützen. Eine Ausnahme bildet insoweit der neue Art. 20a GG.

b) Andere typische Merkmale von Staatsfundamentalnormen stehen ihrem Gewährleistungsgehalt allerdings nicht entgegen. Insbesondere haben sie nicht bloß Programmcharakter, sondern ordnen bindende Rechtsfolgen an, auch wenn diese sich in der Orientierung staatlicher Stellen an bestimmten Leitbegriffen erschöpfen. Ein Hindernis für die Ableitung von Verfassungsgütern aus Verfassungsgrundsätzen liegt aber regelmäßig ebenfalls in ihrem geringen Konkretisierungsgrad. Denn soweit es Verfassungsnormen gibt, die präzisere Rechtsfolgen aus einzelnen Tatbestandselementen der Verfassungsgrundsatzbestimmungen ziehen, so gehen diese konkreteren Bestimmungen vor, und zwar sowohl insoweit, als sie die Sicherung von Rechtsgütern anordnen, als auch dort, wo sie dies nicht tun: hier ist der Güterschutz auf Grund der Verfassungsgrundsatznorm aus Spezialitätsgründen ausgeschlossen.

---

[506] So aber *Doehring,* NZWehrr 1997, 45 (49 f.).
[507] A. A. wohl *Kloepfer,* Produktwarnpflichten, S. 67 f. unter Berufung auf BVerfGE 28, 282 (292).
[508] LG Aachen, NJW 1995, 894.

c) Die Staatssymbole sind ebensowenig als Sinnbilder der Verfassungsgrundsätze verfassungsrechtlich gewährleistet wie als Symbole des Staates „als solchen". Nur die Bundesfarben genießen aus Art. 22 GG einen Schutz, allerdings nur gegen ihre Abschaffung, Veränderung und gegen den Gebrauch anderer Zeichen an ihrer Statt. Eine Übertragung dieser Schutzwirkung auf andere Staatssymbole trägt Art. 22 GG nicht, ja er schließt sie gerade *e contrario* aus.

Zweiter Teil

Die Bewältigung von Konflikten zwischen grundrechtlichen und anderen Verfassungsgewährleistungen

Die Garantie bestimmter Güter durch die Verfassung läßt weder die Annahme zu, es seien *bestimmte,* ihnen „entsprechende" Grundrechtseinschränkungen zulässig[1], noch kann von ihrer Gewährleistung *überhaupt* auf Wege und Verfahren zur Wahrung dieser Güter geschlossen werden. Die Konfliktlösung zwischen Grundrechten und anderen Verfassungsgütern ist ein neuer Schritt, dessen Durchführung unabhängig von der Herleitung verfassungsrechtlichen Schutzes für diese Güter und nicht minder eingehend zu untersuchen ist. Daß alle Grundrechte „selbstverständlich" einschränkbar sind, ist als verfassungstheoretische Aussage zwar unbestreitbar. Die Einsicht in die Unmöglichkeit unbegrenzter Freiheit alleine zeigt aber noch nicht den Weg, auf dem die als notwendig erkannte „Grenzziehung" stattzufinden hat[2]. Das Grundgesetz enthält – jedenfalls expressis verbis – keine allgemeine Kollisionsauflösungsregel[3].

Auch mit dem Schlagwort von der „Einheit der Verfassung" ist keine Lösung verfassungsrechtlicher Zielkonflikte erreicht, sondern allenfalls eine Aufgabe benannt. Daher trägt das Prinzip „Einheit der Verfassung" nicht sehr viel dazu bei, alle Kollisionen aufzulösen. Dies ist aber auch nicht allzu erstaunlich. Könnte die Einheit der Verfassung als interpretationsleitende Maxime schon alle Zuordnungen abschließend vorzeichnen, so wären einander entgegengesetzte Schutznormen in der Verfassung ebenso überflüssig, als hätte diese alle Zuordnungen ausdrücklich selbst vorgenommen. Gegen eine derart in allen Einzelheiten vorgezeichnete Regelung potentieller Güterkonflikte spricht auch, daß sie auf unterschiedliche Kollisionslagen, in denen dieselben verfassungsrechtlich geschützten Güter mal mehr und mal weniger intensiv gefährdet sind, nicht flexibel reagieren könnte. Eher ist anzunehmen, daß die Verfassungsordnung keine solche prästabilierte Harmonie errichtet hat. In der Regel stehen sich ihre konfligierenden Schutzaufgaben daher ohne vollständige Konfliktauflösung gegenüber[4]. Von einer allzu wolkigen, harmonisierenden Interpretation unter dem Deckmantel der grundgesetzlichen „Wert-

---

[1] So aber *Bleckmann,* DÖV 1983, 129 (131).
[2] *Knies,* Schranken der Kunstfreiheit, S. 92 und 109.
[3] Ähnlich *Stern,* in: ders., Staatsrecht III/2, S. 635.
[4] *Pestalozza,* Der Staat 11 (1972), 161 (187); *Losch,* Wissenschaftsfreiheit, S. 193.

ordung" ist auch das BVerfG inzwischen längst abgerückt und stellt auf die Lösung einzelner konkreter Normenkonflikte ab[5].

Die „Einheit der Verfassung" ist folglich herzustellen, nicht festzustellen; sie ist der Verfassungsauslegung nicht vorgegeben, sondern vielmehr als ihr systematischer Aspekt aufgegeben[6]. Insoweit unterscheidet sie sich nicht von der regulativen Idee einer Einheit der gesamten Rechtsordnung[7]. Um die Aufgabe der „Herstellung von Einheit" in der Verfassung zu erfüllen, ist wiederum anhand des Verfassungstextes zwischen verschiedenen möglichen Konfliktlösungsmechanismen zu differenzieren. Die Rechtsprechung zur Kollision von Grundrechten untereinander bietet schon seit einem Vierteljahrhundert zahlreiche wertvolle Hinweise, die für die parallele Problematik des Konflikts mit dem sonstigen Verfassungsrecht herangezogen werden können, allerdings nicht ohne einige notwendige Anpassungen[8].

Diese möglichen Konfliktlösungsmechanismen sollen nunmehr im einzelnen dargestellt und auf ihre Brauchbarkeit zur Auflösung von Konflikten zwischen grundrechtlichen Schutzimperativen und anderen Verfassungsgewährleistungen untersucht werden. Dabei ist zunächst zu klären, ob und wenn ja inwieweit der Schutz von Rechtsgütern, die verfassungsrechtlich gewährleistet sind (§ 2) und mit Grundrechtsgütern um die Verwirklichung in einer konkreten Situation konkurrieren, dadurch sichergestellt werden kann und darf, daß bestimmte Lebensgüter und Verhaltensweisen aus dem Tatbestand oder aus dem Rechtsfolgenbereich der grundrechtlichen Schutznormen ausgeklammert werden (§ 3). Führt diese – nur dem ersten Anschein nach einfache – Art der Konfliktlösung nicht zu befriedigenden Ergebnissen, so bleibt einerseits zu prüfen, ob die Verfassung selbst den sich danach ergebenden Normenkonflikt zwischen den Gewährleistungen von Grundrechtsgütern und anderen Verfassungsgütern abschließend regelt (§ 4). Ist dies nicht der Fall, so bleibt zum anderen die Frage zu beantworten, welche Maßstäbe das Grundgesetz dem Gesetzgeber, den Richtern und den Verwaltungsstellen an die Hand gibt, um bei der Konkretisierung und Anwendung des Verfassungsrechts eine ergänzende Kollisionslösung für den Einzelfall bzw. für eine bestimmte Klasse von Einzelfällen zu finden (§ 5).

---

[5] Vgl. schon oben § 1 I 3 b); so auch die Einschätzung *Herdegens,* Gewissensfreiheit, S. 279.

[6] *Breuer,* DÖV 1987, 169 (177); *Nierhaus,* AöR 116 (1991), 72 (82); *W. Schmidt,* AöR 116 (1981), 497 (521) mit Hinweis auf *H. Heller; Pieroth,* AöR 115 (1989), 422 (438) fordert sogar, die Formel aufzugeben. Anders aber wohl *Zeidler,* Verh. des 53. DJT, S. I 20.

[7] Dazu *Baldus,* Einheit, S. 197; *Sendler,* NJW 1998, 2875 (2876).

[8] *Lepa,* DVBl. 1972, 161 (165); *Losch,* Wissenschaftsfreiheit, S. 80 und 185 f.

§ 3 Kollisionsvermeidung durch Konfliktlösung innerhalb der Grundrechtsnorm

Eine Kollisions*lösung* zwischen grundrechtlichem und nicht-grundrechtlichem Güterschutz könnte nur durch Kollisionsregeln erreicht werden, die den Gewährleistungsnormen über- oder zumindest gleichgeordnet sind. Der damit verbundenen, diffizilen Frage nach verfassungsrechtlichen (oder überverfassungsrechtlichen) Kollisionslösungsnormen kann man nur ausweichen, wenn alle bestehenden Güterkonflikte schon bereinigt werden können, *bevor* es zu einer Kollision kommt. Auch dazu benötigt man normative Grundlagen[1], die sich insoweit allerdings schon innerhalb der Verfassungsregeln zum Güterschutz auffinden lassen könnten. Konflikte zwischen Grundrechtsgütern und anderen Verfassungsgütern können vor Entstehen einer Kollision zwischen verschiedenen Schutznormen normintern innerhalb ein und derselben Gewährleistung ausgetragen werden. In Anlehnung an den zivilrechtlichen Sprachgebrauch wird eine solche interne Begrenzung der Reichweite bei den Grundrechten auch als „Innentheorie" gekennzeichnet[2]. Auf Seiten des beteiligten Grundrechts kann insbesondere der Schutzbereich reduziert werden, um eine Kollision mit anderen Gewährleistungsnormen zu vermeiden.

Dabei ist zwischen Begrenzungen auf der *Tatbestands-* und auf der *Rechtsfolgenseite der Gewährleistung* zu unterscheiden[3]. Zur Tatbestandsseite des Grundrechts zählt insofern sein Normbereich, die Gesamtheit der von dem Grundrecht gesicherten Güter. Zur Rechtsfolgenseite gehören dagegen die gewährleisteten Verhaltensweisen der Grundrechtsverpflichteten[4]. Auch an dieser Stelle sind Reduktionen des Schutzumfangs eines Grundrechts denkbar, etwa in der Weise, daß es zwar noch einen Schutzbereich gibt, aber weder Abwehr- noch Schutz- oder Förderpflichten des Staates (auch nur objektiv) daraus folgen. Vor einer getrennten

---

[1] Plastisch der Ausdruck „Kollisionsvermeidungsregeln" bei *März*, Bundesrecht bricht Landesrecht, S. 109; *Discher*, Landesverfassungsgerichte, S. 29.

[2] *Alexy*, Grundrechte, S. 250; Befürworter insbes.: *Häberle*, Wesensgehaltgarantie, S. 126; *Krebs*, Vorbehalt, S. 94; ablehnend etwa *Pieroth/Schlink*, Grundrechte, Rdnr. 80 f.; *v. Münch*, in: ders./Kunig, GG, vor Art. 1 Rdnr. 56 f., scheint von rein terminologischen Differenzen auszugehen.

[3] Allgemein zur Normstruktur von Grundrechten *W. Roth*, Faktische Eingriffe, S. 90 ff.

[4] Vgl. oben § 1 II, insb. 2 b); andere Begriffsverwendung bei *Jarass*, AöR 120 (1995), 345 (371), der als „Tatbestand" den gesamten Schutzbereich und seine Beeinträchtigung zusammenfaßt, und bei *Starck*, in: v. Mangoldt/Klein, GG, Art. 1 Absatz 3 Rdnr. 170, der Schutzbereich und Tatbestand des Grundrechts gleichsetzt.

Betrachtung der einzelnen Ansatzpunkte für eine Begrenzung des Grundrechtsschutzes muß jedoch geklärt werden, ob der Grundrechtsschutzbereich grundsätzlich der richtige Ort für eine Berücksichtigung gegenläufiger verfassungsrechtlicher Gewährleistungsimperative ist. Die geschriebenen Gewährleistungsgrenzen der Grundrechte bieten einiges Anschauungsmaterial dafür, wie auch ungeschriebene Grenzen ihrer Schutzbereiche strukturiert sein könnten. Sie mahnen allerdings auch zu einem sparsamen Einsatz textfreier Begrenzungsversuche.

I. Begrenzung oder Beschränkung der Grundrechte?

Geht man nicht bereits davon aus, daß sich alle mutmaßlichen Güterkonkurrenzen im Grundgesetz bei näherem Hinsehen in Wohlgefallen auflösen[5], so ist – vor einer Differenzierung zwischen verschiedenen Wegen der Schutzbereichsreduzierung – die erste konstruktive Entscheidung im Hinblick auf eine bestimmte Schutzkollision zwischen den zwei Lösungsmodellen der *Begrenzung* und der *Beschränkung* zu treffen. Nicht eindeutig für eine dieser Lösungen in Anspruch genommen werden konnte lange Zeit die Rechtsprechung des BVerfG[6]. Es sprach zwar früher zwar oft vom „Offenlegen" der „Grenzen" eines – insbesondere vorbehaltlos gewährleisteten – Grundrechts[7], was den Schluß nahelegen mag, daß es die Wirkung sonstigen Verfassungsrechts in einer Verengung des grundrechtlichen Schutzbereichs sah. Andererseits war aber auch manchmal von „*äußeren* Grenzziehungen" die Rede[8], immer häufiger auch von einer Beschränkung[9]. Eine klare Präferenz ist dem Fangschaltungs-Beschluß zu entnehmen. Das BVerfG sprach sich hier deutlich dagegen aus, daß Schutzkonflikte regelmäßig durch die Reduktion des beteiligten Grundrechtsschutzbereichs gelöst würden[10]. Wenn es in der Folgezeit wieder von Begrenzungen der Grundrechte zum Schutz anderer Verfassungsgüter spricht, so muß diese „Begrenzung" in der Sache durch die Anwendung von Schrankennormen vorgenommen werden. „Begrenzung" in diesem Sinne schließt die Einschränkung als Konstruktionsweise wenigstens ein. Bezeichnenderweise werden sogar Gesetzesvorbehalte zuweilen als „Begrenzungen" des betroffenen Grundrechts bezeichnet[11]. Keinesfalls steht der Begriff „immanente Schranken" heute noch exklusiv für Schutzbereichsbegrenzungen[12].

---

[5] So die Analyse einer Kollisionstheorie ohne Eingriffsrechtfertigungen bei *Bumke*, Grundrechtsvorbehalt, S. 160 f. und 169 f.
[6] So auch *Langer*, JuS 1993, 203 (205); *Heyde*, in: FSchr. Zeidler, Bd. 2, S. 1429 (1437).
[7] BVerfGE 12, 45 (53); 33, 23 (29); 48, 127 (163).
[8] BVerfGE 32, 98 (108); ähnlich BVerfGE 81, 298 (307 – Hervorhebung vom Verfasser).
[9] BVerfGE 67, 218 (228); 83, 130 (138).
[10] BVerfGE 85, 386 (397 f.); übergangen bei *Enders*, Menschenwürde, S. 326 f.
[11] Ausdrücklich: BVerfGE 80, 244 (254); implizit: BVerfGE 44, 37 (50).
[12] So noch *Graf*, Grenzen, S. 3; ungenau auch *Beisel*, Kunstfreiheitsgarantie, S. 135 bei Fußn. 855. – Sehr präzise *Borowski*, Grundrechte als Prinzipien, S. 36 f.

Eine Verwendung des Ausdrucks „Begrenzung" als *Oberbegriff* für Verkürzungen des Gewährleistungsumfangs einerseits, Beschränkungen durch Vorrangregeln zugunsten gegenläufiger Normanordnungen andererseits gewinnt auch in der Literatur immer mehr und bedeutende Anhänger, ohne daß in der Sache eine Entscheidung für die Schutzbereichsverkürzung damit verbunden wäre[13]. Daß der Begriff „Begrenzung" in dieser Arbeit gleichwohl für die Grenzziehung des *isoliert* betrachteten grundrechtlichen Schutzes reserviert bleibt, deutet keine Differenzen in der Sache an, sondern dient nur der nach dem Stilempfinden des Verfassers in dieser Version größeren terminologischen Klarheit. Selbst eine neue Publikation aus der Feder eines leitenden Ministerialbeamten, der mit der Juristenausbildung befaßt ist, zeugt insoweit von erschreckend verworrenen Vorstellungen[14], die wohl nur mit klaren Begriffen entwirrt werden können.

1. Beispiele für verfassungsnorminterne Konfliktlösungen

Normative *Antinomien* innerhalb einer und derselben Verfassungsnorm sind durchaus keine *Anomalie*. Es gibt sie in Form widersprüchlicher „Grundentscheidungen" im Bereich der Staatsziele[15], aber auch als Spannung zwischen den verschiedenen Schichten einer Grundrechtsnorm[16]. Die Verfassung hat – um es nur noch einmal in Erinnerung zu rufen – eben keine prästabilierte Harmonie von Werten oder Gütern geschaffen, sondern ein spannungsreiches Zweckgefüge, dessen Statik stets aufs neue erhalten werden muß.

a) Harmonisierung von Verfassungsgrundsätzen:
Art. 20a und 109 Absatz 2 GG

Ein Beispiel für eine norminterne Kollisionslösung ohne jede Berührung von Grundrechten ist es, daß ein Konflikt zwischen den Verfassungsgrundsätzen der Art. 20a GG und 109 Absatz 2 GG durch Einbettung von Normgehalten der einen in die andere Norm entschärft werden kann, so daß es zu einer Kollision zwischen ihnen gar nicht kommt. Art. 20a GG verlangt vom Staat die Bewahrung der natürlichen Lebensgrundlagen, Art. 109 Absatz 2 GG die Erhaltung des gesamtwirtschaftlichen Gleichgewichts. Zu diesem Begriff gehört nach der vom verfassungsändernden Gesetzgeber rezipierten keynesianischen Wirtschaftstheorie ein „steti-

---

[13] *Hesse*, in: HdBVerfR, § 5 Rdnr. 64 ff.; *Sachs*, in: Stern, Staatsrecht III/2, S. 226.

[14] *Kröpil*, JuS 1999, 681 (682) – vielleicht als Parodie einer Anfängerklausur gemeint, aber jedenfalls nicht als solche kenntlich gemacht.

[15] *Achterberg*, Der Staat 8 (1969), 159 (163 f.); *Sommermann*, Staatsziele, S. 411; *H. H. Klein*, DVBl. 1991, 729 (734).

[16] *Grawert*, JuS 1986, 753 (756); *Zeidler*, Verhandlungen des 53. DJT, S. I 10 und 14; zum Beispiel der unterschiedlichen Imperative des Gebots effektiven Rechtsschutzes in Art. 19 IV GG *Pitschas*, ZRP 1998, 96 (99 f.).

ges und angemessenes" Wirtschaftswachstum[17]. Eine von der Verfassung gewollte Verstetigung des Wirtschaftswachstums könnte allerdings die natürlichen Lebensgrundlagen gefährden, da sie kaum ohne einen immer stärkeren Verbrauch an Umweltressourcen denkbar ist.

Gleichwohl ist keine Kollisionslösung zwischen den Verfassungszielen der Art. 20a und 109 Absatz 2 GG notwendig, um diese Spannungslage[18] zu entspannen. Insbesondere bildet Art. 109 Absatz 2 GG – im Gegensatz zu seiner Wirkung gegenüber dem Demokratieprinzip[19] – keine Schranke des Umweltschutzgrundsatzes[20]. Vielmehr ist die Schonung der natürlichen Lebensgrundlagen in den Tatbestand von Art. 109 Absatz 2 GG einzubeziehen. Schon sein Merkmal „gesamtwirtschaftliches Gleichgewicht" umfaßt gegenläufige Elemente[21]. Geboten ist u. a. nur ein *angemessenes* Wirtschaftswachstum. Der offene Wertbegriff „angemessen" ist indes nicht nur mit neueren Erkenntnissen der Wirtschaftswissenschaften zu füllen, sondern seine Interpretation hat auch das systematische Umfeld des Gleichgewichtsziels zu beachten[22], zu dem nunmehr auch Art. 20a GG gehört. Angemessen ist im Rahmen des gesamtwirtschaftlichen Gleichgewichts nur ein Wirtschaftswachstum, das bei weitestgehender Schonung der Rohstoff- und Energiereserven und geringstmöglicher Umweltbelastung zu erzielen ist. Im Ergebnis ist eine Konfliktlösung hier also schon innerhalb des Tatbestands des Art. 109 Absatz 2 GG möglich[23].

b) Grundrechtliche Zielharmonisierung: Art. 7 Absatz 4 GG und Art. 30 GG

Parallel zu diesem Beispiel kann auch eine Verwirklichungskonkurrenz zwischen grundrechtlich gewährleisteten und anderweitigen Verfassungsgütern als norminterner Zielkonflikt innerhalb von Grundrechtsnormen Niederschlag finden und durch eine Begrenzung des Schutzbereichs aufgelöst werden. Entsprechende normative Grenzen grundrechtlicher Gewährleistungen können auf zwei Ebenen liegen. Der Schutzbereich kann begrenzt sein durch Verengung des geschützten *Tatbestandes* oder Verringerung der – aus dem bestehenden Schutz zu ziehenden – *Rechtsfolgen*. Es kann mit anderen Worten zu einer Einschnürung des Kreises grundrechtlicher Schutz*güter* kommen oder zum bloßen Wegfall einzelner Schutz-

---

[17] Vgl. § 1 Satz 2 StabG; BVerfGE 79, 311 (331); *Siekmann,* in: Sachs, GG, Art. 104a Rdnr. 44 f.; zur Kritik s. *Höfling,* Staatsschuldenrecht, S. 226 f.; *ders.,* ZRP 1997, 231 (233).
[18] Begrifflich so qualifiziert bei *Waechter,* NuR 1996, 321 (327).
[19] Dazu *Brosius-Gersdorf,* Deutsche Bundesbank und Demokratieprinzip, S. 207 ff.
[20] So aber *Steinberg,* NJW 1996, 1985 (1988).
[21] *H. H. Klein,* DVBl. 1991, 729 (734).
[22] Ebenso *K. Vogel,* in: HdBStR IV, § 87 Rdnr. 17; *A. A. Siekmann,* in: Sachs, GG, Art. 104a Rdnr. 46.
[23] Ähnlich kann Art. 20a GG auch auf die Interpretation der „Erforderlichkeit" eines Bundesgesetzes im Sinne des Art. 72 Abs. 2 GG einwirken; so *Gramm,* DÖV 1999, 540 (545).

dimensionen für Grundrechtsgüter, denen andere Gewährleistungsmodalitäten weiterhin zugute kommen. Letzteres kann etwa bedeuten, daß das Grundrecht von einer subjektiven Berechtigung zu einer bloß objektivrechtlichen Gewährleistung herabgestuft wird, oder daß der Schutz des einzelnen auf eine formale Abwehrposition zurückgefahren wird, die etwa die Begründungslast für Eingriffe dem Staat auferlegt, ohne daß eine Verhältnismäßigkeitsprüfung stattzufinden hätte.

So legt das Grundgesetz nicht abschließend fest, wann der Anspruch auf Zulassung einer privaten Schule aus Art. 7 Absatz 4 GG als Ersatzschule für ein öffentliches Gymnasium besteht. Welche Schulen Ersatzschulen im Sinne dieser Vorschrift sind, bestimmt sich nämlich nach den Verhältnissen im öffentlichen Schulsystem des jeweiligen Landes. Nur für die Klassenstufen, die im öffentlichen Schulwesen des Landes oberhalb der Grundschulstufe stehen, kann die Zulassung eines privaten Gymnasiums beansprucht werden. Ist die sechsjährige Grundschule in einem Land die Regelschule, so kann ein Privatgymnasium mit den Jahrgangsstufen 5 und 6 nur unter besonderen Voraussetzungen genehmigt werden[24]. Darüber hinaus besteht ein Zulassungsanspruch von vornherein nicht. Der Schutzbereich des Art. 7 Absatz 4 Satz 1 GG ist daher etwa im Land Brandenburg enger als anderswo. Diese Verengung ergibt sich verfassungsdogmatisch aus einer Harmonisierung der Grundrechtsnorm mit dem Grundsatz der autonomen Rechtsetzung der Länder in den ihnen zugewiesenen Kompetenzbereichen, hier also im Schulrecht. Art. 7 Absatz 4 Satz 1 GG ist folglich im Lichte der Art. 30 und 70 GG örtlich verschieden auszulegen[25].

2. Norminterne Begrenzung der Grundrechte – Regel oder Ausnahme?

Ob die Normen zum Schutz von Grundrechts- und anderen Verfassungsgütern regelmäßig im Weg der Schutzbereichsbegrenzung oder der Beschränkung aufeinander abzustimmen sind, ist keine rein akademische Frage[26]. Sie ist auch nicht schon zugunsten der Beschränkungslösung entschieden, weil sonst die grundrechtlichen Schranken-Schranken ausgehebelt würden[27], denn dieses Argument ist zirkulär: Daß die Schranken-Schranken überhaupt anwendbar sind, setzt bereits voraus, daß der Schutzbereich eröffnet ist. Gleichwohl ist diese Option tendenziell richtig. Daß das BVerfG im Fangschaltungs-Beschluß in einer für seine Entscheidungen ungewöhnlich deutlichen Weise auf dogmatische Konstruktionen eingeht,

---

[24] BVerfGE 90, 128 (139); BVerwG, NVwZ-RR 1997, 541 (542 f.) = DVBl. 1997, 1181 (1182 f.).

[25] Siehe zur landesrechtlichen Ausgestaltung von Grundrechten näher unten II 3.

[26] So aber *Jestaedt,* Zuständigkeitsüberschießende Gehalte, S. 325 mit Fußn. 42; wie hier *Borowski,* Grundrechte als Prinzipien, S. 38 ff.

[27] So *Pieroth,* AöR 114 (1989), 422 (443).

entspringt daher keinem akademischen Spleen des Gerichts und keinem verfassungstheoretischen Glaubensbekenntnis, das das Grundgesetz mit einer rechtsphilosophischen Kuppel überwölben und überlasten müßte. Vielmehr liegt diesen Ausführungen eine Entscheidung für die methodischen Prinzipien der *Differenziertheit* und der *Nachvollziehbarkeit* grundrechtsverkürzender Maßnahmen zugrunde. Während sich die Wahl eines Konstruktionsweges, der möglichst feine Abstufungen in der Verkürzung grundrechtlichen Schutzes zuläßt, allerdings nur verfassungstheoretisch begründen läßt, ist die Maxime größtmöglicher Nachvollziehbarkeit dogmatisch fest verankert, und zwar im Rechtsstaatsprinzip.

a) In dubio pro differentia?

Gegen eine Begrenzung des grundrechtlichen Schutzbereichs als „Standardmodell" der Konfliktbehandlung läßt sich einerseits einwenden, daß sie nur eine radikale Alles-oder-nichts-Lösung zugunsten des einen und zulasten des anderen Gutes ermöglicht. Die Normbereiche bzw. die Gewährleistungsfolgen der jeweiligen Schutznormen sind entweder ganz oder gar nicht gegeben. Demgegenüber können die konkurrierenden Güter bei einer Beschränkungslösung differenziert behandelt werden. Es ist hier leichter denkbar, daß der Schutz verschiedener sachlicher Elemente der beiderseitigen Gegenstandsbereiche verschieden weitgehend verwirklicht wird und daß die jeweils vorgesehenen Rechtsfolgen in mehr oder weniger großem Umfang eintreten[28]. Den Schutz gegenläufiger Rechtsgüter und Interessen in die Bestimmung des grundrechtlichen Gewährleistungsumfangs einzubeziehen, also zur Wahrung gegenläufiger Interessen eine Begrenzung des grundrechtlichen Schutzbereichs durchzuführen, mindert die freiheitssichernde Funktion der abgestuften Eingriffs- und Schrankenkonstruktion. Hier besteht zwar auch die theoretische Möglichkeit, daß sich die betroffene Grundrechtsgarantie voll durchsetzt, aber praktisch werden die Interessen auf Seiten kollektiver Verfassungsgüter meist überwiegen. Daher liegt die Beschränkungslösung mit ihrer größeren Offenheit für Differenzierungen im Interesse der Grundrechtsschutzes.

Die tatsächliche Verteilung von Durchsetzungschancen kann allerdings nicht die Wahl der Konstruktionsweise bestimmen. Ein Votum für die „grundrechtsfreundlichere" Lösung beruht letztlich auf dem nur verfassungstheoretisch, nicht aber dogmatisch fundierte Prinzip „in dubio pro libertate"[29]. Es kommt daher darauf an, ob der Grundsatz der Verhältnismäßigkeit den Ausschlag für die Beschränkungslösung geben kann. Grundrechtseinschränkungen sind an ihm und damit insbesondere an den Teilgrundsätzen der Erforderlichkeit und der Angemessenheit zu prüfen. Es wird eine Beziehung zwischen Verkürzungsgrund und Verkürzungsfolge

---

[28] So etwa *Jarass*, AöR 120 (1995), 345 (371).
[29] Für eine Vermutung im Rechtssinne *Denninger*, in: AltK-GG, vor Art. 1 Rdnr. 13; skeptisch dagegen *P. Schneider*, in dubio pro libertate, in: FSchr. DJT, Bd. 2, S. 263 (270); ablehnend *v. Münch*, in: ders./Kunig, GG, vor Art. 1 Rdnr. 1.

hergestellt, die über die bloße Anläßlichkeit hinausgeht. Schutzbereichsgrenzen können dagegen nicht am Verhältnismäßigkeitsprinzip gemessen werden, weil sie nur ein „innen" und ein „außen", aber keine Grauzone dazwischen kennen. Aber daß die Verkürzung grundrechtlicher Schutzwirkungen zugunsten konkurrierender Rechtsgüter auf einem Weg erreicht werden müsse, die dem Verhältnismäßigkeitsgrundsatz zur Anwendung verhilft, läßt sich letztlich auch nur ergebnisorientiert begründen – nämlich unter Berufung auf einen Grundsatz des größtmöglichen Grundrechtsschutzes. Nur um des größtmöglichen Grundrechtsschutzes willen ergibt es Sinn, die Anwendung des Verhältnismäßigkeitsgrundsatzes anzustreben. Auch eine Begründung der Vorzugsregel für Beschränkungslösungen führt daher auf den nur verfassungstheoretisch, nicht aber verfassungsrechtlich begründbaren Satz „in dubio pro libertate" zurück.

b) Berechenbarkeit als rechtsstaatliches Gebot

Über diesen Aspekt hinaus spricht aber das Gebot effektiven Grundrechtsschutzes in seiner weniger einseitigen und in diesem Umfang auch allgemein anerkannten Gestalt für die Berücksichtigung gegenläufiger Interessen nicht schon innerhalb des Schutzbereichs, sondern erst auf der Schrankenstufe. Als Teil des Grundsatzes der größtmöglichen Wirksamkeit des Verfassungsrechts besteht ein Gebot des zwar nicht maximalen, aber optimalen Grundrechtsschutzes. Dieser kann erreicht werden, wenn die Reduktion grundrechtlicher Rechtsfolgen nur so weit geht, wie die Gründe dafür *klar* dargelegt sind und damit auch die größtmögliche Gewähr ihrer *Richtigkeit* besteht. Das Schutzbereichs-Eingriffs-Schranken-Denken überträgt die Argumentationslast folglich dem belastend tätig werdenden Staat[30].

aa) Begründungszwang als Beitrag zur Transparenz von Entscheidungen

Deutlich *gegen* Schutzbereichslösungen spricht das Gebot größtmöglicher methodischer Klarheit. Werden gegenläufige Interessen schon innerhalb der grundrechtlichen Schutzbereiche in Rechnung gestellt, so ändert sich erstens der Umfang der Schutzbereiche von Fall zu Fall, da nicht alle denkbaren Konfliktsituationen in je speziell konkretisierten Grundrechtsnormen geregelt sind[31]. Allgemeine und für

---

[30] So schon *P. Schneider*, in: FSchr. DJT, Bd. 2, S. 263 (286 und 288 f.); *Borowski*, Grundrechte als Prinzipien, S. 46 f. differenziert weiter zwischen Argumentations*stufung* als Rationalitätssteigerung einerseits und Argumentations*last* als zusätzlicher normativer Annahme andererseits.

[31] (Kritisch) *Huster*, Rechte und Ziele, S. 72 f.; ähnlich *Pieroth*, AöR 114 (1989), 422 (443); *Pieroth/Schlink*, Grundrechte, Rdnr. 353; *Grothmann*, Grundrechtsschranken Portugal, S. 229; (befürwortend) *Waechter*, Der Staat 1991, 19 (49).

die Prognose späterer Entscheidungen taugliche Angaben über den Inhalt grundrechtlicher Schutzbereiche lassen sich unter diesen Umständen nicht mehr machen. Die dabei vorgenommene Begriffsbildung wird zwangsläufig unklar, ja willkürlich[32].

Was zum anderen den *Ausgleich* zwischen gewährleistetem und gegenläufigem Interesse angeht, fällt bei einer schutzbereichsinternen Konfliktlösung das durchsichtige „Spiel von Grund und Gegengrund"[33] aus, das das Eingriffs- und Schrankenmodell prägt. Dieses „Spiel" darf keineswegs als dogmatisches Glasperlenspiel mißverstanden werden. Es sichert im Grundrechtsbereich die rechtsstaatlich gebotene *Transparenz* der Entscheidungsfindung. In einem gestuften Subsumtionsvorgang ist die zugrundeliegende Auslegung der Verfassung genauer sichtbar und damit für die Zukunft vorhersehbar, in bezug auf die konkrete Entscheidung nachvollziehbar und kontrollierbar[34]. Dagegen eröffnet ein enges Normbereichsverständnis dem Gesetzgeber Regelungsmöglichkeiten, die er nicht verfassungsrechtlich zu rechtfertigen braucht[35]. Für die Bewältigung von Konflikten durch Einschränkung (einer oder mehrerer der beteiligten Gewährleistungsnormen) spricht also, daß sie weder den Umfang der jeweils gesicherten Güterbestände verschwimmen läßt noch – da sie anhand der vorgetragenen Rechtfertigungsgründe kritisierbar bleibt – zu willkürlichen Verkürzungen des Grundrechts- und des anderweitigen verfassungsrechtlichen Schutzes einlädt.

bb) Begründungszwang als Vergewisserungszwang
für die einwirkende Stelle

Gehört ein Sachverhalt tatbestandlich zum Sachbereich einer Gewährleistungsnorm, so besteht eine „Vermutung" für seinen Schutz aus rechtsstaatlichen Gründen zumindest in dem Sinne, daß die Versagung des Schutzes irgendwie *begründet* werden muß. Diese Begründung wirkt nur dann gütersichernd, wenn sie nicht in der schlichten Behauptung fehlenden Schutzes für einige „Formen" des an sich vom Gewährleistungstatbestand umfaßten Sachverhalts besteht, sondern überprüfbare Gefahrenfolgen diesen Sachverhalts für konkret benannte Gegengüter aufzeigen muß. Die Güterkonkurrenzlösung ist aber nicht überprüfbar, wenn sie unter dem Deckmantel einer angeblichen Interpretation des Normbereichs versteckt wird[36]. Nur im Rahmen einer Einschränkungskonstruktion ist außerdem insbesondere für die Grundrechte sichergestellt, daß sich unter dem Deckmantel einer „ver-

---

[32] So auch *Starck*, in: von Mangoldt / Klein, GG, 3. Aufl., Art. 1 Rdnr. 176; *Eick-Wildgans*, Anstaltsseelsorge, S. 141.
[33] *Alexy*, Theorie der Grundrechte, S. 286; *Lübbe-Wolff*, Eingriffsabwehrrechte, S. 88.
[34] *Huster*, Rechte und Ziele, S. 88 f.; *Kloepfer*, in: Festgabe BVerfG, Bd. 2, S. 405 (406); *Goerlich*, Wertordnung, S. 140; gleichgerichtet BVerfGE 85, 386 (397).
[35] *Kleindiek*, Wissenschaft und Freiheit, S. 179.
[36] *Bumke*, Grundrechtsvorbehalt, S. 156; *Kluge*, ZRP 1992, 141 (142).

I. Begrenzung oder Beschränkung der Grundrechte?

fassungsimmanenten" Begrenzung nicht der Schutz verfassungs*externer* Güter in die Schutzbereichsbestimmung einschleicht.

Doch ist damit nur die *materielle* Seite des Schutzes durch Begründungspflichten skizziert. Der prima-facie-Schutz für Verhalten im grundrechtlichen Schutzbereich hat auch eine *formale* Seite, da er dazu führt, daß nicht jeder beliebige staatliche Akt zur materiell gerechtfertigten Wahrung gegenläufiger Interessen eingesetzt werden kann. Einerseits löst die Eröffnung des Schutzbereichs den Vorbehalt des Gesetzes aus, der für alle Grundrechtseinschränkungen gilt – auch für verfassungsinterne[37]. Und andererseits muß ein zur Eindämmung „ausufernden" bzw. zum Zurückstutzen „wildwüchsigen" Grundrechtsgebrauchs verwendetes Gesetz im Gegensatz zum Interpreten, der schon den Schutzbereich für nicht eröffnet erklärt, sich in die Kompetenzordnung des Grundgesetzes einfügen. Weshalb gerade die Konstruktion „äußerer" Schranken zur Berücksichtigung des Schutzes anderer Verfassungsgüter das „Schrankensystem durcheinander" brächte[38], ist nicht nachvollziehbar. Diese zusätzliche Hürde mag in der Praxis nicht immer schwer zu überwinden sein, grundrechtssichernd wirkt sie gleichwohl.

c) Regel-Ausnahme-Verhältnis von Schranken und Grenzen als Konsequenz

Im Ergebnis läßt sich daher festhalten: Alle Schutzwirkungen einer differenzierten Lösung nach dem „Eingriffs-Schranken-Modell" fallen bei einer schutzbereichsinternen „Begrenzung" weg. Nicht nur ein Prinzip „in dubio pro libertate", sondern auch effektiver Grundrechtsschutz läßt sich daher letztlich nur in die Tat umsetzen, wenn man auf schutzbereichsverengende Modelle der Konfliktlösung verzichtet und stattdessen die Möglichkeiten auslotet, die die Herleitung separater Einschränkungsnormen aus dem Grundgesetz verspricht. Wohl gibt es *einzelne* Fälle, in denen sich weitere Begrenzungen der Schutzreichweite von Grundrechten aus der Verfassung begründen lassen; diese decken aber bei weitem nicht *alle* Konflikte von Grundrechten mit widerstreitenden Verfassungsgütern ab. Für die Konstruktion der Sicherung von Rechtsgütern in Konkurrenz zu Grundrechtsgütern ergibt sich daraus, daß die Schrankenlösung die Regel und Schutzbereichsbegrenzungen Ausnahmen sind. Zu Recht hat sich das BVerfG schon früh gegen eine „wertende Einengung" der grundrechtlichen Schutzbereiche ausgesprochen[39]. Gegen die Bevorzugung einer „weiten Tatbestandstheorie" in diesem Sinne läßt sich nicht einwenden, daß damit notwendig eine weite Auslegung des Gewährleistungsgehalts insbesondere der Grundrechte einhergehe[40].

---

[37] Dazu unten § 6 I 1 a).
[38] So aber *Waechter*, Der Staat 30 (1991), 19 (27).
[39] BVerfGE 30, 173 (191).
[40] Zutreffend *Ziekow*, Freizügigkeit, S. 430 m. Nachw. zur Gegenansicht.

Richtig erscheint in der Sache ein differenzierender Ansatz[41], der die Vorzüge der Auftrennung zwischen verschiedenen Schutznormen und – soweit auffindbar – zusätzlichen Kollisionsnormen in den Vordergrund stellt, aber je nach dem Textbefund im einzelnen Fall auch einen begrenzten Anwendungsbereich der „Innenlösung" anerkennt. Zweifelhaft erscheint jedoch, ob sich irgendwelche Sachverhalte schon dann „von vornherein" aus den grundrechtlichen Schutzbereichen ausklammern lassen, wenn eine Kollision absehbar zu ihren Lasten ausginge[42]. Warum man sich die Durchführung einer angeblich evidenten Kollisionslösung sollte sparen können, bleibt im Dunkeln. Gerade arbeitsökonomische Gründe können nicht ausschlaggebend sein, wenn der Fall so einfach liegt wie zunächst angenommen. Stellt sich im Laufe der Bearbeitung heraus, daß er kompliziertere Formen annimmt, ist die Evidenzprognose widerlegt.

II. Tatbestandsbegrenzungen

Wie *Tatbestands*lösungen den Schutzumfang verfassungsrechtlicher Gewährleistungen reduzieren können, hat schon das oben angeführte Beispiel der Interpretation von Art. 109 Absatz 2 GG gezeigt. Die Gewährleistung wird begrenzt, indem Teile des *Sach*bereichs der Gewährleistungsnorm nicht in ihren *Norm*bereich aufgenommen werden, traditioneller ausgedrückt: durch eine systematisch-teleologische Reduktion auf der Tatbestandsseite der Gewährleistungsnorm. Der Schutzzweck der Norm wird dabei mit Rücksicht auf anderweitige Gewährleistungen enger bestimmt, als es Wortlaut und Begriffsgeschichte nahelegen würden. Heraus kommt ein Tatbestand der Gewährleistungsnorm, der schon auf alle denkbaren gegenläufigen normativen Festlegungen Rücksicht nimmt[43], in der Terminologie *Alexys* also ein enger Tatbestand[44].

1. Methodische Vorfragen

Wie das genannte Beispiel weiter verdeutlicht, handelt es sich nicht nur um eine Technik der *Grundrechts*interpretation; sie betrifft gleichermaßen *andere* Verfassungsnormen – so eben Art. 109 Abs. 2 GG. Der Begriff „angemessen" im Beispiel des gesamtwirtschaftlichen Gleichgewichts ist Indiz für die Eigenschaften, die eine Verfassungsnorm aufweisen muß, um schon im Wege der tatbestandlichen Eingrenzung mit anderen Teilen des Verfassungsrechts in Einklang gebracht zu wer-

---

[41] Zu einer Differenzierung speziell bei „sozialen Grundrechten" vgl. *Borowski*, Grundrechte als Prinzipien, S. 300 ff.

[42] So *Huster*, Rechte und Ziele, S. 89.

[43] *Huster*, Rechte und Ziele, S. 72; ungenau insoweit *W. Roth*, Faktische Beschränkungen, S. 113.

[44] *Alexy*, Theorie der Grundrechte, S. 278.

den. Es muß ein „weicher", gegenüber dem kollidierenden Normmaterial nachgiebiger Bestandteil in der Tatbestandsformulierung vorhanden sein, der die Durchsetzungskraft der Norm an dieser Stelle schmälert. Vor allen normstrukturellen und normübergreifenden Merkmalen der Gewährleistung und ihres Umfelds muß schon das verfassungstextliche Abbild des geschützten Gutes, die sprachliche Tatbestandsumschreibung für dieses Gut, eine offene Flanke für – begrenzende – Anpassungen an neue Erkenntnisse, einen veränderten politischen Willen des Gesetzgebers oder einen grundlegenden Wandel der Lebensverhältnisse bieten. Nur *offene* Verfassungsbegriffe auf der Grundrechtsseite erlauben eine Tatbestandsreduktion beim beteiligten Grundrecht.

Nun werden oft alle oder fast alle Grundrechtsnormen als vage und weit, ausfüllungsbedürftig oder generalklauselartig beschrieben. Die Konkretisierungsbedürftigkeit hochabstrakter Normtexte darf aber nicht mit der Offenheit der verwendeten Begriffe, sei es für die Berücksichtigung wissenschaftlicher Erkenntnisse oder wertender Dezision, verwechselt werden[45]. Hier, wo es um die Bestimmung des „Begriffs" grundrechtlicher Schutzgüter geht, ist die Gefahr groß, daß die Auslegung der Verfassungsnorm von Vorverständnissen beeinflußt ist, deren Wurzeln in einer Begriffsbildung des Gesetzesrechts oder auch nur in der lebensweltlichen Prägung des Interpreten liegen. Davor zu warnen, sie mit Hilfe vorgeblich objektiver Verfahren in die Auslegung von Tatbestandsmerkmalen der Grundrechtsnormen einfließen zu lassen, besteht durchaus Anlaß. Es gilt zu bedenken, daß Wirklichkeitsbereiche, die definitorisch ganz aus dem Grundrechtstatbestand ausgeschlossen werden, jeden auch noch so schwachen Schutz durch das Grundrecht verlieren; einer differenzierenden und nachvollziehbar begründeten Behandlung von Konfliktfällen entzieht diese Technik jeden Boden. Dies spricht insbesondere gegen eine „kompetenzgerechte" Grundrechtsauslegung, sofern mit diesem Ausdruck gemeint ist, daß Grundrechte die Ausübung staatlicher Kompetenzen möglichst wenig behindern sollen[46].

Die Ausgrenzung bestimmter Ausübungsformen aus dem Schutzbereich betrifft im Schwerpunkt einerseits Grundrechte, die – auch – als politische Mitwirkungsrechte genutzt werden können. Hier ist der Versuch naheliegend, bestimmte staatstheoretische Positionen in den „Begriff" des Schutzgutes einzubeziehen. Von solchen Versuchen, bei der Interpretation des Schutzbereichs ein *verfassungstheoretisches* Vorverständnis zu berücksichtigen, ist der Ansatz der funktionalen *Grundrechtstheorie* zu unterscheiden. Indes kann auch sie nur mit Vorsicht zur Schutzbereichsbestimmung herangezogen werden, soll sie nicht zu einer einseitigen Inanspruchnahme der Grundrechte für Zwecke der Gesellschaft führen, die ihre Rolle als Freiraum des Individuums auszuhöhlen droht. So bietet die Versammlungsfreiheit wohl nicht Personen Schutz, die sich zusammentun, um eine

---

[45] Siehe zur Kritik am ungenauen Gebrauch des Begriffs „Generalklausel" *Friedr. Müller*, Juristische Methodik, S. 188 ff.

[46] So wohl *Jestaedt*, Zuständigkeitsüberschießende Gehalte, S. 324.

andere Versammlung zu stören[47]. Hier fehlt es an dem kommunikativen Element, das jeder Versammlung eigen sein muß, und wenn sie noch so symbolisch verfremdete Formen annimmt. Weitergehende Anforderungen an den Kommunikationsinhalt sind aber nicht zu stellen. Eine Versammlung braucht keine politische Meinung zu transportieren oder sonst einen Beitrag zum öffentlichen Meinungsbildungsprozeß zu leisten, um in den Genuß des Grundrechts aus Art. 8 GG zu kommen[48]. In neuerer Zeit ist auch die Frage virulent geworden, ob die Kommerzialisierung religiöser oder künstlerischer Äußerungen aus dem Schutzbereich der Art. 4 Absätze 1 und 2 und 5 Absatz 3 Satz 1 GG herausfällt[49].

Andererseits sehen sich aber selbst Vertreter eines genauen und methodisch kontrollierten Vorgehens bei der Verfassungsauslegung zuweilen gezwungen, auf Evidenzbehauptungen über grundrechtliche Schutzbereiche zurückzugreifen, wenn sie ihre Kollisionslösungen begründen. Zwar ist nicht zu leugnen, daß eine sorgfältige Normbereichsanalyse zur Konkretisierung von Verfassungsnormen gehört und in der Arbeit des BVerfG eine entscheidende Rolle spielt[50]. Daß dabei subjektive Wertungen in das Entscheidungsprogramm einfließen, ist unvermeidlich. Bedenklich ist das Analyseverfahren jedoch, soweit es sich auf Evidenzerfahrungen stützt, weil dies die *Kontrollierbarkeit* der jeweiligen Wertungen vermindert. Dabei macht es keinen großen Unterschied, ob die Evidenz die Außengrenzen einer Gewährleistung betrifft oder interne Abstufungen zwischen dem Normbereichstypus und „modalen" Begleitumständen einer Grundrechtsverwirklichung[51]. Zweck der Normierung von Grundrechten ist gerade (auch), ihre Träger vor der Festlegung externer Präferenzen innerhalb des Schutzbereichs, die „richtige" Freiheitsverwirklichungen und „falsche" unterscheiden, zu schützen[52].

Was „eigentlicher Sinn" der Grundrechtsausübung ist und was nur zufälliges Beiwerk, kann gerade bei Grundrechten, die Originalität und Kreativität schützen, nicht abstrakt und ein für alle Mal definiert werden. Gerade im Fall des Straßenmalers auf der Kreuzung läßt sich nicht sagen, sein Bild an sich sei Kunst, der Ort, an dem es gemalt wird, aber „mangels spezifischer Sachhaltigkeit künstlerischer Art" nicht oder auch nur in geringerem Maß[53]. Warum ein Gedicht auf einer Ser-

---

[47] BVerfGE 84, 203 (209 f.).

[48] So etwa *Hoffmann-Riem*, in: AltK-GG, Art. 8 Rdnr. 12 f.; kritisch dazu *Ladeur*, KJ 1987, 150; *Breitbach*, Bannmeile, S. 76 Fußn. 39.

[49] BAG, NJW 1996, 143 ff.; OVG Hamburg, DVBl. 1994, 413 ff.; Überblick bei *Grigoleit/Kersten*, DVBl. 1996, 596 (600 f.).

[50] *Friedr. Müller*, Juristische Methodik, S. 277 ff.; *Hesse*, JZ 1995, 265 (266).

[51] So maßgeblich *Friedr. Müller*, Freiheit der Kunst, S. 64 f.; *Muckel*, Religiöse Freiheit, S. 202 f.; ähnlich *Lerche*, BayVBl. 1974, 177 (185); skeptisch nunmehr *ders.*, in: FSchr. Mahrenholz, S. 515 (524); kritisch auch *Mis-Pauhißen*, Frage der Begrenzung, S. 140 f.; *Hoffmann*, NJW 1985, 237 (239 f.).

[52] *Eidenmüller*, Effizienz, S. 355; a.A. *Häberle*, Verfassung als öffentlicher Prozeß, S. 134.

[53] So *Friedr. Müller*, Freiheit der Kunst, S. 65; dagegen zu Recht *Würkner*, Freiheit der Kunst, S. 151 f.; *Knies*, Kunstfreiheit, S. 114; *van Nieuwland*, Theorien, S. 87.

II. Tatbestandsbegrenzungen

viette zum Normbereich der Kunstfreiheit zählen soll, ein Bild auf einem Bauzaun aber nicht[54], läßt sich nicht nachvollziehen. Die Offenheit des Kunstbegriffs läßt es gerade nicht zu, dem Normbereich von Art. 5 Absatz 3 Satz 1 GG solche vermeintlich sachlogischen Prägungen unterzuschieben. Andererseits läßt sich gerade das Merkmal Originalität sehr wohl zur Abgrenzung von Kunst etwa gegenüber handwerklicher Betätigung verwenden[55]. Ebensowenig kann der Schutz der Wissenschaft durch Art. 5 Absatz 3 Satz 1 GG auf die geistige Seite des Forschens begrenzt werden, während etwa Tierversuche nur unter dem Schutz der allgemeinen Handlungsfreiheit stünden[56]. Naturwissenschaftler, die ihre Hypothesen mit Hilfe von Experimenten überprüfen müssen, forschen bei deren Durchführung nicht weniger als bei der gedanklichen Vor- und Nachbereitung. Auch die frühere Überlegung des BVerfG, ob die Religionsfreiheit für die „abendländischen Kulturreligionen" reserviert sei, empfiehlt sich nicht zur Nachahmung[57]. Gerade Grundrechte, die dem Individuum einen autonomen Bereich subjektiver Selbstentfaltung sichern, können erst auf der Schrankenebene angemessen mit kollidierenden Interessen ausgeglichen werden.

Auch die Berufung auf eine *rechtslogische* Prägung grundrechtlicher Schutzbereiche ist nicht mehr als ein Ausweichen vor kritisierbaren Definitionsvorschlägen in eine Leerformel. Die „Rechtslogik" erfordert es zum Beispiel nicht, daß nur nicht-verbotene oder „nicht schlechthin sozialschädliche" Erwerbstätigkeiten zum Berufsbegriff des Art. 12 Absatz 1 GG zählen[58]. Ein allfälliger Konflikt mit anderen Rechtsgütern oder der Rechtsordnung selbst kann auf der Schrankenebene gelöst werden. Es wird sich kaum ein zu Recht bestehendes Verbot bzw. soziales Unwerturteil über eine Beschäftigung finden, die nicht auch Rechtsgüter anderer oder der Allgemeinheit in einem Maße beeinträchtigt, das einen Eingriff in die Berufsfreiheit rechtfertigt. Dem vielbeschworenen Berufsdieb[59] kann der Staat zur Legitimation von Eingriffen in seine Berufsfreiheit das Eigentum anderer entgegenhalten, dem Berufskiller deren Recht auf Leben. Auch welchen rechtlich relevanten Grund es geben soll, Prostituierten die Anerkennung als Berufstätige generell zu versagen, ist nicht ersichtlich[60]. Um so weniger darf eine Tatbestandsverengung bei Art. 12 Absatz 1 GG dazu führen, daß Sperrbezirksverordnungen nicht auf ihre Verhältnismäßigkeit untersucht zu werden bräuchten. Erst recht abzulehnen ist der Versuch, andere Grundrechte unter den Vorbehalt rechtmäßiger

---

54 *Friedr. Müller*, Freiheit der Kunst, S. 46.
55 So zur Baukunst *Voßkuhle*, BayVBl. 1995, 613 (615); a.A. *Friedr. Müller*, Freiheit der Kunst, S. 36; dagegen wiederum *Ziekow*, Freizügigkeit, S. 425.
56 So aber *Kuhlmann*, JZ 1990, 162 (169).
57 BVerfGE 12, 1 (4); aufgegeben in BVerfGE 41, 29 (50). Skeptisch zu Wiederbelebungsversuchen – wie etwa bei *Schatzschneider*, BayVBl. 1985, 321 (322); *Scholz*, NVwZ 1992, 1152 (1155) – insbesondere *Fehlau*, JuS 1993, 441 (447).
58 Vgl. aber BVerwGE 22, 286 (288 f.); anders etwa BVerwG, DVBl. 1995, 47 (48).
59 Siehe etwa *Murswiek*, DVBl. 1994, 77 (80 Fußn. 16).
60 *Wesel*, NJW 1999, 2865 (2866).

Ausübung zu stellen, zum Beispiel „kriminell bemakelte Räumlichkeiten" aus dem Begriff der Wohnung im Sinne des Art 13 Absatz 1 GG auszuklammern[61]. Nicht einmal Meinungen, die bestimmte Rassen abwerten, fallen schon aus dem Schutzbereich der Meinungsfreiheit heraus, weil sie „in unserer Rechtskultur unvertretbar" sind[62]. Diese Fälle können mit befriedigenden Ergebnissen durch Einschränkung der betreffenden Grundrechte gelöst werden.

2. Geschriebene und ungeschriebene Gewährleistungsgrenzen

Schon aus der Verfassung allein würde sich eine Beschränkung des Schutzumfangs der Grundrechte ergeben, wenn ihre *Gewährleistungs*bereiche Zonen enthielten, die schon nicht zum jeweiligen *Schutz*bereich zählten[63]. Der so lautenden Annahme liegt offensichtlich eine andere Terminologie zugrunde als die oben[64] entwickelte. Gemeint ist, daß über die durch die Tatbestandsmerkmale der Grundrechtsnormen abgesteckten Sachgebiete hinaus auch negative Tatbestandsmerkmale bestimmen, welche Verhaltensweisen und Lebensgüter in den Genuß grundrechtlichen Schutzes kommen. Manche derartige Begrenzungen des Schutzumfangs sind ausdrücklich im Text einzelner Grundrechtsvorschriften enthalten. So gewährleistet Art. 5 Absatz 1 Satz 1, Alt. 2 GG nur die Information aus allgemein *zugänglichen* Quellen und eröffnet kein Recht *auf Zugang* zu *unzugänglichen* Quellen: er begrenzt sowohl der Gewährleistungs*bereich* (auf zugängliche Quellen) als auch die Gewährleistungs*weise* (Zugangsanspruch). Als *immanente* Begrenzung ist dies nur zu bezeichnen[65], wenn man – wie hier vertreten – unter immanent „enthalten" und nicht auch „ungeschrieben" versteht.

Zu prüfen bleibt, ob derartige Grenzbestimmungen sich verallgemeinern lassen oder nicht vielmehr im Umkehrschluß aus ihnen zu entnehmen ist, daß weder die ausdrücklich geregelten Ausschlußnormen auf *andere* Grundrechte noch weitere, ungeschriebene Gewährleistungsbegrenzungen *überhaupt* auf Grundrechte Anwendung finden.

a) Erreichen eines bestimmten Alters als Gewährleistungsvoraussetzung?

Nicht nur als Voraussetzung der Prozeßfähigkeit im Verfassungsbeschwerdeverfahren, sondern darüber hinaus als allgemeine Ausübungsgrenze für das jeweilige Grundrecht wird gelegentlich die Grundrechtsmündigkeit angeführt. Gemeint

---

61 Richtig BGH, NJW 1997, 1018 (1019) gegen den Antrag des Generalbundesanwalts.

62 So aber *Brugger,* JZ 1988, 633 (637).

63 Allgemein behauptet von *Fohmann,* Konkurrenzen und Kollisionen, S. 226 ff.; dagegen zu Recht *van Nieuwland,* Theorien, S. 119.

64 § 1 II 2 b).

65 So *Schmitt Glaeser,* JURA 1987, 573 ff.

II. Tatbestandsbegrenzungen

ist dann, daß eine gewisse Verstandesreife und Einsicht in die Bedeutung des konkret geschützten Verhaltens nicht nur nötig ist, um seinen rechtlichen Schutz selbständig *durchzusetzen*, sondern schon eine Voraussetzung für das Bestehen solchen Schutzes bildet[66]. Für eine solche Auffassung von Grundrechtsmündigkeit als zeitlich untere Grenze der Grundrechtsberechtigung spricht zwar, daß sie einen Gleichklang zwischen prozessualer Geltendmachung und Bestehen des geltend gemachten Rechts herstellt. Jedoch läßt sie die Möglichkeit einer Vertretung nicht prozeßfähiger Grundrechtsträger durch ihre gesetzlichen Vertreter außer Betracht. Auch finden sich im Grundgesetz keine Anhaltspunkte dafür, daß die Ausübung von Grundrechten durch Minderjährige erst ab einem bestimmten Alter geschützt sein solle[67]. Von einfachrechtlichen Grenzen der Geschäftsfähigkeit wie § 106 BGB kann die verfassungsrechtliche Gewährleistung der Grundrechte nicht abhängig gemacht werden[68]. Das Erreichen eines bestimmten Alters ist daher keine ungeschriebene Gewährleistungsvoraussetzung aller Grundrechte.

Gegenteiliges läßt sich nicht aus Art. 38 Absatz 2 Halbsatz 1 GG entnehmen. Zwar begrenzt diese Vorschrift das aktive Wahlalter verfassungsunmittelbar auf 18 Jahre. Art. 38 Absatz 2 GG ist keine Schranke eines Wahlrechts, das sich schon aus Art. 38 Absatz 1 GG ergäbe, sondern regelt die Wahlberechtigung erst selbst und von vornherein mit der Einschränkung, daß sie nur über 18jährigen Personen zukommt[69]. Art. 38 Absatz 2 GG stellt das Wahlrecht damit unter einen Mündigkeitsvorbehalt, der als Grundrechts*fähigkeits*grenze ausgestaltet ist. Jedoch handelt es sich um einen Sonderfall, dessen Regelung nichts zur Auslegung anderer Grundrechte beiträgt. Das Wahlrecht ist als politisches Teilnahmerecht zwar den Grundrechten der Art. 1 bis 19 GG prozessual gleichgestellt; es wird aber anders als diese nur in einer Wahl aktualisiert. Durch Wahlen nehmen die Wahlberechtigten zunächst und vor allem an der Ausübung von Staatsgewalt teil. Sie betätigen sich nicht in einem individuell gestalteten und verantworteten Freiraum. Insofern besteht einerseits kein Bedürfnis, auch Jugendliche durch ein subjektives Recht auf Teilnahme vor Beeinträchtigungen zu schützen[70]. Andererseits hat die staatliche Gemeinschaft ein Interesse daran, daß grundsätzlich nur Personen an der Wahl teilnehmen, von denen ein gewisses Maß an persönlicher und politischer Einsichtsfähigkeit erwartet werden kann. Darin unterscheiden sich politische Teilnahmerechte entscheidend von Grundrechten, die vor allem dem Schutz individueller Lebensgüter zu dienen bestimmt sind. Die Regelung einer Altersgrenze des Wahl-

---

[66] So *v. Münch*, in: ders./Kunig, GG, vor Art. 1 Rdnr. 13.

[67] So aber *Wipfelder*, BayVBl. 1981, 457 (460); wie hier *Jarass*, in: Jarass/Pieroth, GG, Art. 19 Rdnr. 10; *Hesse*, Grundzüge, Rdnr. 285.

[68] So *v. Münch*, in: ders./Kunig, GG, vor Art. 1 Rdnr. 13.

[69] Wie hier *Magiera*, in: Sachs, GG, Art. 38 Rdnr. 101; anders *Achterberg/Schulte*, in: v. Mangoldt/Klein, GG, Art. 38 Rdnr. 120; *Spies*, Schranken, S. 41; widersprüchlich *Pieroth*, in: Jarass/Pieroth, GG, Art. 38 Rdnr. 4 und 18.

[70] A. A. wohl *Knödler*, ZParl. 1996, 553 (561–563).

rechts beruht also auf einem besonderen Grund, der ihre Übertragung auf andere Grundrechte ausschließt.

b) *Friedlicher Freiheitsgenuß als Gewährleistungsvoraussetzung?*

Aus verfassungsrechtlich ungebundenen Rechtsgedanken kann schwerlich eine Verpflichtung der Bürger hergeleitet werden, ihre Grundrechte nur friedlich auszuüben. Insbesondere ist Friedlichkeit keine ungeschriebene Rechtsbedingung der Grundrechtsausübung. Friedlichkeit ist zwar von der staatlichen Existenz in dem Sinne „vorausgesetzt", daß der Staat faktisch nicht mehr funktioniert, wenn ihm die Bürger massenhaft den Rechtsgehorsam aufkündigen. Auf diese Gefahr könnte eine Rechtsbedingung der friedlichen Grundrechtsausübung antworten, die aus dem Grundsatz des Verbots widersprüchlichen Verhaltens abgeleitet ist: Die Bürger, deren Grundrechte der Staat gewährleistet, dürften nicht die Existenz dieses Staates in Frage stellen. Ein solches „Sägen am Ast, auf dem man sitzt", wäre widersprüchlich; die Bürger müßten ihre Grundrechte daher verfassungsschonend ausüben.

Doch begründet diese Argumentation nicht, daß Friedlichkeit eine *Rechtsbedingung* der Grundrechtsgeltung wäre, sondern beschreibt nur einen *faktischen* Zusammenhang. Das Verbot kontrafaktischen Verhaltens paßt nur auf die Rechtsbeziehungen gleichgeordneter Privater, zwischen denen Rechte und Pflichte im Vereinbarungswege begründet und auch wieder aufgehoben werden können. Es setzt voraus, daß der Handelnde sich durch sein vorheriges Verhalten selbst eine Verpflichtung zur Konsequenz auferlegt hat; in diesem Sinne beruht es auf dem Gedanken des Vertrauensschutzes. Die Berufung auf Grundrechte ist aber kein Verhalten des einzelnen, auf das der Staat ein schutzwürdiges Vertrauen stützen könnte. Da die Grundrechte unabhängig vom Willen der Grundrechtsträger auf Grund verfassungsrechtlicher Anordnung gelten, bleibt ihre Inanspruchnahme dem einzelnen überlassen, ohne daß sich an sie bzw. an ihren Gebrauch oder ihre Unterlassung ähnliche Erwartungen eines Gegenübers knüpfen lassen wie an ein Verhalten im privaten Rechtsverkehr. Der Staat kann nicht darauf vertrauen, daß, wer sich auf Grundrechte beruft, auch die faktischen Voraussetzungen ihrer Gewährleistung mitzutragen bereit ist. Eine grundrechtliche Friedenspflicht kann dem Verbot widersprüchlichen Verhaltens folglich nicht entnommen werden. Grundrechtsbetätigungen sind nicht allgemein unfriedlich, ehe sie nicht zumindest die Grenzen der Art. 18 und 21 Absatz 2 GG erreichen[71]. Im übrigen ist Friedlichkeit keine allgemeine Rechtsbedingung der Grundrechtsgeltung.

aa) Friedlichkeit als Grenze der Versammlungsfreiheit

Eine normative Verankerung ließe sich dagegen möglicherweise im Grundrechtsartikel über die Versammlungsfreiheit finden. Auf die „friedliche" Form

---
[71] So auch *Franz*, EuGRZ 1978, 303.

II. Tatbestandsbegrenzungen 191

einer Verhaltensweise schränkt ausdrücklich nur Art. 8 Absatz 1 GG den aus ihm folgenden grundrechtlichen Schutz ein[72]. Es läßt sich allerdings fragen, ob die Versammlungsfreiheit damit eine Ausnahme von der grundsätzlichen Freiheit der Grundrechtsträger bildet, die Art und Weise der Grundrechtsausübung selbst näher zu umreißen, oder ob in Art. 8 GG doch ein allgemeines Friedlichkeitsprinzip zum Ausdruck kommt.

Art. 8 Absatz 1 GG ist nun allerdings selber tatsächlich eine *Tatbestandsbegrenzung* im Sinne der „Nichtgeltungsanordnung" in bezug auf den Grundrechtsschutz überhaupt. Der Annahme, es handele sich um eine Schrankennorm[73], steht der deutliche Unterschied zwischen dem Wortlaut des Art. 8 Absatz 1 GG einerseits und der Einschränkungsvorbehalte als typischer Schrankenklauseln innerhalb des Grundrechtsabschnitts andererseits entgegen. Während diese die Einschränkung bei allen Unterschieden im Detail sämtlich als zweiten Schritt nach der Gewährleistung des Schutzbereichs benennen und dies zumeist durch eine zusätzliche sprachliche Zäsur in Form eines neuen Satzes unterstreichen, hebt die Umschreibung des sachlichen Schutzbereichs in Art. 8 Absatz 1 GG gerade mit dem Wort „friedlich" an. Schon eine Formulierung wie „sich zu versammeln, außer sie verhalten sich unfriedlich oder kommen bewaffnet" könnte als Beschränkungsvorbehalt gedeutet werden. Der Verfassungsgeber hätte dagegen kaum klarer als mit der vorliegenden Textfassung ausdrücken können, daß die Friedlichkeit ein Tatbestandsmerkmal der Versammlungsfreiheit sein sollte. Infolgedessen obliegt staatlichen Stellen beim Verbot bestimmter Versammlungen zwar die Argumentationslast dafür, daß es sich um ein unfriedliches Zusammentreffen handelt; die Teilnehmer einer Versammlung müssen nicht deren Friedlichkeit beweisen. Aber daß das Verbot unfriedlicher Versammlungen auf ein Gesetz gestützt werden muß, ergibt sich infolge des Tatbestandsausschlusses gerade nicht aus Art. 8 Absatz 1 GG[74], sondern allenfalls aus Art. 2 Absatz 1 GG.

bb) Ausdehnung auf andere Grundrechte?

Vereinzelt wird in der Literatur befürwortet, die Friedlichkeitsklausel des Art. 8 Absatz 1 GG auf alle Freiheitsrechte zu verallgemeinern. Zur Begründung wird auf den verfassungsgeschichtlichen Umstand hingewiesen, daß die unfriedliche Ausübung nur bei der Versammlungsfreiheit schon frühzeitig als Problem erkannt worden sei, nämlich anläßlich der Barrikadenkämpfe der Revolution von 1848 und späterer ähnlicher Vorfälle. Auch sei die besondere Gefährlichkeit versammelter Menschenmengen nicht nur für die Rechtsgüter einzelner, sondern auch für die Grundfesten der staatlichen Ordnung bei dieser Gelegenheit aufgefallen. Art. 8 Absatz 1 GG sei daher beispielhaft mit einem ausdrücklichen Friedlichkeitsvorbe-

---

[72] Zu Recht gegen eine Erweiterung auf das Uniformtragen bei Versammlungen *Spranger,* DÖD 1999, 58 (59).
[73] *Alexy,* Theorie der Grundrechte, S. 259f.
[74] So aber *Bleckmann,* Allgemeine Grundrechtslehren, S. 335.

halt versehen worden. Andere Grundrechte, deren Gebrauch sich in der Gegenwart als gleichermaßen gefährlich für die Gemeinschaft und den Staat erwiesen, könnten aber nicht anders gestellt werden als die Versammlungsfreiheit[75].

Die erwähnte Ursprungsbeschreibung des Friedlichkeitsvorbehalts ist historisch korrekt. Indes ist nicht ersichtlich, weshalb sie ausgerechnet für eine *Ausdehnung* der Friedlichkeitsklausel über Art. 8 GG hinaus sprechen soll. Hat der historische Verfassungsgeber nicht erkannt, daß auch die kollektive Ausübung anderer Grundrechte erhebliche Energien freisetzt, und daher ihre Gewährleistung nicht unter den Vorbehalt der Friedlichkeit gestellt, so ist es nicht am Verfassungsinterpreten, diesen mutmaßlichen Fehler zu korrigieren. *Hat* er diesen Umstand erkannt, so verbietet es sich erst recht, über seine Entscheidung hinwegzugehen, dort *keine* Friedlichkeitsklausel anzubringen. Ein Friedlichkeitsvorbehalt aller Grundrechte liefe im Ergebnis auf einen allgemeinen einfachen Gesetzesvorbehalt hinaus[76]. Nur wenn anzunehmen wäre, daß aus Sicht des Verfassungsgebers im Gegensatz zu Versammlungen alle anderen Grundrechtsbetätigungen schon ihrem Wesen nach nur ein friedliches Verhalten einschließen, könnte der Schutzbereich im Wege der teleologischen Reduktion auf diesen intendierten Wirkungsumfang zurückgeführt werden. Gerade diese Annahme stützt die Begriffsgeschichte aber nicht. Die ausdrückliche Normierung des Friedlichkeitsvorbehalts in Art. 8 Absatz 1 GG rechtfertigt im systematischen Vergleich mit allen anderen Grundrechten vielmehr insgesamt den Schluß, daß diese – da bei ihnen keine vergleichbaren Vorbehalte zu finden sind – auch unfriedlich sollten ausgeübt werden dürfen.

Gleichwohl hat es an Versuchen nicht gefehlt, die Friedlichkeit auch zum ungeschriebenen Tatbestandsmerkmal anderer Grundrechte zu erklären. Die Vereinigungsfreiheit zum Beispiel steht nicht – etwa wegen einer sachlichen Nähe der Art. 8 und 9 GG – wie die Freiheit der Versammlung unter freiem Himmel unter einem Vorbehalt der Friedlichkeit[77]. Dem steht schon der Grundsatz der Spezialität im Wege. Art. 9 Absatz 2 GG benennt einzelne Ausprägungen *unfriedlichen* Vereinsverhaltens als Verbotsgründe. Indem Art. 9 Absatz 2 GG einige Vereinigungszwecke als Verbotsgründe aufzählt, setzt er voraus, daß Vereinsbetätigungen mit den genannten Zielen *tatbestandlich* noch von Art. 9 Absatz 1 GG umfaßt sind. Selbst wenn man Art. 9 Absatz 2 GG seinerseits als Teil der Tatbestandsnormierung der Vereinigungsfreiheit liest[78], schneidet er doch nur *bestimmte* unfriedliche Vereinszwecke aus dem Gewährleistungsbereich heraus. Unter einen allgemeinen Friedlichkeitsvorbehalt stellt er die Vereinigungsfreiheit nicht[79]. Im

---

[75] *Isensee,* in: FSchr. Sendler, S. 39 (58 f.).
[76] *Voßkuhle,* BayVBl. 1995, 613 (619 f.).
[77] So aber etwa *Arnold,* BayVBl. 1978, 520 (524).
[78] So *Lücke,* EuGRZ 1995, 651 (656) unter Berufung auf die allerdings ambivalent formulierte BVerfGE 80, 244 (253).
[79] Ebenso *Rudroff,* Vereinigungsverbot, S. 33 f. m. w. Nachw.; a.A. *Bleckmann/Wiethoff,* DÖV 1991, 722 (725).

II. Tatbestandsbegrenzungen

Umkehrschluß genießen Vereine bei der Verfolgung anderer Zwecke den Schutz des Art. 9 Absatz 1 GG, selbst wenn diese Zwecke ebenfalls als unfriedlich zu betrachten sind.

Im Ergebnis können andere Grundrechte als die Versammlungsfreiheit auch ausgeübt werden, wenn dabei die Rechtsordnung im übrigen beeinträchtigt wird, solange dies nur punktuelle Belastungen sind. In diesem Fall ist jeweils einzeln festzustellen, ob das Grundrecht als *Rechtfertigungsgrund* hinreicht oder nicht; dafür ist ein allgemeiner Friedlichkeitsvorbehalt ein zu grobes Prüfinstrument. Nehmen die „friedensstörenden" Grundrechtsausübungen aber so massiven Charakter an, daß sie den Bestand der übrigen Rechtsordnung in Frage stellen, so stellt sich die Frage der Rechtfertigung nicht mehr, weil dann ein *revolutionärer* Zustand erreicht ist, in dem nicht mehr Recht, sondern Macht über den Fortbestand der gegenwärtigen Verfassungsordnung entscheidet.

Weitere Anwendungsfälle bietet zwar heute – zumindest in der Phantasie weit vorausschauender Beobachter der Gesellschaftsentwicklung – der Religionsbereich[80]. Gerade in bezug auf die Religion hat sich der Staat sehr weitgehende Zurückhaltung auferlegt, was die Definition tatbestandlicher Voraussetzungen des Grundrechtsschutzes betrifft. Die Ausprägung eines besonderen Begriffs für die Konkretisierungskompetenz bestimmter Grundrechtsträger, der Kirchen – nämlich des Topos von deren „Selbstverständnis"[81] – macht deutlich, wie wenig gerade im Bereich von Glauben und Weltanschauung die Verfassungsinterpretation noch von einem Definitionsmonopol des grundrechtsschützenden Staates bestimmt ist[82]. Diese Zurückhaltung hat natürlich in Deutschland besondere historische Gründe und entspricht der engen Zusammenarbeit, die Staat und Kirchen hier im Gegensatz zu vielen anderen westlichen Gesellschaften verbindet[83]. Indes mehren sich die Fälle, in denen auch andere, dem Staat nicht im Geiste gegenseitiger Wertschätzung begegnende Religionsgemeinschaften sich an der Gestaltung des Gemeinschaftslebens beteiligen oder beteiligen wollen[84].

Um ihren Einfluß unter Kontrolle zu behalten, erscheint ein allgemeiner Friedlichkeitsvorbehalt als verlockend einfache Alternative. Für die Frage der Anerkennung als öffentlich-rechtliche Körperschaft ist mit dem ungeschriebenen Versagungsgrund einer grundsätzlichen Ablehnung der Grundlagen der staatlichen Ordnung bereits ein probater und recht flexibel anwendbarer Parallelvorbehalt gefunden worden, der nur wegen des besonderen Verhältnisses zwischen dem Staat und den Korporationen noch ein Stück weiter in das Vorfeld möglicher Existenz-

---

[80] Vgl. schon die Beispiele bei § 1 I 1 b); dazu auch *Muckel*, Religiöse Freiheit, S. 209.
[81] Beispielhaft BVerfGE 24, 236 (245); 83, 341 (353); ins Extreme gesteigert von *Leisner*, BayVBl. 1980, 321 (328); differenzierend *Müller-Volbehr*, DÖV 1995, 301 (303 f.).
[82] Dagegen auch *Höfling*, Offene Grundrechtsinterpretation, S. 89.
[83] So nur *Fehlau*, JuS 1993, 441 (443) m. w. N.
[84] Siehe BVerwG, NJW 1997, 2396 (2398 f.); *Muckel*, DÖV 1995, 311 (316 – zu islamischen Religionsgemeinschaften) m. w. Nachw.

bedrohung zurückgeschoben ist[85]. Gerade wegen ihrer weitgehend unkontrollierbaren Weite und Unbestimmtheit sind Maßstäbe wie der genannte aber nicht geeignet, um den Rechtsfrieden zwischen Staat und Glaubensgemeinschaften auf Dauer sicherzustellen. Der Vorwurf parteilicher Auslegung wird kaum lange auf sich warten lassen. Erst recht treffen diese Bedenken einen etwaigen „Fundamentalismusvorbehalt", mit dem radikale Religionsgruppen aus dem Schutzbereich von Art. 4 Absätze 1 und 2 GG herausdefiniert würden[86].

Angemessener erscheint in allen diesen Fällen weder eine Rückkehr hinter den Standard weitgehender Selbstdefinition von Glaube und Gewissen durch die Grundrechtsträger noch eine Renaissance des Vorbehalts der Religionsfreiheit für „abendländische Kulturreligionen", sondern eine differenzierte Behandlung der sich zwischen dem Schutz solcher Religionen und anderen Verfassungsgütern ergebenden Konflikte auf der Schrankenebene. Von den echten Konfliktfällen zu unterscheiden sind natürlich die – in concreto nicht immer leicht festzustellenden – Fälle, in denen eine religiöse Einstellung nicht wirklich vorliegt, sondern nur zum Vorwand genommen wird, um wirtschaftliche oder sonstige materielle Interessen leichter verfolgen zu können[87]. Dagegen ließe sich einer Religionsgemeinschaft, die ihren Mitgliedern die Teilnahme an staatlichen Wahlen verbietet, wohl deren Wahlrecht aus Art. 38 Absatz 2 GG entgegenhalten. Ob auf die daraus abzuleitende Grundrechtsschranke eine Eingriffsbefugnis des Staates aufgebaut werden kann, ist eine Frage des Ausgleichs im Einzelfall. Es hängt z. B. davon ab, ob die Gemeinschaft ihre Mitglieder letztlich auch an der Wahlteilnahme hindert oder es bei einem moralischen Appell beläßt. Ist letzteres der Fall, so wird jedoch auch das Demokratieprinzip nicht als subsidiäre Legitimation für die Einschränkung des Rechts einer solchen Religionsgruppe auf Bestimmung der eigenen Glaubensgrundsätze taugen.

Entsprechendes trifft auch auf wissenschaftliches „Sektierertum" zu. Zwar kann nicht jedes wirre Hirngespinst als wissenschaftliche Theorie ausgegeben werden[88]. Doch ist die Gefahr, bei allzu formalen Kriterien für den Wissenschaftsbegriff wissenschaftliche Außenseiter und politisch mißliebige Forschung unter dem Vorwand der Unwissenschaftlichkeit zu disqualifizieren[89], nicht von der Hand zu weisen. Hier wie dort gilt: im Zweifel ist ein Interessenkonflikt nicht Anlaß zu Schutzbereichsverengungen, sondern muß auf der Schrankenstufe abgeschichtet werden. Einen Interpretationsgrundsatz möglichster Vermeidung von Geltungskonkurrenzen mag es für Kompetenzzuweisungsnormen geben[90], auf Grundrechtsnormen könnte er jedenfalls nicht ausgedehnt werden.

---

[85] BVerwG, NJW 1997, 2396 (2398 f.).
[86] Ablehnend auch *Hufen,* StwStPrax 1992, 445 (464 f.).
[87] Siehe zur Abgrenzung BAG, NJW 1996, 143 und BVerwG, NJW 1998, 1166 = JZ 1998, 786 (787 f.) zu Scientology einerseits, BVerwGE 90, 112 ff. (zu Osho) andererseits.
[88] Vgl. nur BVerfGE 90, 1 (12 f.).
[89] *Dreier,* DVBl. 1980, 471 (472).
[90] So *Sachs,* in: FSchr. Stern, S. 475 (503); a.A. *Jutzi,* ThürVBl. 1995, 25 (28).

3. Zulässigkeit von Ausgestaltungen als Begrenzungsermächtigung an den Gesetzgeber?

Ist der Verengung grundrechtlicher Schutzbereiche bei der Tatbestandsauslegung auch mit Vorsicht zu begegnen, so könnte doch mehr Großzügigkeit angebracht sein, wo der Gesetzgeber als „geborener Interpret der Verfassung" sich der näheren Bestimmung offener Begriffe der Gewährleistungsvorschriften annimmt. Gerade dort, wo der Normbereich eines Grundrechts nicht quasi naturwüchsig, in der Terminologie *Friedrich Müllers* also rechtserzeugt[91] ist, bietet seine rechtliche Erzeugung und Formung dem Gesetzgeber ein weites Feld an Gestaltungsmöglichkeiten. Er könnte diesen Spielraum nutzen, um zum Schutz sonstigen Verfassungsrechts besonders „gefährliche" Freiheitsbetätigungen aus dem grundrechtlichen Normbereich herauszunehmen. Wie weit diese Option zu verwirklichen ist, hängt davon ab, wie sich Freiheit und Bindung des Gesetzgebers bei der Ausgestaltung zueinander verhalten.

Zwar ist es nicht der einfache Gesetzgeber, der über Inhalt und Umfang der verfassungsrechtlichen Garantie des Eigentums oder anderer Grundrechte entscheidet, sondern „die Verfassung selbst"[92]. Ist die Bedeutung des Verfassungstexts aber nicht vollständig mit den herkömmlichen Auslegungsmethoden zu erschließen, so ist der Text insoweit offen. Soweit sich Verfassungsbestimmungen auf Rechtsgebiete und Institutionen des einfachen Gesetzesrechts beziehen, kann der Gesetzgeber in diesem Rahmen auch über die *Zugehörigkeit* einzelner Normen zur ausgestaltenden Regelung verfügen[93]. Es scheint also unvermeidbar zu sein, daß wenigstens zum Teil „Grundrechte aus der Hand des Gesetzgebers" stammen, der doch selbst an sie gebunden sein soll[94]. Das Dilemma ausgestaltenden Rechts ist also nicht einfach auflösbar, da es der Doppelrolle des Gesetzgebers entspricht: einerseits wird er als Erzeuger des Anwendungsbereichs bestimmter grundrechtlicher Normen benötigt; andererseits stellt seine Macht zur Verengung dieser Anwendungsbereiche für die grundrechtliche Freiheit eine stete latente Bedrohung dar. Das gilt im Bereich der Schutzbereichsausgestaltung ebenso wie für die Schrankenausgestaltung; ja bei letzterer wurde das Problem zuerst erkannt und als solches benannt[95].

---

[91] *Friedr. Müller*, Juristische Methodik, S. 143; ausf. etwa *Nierhaus*, AöR 116 (1991), 72 (83 ff.).
[92] BVerfGE 83, 341 (353); genauer BVerfGE 50, 290 (355); 84, 212 (225).
[93] *Gusy*, JöR n. F. 33 (1984), 105 (124); vgl. BVerfGE 49, 202 (206).
[94] *Herzog*, in: FSchr. Zeidler, Bd. 2, S. 1415 (1420).
[95] Siehe die vorstehend genannten Beiträge von *Herzog* und *Gusy* sowie *Bethge*, VVDStRL 57 (1998), S. 9 (30 f.); *ders.*, Diskussionsbeitrag, ebd., S. 124.

a) Die Bindung der Ausgestaltung an grundrechtliche Vorgaben

Gerade in bezug auf Grundrechte betont Art. 1 Absatz 3 GG die Bindung auch ausgestaltender Gesetze an die Verfassung besonders. Als Ausdruck der Distanz von Verfassungsrecht und Gesetzesrecht im Bereich der Grundrechte erinnert Art. 1 Absatz 3 GG stets daran, daß ausgestaltende Regelungen ihrerseits verfassungsgebunden sind und an der Verfassung gemessen werden müssen[96]. Andererseits steht Art. 1 Absatz 3 GG in engem Zusammenhang mit Art. 1 Absatz 1 Satz 2 GG, der die Schutzpflicht des Staates für die Menschenwürde hervorhebt, damit aber zugleich sein Tätigwerden zum Schutz aller Grundrechte fordert, wenigstens soweit ihr Menschenwürdekern in Gefahr gerät. Der Staat kann insoweit auch dazu aufgerufen sein, durch seine gesetzgebenden Organe schützende Regeln zu erlassen, die eine nähere Bestimmung des Geltungsumfangs der Grundrechte voraussetzen können[97].

Eine Bindung des Gesetzgebers an die Grundrechte bei der Ausgestaltung läßt sich nicht etwa mit dem Argument verneinen, daß ohne gesetzgeberisches Tätigwerden gar kein Schutzbereich vorhanden wäre, die effektive Grundrechtsbetätigung also seiner Disposition unterliegt. Zwar hat der Gesetzgeber hinsichtlich rechtserzeugter Normbereiche von Grundrechten legitimen Anteil an deren Formung[98]. Dies enthebt ihn aber nicht schon der Kontrolle, ob er bei dieser Ausformung die Grenzen des Schutzbereichs zu eng gezogen hat. Die grundrechts*fördernde* Tendenz von Ausgestaltungen, die einen rechtlich geprägten Schutzbereich erst erzeugen oder erweitern, schließt es keineswegs aus, daß der Schutzbereich an bestimmten Stellen, insbesondere gegenüber einzelnen Rechtsträgern – auch wenn sie sich auf dasselbe Grundrecht berufen wie ein von der Ausgestaltung „Begünstigter"[99] – in einer von der Verfassung nicht gedeckten Weise verengt wird. Eine „Schutzbereichsbegrenzung durch Gesetz"[100] kann ebenso beeinträchtigend wirken wie ein klassischer Eingriff in den Schutzbereich. Der ausgestaltende Gesetzgeber ist insoweit nicht „grundrechtsexemt"[101].

Die Ausgestaltung hat insbesondere dann *verkürzende* Wirkung auf den ausgestalteten Normbereich, wenn sie tatsächliche oder rechtliche Grundlagen der Freiheitsbetätigung beseitigt, diese negativ sanktioniert oder umgekehrt die Unterlassung und die Verhinderung der Grundrechtsausübung positiv sanktioniert, wenn sie also mit einem Wort Wertungswidersprüche zur Gewährleistungsnorm herstellt. Es ist nicht erkennbar, daß bei solchen Ausgestaltungen ein geringeres

---

[96] *Kingreen*, JURA 1997, 401 (409); *Pieroth/Schlink*, Grundrechte, Rdnr. 230.
[97] *Nierhaus*, AöR 116 (1991), 72 (77).
[98] *Pestalozza*, Der Staat 11 (1972), 161 (167); *van Nieuwland*, Theorien, S. 67.
[99] Zu eng *Jarass*, AöR 110 (1985), 363 (390).
[100] So *Erichsen*, JURA 1992, 142 (143 f.).
[101] Treffend *Nierhaus*, AöR 116 (1991), 72 (96).

Bedürfnis bestände, die Sicherungen etwa des Vorbehalts des Gesetzes und des Verhältnismäßigkeitsgrundsatzes anzuwenden, als bei typischerweise eingreifenden Einwirkungen auf den Schutzbereich[102]. Das verkennen Autoren, die grundrechts*fördernde* Regelungen von vornherein nicht an den davon „begünstigten" Grundrechten messen wollen[103]. Die eine Grundrechtsausübung überhaupt erst ermöglichende Wirkung gesetzgeberischen Tätigwerdens wird auf diesem Weg zu einer bloßen Rechtswohltat erklärt, die nicht zugleich auch als Belastung wirken könnte.

Verdeutlichen läßt sich die Bindung des ausgestaltenden Gesetzgebers am Beispiel der Prägung des Ersatzschulbegriffs in Art. 7 Absatz 4 GG durch das Landesschulrecht[104]. Welche Privatschulen eine öffentliche Schule „ersetzen", bestimmt sich nach der landesrechtlichen Konzeption des Schulsystems. Jedoch vermag eine landesrechtliche Schulkonzeption der Privatschulfreiheit nur insoweit Grenzen zu setzen, als sie nicht ihrerseits dem Bundesverfassungsrecht widerspricht. Solche Grenzen können sich aus Art. 7 GG selbst ergeben, aber auch aus Grundrechten. Der Staat darf Kinder zum Beispiel nicht übermäßig lange in einer Schule mit undifferenziertem Unterricht festhalten, in der ihre Entwicklung nicht begabungsgerecht gefördert wird. Art. 2 Absatz 1, 1 Absatz 1 GG begrenzen insoweit die zulässige Dauer der Grundschulzeit auf regelmäßig vier Jahre[105]. Erstreckt sich die Grundschule in einem Land über sechs Schuljahre, so wirkt sich dies als Ausgestaltung des Rechts zur Privatschulgründung aus, die nur dann zulässig ist, wenn die fehlende Differenzierung nach Schulformen in den Jahrgangsstufen 5 und 6 durch eine Binnendifferenzierung innerhalb der Grundschule kompensiert wird[106].

Eine besondere Grenze gesetzgeberischer Eigenmacht bei der Ausgestaltung liegt darin, daß der Gesetzgeber an Interpretationsbefugnisse der Grundrechtsträger selbst gebunden sein kann. Die Offenheit von Verfassungsbestimmungen überläßt nicht nur staatlichen Stellen, sondern auch den Trägern mancher Grundrechte eine Ergänzung ihres Norminhalts. Im Gegensatz zur Zuweisung von Interpretationsermächtigungen und Ausfüllungsermächtigungen für Grundrechtsnormen an Rechtsprechung und Gesetzgebung[107] geht es hier nur cum grano salis um eine *Kompetenz*verteilung: im Staat-Bürger-Verhältnis stehen nur auf der staatlichen Seite Kompetenzen, auf der Seite des Bürgers dagegen Freiheitsräume einander gegenüber. Doch in diesem Sinne ist die materielle Interpretationskompetenz geteilt: sie liegt bei rechtsgeprägten Grundrechten stärker beim Gesetzgeber als amtlichem, bei eher sachgeprägten Grundrechten bei den Grundrechtsträgern als priva-

---

[102] So zum österreichischen Recht auch *Holoubek*, Bauelemente, S. 73.
[103] *Jarass*, AöR 110 (1985), 363 (392); *Geis*, Die Polizei 1993, 293 (295).
[104] Dazu schon oben I 1 b).
[105] BVerfGE 34, 165 (187); BVerwG, NVwZ-RR 1997, 541 (543).
[106] BVerwG, NVwZ-RR 1997, 541 (544).
[107] Dazu *Gusy*, JöR n. F. 33 (1984), 105 (122).

ten Interpreten[108]. Die Verfassungsrechtsprechung ist auf die ex-post-Kontrolle beschränkt wie jede Gerichtsbarkeit.

Diese Aussagen sind als Tendenzangaben zu verstehen, da kein grundrechtlicher Gewährleistungsbereich ausschließlich sach- oder rechtsgeprägt ist. So hat etwa beim Eigentum eher der Gesetzgeber mit Inhaltsbestimmungen die Vorhand, bei der Religionsausübung der Bürger mit Bekenntnisdefinitionen[109]. Eine Ausgestaltungssperre ist indes nicht aus dem Vorbehalt des Gesetzes abzuleiten. Überschreitet der Gesetzgeber den Spielraum, den ihm offene Verfassungsbegriffe lassen, so verstößt er gegen den Gewährleistungsgehalt des betroffenen Grundrechts, nicht gegen den (formell zu verstehenden) Vorbehalt des Gesetzes[110]. Auswüchse wie aushöhlende Eigentumsdefinitionen einerseits und ausschließlich zu wirtschaftlichen Zwecken vorgeschobene religiöse Motive anderseits kann die Rechtsprechung – wie oben bemerkt – korrigieren.

b) Besonderheiten der Ausgestaltung grundrechtlicher Institutionen?

Häufig ist zu lesen, der Gesetzgeber bestimme mit der Ausgestaltung einer grundrechtlich geschützten Institution zugleich den Umfang des Schutzbereichs von Individualfreiheitsrechten, die in derselben Grundrechtsvorschrift geschützt sind. Gegen eine generelle Auffassung der Grundrechte als nur um gesellschaftlicher Zwecke willen gesicherter Institutionen[111] oder eine sonstige Ausdehnung ihrer institutionellen Zweckbindung über den Bereich von flankierenden, konnexen Garantien[112] hinaus spricht schon die Gefahr, daß damit der *Instrumentalisierung* freiheitssichernder Normen für staatlich vorgegebene Zwecke eine breite Bahn geöffnet wäre. Ihren Sinn als Freiräume würden die Grundrechte damit verlieren und eher zu Kompetenzen des einzelnen werden, ihn damit nur noch als Funktionsträger der Gesellschaft erfassen[113]. Dadurch ist allerdings die Gefahr nicht schon gebannt, daß die freiheitsrechtliche und die institutionelle Seite „desselben" Grundrechts miteinander in Konflikt geraten, sondern erst eine ihrer möglichen Ursachen benannt. Verdeckt wird diese Gefahr oft durch die nicht immer ausgesprochene Voraussetzung, zwischen der Gewährleistung eines Rechtsinstituts und der einer individuellen Freiheitsbereichs durch „dasselbe" Grundrecht ließe sich nicht unterscheiden oder eine solche Unterscheidung sei zumindest nicht nützlich, da sich beide Gewährleistungsbereiche ohnehin decken müßten.

---

[108] *Höfling*, Offene Grundrechtsinterpretation, S. 91 und 94; *Morlok*, Selbstverständnis, S. 386.

[109] So auch *Müller-Volbehr*, DÖV 1995, 301 (308).

[110] Ebenso *Sachs*, Diskussionsbeitrag, VVDStRL 157 (1998), S. 145 f.; a. A. jedoch *Bethge*, ebd., S. 9 (54).

[111] Vgl. dazu generell *Böckenförde*, NJW 1974, 1529 (1533).

[112] Zum Begriff *E. Klein*, DVBl. 1981, 661 (666 f.).

[113] Zum historischen Hintergrund vgl. *Friedr. Klein*, Institutionelle Garantien, S. 187.

II. Tatbestandsbegrenzungen

aa) Begrenzung des Freiheitsschutzes auf einen institutionellen „Kernbereich"?

Erleichtert wird die Begrenzung grundrechtlicher Tatbestände, wenn man auch Freiheitsrechte nach dem für die institutionellen Garantien entwickelten Prüfungsschema abhandelt. Stillschweigend als oder wie eine institutionelle Garantie behandelt die Rechtsprechung des BVerfG insbesondere die Koalitionsfreiheit. Jedenfalls in den Formulierungen lehnt sich das Gericht auch heute noch an die Dogmatik institutioneller Gewährleistungen an. So ist nach wie vor von einem unantastbar geschützten *Kernbereich* der Koalitionsbetätigung die Rede, während es in seinem *Randbereich* einer weitgehenden Ausgestaltungsbefugnis des Gesetzgebers unterliege. Eingriffe in den Kernbereich werden als absolut unzulässig behandelt[114]. Aus dieser Rechtsprechung las ein Teil der Literatur heraus, daß die Koalitionsfreiheit ähnlich wie verfassungsrechtliche Institutsgarantien in ihrem „Randbereich" *keine* materielle Gewährleistung enthalte, so daß Eingriffe in Koalitionsbetätigungen außerhalb der Schaffung und Durchsetzung von Tarifrecht nicht am Maßstab der Koalitionsfreiheit gemessen werden müßten[115].

Dieser Deutung ist das Gericht inzwischen nicht ohne Grund entgegengetreten. Denn sie widerspricht der Struktur eines Freiheitsrechts und löst die grundrechtsdogmatischen Elementarkategorien von Schutzbereich und Schranke, verfassungsgeschütztem Verhalten und Eingriff weitgehend auf[116]. Die Koalitionsfreiheit ist – wie das Gericht zu Recht hervorhebt – ein vorbehaltlos gewährleistetes Grundrecht. Ihr können daher grundsätzlich nur zur Wahrung verfassungsrechtlich geschützter Güter Schranken gesetzt werden. Weder die Schranken des Art 9 Absatz 2 GG noch beliebige, nicht von der Verfassung geschützte Rechtsgüter kommen zu ihrer Einschränkung in Frage[117]. In neueren Entscheidungen stellte das BVerfG klar, daß auch Ausgestaltungen im Randbereich der Koalitionsbetätigung nicht nur den formalen Schutz des Vorbehalts des Gesetzes genießen. Sie müssen vielmehr zum Schutz kollidierender Rechtsgüter geeignet, erforderlich und angemessen sein; insoweit fügt sich die Rechtsprechung hier in die allgemeine Grundrechtsdogmatik nahtlos ein. Das BVerfG gesteht dem Gesetzgeber allerdings die Befugnis zu, die Koalitionsfreiheit wie andere rechtsgeprägte Grundrechte in weitem Umfang auszugestalten, da sie sinnvoll nur in einem rechtlich geregelten Rahmen

---

[114] BVerfGE 17, 319 (333 f.); 42, 133 (139); 50, 290 (368); 57, 220 (246); 58, 233 (247); ähnlich für die Wissenschaftsfreiheit BVerfGE 35, 112 (122); vgl. zum historischen Hintergrund wiederum *Friedr. Klein,* Institutionelle Garantien, S. 135 f.

[115] *Säcker,* Grundprobleme der kollektiven Koalitionsfreiheit, S. 89 ff.; *Reinemann/ Schmitz-Henze,* JA 1995, 811 (815).

[116] *Kittner,* in: AltK-GG, Art. 9 Absatz 3 Rdnr. 63; *Höfling,* in: Sachs, GG, Art. 9 Rdnr. 71.

[117] BVerfGE 88, 103 (115); 92, 26 (41); *Kittner,* in: AltK-GG, Art. 9 Abs. 3 Rdnr. 36; *Jarass,* in: ders./Pieroth, GG, Art. 9 Rdnr. 35; *Otto,* in: FSchr. Zeuner, S. 121 (137); *H. H. Rupp,* JZ 1998, 919 (920); offenlassend noch BVerfGE 84, 212 (228); a.A. *Scholz,* in: Maunz/Dürig, GG, Art. 9 Abs. 3 Rdnr. 337; *Reinemann/Schmitz-Henze,* JA 1995, 811 (814).

ausgeübt werden kann. Der Gesetzgeber erscheint ihm „in positiver Funktion, nicht als Feind des Grundrechts"[118]. Auch dieser Gesichtspunkt bewegt sich grundrechtsdogmatisch auf vertrautem Terrain, denn er betrifft die Ausgestaltung rechtlich konstituierter Grundrechtsschutzbereiche. Er hat heute insoweit aber etwas an Gewicht verloren. Im Vordergrund steht als Zweck von Ausgestaltungen die Wahrung des Normziels von Art. 9 Absatz 3 GG, das Spiel der tarifpolitischen Kräfte im Gleichgewicht zu halten und insbesondere die Parität der Tarifparteien zu gewährleisten[119]. In diesem Ausgestaltungszweck kommt tatsächlich eine Eigenart des Grundrechts aus Art. 9 Absatz 3 GG zum Vorschein. Denn die Koalitionsfreiheit ist insoweit ein außergewöhnliches Grundrecht, als sie der autonomen Rechtsetzung durch gesellschaftliche Machtblöcke ausdrücklich einen Freiraum verschafft. Die grundrechtlich abgesicherte Tarifautonomie geht mit kollektiver Machtausübung durch die Arbeitgeber- und Arbeitnehmerverbände einher, die in besonderem Maße mit Gefahren für die Gegnerseite und für Rechte Dritter verbunden ist. Auch diesen Gefahren kann der Gesetzgeber im Wege der Ausgestaltung begegnen[120].

Eine Reduzierung ihres Schutzes auf irgendeinen Kernbereich ist damit aber nicht verbunden. Die Besonderheit der Koalitionsfreiheit liegt nur darin, daß als rechtfertigendes Verfassungsrecht hier besonders häufig Normen aus dem Gewährleistungsbereich des Art. 9 Absatz 3 GG selbst in Betracht kommen. Im übrigen reiht sich die Koalitionsfreiheit in die Strukturen der allgemeinen Grundrechtsdogmatik ein. Auch soweit sie als Institut geschützt ist, ist ihr Tatbestand nicht auf elementare oder zentrale Ausübungsformen beschränkt. Der Arbeitskampf als „Kern" der Koalitionsbetätigung genießt vielmehr nur *stärkeren* Schutz als bloß unterstützende oder ganz unspezifische Tätigkeiten von Gewerkschaften und Arbeitgeberverbänden; *allein* gewährleistet ist er nicht. Konflikte mit entgegenstehenden Verfassungsgütern sind daher auch bei Grundrechten, die institutionellen Gewährleistungen in der Struktur nahe kommen mögen, nicht durch Reduktion des Schutzbereichs auf einen Kernbereich zu lösen[121], sondern nach der allgemeinen Grundsätzen.

bb) Begrenzung des Freiheitsschutzes auf den Tatbestand
grundrechtlicher Institute und Institutionen?

Eine Reihe von Autoren, die zutreffend zwischen den Normen des individuellen und des institutionellen Grundrechtsschutzes differenzieren, gehen gleichwohl

---

[118] So die Deutung durch *Schwerdtfeger,* Individuelle und kollektive Koalitionsfreiheit, S. 64.
[119] BVerfGE 84, 212 (226 f.); 88, 103 (115 f.); 92, 26 (41); ausdrückliche Aufgabe des Ausdrucks „Kernbereich" ohne sachliche Änderung: BVerfGE 93, 352 (360); zusammenf. *Sodan,* JZ 1998, 421 (422 ff.).
[120] BVerfGE 44, 322 (340 f.); 64, 208 (215).
[121] Deutlich BVerfGE 84, 212 (225); ebenso zur Wissenschaftsfreiheit in der Hochschule *Hufen,* Freiheit der Kunst, S. 165 f.

mehr oder weniger selbstverständlich davon aus, daß die sachlichen Schutzbereiche beider Grundrechtsgewährleistungen übereinstimmen[122]. Als Beispiel für eine „Ausformung des Schutzbereiches" eines Freiheitsrechts durch die Ausgestaltung des korrespondierenden Instituts wird zumal Art. 6 Absatz 1 Alt. 1 GG genannt[123]. Die Ehe ist darin nicht nur als Lebensform, sondern auch als Rechtsinstitut gewährleistet[124]. Die Eheschließungsfreiheit verbürgt Art. 6 Absatz 1 Alt. 1 GG nach dieser Auffassung nur im Rahmen des jeweils geltenden Familienrechts und Personenstandsrechts. Im Ergebnis liefe dies tatsächlich darauf hinaus, daß der Freiheitsschutz durch die gesetzgeberische Ausgestaltungsbefugnis für das Institut Ehe bereits tatbestandlich begrenzt wird.

Weshalb allerdings nicht zumindest die *Einführung* von neuen Voraussetzungen für die Eheschließung nicht nur als Ausgestaltung des verfassungsrechtlichen Instituts, sondern gleichzeitig auch als Eingriff in die Eheschließungsfreiheit Heiratswilliger aufzufassen sein sollte, ist nicht erkennbar. Zwar könnte eine solche tatbestandliche Harmonielösung sich auf gute Gründe stützen, wenn das Auseinanderfallen eines (weiteren) grundrechtlichen Schutzbereichs und einer vom Gesetzgeber (enger) ausgestalteten Institutsgewährleistung seine Ausgestaltungsbefugnis im Ergebnis weitgehend aushöhlen müßte. Doch hindert es den Gesetzgeber nicht an Modifikationen des das Institut prägenden Rechts, wenn er dabei außer dem eigenständigen verfassungsrechtlichen Gehalt der Einrichtungsgarantie auch das jeweilige Individualgrundrecht beachten muß. Er ist damit nur an insoweit *übermäßigen* Veränderungen gehindert. Die gesetzlichen Regelungen über die Eheschließung greifen in die Eheschließungsfreiheit ein und sind am Maßstab ihrer Eignung, Erforderlichkeit und Angemessenheit zur Verwirklichung des rechtlich-sozialen Tatbestandes „Ehe" vor ihr zu rechtfertigen. Einen legitimen und – angesichts der vorbehaltlosen Gewährleistung des Art. 6 Absatz 1 Alt. 1 GG nötigen – verfassungsrechtlich geschützten *Zweck* verfolgt eine gesetzliche Regelung, die der Effektivierung des Rechtsinstituts Ehe in der Lebenswirklichkeit dient, mit ihrem Eingriff in die Eheschließungsfreiheit allemal.

Gerade Art. 6 Absatz 1 GG enthält in Form der Garantie der Familie auch ein Gegenbeispiel, bei dem der Schutzbereich des Freiheitsrechts und der Gewährleistungsinhalt der Institutsgarantie sehr wohl auseinanderfallen. Das BVerfG hat sie zwar in „untrennbare(r) Verbindung" miteinander gesehen[125]. Verbundenheit muß aber nicht zwingend auf inhaltlicher Übereinstimmung beruhen. Da die Institutsgarantie die Familie nur in ihren wesentlichen Strukturen schützt, wäre damit auch das Einzelgrundrecht inhaltlich auf den Schutz reduziert, den der Kern des Fami-

---

[122] Siehe nur *Kingreen,* JURA 1997, 401 (403f.); *Schmitt-Kammler,* in: Sachs, GG, Art. 6 Rdnr. 27 unter Berufung auf BVerfGE 15, 328 (332) und 53, 224 (245); anders aber *Pieroth,* in: Jarass/ders., GG, Art. 6 Rdnr. 21.

[123] So *Kingreen,* JURA 1997, 401 (403); *Gusy,* DÖV 1986, 321 (326).

[124] BVerfGE 62, 323 (329).

[125] BVerfGE 62, 323 (330).

lienrechts bietet. Ja der Schutz der einzelnen Familie gegen gesetzgeberische Eingriffe würde möglicherweise erst dann greifen, wenn die Familie als Institution in Gefahr geriete[126]. Schon gar keine Grenze bildet das Rechtsinstitut *Ehe* für den verfassungsrechtlichen *Familien*begriff. Auch schließt es der nach dem Wortlaut von Art. 6 Absatz 1 GG „besondere" Schutz der Ehe nicht aus, daß der Staat anderen Lebensgemeinschaften rechtliche Sicherung zuteil werden läßt, zumal solchen mit Familiencharakter. „Besonders" heißt weder *besserer* noch gar *alleiniger* Schutz der Ehe[127]. Die Besonderheit des Schutzes besteht vielmehr darin, daß die gesamte Rechtsordnung unter dem Gebot ehe- (und familien-)freundlicher Ausgestaltung steht[128].

Keine weitergehende Dispositionsmacht besitzt der Gesetzgeber hinsichtlich der „Institution" Familie. Da dieser Verfassungsbegriff nicht im gleichen Umfang rechtlich geprägt ist wie das Institut der Ehe, sondern Art. 6 Absatz 1 GG insoweit auf den sozialen Tatbestand der Lebensgemeinschaft von Eltern und Kindern abstellt, ist die Gestaltungsfreiheit des Gesetzgebers hier eher enger. Der Gesetzgeber bestimmt daher durch eine Formung der Institution Familie entgegen der herrschenden Auffassung auch nicht indirekt den Schutzbereich des *Individualrechts* der Familie[129].

cc) Begrenzung des Freiheitsschutzes in freiheitssichernden Institutionen?

Das Vexierspiel mit Freiheitsrechten, in deren Tatbestand sich Institute spiegeln und umgekehrt, erreicht bei freiheitsspezifischen und um ihrer freiheitssichernden Wirkung willen gewährleisteten Institutionen einen gewissen Höhepunkt. So ist nur schwer auf den ersten Blick auszumachen, daß die Hochschulautonomie – obgleich in der vorbehaltlosen Norm des Art. 5 Absatz 3 Satz 1 GG gewährleistet – nur „im Rahmen der Gesetze" gelten solle[130]. Und doch ist hier am ehesten eine tatbestandliche Reduktion grundrechtlichen Freiheitsschutzes angebracht. Denn hier sind – ausnahmsweise – Institutionen selbst Träger von Freiheitsrechten; und damit entsteht eine Spannungslage zwischen den Freiheitsrechten der Mitglieder und Nutzer der Institution einerseits und der institutionellen Garantie auf der anderen Seite, die durch ein Freiheitsrecht verstärkt wird und dadurch an Gewicht gewinnt. Sollen entstehende Interessenkonflikte hier nicht stets einseitig zu Gunsten der Institutionen ausgehen, so bedarf die Freiheit der Institution der Begrenzung am Maßstab ihrer legitimierenden Gründe. Dies können gesamtgesellschaftliche, aber auch bloß einigen Individuen günstige Gründe sein.

---

[126] *V. Schmid,* Familie, S. 430.
[127] *Kingreen,* JURA 1997, 401 (407); *Ott,* NJW 1998, 117; a.A. *Pauly,* NJW 1997, 1955 (1956).
[128] Grundl. *Pechstein,* Familiengerechtigkeit, S. 174 f.
[129] So im Ergebnis auch *Friauf,* NJW 1986, 2595 (2600); *V. Schmid,* Familie, S. 427 ff.
[130] So *Knemeyer,* BayVBl. 1982, 513 (516).

II. Tatbestandsbegrenzungen

Ein freiheitssichernder Charakter kann im legitimatorischen Sinn „hinter" allen grundrechtlich geschützten Institutsgarantien gefunden werden. Institut*ionen* im Sinne organisierter, mit Personal- und Sachmitteln sowie eigener (Grund-)Rechtsfähigkeit ausgestatteter Einrichtungen sind dagegen nur Gegenstand einiger weniger Grundrechtsnormen. Umstritten ist, ob dazu die privatrechtlich konstituierte freie *Presse* gehört; allgemein als Institutionen mit freiheitsumhegendem Charakter anerkannt sind aber die Rundfunkanstalten, Kirchen und Hochschulen, und zwar unabhängig davon, ob sie den Status von Körperschaften des öffentlichen Rechts innehaben. Sie sind selbst Träger der Rundfunkfreiheit, der Religionsfreiheit und der Wissenschaftsfreiheit. Strittig ist z. B. die Grundrechtsträgerschaft der Landesmedienanstalten[131]. Gerade im Hochschulrecht hat die Rechtsprechung der letzten Jahre Klarheit darüber geschaffen, daß die Wissenschaftsfreiheit den Hochschulen keinen beliebig nutzbaren Freiraum verschafft, sondern den Schutz der wissenschaftlichen Betätigung der in den Hochschulen Lehrenden, Forschenden und Lernenden zum Ziel hat. Andere grundrechtlich geschützte Freiheiten dieser Personenkreise können hinzutreten, so an den Kunst- und Musikhochschulen vor allem die Kunstfreiheit der unterrichteten und der unterrichtenden Künstler[132].

Diese „dienende" Funktion[133] der institutionalisierten Freiheit ist nicht zu verwechseln mit einer Interpretation der Freiheit von Forschung und Lehre als *Funktionsgrundrecht*. Diese Deutung reduziert die Wissenschaftsfreiheit der an der Hochschule tätigen akademischen Lehrer auf eine Befugnis zur Amtsausübung als Forscher und Lehrer, die innerhalb der Institution Hochschule andererseits mit einem unbedingten Vorrang vor der Lernfreiheit der Studenten versehen sein soll[134]. Dieser Konstruktion ist zwar zuzugestehen, daß sie grundrechtliche Freiheiten harmonisch in ein sogenanntes besonderes Gewaltverhältnis einbindet und daß sie die Verfassungstreueklausel des Art. 5 Absatz 3 Satz 2 GG befriedigend erklären kann[135]. Die dogmatische Einordnung dieser Klausel ist allerdings auch anders möglich und letztlich nur ein Detailproblem ohne große praktische Relevanz[136]. Gegen eine Bindung der Freiheit der Wissenschaftler zu Forschung und

---

131 Ablehnend *Bethge,* NJW 1995, 557 (559 f.); differenzierend *Gersdorf,* in: Haratsch/Kugelmann/Repkewitz, Herausforderungen, S. 163 (174 u. 183).

132 Hierzu ausführlich *Hufen,* Freiheit der Kunst, passim, insbes. zur sonst vernachlässigten Freiheit der Lernenden S. 206 ff. Im Ansatz verfehlt *Raap,* DÖD 1999, 57 (58), der Wissenschaftlern „innerhalb des hoheitlichen Gesamtaufbaus des Staates ... keine Grundrechte als subjektive öffentliche Rechte" zugestehen will. Hier feiern Wirkungen des Sonderrechtsverhältnisses fröhliche Urständ, die seit bald 30 Jahren bei den Akten des BVerfG liegen.

133 Zur Rundfunkfreiheit BVerfGE 57, 295 (320); für die Wissenschaftsfreiheit implizit BVerfGE 33, 303 (339); 54, 173 (191); zu Art. 6 Absatz 2 GG *Ossenbühl,* DÖV 1977, 801 (807).

134 *Hailbronner,* Freiheit der Forschung und Lehre, insbes. S. 74 f., 149 und 203 f.

135 Zu letzterer insbes. *Hailbronner,* Freiheit der Forschung und Lehre, S. 237 f.

136 Wie auch *Hailbronner,* Freiheit der Forschung und Lehre, S. 234, in der Sache einräumt; vgl. unten III 2 a).

Lehre an den Zweck der Institution, in der sie Forschung und Lehre ausüben, spricht vor allem, daß es dem Sinn grundrechtlicher Freiheiten widerstrebt, ihrem Gebrauch bestimmte Zwecke vorzugeben[137].

Statt zwischen einer jedermann zustehenden Wissenschaftsfreiheit und der Freiheit von Forschung und Lehre als Funktionsgrundrecht ist daher zu unterscheiden zwischen der individuellen Wissenschaftsfreiheit, die dem Hochschullehrer und -forscher zusteht wie dem Grunde nach jedem anderen sonst auch, und der Wissenschaftsfreiheit der Institution Hochschule, die inhaltlich an die Sicherung und Förderung der Forschung und Lehre ihrer Angehörigen und Nutzer gebunden ist. Abweichendes kann landesverfassungsrechtlich geregelt werden[138]. Die Sicherung der individuellen Forschungs- und Kunstfreiheit gegen eine inhaltlich „freie" Garantie institutioneller Selbstverwaltung muß dann aber auf der Schrankenebene nachgeholt werden. Andererseits wirkt die funktionale Begrenzung der Hochschulfreiheit auch *negativ* auf die in der Hochschule forschenden Wissenschaftler zurück. So kann ein Biologe nicht unter Berufung auf seine Forschungsfreiheit verlangen, daß die Affenstation, die er betreut, weiter bestehen bleibt. Seine Wissenschaftsfreiheit vermittelt ihm keinen Leistungsanspruch darauf, eine *bestimmte* Forschungseinrichtung zu nutzen, und die Institution Hochschule ist nicht bereits in ihrem Bestand oder in ihrer Funktion gefährdet, wenn sie eine Affenstation schließen muß[139]. Ebensowenig kann ein Hochschullehrer unter Berufung auf Art. 5 Abs. 3 Satz 1 GG verlangen, daß eine bestimmte Organisationsform des Instituts erhalten bleibt, dem er angehört[140]. Die Lehrfreiheit von Theologieprofessoren kann zwar ebenfalls auf das der Funktionsfähigkeit der Fakultät zuträgliche Maß begrenzt werden. Zu weit geht es indes, diese Funktionsfähigkeit *allein* im Hinblick auf die Ausbildung des Geistlichennachwuchses zu bestimmen und deshalb ganz in die Beurteilungskompetenz der jeweiligen Religionsgemeinschaft zu stellen[141].

Es entspricht ganz den vorstehenden Grundsätzen, wenn das BVerwG im Streit zwischen einer Universität und ihrem von ihr habilitierten Mitglied um die Verleihung der Privatdozentur *keinen* schonenden Ausgleich zwischen der Wissenschaftsfreiheit der Hochschule anderseits, der Berufs- und der Wissenschaftsfreiheit der Habilitierten anderseits gesucht hat. Kompromisse mußte der habilitierte Wissenschaftler nicht schließen, denn die Wissenschaftsfreiheit steht der Universität gerade auch in seinem Interesse zu. Ihr Einsatz zur *Verhinderung* der Wissenschaft eigener Angehöriger via Verweigerung der venia legendi ist ein zweckwidriger Gebrauch institutioneller Freiheit und tritt daher jedenfalls hinter der kollidierenden Wissenschaftsfreiheit, richtigerweise aber auch gegenüber jedem mit ihr

---

137 Ähnlich *Hufen*, Freiheit der Kunst, S. 101 f.; *Böckenförde*, NJW 1974, 1529 (1533).
138 Vgl. *Kühne*, DÖV 1997, 1 (5 f.); *ders.*, NWVBl. 1996, 325 (329).
139 Vgl. BVerfG, NVwZ-RR 1998, 175.
140 VGH Mannheim, NVwZ-RR, 636 (640 f.).
141 So *Mainusch*, DÖV 1999, 677 (683 f.).

II. Tatbestandsbegrenzungen

zusammenhängenden und sie materiell in sich aufnehmenden Grundrecht, zurück[142]. Die Privatdozentur ist ihrerseits auch nicht etwa eine die Wissenschaftsfreiheit des Habilitierten begrenzende Institution[143]. Eine Beschränkung der Lehrfreiheit – nicht etwa schon eine Begrenzung ihres Schutzbereichs – stellt es dar, wenn eine Hochschule im Interesse der Erfüllung ihres Ausbildungszwecks Gegenstand (Thema), Art und Umfang von Lehrveranstaltungen festlegt und den in ihr tätigen Hochschullehrern zuweist[144]. Von der Garantie der Wissenschaft in ihren Institutionen beschränkt werden auch andere Grundrechte der mit der Hochschule in Kontakt kommenden Personen, insbesondere die Koalitionsfreiheit der befristet angestellten wissenschaftlichen Mitarbeiter[145].

Eine weitere, weitaus belebtere Front hat die Wissenschaftsfreiheit der Hochschule mit Grundrechten dort, wo sie den Studierenden gegenüber hoheitlich tätig wird, sei es beim Erlaß oder bei der Anwendung von Immatrikulations-, Studien- und Prüfungsordnungen. Insbesondere durch die Festlegung der Studien- und Prüfungsleistungen greift die Hochschule in das Grundrecht der Studenten auf Wahl des Berufes aus Art. 12 Absatz 1 GG ein, da bestimmte Studienleistungen und Prüfungen notwendige Voraussetzung des Zugangs zu akademischen Berufen sind. Die Hochschulen sind insoweit an die Grundrechte der Studierenden gebunden. Da sie bei der Abnahme von Prüfungen als staatlich beauftragte Stellen handeln, liegt darin kein Problem der Drittwirkung von Grundrechten. Auch andere Grundrechte und sonstiges Verfassungsrecht haben die Hochschulen bei der Festlegung der Studienordnungen und bei der Normierung und Durchführung von Prüfungen zu beachten. Sie müssen namentlich die Präferenzentscheidungen befolgen, die sich aus Staatszielen wie dem Umweltschutzgrundsatz (Art. 20a GG) oder dem Gebot der friedlichen Austragung internationaler Konflikte (Art. 1 Absatz 2, 25 und 26 GG)[146] ergeben. Umweltzerstörende oder friedensgefährdende Forschung darf zumindest nicht zum Pflichtlehr- und Prüfungsstoff erhoben werden. Von Studierenden der Biologie kann zum Beispiel nicht verlangt werden, in einer Examensarbeit die Herstellung biologischer Massenvernichtungswaffen zu beschreiben[147].

Weit schwerer sind die Fälle zu lösen, in denen Biologiestudenten aus Gewissensgründen die Teilnahme an zoologischen Praktika ablehnen, für die die Kadaver eigens „frischgetöteter" Tiere benutzt werden. Hier soll der Hochschule ein aus der Wissenschaftsfreiheit fließender Einschätzungsspielraum zustehen, welche Methoden und Verfahren erforderlich sind, um das Studienziel einer Vermittlung von Grundkenntnissen des Gesamtfaches Biologie zu erreichen[148]. Sicher hängt die

---

[142] BVerwGE 91, 24 (37f.).
[143] *Karpen*, DVBl. 1975, 404 (405).
[144] OVG Koblenz, DVBl. 1997, 1242 (1243).
[145] BVerfGE 95, 268 (285); BVerfG, NJW 1997, 513 (514).
[146] Siehe oben § 2 IV 3 b).
[147] Großzügiger *Oppermann*, in: FSchr. Thieme, S. 671 (676f.).
[148] BVerwG, NVwZ 1998, 853 (855); OVG Koblenz, DVBl. 1997, 1191 (1192f.).

Einschätzung, auf welche Weise ein Studienziel erreicht und dann auch in einer Prüfung nachgewiesen werden kann, in vielfältiger Weise von fachlichen Beurteilungen allgemeiner Art und im Einzelfall ab. Der Staat ist hier durch Art. 5 Absatz 3 Satz 1 GG jedenfalls gehindert, sich ein „Wissenschaftsrichtertum" anzumaßen und zwischen vertretbaren Auffassungen zu wählen. Doch hindert Art. 5 Absatz 3 Satz 1 GG nicht daran, im Hinblick auf berufsrelevante Prüfungen und Ausbildungsleistungen zumindest verfahrensmäßige Sicherungen gegen einen zweckfremden Gebrauch des Bestimmungsrechts der Wissenschaftler als Hochschulorgane über die wissenschaftlich notwendigen Ausbildungsinhalte und -nachweise einzubauen. Beim Erlaß von Studien- und Prüfungsordnungen haben die Hochschulen daher die Pflicht, die wissenschaftliche Notwendigkeit verlangter Leistungen auf der Grundlage vertretbarer Fachmeinungen darzulegen. Diese Darlegung muß allgemeinverständlich und nachvollziehbar sein. Intuition ist zwar eine anerkannte Quelle wissenschaftlicher Theoriebildung[149], aber keine hinreichende Grundlage für Eingriffe in Grundrechte Dritter.

4. Zusammenfassung

a) Die Grenzen der grundrechtlichen Schutzbereiche legt tatbestandlich ausschließlich der Grundgesetztext fest. Die Grundrechtstatbestände sind dazu nicht etwa zu unbestimmt; die große Spannweite der in ihnen verwendeten Begriffe steht einer autonomen verfassungsrechtlichen Gewährleistungsnormierung nicht im Wege. Nur im Ausnahmefall des Art. 8 Absatz 1 GG ist der Schutzbereich des Grundrechts gegenüber dem Sachbereich (der Versammlung) durch die Begriffe „friedlich und ohne Waffen" weiter begrenzt. Im übrigen sollte die Verkürzung grundrechtlichen Schutzes generell nicht mit dem mißverständlichen Ausdruck „Begrenzung" bezeichnet werden, sondern als Be- oder Einschränkung.

b) Die Befugnis des Gesetzgebers zur Ausgestaltung rechtlich geprägter Schutzbereiche kann nur dort ausnahmsweise zur Sicherung gegenläufiger Interessen statt zur Wahrung des geschützten Grundrechtsgutes genutzt werden, wo der Grundrechtsschutz nicht dem Grundrechtsträger als Individuum dient, sondern wenigstens auch kollektiven oder fremden individuellen Interessen. Außer im notorischen Fall der Sozialbindung des Eigentums trifft dies vor allem auf die institutionelle Absicherung der Wissenschaftsfreiheit zu. Die eigene Grundrechtsträgerschaft der Hochschule ist als „dienende Freiheit" an die Zwecke gebunden, die Forschung und Lehre der Hochschulmitglieder zu fördern. Diese Bindung ist insoweit zugleich Grenze des Schutzbereichs der Wissenschaftsfreiheit.

---

[149] BVerfGE 90, 1 (12).

III. Rechtsfolgenbegrenzungen

In die Verlegenheit einer Kollisionslösung bringt sich auch nicht, wer zwar ein Grundrecht als *tatbestandlich* berührt ansieht, seine Wirkung aber schon auf einzelne *Rechtsfolgen* begrenzt, so daß ein zu rechtfertigender Eingriff gar nicht erst zustande kommt.

Um diese Konstruktion nachvollziehen zu können, muß man die Rechtsfolgenseite des *Schutzbereichs* unterscheiden von ihrer Negation, der Beeinträchtigung des grundrechtlich geschützten Gutes oder – in der traditionellen Terminologie – der Frage, wann ein *Eingriff* in den Schutzbereich vorliegt[150]. Bietet ein Grundrecht bestimmten Personen in einem sachlich geschützten Lebensbereich Schutz vor staatlichen Störungen, so gehört die Abwehrwirkung des Rechts ebenso zur *Rechtsfolgenseite* des *Gewährleistungssatzes* wie der persönliche und sachliche Normbereich zu seiner *Tatbestandsseite*. Erst wenn feststeht, daß der Schutzbereich eines Grundrechts die Abwehr von Störungen durch den Staat oder durch Dritte, die Förderung einer grundrechtlichen Tätigkeit oder die Erhaltung eines grundrechtlich geschützten Gutes durch den Staat umfaßt, kann gefragt werden, ob ihm der Zugriff auf diese vom Grundrecht tatbestandlich gewährleisteten Positionen bzw. die Unterlassung von Schutzmaßnahmen oder von Leistungen zugunsten dieser Positionen im Einzelfall als *Eingriff* zugerechnet wird.

Diese Grenze zwischen Rechtsfolgen- und Eingriffsebene ist nicht allgemein anerkannt, aber sinnvoll. Sie ermöglicht es, die Schutzreichweite des Grundrechts auf der Schutzbereichsstufe insgesamt generell-abstrakt abzuarbeiten, während das Vorliegen eines Eingriffs stets erst im konkreten Fall geprüft wird[151].

Um die Rechtsfolgen des Schutzbereichs in diesem Sinne zu begrenzen, werden wiederum verschiedene Ansätze verfolgt. Sie lassen sich in zwei graduell verschieden weitgehende Stufen von Wirkungsbegrenzungen zusammenfassen: Die grundrechtlichen Rechtsfolgen können durch eine gegenläufige Norm vollständig von der Anwendung auf bestimmte Fälle ausgeschlossen sein oder nur in vermindertem Maße zur Anwendung kommen.

1. Nichtanwendungsgebote für grundrechtliche Rechtsfolgen

Im Gegensatz zur *konkurrenz*bedingten Verminderung des Anwendungsbereichs grundrechtlicher Rechtsfolgen stehen die hier zu behandelnden Versuche, einen *Konflikt* grundrechtlicher Schutzgüter mit sonstigen Verfassungsinhalten schon auf der Rechtsfolgenstufe zu lösen. Auch in diesem Kontext ist das Ziel der Schutzbereichsreduktion also die *Kollisonsvermeidung*. Als rechtstechnischer Weg zu diesem Ziel wird namentlich eine *teleologische Reduktion* der Grundrechtswirkun-

---
[150] Vgl. schon oben § 1 II 2 b).
[151] Ebenso *Jarass*, AöR 120 (1995), 346 (347 ff. und 362 ff.).

gen vorgeschlagen. Daneben wird auf allgemeine regulative Ideen wie das Mißbrauchs- oder das Übermaßverbot zurückgegriffen.

a) Rechtliche und faktische Rechtsfolgeausschlüsse

Ordnet das Grundgesetz an, daß einzelne Rechtsfolgen, die gewöhnlich aus der Garantie eines Grundrechts, einer institutionellen Gewährleistung oder anderen verfassungsrechtlichen Güterschutznormen abgeleitet werden, *nicht* eintreten sollen, so ist dies schon deshalb bemerkenswert und trägt Ausnahmecharakter, weil sich ein und dasselbe Gesetz nicht zu widersprechen pflegt. Nimmt das Grundgesetz aber eine Schutzverheißung, die es in einem Satz ausspricht, im nächsten Atemzug tatsächlich vollständig zurück, so muß es sich den Vorwurf der Inkonsequenz gefallen lassen. So bleibt die gänzliche Beseitigung von Wirkungen eines verfassungsrechtlichen Gewährleistungstatbestandes ein vereinzelter Fall. Unter einen Vorbehalt, der *faktisch* die Ausübung eines Grundrechts von staatlicher Unterstützung abhängig macht, stellt allein Art. 7 Absatz 4 Sätze 3 und 4 GG die in Art. 7 Absatz 4 Satz 1 GG gewährleistete Privatschulgründungsfreiheit[152]. *Rechtliche* Rechtsfolgenausschlüsse erfassen dagegen immer nur *einzelne* der theoretisch denkbaren Rechtsfolgen. Daß für einzelne Teilbereiche eines Gewährleistungsbereichs unterschiedlich intensive oder qualitativ verschiedene Rechtsfolgen angeordnet sind, ist zumindest nicht schon logisch ausgeschlossen[153], vorausgesetzt, dieser Bereich ist – wenn auch Gegenstand eines einzigen Norm*textes* – doch in verschiedenen Beziehungen durch *mehrere Normen* abgesichert.

Schon der Text des Grundgesetzes differenziert zum Beispiel beim Schutz von Versammlungen auf der *Schranken*ebene: während er in geschlossenen Räumen keinem geschriebenen Vorbehalt der Einschränkung unterliegt, enthält Art. 8 Absatz 2 GG einen auf Versammlungen unter freiem Himmel bezogenen Gesetzesvorbehalt. Dabei stellt Art. 8 Absatz 2 GG mit dem Wort *„dieses* Recht" zugleich klar, daß hier dasselbe Recht gemeint ist wie in Absatz 1. Die unterschiedlichen Schranken gelten also gerade nicht für unterschiedliche Grundrechte, sondern für verschiedene Teilbereiche *eines* Rechts. Gleiches trifft nach der Rechtsprechung des BVerfG auch auf die Berufsfreiheit zu. Sie ist zwar ein einheitliches Grundrecht, ihre Einschränkbarkeit variiert aber je nach den Tätigkeitsmodi, auf die das Recht sich beziehen kann und die in den Begriffen Berufsausübung und Berufswahl typisiert sind[154]. Auch die Religionsfreiheit ist nicht in getrennte Grundrechte der inneren Überzeugung, des Bekenntnisses und der Religionsausübung zerlegbar, mag die Regelung in zwei verschiedenen Absätzen des Art. 4 GG und der Wortlaut seines Absatzes 1 dies auch nahelegen. Gleichwohl ist es jedenfalls vertretbar, die

---

152 BVerwGE 23, 344 (347); 27, 360 (365); 70, 290 (292); 74, 134 (136); 79, 154 (157 f.).
153 A. A. *Steinberg,* NJW 1996, 1985 (1988).
154 St. Rspr. seit BVerfGE 7, 377 (401).

religiös geleitete Lebensführung anderen Schranken zu unterstellen als die Bildung und Äußerung von Glaubenssätzen[155].

Bereits auf der *Rechtsfolgenebene* unterscheidet Art. 12 Abs. 1 GG zwischen den Freiheiten zur Wahl des Berufes und der Ausbildungsstätte. Denn während sich aus der staatlichen Monopolstellung beim Angebot an Hochschulausbildungsplätzen ein (derivatives) Leistungsrecht des Grundrechtsträgers ergeben kann[156], wird ein „Recht auf Arbeit" im Sinne eines Anspruchs jedes arbeitsfähigen und arbeitswilligen Bürgers gegen den Staat, ihm eine Arbeitsstelle zu verschaffen, von Rechtsprechung und Lehre einmütig verneint[157]. Ähnliche Abstufungen zwischen Abwehr-, Schutz- und Leistungsfolgen könnten auch für andere Grundrechte und in paralleler Weise für sonstige Verfassungsgarantien gefunden werden. Hier interessiert allerdings nur, ob und inwieweit Sicherungsgebote der Grundrechte, die aus der Erfüllung eines Schutzbereichstatbestandes grundsätzlich folgen, im Ausnahmefall gerade deshalb nicht eingreifen, weil ihnen der verfassungsrechtliche Schutz entgegengesetzter Interessen gegenüber steht.

b) Nichtberufungsklauseln

Art. 18 GG ermöglicht es dem BVerfG, die „Verwirkung" bestimmter Grundrechte auszusprechen. Welche Wirkung dem Ausspruch der Verwirkung genau zukommt, ist – wohl mangels einschlägiger Anwendungsfälle – noch immer nicht geklärt. Sicher ist, daß sich der Betroffene nicht mehr auf den Schutz des Grundrechts berufen kann[158]. Ob ihm das Grundrecht als objektivrechtliches Gebot an die Organe der staatlichen Gewalt weiterhin indirekt zugute kommt, ist dagegen umstritten. Doch wäre es ein unerhörter Umstand, wenn das BVerfG entgegen Art. 1 Absatz 1 und 19 Absatz 2 GG Grundrechte, die als vorstaatliche und vorverfassungsrechtliche Menschenrechte konzipiert sind, gänzlich aberkennen dürfte[159]. Art. 18 GG führt also nur dazu, daß die subjektivrechtliche *Wirkung* der im einzelnen verwirkten Grundrechte einem bestimmten Grundrechtsträger nicht mehr zukommt. Im Gegensatz dazu sind Art. 9 Absatz 2 und 21 Absatz 2 GG nur deshalb als Verbotsverfahrensnormen ausgestaltet und betreffen daher im Ergebnis nicht nur das *Recht* der Vereine und Parteien *auf* ihren Bestand, sondern gleich auch den *Bestand* der jeweiligen Vereinigung selbst, weil die Erhaltung von Ver-

---

[155] *Böckenförde,* Das Grundrecht der Gewissensfreiheit, VVDStRL 28 (1970), 33 (50); *Jarass,* in: ders./Pieroth, GG, Art. 4 Rdnr. 17.
[156] BVerfGE 33, 303 (330).
[157] Vgl. BVerfGE 84, 133 (146 f.); 85, 360 (373).
[158] *Jarass,* in: ders./Pieroth, GG, Art. 18 Rdnr. 5; *Krüger,* in: Sachs, GG, Art. 18 Rdnr. 16; *Dürig,* in: Maunz/Dürig, GG, Art. 18 Rdnr. 63.
[159] *Dürig,* in: Maunz/Dürig, GG, Art. 18 Rdnr. 58; ähnlich *Jarass,* in: ders./Pieroth, GG, Art. 18 Rdnr. 5; *Krüger,* in: Sachs, GG, Art. 18 Rdnr. 16; a.A. *Gallwas,* Mißbrauch, S. 130 f.; ähnlich *Brenner,* DÖV 1995, 60 (62); *Krebs,* in: v. Münch/Kunig, Art. 18 Rdnr. 14.

einen und Parteien als leere Hülsen der Geselligkeit ohne jede Betätigungsmöglichkeit sinnlos wäre.

Ganz ähnlich wie Art. 18 GG, allerdings ohne besonderes Feststellungsverfahren, wirkt Art. 16a Absatz 2 GG n. F. Auch hier tritt eine subjektbezogene Reduktion der Rechtsfolge ein. Art. 16a Absatz 2 GG ist gleichwohl keine Verwirkungsklausel[160]. Eine solche Klausel wäre neben Art. 18 S. 1 Alt. 7 GG nicht nur überflüssig, sie würde auch den Begriff der Verwirkung von der Tatbestandsvoraussetzung des Mißbrauchs, also der grob sinnwidrigen Ausübung, lösen. Die Einreise über bestimmte Wege kann kaum als Verstoß gegen Sinn und Zweck des Asylrechts gewertet werden, und schon gar nicht als besonders grobe Sinnwidrigkeit. Es handelt sich bei der verfassungsimmanenten Grenzbestimmung[161] für den Fall der Einreise aus einem sicheren Drittstaat auch nicht um eine „Grenze des subjektiven *Schutzbereichs*", wie dies allerdings inzwischen ganz herrschende Meinung ist[162]. Insoweit besteht auch kein Unterschied zwischen der verfassungsunmittelbaren Begrenzung durch den ersten und dem Vorbehalt der gesetzgeberischen Begrenzung im zweiten Halbsatz dieser Vorschrift[163].

Der Unterschied zwischen beiden Konstruktionen liegt darin, daß einzelne Personen bei einer Reduktion der Rechtsfolge auf die objektive Wirkung noch Grundrechtsträger bleiben; ihnen ist nur eine anderen Personen zugute kommende Teilfolge der Grundrechtsberechtigung genommen, nämlich die subjektive Durchsetzbarkeit. Art. 16a Absatz 1 i. V. m. Absatz 2 Satz 1 GG gewährt damit bestimmten Personen ein Grundrecht ohne individuelle Klagbarkeit[164]. Dies ist in der deutschen Verfassungstradition sicher ein Irreguläre, aber doch keine gedanklich ausgeschlossenen Konstruktion. In ihrer Konsequenz profitieren diejenigen politisch Verfolgten, die durch einen sicheren Drittstaat eingereist sind, noch von den objektivrechtlichen Wirkungen des Asylrechts. Sie haben etwa Anspruch auf Durchführung eines Feststellungsverfahrens nach dem AsylVfG; eine a-limine-Abweisung ihres Antrags ist nicht zulässig. Die Einreise aus einem sicheren Drittstaat führt nur zur Versagung der *Anerkennung* als Asylberechtigter (§ 26a I 2 AsylVfG).

Aus den Verwirkungstatbeständen der Art. 9 Absatz 2, 18 und 21 Absatz 2 GG dagegen läßt sich ablesen, daß bestimmte Grundrechte eines Grundrechtsträgers in extremen Fällen wegen der Sicherung eines Kernbestandes der verfassungsrechtlichen Ordnung nicht nur einzelne Verwirklichungschancen verlieren, sondern

---

[160] So aber *Ipsen*, JZ 1997, 473 (479).

[161] So etwas ungelenk, aber in der Sache nicht falsch VGH Mannheim, DVBl. 1994, 1414.

[162] So BVerfGE 94, 49 (87); *Wollenschläger/Schraml*, JZ 1994, 61 (64); *Schoch*, DVBl. 1993, 1161 (1164); für Art. 16a Absatz 2 Satz 1 Alt. 1 GG auch *Pieroth*, in: Jarass/ders., GG, Art. 16a Rdnr. 24. Als *Schranke* betrachtet dagegen *Bonk*, in: Sachs, GG, Art. 16a Rdnr. 13 (auch) Art. 16a Abs. 2 Satz 1 GG.

[163] A. A. *Pieroth*, in: Jarass/ders., GG, Art. 16a Rdnr. 24; *Bumke*, Grundrechtsvorbehalt, S. 211 f.

[164] Wie hier *Biermann*, JURA 1997, 522 (524).

ganz hinter ihr zurücktreten müssen. Diese Feststellung enthält jedoch mehr Vorbehalte, als es auf den ersten Blick scheinen mag. Sie lassen weitreichende Umkehrschlüsse zu.

Zum einen: nur *gewisse* Grundrechte und die grundrechtsähnliche Gewährleistung des Art. 21 GG unterliegen überhaupt einer Verwirkungsdrohung. Im Umkehrschluß sind andere Grundrechte unverwirkbar. Zum zweiten sind immer nur *einzelne* Grundrechtsträger von der Verwirkung betroffen. Es gibt keine gruppenweise oder gar generelle Verwirkung eines Grundrechts. Das Grundrecht der Vereinigungsfreiheit kann zwar kollektiv oder individuell verwirkt werden. Doch betrifft ein Vereinsverbot nach Art. 9 Absatz 2 GG immer nur den jeweiligen Verein und seine Ersatzorganisationen, nicht aber auch die Vereinigungsfreiheit seiner Mitglieder, und das selbst dann, wenn sich das Verbot auf eine aggressiv-kämpferische Gegnerschaft des Vereins zur verfassungsmäßigen Ordnung nach Art. 9 Absatz 2 Alt. 2 GG stützt, wie sie für eine Grundrechtsverwirkung nach Art. 18 GG ausreichen würde[165]. Zum dritten und vielleicht am wichtigsten: es läßt sich daraus ableiten, daß der Extremfall eines generellen Verlusts (des Schutzes) eines Grundrechts – je nachdem, ob die Verwirkung, wie hier vertreten, nur als Ausübungssperre oder als materieller Wegfall des Grundrechts bei diesem Grundrechtsträger aufgefaßt wird – nur bei *massiven* Angriffen auf die *zentralen* Strukturprinzipien der Verfassung in Frage kommt und auch insoweit nur, wenn sie als *Gesamtheit* bekämpft werden. Weniger schwerwiegende und fundamental ansetzende Mißbräuche von Grundrechten können *nicht* zum Ausschluß der Berufung auf alle denkbaren Rechtsfolgen der in Art. 18 GG aufgeführten Rechte führen. Ebenso kann ein zeitlich und gegenständlich umfassender Ausschluß der Wirkung *anderer* Grundrechte in bezug auf eine Person nicht Ergebnis verfassungsimmanenter Beschränkungsvorgänge sein.

Im Ergebnis enthalten sowohl Art. 16a Absatz 2 als auch Art. 18 GG Nichtanwendungsklauseln für einzelne Rechtsfolgen aus bestimmten Grundrechten bestimmter Personen. Im Fall des Art. 18 GG muß das konstitutive Verwirkungsverfahren vor dem BVerfG nach Satz 2 dieser Bestimmung als verfahrensrechtliche Sicherung hinzutreten; das hindert aber nicht an der Feststellung, daß Rechtsfolge des Art. 18 S. 1 GG der Wegfall der subjektivrechtlichen Wirkung betroffener Grundrechte ist.

c) Europarechtliches Nichtanwendungsgebot

Einen personenneutralen, nur an das Vorliegen bestimmter sachlicher Voraussetzungen gebundenen Ausschluß *aller* Rechtsfolgen deutscher Grundrechte ermöglicht die Integrationsöffnungsklausel des Art. 23 Absatz 1 Satz 1 GG n. F. Durch diese Norm ist die Einräumung einer eigenen, originären Befugnis der Euro-

---

[165] VG Düsseldorf, NVwZ 1994, 811 (813) m. w. Nachw.; a.A. jetzt *Spranger*, VR 1999, 20 (22).

päischen Gemeinschaften zur Rechtsetzung mit unmittelbarer Wirkung für die Bewohner des Bundesgebiets gedeckt, wie sie zuvor auf Grund von Art. 24 Absatz 1 GG als „Übertragung von Hoheitsrechten" stattgefunden hatte[166]. Damit ist zugleich der Anwendungsvorrang des Europarechts in Art. 23 Absatz 1 GG verfassungsrechtlich verankert.

Für Handlungen deutscher Stellen, die ausschließlich der Umsetzung europäischer Rechtsakte dienen, greifen die Grundrechte infolge dieses Nichtanwendungsgebotes nicht mehr ein[167]. Das gilt auch für den indirekten Schutz, den Art. 88 S. 1 GG der Eigentumsgarantie vermittelt, soweit der Geldwert von ihr erfaßt ist[168]. Allenfalls die Modalitäten der Übertragung, nicht die Übertragung von Aufgaben und Befugnissen der Deutschen Bundesbank auf die Europäische Zentralbank als solche kann noch den Grundrechten widersprechen[169]. Überprüft ein deutsches Gericht sie allerdings nicht an den Grundrechten des Europarechts und versäumt es ggf. die Vorlage nach Art. 177 EGV, so greift gegen dieses Versäumnis kompensatorisch Art. 101 Absatz 1 Satz 2 GG ein, der im Lichte des Staatsziels aus Art. 23 Absatz 1 Satz 1 GG auch den EuGH als gesetzlichen Richter betrifft[170].

Die Nichtanwendung deutscher Grundrechte läßt sich allerdings nicht auf die Annahme gründen, es handle sich letztlich nicht mehr um Akte der deutschen öffentlichen Gewalt. Auch bei der ausschließlichen Umsetzung von EG-Recht üben die Behörden der Bundesrepublik Deutschland deutsche Staatsgewalt aus und sind von Art. 1 Absatz 3 GG an die Beachtung der Grundrechte gebunden. Art. 23 Absatz 1 GG wirkt vielmehr als verfassungsunmittelbare Schrankennorm für alle Grundrechte[171]. Gegenüber einem etwaigen Verfassungsgrundsatz der Integrationsoffenheit oder einer „Grundentscheidung für die internationale Zusammenarbeit"[172] geht Art. 23 Absatz 1 Satz 1 GG mit dieser Rechtsfolge zumindest als speziellere Bestimmung vor. Sein Eingreifen ist allerdings auflösend bedingt. Als Ersatz für den Rückzug des deutschen Grundrechtsschutzes setzt Art. 23 Absatz 1 Satz 1 GG a. E. voraus, daß die Europäische Union einen dem Grundgesetz „im wesentlichen vergleichbaren Grundrechtschutz gewährleistet". Sofern der europäische Grundrechtsschutz nicht zur Ergänzung des deutschen ausreicht, tritt nach diesem Teil der Struktursicherungsklausel des Art. 23 Absatz 1 GG der deutsche

---

[166] Siehe *Jarass*, in: ders./Pieroth, GG, Art. 23 Rdnr. 5.

[167] BVerfGE 89, 155 (174 f.); zu diesem Urteil und der Kritik daran zusammenfassend *Scheuing*, EuR 1997 Beih. 1, 1 (48).

[168] BVerfG, EuGRZ 1998, 164 (170); vgl. *Brosius-Gersdorf*, Deutsche Bundesbank und Demokratieprinzip, S. 393 (zur Rechtfertigung des „Demokratiedefizits" der Notenbank).

[169] BVerfGE 89, 155 (174).

[170] *Heitsch*, EuGRZ 1997, 461 (468 f.)

[171] So auch *Nettesheim*, NJW 1994, 2083 (2084); *E. Klein*, in: FSchr. Stern, S. 1301 (1305); *Heckmann*, Geltungskraft, S. 344; zu Art. 24 Absatz 1 GG vor Einführung von Art. 23 Absatz 1 GG n. F. schon *Streinz*, Bundesverfassungsgerichtlicher Grundrechtsschutz, S. 253.

[172] Vgl. oben § 2 IV 3 b).

Grundrechtskanon wieder als Prüfungsmaßstab für die Umsetzung von EG-Rechtsakten auf den Plan.

d) Begrenzung der Normgeltung durch den Normzweck

Eine Begrenzung der Geltungsreichweite aller Grundrechte durch ihren Normzweck ist im Text des Grundgesetzes nicht aufzufinden. Skepsis, ob auf einen allgemeinen Grundsatz der Begrenzung der Normgeltung durch die Erreichung ihres Zwecks zurückgegriffen werden darf, wo der Verfassungsgeber keine Bestimmung trifft, ist nur zu verständlich. Man kann die ausdrücklich normierten Fälle von Rechtsfolgegrenzen der Grundrechte durchaus als abschließend betrachten. Gerade die so radikal begrenzenden Kautelen der Grundrechtsverwirkung laden zu einer restriktiven Haltung ein. Ob alle Grundrechte durch ihren Schutzzweck als begrenzt angesehen werden müssen, ist daher eine mit Vorsicht anzugehende Frage.

Der Gedanke vom Zweck als Grenze der Geltung einer Norm ist dem Verfassungsrecht zwar nicht fremd. Soweit sich Rechtsprechung und Lehre mit ihm befaßt haben, handelt es sich allerdings vor allem um die Begrenzung möglicher Zwecke des einfachen Gesetzesrechts durch verfassungsrechtliche Zweckge- und vor allem -verbote[173]. Schon in diesem Zusammenhang spricht einiges für die Annahme, daß der Wegfall des Zwecks einer Norm aus Gründen der Rechtssicherheit und Rechtsklarheit nicht ohne einen Aufhebungsakt des Normgebers zur Beendigung ihrer Geltung führt[174]. Ungewöhnlicher erscheint dagegen die Begrenzung des Wirkungsradius verfassungsrechtlicher Normen selbst durch ihren Zweck, namentlich von *Grund*rechten durch ihren *Schutz*zweck.

Allerdings hat das BVerfG einige Male auch die Anwendung verfassungsrechtlicher Normen am Maßstab ihres Zwecks, und in größerem Zusammenhang: am Maßstab des Zwecks des Staates überhaupt, gerechtfertigt. So wurde die Zulässigkeit der Wehrpflicht wiederholt damit begründet, daß der freiheitlich-demokratische Staat, dessen Schutz mit der Verteidigungsfähigkeit der Streitkräfte auch die Wehrpflicht diene, seinerseits den Zweck habe, Freiheit und Menschenwürde zu schützen[175]. Doch zum einen blieben diese Ausführungen ganz auf der staatstheoretisch-legitimitätsstiftenden Ebene. Die verfassungsrechtliche Folgerung, daß die Wehrpflicht nicht verfassungswidrig sein könne, insbesondere nicht gegen die Menschenwürde verstoße, ist logisch unschlüssig – denn es ist keineswegs selbstverständlich, daß eine Einrichtung, die dem Schutz der Menschenwürde des einen dient, die Menschenwürde eines anderen nicht verletzen kann[176]. Zum anderen ist

---

[173] BVerfGE 32, 98 (108); 33, 1 (11); *Löwer,* Cessante ratione, S. 12 f.

[174] Entschieden in dieser Richtung *Heckmann,* Geltungskraft, S. 424 f. und 472 ff. Zur Entwicklung des cessante-Satzes eingehend und für das geltende Recht im Ergebnis ablehnend *Baumeister,* Rechtswidrigwerden, S. 312 ff.

[175] BVerfGE 12, 45 (51); 28, 175 (189).

[176] Siehe insbesondere den eindringlichen Kollisionsfall bei *Brugger,* VBlBw 1995, 446 ff.

keine Entscheidung des BVerfG auffindbar, in der die Reichweite einer Verfassungsnorm im Wege teleologischer Reduktion auf das Zwecknotwendige *verringert* worden wäre. Teleologische Erwägungen dienen dem Gericht durchweg dazu, um der Effektivität der Verfassung willen *weite*, wo nicht erweiternde Auslegungen einzelner Normen des Grundgesetzes vorzunehmen.

Einen Vorschlag zur Begrenzung der Schutzbereiche von *Grundrechten* nach ihrem Normzweck hat 1981 *Ramsauer* vorgelegt, allerdings vor allem im Hinblick auf die Schwierigkeiten, die es bereitet, die Voraussetzungen eines Eingriffs durch ungezielte und nicht normative staatliche Maßnahmen schärfer zu fassen. Er verlegt das Problem „faktischer" Beeinträchtigungen auf die Schutzbereichsebene[177]. Unter welchen Voraussetzungen von einem Eingriff gesprochen werden könne, sei eine Frage der Zurechnung, betrachtet aus der Sicht des potentiellen Verursachers der Beeinträchtigung. Aus der Sicht des Geschützten handele es sich um ein Problem des Güterschutzbereichs. Bis zu diesem Punkt geht *Ramsauers* Analyse. Sie trifft das Verhältnis von grundrechtlichen Rechtsfolgen aus dem Schutzbereich und Eingriff präzise: Gegen welche Beeinträchtigungen das Grundrecht schützen soll, ergibt sich schon aus der Anordnung von Gewährleistungsmodalitäten, die zum Schutzbereich gehört. Ein Eingriff ist dann gegeben, wenn der gebotene Schutz im Einzelfall oder – bei abstrakt-generellen Eingriffen durch Normen, Allgemeinverfügung u. ä. – in der einzelnen Fallgruppe versagt bzw. übergangen wird[178].

Problematisch erscheint aber die Forderung nach Normzweckbegrenzung des Schutzbereichs, die *Ramsauer* hierauf aufbaut. Aus der „sozialen Einbindung des Grundrechtsträgers in Staat und Gesellschaft" folgert er schlechthin, „daß der sachlich geschützte Freiheitsbereich nicht gegen jedwede Art von Beeinträchtigung, die auf hoheitliches Handeln zurückzuführen sein mag, geschützt sein" könne. Vielmehr bezweckten alle Grundrechte von vornherein nur einen Schutz *gegen bestimmte Gefahren*[179]. Eine derart weit gefaßte Schutzzwecktheorie eignet sich vorzüglich zur Reduktion des grundrechtlichen Schutzes auf Verhaltensweisen, die andere Rechtsgüter nicht beeinträchtigen können. So weit geht *Ramsauer* zwar nicht. Er versteht seine Konstruktion ausdrücklich als Ergänzung zur Lehre von den immanenten Grundrechtsschranken. Während Nachteile außerhalb des grundrechtlichen Normzwecks den Grundrechtsträger gar nicht rechtlich beträfen, habe die Immanenzlösung die *Beschränkbarkeit* von Freiheitsrechten zugunsten anderer Verfassungswerte zum Inhalt[180]. Daß sich seine Theorie aber dazu eignet, kollidierende Rechtsgüter gleich dem Schutzbereich einzubeschreiben – wenn auch auf der Schutz*folgen*seite –, bemerkt aber wohl auch *Ramsauer*, da er sich zu dieser Abgrenzung veranlaßt sieht.

---

[177] *Ramsauer*, VerwArch 72 (1981), 89 (99).
[178] In der Sache ebenso, terminologisch aber freier *Alexy*, Grundrechte, S. 273 ff.
[179] *Ramsauer*, VerwArch 72 (1981), 89 (102).
[180] *Ramsauer*, VerwArch 72 (1981), 89 (102 f.); Hervorhebung nicht im Original.

III. Rechtsfolgenbegrenzungen

Ein Blick auf die Rechtsprechung des BVerfG ergibt ein ähnliches Bild. Zwar versucht das BVerfG oft, die begrenzte Reichweite grundrechtlichen Schutzes mit einer Berufung auf das „Menschenbild" zu rechtfertigen, das dem Grundgesetz angeblich zugrunde liegt[181]. Auf das Ergebnis von Grundrechtsprüfungen wirkt sich die Berufung auf das „Menschenbild" des Grundgesetzes aber nicht aus, sondern sie stützt nur eine Konfliktbewältigung durch Herstellung praktischer Konkordanz zwischen den jeweils betroffenen Grundrechten und kollidierendem Verfassungsrecht. Es findet also auch hier gerade nicht schon *vor* der Konfliktbeschreibung eine Reduktion des Grundrechts auf menschenbildkonforme Rechtsfolgen statt. Die Wirkungsgrenzen des Grundrechts ergeben sich vielmehr durchgängig erst aus dem Umstand, daß es hinter konfligierenden Interessen zurücktreten muß. Die Menschenbildfloskel dient dabei nur als Passepartout für ein nicht offengelegtes Vorverständnis[182].

Einen Fall der Begrenzung grundrechtlichen Schutzes nach dem Schutzzweck bildet allerdings die Rechtsprechung des BVerfG zur Freiheit von Arbeitszwang und Zwangsarbeit. Die Arbeitsweisungen nach §§ 10 Absatz 1 Satz 3 Nr. 4, 15 Absatz 1 Satz 1 Nr. 3 JGG brauchen seiner Auffassung nach nicht an Art. 12 Absätze 2 und 3 GG gemessen zu werden, weil sie schon den Schutzbereich dieser Gewährleistung nicht berühren. Arbeitszwang oder Zwangsarbeit sei nämlich nur insoweit von Art. 12 Absätze 2 und 3 GG gemeint, als es sich um herabwürdigende Tätigkeiten handle[183]. Diese aus der Entstehungsgeschichte der Norm abgeleitete Auslegung reduziert ihren Anwendungsbereich auf den Menschenwürdekern. Träfe diese Auslegung zu, so würden Art. 12 Absätze 2 und 3 GG überflüssigerweise normative Inhalte der Menschenwürdegarantie verdoppeln. Denn Arbeitszwang, der entwürdigend wirkt, ist ein Ausdruck menschenverachtender Haltung und fällt damit nach der Objekt-Formel[184] auch unter das Verdikt des Art. 1 Absatz 1 Satz 2 GG. Daß herkömmliche allgemeine und gleiche Dienstpflichten in Art. 12 Absatz 2 Halbsatz 2 GG als Ausnahmen vom grundsätzlichen Verbot des Arbeitszwangs behandelt werden, erschiene systematisch verfehlt. Richtigerweise schützt das Grundrecht daher vor *jeder* Form des Arbeitszwangs; die Verpflichtung zu gemeinnütziger Arbeit kann vor Art. 12 Absatz 2 GG gerechtfertigt werden, wenn und soweit die Erziehung straffälliger Jugendlicher ihrer Resozialisierung und damit letztlich dem Schutz potentieller Opfer vor neuen Straftaten dient.

---

[181] BVerfGE 30, 1 (20); 30, 173 (193); 32, 98 (107 f.); 45, 187 (227 f.); weitere Nachw. bei *U. Becker*, Menschenbild, S. 101 ff. und 113 ff.

[182] *Becker*, Menschenbild, S. 122; in der Sache ebenso, im Ton aber milder *Bayer*, Religions- und Gewissensfreiheit, S. 154 Fußn. 91.

[183] BVerfGE 74, 102 (118); 83, 119 (126); ebenso *Tettinger*, in: Sachs, GG, Art. 12 Rdnr. 148; ein Abrücken von dieser Schutzbereichsbegrenzung deutet jetzt BVerfG, EuGRZ 1998, 518 (528) an.

[184] Vgl. BVerfGE 30, 1 (40 – Sondervotum *Geller/Rupp/v. Schlabrendorff*); 50, 166 (175); 87, 209 (228).

Der maßgebliche Einwand gegen eine *umfassende* Rechtsfolgenbegrenzung nach dem Schutzzweck ist allgemeiner grundrechtsdogmatischer Natur. Die Festlegung eines solchen Schutzzwecks ist Teil einer inhaltlichen Bestimmung des Zwecks, den die Verfassung mit den Grundrechten – generell oder im einzelnen – verfolgt. Ein solcher Zweck läßt sich durchaus allgemein und sehr abstrakt formulieren; zu Eingrenzungen der Schutzfolgen aus der Erfüllung eines Grundrechtstatbestandes ist er auf diesem Abstraktionsniveau aber völlig ungeeignet, will man dem Zweckbegriff noch griffige Konturen und damit eine disziplinierende Wirkung auf die Auslegungspraxis erhalten. Sieht man von der staatspolitisch-demokratischen Nützlichkeit der Kommunikationsgrundrechte ab, die die „funktionale" Grundrechtstheorie herausgearbeitet hat[185], so bündeln sich alle Stellungnahmen des BVerfG zur Zweckrichtung der Grundrechte darin, daß dem Menschen ein Freiraum eigenverantwortlicher Lebensführung und -gestaltung unabhängig von staatlicher Bevormundung gesichert werden soll. Ihre gemeinsame ratio liegt damit allein in der wertentscheidenden Grundsatzfunktion der Menschenwürdegarantie[186]. Eine Reduktion aller Grundrechte auf ihren Menschenwürdekern wäre aber eine offensichtlich überzogene Konsequenz aus der allgemeinen Anwendung des Schutzzweckgedankens. Das Beispiel der Erziehungsmaßregeln leuchtet auf diesem Weg nicht als Weiser, sondern zur Warnung.

2. Interne „Mäßigung" des Grundrechtsgebrauchs

Ist schon der Schutzzweck der Grundrechte kein brauchbares Merkmal zur Begrenzung ihrer Wirkungsreichweite, so ist Skepsis gegenüber ihrer Bindung an bestimmte *Ausübungszwecke* vorprogrammiert. Daß sich die Ausübung in einem bestimmten „Rahmen halten" müsse, über den hinaus sich der Grundrechtsträger nicht mehr auf das Grundrecht „berufen dürfe"[187], daß nur gewisse Ausübungsformen, nicht aber andere vom Zweck der grundrechtlichen Gewährleistung gedeckt seien und darüber hinaus (wenigstens) der subjektive Anspruch auf Grundrechtsschutz entfalle, ist eine weitreichende Annahme. Sie ist aber nicht allein ein akademisches Gedankenspiel geblieben, sondern hat auch Eingang in manche Gerichtsentscheidungen gefunden.

So behauptet der Bayerische Verfassungsgerichtshof, die Gewissensfreiheit decke nicht „unsachliche oder diffamierende" Äußerungen, weil sie den Menschen

---

[185] Anwendungsfall bei *Deger*, NJW 1997, 923 (924); *Deutelmoser*, NVwZ 1999, 240 (241 f.); kritisch *Vesting*, AöR 122 (1997), 337 (351) und *Schlink*, in: FSchr. Roellecke, S. 301 (311).

[186] Kritisch zu „Gebrauchsanweisungen" für Freiheitsgrundrechte auch *Schnapp,* NJW 1998, 960 m. w. Nachw.

[187] So *Schatzschneider,* BayVBl. 1985, 321 (322); *Ott,* DÖV 1971, 763 (763). Vgl. nunmehr auch BVerwG, DÖV 1999, 876, das das Asylgrundrecht unter einen ungeschriebenen „Terrorismusvorbehalt" stellen will.

als autonome sittliche Persönlichkeit schütze[188]. Hier wird sowohl der Inhalt als auch die Funktion des Begriffs „autonome sittliche Persönlichkeit" falsch verstanden. Die sittliche *Autonomie* eines Menschen kann nicht in Zweifel gezogen werden, weil er unsittlich *handelt*. Daß jemand verbal entgleist, beweist nicht, daß er dazu fremdbestimmt oder auch nur durch unsittliche Prinzipien bestimmt worden wäre. Auch wird der oben beschriebene allgemeine *Schutz*zweck der Grundrechte zu einem Zweck ihrer *Ausübung* umfunktioniert. Das Gewissen ist danach nur geschützt, soweit es seinen Träger zu sittlich einwandfreien Stellungnahmen veranlaßt. Der Bayerische Verfassungsgerichtshof stellt die Gewissensfreiheit mit diesem Kunstgriff unter einen allgemeinen Vorbehalt der Beachtung sittlicher Normen, nimmt also eine Übertragung der Schranken des Art. 2 Absatz 1 Halbs. 2 GG auf Art. 4 Absätze 1 und 2 GG vor.

Der Ruf nach einer Rückbesinnung auf den Verfassungstext ist angesichts solcher Ansätze keine ganz banale Forderung. Zu erinnern ist namentlich an Art. 1 Absatz 3 GG, der mit der Grundrechtsbindung der Staatsgewalt zugleich die grundsätzliche Ungebundenheit der einzelnen ausdrückt[189]. Hier ist daher danach zu fragen, ob Aufforderungen zu einem „verantwortlichen", namentlich einem verfassungsgemäßen oder toleranten Grundrechtsgebrauch, auf rechtlich beachtliche Obliegenheiten der Grundrechtsinhaber verweisen, ihr grundrechtlich geschützes Verhalten zurückhaltend zu manifestieren – und zwar schon ohne daß es durch besondere, negativ zu bewertenden Aspekte auffällt, die es als *Mißbrauch* in irgendeinem Sinne „auszeichnen"[190].

a) Verantwortliche „Grundrechtsausübung"?

„Mäßigung" ist allerdings nur ein unspezifischer Sammelbegriff für zwei grundsätzlich verschiedene Richtungen einer Strömung, die dahin geht, schon im Schutzbereich der Grundrechte Elemente der Rücksichtnahme auf entgegengesetzte Interessen zu verankern. Ihre *weitergehende* Variante stellt die Betätigung grundrechtlicher Freiheiten unter die zusätzliche Voraussetzung neben der Erfüllung des sachlichen und persönlichen Tatbestands, daß der Grundrechtsinhaber eine Verantwortung berücksichtigt, die ihm die aus der Grundrechtsberechtigung fließende Rechtsmacht gegenüber anderen Rechtsgütern aufbürdet[191]. Man kann hier von Obliegenheiten der Grundrechtsinhaber sprechen, da die Wahrnehmung des Grundrechts von der Erfüllung drittgerichteter Pflichten abhängen soll. Die Grundrechte sollen in den Augen dieser Theorien umsichtig, kompromißbereit, mit einem Wort verantwortungsvoll ausgeübt werden. Die mutmaßliche Verantwortung

---

[188] *BayVerfGH,* BayVBl. 1980, 46 (48).
[189] *Höfling,* in: Sachs, GG, Art. 1 Rdnr. 104; *ders.,* JA 1995, 431 (437).
[190] Zu Mißbrauchslösungen siehe unten 3.
[191] So namentlich *Wiegand,* JöR n. F. 43 (1995), 31 (53 f.); *Muckel,* Religiöse Freiheit, S. 31 m. w. Nachw.

kann bestimmten Rechtsgütern im einzelnen zugute kommen oder gleich der Verfassung als ganzer.

aa) Ausdrückliche Pflichtenbindung des Grundrechtsgebrauchs

Nun ist die verantwortungsvolle Ausübung wenigstens *eines* Grundrechts nicht nur ethische Forderung ohne Grundlage im Verfassungstext. Das Elternrecht erhält von Art. 6 Absatz 2 Satz 1 GG in der Tat einen Zweck seiner Ausübung mit auf den Weg. Als „Pflichtrecht" oder dienende Berechtigung behält es den Eltern zwar die primäre Bestimmung darüber vor, was das Wohl ihrer Kinder sein soll[192]. Das ändert nichts daran, daß sie bei der Ausübung ihres Erziehungsrechts an das von ihnen als Wohl des Kindes Erkannte gebunden sind. Sie können – anders als der Träger eines Persönlichkeitsrechts – nicht frei über den Gegenstand ihrer grundrechtlichen Freiheit disponieren[193]. Auf der Schrankenebene greift hier zwar auch noch das komplementäre Wächteramt des Staates aus Art. 6 Absatz 2 Satz 2 GG ein; doch macht seine nur auf Extremfälle begrenzte Eingriffsbefugnis die inhaltliche Bindung der Grundrechtsausübung nicht überflüssig[194].

Art. 6 Absatz 2 Satz 1 GG ist damit aber gerade ein Ausnahmefall, der auf der „treuhänderischen" Stellung der Eltern für die Grundrechtsverwirklichung ihrer Kinder beruht. Im allgemeinen kennt das Grundgesetz weder pflichtgebundene Grundrechte noch (weitere) „Grundpflichten", die „von Verfassungs wegen den Freiheitsbereich limitieren"[195]. Keine Verfassungspflichten sind namentlich die Wehr- und die Schulpflicht. Zu ihrer Einführung ist vielmehr der Gesetzgeber ermächtigt[196].

bb) Ein allgemeiner Grundsatz „verantwortlicher Grundrechtsausübung"?

Kein geeigneter Hebel zur Festlegung anderer Grundrechte auf „verantwortliche" Verhaltensweisen ist auch ein aus der Präambel herausgelesenes „Prinzip Verantwortung". Obwohl es vor und in diesem Sinne „über" dem Grundgesetz steht[197], ergibt schon der Textzusammenhang, daß es nicht zur inhaltlichen Ausrichtung der Grundrechte taugt: es geht nicht nur um eine Verantwortung „vor

---

[192] *Ossenbühl,* DÖV 1977, 801 (806).

[193] *Engels,* AöR 122 (1997), 212 ff.

[194] *Jestaedt,* DVBl. 1997, 693 (694).

[195] So ausdrücklich *Merten,* BayVBl. 1978, 554 (559); insbes. zum Umweltrecht *Führ,* NuR 1998, 6 ff.; *Frenz,* Verursacherprinzip, S. 123 ff.; zusammenfassend *Luchterhandt,* Grundpflichten, S. 468 ff.; krit. insbes. *Bethge,* JA 1985, 249 (252).

[196] Zur Schulpflicht *Pieroth,* DVBl. 1994, 949 (951); *Grupp,* DÖV 1974, 661 (665) m. w. N.; zur Wehrpflicht als „Grundpflicht" *Krölls,* KJ 1978, 413 (416); *Winkler,* NVwZ 1993, 1151 (1153).

[197] *von Brünneck,* JA 1989, 165 (270).

III. Rechtsfolgenbegrenzungen

Gott", der Drittwirkung wohl kaum zugeschrieben werden darf, sondern sie verpflichtet auch nur das *Volk* im Akt der Verfassungsgebung, den pouvoir constituant – und nicht jeden einzelnen *Bürger* im konstituierten Staat. Nicht einmal eine Verantwortung aller Bürger für die Wahrung des Rechts läßt sich als Pflichtenstellung und Geltungsbegrenzung der Grundrechte nachweisen. Der einzelne mag sich selbst zum „Funktionär der Rechtsordnung" erheben, wenn er etwa Verfassungsbeschwerde erhebt und diese angenommen wird, um Grundsatzfragen zu klären. Diese Mobilisierung des Bürgers für die Wahrung des Rechts ist auch Sinn und Zweck von Rechtsbehelfen, die der Überprüfung von Normen und der Vereinheitlichung der Rechtsprechung dienen wie Popularklage, Normenkontrollklage und Revision[198]. Aber es gibt weder eine Pflicht der Bürger, der darin liegenden Aufforderung nachzukommen, noch erleiden sie Rechtsnachteile, wenn sie sich ihrer – damit rein staatsethischen – Verantwortung für die Rechtsordnung entziehen.

Skeptisch stimmen in diesem Zusammenhang suggestive Formulierungen, um rechtliche Bindungen quasi herbeizubeschwören, wo der Text des Grundgesetzes nichts für sie hergibt. Je blumiger die Sprache wird, um so weniger juristische Substanz wird in der Regel dahinter stehen. So kann ein Begriff wie „Verfassungsvoraussetzungen der Grundrechtsausübung" sich nur auf *faktisch* notwendige Grundlagen für das Effektivwerden der Grundrechte beziehen, nicht auf *Rechts*bedingungen für den Genuß grundrechtlicher Freiheit[199].

Erst recht sind „Verfassungserwartungen" an die Grundrechtsträger nur rechtlich unverbindliche Motive, die auch nicht von der Verfassung selbst gewünscht sein können[200], da sie auf verfassungstheoretischer Ebene stehen – vielmehr handelt es sich um Erwartungen des Interpreten, die er der Verfassung zuschreibt. Zur Vorsicht mahnen auch so griffige Forderungen wie die, das grundrechtliche Verhalten müsse in bestimmter Weise „ausgerichtet" werden, weil es „willkürlich auseinander[zu]driften" drohe[201], oder grundrechtlich geschützte Freiheit sei nur die „Freiheit der Person zu vernünftigem Handeln"[202]. Allzu deutlich zeichnet sich hinter solchen Appellen an die Verantwortung der Grundrechtsträger eine Tendenz zur Inpflichtnahme des Individuums für Zwecke der staatlichen Gemeinschaft ab, und dies gerade mit Hilfe der Grundrechte, die ihm zunächst einen beliebig ausfüllbaren Freiraum zur Entfaltung seiner Persönlichkeit schaffen sollten[203].

---

[198] *Herdegen,* in: Heckmann / Meßerschmidt, Gegenwartsfragen, S. 161 (163); *Masing,* Mobilisierung, *passim,* insbes. S. 52.

[199] *Isensee,* in: ders. / Kirchhof, HStR V, § 115 Rdnr. 163; *ders.,* in: Essener Gespräche 29 (1995), S. 144 und 154; ähnlich schon *Herbert Krüger,* in: FSchr. Scheuner, S. 285 (304); ablehnend deshalb schon dem Begriff „Ausübung" gegenüber *J. Ipsen,* JZ 1997, 473 (476).

[200] So aber *Isensee,* in: ders. / Kirchhof, HStR V, § 115 Rdnr. 233; die der Metapher vom *Willen* der Verfassung nachgebildete Formulierung von ihren *Wünschen* stammt allerdings vom Verfasser.

[201] *Waechter,* Der Staat 1991, 19 (49); *Heckel,* DVBl. 1996, 453 (458).

[202] *Schapp,* JZ 1998, 913 (914).

[203] *Schnapp,* JZ 1985, 857 (861); *Bethge,* JA 1985, 249 (252).

Diese Tendenz widerspricht der programmatischen Aussage des Art. 1 HChE, der Staat sei um des Menschen da und nicht der Mensch um des Staates willen. Diese Sentenz hat der Parlamentarische Rat nur deshalb nicht ins Grundgesetz übernommen, weil er Programmsätze allgemein zu vermeiden trachtete; inhaltlich hatte er dagegen keine Einwände[204]. Zu Recht ist ein generell inhaltlich determiniertes Grundrechtsverständnis daher als unvereinbar mit dem Grundgesetz bezeichnet worden[205].

cc) Insbesondere: Die „Verantwortung der Wissenschaft"

Nicht auf „verantwortliche" Ausübungsweisen beschränkt ist auch die Wissenschaft, wie es in den letzten Jahren angesichts wissenschaftsethischer Probleme vom Kaliber der Gentechnik, der Rüstungstechnologie oder des Einsatzes von Versuchstieren in der medizinischen Forschung immer wieder empfohlen oder auch als bereits geltendes Recht behauptet wurde[206]. Ein alter Streitpunkt ist gerade im Hochschulbereich, ob von den dort tätigen Forschern und Lehrern verlangt werden kann, daß sie die Wissenschaftsfreiheit „verantwortlich" ausüben. Die Festlegung einer derartigen Obliegenheit in § 6 des Hessischen Universitätsgesetzes hat bereits 1978 das BVerfG beschäftigt[207]. Sie bildet eine Facette des Grundrechtsschutzes in freiheitsumhegenden Institutionen.

Die institutionell gebunde Wissenschaftsfreiheit ist schon inhaltlich durch den Zweck präformiert, die individuelle Ausübung der Wissenschaft durch Hochschulangehörige und externe Nutzer zu ermöglichen und zu fördern[208]. Sie wirkt sich auch auf den einzelnen Wissenschaftler aus, soweit er an der Wissenschaftsfreiheit der Institution Hochschule teilhat. Die „Verantwortung" der Hochschulforscher und -lehrer dient hier als Korrektiv für die vom Staat nicht kontrollierbare Entscheidung der Grundrechtsträger darüber, was Wissenschaft inhaltlich sein soll. Das „säkulare Toleranzedikt", das Art. 5 Absatz 3 Satz 1 GG den Wissenschaftlern erteilt[209], ist ja vielmehr ein Autonomieedikt: was auf der Tatbestandsseite der sie schützenden Grundrechtsnorm steht, können die geschützten Wissenschaftler als Kollektiv weithin frei festlegen. Ihnen steht also ein ähnlich weitgehendes Inhaltsbestimmungsrecht zu wie bei der Glaubens- und Gewissensfreiheit den institutionellen Trägern der Glaubensfreiheit, den Kirchen, in Form ihres „Selbstverständnisses"[210]. Im Gegensatz zu Art. 4 GG entstehen aber hier Auswirkungen auf

---

204 *Säcker,* DÖV 1998, 784 (789).
205 So *Huster,* Rechte und Ziele, S. 85.
206 *Turner,* ZRP 1986, 147; *Losch,* Wissenschaftsfreiheit, S. 277.
207 BVerfGE 47, 327 (366 ff.); zur Bestimmtheit der Norm zu Recht kritisch *Denninger,* in: FSchr. Roellecke, S. 37 (42 ff.).
208 A. A. insoweit *Denninger,* in: FSchr. Roellecke, S. 37 (40).
209 *Hailbronner,* Freiheit von Forschung und Lehre, S. 82.
210 Vgl. *Morlok,* Selbstverständnis, S. 69 ff.

III. Rechtsfolgenbegrenzungen

Dritte nicht nur als faktische Folgen einer Freiheitsbetätigung; die Bestimmungsbefugnis der Wissenschaftler über den Gegenstand „Wissenschaft" fließt auch in den Inhalt rechtsförmiger Hoheitsakte der Hochschulen ein.

Der Besuch bestimmter Lehrveranstaltungen ist Voraussetzung für die Zulassung zu Hochschul- und Staatsprüfungen, deren Bestehen ihrerseits den Zugang zu zahlreichen Berufen erst eröffnet. Auch staatliche Prüfungsordnungen, die den Gegenstand dieser Prüfungen festsetzen, kommen unter maßgeblicher Beteiligung der Fachvertreter von den Hochschulen zustande[211]. Hochschullehrer, die ein Lehrprogramm festlegen, entscheiden dabei zumindest inzident mit über die Verhältnismäßigkeit von Grundrechtseingriffen, die dieses Lehrprogramm für die Studierenden mit sich bringt. Sie beurteilen etwa, ob zoologische Praktika an frischgetöteten Tieren erforderlich sind, um einen Überblick über das Gesamtfach Biologie zu vermitteln. Besteht der Zwang, zur Erreichung eines berufsqualifizierenden Abschlusses im Fach Biologie an solchen Praktika teilzunehmen, so greift die Hochschule in die Grundrechte der Studierenden aus Art. 12 Absatz 1 und 4 Absätze 1 und 2 GG ein.

Die aus der Bindung an die Grundrechte Studierender folgende Begrenzung der Wissenschaftsfreiheit der Institution Hochschule wirkt auf die einzelnen Hochschulwissenschaftler zurück. Soweit ihre wissenschaftlichen Urteile in Rechtsakte der Hochschule einfließen, besteht eine Verpflichtung zur Selbstkontrolle. Sie haben die rechtliche, nicht nur die ethische „Verantwortung", eine zutreffende Bewertung der Erforderlichkeit solcher Praktika vorzunehmen, und zwar auch mit Rücksicht auf die betroffenen Grundrechte[212]. Es ist den Hochschullehrern aufgegeben, darzulegen, aus welchen Gründen eine bestimmte Methode geboten ist. Sie sind insoweit formal nicht ganz frei in der Methodenwahl. Der Leiter zoologischer Praktika muß sich zum Beispiel bewußt gemacht haben, daß seine Wahl einer tierverbrauchenden Lehrmethode die Berufs- und die Gewissensfreiheit der Studierenden beeinträchtigen kann, und prüfen, ob auch unter diesem Aspekt kein milderes Mittel gegeben ist, das den Ausbildungszweck ebenso gut erreichen kann. Hinter der einfachgesetzlichen Wertung des § 10 Absatz 1 Satz 2 TierSchG steht in solchen Fällen mithin nicht nur das – verfassungsrechtlich nicht gewährleistete – Rechtsgut Tierschutz, sondern auch die allgemeine Verantwortungsbindung des Wissenschaftlers bei der von Art. 5 Absatz 3 Satz 1 GG geschützten Ausübung von Hochschulaufgaben. Anders als kollidierende Grundrechte kann das Rechtsgut Tierschutz nur auf dem Umweg über diese Schutzbereichsbegrenzung die Wissenschaftsfreiheit verkürzen.

Ähnlich liegt der Fall, wenn eine Hochschule eine Kommission einsetzt, um zu überprüfen, ob eines ihrer Mitglieder auf seriöse Weise zu seinen Forschungs-

---

[211] *Großkreutz*, in: Hailbronner, HRG, § 27 Rdnr. 29; *Stieler*, Satzungsgebung der Universitäten, S. 55.
[212] HessVGH, NJW 1994, 1608 (1610); OVG Koblenz, Urt. v. 13. 3. 1997, 2 A 13091/95, Umdr. S. 9.

ergebnissen gelangt ist. Hier dient die Verantwortung des Wissenschaftlers dazu, die Wissenschaftlichkeit der Tätigkeit der gesamten Institution Hochschule sicherzustellen und so dazu beizutragen, daß die eigene Grundrechtsberechtigung der Hochschule aus Art. 5 Absatz 3 Satz 1 GG erhalten bleibt. Dem entspricht es, wenn eine hochschulinterne Kommission und nicht eine staatliche Aufsichtsbehörde die Einhaltung wissenschaftlicher Minimalstandards kontrolliert. Eine solche Kommission kann bei Vorliegen entsprechend gewichtiger Verdachtsmomente eine Stellungnahme des betroffenen Forschers dazu verlangen, wie er zu seinen Resultaten gekommen ist und warum gerade so[213]. Zwar ist die Einschätzung, welche Methoden und Verfahren der Forschung seriös sind, in vielfältiger Weise von fachlichen Urteilen beeinflußt und liegt damit im Schutzbereich der Wissenschaftsfreiheit. Auch die hochschulinterne Forschung ist aber – ohne dadurch aus dem Schutzbereich des Art. 5 Absatz 3 Satz 1 Alt. 2 GG auszuscheiden – *verantwortungsgebunden*, was Erklärungspflichten des Forschers gegenüber fachlich zu ihrer Bewertung befähigten Gremien der Hochschule selbst einschließt. Im Ergebnis nimmt die Verantwortung der Wissenschaftler in der Hochschule damit die Schutzwirkungen beider Teilaspekte der Wissenschaftsfreiheit im formalen Bereich ein Stück weit zurück, wenn auch asymmetrisch zugunsten des individuellen Freiheitsaspekts[214].

dd) Verfassungstreue „Ausübung" von Grundrechten

Gelegentlich wird die verfassungstreue Ausübung als Voraussetzung für den Schutz *aller* Grundrechte aufgeführt. Begründet wird dies entweder pauschal mit einem „Erst-recht-Schluß" aus Art. 5 Absatz 3 Satz 2 GG[215] oder mit einer Verallgemeinerung der Schrankenbestimmungen in Art. 2 Absatz 1 Halbsatz 2 GG und in Art. 9 Absatz 2 Alt. 2 GG[216]. Die Treueklausel als Ansatzpunkt ist sogleich näher zu untersuchen.

Ungeeignet ist zur Fundierung eines Vorbehalts verfassungstreuer Grundrechtsausübung jedenfalls das Rechtsstaatsprinzip, weil es nicht die Freiheitsausübung des einzelnen betrifft, sondern die Staatstätigkeit[217]. Ungeeignete Verankerungen eines allgemeinen Treuvorbehalts sind auch Art. 2 Absatz 1 und 9 Absatz 2 GG, auch wenn man die Bedenken, die gegen Schrankenübertragungen von einzelnen Grundrechten auf andere zu erheben sind, hier noch ausklammert. Der Vorbehalt der „verfassungsmäßigen Ordnung" bei der allgemeinen Handlungsfreiheit verlangt schon deshalb keine Verfassungstreue, weil er auf die gesamte formell und

---

[213] BVerwGE 102, 304 (312); BVerwG, NJW 1997, 1996 (1997 f.) = DVBl. 1997, 1173 (1174 f.); HessVGH, DVBl. 1995, 1362.
[214] So auch *Schmidt-Aßmann*, NVwZ 1998, 1225 (1233).
[215] *Dürig*, in: Maunz / ders., GG, Art. 18 Rdnr. 7.
[216] *Arnold*, BayVBl. 1978, 520 (524); ähnlich *Müller-Volbehr*, JZ 1981, 44.
[217] A. A. wohl BayVGH, DVBl. 1975, 550 (551); *Schäfer*, BayVBl. 1973, 169 (171).

III. Rechtsfolgenbegrenzungen 223

materiell mit dem Grundgesetz vereinbare Rechtsordnung bezogen ist[218]. Er könnte daher allenfalls einen *Rechts*ordnungs-, nicht aber einen *Verfassungs*ordnungsvorbehalt tragen. Auch Art. 9 Absatz 2 GG erlaubt keine Begrenzung von grundrechtlichen Schutzbereichen, weil seine Wirkung schon auf dem Gebiet seiner unmittelbaren Anwendung die einer Schranke ist, nicht die einer Grenze des Gewährleistungsumfangs[219]. Art. 9 Absatz 2 GG spricht zwar unter Verwendung des Partizips Perfekt davon, verfassungsfeindliche Vereine *seien* „verboten", ist aber aus Gründen der Rechtssicherheit und auf Grund des Vergleichs mit dem parallelen Wortlaut des Art. 21 Absatz 2 Satz 1 GG so auszulegen, daß er nur das konstitutive behördliche Verbot dieser Vereine nach §§ 3 ff. VereinsG ermöglicht[220]. Den ihm inhaltlich verwandten Verwirkungstatbeständen Art. 18 und 21 Absatz 2 GG mag wohl ein „Verantwortungsgedanke" zugrunde liegen[221]; auch hier ist aber jeweils ausdrücklich eine die Verwirkung bzw. Verfassungswidrigkeit herbeiführende Entscheidung des BVerfG vorgesehen.

Daß ein tatbestandlich erfaßtes Verhalten schon aus dem Schutzbereich wieder herausfällt, wenn es auf verfassungswidrige Weise ausgeübt wird, läßt sich im Verfassungstext mit einiger Plausibilität nur aus Art. 5 Absatz 3 Satz 2 GG entnehmen[222]. Unterstellt man die Deutung als Begrenzung der Lehrfreiheit vorläufig einmal als richtig, so stellt sich die Frage nach der Verallgemeinerbarkeit der Treueklausel. Daß die Verfolgung verfassungswidriger Zwecke auch über Art. 5 Absatz 3 Satz 2 GG hinaus nicht vom Schutz eines Grundrechts umfaßt werde, ist bislang nur in bezug auf den *Forschungs*aspekt der *Wissenschafts*freiheit vorgebracht worden[223]. Daß die Treueklausel nur die Lehre, nicht auch die Forschung nennt, hindert die Übertragung ihres Grundgedankens auf diese Ausübungsform auch dann nicht, wenn man der herrschenden Ansicht folgt. Denn danach verweist Art. 5 Absatz 3 Satz 2 GG nur deklaratorisch auf eine ohnehin bestehende Treuepflicht der Wissenschaftler[224].

Gegen eine entsprechende Reduktion *aller* Grundrechte auf den Schutz verfassungstreuer Tätigkeiten spricht nun zwar nicht bereits, daß Art. 18 S. 1 GG für eine große Zahl von ihnen als Rechtsfolge verfassungsfeindlicher Betätigung die Verwirkung vorsieht. Denn auch die Lehrfreiheit ist in dieser Bestimmung aufgeführt;

---

[218] BVerfGE 6, 32 (37ff.); 80, 137 (153) und st. Rspr.
[219] So aber *Lücke,* EuGRZ 1995, 651 (656); wie hier *Jarass,* in: ders./Pieroth, GG, Art. 9 Rdnr. 15; *Rudroff,* Vereinigungsverbot, S. 33 jew. m. w. Nachw.
[220] *Jarass,* in: ders./Pieroth, GG, Art. 9 Rdnr. 15; *Scholz,* in: Maunz/Dürig, GG, Art. 9 Rdnr. 113.
[221] *Brugger,* JZ 1987, 633 (638).
[222] So *Jarass,* in: ders./Pieroth, GG, Art. 5 Rdnr. 78; *Starck,* in: v. Mangoldt/Klein, GG, Art. 5 Rdnr. 271.
[223] *Kloepfer,* JZ 1986, 205 (207); ablehnend *Oppermann,* in: FSchr. Thieme, S. 671 (675).
[224] *Starck,* in: v. Mangoldt/Klein, GG, Art. 5 Rdnr. 271; *Scholz,* in: Maunz/Dürig, GG, Art. 5 Absatz 3 Rdnr. 201.

Art. 18 GG bezieht sich als die speziellere Norm nur auf den *aggressiv-kämpferischen* Einsatz des grundrechtlich geschützten Verhaltens[225]. Damit setzt er allerdings voraus, daß auch die verfassungsuntreue Lehre vom Schutzbereich des Art. 5 Absatz 3 Satz 1, Alt. 2 GG bis zum Eintritt der Verwirkung umfaßt ist, denn wenn schon von Verfassungs wegen allen verfassungsuntreuen Verhaltensweisen keinen grundrechtlichen Schutzes genössen, erübrigte sich ein Verwirkungsausspruch. Art. 5 Absatz 3 Satz 2 GG bildet daher schon für die Wissenschaftsfreiheit keine *Grenze* des Schutzbereichs, sondern verweist nur auf eine *Schranke* der Ausübungsform Lehrfreiheit[226].

Andere Grundrechte als die Wissenschaftsfreiheit sind deshalb nicht von dieser Schranke betroffen, weil die Begründung, mit der sie auf die Forschung übertragen werden kann, nicht weiter als bis zu diesem Teilaspekt von Wissenschaft trägt. Denn da der Wortlaut des Art. 5 Absatz 3 Satz 2 GG eine *vorgegebene* Treuepflicht voraussetzt, die im allgemeinen Status der Staatsbürger nicht besteht, geht seine Verweisung in bezug auf Grundrechtsträger, die nicht schon aus anderen Gründen – etwa beamtenrechtlich – auf Verfassungstreue verpflichtet sind, ins Leere[227]. Art. 5 Absatz 3 Satz 2 GG stellt damit allenfalls im Hinblick auf Grundrechtsträger, die einer anderweitig begründeten *besonderen* Pflicht zur Verfassungstreue unterliegen, klar, daß diese nicht vom grundrechtlichen Schutz in Frage gestellt wird. Dagegen ergibt die Treueklausel nicht, daß die von solchen Sonderpflichten *nicht* gebundene Freiheitsbetätigung nur in „verfassungsfreundlichen" Formen grundrechtlichen Schutz genösse.

Dies gilt schon von der Ausübung der Lehre außerhalb öffentlicher Hochschulen und um so mehr für die übrigen Verhaltensweisen, die tatbestandlich unter ein Grundrecht fallen. So schützt die Meinungsfreiheit auch die Äußerung „in unserer Rechtsordnung nicht vertretbare(r) Werturteile"[228]. Auch drastische, ja entsetzliche Meinungsäußerungen genießen den Schutz des Art. 5 Absatz 1 GG. Wenn sie auf der Grundlage des Art. 5 Absatz 2 GG nicht zu unterbinden sind, weil sie gezielt verboten werden müßten, rechtfertigt der Schutz anderer Verfassungsgüter ein solches Verbot um so leichter, je schwerwiegender die Beeinträchtigung die konfligierenden Güter trifft, insbesondere die Menschenwürde. Glaubensüberzeugungen sind von Art. 4 Absätze 1 und 2 GG geschützt, auch wenn sie von den Wertungen des Grundgesetzes abweichen[229]. Mit einem Wort: die Grundrechtsausübung kann nicht „verfassungsfeindlich" sein, solange nicht die Verfassung selbst angegriffen wird[230].

---

[225] *Scholz*, in: Maunz/Dürig, GG, Art. 5 Absatz 3 Rdnr. 204.
[226] So etwa *Bethge*, in: Sachs, GG, Art. 5 Rdnr. 225; *Zwirner*, Treuepflicht, S. 254; unklar *Scholz*, in: Maunz/Dürig, GG, Art. 5 Absatz 3 Rdnr. 202 f.
[227] So auch *Hailbronner*, Freiheit der Forschung und Lehre, S. 237 f.
[228] A. A. *Brugger*, JZ 1987, 633 (637).
[229] BVerfGE 33, 23 (29).
[230] OVG Berlin, EuGRZ 1978, 282 (289).

III. Rechtsfolgenbegrenzungen 225

Bedenklich ist es auch, wenn das BVerwG von Religionsgemeinschaften eine nicht grundsätzlich ablehnende Haltung zu den Grundlagen der staatlichen Gemeinschaft verlangt, wollen sie als Körperschaften des öffentlichen Rechts anerkannt werden[231]. Es beschränkt den Anspruch aus Art. 140 GG i. V. m. Art. 137 Absatz 5 Satz 2 WRV nicht etwa zugunsten anderer Verfassungsgüter, weil es in concreto keine solchen findet. Zu begrüßen ist allerdings, daß es auch die ungeschriebene Anerkennungsvoraussetzung der „Rechtstreue" präzisiert und gerade in Abgrenzung zur Verfassungstreue der Bewerber für den öffentlichen Dienst eng auslegt[232]. Das Gericht liest in den Begriff der öffentlich-rechtlichen Körperschaft jedoch darüber hinaus ein Erfordernis gegenseitigen *Respekts* hinein. Dies leitet es aus dem Verhältnis „verständiger Kooperation" mit dem Staat ab. Das BVerfG hatte ein solches Verhältnis zwar auch als Kennzeichen korporierter Religionsgemeinschaften erwähnt, hatte es aber nicht zur *Voraussetzung* der Verleihung von Körperschaftsrechten erklärt, schon weil der von ihm entschiedenen Fall eine altkorporierte Kirche betraf[233].

Aber auch aus inhaltlichen Gründen kann der Ansicht des BVerwG nicht gefolgt werden. Die Vorteile des Körperschaftsstatus mögen zwar als Förderung der Religionsgemeinschaften um ihrer gesellschaftlichen Nützlichkeit willen zu verstehen sein[234]. Indirekt entlasten sie mit ihren karitativen, traditions- und denkmalpflegerischen Aktivitäten auch den Staat von der Wahrnehmung kultureller und sozialer Aufgaben. Wäre aber die „Staatsnützlichkeit" als solche Sinn und Zweck der Privilegierung, so könnte der Staat von korporierten Religionsgemeinschaften mit ebensolchem Recht ein disziplinierendes oder sogar staatsbürgerlich erziehendes Wirken gegenüber ihren Angehörigen erwarten. Eine so weitgehende Einbindung in die Verfolgung staatlicherseits gesetzter Zwecke ist aber mit der Verleihung der Körperschaftsrechte nicht verbunden; die Begriffswahl in Art. 137 Absatz 5 WRV suggeriert eine Eingliederung der korporierten Glaubensgruppen in die Verwaltungsstrukturen des Staates, die in ihrem Fall gerade nicht stattfindet[235]. Anders als von Beamtenbewerbern kann der Staat von den zu korporierenden Religionsgemeinschaften keine innere Hinwendung zu den Grundlagen seiner Ordnung erwarten, da sie sich nicht mit ganzem Einsatz dem Dienst am Gemeinwesen widmen müssen. Eine grundsätzlich positive Haltung kann der Staat von Glaubensgruppen daher auch dann nicht verlangen, wenn sie die Verleihung des öffentlichrechtlichen Status anstreben.

---

231 BVerwG, NJW 1997, 2396 (2398 f.); ebenso *Muckel,* DÖV 1995, 311 (316 f.).
232 A. A. am ausführlichsten *Link,* ZevKR 43 (1998), 1 (23 ff.).
233 BVerfGE 42, 312 (330 f.).
234 *Pagels,* JuS 1997, 790 (793).
235 Vgl. *Kunig/Uerpmann,* DVBl. 1997, 248 (251).

b) Pflicht zur maßvollen „Grundrechtsausübung"?

In Frage kommt neben einer Obliegenheit der Grundrechtsträger zur nachgiebigen, entgegenkommenden Wahrnehmung ihrer Freiheit auch, daß der Schutz der Grundrechte solche Betätigungsformen nicht erfaßt, die über eine „hinnehmbare", weil wie auch immer *gemäßigte Gefahr* für gegenläufige Rechtspositionen hinausgehen. Während die oben behandelten Spielarten der Mäßigung vom Grundrechtsinhaber verlangen, auf die konkurrierenden Interessen einzugehen und sie womöglich gleichzeitig zu verwirklichen, erwarten Vertreter der hier behandelten Thesen von den Grundrechtsträgern – als *minus* zur oben beschriebenen Lösung – nur eine möglichst harmlose Betätigung ihrer Freiheit, ohne daß sie sich um die positive Wirkung für andere Rechtsgüter besonders zu kümmern brauchten. Ein ähnlicher Ansatz versucht, zwischen zivilisationsadäquaten und „entzivilisierenden" Erscheinungsformen einer grundrechtlichen Freiheitsbetätigung zu differenzieren[236]. Trotz dieses weniger weitgehenden Anspruchs bestehen auch gegen diese Variante grundsätzliche Bedenken, insbesondere weil sie versucht, an sich staatsgerichtete Gebote zu Bindungen des einzelnen umzuformen.

aa) Bindung der Einwirkung auf Rechtsgüter anderer an den Verhältnismäßigkeitsgrundsatz?

Erstaunlicherweise haben sich gerade gute Kenner und Kritiker der Theorien von den immanenten Grundrechtsschranken dafür ausgesprochen, die Betätigung vorbehaltlos gewährleisteter Grundrechte an den Verhältnismäßigkeitsgrundsatz zu binden, soweit davon Grundrechte Dritter oder verfassungsrechtlich geschützte Güter des Staates und der Allgemeinheit betroffen werden[237]. Dagegen spricht aber, daß sich das Verhältnismäßigkeitsprinzip schon seiner verfassungsrechtlichen Verankerung nach nur an den Staat und gerade nicht an private Grundrechtsträger richtet. Der Verhältnismäßigkeitsgrundsatz ist Teil des Rechtsstaatsprinzips und bezweckt wie jenes ausschließlich die Mäßigung *staatlicher* Eingriffe, mag es auch im Grundrechtsbereich durch je spezifische Anforderungen der einzelnen Grundrechte modifiziert werden[238].

Sieht man die Wurzel des Verhältnismäßigkeitsgrundsatzes allerdings unmittelbar in den Grundrechten[239], so ergibt sich diese Konsequenz nicht auf genauso geradem Weg. In diesem Fall folgt seine Verbindlichkeit für den einzelnen der Dogmatik der grundrechtlichen Drittwirkungen. Aber auch dann müssen Private nur ausnahmsweise selber das Verhältnismäßigkeitsprinzip beachten, nämlich

---

[236] *Vesting,* AöR 122 (1997), 337 (364 ff.); ähnlich *Brugger,* JZ 1987, 633 (638).

[237] *Dreier,* DVBl. 1980, 471 (473); ihm folgend *van Nieuwland,* Theorien, S. 147 f.; jetzt auch *Lücke,* Berufsfreiheit, S. 34.

[238] *Kunig,* Rechtsstaatsprinzip, S. 354 f. mit zahlr. Nachw.; *van Nieuwland,* Theorien, S. 137; *A. Lübbe,* NuR 1994, 469 (470).

[239] So namentlich *Dürig,* AöR 81 (1956), 117 (146); *Grabitz,* AöR 98 (1973), 568 (586).

wenn es um koalitionsbeschränkende Absprachen geht (Art. 9 Absatz 3 Satz 2 GG) oder wenn sie Bundestagskandidaten beschäftigen oder Einfluß auf die Wahlentscheidung Dritter oder auf die Mandatsausübung Abgeordneter gewinnen (Art. 38 Absätze 1 und 2 und 48 Absätze 1 und 2 GG). Im übrigen kommen sie nur insoweit mit dem Verhältnismäßigkeitsprinzip in Berührung, als es den Erlaß, die Auslegung und die Anwendung einfacher Gesetze, die ihre Rechtsbeziehungen untereinander regeln, im Lichte der Grundrechte steuert. Nur die Gestaltung der Privatrechtsordnung durch den Gesetzgeber hat das BVerfG auch in manchen Entscheidungen auf ihre Vereinbarkeit mit dem Verhältnismäßigkeitsprinzip überprüft, womit es den Anschein erweckt haben mag, es wende dieses Prinzip in privaten Rechtsbeziehungen an[240].

Zu keinem anderen Ergebnis gelangt man in Fällen, wo Grundrechte dem Staat ausnahmsweise ein Mindestmaß an Schutz oder Förderung auferlegen. Der einzelne Grundrechtsträger ist auch hier nicht unmittelbar von Verfassungs wegen verpflichtet, anderen den Minimalbestand an grundrechtlichen Schutzgütern zu belassen, den der Staat ihnen sichern muß. Aus seiner Sicht trägt das sogenannte Untermaßverbot nur dazu bei, den Umfang an Maßnahmen zum Schutz der Grundrechte Dritter zu bestimmen, der ihm selbst gegenüber erforderlich ist. Allenfalls kann sich ergeben, daß diese zur Erreichung des anderwärts gebotenen Schutzniveaus erforderlichen Maßnahmen ihm gegenüber nicht unverhältnismäßig, weil unangemessen sein können[241]. Völlig unzumutbare und grob ungleichgewichtig grundrechtsverkürzende Maßnahmen braucht der Betroffene aber auch dann nicht hinzunehmen, wenn sie das einzig erfolgversprechende Mittel zur Erfüllung eines verfassungsrechtlichen Schutzgebotes sein sollten. Wenn der Gesetzgeber in eine solche „Zwickmühle" zwischen Übermaß- und Untermaßverbot gerät[242], hat auch das nur mittelbare rechtliche Folgen für den einzelnen.

Problematisch ist an einer unmittelbaren „Drittwirkung" des Verhältnismäßigkeitsgrundsatzes vor allem, daß sie den Staat zwänge, verbindlich festzulegen, auf welche Zwecke die grundrechtlich geschützten Verhaltensweisen gerichtet sein dürfen. Die Anwendung des Verhältnismäßigkeitsgrundsatzes setzt immer schon das Vorliegen eines Zwecks voraus, zu dem bestimmte Mittel in Relation gesetzt werden. Betrachtet man die Betätigung im Gewährleistungsbereich von Grundrechten als „Mittel", so steht es in erster Linie dem einzelnen zu, damit Zwecke zu verbinden oder dies bleiben lassen, gegebene Zwecke seiner Betätigung abzulehnen oder vorzuziehen. Die Grundrechte behalten dem Grundrechtsträger ein Reservat der beliebigen Zwecksetzung und Sinnstiftung seines Verhaltens vor[243]. In diesem Freiraum braucht er sein Tun und Lassen nicht stets mit der Verfolgung von Zwecken (und erst recht nicht mit Gemeinwohlzwecken) zu rechtfertigen.

---

240 BVerfGE 57, 361 (380 und 388), 63, 88 (115) und 65, 196 (215).
241 *Dietlein*, ZG 1995, 131 (136 f.).
242 *Hain*, ZG 1996, 75 (80).
243 *Bethge*, JA 1985, 249 (252).

Darin unterscheidet sich die Gewährleistung eines Grundrechts gerade maßgeblich von der Einräumung einer *Kompetenz*. Da der Staat dem einzelnen aber regelmäßig nicht vorschreiben kann, welche Zwecke sein grundrechtlich relevantes Verhalten erfüllen soll, fehlt einer Prüfung dieses Verhaltens am Maßstab der Verhältnismäßigkeit die Grundlage.

Damit geht auch die vom BVerwG in seiner oben angesprochenen Entscheidung zur Verleihung des öffentlich-rechtlichen Körperschaftsstatus angeführte Hilfsbegründung fehl, die Anerkennung einer aus religiösen Gründen staatsfernen, aber nicht aggressiv verfassungsfeindlichen Sekte sei dem Staat nicht „zuzumuten"[244]. Die Zumutbarkeit ist als Begriff des öffentlichen Rechts – ungeachtet ihrer historischen Herkunft (auch) aus dem Rechtsgedanken von Treu und Glauben – ein Element des Verhältnismäßigkeitsgrundsatzes, der nur Eingriffe des Staates in die Rechtssphäre des einzelnen betrifft, nicht gerade umgekehrt das Verhalten grundrechts*berechtigter* Personen gegenüber dem Staat. Er muß es sich daher auch von einer Glaubensgemeinschaft „zumuten" lassen, daß sie seine Grundlagen aus religiösen Gründen prinzipiell ablehnt und dennoch in den Genuß der Korporationsrechte gelangen will. Daß eine *einmal korporierte* Religionsgemeinschaft bei der Ausübung öffentlich-rechtlicher Befugnisse gegenüber den einzelnen an die Grundrechte und den Grundsatz der Verhältnismäßigkeit gebunden ist, steht auf einem anderen Blatt.

bb) Pflicht zu toleranter Hinnahme von Grundrechtsbeeinträchtigungen?

In umgekehrter Stoßrichtung hat die Rechtsprechung seit Ende der sechziger Jahre auch das *Toleranzprinzip* genutzt, um Grundrechtsträgern die Duldung solcher Beeinträchtigungen abzuverlangen, die sich aus Emanationen hoheitlicher Gewalt ergeben. Dabei hat sie den Begriff der Toleranz nicht nur aus seinen staatskirchenrechtlichen, ja aus allen religionsnahen Bezügen überhaupt gelöst. Schon auf dem Gebiet der Beziehungen von Kirche und Staat ist sein einen konfessionell geprägten Staat voraussetzender Sinn als duldsame Haltung gegenüber minoritären Bekenntnissen weitgehend von den Bedeutungen der Gleichbehandlung im Staat und der Parität in den Beziehungen zum Staat abgelöst worden[245]. Noch einschneidender wirkte sich zwar vielleicht nicht in rechtshistorischer, aber ganz sicher in grundrechtsdogmatischer Hinsicht aus, daß die Rechtsprechung den Toleranzbegriff von einem Ausdruck der Mäßigung der Staatsgewalt in ein beweglich einsetzbares Topos[246] verwandelt hat, das auch den einzelnen entgegengehalten werden kann, um sie zur rücksichtsvollen Grundrechtsausübung[247]

---

[244] BVerwG, NJW 1997, 2396 (2398 f.).
[245] Ablehnend daher *Eisenhardt*, JZ 1968, 214 (218 f.).
[246] Ähnlich *Czermak*, NJW 1995, 3348 (3351).
[247] So BVerfGE 32, 98 (108); neuerdings wieder in religiösem Zusammenhang: BayVerfGH, BayVBl. 1997, 686 (689 f.), *Ennuschat*, NJW 1998, 953 (956).

III. Rechtsfolgenbegrenzungen

oder sogar zur Hinnahme von Einwirkungen auf ihre Grundrechtsgüter zu bewegen, mögen diese Beeinträchtigungen nun von dritter Seite ausgehen oder vom Staat selbst.

Ohne unmittelbar religiösen Bezug tauchte das Wort Toleranz schon in der Parteiverbotsentscheidungen auf, die das BVerfG gegenüber der KPD erließ. Darin war indes noch ein säkularisiertes Abbild der konfessionellen Machtverteilung im alten Reich zu erkennen, wenn auch übertragen auf die Teilhabe der politischen Parteien an der Macht. Erhalten blieb die Struktur des Toleranzprinzips als Duldung nicht herrschaftsbeteiligter Minderheiten. Die die freiheitlich-demokratische Grundordnung bejahenden Parteien stehen in gleichberechtigtem Wettbewerb miteinander; zwischen ihnen herrscht eine Art Parität in den Chancen um den Machtgewinn. Von der Beteiligung an der Staatsleitung ausgeschlossen sind verfassungswidrige Parteien. Ihnen gegenüber stellt sich die Frage einer Tolerierung. Die Antwort, die Art. 21 Absatz 2 GG den nicht staatstragenden Minderheiten gibt, ist das Parteiverbot. Art. 21 Absatz 2 GG sei eine „Synthese zwischen dem Prinzip der Toleranz gegenüber allen politischen Anschauungen und dem Bekenntnis zu unantastbaren Grundwerten der Staatsordnung"[248]. In diesem Toleranzbegriff sind die Neutralität des Staates in Fragen der (politischen) Weltanschauung und sein dennoch nötiges Bekenntnis zu „Grundwerten", die eine solche Neutralität nicht zulassen, geradezu im *Hegel*schem Sinne aufgehoben.

Auch von diesem staatsorganisatorischen Bezugsrahmen bewegte sich die Rechtsprechung mit einigen Entscheidungen auf wehrrechtlichen Gebiet immer weiter weg. Zu nennen ist hier zunächst ein Urteil zur Meinungsäußerungsfreiheit von Soldaten in Vorgesetztenfunktionen. Obwohl der Beschwerdeführer sich als Privatperson geäußert hatte, wird seine Meinungsfreiheit von dienstrechtlichen Zurückhaltungspflichten beschränkt, weil die Achtung vor und das Vertrauen zu einem Vorgesetzten durch sein persönliches Auftreten mitbestimmt werden. Dieses Auftreten muß daher von Toleranz gegenüber fremden Meinungen geprägt sein[249]. Hier ist es letztlich noch die weltanschauliche Toleranz des Staates, die untergebenen Soldaten in der Person des Vorgesetzten gegenübertritt; denn gerade für sie ist es kaum möglich, zwischen Person und Funktion zu trennen. Von dieser Zwitterstellung des Grundrechtsträgers als Amtswalter hebt sich die erste Kriegsdienstverweigerungs-Entscheidung dadurch ab, daß spätestens hier das Toleranzprinzip ganz in den Rechtskreis des Grundrechtsträgers als Individuum überspringt und seine Berufung auf ein Grundrecht – hier das Recht auf Kriegsdienstverweigerung aus Art. 4 Absatz 3 Satz 1 GG – in einem Zusammenhang „mäßigt", in dem er nur als Individuum, nicht als Funktionsträger auftritt. Das BVerfG betrachtet das Recht zur Kriegsdienstverweigerung aus Gewissensgründen als Ausdruck des Toleranzprinzips, dem im Gegenzug auch „das Verhalten des Berechtigten" entsprechen müsse – jedenfalls soweit es sich nicht um den Kernbereich seiner

---

[248] BVerfGE 5, 85 (137 ff., Zitat S. 139).
[249] BVerfGE 28, 36 (47), mit einer allerdings fragwürdigen Subsumtion.

Freiheit handele, sondern um „formale Randpositionen". Die formale Randposition ist hier die Verweigerung eines Waffendienstes *im Frieden* bis zur rechtskräftigen Anerkennung[250]. Das Gericht sinnt dem einzelnen damit an, einen voraussichtlich rechtswidrigen Eingriff vorübergehend hinzunehmen, weil er mit der Wahrnehmung seines Grundrechts seinerseits eine im Grunde illegitime Forderung an den Staat stellt – nämlich den Antrag, gemäß Art. 4 Absatz 3 GG vom Wehrdienst „befreit" zu werden[251]. Toleranz ist hier zur Pflicht zur Hinnahme von Grundrechtsbeeinträchtigungen geworden.

Bemerkenswerterweise hängt das Gericht diese Ausführungen aber nur obiter dictos an die tragende Begründung der Entscheidung an. Diese besteht in der – hier zum ersten Mal auftretenden – Konfliktlösung durch schonenden Ausgleich zwischen vorbehaltlos gewährleistetem Grundrecht und „mit Verfassungsrang ausgestattete(n) Rechtswerte(n)"[252]. Die späteren Entscheidungen des Gerichts, in denen es den Begriff „Toleranz" aufgreift, schreiben zum Teil diese Rechtsprechung fort; zum Teil kehren sie auch zu seinem religiösen Sinnbezug zurück[253]. Hinzu tritt nur der – hier weniger interessante – Aspekt einer staatlichen Vermittlerrolle im Grundrechtskonflikt zwischen Trägern der Religionsfreiheit. „Toleranz" drückt dabei nur milieugerecht aus, daß ein Gebot gegenseitigen Nachgebens als Kollisionsregel zwischen den Ansprüchen verschiedener Grundrechtsberechtigter zum Tragen kommt[254], das man auch mit dem gebräuchlichen Begriff der praktischen Konkordanz benennen könnte. Dem interessanten Zusammenhang zwischen der Einordnung der betroffenen Grundrechtsträger in Sonderrechtsverhältnisse und der Verwendung des Toleranztopos kann an dieser Stelle nicht weiter nachgegangen werden[255]. Hier scheint allerdings eine gewisse Abstraktion von einzelnen Grundrechtskollisionen dazu zu führen, daß Toleranz nicht nur gegenüber anderen Grundrechtsträgern, sondern auch gegenüber der Institution verlangt wird, die diese Grundrechte mit umhegt[256]. Neuerdings wird der Toleranzbegriff auch in der Literatur wieder im Sinne einer Begrenzung des Schutzbereichs von Art. 4 Absätze 1 und 2 GG benutzt: so sollen Respektsbezeugungen vor den religiösen Überzeugungen anderer dem einzelnen kraft seiner Toleranzpflicht geboten sein, im zivilen Bereich wie im militärischen. Soldaten sollen solche Respektsbezeugungen befohlen werden können[257].

---

[250] BVerfGE 28, 243 (262).
[251] So zuvor schon *Böckenförde*, VVDStRL 28 (1970), S. 33 (61).
[252] BVerfGE 28, 243 (261).
[253] BVerfGE 41, 29 (51); 41, 65 (78); 52, 223 (247).
[254] BVerfGE 52, 223 (247); 93, 1 (21) und dazu *van Nieuwland*, Theorien, S. 120 bzw. *Muckel*, Religiöse Freiheit, S. 117 f. und *Rozek*, BayVBl. 1996, 22 (25); krit. auch *Schmitt-Kammler*, in: FSchr. Friauf, S. 343 (356 f.).
[255] Siehe dazu *Winkler*, in: Erberich u. a., Frieden und Recht, S. 52 (63 ff.).
[256] Vgl. BVerfGE 41, 65 (78); krit. auch *Kutscha*, JuS 1998, 673 (676).
[257] So *Ennuschat*, Militärseelsorge, S. 206 f.

Festzuhalten bleibt demgegenüber, daß der Begriff Toleranz von der Rechtsprechung zwar zur Umschreibung von Kollisionslösungen zwischen Grundrechten und kollidierendem Verfassungsrecht eingesetzt wurde, nicht aber eine Reduzierung der Schutzfolgen aus der Erfüllung grundrechtlicher Tatbestände markiert, wie die Wendung von der „rücksichtsvollen Grundrechtsausübung" vermuten ließe. Einer ausufernden Benutzung des Toleranzgedankens zur Begrenzung des Anerkennungsanspruchs von Religionsgemeinschaften aus Art. 140 GG i. V. m. Art. 137 Absatz 5 Satz 2 WRV ist zuletzt auch das OVG Berlin entgegengetreten. In diesem Punkt wurde seine Rechtsauffassung vom BVerwG bestätigt[258]. Ein verfassungsrechtliches Toleranzgebot kann allenfalls als Kollisionsregel zwischen konkurrierenden Berechtigungen dienen, vermittelt aber selbst keine Berechtigungen[259].

3. Ausgrenzung von „Grundrechtsmißbrauch"

Einen weniger abseitigen Grundgedanken greifen Vorschläge auf, „mißbräuchlichen" Formen tatbestandlich von den Grundrechten erfaßten Verhaltens den Schutz der Verfassung zu versagen. Grundrechtlicher Schutz soll nach nicht nur vereinzelter Auffassung dann entfallen, wenn der Grundrechtsträger „die Grenzen seines verfassungsmäßig geschützten Rechtskreises überschreitet"[260]. Der inflationäre Gebrauch von Begriffen wie „Mißbrauch" und „Verwirkung" in diesem Zusammenhang ist zwar bedenklich, ja man könnte ihn seinerseits als Mißbrauch bezeichnen[261]. Er droht die verfassungsrechtliche Tatbestandsformulierung des Mißbrauchs von Grundrechten in Art. 18 GG in Vergessenheit zu drängen, die nicht ohne Grund und Absicht sehr restriktiv gefaßt ist. Die Schöpfer des Grundgesetzes haben den Mißbrauchsbegriff bewußt eng definiert, um ihn als Kampfbegriff aus dem politischen Tagesgeschehen herauszuhalten[262]. Gegenüber einer (positiven) Bindung der Grundrechtsausübung an bestimmte Zwecke oder ihrer Begrenzung auf bestimmte Verhaltensweisen stellt die Mißbrauchsabwehr aber immerhin insoweit ein *minus* dar, als sie nur bestimmte Verhaltensweisen oder Ziele (negativ) ausgrenzt. Verfechter dieser Lösung sehen Art. 18 GG nicht als abschließende Mißbrauchsregelung an, sondern nur als Sondervorschrift für gravierende Fälle, in denen es gerechtfertigt ist, einer Person bestimmte Grundrechte über den konkreten Einzelfall hinaus zu entziehen[263]. So verstanden, steht nicht schon die Spezialität des Art. 18 GG einer Anwendung des Verbots mißbräuchlicher Rechtsausübung auf Grundrechte im Wege.

---

258 OVG Berlin, NVwZ 1996, 478 (480 f.); BVerwG, NJW 1997, 2396 (2398).
259 *Rozek,* BayVBl. 1996, 22 (25).
260 *Scholtissek,* NJW 1952, 561 (563); umfassende Nachweise bei *Bayer,* Religions- und Gewissensfreiheit, S. 162 f.
261 *Gusy,* JuS 1979, 254 (256); *A. Lübbe,* NuR 1994, 469 (470).
262 *Rühl,* NJW 1995, 561 (562).
263 *Brenner,* DÖV 1995, 60 (64).

a) Dogmatische Grundlagen

Der allgemeine Rechtsgrundsatz des Verbots mißbräuchlicher Rechtsausübung ist zwar in zivilrechtlichen Zusammenhängen entwickelt worden. In § 242 BGB wird unter anderem eine mißbrauchsbezogene „Innenschranke" von Ansprüchen der Privatrechtssubjekte untereinander verortet[264]. Er eignet sich aber im Prinzip durchaus zur Übertragung ins öffentliche Recht und kann seinen Besonderheiten angepaßt werden[265]. Ganz von den ihn im Zivilrecht prägenden Voraussetzungen gelöst werden darf das Mißbrauchsverbot dabei indessen nicht, soll noch mehr als das bloße Etikett „Mißbrauch" von ihm übrig bleiben – das fraglos eine starke Signalwirkung besitzt, gerade daher aber selber mißbraucht zu werden droht, indem es allein um dieser Wirkung willen eingesetzt wird. Nicht jede Beeinträchtigung der Rechte anderer ist schon ein „Mißbrauch"[266].

Ob der Mißbrauchsgedanke mit dieser Maßgabe unmittelbar oder in abgewandelter Form auch auf Grundrechtsbetätigungen anwendbar ist, bleibt genauer zu prüfen. Lehnt man ein Verbot mißbräuchlicher Berufung auf Grundrechte eng an die zivilrechtliche Konstruktion der Rechtsfigur an, so setzt es zunächst ein Schuldverhältnissen strukturell entsprechendes Rechtsverhältnis voraus, also eine Sonderverbindung zwischen einem Anspruchsberechtigten und einem Anspruchsverpflichteten[267]. Schon insofern bestehen Zweifel, ob die Grundrechte dem Mißbrauchsverbot passende Ansatzpunkte bieten. Zwar können sie in ihrer Erscheinungsform als subjektiv-öffentliche Rechte durchaus als *Ansprüche* des einzelnen gegen den Staat konzipiert werden. Auch kommt es in der zivilrechtlichen Konstruktion in Frage, daß nicht nur subjektive Rechte, sondern auch objektiv bestehende Rechtslagen mißbräuchlich „ausgenutzt" werden[268]. Ob jedoch der allgemeine Staatsbürgerstatus allein durch die Gewährleistung von Grundrechten zu einer vertrauensbegründenden *Sonder*beziehung erstarkt, kann man zumindest mit einem Fragezeichen versehen. Bedenken weckt aber vor allem die Überlegung, ob die Typologie von Fallgruppen, die eine Rechtsausübung im Zivilrecht unzulässig erscheinen lassen, auf die Ausübung grundrechtlicher Abwehr-, Leistungs- und Schutzansprüche paßt.

Von der zivilrechtlichen Dogmatik sind der unredliche Rechtserwerb, die Pflicht zur alsbaldigen Rückgewähr des Erlangten, die Verletzung eigener Pflichten gegenüber dem Anspruchsgegner, widersprüchliches Verhalten und das Fehlen eines schutzwürdigen Interesses als typische Erscheinungsformen rechtsmißbräuch-

---

[264] *Siebert*, Verwirkung und Unzulässigkeit der Rechtsausübung, S. 85 ff., insbes. S. 88 und 91.
[265] So auch m. w. N. *Gallwas*, Mißbrauch, S. 19.
[266] *Knies*, Kunstfreiheit, S. 116; großzügiger *Gallwas*, Mißbrauch, S. 20 f.
[267] Ebenso *Gallwas*, Mißbrauch, S. 21; vgl. *Heinrichs*, in: Palandt, BGB, § 242 Rdnr. 39; a. A. *Teichmann*, in: Soergel, BGB, § 242 Rdnr. 25.
[268] *Heinrichs*, in: Palandt, BGB, § 242 Rdnr. 49.

lichen Verhaltens herausgearbeitet worden[269]. Schlecht passen auf die Staat-Bürger-Beziehung zumindest die beiden erstgenannten Mißbrauchsgründe. Grundrechtsansprüche werden nicht „erworben". Der Staat verleiht sie auch dann nicht, wenn er in einem Feststellungsverfahren die Grundrechtsträgerschaft einzelner Personen untersucht. Grundrechte stehen dem einzelnen vielmehr von Verfassungs wegen zu. Auch eine Rückgabepflicht kommt für die wenigsten Gegenstände grundrechtlicher Ansprüche in Frage, da sie nur ausnahmsweise auf Leistungen, in der Regel dagegen auf Unterlassung von Beeinträchtigungen oder Schutz vor ihnen gerichtet sind. Doch auch die weiteren, gelegentlich ernsthaft zur Nachahmung empfohlenen Grenzen zulässiger Rechtsausübung können bei der Berufung auf Grundrechte strikt verstanden nicht überschritten werden.

b) Kein Grundrechtsschutz für widersprüchliches Verhalten?

Widersprüchliches Verhalten schließt nicht generell die Berufung auf Rechte aus, sondern nur insoweit, als das Vorverhalten einen Vertrauenstatbestand geschaffen hat[270]. Der Anspruchsgegner muß dadurch zu der berechtigten Erwartung veranlaßt worden sein, daß die nunmehr geltend gemachten Rechte nicht beständen oder zumindest nicht in Anspruch genommen würden. Im letztgenannten Fall kann dieses Vorverhalten als konkludenter Verzicht auf bestehende Rechte gedeutet werden[271]. Ein Vertrauen des Staates auf das Fehlen oder die Nichtausübung von Grundrechten durch eine bestimmte Person will aber auf das Verhältnis von Staat und einzelnen nicht recht passen. Grundrechte stehen einer großen Zahl von Personen zu, die in ihrer Mehrzahl von vielen dieser Grundrechte selten Gebrauch machen. Ein Vertrauen des Staates, daß sie sich auch weiterhin ihm gegenüber nicht auf diese Rechte berufen oder sie gar nicht mehr ausüben wollen, kann daraus kaum erwachsen. Dies liegt weniger an dem staatsgerichteten, ein Subordinationsverhältnis voraussetzenden Charakter der Grundrechte als vielmehr an ihrem umfassenden, nicht auf Einzelbeziehungen begrenzten, sondern das Verhältnis von Staat und Bürgern schlechthin konstituierenden Charakter.

Mit der gelegentlich vorgebrachten Ansicht, widersprüchliche Verhaltensweisen könnten den Grundrechtsschutz entfallen lassen, ist denn auch etwas anderes gemeint, so daß der Anklang an diese Fallgruppe des unzulässigen Rechtsmißbrauchs formal und bestenfalls Mittel der Mnemotechnik, wo nicht rhetorischer Kunstgriff ist. Ein Widerspruch soll zwischen der Berufung auf Grundrechte und der Ablehnung oder schon in der mangelnden Bereitschaft zum aktiven Eintreten für den Staat liegen, der den Schutz dieser Grundrechte gewährleistet. Besonders der Aus-

---

[269] *Heinrichs,* in: Palandt, BGB, § 242 Rdnr. 42 ff.; *Teichmann,* in: Soergel, BGB, § 242 Rdnr. 291 ff.
[270] Vgl. *Wieling,* AcP 176 (1976), 334 (335) m. w. Nachw.
[271] So *Wieling,* AcP 176 (1976), 334 (342 f.).

übung des Rechts zur Kriegsdienstverweigerung wurde dieses Argument entgegengehalten[272]. Im Ergebnis läuft diese Ansicht darauf hinaus, die Grundrechtsausübung auf staats- oder verfassungsbejahende, jedenfalls nicht staatskritische oder -feindliche Verhaltensweisen einzuengen. Sie ist wie die Bindung des Grundrechtsschutzes an verfassungsbejahende Zwecke abzulehnen[273].

c) Kein Grundrechtsschutz bei Verletzung eigener Pflichten?

Zum anderen könnte auf die Sanktionsfunktion eines Entzugs des Grundrechtsschutzes abgestellt werden. Verletzt ein Bürger eigene Pflichten gegenüber dem Staat, so befreit das den Staat allerdings regelmäßig nicht von der Pflicht zur Beachtung der Grundrechte dieses Bürgers. Zwischen *beliebigen* pflichtwidrigen Verhaltensweisen und der Gewährleistung der Grundrechte besteht kein quasi natürlicher Zusammenhang, der den Verlust dieser zur Sanktion jener macht. Ein solcher Konnex müßte vielmehr erst normativ hergestellt werden – und zwar wegen des Verfassungsvorbehalts der Grundrechtsbegrenzung oder -beschränkung auf verfassungsrechtlicher Ebene.

aa) Entzug des Grundrechtsschutzes als Konsequenz
einer Verletzung staatlichen Vertrauens?

Ein „naturwüchsiger" Zusammenhang zwischen dem von den Grundrechtsnormen tatbestandlich in Bezug genommenen Verhalten und dem Verlust seines grundrechtlichen Schutzes könnte zwar bestehen, sofern die Grundrechtsgewährleistung als Ausdruck eines Vertrauensvorschusses des Staates gegenüber seinen Bürgern zu verstehen wäre, den feindselig agierende Bürger verspielen. Der Staat würde auf eine Enttäuschung seiner Erwartung in das Wohlverhalten der Bürger mit einem Entzug grundrechtlicher Garantien reagieren. Dieses Modell kommt nach Auffassung mancher in Art. 18 GG zum Ausdruck[274]. Diese Ansicht kann sich auf das Politikverständnis *Carl Schmitts* berufen, der eine Auflehnung gegen die staatliche Gemeinschaft als Anlaß zum Ausschluß aus dieser Gemeinschaft, Versetzung in einen Zustand grundsätzlicher Gegnerschaft, ja Feindschaft betrachtete[275].

Daß aber die Schöpfer des Grundgesetzes die Verwirkung von Grundrechten nur insoweit zulassen wollten, als eine Pflichtverletzung in deren Gewährleistungs-

---

[272] BVerfGE 12, 45 (51); 48, 127 (161); ähnlich zur Kunstfreiheit (!) *Palm*, Kunstförderung, S. 105.
[273] Zur „Widersprüchlichkeit" bestimmter Grundrechtsausübungen s. schon oben II 2 b); zur Begrenzung auf schutzwürdige Zwecke oben III 1 d).
[274] *Brenner*, DÖV 1995, 60 (63).
[275] *C. Schmitt*, Legalität, S. 286.

III. Rechtsfolgenbegrenzungen

bereich gefallen ist, zeigt schon Art. 18 GG selbst. Er schreibt in seinem Satz 1 a. E. eine Spezialität des Verwirkungsumfangs vor: nur mißbrauchte Grundrechte können auch verwirkt werden. Der Wortlaut „verwirkt diese Grundrechte" kann nur entweder so verstanden werden, daß der Mißbrauch *eines* der vorgenannten Rechte zwingend die Verwirkung *aller* verwirkbaren Grundrechte nach sich zieht (wobei von einem unterschiedlichen *Ausmaß* der Verwirkung gemäß Satz 2 aber nicht mehr viel übrig bliebe) oder in dem Sinne, daß sich „diese" nur auf das jeweils mißbrauchte Grundrecht bezieht. Letzterer Auslegung ist der Vorzug zu geben[276]. Ein Entzug grundrechtlicher Ansprüche als Antwort auf Rechtsverletzungen ganz *anderer* Art wäre dagegen weder in diesem ausdrücklich geregelten Fall noch allgemein vom Grundgesetz gedeckt.

Darüber hinaus macht Art. 18 S. 2 GG deutlich, daß es neben dem Mißbrauch durch Einsatz zum Kampf gegen die Verfassungsordnung keine *ungeschriebenen* Fälle der Grundrechtsverwirkung durch mißbräuchliche Ausnutzung des tatbestandlich erfaßten Verhaltens gibt. Das folgt zwar nicht aus den besonderen Sicherungen, die er mit der Zuständigkeit des BVerfG vor einen Verwirkungsausspruch setzt. Diese sind als Korrelate des weitreichenden, nicht nur die einzelne Handlung des Grundrechtsträgers, sondern sein tatbestandlich Grundrechten unterfallendes Verhalten für die Zukunft insgesamt betreffenden Umfangs der Verwirkung zu verstehen[277]. Doch ist die „Feststellung" eines Grundrechtsmißbrauchs – entgegen der nach dem Wortlaut naheliegenden Bedeutung – konstitutiv für den Wegfall des Grundrechtsschutzes, woraus sich zugleich ergibt, daß sie *nur* für die Zukunft wirken kann. Die Mißbrauchshandlung selbst stand noch unter dem Schutz der nunmehr verwirkten Grundrechte. Etwaige staatliche Einwirkungen auf das mißbräuchliche Verhalten sind auch im Rückblick an den Schranken des einschlägigen Grundrechts auf ihre Verfassungsmäßigkeit zu untersuchen. Was für diesen gravierenden Fall gilt, trifft erst recht für die sonst als Verwirkungsfälle angesprochenen Verhaltensweisen zu. Für sie besteht nicht nur grundrechtlicher Schutz – sich auf ihn zu berufen, ist auch zulässig. Es wäre ungereimt, sollten mißbräuchliche Ausnutzungen dieses Schutzes im schweren Fall eines Kampfes gegen die freiheitlich demokratische Grundordnung erst nachträglich, in sonstigen Fällen aber ohne weiteres zur „Begrenzung" des subjektiven Schutzbereichs führen[278].

---

[276] Ebenso *Schmidt-Bleibtreu*, in: ders./Klein, GG, Art. 18 Rdnr. 8 a. E.; a.A. *Antoni*, in: Seifert/Hömig, GG, Art. 18 Rdnr. 4.

[277] Insoweit zutreffend *Arnold*, BayVBl. 1979, 520 (523); für abschließenden Charakter von Art. 18 GG dagegen *v. Hodenberg*, Bekenntnis des deutschen Volkes, S. 106 f.; *van Nieuwland*, Theorien, S. 75 f.; *Bäumler*, JZ 1986, 469 (474); *Rühl*, NJW 1995, 561 (562).

[278] Ähnlich *Muckel*, Religiöse Freiheit, S. 205 f. und 208.

bb) Nichteintritt grundrechtlicher Rechtsfolgen als Folge der Verletzung von Mitwirkungspflichten

Eine andere Variante des Einsatzes von Grundrechtsverlusten als Sanktion fehlenden „Wohlverhaltens" liegt auf verfahrensrechtlicher Ebene vor, wenn die Verletzung von Mitwirkungspflichten in Grundrechtsfeststellungsverfahren dazu führt, daß ein – materiell möglicherweise bestehendes – Grundrecht seinem Träger nicht zuerkannt wird. Dem Grundrechtsträger kommen die grundrechtlichen Rechtsfolgen dann nicht zugute, obwohl die Tatbestandsvoraussetzungen des Grundrechts vorliegen. Es handelt es sich hier also um verfahrensabhängige Rechtsfolgen. Das Grundrecht selbst besteht schon vor der (deklaratorischen) Anerkennung.

Es geht bei dieser „Mißbrauchs"-Variante also nicht um einen Fall, in dem sich jemand für ein *nicht* tatbestandsmäßiges Verhalten auf Grundrechte beruft[279]. Ein Ausschluß grundrechtlicher *Rechtsfolgen* könnte auf eine solche „mißbräuchliche Berufung" schon deshalb nicht gestützt werden, weil dort bereits die *Tatbestandsvoraussetzungen* des Grundrechts nicht erfüllt sind. Daß das Anerkennungsverfahren zu Ungunsten eines mitwirkungsunwilligen Grundrechtsträgers ausgeht, beruht dagegen auf einer Verletzung von verfahrensmäßigen „Pflichten gegen sich selbst", von Mitwirkungsobliegenheiten. Es besteht ein non liquet über den Bestand des Grundrechts, das durch eine Vermutung *gegen* das Vorliegen aufgelöst wird. Diese „im Zweifel gegen die Freiheit" ausschlagende Vermutung ist ebenso problematisch wie ihr Gegenstück, soweit ihr nicht eine verfassungsrechtliche Ermächtigung zur Vorschaltung eines Anerkennungsverfahrens vor die volle Wirksamkeit des Grundrechts zugrundeliegt.

Rechtlich unbedenklich ist ein solcher Ausschluß von Grundrechtswirkungen daher nur bei den sogenannten verfahrensabhängigen Grundrechten, für die schon das Grundgesetz ein Anerkennungsverfahren vorsieht, wie dem Asylrecht und dem Recht auf Kriegsdienstverweigerung[280]. Macht der Gesetzgeber die Wirkung *anderer* Grundrechte von der plausiblen Darlegung der behaupteten inneren Tatsachen abhängig, so stellt er auch diese Grundrechte unter einen Verfahrensvorbehalt, obwohl eine ausdrückliche verfassungsrechtliche Ermächtigung hierzu fehlt. Es fragt sich dann, ob der gesetzlich eingeführte Vorbehalt der Verfahrensmitwirkung auf einen verfassungsimmanenten Verfahrensvorbehalt zurückgeführt werden kann. Ansatzpunkte hierfür könnten allenfalls in der Pflicht des Staates gefunden werden, das betreffende Grundrecht mit gegenläufigen Verfassungsgarantien zum Ausgleich zu bringen. Fordert der Gesetzgeber etwa, nachvollziehbare religiöse Gründe für das Verlangen zu nennen, Kreuze aus einem Klassenzimmer zu entfernen (Art. 7 Absatz 3 BayEUG), so müßte die Aufgabe zur Lösung des Konflikts

---

[279] So die Verwendung des Ausdrucks „Mißbrauch" bei *Theis,* BayVBl. 1977, 651 (651); *Eick-Wildgans,* Anstaltsseelsorge, S. 163 f.; Anklang auch bei *Langer,* DÖV 1993, 273.
[280] Vgl. BVerfGE 35, 366 (376); 48, 127 (168 f.).

mit der Befugnis des Staates, Kreuze hier als kulturelles Zeichen aufzuhängen, es rechtfertigen, daß er die Darlegungslast für entgegenstehende Glaubensgründe auf die widersprechenden Schüler abwälzt.

Ein derartiger Verfahrensvorbehalt ergibt sich aber nicht allein aus der Aufgabe, den Konflikt eines Grundrechts mit gegenläufigen Verfassungsgütern *überhaupt* aufzulösen. Grundsätzlich gebietet das Grundgesetz es, in diesem Verfahren die für *beide* Seiten des Güterkonflikts relevanten Sachverhalte gleichermaßen aufzuklären. Einem unsubstantiiert vorgetragenen Grundrecht mag man in einer Abwägung mit entgegenstehenden Verfassungsgütern nun kein großes Gewicht beimessen können. Es dem Grunde nach als nicht vorhanden zu betrachten, reduziert aber die Ermittlungslast des Staates auf die grundrechts*feindlichen* Umstände des Falles. Zumal im Bereich der Religionsfreiheit zwingt eine so weitgehende Darlegungslast den einzelnen indirekt zur Offenbarung des eigenen Glaubens und greift damit ihrerseits in die negative Bekenntnisfreiheit ein. Der Staat bedient sich zur Herstellung des Ausgleichs eines Grundrechts mit konkurrierenden Verfassungsgütern dann eines Mittels, das die Gefahr einer selbständigen Grundrechtsverletzung birgt.

Ein Verfahren, das einen schonenden Ausgleich zwischen Grundrechten und gegenläufigen Verfassungsgütern ermöglichen soll, führt sich aber selbst ad absurdum, wenn es neue Gefährdungen für das betroffene Grundrecht heraufbeschwört. Geht nun Art. 7 Absatz 3 BayEUG davon aus, daß eine Weigerung, religiöse Gründe für das Verlangen nach Abnahme eines Kreuzes im einzelnen darzulegen, nicht auf einer unzumutbaren inneren Belastung für den Schüler beruht[281], so blendet er die mögliche Gewissensnot dissentierender Schüler aus, die sich gerade in einer labilen Entwicklungsphase befinden und ihre religiösen Empfindungen nicht artikulieren können, weil sie sich über diese noch nicht ganz im klaren sind. Das Argument, eine etwaige Furcht vor Diskriminierungen sei in einem Rechtsstaat grundlos[282], geht deshalb an der Sache vorbei. Art. 7 Absatz 3 BayEUG verletzt gerade durch die in ihm enthaltene Offenbarungslast das Grundrecht der Religionsfreiheit.

d) Kein Grundrechtsschutz ohne schutzwürdiges Interesse?

Nicht nur weitgehend konturlos und damit der Gefahr unabsehbarer Weiterungen geöffnet ist schließlich der Vorschlag, beim *Fehlen schutzwürdiger Interessen* den Grundrechtsschutz entfallen zu lassen. Eine enge Anlehnung an das zivilrechtliche Vorbild könnte hier zumindest bewährte Strukturen aufzeigen; ob sie in das Verfassungsrecht passen und ggf. wie, bliebe danach aber auch noch zu fragen. In

---

[281] BayVerfGH, EuGRZ 1997, 447 (455); ihm folgend BayVGH, BayVBl. 1998, 305 (306); zustimmend *Häußler*, ZevKR 43 (1998), 461 (476 f.); a.A. *Czermak*, BayVBl. 1998, 307.

[282] So BayVerfGH, EuGRZ 1997, 447 (455); BayVGH, NJW 1999, 1045 (1047 f.); insoweit korrigiert vom BVerwG, NJW 1999, 3063 (3065 f.).

einem der zivilrechtlichen Terminologie angenäherten Sinn stellt die Untersuchung der Schutzwürdigkeit auf ein hinter dem Gegenstand des Anspruchs stehendes Interesse ab, das mit der Durchsetzung des Anspruchs sekundär verfolgt wird. Die Berücksichtigung solcher Motive hat im Zivilrecht ihren Sinn im Ausschluß schikanöser Rechtsausübung, wie er zusätzlich zu § 242 BGB auch von § 226 BGB bewirkt wird[283]. Da der Staat weit weniger auf einen Schutz gegen die querulatorische Berufung auf Grundrechte angewiesen ist, als ihn Privatpersonen gegen den Mißbrauch von Rechten als Schädigungsmittel benötigen, müßte eine Übertragung dieses Gedanken in die Grundrechtsdogmatik allerdings anders begründet werden. Der Grund mag in der Schlichterrolle des Staates zwischen verschiedenen um die tatsächlichen Voraussetzungen zu ihrer Verwirklichung konkurrierenden grundrechtstatbestandlich geschützten Interessen zu finden sein.

Die von *Gallwas* entwickelte Lehre vom Mißbrauch der Grundrechte außerhalb des Anwendungsbereichs des Art. 18 GG stellt maßgeblich auf die funktionsmäßige oder funktionswidrige Verwendung der durch sie eingeräumten Rechtsmacht ab[284]. Der diesem Ansatz entgegenstehende Einwand liegt nahe: Es läßt sich trefflich darüber streiten, welche Funktionen die Grundrechte haben, aber verbindliche normative Aussagen darüber abzugeben, ist so gut wie unmöglich. Daß Grundrechte nicht nur zur Verfolgung bestimmter, gesellschaftlich nützlicher Zwecke gewährleistet sind, selbst wenn in deren Verfolgung für den Verfassungsgeber ein Motiv der Gewährleistung liegt, kann heute als gesichert bezeichnet werden[285]. Welche Interessen schutzwürdig sind und welche nicht, ergibt sich in erster Linie aus der Verfassung und damit aus der Auswahl an geschützten Rechtsgütern, die diese auch und gerade im Grundrechtsteil trifft. Die Bestimmung weiterer Interessen, die *hinter* diesen textlich fixierten Gütern stehen, ist von einem Konsens über die Funktion des grundrechtlich geschützten Verhaltens abhängig, der in einer politisch und kulturell plural zusammengesetzten Gesellschaft nicht besteht[286]. Soweit die Grundrechte die freie Entfaltung der Persönlichkeit und damit die Selbstbestimmung über Sinn und Zweck der eigenen Lebensführung gewährleisten, wirken sie einem solchen Konsens gerade selbst *entgegen*.

aa) Der Inanspruchnahmegedanke in der Lehre

Von einer Reihe von Autoren ist die *Inanspruchnahme fremder Rechtsgüter* für die eigene Grundrechtsbetätigung als Ausschlußtatbestand für die Berufung auf das jeweils einschlägige Grundrecht vorgeschlagen worden. Man kann hier bildhaft von einer Schutzbereichsbegrenzung nach dem *Trägheitsprinzip* sprechen, da

---

283 *Heinrichs*, in: Palandt, BGB, § 242 Rdnr. 20.
284 *Gallwas*, Mißbrauch, S. 11.
285 Siehe nur *Höfling*, in: Sachs, GG, Art. 8 Rdnr. 11.
286 *van Nieuwland*, Grenzen, S. 73; *Schmitt Glaeser*, Mißbrauch und Verwirkung, S. 80 Fn. 48.

III. Rechtsfolgenbegrenzungen

diesen Ansätzen gemeinsam ist, daß sie den Wirkungsradius eines Grundrechts zugunsten des von ihm bedrängten Konfliktgegnergutes verkleinern. Leitgedanke dieser Art von Schutzbereichslösungen ist, daß sie den Grundsatz „neminem laedere" als immanente Grenze der Grundrechte betrachten[287]. Unterschiedlich stehen Vertreter dieser Auffassung dazu, ob nur die Grundrechte anderer[288] oder auch Rechtsgüter der Allgemeinheit[289] als „Gewährleistungsschranken" in Frage kommen. Im Hinblick auf den eben angeführten Grund für die Übernahme – die Schlichterfunktion des Staates – liegt eine Beschränkung auf den Konflikt von Grundrechtsinteressen allerdings näher.

Das äußere Erscheinungsbild eines agierenden und eines ruhenden Grundrechtsträgers kann dabei nicht allein maßgeblich für die Antwort auf die Frage sein, wer sich „aggressiv" verhält und wer „defensiv". Dabei geht es um eine Wertung, die nicht durch eine naturalistische Betrachtung ersetzt werden kann[290]. Den Inanspruchnahmetheorien ist das wertende Moment der Bevorzugung der Rechte an den von einer Einwirkung betroffenen Gütern gegenüber den für ein einwirkendes Verhalten streitenden Rechten bewußt. Sie ziehen als Wertungsgesichtspunkt eine verfassungsrechtliche Rücksichtnahmepflicht heran. Da die Rechtsordnung dasselbe Rechtsgut nicht verschiedenen Rechtsträgern zuordnen könne, sei die „Anmaßung" des Gebrauchs von bzw. der Bestimmung über die Rechtsgüter anderer nicht von der grundrechtlichen Freiheit gedeckt[291]. So soll zum Beispiel nicht von Art. 5 Absatz 3 Satz 1 bzw. Art. 8 Absatz 1 GG geschützt sein, wer Kunstwerke auf fremden Grund und Boden errichten oder Demonstrationen dort abhalten will[292]. Eine mildere Variante der Inanspruchnahmetheorie ist der Auffassung, nur „interaktionistische" Freiheitsbetätigungen dürften Rechtsgüter anderer berühren[293].

Will man Verhaltensweisen, die fremde Rechtsgüter in Anspruch nehmen, aus dem Gewährleistungsbereich ausgrenzen, so führt dies jedoch schon zu ungereimten Ergebnissen. Ein Verhalten, das erst im alleinigen Herrschaftsbereich des Verursachers bleibt und dann an die Grenzen fremder Rechtsmacht stößt, wäre bis zu dieser Schwelle grundrechtlich geschützt, darüber hinweg aber nicht mehr, obwohl nicht immer ein harmloser und ein fremdbeeinträchtigender Teil des Verhaltens

---

[287] *Bettermann*, Grenzen der Grundrechte, S. 10; *Isensee*, Grundrecht auf Sicherheit, S. 44; *H. H. Klein*, DVBl. 1994, 489 (491); dagegen ausdrücklich nur *Hain*, ZG 1996, 75 (81).

[288] Dafür *Langer*, JuS 1993, 203 (206).

[289] So – konsequenter – *Lorenz*, in: FSchr. Lerche, S. 267 (275).

[290] *Knies*, Kunstfreiheit, S. 95; *Wülfing*, Gesetzesvorbehalte, S. 110, jeweils m. Nachw. zur älteren Lehre.

[291] *Kriele*, JA 1984, 631 (634); *Lorenz*, in: FSchr. Lerche, S. 267 (270); zustimmend *Isensee*, in: FSchr. Sendler, S. 39 (58); *Mis-Paulußen*, Frage der Begrenzung, S. 68; *Muckel*, Religiöse Freiheit, S. 221 f.; *Starck*, in: v. Mangoldt/Klein, Bd. 1, Art. 5 Rdnr. 213.

[292] *Murswiek*, DVBl. 1994, 77 (80); *Heyde*, in: FSchr. Zeidler, Bd. 2, S. 1429 (1434).

[293] So *Wegmann*, BayVBl. 1990, 673 (676 f.) unter Berufung auf *Suhr*, JZ 1980, 166 (168 f.); *Langer*, JuS 1993, 203 (206).

unterschieden werden kann. Die Kunstfreiheit des nächtlichen Trompetespielers schützt ihn nach dieser Logik zwar soweit, bis die von seinem Instrument ausgehenden Schallwellen seine eigenen vier Wände erreichen – und zwar ohne Rücksicht darauf, ob diese Wände schallisoliert sind oder nicht. Die aus der Wohnung herausdringenden Töne gehen dagegen von einem von vornherein nicht grundrechtlich geschützten Verhalten aus. Dieses Beispiel zeigt, daß die Inanspruchnahmelehre an einem inneren Widerspruch leidet. Das Trompetespielen kann nicht in in einen grundrechtlich von Art 5 Absatz 3 Satz 1 GG geschützten und einen ungeschützten Teil aufgespalten werden, weil die Schallemission nicht in Wellen von kurzer und längerer Reichweite zerlegt werden kann.

Auch dogmatisch überzeugt diese Konstruktion nicht. Es ist nicht einzusehen, weshalb der passive Grundrechtsgebrauch dem aktiven regelmäßig vorzuziehen sein soll[294]. Die durch Grundrechte bewehrte Aktivität und die ebenso grundrechtlich untermauerte Abwehr fremder Aktionen begegnen sich mit prima facie gleicher verfassungsrechtlicher Wertigkeit. Der mutmaßliche Widerspruch in der Rechtsordnung besteht nicht, da die „Zuordnung" eines Rechtsgutes zu einem Rechtsträger vermittels eines absoluten Rechts des Trägers am Rechtsgut durch relative Rechte Dritter gegenüber dem Staat auf Duldung einer Einwirkung weder geändert noch auch nur faktisch berührt wird. Einem „angegriffenen" Recht kann daher kein Vorrang in der Geltung vor dem „Angreiferrecht" eingeräumt werden, und sei es auch nur ein „prima-facie-Vorrang"[295].

Eine Inanspruchnahme fremder Sachen zur Kunstausübung schließt die *Geltung* des Grundrechts aus Art. 5 Absatz 3 Satz 1 GG und die *Berufung auf* dieses Grundrecht also ebensowenig aus wie Geltung und subjektive Anspruchsdimension des Art. 14 Absatz 1 GG. Für andere Grundrechte – so Art. 8 Absatz 1 GG[296] – gilt nichts anderes.

bb) Der Sprayer-Beschluß des Bundesverfassungsgerichts

Weniger Anklang findet die hier behandelte Ansicht in der Verfassungsrechtsprechung. Zu Recht vereinzelt geblieben[297] und nicht in die amtliche Sammlung des BVerfG aufgenommen worden ist daher der *Sprayer*-Beschluß des Gerichts[298]. Daß er in neueren Entscheidungen anderer Gerichte zitiert wird – wenn auch ohne praktische Konsequenzen[299] –, ist bedauerlich. Denn es handelt sich eher um einen

---
[294] *Würkner,* Freiheit der Kunst, S. 155 f.
[295] Diese geheimnisvolle Formulierung findet sich bei *Lerche,* BayVBl. 1977, 177 (183). Prima-facie-*Rechte* mag es geben, aber wie soll ein *Verhältnis zwischen* Rechten prima facie bestehen?
[296] Vgl. *Murswiek,* DVBl. 1994, 74 (80).
[297] Gleiche Feststellung und Bewertung bei *Würkner,* Freiheit der Kunst, S. 154.
[298] BVerfG, NJW 1984, 1293 f.; anders insbes. BVerfGE 7, 230 (234).
[299] So etwa BVerwG, DVBl. 1995, 1008 (1009).

III. Rechtsfolgenbegrenzungen

Ausrutscher als um einen Markstein in der Rechtsprechung. Im Ausgangsfall dieser Verfassungsbeschwerde ging es um eine Gerichtsentscheidung, die die Auslieferung des „Sprayers von Zürich", *Nägeli,* an die Schweiz zum Zwecke der Strafverfolgung zuließ. *Nägeli* war dort für das Aufsprühen in charakteristischer Weise stilisierter menschlicher Figuren auf fremde Häuserwände wegen Sachbeschädigung verurteilt worden. Gegen den Bescheid, mit dem ihm deutsche Behörden ihre Entscheidung mitteilten, ihn an die Schweiz auszuliefern, hatte *Nägeli* erfolglos geklagt und erhob nun Verfassungsbeschwerde. Ausgangspunkt der Grundrechtsprüfung war die Kunstfreiheit (Art. 5 Absatz 3 Satz 1, 1. Alt. GG). Zunächst – insoweit ganz auf der Linie der Verfassungsrechtsprechung – zitiert das Gericht seinen weiten, formalen Kunstbegriff und stuft die Strichmännchen als Kunstwerke ein. Damit war nach den Regeln der Grundrechtsdogmatik die Prüfung eines Eingriffs an der Reihe; dieser wäre ohne große Probleme zu bejahen gewesen. Strafrechtliche Sanktionen machen ein grundrechtlich geschütztes Verhalten zwar nicht für die Zukunft unmöglich, erschweren es aber erheblich durch ihre – gewollte – Abschreckungswirkung. Sie werden daher allgemein als Eingriffe eingestuft[300]. Die Sanktion wurde hier zwar nicht von Stellen der deutschen öffentlichen Gewalt verhängt, sondern von der Schweizer Justiz. Aber deutsche Gerichte, die über eine Auslieferung zu entscheiden haben, leisten dadurch einen der Bundesrepublik Deutschland zurechenbaren Beitrag zur Strafverfolgung im Ausland[301]. Der Auslieferungsbescheid gegenüber *Nägeli* hätte daher durchaus als Eingriff in die Kunstfreiheit behandelt werden können; die Verfassungsmäßigkeit dieser Maßnahme hätte folglich anhand der (verfassungsimmanenten) Schranken dieses Grundrechts überprüft werden müssen.

Der Vorprüfungsausschuß des BVerfG kam aber gar nicht so weit. Seine Konstruktion beruht auf einer Unterscheidung zwischen *Sach*bereich und *Norm*bereich des Grundrechts. Obwohl die Werke *Nägelis* der Sache nach Kunst seien, handele es sich dabei doch nicht um *von Art. 5 III 1 GG geschützte* Kunst. Denn ein Verhalten, das auf fremde Rechtsgüter übergreife, falle von vornherein nicht in den Schutzbereich. Damit erkennt der Ausschuß dem „Übergriff" auf fremde Güter die Funktion zu, den normativen *Schutz*bereich (oder *Norm*bereich) im Verhältnis zum sachlichen *Gewährleistungs*bereich (oder *Sach*bereich) enger einzugrenzen. Eine bestimmte Art von Güterkollision wird schon in der Schutzbereichsstation verarbeitet und gelangt so gar nicht erst auf die Schrankenebene.

Man mag Verständnis für diese Entscheidung haben, wenn man sie vor dem Hintergrund zahlreicher Hausbesetzungen zu Beginn der 80er Jahre betrachtet. Das Exempel, das hier an vergleichsweise harmlosen Graffiti statuiert wurde, hätte sich unschwer auf Fälle übertragen lassen, in denen ein Eigentumsobjekt nicht nur äußerlich verziert, sondern ganz mit Beschlag belegt wird. Aus grundrechtsdogmatischer Sicht bestehen allerdings schwere Bedenken gegen den Beschluß. Unbe-

---

300 *Pieroth/Schlink,* Grundrechte, Rdnr. 265.
301 BVerfG, NJW 1997, 3013 (3014).

hagen löst seine Konstruktion schon deshalb aus, weil sie keine Abschichtung zwischen verschiedenen „in Anspruch genommenen" Rechtspositionen mehr zuläßt. Gleich ob es sich um verfassungsrechtlich, einfachgesetzlich oder möglicherweise rechtlich gar nicht geschützte Lebensgüter anderer handelt, der Zugriff auf sie alle blockt den grundrechtlichen Schutz für das fragliche Verhalten im Ansatz ab. Auch eine Differenzierung zwischen noch zulässigen und nicht mehr zulässigen Verhaltensweisen anhand der Intensität der Beeinträchtigung anderer Rechtswerte ist mit der Inanspruchnahmelösung nicht möglich[302].

Differenzierte Regelungen auf der Kollisionsebene sind gerade in der Gemengelage von Kunst und Eigentum schon längere Zeit Gesetz, und es verwundert, daß das Gericht in seinem *Sprayer*-Beschluß darauf mit keiner Silbe eingeht. Die Problematik „aufgedrängter Kunst" an fremdem Privateigentum ist ein urheberrechtlicher Dauerbrenner[303]. Sehr schön illustriert hat ihn jüngst der Streit um die Veräußerung von bemalten Teilen der Berliner Mauer[304]. Die Schöpfer der Mauerbilder sind Inhaber des Urheberpersönlichkeitsrechts. Dieser Teil des Urheberrechts ist wie das Sacheigentum auch ein von Art. 14 Absatz 1 GG umfaßter Vermögensgegenstand[305]. Allerdings ist das Bemalen fremder Sachen ohne Zustimmung des Eigentümers deshalb nicht weniger rechtswidrig. Diese Rechtswidrigkeit führt aber nicht zum Verlust des Urheberrechts als solchen; beschränkt sind lediglich die Rechte des Künstlers auf Untersagung bestimmter Verfügungen über das Werk und auf die Abschöpfung von Teilen des Verkaufserlöses[306].

Diese einfachrechtliche Lösung steht vor einem verfassungsrechtlichen Hintergrund. Die Verwendung fremden Eigentums zur Herstellung von Kunstwerken schließt das Urheberpersönlichkeitsrecht gerade deshalb nicht aus, weil es Ausdruck der Grundrechte des Urhebers ist. Dabei steht die Eigentumsgarantie aus Art. 14 Absatz 1 GG nur deshalb als „führendes" Grundrecht im Vordergrund, weil sie sich am ehesten zur Anwendung auf alle einschlägigen Werke eignet. Sie nimmt die Wertungen des allgemeinen Persönlichkeitsrechts oder besonderer Persönlichkeitsrechte des Urhebers – namentlich die Kunstfreiheit des Schöpfers von Kunstwerken – dabei in sich auf. Eine ähnlich differenzierte Zuordnung von Kunstfreiheit und Eigentumsrechten läßt der *Sprayer*-Beschluß vermissen[307]. Seine bahnbrechend erscheinenden grundrechtsdogmatischen Aussagen stehen daher auf keiner tragfähigen Grundlage.

Im Ergebnis läßt sich daher dem *Sprayer*-Beschluß nur entgegenhalten, was das BVerfG selbst im bereits zitierten Fangschaltungs-Beschluß Mißbrauchskonstruk-

---

[302] Vgl. dagegen die differenzierte Lösung des OVG Koblenz, NJW 1998, 1422 f.
[303] Siehe *Schack*, GRUR 1983, 56 (60).
[304] BGH, NJW 1995, 1556 (1557) = JZ 1995, 835 (836).
[305] BVerfGE 31, 229 (Ls. 1).
[306] BGH, NJW 1995, 1556 (1558).
[307] Diesen Nachteil läßt die verständnisvolle Interpretation des Beschlusses bei *Borowski*, Grundrechte als Prinzipien, S. 225, außer acht.

III. Rechtsfolgenbegrenzungen 243

tionen innerhalb des Schutzbereiches ganz generell erteilt hat. Die Möglichkeit von Mißbräuchen, so stellt es klar, kann ein rechtfertigender Grund für Grundrechtsbeschränkungen, nicht aber für Schutzbereichsbegrenzungen sein. Der Schutzbereich sei vom Schutzbedürfnis des Bürgers aus zu definieren. Staatliche Maßnahmen zur Mißbrauchsbekämpfung und zum Schutz der Rechtsgüter anderer seien in die Bereiche des Eingriffs und der Schrankenregelungen zu verweisen[308].

4. Zusammenfassung

a) Zur Rechtsfolgenseite des grundrechtlichen Schutzbereichs gehören nicht die gewährleist*eten* Güter, sondern die gewährleist*enden* Gebote zu Gunsten dieser Güter, die in der Regel dem Staat auferlegten Rechte und Pflichten im Umgang mit ihnen. Anders als die tatbestandlich erfaßten Schutzgüter sind die vom Grundrecht gebotenen Rechtsfolgen zumeist nicht ausdrücklich im Verfassungstext aufgeführt. Als positives Spiegelbild der Eingriffs- oder Beeinträchtigungsprüfung sind die Schutzfolgen der Grundrechte auf Unterlassung, Abwehr der Einwirkung Dritter, Leistung oder andere Arten der Förderung gerichtet. Ein Eingriff bzw. eine Beeinträchtigung des Grundrechts liegt vor, wenn der Staat die *prima facie* bestehenden Gebote des Schutzbereichs nicht erfüllt.

b) Konkurrierende Verfassungsgüter können auf der Schutzfolgenebene berücksichtigt werden, indem einem Grundrechtsträger Ansprüche auf Wahrung und Förderung seiner gewährleisteten Rechtsgüter schon *prima facie* versagt werden, weil sie nicht zugleich mit dem Gegengut verwirklicht werden könnten. Zwar wird die tatbestandliche Einschlägigkeit des Schutzbereichs für sein Rechtsgut anerkannt, doch kommt es nicht zu einem Eingriff, weil kein der Einwirkung im Einzelfall korrespondierender Gewährleistungsanspruch das Rechtsgut schützt.

c) Ausnahmsweise vorhandene Ausschlußregeln wie Art. 16a Absatz 2 GG zeigen, daß das Grundgesetz im Regelfall ebensowenig ungeschriebene Rechtsfolgenausschlüsse zuläßt wie zusätzliche, ungeschriebene Tatbestandsausschlüsse. Nicht ausgeübt werden dürfen nur verwirkte Grundrechte sowie das Grundrecht auf Asyl, soweit der Grundrechtsträger über einen sicheren Drittstaat eingereist ist. Weitergehende teleologische Reduktionen der Berufung auf Grundrechte sind nicht zulässig. Die dafür vorgebrachten Gesichtspunkte der „Verantwortlichkeit", der Toleranz und der „Angriffsrichtung" sind zu unbestimmt und genügen dem rechtsstaatlichen Gebot der Berechenbarkeit von Grundrechtsbeeinträchtigungen nicht.

---

[308] BVerfGE 85, 386 (397 f.).

§ 4 Verfassungsunmittelbare Vorzugsnormen

Kann ein der Grundrechtsgewährleistung entgegengesetztes Interesse sich nicht schon in der Bestimmung innerer Grenzen des grundrechtlichen Schutzbereichs niederschlagen, so bleibt als nächste Stufe seiner Berücksichtigung zu erwägen, ob das Grundgesetz selbst den daraus entstehenden Konflikt zwischen Grundrecht und konkurrierender Gewährleistung löst. Erst wenn dies nicht geschehen ist, kommt es darauf an, ob und wenn ja unter welchen Voraussetzungen durch Gesetz und/oder im konkreten Fall vom einzelnen Rechtsanwender ein Ausgleich zwischen diesen Positionen herzustellen ist. In beiden Fällen geht es um die Lösung von Normenkonflikten oder -„interferenzen"[1] zwischen den beiderseitigen Gewährleistungsnormen. Gegen die konstruktive Behandlung als Normkonflikt spricht nicht etwa, daß damit nur die Beschränkung vorbehaltloser Grundrechte erfaßt werden könnte[2]. Auch die Einschränkung anderer Verfassungsgewährleistungen an bestehenden Vorbehalten „vorbei", ja auch das Gebrauchmachen von einem Einschränkungsvorbehalt kann als Lösung einer Normenkollision betrachtet werden.

I. Grundgesetz und Kollisionsregeln

Daß ein Rechtsgut nicht nur verfassungsrechtlich gewährleistet ist, sondern seine möglichen Konflikte mit grundrechtlichen Schutzgütern insgesamt oder in Ausschnitten auch schon abschließend im Grundgesetz geregelt sind, beschränkt sich aber – wie nunmehr zu zeigen sein wird – auf seltene Ausnahmefälle. Der Grund hierfür ist bereits als schwer überwindbares Hindernis der kollisions*vermeidenden* Schutzbereichsbegrenzung angeführt worden; der wohl wünschenswerten Positionierung kollisions*lösender* Verfassungsnormen im Grundgesetz selbst setzt er keinen geringeren Widerstand entgegen: *alle* nur erdenklichen Konstellationen, in denen die zahlreichen Schutzgüter des Grundgesetzes aufeinander treffen und nicht nebeneinander voll realisiert werden können, zu erfassen und einer Vorzugsentscheidung für eines der beteiligten Güter zuzuführen[3], hätte den Rahmen eines lakonischen, knappen Textes wie des Grundgesetzes bei weitem überstiegen.

---

[1] So – plastisch, aber ohne nachhaltige Resonanz – *Zeitler,* BayVBl. 1971, 417 (419).

[2] So aber *Bumke,* Grundrechtsvorbehalt, S. 158.

[3] Um Verwechslungen mit dem Grundsatz des Vorrangs der höherrangigen Norm zu vermeiden, verwende ich als Oberbegriff für alle Normenkollisionsregeln den der Vorzugs-, nicht den der Vorrangregel.

I. Grundgesetz und Kollisionsregeln

Von einer sachgerechten Lösung der möglichen Konflikte wäre eine solche schematische Behandlung nach dem Alles-oder-nichts-Prinzip ohnehin weit entfernt. Insbesondere schließt ein „klarer Schnitt" durch einseitige, abstrakte Vorzugszuweisung eine verhältnismäßige Zuordnung aus, die auf beiden Seiten eine Verwirklichungschance übrig läßt. Wo Kollisionsnormen schon das Verhältnis der jeweiligen Gewährleistungsnormen erschöpfend ordnen, da ist für konkrete Gesichtspunkte aus dem Sachbereich der Gewährleistungen kein Raum. Diese Radikalität beruht auf der Wirkungsweise aller Kollisionsregeln. Ihnen ist gemeinsam, daß sie sich als *Meta*regeln nicht auf eine zu ordnende Wirklichkeit beziehen, sondern wiederum Normen zum Gegenstand haben[4]. Ihre damit verbundene Starrheit ist für die Konfliktbeilegung im Verfassungsrecht nur wenig hilfreich.

Schon daraus wird verständlich, daß klare Vorzugsregeln hier zwar viele, aber bei weitem nicht alle Fälle erfassen[5]. Die üblichen Kollisionsregeln versagen bei der Lösung verfassungsrechtlicher Normkonflikte größtenteils[6]. Zwar ist nicht auszuschließen, daß es im Verfassungsrecht spezifische, ihm eigene Kollisionsnormen gibt, aber das Grundgesetz begnügt sich mit wenigen, punktuell wirkenden eigenen Vorzugsnormen, die bei genauer Betrachtung noch spärlicher gesät sind als oft angenommen. Verfassungsnormen etwa, die jeweils einem abgegrenzten Zustand oder Potential Schutz verleihen – und daher oben als Gewährleistungsnormen identifiziert worden sind –, sagen allein noch nichts über das Verhältnis dieses ihres Schutzobjekts zu den Schutzobjekten anderer Normen aus. Sie müssen zu diesen, möglicherweise mit ihnen um die Durchsetzung ihrer normativen Ordnungsmodelle konkurrierenden Normen in Beziehung gesetzt werden, damit auf der Ebene der beiderseitigen Gegenstände ein Güterausgleich stattfinden kann.

Doch wird sich immerhin zeigen, daß die traditionelle Kollisionsregel zugunsten der lex specialis in der Lage ist, mehr Normwidersprüche innerhalb des Grundgesetzes aufzulösen, als gemeinhin angenommen wird. Das Grundgesetz nimmt die kanonisierten Kollisionsregeln nicht ausdrücklich in seinen Text auf. Gleichwohl setzt es ihre Geltung als methodische Grundsätze von Verfassungsrang voraus[7]. Bei den Grundsätzen der Spezialität, der Nachzeitigkeit und der Höherrangigkeit handelt es sich nicht etwa um Abgrenzungsregeln, die die Anwendbarkeit des jeweils zurückgedrängten Rechtssatzes von vornherein ausschließen[8], sondern – wie das BVerfG kürzlich klargestellt hat – um Kollisionsregeln, die einen zwischen mehreren, isoliert betrachtet anwendbaren Normen bestehenden Wider-

---

[4] *Alexy*, Grundrechte, S. 78 f.; *Discher*, Landesverfassungsgerichte, S. 28 f.; *Schilling*, Rang und Geltung, S. 396 f.

[5] Noch skeptischer *Hesse*, JZ 1995, 265 (268).

[6] *Achterberg*, Der Staat 8 (1969), 159 (174).

[7] Ebenso *Schilling*, Rang und Geltung, S. 455; a.A., aber im Ergebnis ohne Unterschied *Heckmann*, Geltungskraft, S. 158 und 161.

[8] In diesem Sinne *Larenz/Canaris*, Methodenlehre, S. 88 f.; *Zippelius*, Methodenlehre, S. 35; unklar auch *Hennecke*, ZG 1998, 275 (291 einerseits, 293 andererseits).

spruch lösen[9]. Daß die Derogationsregeln anwendbar sind, setzt also voraus, daß die betreffenden Normen wirksam sind und für sich betrachtet jeweils beanspruchen, einen und denselben Sachverhalt mit unterschiedlichen Rechtsfolgen zu regeln[10]. Genau das trifft in einem Fall zu, in dem ein Grundrecht und eine andere verfassungsrechtliche Gewährleistungsnorm sowohl tatbestandlich als auch von ihren Rechtsfolgen her zunächst anwendbar sind, die von ihnen gewährleisteten Güter aber nicht zugleich voll verwirklicht werden können.

Eine zusätzliche, besondere Kollisionsnorm für das Verhältnis zwischen Bundes- und Landesrecht enthält Art. 31 GG. Auch er setzt voraus, daß bundesrechtliche und landesrechtliche Normen zunächst nebeneinander *gelten* und im Einzelfall verschiedene Rechtsfolgen gebieten[11], setzt die landesrechtlichen Normen also wegen ihrer tatbestandlichen Überschneidung mit dem Bundesrecht nicht schon außer Kraft, sondern verhindert nur ihre Anwendung[12].

II. Kollisionslösungen auf Grund verschiedener Zeitstufen?

Untauglich ist für die Konfliktlösung zwischen verfassungsrechtlich geschützten Gütern allerdings die allgemeine Vorzugsregel der *Nachzeitigkeit* (lex posterior derogat legi priori)[13]. Innerhalb des Grundgesetzes gibt es kein zurücktretendes früheres und vorgehendes späteres Recht.

1. Neue Verfassungsrechtssätze: Art. 79 Absatz 1 GG als Ausnahme vom Posterioritätsprinzip

Für die Bestandteile der ursprünglichen Fassung des Grundgesetzes gilt dies schon deshalb, weil sie per definitionem gleichzeitig entstanden sind. Aber auch später eingefügte Normtexte des Grundgesetzes verdrängen nicht ohne weiteres die älteren. Vielmehr muß eine Verfassungsänderung solche Grundgesetzbestimmungen, die nicht weiter Bestand haben sollen, ausdrücklich beseitigen (Art. 79 Absatz 1 GG). Das Ausdrücklichkeitserfordernis ist in dieser – eine Normrelation

---

[9] BVerfGE 96, 345 (364); BVerfG, NJW 1999, 43 (44); ebenso *Pieroth*, AöR 114 (1989), 422 (441).
[10] So bereits BVerfGE 36, 342 (363); *Dietlein*, Grundrechte, S. 49.
[11] BVerfGE 96, 345 (364).
[12] A. A. *Jutzi*, JA 1999, 901 (902) m. w. Nachw.; s. im übrigen auch unten IV 4 a).
[13] Dazu *Schilling*, Rang und Geltung, S. 449. Daß es sich *nicht* um eine Kollisionsregel handele, vertritt soweit ersichtlich nur *Discher*, Landesverfassungsgerichte, S. 33 f. Seine Argumentation stützt aber gerade die hier vertretene Ansicht: daß Bundesrecht Landesrecht *aufheben* kann (a. a. O., S. 34), setzt eine *Kollisions*norm voraus, die regelt, was beim Zusammentreffen widersprechender bundes- und landesrechtlicher Normen geschieht – gleich ob dies Art. 31 GG ist oder (wie *Discher* annimmt) der lex-posterior-Grundsatz.

statuierenden, also selbst metanormativen – Vorschrift strikt zu verstehen: Ausdrücklich bedeutet hier, anders als möglicherweise in Art. 87a Absatz 2 GG, wörtlich[14]. Ein verfassungsänderndes Gesetz kann also nicht Verfassungsbestimmungen stillschweigend außer Kraft setzen, ohne daß es ihre Streichung aus dem Grundgesetztext anordnet. Art. 79 Absatz 1 GG gebietet allerdings nicht, daß Änderungen des Grundgesetzes in einen unmittelbaren Textzusammenhang mit den geänderten Vorschriften gestellt werden. Auch Gesetzesvorbehalte brauchen nicht zwingend unmittelbar im Anschluß an die von ihnen betroffenen Grundrechte eingefügt zu werden. Sonst wäre weder Art. 17a GG verfassungsgemäß noch die Einschränkungen der Rechtsweggarantie, die Art. 10 Absatz 2 Satz 2 und 16a Absatz 2 Satz 3 GG zulassen[15].

Andererseits ist der *ursprünglichen* Verfassung aber auch nicht etwa in Umkehrung des lex-posterior-Grundsatzes der Vorzug vor *später* eingefügten Normen einzuräumen[16]. Zwar legt die Verfassung fest, unter welchen Voraussetzungen ihre eigene Änderung wirksam zustande kommt. Dieser Mechanismus setzt jedoch nur voraus, daß das verfassungsändernde Gesetz an Vorgaben der Verfassung gebunden ist. Diese Bindung beruht indes *nicht* auf einem Vorgehen der lex prior, sondern auf dem der lex superior: Die Verfassung in ihrer ursprünglichen Form ist zur Gänze Verfassung und hat Verfassungsrang. Dagegen ist das verfassungsändernde Gesetz zunächst einfaches Gesetz und steht damit gemäß Art. 20 Absatz 3 Halbs. 1 GG im Rang *unter* dem Grundgesetz[17]. Daß es gleichwohl verfassungsändernd wirken kann, läßt das Grundgesetz durch Art. 79 Absatz 1 GG als *Ausnahme* vom Vorrang der Verfassung erst konstitutiv zu.

Daraus folgt: Genügt ein verfassungsänderndes Gesetz nicht den Tatbestandvoraussetzungen des Art. 79 GG, so wird es auch nicht zu geltendem Verfassungsrecht. Soweit es der bisherigen Grundgesetzlage widerspricht, gilt es nicht einmal als Gesetzesrecht, weil es insoweit wegen Verstoßes gegen Art. 20 Absatz 3 GG nichtig ist. Die erst einmal *wirksam eingefügte* Verfassungsnorm steht dagegen auf einer Stufe mit den ursprünglichen Bestandteilen des Grundgesetzes. Sowenig ein Rangunterschied innerhalb der geänderten Verfassung existiert, geht auch das frühere Verfassungsrecht dem späteren in Konfliktfällen vor.

---

14 Vgl. oben § 1 I 3 a).

15 BVerfGE 94, 49 (104); *Bryde*, in: v. Münch/Kunig, GG, Bd. 3, Art. 79 Rdnr. 13; *Lücke*, in: Sachs (Hrsg.), GG, Art. 79 Rdnr. 6; a.A. *Huber*, NVwZ 1997, 1080 (1081).

16 So aber *Schilling*, Rang und Geltung, S. 177.

17 Den Unterschied zwischen Verfassung und verfassungsänderndem Gesetz übergeht *Schilling*, Rang und Geltung, S. 177.

2. Älteres Verfassungsrecht

Im Verhältnis zu den *älteren deutschen Verfassungen* ist das Grundgesetz zwar späteres, verdrängendes Gesetz. Das kommt in Art. 123 Absatz 1 GG zum Ausdruck, der sich mit dem Recht aus der Zeit vor dem Zusammentritt des Bundestages auch auf das ältere *Verfassungs*recht bezieht. Einen Widerspruch zu sich selbst im Sinne dieser Bestimmung sieht das Grundgesetz grundsätzlich in der gesamten Weimarer Reichsverfassung[18]. Das zeigt sich im Umkehrschluß aus der Bezugnahme auf solche Teile der Weimarer Verfassung, die nach dem Willen des Verfassungsgebers *weitergelten* sollten. Manche Bestimmungen der Weimarer Verfassung wurden zwar wörtlich in den Text des Grundgesetzes übertragen wie Art. 81 WRV, der mit seiner merkwürdig altertümlichen Bezugnahme auf die deutschen Kauffahrteischiffe in Art. 27 GG wiederkehrt[19]. Die Geltung dieser textlich voll inkorporierten Vorschriften wurde auf eine neue normative Grundlage gestellt, also sozusagen noviert. Solche Rechtssätze können ihre Bedeutung im neuen Zusammenhang ändern; mit dem Posterioritätsgrundsatz hat das jedoch nichts zu tun. Es handelt sich vielmehr von Anfang an um Normen des Grundgesetzes. Daneben steht jedoch der Weg einer durch Verweisung statt durch wörtliche Übernahme umgesetzten Inkorporation von Regelungsblöcken.

Zweifel könnten sich zwar in bezug auf Grundgesetznormen einstellen, die nur eine unter der Weimarer Reichsverfassung hergestellte Rechtslage mit dem konservierenden Wort „bleiben" einfrieren. Art. 7 Absatz 6 GG etwa erhält den Rechtszustand aufrecht, den Art. 145, 146 Absatz 1 und 147 Absatz 3 WRV hergestellt hatten[20]. Indes liegt in der Remineszenz an eine vorhergehende Verfassungslage nur ein Hinweis auf die Vorgeschichte der Grundgesetzbestimmung, der wertvolle Dienste bei ihrer historisch-genetischen Auslegung zu leisten vermag. Sie mindert nicht den eigenständigen, von der in Bezug genommenen Verfassungslage unabhängigen Regelungsgehalt des Art. 7 Absatz 6 GG, der in die Zukunft gewendet auch formuliert werden könnte: Vorschulen (in dem hier gemeinten Sinne) dürfen nicht neu gegründet werden, und gäbe es noch welche, dann wären sie spätestens jetzt aufgehoben.

Übernommen hat Art. 140 GG jedenfalls die Bestimmungen der Artikel 136 bis 139 und 141 WRV. Im Umfeld des Grundgesetzes wandelt sich selbstverständlich auch – und in höherem Maße – der Inhalt dieser en bloc in Bezug genommenen Vorschriften. Dies hat seinen Grund aber ebenso in der Veränderung des systematischen Umfelds und nicht in einer Verdrängungswirkung des Grundgesetzes. Gleichwohl hat es bei den Staatskirchenartikeln einer verfassungsgerichtlichen

---

[18] So auch BVerfGE 15, 167 (194); fehlgehend BVerwGE 23, 344 (345) unter unzutreffendem Verweis auf BVerwGE 9, 323 ff. und seinerseits in Bezug genommen in BVerwG, DVBl. 1997, 616.

[19] Dazu *Erbguth*, in: Sachs, GG, Art. 27 Rdnr. 1; *Dörr*, Die deutsche Handelsflotte, S. 27 ff.

[20] *Lecheler*, in: Sachs, GG, Art. 7 Rdnr. 78.

II. Kollisionslösungen auf Grund verschiedener Zeitstufen? 249

Klarstellung bedurft, daß sie als vollwertiger und gleichrangiger Bestandteil im Grundgesetz stehen[21]. Denn sie hat der Grundgesetzgeber nicht neu in Kraft gesetzt, sondern schlicht *weitergelten* lassen.

a) Insbesondere: Die „Überlagerung" von Art. 136 Absatz 1 WRV durch Art. 4 Absätze 1 und 2 GG

Der inkorporierte Teil der Weimarer Verfassung ist ein systematisch besonders interessantes Interpretationsobjekt. Allgemein akzeptiert ist, daß der Vorbehalt in Art. 136 Absatz 3 Satz 2 WRV weiterhin auf Art. 4 Absatz 1 und 2 GG anwendbar ist[22]. Ob auch Art. 136 Absatz 1 WRV als Beschränkungsvorbehalt gegenüber Art. 4 Absätze 1 und 2 GG in Betracht zu ziehen ist, soweit er „bürgerliche und staatsbürgerliche Pflichten" erwähnt, ist bekanntlich umstritten. Während das BVerfG Art. 136 Absatz 1 GG aber von Art. 4 Absätze 1 und 2 GG „überlagert" sieht[23], lesen ihn weite Teile der Literatur als Schrankenvorbehalt der Glaubens- und Gewissensfreiheit[24].

Dem BVerfG ist zwar im Ergebnis zuzustimmen, nicht aber in der Begründung. Eine „Überlagerung" findet in der Tat nicht statt, da dies der Wirkung vollwertiger Inkorporation widerspräche. Eine neuere Normschicht kann zwar die ältere in dem Sinne „überlagern", daß sie ihr nach dem Grundsatz der Posteriorität vorgeht. Welche Rechtsfolge die „Überlagerung" für die ältere Norm hat, ist damit noch nicht entschieden; sie kann nur vorübergehend unanwendbar sein oder auch außer Kraft gesetzt[25]. So liegt das Verhältnis zwischen dem Grundgesetz und den Weimarer Kirchenartikeln jedoch nicht. Art. 140 GG ergänzt nämlich die in Art. 123 ff. GG niedergelegten Ausnahmen von der Grundregel des Art. 123 Absatz 1 GG, nach der alles ältere Recht vom Grundgesetz derogiert wurde. Zum vorkonstitutionellen Recht i. S. d. Art. 123 Absatz 1 GG gehörte auch die – nie formell aufgehobene[26] – Weimarer Verfassung. Art. 140 GG nimmt die in ihm zitierten Regeln der

---

[21] BVerfGE 19, 206 (219). Noch weitergehend *Lücke*, JZ 1998, 534: Art. 140 GG gebiete es, die Kirchenartikel der WRV in die einschlägigen Grundgesetzbestimmungen „hineinzulesen".

[22] BVerfGE 65, 1 (39); *Jarass*, in: ders./Pieroth, GG, Art. 4 Rdnr. 18 m. w. Nachw.; a.A. zuletzt wohl *Frommer/Dillmann*, BayVBl. 1972, 405 (406).

[23] BVerfGE 33, 23 (31); st. Rspr.

[24] Statt aller *Jarass*, in: ders./Pieroth, GG, Art. 4 Rdnr. 17; *Starck*, in: v. *Mangoldt/Klein*, GG, Art. 4 Rdnr. 46; Kästner, JZ 1998, 974 (982); *Guntau*, ZevKR 43 (1998), 369 (381); ausf. *Bock*, AöR 123 (1998), 444 (462 ff.); *M. Mayer*, NVwZ 1997, 561 (562 f.) m. w. N.; differenzierend *Lücke*, EuGRZ 1995, 651 (654).

[25] Vgl. zur parallelen Diskussion um die Wirkung des Art. 31 GG *Huber*, in: Sachs, GG, Art. 31 Rdnr. 13; *v. Olshausen*, Landesverfassungsbeschwerde, S. 136; *Sacksofsky*, NVwZ 1993, 235 (239).

[26] Teilweise a. A. BVerfG, NJW 1992, 2812 (2814 f.). Die Kammer geht davon aus, das NS-Regime habe auf der Grundlage des Ermächtigungsgesetzes zumindest „die formelle Ver-

vorherigen Verfassungsordnung von der im übrigen eingetretenen Derogationswirkung des Grundgesetzes gerade aus. Im Gegensatz zu allen übrigen Bestimmungen der WRV wurden ihre Art. 136 ff. und 141 deswegen nicht vom Grundgesetz als der späteren Verfassung verdrängt. Sie gelten *als Normen der Weimarer Verfassung* weiter.

b) Bedeutungswandel durch Veränderung des Textzusammenhangs

Dennoch kann Art. 136 Absatz 1 WRV nicht zur Beschränkung der Religionsfreiheit aus Art. 4 Absätze 1 und 2 GG herangezogen werden. Dies hat *historischsystematische* Gründe. Das gewandelte systematische Umfeld der „Kirchenartikel" verändert ihre Bedeutung im Vergleich zur Auslegung im Rahmen der WRV[27]. So gestattet es der veränderte Textzusammenhang nicht mehr, Art. 136 Absatz 1 WRV als Pflichtenvorbehalt zu interpretieren. Von der Weimarer Staatslehre wurde Art. 136 Absatz 1 WRV allerdings einhellig als Vorbehalt bürgerlicher und staatsbürgerlicher Pflichten eingeordnet[28]. Diese Auslegung war auf den unmittelbaren Anschluß an Art. 135 S. 3 WRV gestützt, der viel deutlicher als Art. 136 Absatz 1 Einschränkungen der Glaubens- und Gewissensfreiheit zuließ. Art. 136 Absatz 1 WRV wurde als Bekräftigung oder – weniger diplomatisch – als unnötige Verdoppelung des Regelungsgehalts von Art. 135 S. 3 WRV verstanden[29].

Hätten die Schranken der Religionsfreiheit nun im Grundgesetz so wie bisher geregelt sein sollen, so hätte man nur den den Art. 136 bis 139 unmittelbar vorhergehenden Art. 135 S. 3 WRV als klar formulierte Schrankenbestimmung mit inkorporieren müssen. Dies ist indessen nicht geschehen. Anders als Art. 136 Absatz 1 ist Art. 135 S. 3 WRV nicht in das Grundgesetz aufgenommen worden. Auch wurde Art. 4 Absätze 1 und 2 GG bewußt aus dem systematischen Zusammenhang des Staatskirchenrechts gelöst[30]. Damit hat sich der Verfassungsgeber gegen die Schranken der Religionsfreiheit entschieden, die die WRV noch enthielt[31]. Dieser Entscheidung hat die Auslegung von Art. 136 Absatz 1 WRV im Kontext des Grundgesetzes Rechnung zu tragen. Ihm darf nicht der Inhalt des weggefallenen Art. 135 S. 3 WRV zugeschrieben werden, weil damit sowohl dessen Streichung als auch die systematische Abtrennung der Grundrechtsbestimmung konterkariert würde[32].

---

fassungskraft der WRV... beseitigt"; ein wenig überzeugender Schluß von der faktischen auf die normative Geltung der Verfassung.

[27] *Eick-Wildgans,* Anstaltsseelsorge, S. 92 f.

[28] Vgl. die Nachweise bei *v. Campenhausen,* in: v. Mangoldt/Klein, GG, Art. 136 WRV Rdnr. 6.

[29] *Anschütz,* WRV, Art. 136 Anm. 1; ihm folgend *M. Mayer,* NVwZ 1997, 561 (563).

[30] *Fehlau,* JuS 1993, 441 (446); abwägend *Muckel,* Religiöse Freiheit, S. 227.

[31] Zu dieser Absicht des Parlamentarischen Rates s. *Kuhl/Unruh,* DÖV 1991, 94 (99); *Böckenförde,* Diskussionsbeitrag, in: VVDStRL 28 (1970), S. 146; *Morlok,* in: Dreier, GG, Art. 4 Rdnr. 90.

Art. 136 Absatz 1 WRV ist *heute* folglich keine eigenständige Schrankenbestimmung mehr, sondern ein deklaratorischer Hinweis auf diejenigen bürgerlichen und staatsbürgerlichen Pflichten, die die Religionsfreiheit von Verfassungs wegen ohnedies beschränken. In Frage kommt z. B. die Pflicht zur Eidesleistung, die im Hinblick auf die Durchsetzung verfassungsrechtlich geschützter Rechtspositionen im Gerichtsverfahren auch ohne Rückgriff auf die „Funktionsfähigkeit der Rechtsprechung" im Grundgesetz verankert werden kann. Der weitere Zusammenhang mit Art. 4 Absätze 1 und 2 GG mag diese Auslegung von Art. 136 Absatz 1 WRV wohl bestätigen. Der unmittelbare Kontext der Tilgung von Art. 135 S. 3 WRV ist aber systematisch näherliegend und daher zur Begründung des Ergebnisses vorrangig heranzuziehen.

c) Verfassungsgewohnheitsrecht

Ausgeschlossen werden kann schließlich auch ein Konflikt von Grundrechten mit vorkonstitutionellem – im Sinne von dem Grundgesetz vorausgehendem – Verfassungs*gewohnheits*recht. Zwar könnte es grundsätzlich über Art. 123 Absatz 1 GG weitergelten[33] und damit in eine Konfliktlage zu Grundrechten des Grundgesetzes geraten. Indes scheitert die Fortgeltung vorkonstitutionellen Verfassungsgewohnheitsrechts am Grundsatz der Schriftlichkeit, den Art. 79 Absatz 1 GG enthält. Diese Vorschrift betrifft zwar unmittelbar nur *nachträgliche* Änderungen des Grundgesetzes, nicht seine Modifikation durch schon 1949 bestehende Verfassungsrechtssätze[34]. Aber Art. 79 Absatz 1 GG bringt über seinen unmittelbaren Anwendungsbereich hinaus den Anspruch des Grundgesetzes zum Ausdruck, eine abschließende Textfassung des geltenden Verfassungsrechts zu bilden.

Älteres Verfassungsgewohnheitsrecht hat das Grundgesetz daher nach dem Grundsatz des Art. 135 Absatz 1 GG ebenso aufgehoben wie die urkundlich fixierten Teile der vorherigen Reichsverfassungen.

3. Fazit

Eine Kollisionslösung nach dem Grundsatz der Nachzeitigkeit findet daher im Verfassungsrecht der Bundesrepublik Deutschland keinen geeigneten Ansatzpunkt in Form von „ungleichzeitigen" Bestimmungen. Im folgenden bleibt also noch zu untersuchen, ob die Grundsätze des Vorrangs nach der normhierarchischen Stellung – d. h. als lex superior – oder des Vorgehens einer Sonderregelung für einen

---

32 Ähnlich *Kind,* Glaubenswerbung, S. 36 („systemwidrig"); allgem. *Gusy,* JöR n. F. 33 (1984), 105 (122); a.A. *Bock,* AöR 123 (1998), 444 (469); *Muckel,* Religiöse Freiheit, S. 231; *M. Mayer,* NVwZ 1997, 561 (562).
33 Vgl. *Jarass,* in: ders. / Pieroth, GG, Art. 123 Rdnr. 3 und 6.
34 Vgl. *Bryde,* in: v. Münch / Kunig, GG, Bd. 3, Art. 79 Rdnr. 8.

engeren Anwendungsbereich – d. h. der lex specialis – sich eignen, um Konflikte zwischen Grundrechtsgewährleistungen und anderen Verbürgungen des Grundgesetzes normativ aufzulösen. Anschließend bleibt zu erörtern, welche besonderen Kollisionsvorschriften das Grundgesetz enthalten könnte, die sich nicht auf Spezialitäts- oder Rangverhältnisse reduzieren lassen.

III. Rangstufen innerhalb des Grundgesetzes?

Anhaltspunkte für abstrakte Vor*rang*entscheidungen zwischen verschiedenen Verfassungsgütern, die schon unabhängig von den Umständen des Einzelfalls oder zumindest einer typischen Fallkonstellation „klare Verhältnisse" dahingehend schaffen könnten, welches Gut im Konfliktfall allein oder überwiegend verwirklicht wird, sind im Grundgesetz fast gar nicht anzutreffen. Hatte das BVerfG früher nicht allein von einer „Wert*ordnung*", sondern sogar explizit von einer „Wert*rang*ordnung" des Grundgesetzes gesprochen, ohne diese Rangordnung allerdings je im einzelnen aufzulisten, so taucht die Andeutung verschiedener Rangstufen in seiner neueren Rechtsprechung aus gutem Grund nicht mehr auf. „Wertordnung" heißt heute allenfalls noch „werterfüllte Ordnung"[35]. Das Gericht hat ganz im Gegenteil deutlich gemacht, daß kein Verfassungswert grundsätzlichen Vorrang vor einem anderen beanspruchen kann[36]. Mit dem Wort „grundsätzlich" sind allerdings Ausnahmen schon angedeutet.

1. Vorrang kraft Normrangs?

Aus einem Rangverhältnis der gewährleistenden Normen kann sich grundsätzlich schon deshalb kein Rangverhältnis der gewährleisteten Güter ergeben, weil alle Normen der Verfassung auf gleicher Rangstufe stehen. Wenig einleuchtend wirkt es, wenn ein Katalog von „überpositive(n)", „wertverwirklichende(n)" und „funktionale(n) Strukturnormen"[37] bevorzugt werden soll, weil ohne Rückgriff auf verfassungstheoretische Grundsatzaussagen nicht eindeutig festzustellen ist, welche Normen überpositiv begründet sind, Werte verwirklichen oder für die Verfassungsstruktur funktional(er als andere) sind. Innerhalb der Grundrechtsnormen gibt es auch keine Rangordnung aus Gründen der völkerrechtlichen Gebotenheit, da die dualistische Rechtsordnung der Bundesrepublik keinen generellen Vorrang des

---

[35] *Morlok*, Verfassungstheorie, S. 118; *E. Klein*, in: FSchr. Benda, S. 135 (147), jew. mit Nachweisen.

[36] BVerfGE 35, 202 (225); 39, 1 (43); s. auch BVerfGE 47, 327 (369); krit. auch *Morlok*, Verfassungstheorie, S. 118; *Ossenbühl*, DVBl. 1995, 904 (907).

[37] So *Wipfelder*, BayVBl. 1981, 457 (465); *ders.*, BayVBl. 1982, 162 (165); ähnlich *Jestaedt*, Zuständigkeitsüberschießende Gehalte, S. 318 für sogenannte „Grundentscheidungen" der Verfassung.

Völkerrechts kennt[38]. Auch Art. 31 GG begründet keinen Vorrang des Bundesrechts vor dem Landesrecht, sondern löst nur Normkollisionen im Einzelfall zugunsten des Bundesrechts auf[39]. Dagegen verdienen zwei Aspekte nähere Betrachtung, unter denen sich eine Differenzierung von Rangstufen *im* Grundgesetz *aus dem* Grundgesetz selbst ableiten lassen könnte. Der Schnittpunkt ihrer Wirkungen liegt im Rang der Menschenwürdegarantie des Art. 1 Absatz 1 GG.

a) „Verfassungskern"

Gelegentlich wird ohne nähere Begründung behauptet, Art. 79 Absatz 3 GG sei ein Indiz für den hervorgehobenen Rang der in ihm enthaltenen Normen. Die Grundsätze der Art. 1 und 20 GG ständen daher auf höherer Stufe als das übrige Verfassungsrecht[40]. Dies damit zu begründen, was nicht geändert werden könne, dürfe auch nicht im Einzelfall weggewogen werden, wäre allerdings allzu plakativ. Dieses Argument krankt schon daran, daß es über den möglicherweise doch nicht ganz unerheblichen Unterschied zwischen genereller Abschaffung einer Norm und ihrem Wirkungsausfall in einzelnen konkreten Fällen zu schnell hinweggeht. Art. 79 Absatz 3 GG *selbst* jedenfalls kommt kein im Vergleich mit den übrigen Grundgesetznormen höherer Rang zu. Dieser Rang ist nicht erforderlich, damit Art. 79 Absatz 3 GG als Prüfungsmaßstab für die verfassungsrechtliche Beurteilung von Akten des verfassungsändernden Gesetzgebers fungieren kann[41]. Die Maßstäblichkeit des Art. 79 Absatz 3 GG beruht vielmehr auf einem recht schlichten normlogischen Mechanismus.

Sein Ausgangspunkt ist der Vorrang der Verfassung gemäß Art. 20 Absatz 3 GG. Er schließt zum einen grundsätzlich aus, daß dem Grundgesetz widersprechende Gesetze *Wirkungen* entfalten. Das betrifft insbesondere Gesetze, die materiell verfassungsändernden Inhalt haben. Diese – primäre – Rechtsfolge ergibt sich aus dem höheren Rang des Verfassungsgesetzes im Verhältnis zu anderen Gesetzen zusammen mit der allgemein anerkannten lex-superior-Regel. Über den bloßen Anwendungsvorrang hinaus folgt aus Art. 20 Absatz 3 GG aber zum anderen die *Nichtigkeit* eines dem Verfassungsrecht widersprechenden Gesetzes[42].

Von diesen beiden Rechtsfolgen nimmt Art. 79 GG in den Absätzen 1 und 2 verfassungsändernde Gesetze unter bestimmten Voraussetzungen aus. Sie sind bei Einhaltung der Form und des Verfahrens der Verfassungsänderung nicht nur gültig, sondern entfalten auch die angestrebte verfassungsändernde Wirkung. Als *Rückausnahme* von Artikel 79 Absätze 1 und 2 unterbindet Art. 79 Absatz 3 GG

---

[38] Wie hier *E. Klein,* in: FSchr. Benda, S. 135 (148 f. und 151).
[39] In sich widersprüchlich insoweit BVerfGE 96, 345 (364).
[40] So *Waechter,* NuR 1996, 321 (323); *Beisel,* Kunstfreiheitsgarantie, S. 152.
[41] So aber *Lücke,* in: Sachs, GG, Art. 79 Rdnr. 22.
[42] *Sachs,* in: ders., GG, Art. 20 Rdnr. 61.

wiederum die verfassungsändernde Wirkung, wenn sie die in ihm aufgeführten Identitätsmerkmale des Grundgesetzes antasten würde. Demnach beruht die Sperrwirkung des Art. 79 Absatz 3 GG auf einem nicht weiter außergewöhnlichen Regel-Ausnahme-Verhältnis zwischen Verfassungsbestimmungen. Er *stellt* nur die von Art. 79 Absätze 1 und 2 GG für einen speziellen Anwendungsbereich teilweise durchbrochene *Rechtsfolge* der in Art. 20 Absatz 3 GG enthaltenen, auf dem lex-superior-Grundsatz beruhenden Vorzugsregel für einen noch engeren Spezialbereich *wieder her*. Eines höheren Ranges des Art. 79 Absatz 3 GG bedarf es dafür nicht.

Auch eine entsprechend höhere Stellung der *gewährleisteten* Normen in Art. 1 und 20 GG läßt sich damit nicht aus einem Superverfassungsrang der Normgewährleistung des Art. 79 Absatz 3 GG folgern[43]. Gegen die Ableitung eines gehobenen Rangs der Art. 1 und 20 GG aus Art. 79 Absatz 3 GG spricht in systematischer Hinsicht weiter, daß sie schwerlich auf die in Art. 79 Absatz 3 GG ebenfalls genannte grundsätzliche Mitwirkung der Länder bei der Gesetzgebung übertragen werden kann. Ob diese Garantie gewahrt ist, hängt nicht vom Bestand einzelner Artikel des Grundgesetzes ab, da erst die Gesamtheit seiner Gesetzgebungsvorschriften ein Urteil darüber zuläßt, ob den Ländern noch eine grundsätzliche Mitwirkung erhalten bleibt. *Welche* Normen insoweit höheren Rang genießen, ließe sich für die zweite Alternative des Art. 79 Absatz 3 GG also nur fallweise aus der Perspektive einer beabsichtigten Grundgesetzänderung entscheiden.

Im übrigen wäre eine Rangdifferenzierung innerhalb des Grundgesetzes eine Modifikation – und nicht allein eine Steigerung – des allgemeinen Vorrang der Verfassung vor einfachen Gesetzen. Dieser Vorrang würde für einfache Verfassungsnormen dadurch zumindest relativiert. Daher würde eine Rangdifferenzierung im Verfassungsrecht nicht in den Normzusammenhang der Vorschriften über die Verfassungsänderung gehören, sondern in Art. 1 Absatz 3 und 20 Absatz 3 GG als die Standorte des (einfachen) Vorrangs der Verfassung. Der Vorrang der Verfassung steigert aber nicht einmal seine *eigene* Rangstellung zu einem Übervorrang (der dann ja auch nur einen *kleinen Ausschnitt* aus den Grundsätzen der Art. 1 und 20 GG erfassen würde). Die Geltungssicherung, die dem Grundgesetz als ganzem durch diesen Vorrang zukommt, genießen selbstverständlich auch Art. 1 und 20 GG selbst. Für einen eigenen „Superverfassungsrang" gibt indes weder Art. 1 Absatz 3 noch Art. 20 Absatz 3 GG etwas her. Erst recht befördert der Vorrang der Verfassung nicht Art. 1 und 20 GG *insgesamt* auf eine weitere Hierarchiestufe. Auch Art. 79 Absatz 3 GG *flankiert* zwar die Änderungsschwelle des Vorrangs der Verfassung zusätzlich, indem er u. a. gerade ihn für unabänderlich erklärt. Er hebt Art. 1 und 20 GG aber schon deshalb nicht vom Verfassungsrang zu Superverfassungsrang an, weil er nur die Durchbrechung des Art. 20 Absatz 3 GG durch Art. 79 Absätze 1 und 2 GG einschränkt. Weitergehende Konsequenzen, als sie der Vorrang der Verfassung selbst ergibt, können aus Art. 79 Absatz 3 GG als bloßer

---

[43] Wie hier auch *Bernsdorff*, NuR 1997, 328 (330).

Rückausnahme nicht gezogen werden. Die in Art. 1 und 20 GG genannten Grundsätze stehen daher ebensowenig wie Art. 79 Absatz 3 GG auf einer höheren Rangstufe als der Rest des Grundgesetzes[44].

b) Unantastbarkeitsklausel

Was die von Art. 1 Absatz 1 GG geschützte Menschenwürde betrifft, könnte ihr höherer Rang allerdings auch darin vorausgesetzt sein, daß sie mit einer im übrigen dem Grundgesetz fremden Emphase als unantastbar bezeichnet wird. Zwar verbietet es auch der eben behandelte Art. 79 Absatz 3 GG, daß die von ihm gegen Änderungen abgeschirmten Grundsätze „berührt werden"; indes bezieht sich diese Unberührbarkeit nur auf die Einwirkungsweise durch Verfassungsänderung und schließt Berührungen anderer Art nicht aus. Auch zu den Formulierungen der Art. 4 Absatz 1, 10 Absatz 1 und 13 Absatz 1 GG, die Religionsfreiheit, das Brief-, Post- und Fernmeldegeheimnis und die Wohnung seien „unverletzlich", bestehen erhebliche Unterschiede. Selbst wenn man die Unterschiede zwischen den Beschränkungsvorbehalten dieser Grundrechtsnormen einmal vernachlässigt, zeigen doch jedenfalls Art. 10 Absatz 2 Satz 1 und 13 Absätze 2 bis 7 GG klar, daß auch „unverletzliche" Grundrechte einer Einschränkung zugänglich sind. Eine „Verletzung" würde sich hier wie bei anderen Grundrechten erst dann ergeben, wenn eine Einschränkung nicht verfassungsrechtlich gerechtfertigt werden kann[45]. Demgegenüber drückt eine Formulierung, die es verbietet, die Schutzgüter der Norm auch nur „anzutasten", einen weiter gesteigerten Schutz vor Beschränkungen aus[46].

Auch aus diesem zweifellosen Indiz gesteigerten Schutzes kann aber kein höherer Rang der gewährleistenden Norm abgeleitet werden. Die Formel von der Unantastbarkeit geht wie die von der Unverletzlichkeit davon aus, daß es Normen gibt, die sich als Rechtfertigungen für Eingriffe eignen und deshalb überhaupt erst die Gefahr bergen, *daß* der geschützte Gegenstand verletzt bzw. angetastet wird. Auch ein eventueller Ausschluß *jeder* Rechtfertigung setzt die Gleichrangigkeit der beteiligten Gewährleistungsnormen voraus. Niederrangige Gewährleistungen scheiden als als potentielle Rechtfertigungen für Eingriffe von vornherein aus, soweit sich dafür auf der höheren Ebene – hier also im Verfassungsrecht – nicht ausnahmsweise eine Ermächtigung findet. Der Unterschied der Unantastbarkeit zur Unverletzlichkeit kann allerdings darin liegen, daß diese Rechtfertigungen zuläßt, die die Rechtsfolge einer „Verletzung" ausschließen, die „Unantastbarkeit" aber *jegliche* Rechtfertigung für Berührungen des Schutzgutes ausschließt[47]. Um diese unangreifbare Stellung des unantastbar gewährleisteten Gutes Menschenwürde

---

[44] Im Ergebnis ebenso *Sachs,* in: Stern, Staatsrecht III/2, S. 575; *Losch,* Wissenschaftsfreiheit, S. 240; *Friedr. Müller,* Einheit der Verfassung, S. 15.
[45] *Hofe,* ZRP 1995, 169 (170); *Sachs,* NVwZ 1987, 560 (562).
[46] *Lerche,* in: FSchr. Mahrenholz, S. 515 (516); *Huster,* Rechte und Ziele, S. 80 ff.
[47] *Höfling,* JuS 1995, 857 (860) m. zahlr. Nachw.

sicherzustellen, ist eine mit Art. 1 Absatz 3 und 20 Absatz 3 GG schwer in Einklang zu bringende Höherrangigkeit des Art. 1 Absatz 1 GG gegenüber der Verfassung im übrigen aber entbehrlich. Der dogmatisch richtige Weg liegt weder in einem höheren Rang der Schutznorm Art. 1 Absatz 1 GG noch in einem Höchstrang des Gutes Menschenwürde, sondern in der Beachtung der inhaltlichen Verbotsrichtung des Art. 1 Absatz 1 GG[48].

2. Vorrang kraft „Grundlagencharakters"?

Ist ein genereller Vorrang bestimmter Güter nicht im Rang der sie gewährleistenden *Normen* begründet, so kann er nur auf eine Stufenordnung der verfassungsrechtlichen *Güter* selbst gestützt werden[49]. Das BVerfG hat zuweilen angedeutet, daß es „zentralen" oder „essentiellen" Verfassungsgütern eine herausragende Rolle zuerkennt, hat diese aber gerade nicht in einen grundsätzlich *höheren Rang* dieser Güter umgemünzt[50]. Damit trägt es grundsätzlichen Bedenken gegen eine solche Güterrangordnung Rechnung, die einerseits verfassungstheoretischer, zum anderen normtheoretischer Art sind. Einer Güterrangordnung steht schon entgegen, daß es kaum möglich ist, ein solches Vorzugssystem mit Aussicht auf gesellschaftlichen Konsens zu begründen. Eine rational erkennbare und damit intersubjektiv überprüfbare Skala für Güter und Werte gibt es nicht[51]. Die Vorstellung einer Wertrangordnung entspringt vielmehr einem naturrechtlichen Vorverständnis, nicht positivem Verfassungsrecht[52].

Vielleicht noch radikaler in Frage zu stellen ist ein „Rang" von Verfassungsgütern jedoch aus normtheoretischen Erwägungen. Fehlt schon einem von konkreten Verfassungsnormen losgelösten *Verfassungs*rang von Gütern die Voraussetzung, daß Güter überhaupt eine Rangstelle in der Rechtsordnung innehaben können[53], so steht dies erst recht einer Güterrangordnung *innerhalb* der Verfassung entgegen. Auch hier ist noch einmal daran zu erinnern, daß irgendein Rang in der Rechtsordnung nur *Normen* zukommen kann, nicht aber isoliert von Normen betrachteten *Gütern*. Folglich ist schwer auszumachen, worin der Rang oder die

---

[48] Dazu unten III 2 a). – Trotz Lippenbekenntnisses zum „besonderen unantastbaren Rang" der Menschenwürdegarantie hat sich denn auch z. B. das OVG Nordrhein-Westfalen nicht gehindert gesehen, den in Art. 1 Absatz 1 GG verankerten Schutz der Totenruhe mit Aspekten des Eigentums und der allgemeinen Handlungsfreiheit in einen schonenden Ausgleich zu bringen; OVG NRW, NWVBl. 1999, 189 (191).

[49] Dafür etwa *Rüfner*, in: Festgabe BVerfG, Bd. 2, S. 465 (471 f.).

[50] BVerfGE 35, 202 (225); 47, 327 (369 und 382).

[51] Grundlegend *Böckenförde*, NJW 1974, 1529 (1534); ähnlich *Schlink*, Abwägung, S. 152 f.

[52] *Dietlein*, Schutzpflichten, S. 65 und 86 f.

[53] Krit. auch *Pestalozza*, Der Staat 11 (1972), 161 (172); *Pieroth*, AöR 114 (1989), 422 (439).

"Bedeutung für das Gemeinwesen"[54] verfassungsrechtlich geschützter Güter begründet sein soll, wenn nicht gerade in ihrer verfassungsrechtlichen Gewährleistung – die aber kommt ja gerade allen Verfassungsgüter *gleichermaßen* zugute[55]. So kann ein solcher Vorrang nicht auf den *ethischen* Höchstwert bestimmter Güter gestützt werden. Insbesondere ist es nicht nötig, die Menschenwürde zu einem „verfassungsrechtlichen Höchstwert" zu erklären, um zu verhindern, daß sie durch Güterabwägung relativiert wird[56].

Fragwürdig ist auch die vor allem hier ins Spiel gebrachte „sachgesetzliche" Überordnung bestimmter Verfassungsgüter über andere[57]. Gemeint ist damit, daß bestimmte Güter anderen in dem faktischen Sinne vorausgesetzt sind, daß sie den anderen Gütern eine Existenzgrundlage verschaffen. Man kann insoweit von einem *Fundamentalitätsarguments* für höheren Güterrang sprechen. Es leitet den Rang der „Fundamentalgüter" von der – unkritisch übernommenen – Voraussetzung ab, die Menschenwürde sei ein „Höchstwert", und steht damit schon auf tönernen Füßen[58].

a) Leben

Eine Vorrangstellung des *menschlichen Lebens* hat das BVerfG – entgegen anderslautenden Zuschreibungen – in seinen Entscheidungen zum Schwangerschaftsabbruch nicht postuliert. Es hat vielmehr einen schonenden Ausgleich zwischen Lebensschutz und kollidierenden Rechtsgütern herzustellen versucht und ausgeführt, da jede Einschränkung des Rechts auf Leben gleichbedeutend mit seiner Vernichtung sei, müsse dem Lebensschutz der Vorzug gegeben werden[59]. Ob diese Prämisse im Hinblick auf Art. 2 Absatz 2 Satz 2 und 19 Absatz 2 GG richtig ist, mag hier dahinstehen. Jedenfalls hat das Gericht keine Rangstellung des Lebens aus seiner fundamentalen Bedeutung für die Ausübung der übrigen Grundrechte abgeleitet[60].

Selbst wenn das Fundamentalitätsargument sich wirklich zur Begründung einer hervorgehobenen Stellung des Lebens eignen würde, könnte dieser Rang doch nicht innerhalb von Art. 2 Absatz 2 GG auf die Rechtsgüter der Gesundheit und körperlichen Unversehrtheit übertragen werden[61]. Denn dieses Argument stellt gerade nicht auf die systematische Stellung der Gewährleistungsbestimmung im

---

54 Für ein so vages Kriterium aber *Bleckmann/Wiethoff*, DÖV 1991, 722 (729).
55 *Alexy*, Theorie der Grundrechte, S. 142; *Schlink*, Abwägung, S. 134 f.
56 So aber BVerfGE 75, 369 (380); *H. Dreier*, DÖV 1995, 1036 (1038); *Geddert-Steinacher*, Menschenwürde, S. 81 ff.; ähnlich *Enders*, Menschenwürde, S. 109 ff.
57 So auch *Losch*, Wissenschaftsfreiheit, S. 196.
58 *Kloepfer*, in: Festgabe BVerfG, Bd. 2, S. 405 (412); *H. Hofmann*, AöR 118 (193), 353 (355 f.); skeptisch auch *Staupe*, Parlamentsvorbehalt, S. 199 f.
59 BVerfGE 39, 1 (43); zustimmend *Murswiek*, Verantwortung, S. 169.
60 *Preu*, JZ 1991, 264 (269).
61 So aber *Steinberg*, NJW 1996, 1985 (1988).

Textzusammenhang ab, sondern auf „sachlogische" Gründe. Nicht einmal die „Fundamentalität" des Lebens für die *Menschenwürde* kann es zu einem Rechtsgut höheren Ranges als andere Verfassungsgüter erheben. Das gilt schon deshalb, weil der Menschenwürde selbst kein „Höchstrang" im Rechtssystem des Grundgesetzes zukommt[62]. Auch mit der Begründung, ohne menschliches Leben finde die Menschenwürde keinen Anwendungsbereich vor, kann das Lebensrecht eines Ungeborenen nicht höher rangieren als etwa das Selbstbestimmungsrecht der Mutter. Die sich danach zwingend anschließende Konsequenz, daß keine Abwägung mit dem Selbstbestimmungsrecht stattfinden könnte, hat das BVerfG aus der behaupteten Höchstrangigkeit des Lebens bezeichnenderweise nicht gezogen[63].

Nachdem der Schutz der natürlichen Lebens*grundlagen* in Art. 20a GG verfassungsrechtliche Anerkennung gefunden hat, dauerte es nicht lange, bis auch den damit erfaßten Verfassungsgütern um ihrer fundamentalen Bedeutung willen ein Höchstrang zugesprochen wurde, soweit sie Voraussetzungen für Leben und Gesundheit des Menschen sind[64]. Schon diese Einschränkung läßt aufhorchen – ein relativer Höchstwert ist ebensowenig überhaupt ein Höchstwert, wie dies mutatis mutandis für einen relativen Verfassungsrang gilt. Indes kann dieses „soweit" angesichts der großen Zahl an Gütern, die Art. 20a GG schützt, auch eine Auswahl von Gütern aus diesem Pool andeuten, die ihrerseits unabhängig von konkreten Umständen einen herausgehobenen Rang haben sollte. Gegen eine derartige Hochzonung lebenswichtiger Umweltgüter spricht allerdings entscheidend, daß schon dem menschlichen Leben selbst kein Höchstrang zukommt, den es kraft Fundamentalbezugs weiterreichen könnte. Selbst wenn dies anders wäre, müßte die Rangvermittlung irgendwann einmal abgebrochen werden, damit nicht noch das letzte Glied in einer Kette der Grundlagen von Lebensgrundlagen einen abgeleiteten Verfassungsrang, ja Verfassungshöchstrang genießt. Daß der Ableitungszusammenhang gerade bei Art. 20a GG zu Ende sein sollte, wäre kaum zu begründen, wenn man das Fundamentalitätsargument einmal greifen läßt. Sich selbst untergräbt die These vom absoluten Vorrang kraft Fundamentalität erst recht in einer differenzierenden Variante, die eine Abwägung nur im Extremfall, „in dem es darum geht, ob den Menschen die Lebensgrundlagen entzogen werden", ausschließen möchte[65]. Daß der Umweltschutz in diesen Fällen wohl immer den Vorzug vor kollidierenden Interessen genießen wird, ist gerade *Ergebnis* einer Interessenabwägung; es versperrt sie also nicht bereits.

Aus Art. 20a GG ist andererseits aber auch nicht der Umkehrschluß zu ziehen, daß *sonstige* Verfassungsgüter mit grundlegender Bedeutung für andere einen

---

[62] A. A. wohl *H. Dreier*, DÖV 1995, 1036 (1037); *ders.,* in: Dreier, GG, Art. 1 Rdnr. 76 und 96; *Kunig*, in: v. Münch/ders., GG Bd. 1, Art. 1 Rdnr. 4; wie hier *Mahrenholz*, in: HdBVerfR, S. 1318, § 26 Rdnr. 86; *E. Klein*, in: FSchr. Benda, S. 135 (140).

[63] *E. Klein*, in: FSchr. Benda, S. 135 (149).

[64] *Murswiek*, NVwZ 1996, 222 (228); vorsichtiger *ders.*, in: Sachs, GG, Art. 20a Rdnr. 55.

[65] *Berg*, in: FSchr. Stern, S. 421 (434).

III. Rangstufen innerhalb des Grundgesetzes? 259

grundsätzlichen Vorrang vor diesen anderen Verfassungsgütern hätten. Das läge zwar nahe, wenn man den Gesetzesvorbehalt der Umweltschutzklausel als Werkzeug ansieht, das ausnahmsweise Durchbrechungen eines solchen Vorrangs ermöglicht[66]. Die dem zugrundeliegende Furcht vor einer Lähmung des Gesetzgebers ohne entsprechende Ermächtigung zur Gesetzgebung war jedoch von vornherein unbegründet. Auch ohne die „Angstklausel" hätte Art. 20a GG die gesetzgeberische Zulassung von Umweltschäden zum Schutz gegenläufiger Verfassungsgüter nicht verhindert. Die Bezugnahme auf die verfassungsmäßige Ordnung wiederholt nur überflüssigerweise, was auf Grund von Art. 20 Absatz 3 GG ohnehin feststeht: daß auch Umweltschutzgesetze an die verfassungsmäßige Ordnung gebunden sind[67]. Der Gesetzesvorbehalt erweitert allerdings – und darin liegt der berechtigte Kern der zitierten Ansicht – die gesetzgeberischen Möglichkeiten zur Auswahl von umweltgefährdenden Schutzgütern über den Kreis des Verfassungsrechts hinaus. Für den Ausgleich zwischen Umweltgütern und konkurrierenden Interessen gibt die Klausel dagegen nichts her.

b) Staatlichkeit und Demokratie

Ebenfalls auf den Fundamentalcharakter für die Verwirklichung anderer Rechtswerte – namentlich der Grundrechte – zurückgeführt hat das BVerfG im Rahmen seiner Wehrpflicht-Rechtsprechung nicht nur die verfassungsrechtliche Gewährleistung des *Staates,* sondern durch seine Vermittlung auch gleich den Grad, in dem die Funktionsfähigkeit der Streitkräfte im Widerstreit mit der Ausübung von Grundrechten wie der Kriegsdienstverweigerung oder der Meinungsäußerung gesichert werden müsse. Herausgekommen ist – kraft jeweils existentieller, unverzichtbarer Funktionszusammenhänge – eine Maximalgarantie der Einrichtung der Streitkräfte[68]. Dem Gericht ist aber entgegenzuhalten, daß das Grundgesetz dem Staat nicht gebietet, an seiner Existenz um jeden Preis festzuhalten, sondern bestimmte Individualinteressen *über* existentielle Belange des Staatsverbandes stellt. Als eine auf die Würde des Menschen gegründete Republik[69] kann die Bundesrepublik Deutschland ihre Staatlichkeit gar nicht um den Preis einer prinzipiellen Aufgabe der Menschenwürdegarantie verteidigen; diese Staatlichkeit verlöre damit ihre Substanz. Für die Gefahr seines Untergangs ist das Grundgesetz insofern bewußt „konsequenzblind"[70]. Bemerkenswert ist in diesem Zusammenhang auch, daß das Grundgesetz nicht nur Normen enthält, die

---

66 So *Steinberg,* NJW 1996, 1985 (1992).
67 *Bernsdorff,* NuR 1997, 328 ff.; *Steinberg,* NJW 1996, 1985 (1992).
68 BVerfGE 28, 243 (261 f.); herausgearbeitet von *Lerche,* BayVBl. 1991, 517 ff. und *Baldus,* NZWehrr 1993, 92 (99); ausdr. aufgenommen von *Muckel,* Religiöse Freiheit, S. 212 f.
69 *H. Hofmann,* AöR 118 (1993), 353 (368).
70 *Herdegen,* in: Meßerschmidt/Heckmann, Gegenwartsfragen, S. 161 (162); *Ridder/ Stein,* DÖV 1962, 361 (365); Zitat: *Kratzmann,* Der Staat 26 (1987), 187 (190).

seinen Bestand verfestigen, sondern in Art. 23 und Art. 88 S. 2 GG auch Veränderungsaufträge[71].

Gerade umgekehrt verläuft die Legitimationslinie zwischen Grundrechten und *Demokratie*. So wird von den Vertretern einer demokratisch-funktionalen Grundrechtstheorie in ihrer radikalsten Form ein Vorrang derjenigen Grundrechte vor anderen behauptet, die grundlegende Bedeutung für das Funktionieren der Demokratie besitzen – also die Presse- und die Meinungsfreiheit aus Art. 5 Absatz 1 Satz 1 GG sowie die Versammlungsfreiheit gemäß Art. 8 Absatz 1 GG[72]. In der Rechtsprechung des BVerfG findet diese Theorie keine Stütze. Hier bleibt der gelegentliche Hinweis auf die grundlegende Bedeutung der Meinungs- und der Versammlungsfreiheit für ein demokratisches Staatsleben ganz im Bereich der feierlichen Emphase. Aus ihm ist nicht etwa der Schluß gezogen worden, die besonders staatstragenden Grundrechte genössen eo ipso Vorrang vor weniger „grundlegenden" Verfassungsgütern.

Auch der in letzter Zeit oft beklagte Totalvorrang der Meinungsfreiheit vor dem Ehrenschutz[73] besteht nur scheinbar. Ein solcher Vorrang der „öffentlichen" vor der „privaten" Freiheit wäre in der Tat bedenklich[74], weil er dem Schutzzweck der Persönlichkeitsrechte zuwiderliefe, einen persönlichen Freiraum ohne Einwirkungen sowohl anderer als auch des Staates zu gewährleisten. Tatsächlich handelt es sich bei den bekannt gewordenen Entscheidungen des BVerfG aber jeweils um einen sorgfältigen Ausgleich auf Grund von Aspekten des einzelnen Falles, unter denen die Nähe der geäußerten Meinungen zum Persönlichkeitskern des Betroffenen auf der einen Seite keine geringere Rolle spielte als der Grad der Bedeutung der Äußerung für den öffentlichen Meinungsbildungsprozeß auf der anderen[75]. Einen abstrakten Vorrang des einen oder des anderen Verfassungsguts behauptet niemand. Nicht damit zu verwechseln ist die Verwendung der demokratischen Bedeutung eines Grundrechts als Gewichtungsaspekt bei der konkreten Zuordnung der beteiligten Güter, die sich in den Rahmen der Verhältnismäßigkeitsprüfung der beiderseitigen staatlichen Einwirkungen einfügt[76].

3. Fazit

Innerhalb des Verfassungsrechts gibt es keine Rangstufen und infolgedessen auch keine Kollisionslösungen auf Grund von Höherrangigkeit. Nicht einmal die Menschenwürdegarantie steht im Verhältnis zu den übrigen Grundrechten oder

---

71 *P. Kirchhof,* JZ 1998, 965 (970).

72 Zusammenf. *Schuppert,* EuGRZ 1985, 525 ff.

73 Siehe etwa *Kiesel,* NVwZ 1992, 1129 (1136); prononcierte Antikritik bei *Kübler,* NJW 1999, 1281 (1282 f.).

74 So auch *E. Klein,* in: FSchr. Benda, S. 135 (150).

75 Vgl. eingehend *Vesting,* AöR 122 (1997), 337 (350 ff.).

76 Siehe dazu unten § 5 II 2 d).

anderen Verfassungsnormen auf einer höheren Rangstufe. Auch für „überpositives" Naturrecht läßt sich kein Anhaltspunkt im Grundgesetz finden; namentlich verweist Art. 1 Absatz 2 GG nur auf nichtrechtliche Motivationen der Verfassungsschöpfer, nicht auf eine dem Grundgesetz übergeordnete Rechtsquelle[77].

IV. Kollisionslösungen auf Grund von Spezialität

Innerhalb eines einheitlichen Gesetzes wie des Grundgesetzes verheißt der Rückgriff auf *Spezialitäts*verhältnisse zwischen den beteiligten Gewährleistungsnormen weitaus eher eine klare Antwort auf die Frage, welcher in Betracht kommenden Rechtsfolge für die Lösung des Einzelfalles der Vorzug zu geben ist, als die Suche nach *Rang*verhältnissen zwischen diesen Normen. Denn der Spezialitätsgrundsatz basiert nicht auf einer formal-hierarchischen Über- und Unterordnung ganzer Normen, wie sie innerhalb der Verfassung nicht nachgewiesen werden konnte, sondern auf dem *inhaltlichen* Verhältnis einzelner Normtatbestände zueinander. Es geht hier zwar auch um einen Vergleich zwischen unterschiedlichen Normen, aber die dabei auszulotenden Differenzen liegen auf derselben Ebene im Stufenbau der Rechtsordnung. Spezialnormen gehen allgemeineren Normen vor, weil ihr eigener Tatbestand alle Tatbestandsvoraussetzungen jener aufnimmt und zusätzlich weitere Tatbestandsmerkmale umfaßt[78]. Das wird mit dem Begriff der logischen Subordination wissenschaftstheoretisch genau, mit dem Bild von den „konzentrischen Kreisen" aber nicht weniger richtig, doch ungleich plastischer umschrieben[79]: Der Anwendungsbereich der Spezialnorm ist kleiner, liegt aber vollständig „innerhalb" der Grenzen des Anwendungsbereichs der allgemeinen Norm.

Die Sondernorm ist unter dieser Voraussetzung nicht nur dann der Generalnorm in der Anwendung vorzuziehen, wenn ihr Tatbestand *insgesamt* erfüllt ist. Wenn auch nur *ein* zusätzliches Merkmal der lex specialis vorliegt, weitere Voraussetzungen, in denen sie über die lex generalis hinausreicht, aber fehlen, ist ein Rückgriff auf die allgemeine Norm ebenfalls ausgeschlossen, selbst wenn diese tatbestandlich voll und ganz einschlägig wäre. Das Etikett der negativen Exklusivität der Spezialnorm deutet dies an[80]. Der Anwendungsvorzug, den leges speciales genießen, hängt auch nicht davon ab, ob die zusätzlichen Tatbestandselemente positiv oder negativ formuliert sind. So erwähnt der Tatbestand des Art. 8 Absatz 1 GG mit den Worten „ohne Waffen" nur eine wichtige Modalität der Friedlichkeit[81].

---

[77] Weiterführend insbes. zum Beitrag *Smends* der Aufsatz von *Hennis*, JZ 1999, 485 (489 f.).
[78] *Schilling*, Rang und Geltung, S. 447.
[79] So einerseits *Herberger/Simon*, Wissenschaftstheorie, S. 254; andererseits *Larenz*, Methodenlehre, S. 146 f.
[80] *Schilling*, Rang und Geltung, S. 448 f.
[81] *Herzog*, in: Maunz/Dürig, GG, Art. 8 Rdnr. 67; *Höfling*, in: Sachs, GG, Art. 8 Rdnr. 35.

Für eine etwaige Spezialität des besonderen Freiheitsrechts zur Versammlung gegenüber der allgemeinen Handlungsfreiheit ergibt sich daraus kein Unterschied: Das bewaffnete Erscheinen zu einer Zusammenkunft schließt die Berufung auf Art. 2 Absatz 1 GG ebenso wie auf Art. 8 Absatz 1 GG nicht minder aus als eine andere, waffenlose Form unfriedlichen Auftretens.

Nicht von einem spezielleren Grundrecht verdrängt werden die Schutztatbestände, die *anderen* Grundrechtsträgern als dem des Spezialrechts, dessen Voraussetzungen nicht erfüllt sind, Schutz für ihr Verhalten gewährleisten. Das gilt auch, wenn dieses Verhalten letztlich vor allem der Person zugute kommt, die sich auf das Spezialgrundrecht nicht berufen kann. So steht die Gewährung von Kirchenasyl unter dem Schutz von Art. 4 Absätze 1 und 2 GG, auch wenn den „Kirchenasylanten" kein Asylgrundrecht aus Art. 16a GG zusteht[82].

1. Differenzierung zwischen gleich- und gegensinnigen Spezialnormen

Der Vorzugsmechanismus der Spezialität ist nicht mit dem *Regel-Ausnahme*-Verhältnis zwischen Normen identisch[83], obgleich durchaus Verbindungen und Überschneidungen dieser beiden normtheoretischen Kategorien bestehen. Beide schränken den effektiven Wirkungsbereich der durch sie betroffenen Normen von „außerhalb" her ein. Das macht sich u. a. darin bemerkbar, daß eine Ausnahmeklausel wie eine Spezialnorm auch zugleich *mehreren* Normen vorgehen kann.

Beispiele für solche mehrseitig wirkende Ausnahmeklauseln sind im Verfassungsrecht die übergreifenden Einschränkungsvorbehalte für verschiedene Grundrechte, von denen etwa Art. 17a GG zwei ausdrücklich festschreibt und die auch Art. 12a Absatz 1 GG – weniger deutlich – für Einschränkungen der Grundrechte aus Art. 12 Absätze 2 und 3 GG und Art. 2 Absatz 2 Satz 1 GG zugleich bereithält[84]. Die Ansicht, Art. 12a Absatz 1 GG beziehe sich ausschließlich auf das Recht auf Freiheit von Arbeitszwang und Zwangsarbeit, während Einschränkungen des Rechts auf Leben und körperliche Unversehrtheit ausschließlich durch Art. 2 Absatz 2 Satz 3 GG gerechtfertigt werden könnten[85], übersieht, daß der (spezielle) Vorbehalt des Art. 12a Absatz 1 GG mit seinem spezifischen Einschränkungszweck quasi im Gegenzug andere – und zwar weniger strenge – Anforderungen an die Verhältnismäßigkeit von Lebens- und Gesundheitsbeeinträchtigungen im Pflichtwehrdienst stellt, als sie nach Art. 2 Absatz 2 GG im allgemeinen Staatsbürgerstatus bestehen[86].

---

82 *Geis,* JZ 1997, 60 (65); a. A. *v. Münch,* NJW 1995, 565 (565).
83 Präzise daher *Friedr. Müller,* Juristische Methodik, S. 58.
84 Siehe schon *Winkler,* NVwZ 1993, 1151 (1156).
85 So *Heimann,* ZRP 1996, 20 (22).
86 Vgl. *Winkler,* NVwZ 1993, 1151 (1156).

IV. Kollisionslösungen auf Grund von Spezialität

Das Normverhältnis der Spezialität liegt aber sozusagen *zwischen* den Konstruktionen einer Anwendbarkeitsbegrenzung mit Hilfe zusätzlicher *Voraussetzungen* für das Eingreifen der Norm einerseits[87] und eines gezielten Ausschlusses von Rechtsfolgen durch *gegenläufige Normanordnungen* andererseits, wie sie den Regel-Ausnahme-Mechanismus kennzeichnet. Ausnahmeklauseln ordnen stets die der zugrundeliegenden Regel kontradiktorisch *entgegengesetzte* Rechtsfolge an. Eine „Spezialnorm" nur im Sinne einer Ausnahmevorschrift ist insbesondere Art. 135a GG im Verhältnis zur Eigentumsgarantie[88]. Spezialnormen im engeren Sinne dagegen können im Ergebnis auch auf *dieselbe* Rechtsfolge hinausgehen wie die allgemeine Norm. Dafür, daß sie die Wirkungen der leges generales aufheben, spielt es keine Rolle, ob sie eine andere, ja gegensätzliche Rechtsfolgen bewirken als jene. Die Folgen von Spezialnormen konkurrieren mit denen der Grundregeln, müssen aber nicht unbedingt mit ihnen kollidieren. Ausnahmeklauseln dagegen setzen zwar wie Spezialnormen voraus, daß der Anwendungsbereich der von ihnen betroffenen Regeln dem Grunde nach eröffnet ist. Sie zielen aber darauf, deren Rechtsfolgen für einen Ausschnitt dieses Anwendungsbereichs aufzuheben[89]. Dabei müssen sie, anders als Spezialnormen, nicht alle Tatbestandselemente der von ihnen derogierten Grundregel umfassen. Es gibt auch Ausnahmeklauseln, die einen größeren Anwendungsbereich haben als die Grundregel, d. h. Ausnahmen von verschiedenen, nicht ihrerseits zueinander speziellen Normen zugleich anordnen. Ihre verdrängende Wirkung kann auf jeder beliebigen Vorzugsregel beruhen – etwa, wie es gerade bei Grundrechten als Ausnahmetatbeständen zu einfachgesetzlichen Normen oft der Fall ist, auf ihrem höheren Rang.

Zwischen der Spezialität im strikten Sinne von tatbestandlicher Inklusion und dem Ausnahmecharakter eines Verfassungsrechtssatzes in Relation zu einem anderen ist daher zu trennen. Ihre abstrakte Unterscheidung schließt es zwar nicht aus, daß sich Ausnahme- und Spezialitätsbeziehung im Verhältnis zwischen zwei (oder mehr) konkreten Normen überlagern. Dann und nur dann erreicht eine Ausnahmeklausel auch ohne weiteres ihr Ziel, die Wirkung der Grundregel zu beseitigen. Kann sie *nicht* auf die allgemein anerkannte Verdrängungswirkung als lex specialis gestützt den Vorzug vor der Grundregel beanspruchen, so bedarf es allerdings anderer Vorzugsregeln, um zu begründen, daß sie sich bei der Konfliktentscheidung in einem konkreten Fall gegen die Grundregel durchsetzt. Der Widerspruch in den Rechtsfolgen von Regel- und Ausnahmebestimmung allein löst nicht die Frage nach der anwendbaren Rechtsfolge, sondern er stellt sie ganz im Gegenteil überhaupt erst.

Deutlich wird der Unterschied zwischen gleichgerichteter (einfacher) und gegenläufiger (ausnahmebegründender) Spezialität an einer Betrachtung von Art. 12 Absatz 2 GG. Vom Verbot des Arbeitszwangs macht der zweite Halbsatz

---

[87] Oben § 3 II.
[88] *Bernsdorff*, NJW 1997, 2712 (2715).
[89] Vgl. *Alexy*, Theorie, S. 77.

dieser Bestimmung eine *Ausnahme*. Diese enthält zugleich zwei *besondere* Ausprägungen des allgemeinen Gleichheitssatzes, da zulässige Dienstpflichten sowohl allgemein sein, d. h. jedem auferlegt werden müssen, der zu ihrer Erfüllung in der Lage ist[90], als auch gleich sein, d. h. alle Pflichtigen in der gleichen Weise belasten müssen[91]. Bezöge sich das Kriterium der Herkömmlichkeit hier auf das Geschlecht der traditionell herangezogenen Personen und nicht nur auf die Art der Dienstpflicht[92], so läge zusätzlich eine *Ausnahme* vom besonderen Diskriminierungsverbot des Art. 3 Absatz 3 Satz 1 Alt. 1 GG vor[93], aber *keine Spezialnorm* zu dieser Bestimmung[94], da sich die Anwendungsbereiche von Art. 12 Absatz 2 Halbsatz 2 GG und Art. 3 Absatz 3 Satz 1 Alt. 1 GG überschneiden. Verallgemeinert gesagt: Zwischen zwei Gewährleistungsnormen ist eine abstrakte Kollisionslösung nie nur auf der Grundlage ihres Regel-Ausnahme-Verhältnisses möglich. Methodisch nicht begründbar, da letztlich auf den nur verfassungstheoretischen Grundsatz „in dubio pro libertate" gestützt ist daher die Annahme, die Schranken des „stärkeren" Grundrechtes gingen generell den Schranken des „schwächeren", d. h. leichter beschränkbaren Grundrecht vor[95].

Eine abstrakte Kollisionslösung zwischen Normen dieses Typs kann aber namentlich dann im Wege der Spezialität erfolgen, wenn eine davon einen *engeren Ausschnitt* aus dem im übrigen gleichen Kreis von Verfassungsgütern schützt als die anderen. Außerdem ist eine Gewährleistungsnorm spezieller als die andere, wenn sie für *denselben* Kreis von Gütern unter bestimmten *hinzutretenden Voraussetzungen* andere Rechtsfolgen anordnet als jene. Solche zusätzlichen Modalitäten liegen namentlich in den qualifizierten Einschränkungsvorbehalten einiger Grundrechte vor. Sie enthalten spezielle *Zweck*setzungsverbote, die die Verwirklichung besonderer Formen von konkurrierenden Verfassungsgütern in einzelnen Beziehungen völlig ausschließen. Gleichfalls speziell wirken besondere Mittelverbote, die für einen *Ausschnitt* aus dem Gewährleistungsbereich einer Verfassungsnorm jede Beeinträchtigung – zu welchem Zweck auch immer – verbieten. Mischformen zwischen Zweck- und Mittelverboten sind dabei nicht ausgeschlossen. Dies ist im folgenden genauer auszuführen.

---

[90] *Jarass*, in: ders./Pieroth, GG, Art. 12 Rdnr. 60; großzügiger *Tettinger*, in: Sachs, GG, Art. 12 Rdnr. 155.

[91] *Tettinger*, in: Sachs, GG, Art. 12 Rdnr. 156; hier noch weniger streng *Jarass*, in: ders./Pieroth, GG, Art. 12 Rdnr. 60 im Anschluß an BVerfGE 9, 291 (299); s. nunmehr aber BVerfGE 92, 91 (112).

[92] Vgl. aber BVerfGE 92, 91 (111).

[93] Nachweise bei *Parodi*, DÖV 1984, 799 (800) und *Sachs*, VBlBW 1981, 273 (278 Fn 85).

[94] So aber VGH Mannheim, VBlBW 1983, 41 (42).

[95] So *Hufen*, DÖV 1983, 353 (357); *Berkemann*, NVwZ 1982, 82 (82).

2. Zweck- und Mittelverbote

Einige abschließende Sondervorschriften verbieten dem *Staat* die Verfolgung bestimmter Zwecke – gleichgültig ob unter Einschränkung von Grundrechten oder nicht – oder die Erreichung bestimmter Ziele – gleichgültig ob zu verfassungsrechtlichen, selbstgesetzen oder ohne irgendwelche Zwecke – oder beides. Umgekehrt gibt es aber auch einige an den *einzelnen* gerichtete Verbote im Grundgesetz, die es dem Gesetzgeber erlauben, Eingriffe zu ihrer Durchsetzung vorzunehmen oder vorzusehen. Ihr Ge- oder Verbotscharakter ist oft nicht unmittelbar aus dem Wortlaut erkennbar, aber doch durch Auslegung zu ermitteln – insbesondere aus dem systematischen Zusammenhang mit einer Gewährleistungsnorm zugunsten des Betroffenen[96]. Insgesamt handelt es sich aber doch um eine relativ geringe Zahl von Normen.

Aus Verfassungsnormen, die dem *Staat* bestimmte Verhaltensweisen verbieten, kann eine verfassungsunmittelbare Beschränkung von Grundrechten indes nicht gefolgert werden, ja sie können gerade darauf gerichtet sein, daß der Staat bestimmte Grundrechte *nicht* einschränken darf, und sei es auch zum Schutze entgegenstehender Verfassungsgüter. Ein absolutes Einschränkungsverbot bildet dabei eine extreme Ausnahme. Dagegen kann es öfter vorkommen, daß einzelne Grundrechte in bestimmten, vom Grundgesetz abstrakt umschriebenen Konstellationen keinem Ausgleich mit anderen Verfassungsgütern unterworfen sind. So gilt nach einer weit verbreiteten Ansicht das Zensurverbot des Art. 5 Absatz 1 Satz 3 GG „ausnahmslos"[97].

a) Die Gewährleistung der Menschenwürde als absolutes Mittelverbot

Daß ein Grundrecht niemals und unter gar keinen Umständen verfassungsimmanent beschränkt werden darf, kann nun aber allenfalls auf ein einziges von ihnen zutreffen. Das zeigt sich schon unabhängig von der Frage, *welches* Grundrecht dafür in Betracht kommen könnte, bei einer ganz allgemeinen Überlegung: grundsätzlich kann ein Fall, in dem die Substrate für die Verwirklichung verfassungsrechtlicher Gütergewährleistungen zu knapp sind, um den darum konkurrierenden Gewährleistungsnormen jeweils voll gerecht zu werden, für keine denkbare Paarung von Gewährleistungen ausgeschlossen werden. Ständen dann auf beiden Seiten bedingungslos zur Durchsetzung verpflichtende Normen, so ergäbe sich ein unlösbarer Widerspruch zwischen ihren Anordnungen. Gäbe es auch nur zwei Grundrechte oder sonstige Verfassungsgüter, die absolut garantiert wären, so könnte ein derartiges Dilemma nicht ausgeschlossen werden. Soll der Staat nicht in bestimmten Fällen außerstande sein, seiner Konfliktlösungsaufgabe nachzukommen, darf er sich demnach nicht in mehrfacher Beziehung durch eine unein-

---

[96] Ausführlich zu Art. 141 letzter Teilsatz WRV *Ennuschat*, Militärseelsorge, S. 148 ff.
[97] *Maurer*, Staatsrecht, Rdnr. 63; *Engelken*, ZRP 1998, 50 (51) m. w. Nachw.

schränkbare Gewährleistung verpflichten[98]. Nicht absolut gewährleistet ist daher insbesondere der Schutz vor rückwirkenden Strafgesetzen aus Art. 103 Absatz 2 GG[99].

aa) Ausnahmslosigkeit als Privileg der Menschenwürdegarantie

Absoluter Schutz für ein *einziges* Verfassungsgut dagegen kann logisch unproblematisch normiert werden und ist auch wirklich Inhalt einer Norm des Grundgesetzes, nämlich von Art. 1 Absatz 1 GG. Die Menschenwürde ist hier zwar nicht als ein „höchster Rechtswert" anerkannt[100], da es eben keine nachvollziehbare Methode zur Bestimmung von rechtlich relevanten *Wertrang*verhältnissen gibt. Das gilt unabhängig von jeder Entscheidung in der Geschmacksfrage, ob grundgesetzlich gewährleistete Güter auch als „Werte" bezeichnet werden sollten. Ohne eine ausgearbeitete Wertordnung, also ohne einen Bezugsrahmen sonstiger mehr oder weniger hoher Werte ergibt es schlicht keinen Sinn, von einem „höchsten" Wert zu sprechen. Auf diese emphatische Formel verzichtet man besser, um nicht übersteigerte Ablehnung zu provozieren, die auch den berechtigten Kern der Höchstrangtheorie beiseite setzt. Soweit es darum geht sicherzustellen, daß die Menschenwürde nicht in Abwägungen relativiert wird[101], ist diesem Anliegen mit einer normtheoretisch weniger problembehafteten Begründung besser gedient. Sie läßt sich mit den üblichen Auslegungsmitteln erreichen, ohne daß auf prekäre Wertrangbehauptungen zurückgegriffen werden müßte.

Der Wortlaut des Art. 1 Absatz 1 GG steht dabei ganz im Vordergrund. Historische und systematische Begründungselemente stützen das Ergebnis ab, sind aber nicht maßgeblich. Zwar steht die Menschenwürde an der „Spitze" des Grundgesetztextes[102] (wenn man davon absieht, daß die ebenso normativ wirksame Präambel ihr noch vorausgeht). Diese Stellung wurde auch bewußt gewählt, um im Kontrast zum nationalsozialistischen Motto „Du bist nichts, dein Volk ist alles" den dienenden Charakter des Staates für das Wohl der Menschen zu betonen[103]. Zum interpretatorisch unanfechtbaren „Zentralwert" des Grundgesetzes wird die Menschenwürde aber erst durch die ausdrückliche Aufnahme dieser Zweckhaftigkeit der Staatsgewalt in den Text des Art. 1 Absatz 1 Satz 2 GG.

Ist Achtung und Schutz der Menschenwürde „Verpflichtung aller staatlichen Gewalt", so ist damit mehr als ein Motiv der Verfassungsschöpfer in einer historischen Aufbruchsituation gemeint. Das Grundgesetz appeliert nicht einfach an

---

[98] Übersehen von *Bumke*, Grundrechtsvorbehalt, S. 153.
[99] Nur vordergründig anders BVerfGE 95, 96 (102); kritisch dazu *Classen*, GA 1998, 215 (219).
[100] So BVerfGE 6, 32 (41); 27, 1 (6); 32, 98 (108).
[101] Siehe *H. Dreier*, DÖV 1995, 1036 (1038); *Geddert-Steinacher*, Menschenwürde, S. 81 ff.
[102] *v. Doemming / Füßlein / Matz*, JöR n. F. Bd. 1, S. 45.
[103] *Bergsträßer*, zit. nach *v. Doemming / Füßlein / Matz*, JöR n. F. 1, S. 48.

IV. Kollisionslösungen auf Grund von Spezialität

„alle" staatliche Gewalt zu allen Zeiten und an allen Orten, es richtet sich auch und zunächst an alle Träger der *deutschen* Staatsgewalt, die es im Gegensatz zu den Machthabern anderer Epochen und Länder zu binden vermag. Die Verpflichtung auf die Menschenwürde ist unabhängig vom naturrechtlichen Impetus des Parlamentarischen Rates ein verbindlicher, da positivierter Richtpunkt für Sinn und Zweck des Staates. Auch das hebt das Wort „aller" hervor. Andere Pflichten kann sich der Staat zwar als selbstgesteckte Ziele auferlegen, sie gewinnen aber im verfassungsrechtlichen Rahmen Durchsetzungskraft nur nach dem Verhältnis ihrer Nützlichkeit zum Schutz der Menschenwürde und unter der Voraussetzung, daß sie sie achten. Die Formulierung des Art. 1 Absatz 1 Satz 2 GG macht die Menschenwürde so zum alles durchdringenden Staatsziel. Mit dieser Durchschlagskraft unterscheidet sie sich von allen anderen verfassungsrechtlichen Gewährleistungen, ob diese nun aus Grundrechten, Staatsprinzipien oder Einrichtungsnormen abzuleiten sind.

Staatliches Handeln, das von der Bindung an die Menschenwürde freigestellt wäre, gibt es unter dem Grundgesetz mithin nicht. Es gibt schon gar keine Ermächtigung zur Einschränkung der Menschenwürde, durch die der Gesetzgeber konkrete Eingriffe in die Menschenwürde erlauben könnte. Diese Ermächtigung kann sich weder auf einen ausdrücklichen Vorbehalt des Grundgesetzes stützen noch auf den Schutz anderer Rechtsgüter, und hätten diese auch Verfassungsrang. *Jede* derartige Befreiung von der Menschenwürdegarantie stände außerhalb der Staatsordnung des Grundgesetzes, weil diese auf der Menschenwürde aufbaut. Nur ein *ausnahmsloser* Schutz der Menschenwürde wird dem Umstand gerecht, daß die Verfassung um ihre Gewährleistung als *raison d'être* herum errichtet ist. Sie teilt diese Zentralrolle mit keiner anderen Gewährleistung, die das Grundgesetz enthält. Folglich muß sich der Schutz der Menschenwürde auch einer mutmaßlichen Garantie der staatlichen Existenz der Bundesrepublik nicht gleich- oder gar unterordnen lassen. Die Verfassung dieses Staates hat sich gerade auf das Wagnis eingelassen, die Menschenwürde *über* existentielle Belange des Staatsverbandes zu stellen[104], wogegen auch der Einwand nichts ausrichtet, *ohne* Staat könne auch der Schutz der Menschenwürde nicht gewährleistet werden. Kann der Staat nur sich selbst oder die Menschenwürde preisgeben, so hat er die Selbstvernichtung zu wählen.

bb) Der Sonderfall „Würde gegen Würde"

Solange sich für den Staat selbst allerdings nicht die Existenzfrage stellt, duldet die Kompromißlosigkeit, mit der Art. 1 Absatz 1 Satz 2 GG den Staat auf unbedingte Wahrung der Menschenwürde verpflichtet, jedoch eine einzige Einschränkung. Die absolute Verbotswirkung der Achtungspflicht kann vor dem Schutz der Menschenwürde auf der Gegenseite zu weichen haben. In einem „Insichkonflikt"

---

[104] *Herdegen,* in: Meßerschmidt / Heckmann, Gegenwartsfragen, S. 161 (162).

von Menschenwürde-Positionen steckt der Staat nicht in einer unlösbaren Pflichtenkollision[105]. In solchen Fällen ist er auch nicht stärker an das *Achtungs*gebot des Art. 1 Absatz 1 Satz 2 GG gebunden als an sein *Schutz*gebot. Aus dem Text der Vorschrift läßt sich eine solche abstrakte Bevorzugung des Achtungsgebots nicht ableiten[106], etwa weil „achten" hier *vor* „schützen" steht. Beide Modalitäten staatlichen Verhaltens sind vielmehr parallel genannt. Es gibt auch keinen allgemeinen Grundsatz, daß passives Verhalten des Staates seinem Handeln vorzuziehen wäre. Vielmehr ist dem Staat in einer solchen Lage wieder gestattet, zwischen kollidierenden Grundrechtspositionen abzuwägen[107]. Hier und nur hier ist das aus Art. 1 Absatz 1 GG folgende, über die ausnahmslose Gewährleistung der Menschenwürde noch hinausgehenden Verbot der Abwägung von Menschenwürde und konkurrierenden Verfassungsgütern durchbrochen.

Eine Lähmung der staatlichen Organe kann auf diesem Wege durchaus vermieden werden, weil es nicht um die abstrakte Abwägung zwischen Normen oder Gütern geht (die bei gleichen Gütern beiderseits, die in derselben Norm gewährleistet sind, in der Tat mit einem Patt ausgehen müßte), sondern um einen *konkreten*, fallbezogenen Ausgleich[108]. Eröffnet ist diese Abwägung dem Staat allerdings nicht schon, wenn die Situation auf beiden Seiten im weitesten Sinne menschenwürderelevant ist. Solche Fälle kommen allzu häufig vor, selbst wenn man die Menschenwürdegarantie nicht dadurch zu kleiner Münze schlägt, daß man sie in jede Persönlichkeitsrechtsgewährleistung mit aufnimmt[109]. Auch im übrigen führt die Verankerung des Schutzes *eines* an einem Konflikt beteiligten Verfassungsgutes (auch) in Art. 1 Absatz 1 GG nicht zu seiner sonst voraussetzungslosen Durchsetzung gegen die andere, nicht in der Menschenwürde mitverwurzelte Rechtsposition. Nur wenn die Menschenwürde „zentral, als solche" tangiert ist, kommt ein abwägungsfester Schutz überhaupt in Betracht[110].

Das ist zwar nicht erst dann der Fall, wenn eine Beeinträchtigung auf einer menschenverachtenden Haltung beruht[111], doch ist andererseits nicht jede Einschränkung eines Persönlichkeitsrechts schon deshalb regelmäßig unmöglich, weil es in besonderer *Nähe* zur Menschenwürde steht[112] oder auch nur in bestimmten Teilen

---

[105] So *Starck,* in: v. Mangoldt/Klein, GG, Art. 1 Rdnr. 21; ähnlich *Muckel,* Religiöse Freiheit, S. 218 (!).

[106] So *Lerche,* in: FSchr. Mahrenholz, S. 515 (518 f.).

[107] *Brugger,* Der Staat 35 (1996), 67 (79); *ders.,* VBlBw 1995, 446 (450); offengelassen bei *Kunig,* in: v. Münch/ders., GG, Art. 1 Rdnr. 4; *Jarass,* in: ders./Pieroth, Art. 1 Rdnr. 10.

[108] Zu dieser Unterscheidung unten § 5 II 1.

[109] Kritisch zu den „i. V. m."-Grundrechten *Sendler,* NJW 1995, 1468 f.; *Koch/Jankowski,* NuR 1997, 365 (366).

[110] *E. Klein,* in: FSchr. Benda, S. 135 (140); ausführlich *Borowski,* Grundrechte als Prinzipien, S. 222 f.

[111] BVerfGE 30, 1 (26); ebenso *Palm,* Staatliche Kunstförderung, S. 109; abl. auch BVerfGE 30, 1 (39 f. – Sondervotum *Geller/Rupp/v. Schlabrendorff).*

[112] Vgl. zu Art. 4 I, II GG *Leisner,* BayVBl. 1980, 321 (328).

"direkter Ausfluß" der Menschenwürde ist[113]. Letztlich wird sich – so schwer in bezug auf die Menschenwürde auch der Verweis auf „typisierbare" Verletzungen über die Lippen geht – am ehesten mit typischen Fallgruppen bestimmen lassen, welche Beeinträchtigungen die Menschenwürde zentral treffen – namentlich Folter und Todesstrafe im Bereich aktiven, grassierender Hunger und Obdachlosigkeit im Bereich passiven Verhaltens des Staates. Doch lassen sich weitaus nicht alle Verfassungsnormkonflikte oder auch nur alle Grundrechtskonflikte dadurch lösen, daß die beteiligten Güter auf ihre Menschenwürdesubstanz zurückgeführt und anhand ihres Gehalts an solcher Substanz vergleichbar gemacht würden[114].

Abgesehen vom Sonderfall des Konflikts zentraler Würdepositionen aber enthält Art. 1 Absatz 1 GG ein ausnahmsloses Verbot für den Staat, Eingriffe in die Menschenwürde überhaupt erst als Mittel gewährleistender Maßnahmen zugunsten entgegenstehender Rechtsgüter einzusetzen. *Diese eine* Konfliktentscheidung jedenfalls ist schon verfassungsunmittelbar getroffen.

b) Staatsgerichtete Zweck-Mittel-Verknüpfungsverbote

Alle *anderen* Mittel läßt das Grundgesetz dem Staat grundsätzlich offen. Jedoch kommt es in Betracht, daß bestimmte Mittel in einzelnen Beziehungen – um die eingeführte Formel des BVerfG für den Rahmen verfassungsimmanenter Beschränkungen zu paraphrasieren –, also relativ zur Verfolgung bestimmter Zwecke, nicht gebraucht werden dürfen. Das Grundgesetz enthält einige solche relative Mittelverbote.

aa) Einsatz von Menschenleben

Selbst die Führung eines Krieges schließt das Grundgesetz nicht allgemein aus. Art. 26 Absatz 1 GG verbietet nur den *Angriffs*krieg und zeigt damit im Umkehrschluß, daß ein Verteidigungskrieg zulässig ist. Diesen Schluß bestätigt auch Art. 87a Absatz 1 GG[115], der ohne verfassungsrechtliche Erlaubnis des Verteidigungskrieges keinen effektiven Anwendungsbereich fände. Die Verteidigung durch Streitkräfte kann nur im Rahmen eines bewaffneten Konflikts stattfinden. Wäre *jede* Beteiligung an einem Krieg unzulässig, so könnte der Staat die Streitkräfte nicht ihrer Grundwidmung gemäß einsetzen. Es versteht sich von selbst, daß auch der Verteidigungseinsatz damit nicht zu einem vom Grundgesetz gewünschten oder gar geforderten Zustand wird. Hier bestätigt sich in besonders schlagender Weise die oben aufgestellte These, daß der Grundsatz der Normeffektivität nicht den Eintritt der Situation gebietet, in der die Norm „Wirklichkeit gewinnt"[116]. Allerdings

---

[113] Zum Allgemeinen Persönlichkeitsrecht BVerfGE 34, 238 (245); 75, 369 (380).
[114] So aber – beschränkt auf Grundrechtskonflikte – *Rühl*, Gewissensfreiheit, S. 354.
[115] *Maunz*, in: ders./Dürig, GG, Art. 26 Rdnr. 24; *Streinz*, in: Sachs, GG, Art. 26 Rdnr. 20.
[116] *Hesse*, Grundzüge, Rdnr. 72.

ist der Verteidigungskrieg – wiewohl er mit besonders massiven Beeinträchtigungen grundrechtlich geschützter Güter vom Leben und der körperlichen Unversehrtheit über das Eigentum bis zur Bewegungsfreiheit verbunden ist – überwiegend keine Einwirkung, die der deutschen Staatsgewalt zugerechnet werden könnte. Denn die unmittelbaren Einwirkungen auf die Lebensgüter inländischer Grundrechtsträger gehen von Kampfhandlungen aus, die nicht der deutsche Staat vornimmt, sondern ein Angreifer[117]. Eine Rechtfertigung der genannten Beeinträchtigungen mit einem Zweck, andere Verfassungsgüter zu schützen, ist insoweit nicht nötig.

Anderes gilt entgegen der zu undifferenzierten herrschenden Ansicht allerdings für die Auswirkungen der deutschen Verteidigungsmaßnahmen selbst. Auch soweit sie zur Selbstverteidigung notwendig und sowohl verfassungs- wie völkerrechtsgemäß sind, beruhen sie doch auf der autonomen Entscheidung deutscher Staatsorgane, zu kämpfen, anstatt sich zu ergeben[118]. Daß die Verteidigung bei günstiger Erfolgsprognose ein dem Grunde nach von Art. 87a Absatz 1 GG gebotenes Mittel zur Erhaltung der freiheitlich demokratischen Grundordnung ist, steht ihrer Qualifikation als Akt der deutschen Staatsgewalt nicht entgegen, sondern setzt sie gerade voraus. Weder ein Aggressor noch das Grundgesetz determiniert die Entscheidung über Krieg und Kapitulation so, daß darauf beruhende Grundrechtsbeeinträchtigungen den entscheidenden Staatsorganen nicht zugerechnet werden könnten. Das Grundgesetz läßt aber eine *Rechtfertigung* dieser Beeinträchtigungen mit dem Zweck einer Erhaltung der staatlichen Existenz grundsätzlich zu, schließt es mit anderen Worten also nicht aus, daß der Staat z. B. den Tod und die Verwundung von Soldaten in Kauf nimmt, um die freiheitlich-demokratische Verfassungsordnung zu retten[119]. Eine unüberwindbare Sperre errichtet Art. 12a Absatz 4 Satz 2 GG nur für den bewaffneten und deshalb als gefährlicher eingestuften Einsatz dienstverpflichteter Frauen[120].

Eine andere Frage ist allerdings, ob die gezielte, beabsichtigte und unausweichliche Tötung von Menschen ein rechtmäßiges Mittel staatlicher Gewährleistungshandlungen für anderweitige Verfassungsgüter sein kann. Praktische Bedeutung kommt dieser unangenehmen Frage für die Diskussion um den polizeilichen „Rettungsschuß" zu. Hier steht – jedenfalls in der akademischen Modellsituation – „Leben gegen Leben" in dem Sinne, daß das Leben von Geiseln oder Verbrechensopfern in ähnlicher Lage nur gerettet werden kann, wenn Polizeibeamte den oder die Geiselnehmer (usw.) töten. In solchen Fällen steht der Staat nur vor der Wahl, in das Grundrecht des Geiselnehmers auf Leben nach Art. 2 Absatz 2 Satz 1 GG einzugreifen – mit der wahrscheinlichen Folge, daß das Grundrechtsgut restlos

---

[117] Insoweit zutreffend BVerfGE 77, 170 (221 – C-Waffen).

[118] *Winkler,* NVwZ 1993, 1151 (1152) m. Nachw. zur Gegenansicht.

[119] Siehe schon *Winkler,* NVwZ 1993, 1151 (1152); im Ergebnis zu radikal *Baldus,* NZWehr 1993, 92 (102).

[120] Zum Anwendungsbereich s. *Truppendienstgericht Nord,* NJW 1997, 1834 (2835) m. w. Nachw.

beseitigt wird – oder von der lückenlosen Erfüllung seiner Schutzpflicht für das Leben der Geiseln Abstand zu nehmen, die ebenfalls in Art. 2 Absatz 2 Satz 1 GG verankert ist. Auch wenn zusätzlich die Garantie der Menschenwürde im Spiel sein sollte, führt dies nicht auf einen Königsweg aus dem Dilemma; denn in diesem Fall steht wieder Würde gegen Würde[121].

Art. 102 GG gibt für eine abstrakte Konfliktlösung in dieser Konstellation keine geeigneten Anhaltspunkte. Zwar zeigt er, daß die Tötung von Menschen nicht als Mittel der Strafrechtspflege eingesetzt werden darf. Dieses Verbot gilt ostentativ ausnahmslos[122]. Es unterwirft die Tötung von Menschen einem *relativen* Mittelverbot in bezug zu den Zwecken der Strafe, auch soweit dahinter – via General- oder Spezialprävention – der Schutz der Grundrechte anderer oder der freiheitlich demokratischen Grundordnung steht[123]. Unter „Strafe" ist dabei jede staatliche Reaktion auf Straftaten zu verstehen[124], also auch eine etwaige Sicherungsmaßregel der Tötung potentieller Mörder und Totschläger. Daß in *diesem* Zusammenhang nicht einmal der Schutz des Lebens anderer die Tötung eines Menschen durch den Staat rechtfertigen kann, beruht auf einer von der Verfassung abstrakt vorweggenommenen Abwägung. Sie nimmt Rücksicht auf die Begrenztheit menschlicher Erkenntnis, auf deren Grundlage eine sichere Voraussage dazu nicht möglich ist, ob der Täter eines Tötungsdelikts in Zukunft wieder töten würde, ein staatlicher Tötungsakt also spätere Tötungsdelikte vermeiden kann, und es damit ungewiß bleibt, ob der Strafzweck der Spezialprävention erreicht wird[125]. Die Instrumentalisierung des in Art. 2 Absatz 2 Satz 1 GG geschützten Lebens durch den Staat zu einem *sicher* erreichbaren Strafzweck wie der Abschreckung anderer dagegen wäre menschenunwürdig[126]. Die Wiedereinführung der Todesstrafe würde daher auch gegen Art. 1 Absatz 1 GG verstoßen, gesetzt den Fall, Art. 102 GG würde gestrichen[127].

Dagegen beruht das Verbot der Todesstrafe nicht darauf, daß sich das Grundgesetz den ethischen Imperativ, Menschen dürften sich *generell* keine Entscheidung über das Leben anderer Menschen anmaßen, zu eigen gemacht hätte. Daß die Vernichtung menschlichen Lebens durch staatliche Stellen *absolut* unzulässig wäre, läßt sich daher weder Art. 102 noch Art. 1 Absatz 1 oder Art. 2 Absatz 2 Satz 1 GG entnehmen. Allerdings ist auch in den für einen polizeilichen „Rettungsschuß" in Frage kommenden Situationen meist zweifelhaft, ob definitiv keine andere Möglichkeit zum Schutz der bedrohten Rechtsgüter besteht[128].

---

[121] S. o. a) bb).

[122] *Lerche,* in: FSchr. Mahrenholz, S. 515 (516).

[123] Zum Schutz dieser Güter als verfassungsrechtlich zugelassenem Strafzweck siehe *Kunig,* Rechtsstaatsprinzip, S. 443 f. und 445.

[124] *Jarass,* in: ders./Pieroth, GG, Art. 102 Rdnr. 2; zustimmend *Degenhart,* in: Sachs, GG, Art. 102 Rdnr. 1 mit Fußnote 2.

[125] Siehe *Scholz,* in: Maunz/Dürig, GG, Art 102 Rdnr. 11.

[126] Allgemeiner *Degenhart,* in: Sachs, GG, Art. 102 Rdnr. 8.

[127] Im Ergebnis ebenso BGH, NJW 1996, 857 (858).

bb) Beeinträchtigung von Gewissensentscheidungen

Nur in einzelnen Beziehungen – um erneut die Formel des BVerfG aufzugreifen – ist auch eine besondere Form der Grundrechtsbeeinträchtigung untersagt, die im Vorfeld der oben angesprochenen militärischen Verteidigung des Staates liegt. Der Staat darf männliche Bürger unter bestimmten Voraussetzungen, die Art. 12a Absätze 1 und 3 GG näher regeln, zum Wehrdienst oder zum Dienst im Zivilschutz verpflichten. Unzulässig ist dagegen die Verpflichtung von Kriegsdienstverweigerern zu einem Waffendienst, Art. 4 Absatz 3 Satz 1 GG. Den Zielkonflikt zwischen Funktionsfähigkeit der Landesverteidigung und Gewissensfreiheit löst Art. 4 Absatz 3 Satz 1 GG definitiv[129]: Beeinträchtigungen der Gewissensfreiheit sind auch dann unzulässig, wenn sie zur Sicherung der Verteidigungsbereitschaft unerläßlich sein sollten. Art. 4 Absatz 3 GG ist Spezialnorm gegenüber dem Auftragsgehalt des Art. 87a Absatz 1 GG, da er den Bestand von deutschen Streitkräften voraussetzt.

Die in Art. 4 Absatz 3 Satz 1 GG geschützte Freiheit der Gewissensentscheidung wird zusätzlich abgesichert von Art. 12a Absatz 2 Satz 3 GG. Zwar setzt die Anerkennung eines Kriegsdienstverweigerers nicht voraus, daß es einen Ersatzdienst gibt[130]. Aber für den Fall der Einführung eines Ersatzdienstes sichert Satz 2 des Art. 12a Absatz 2 GG nach seinem Zusammenhang mit Satz 3 dieser Vorschrift die freie Gewissensentscheidung ab, und zwar gegen den faktischen Druck, den eine längere Dauer des Ersatzdienstes in Richtung auf einen Verzicht auf das Grundrecht ausübt. Daß eine längere Dauer der Ersatzdienstzeit gleichwohl zulässig sein soll, um die Ernsthaftigkeit der Gewissensentscheidung auf die Probe zu stellen[131], widerspricht nicht nur dem Wortlaut und der Entstehungsgeschichte des Verfassungstextes[132]. Es läuft auch dem Zweck des Art. 12a Absatz 2 Satz 2 GG diametral zuwider, der genau *diese* Art von Einfluß auf die Gewissensentscheidung explizit ausschließt[133].

Die Interpretation des BVerfG unterläuft damit eines der raren Verbote des Grundgesetzes, ein bestimmtes, grundrechtsbeeinträchtigendes Mittel – die Verlängerung der Ersatzdienstpflicht im Vergleich zur Wehrdienstpflicht – zu einem bestimmten Zweck einzusetzen, nämlich zur Erhaltung der Verteidigungsbereitschaft der Streitkräfte. Auch daß hinter der Funktionsfähigkeit der Streitkräfte

---

[128] *Scholz*, in: Maunz/Dürig, GG, Art 102 Rdnr. 32; *Degenhart*, in: Sachs, GG, Art. 102 Rdnr. 8 mit Fußnote 34.

[129] *Kempen*, JZ 1971, 452 (453); *Eckertz*, Kriegsdienstverweigerung, S. 156; *Kokott*, in: Sachs, GG, Art. 4 Rdnr. 99; *Lisken*, in: FSchr. Hirsch, S. 529 (532); *Maurer*, Staatsrecht, Rdnr. 64; ähnl. *H. H. Rupp*, NVwZ 1991, 1033 (1037).

[130] *Schoch*, JURA 1985, 127 (129); *Kempen*, in: AltK-GG, Art. 4 III Rdnr. 15.

[131] BVerfGE 48, 127 (170 f.).

[132] *H. P. Schneider*, in: FSchr. Stern, 903 (915).

[133] *Enders*, Menschenwürde, S. 329; *J. Ipsen*, ZRP 1978, 153 (156); *Schoch*, JURA 1985, 127 (129).

letztlich das Endziel einer Bewahrung der rechtsstaatlichen und grundrechtssichernden Verfassungsordnung steht, kann solche Grundrechtseingriffe contra constitutionem nicht rechtfertigen. Die „Fundamentalität" der Verfassungssicherung übertrumpft nicht das spezielle, zum Schutz des Grundrechts aus Art. 4 Absatz 3 Satz 1 GG gerade gegen die längere Dauer des Ersatzdienstes gerichtete Eingriffsverbot.

cc) Zwang zur Teilnahme an Veranstaltungen der Religionsgemeinschaften

Sachlich nahe an dem relativen Gewissensschutz der Art. 4 Absatz 3, 12a Absatz 2 GG stehen zwei Sondervorschriften, die dem Ausgleich der Glaubens- und Gewissensfreiheit einzelner mit dem Recht der Religionsgemeinschaften dienen, in bestimmten staatlichen Anstalten tätig zu werden. Gemeinsam ist beiden Vorschriften, daß Personen mit dem Auftreten einer religiösen Vereinigung konfrontiert werden, weil sie sich auf Grund einer rechtlichen Pflicht in einer staatlichen Einrichtung befinden. Der Staat muß als Verursacher dieser Konfrontation auf engem Raum den einzelnen eine Möglichkeit bieten, sich der Beeinflussung durch unerwünschte religiöse Unterweisung und Betreuung in zumutbarer Weise zu entziehen[134].

Letztlich hat die besondere Sicherung, die die negative Religionsfreiheit auf diese Weise erfährt, ihre Wurzel in der langen Tradition, die das Verbot direkten Zwangs zur Teilnahme an religiösen Veranstaltungen im deutschen Verfassungsrecht hat; erkennbar wird es in Art. 140 GG i. V. m. Art. 136 Absatz 4 WRV. Im Zuge der Effektivierung des Grundrechtsschutzes ist sie auch auf Fälle einer mittelbaren Verantwortlichkeit des Staates für Situationen erstreckt worden, in denen er den einzelnen dem Risiko religiöser Beeinflussung aussetzt. Bereits der Weimarer Reichsverfassung war bewußt, daß der Staat Bürger in seinen Einrichtungen einer Beeinflussung durch Religionsgemeinschaften aussetzt, die sie nicht vermeiden können, wenn sie zum Aufenthalt in der Anstalt verpflichtet sind. Grund für diesen Einfluß ist das Recht der öffentlich-rechtlich verfaßten Religionsgemeinschaften auf Ausübung der Anstaltsseelsorge (Art. 140 GG i. V. m. Art. 141 WRV). Besonders Strafgefangene und Soldaten können sich dieser Betreuung nicht einfach entziehen, indem sie sich räumlich entfernen.

Ihnen muß daher Gelegenheit gegeben werden, ohne Rechtsnachteile der seelsorgerischen Tätigkeit der Religionsgemeinschaften auszuweichen. Das ist der Inhalt des letzten Halbsatzes von Art. 141 WRV, wonach „jeder Zwang fernzuhalten ist". Gemeint ist der Zwang zur Teilnahme, aber auch der Zwang innerhalb der kirchlichen Veranstaltungen. Der Staat ist verpflichtet zu verhüten, daß die privilegierten Religionsgemeinschaften sich die von ihm geschaffene Zwangslage der

---

[134] Zum Erfordernis zumutbarer Ausweichmöglichkeiten s. BVerfGE 52, 233 (245 ff.); 93, 1 (33).

Angehörigen von Sonderrechtsverhältnissen zu eigenen Zwecken zunutze machen. Unerheblich ist, ob die Anstaltsinsassen aus religiösen Gründen oder aus ganz anderen Motiven die Seelsorge ablehnen. Denn die negative Religionsfreiheit umfaßt auch das Recht, *keinem* Glauben und *keinem* weltanschaulichen Bekenntnis anzuhängen. Insoweit hat Art. 141 WRV heute nur noch deklaratorische Bedeutung. Gesetze, die sich allein auf Art. 2 Absatz 1 Halbs. 2 GG stützen können, reichen als Grundlage für Eingriffe in die Religionsfreiheit auch insoweit nicht aus[135].

Einen noch weiter ausdifferenzierten Fall der religiösen Einflußnahme in öffentlichen Einrichtungen regelt heute Art. 7 Absatz 2 GG. Die Religionsgemeinschaften – und zwar nicht nur die öffentlich-rechtlichen, sondern alle, die dazu organisatorisch in der Lage sind – haben nach Art. 7 Absatz 3 Satz 1 GG das Recht, Religionsunterricht in den öffentlichen Schulen abzuhalten. Strittig ist nur, ob die Schulbehörde eine Mindestzahl von teilnahmebereiten Kindern zur Voraussetzung der Ausübung dieses Rechts machen kann[136]. Bejahendenfalls wird es aber nicht darauf ankommen, ob die Teilnahmewilligen der Konfession der antragstellenden Kirche angehören, denn es ist Inhalt des maßgeblichen Selbstbestimmungsrechts der Religionsgemeinschaften, zu entscheiden, ob nur ihre Mitglieder oder auch Andersgläubige am Religionsunterricht teilnehmen. Ebenso liegt es in ihrem Ermessen, Schüler fremder Konfession von der Teilnahme auszuschließen; das Selbstbestimmungsrecht der Religionsgemeinschaften ist eine verfassungsunmittelbare Schranke des Rechts der Eltern und Kinder auf religiöse Selbstbestimmung aus Art. 4 Absätze 1 und 2, 6 Absatz 2 Satz 1 GG[137].

Andererseits haben alle Schüler bzw. vor deren Religionsmündigkeit ihre Eltern das Recht, sich (ihre Kinder) vom Religionsunterricht abzumelden. Das gilt auch und gerade für den Religionsunterricht, den ihre eigene Kirche durchführt. Art. 7 Absatz 2 GG vermeidet einen staatlichen Zwang zur religiösen Unterweisung, wie Art. 141 a. E. WRV den Zwang zur religiösen Betreuung ausschließt. Zum Motiv der staatlichen Verantwortlichkeit für eine Lage, in der der einzelne der Beeinflussung durch religiöse Gruppen kaum ausweichen kann, kommt hier die Bindung an den Einrichtungszweck der Schule hinzu: die Schulpflicht ist nur gerechtfertigt, weil der Staat ein Minimum an Wissensvermittlung und Persönlichkeitsbildung gewährleisten darf. Nicht berechtigt ist er zur – um es angemessen auszudrücken – Formung der Herzen und Seelen der Schüler. Gewährleistet ist von Art. 7 Absatz 2 GG daher die Freiheit zur Abmeldung vom Religionsunterricht.

Fraglich ist nun, ob die Ausübung dieser Freiheit dadurch erschwert werden kann, daß Schüler, die keinen kirchlichen Religionsunterricht besuchen, zur Teilnahme an einem ersatzweisen staatlichen Unterricht im Fach Ethik verpflichtet sind. Eine Ungleichbehandlung wegen des Glaubens oder wegen der religiösen Anschauungen entgegen Art. 3 Absatz 3 GG mag darin nicht liegen, da an die Teil-

---

[135] A. A. *Ennuschat,* Militärseelsorge, S. 203 f.; *Eick-Wildgans,* Anstaltsseelsorge, S. 115.
[136] BVerwG, JZ 1985, 36; vgl. *Oebbecke,* DVBl. 1996, 336 (339) m. w. Nachw.
[137] BVerfGE 74, 244 (251); *de Wall,* NVwZ 1997, 465 (466).

nahme am Religionsunterricht unabhängig vom persönlichen Bekenntnis des Abmeldenden angeknüpft wird. Ein typischer Zusammenhang des Abmeldevorgangs mit der formalen Zugehörigkeit zu einer Konfession oder mit der inneren religiösen Überzeugung besteht wohl regelmäßig nicht. Doch erschwert die „Ersatzdienstpflicht" im Fach Ethik jedenfalls die Abmeldung. Die Frage ist nur, ob diese Beeinträchtigung der Abmeldefreiheit verfassungsrechtlich gerechtfertigt werden kann[138]. Zweifel sind hier am Platze, weil die denkbaren Rechtfertigungen gerade auf den Zweck gestützt werden müßten, den Art. 7 Absatz 2 GG verbietet, nämlich auf den – indirekten – Zwang zur Teilnahme am Religionsunterricht.

Das gilt namentlich für das Argument, im Ethikunterricht nehme der Staat die Werterziehung der Schüler wahr, die im Religionsunterricht die Kirchen – auch im Interesse des Staates – leisten[139], quasi als subsidiäre Sinnvermittler. Wären Religions- und Ethikunterricht tatsächlich inhaltlich austauschbar, dann müßte es sich beim Fach Ethik um eine Art staatlicher Indoktrination mit Glaubenslehren weltlicher Couleur handeln – um Zivilreligion? –, und diese wäre sogar mit dem Grundsatz staatlicher Inkompetenz in religiös-weltanschaulichen Fragen[140] nicht zu vereinbaren.

dd) Notstandsmaßnahmen gegen Arbeitskampfhandlungen

Im Arbeitskampf ist der Staat zur Neutralität verpflichtet. Er kann allerdings gerade zur Wahrung der Parität zwischen den Kampfgegnern dazu aufgerufen sein, die Rahmenbedingungen so zu gestalten, daß nicht eine Seite faktisch das Übergewicht gewinnt. Gesetzliche Regelungen, die eine gestörte „Waffengleichheit" wiederherstellen, gestalten die Koalitionsfreiheit zulässigerweise aus[141]. Nicht zulässig sind Ausgestaltungen wie Eingriffe jedoch, wenn sie darauf abzielen, *Notstandsbefugnisse* zum Zweck der Streikbeendigung einzusetzen. Art. 9 Absatz 3 Satz 3 GG enthält einen ausdrücklichen Ausschluß solcher Maßnahmen.

Infolgedessen können weder die im Notstand besonders gewährleisteten Verfassungsgüter mit den in Art. 12a, 35 Absätze 2 und 3, 87a Absatz 4 und 91 GG genannten Mitteln gegenüber dem Grundrecht der Koalitionsfreiheit durchgesetzt werden, noch – und erst recht nicht – dürfen diese Mittel zu anderen Zwecken eingesetzt werden, und handele es sich auch um Maßnahmen zur Wiederherstellung der Arbeitskampfparität. Gerade den Einsatz von Armee und Polizei gegen streikende Arbeiter sollen mit Art. 9 Absatz 3 Satz 3 GG rigoros ausgeschlossen sein[142].

---

[138] *Bader,* NVwZ 1998, 256 (257); *Czermak,* NVwZ 1996, 450 (454); *Renck,* BayVBl. 1992, 512 (521), jew. m. w. Nachw.
[139] BVerwGE 107, 75 ff.; VGH Mannheim, NVwZ 1998, 309 (310); *Werner,* NVwZ 1998, 816 (818).
[140] *Müller-Volbehr,* DÖV 1995, 301 (303).
[141] BVerfGE 92, 365 (394 ff.) m. w. Nachw.
[142] *Jarass,* in: ders./Pieroth, GG, Art. 9 Rdnr. 36.

c) Individualgerichtete Verfassungsimperative

Während spezielle Verbote an die Adresse des Staates die Gelegenheiten zur Einschränkung von Grundrechten auf Grund einer verfassungsunmittelbar getroffenen Vorzugsentscheidung *eindämmen,* können unmittelbar an den einzelnen gerichtete Verbote des Grundgesetzes dem Staat Gewährleistungsmaßnahmen zugunsten anderer Verfassungsgüter zulasten von Grundrechten ermöglichen, ohne daß er dafür in eine Betrachtung des konkreten Einzelfalles einzutreten bräuchte. Auch solche an das Individuum gerichteten Verbotsnormen sind aber Seltenheiten, ja in diesem Fall muß man sogar sagen: Systembrüche in der Verfassungsordnung. In aller Regel richten sich die Normen des Grundgesetzes nicht an den einzelnen oder sind jedenfalls nicht unmittelbar ihm gegenüber vollziehbar.

Damit eine unmittelbar wirksame Verpflichtungswirkung dem einzelnen gegenüber angenommen werden kann, muß der Norm mehr zu entnehmen sein als die tatbestandliche Ausgrenzung eines bestimmten Verhaltens aus dem Schutzbereich eines Grundrechts[143]. Allerdings muß die Verfassung nicht bereits Handlungsbefugnisse des Staates zur Durchsetzung der Individualpflichten regeln, um direkt auf den einzelnen durchgreifende Pflichtbindungen zu erzeugen; diese sind jenen logisch vorgelagert.

Insbesondere ist eine verfassungsunmittelbare Konfliktschlichtung nicht (erst) dann zu konstatieren, wenn benannte *Eingriffsbefugnisse* mit der Normierung einer individuellen Pflicht verbunden sind. Erlegt das Grundgesetz dem einzelnen aber ein bestimmtes Verhalten auf, so drückt es auch damit aus, daß es einen Interessenkonflikt zugunsten der entgegenstehenden Rechtsgüter gelöst hat und daß eine Abwägung nicht mehr stattzufinden braucht, in der sonst die konkrete Lösung des Interessenkonflikts (und Grundlage individueller Verhaltensgebote) erst gefunden würde[144].

aa) Ver- und Gebote von Rechtsgeschäften

Einige Bestimmungen des Grundgesetzes richten sich nun direkt an den einzelnen und verbieten ihm bestimmte Verhaltensweisen, die unmittelbar mit Gefahren für verfassungsrechtlich geschützte Rechtsgüter verbunden sind. Dabei handelt es sich einerseits um das Schutzgut eines Grundrechts, andererseits um die freie Wahl als Element des passiven Wahlrechts und um die freie Mandatsausübung der Abgeordneten. Letztere sind Rechtsgüter, die nicht primär im Interesse des Wahlbewerbers und späteren Mandatsträgers garantiert sind, sondern um des Funktionierens der parlamentarisch-repräsentativen Demokratie willen. In beiden Fällen ist zu prüfen, ob die individualgerichteten Bestimmungen – von ihrer „self-executing"-

---

[143] *Isensee,* in: FSchr. Sendler, S. 39 (41).
[144] Im Ansatz ebenso *Bumke,* Grundrechtsvorbehalt, S. 90 mit der Figur einer verfassungsrechtlichen „Verbotspflicht" des Staates.

IV. Kollisionslösungen auf Grund von Spezialität 277

Eigenschaft einmal abgesehen – schon in dem Sinne den Ausgleich zwischen Grundrechtsausübung und sonstigem Verfassungsgut herstellen, daß das betroffene Verhalten des einzelnen, auch soweit es durch Grundrechte geschützt ist (und sei es nur durch Art. 2 Absatz 1 GG), regelmäßig hinter das konfligierende Interesse zurückzutreten hat.

Unmittelbar verfassungsrechtlich begründete Ansprüche des einzelnen gegen *Dritte* normiert Art. 48 Absatz 1 GG mit dem Recht auf Wahlurlaub. Ein Rückgriff auf einschlägige Normen und Rechtsgrundsätze des Urlaubsrechts als Anspruchsgrundlage für die Urlaubsgewährung erübrigt sich. Das Grundgesetz dient hier als unmittelbar wirksame Anspruchsgrundlage gegenüber dem Arbeitgeber. Die Vertragsfreiheit des Arbeitgebers wird durch diese Regelung beeinträchtigt. Er verliert für einen gewissen Zeitraum sein Bestimmungsrecht über die Lage der Arbeitszeit, das ihm sonst zur Ausübung gemäß § 315 BGB zusteht. Diese Regeln wirken unmittelbar auf bestehende Arbeitsverträge ein und modifizieren ihre Durchführung zu Lasten des Arbeitgebers. Eine unmittelbare Drittwirkung besteht also nicht nur in dem Sinne, daß der Arbeitgeber ohne gesetzgeberische Umsetzung an die Ge- und Verbote des Art. 48 Absatz 1 GG gebunden ist. Diese Verfassungsnorm wirkt auch direkt auf seine Grundrechtsposition aus Art. 2 Absatz 1 GG ein. Art. 48 Absatz 1 GG stellt damit als verfassungsunmittelbare Kollisionsnorm einen generellen Ausgleich her zwischen der Vertragsfreiheit des Arbeitgebers einerseits, dem passiven Wahlrecht des Arbeitnehmers aus Art. 38 Absatz 2 GG andererseits, wobei letzteres durch den Grundsatz der freien Wahl (Art. 38 Absatz 1 Satz 1 GG) näher ausgeformt wird. Dabei ist eine gewisse minimale Proportionalität durch die Begrenzung des Bewerbungsurlaubs auf die „erforderliche" Dauer gewahrt. Nur ergänzend konkretisiert § 3 Satz 1 AbgG den Art. 48 Absatz 1 GG so weit, daß der für die Vorbereitung der Wahl *erforderliche* Umfang des Urlaubs z. Zt. zwei Monate beträgt. In diesem Punkt besteht auch eine Möglichkeit zur verfassungsgerichtlichen Kontrolle des Ausgleichs.

Auch Art. 48 Absatz 2 GG ermöglicht Beeinträchtigungen der Vertragsfreiheit von Arbeitgebern. Kündigungen oder Benachteiligungen des Arbeitnehmers aus Anlaß, ja auch nur während der Wahlbewerbung sind ausgeschlossen. Dieser generelle Ausgleich scheint die Rechte zur Kündigung und zur Bestimmung der Tätigkeitsinhalte während der Mandatsdauer einseitig zugunsten des öffentlichen Interesses an der Freiheit der Wahl und an der freien Mandatsausübung gemäß Art. 38 Absatz 1 Sätze 1 und 2 GG hintanzustellen[145]. Soweit das Grundgesetz selbst die Zuordnung von Wahlrechtserfordernissen und Arbeitgebergrundrecht vorgenommen hat, ist seine Regelung nämlich keiner Prüfung am Maßstab des Verhältnismäßigkeitsprinzips zugänglich. Art. 48 Absatz 2 GG greift aber nur scheinbar kompromißlos in die Rechte der Arbeitnehmer ein. Die Norm bedarf für den Fall der Zuwiderhandlung nämlich einer Ergänzung durch §§ 134 und 1004 (analog) BGB. Aus dem Grundgesetz allein ergibt sich nicht, was mit einer verbotswidrig

---

[145] So etwa *Berkemann*, Rechtstheorie 20 (1989), 451 (462).

ausgesprochenen Kündigung geschehen und wie der faktisch an der Mandatsübernahme oder -ausübung gehinderte Abgeordnete sich wehren soll. Erst § 134 BGB führt zur Nichtigkeit des Rechtsgeschäfts[146], und erst § 1004 BGB läßt sich in entsprechender Anwendung ein Unterlassungs- und Beseitigungsanspruch gegen den Störer entnehmen. Darin unterscheidet sich Art. 48 Absatz 2 GG einerseits von dem unmittelbar wirksamen Absatz 1 desselben Artikels, andererseits aber auch vom Verbot von Verträgen, die die Ausübung der Koalitionsfreiheit beschränken. Art. 9 Absatz 3 Satz 2 Alt. 1 GG spricht dieses Verbot nicht nur aus, sondern er sanktioniert dennoch getroffene Abreden unmittelbar mit der Rechtsfolge der Nichtigkeit[147]. Um Unterlassungsansprüche herzuleiten, ist indes auch hier auf § 1004 BGB zurückzugreifen[148]. Die Wirkung der §§ 134 und 1004 BGB bildet aber einen selbständigen, über die unmittelbaren Wirkungen des Art. 48 Absatz 2 GG hinausgehenden Eingriff in die Vertragsfreiheit der betroffenen Personen und Verbände. In diesem Umfang ist seine Anwendung an die allgemeinen Anforderungen an die Grundrechtseinschränkung gebunden, namentlich an das Verhältnismäßigkeitsprinzip.

Gleichwohl sind Fälle, in denen sich das Grundrecht aus Art. 2 Absatz 1 GG gegen die entgegenstehenden Verfassungsgüter durchsetzt, so gut wie ausgeschlossen. Die verfassungsunmittelbare Kollisionslösung ist zwar nicht ganz vollständig, determiniert das Ergebnis der Zuordnung aber so weit, daß eine andere einfachgesetzliche Exekutionsnorm als die Anordnung der Nichtigkeit und die Zuteilung von Abwehransprüchen kaum in Betracht käme. Auch der wertende Vergleich mit Art. 9 Absatz 3 Satz 2 GG zeigt, daß die aus § 134 BGB folgende Nichtigkeit kaum jemals übermäßig sein wird, zumal die Wahrnehmung eines Abgeordnetenmandats in ihrem Gewicht der Ausübung der Koalitionsfreiheit jedenfalls gleichkommt.

bb) Strafrechtliche Verhaltensverbote

Soweit das Grundgesetz andeutet, daß bestimmte Ausübungsformen grundrechtlich geschützten Verhaltens unter Strafe gestellt werden sollen oder müssen, bleibt seine Regelungswirkung durchweg auf der Ebene eines Gesetzgebungsauftrags stehen. Die eigentliche Konfliktschlichtung ist hier den Strafgesetzen überlassen. Sie führen die Verfassung nicht nur auf der Rechtsfolgenseite aus, indem sie verfassungsrechtlichen Pönalisierungen eine konkrete Strafe zuordnen; schon die Grenzziehung zwischen verbotenem und erlaubtem Verhalten ist Sache des Gesetzgebers. An verfassungsunmittelbaren Kollisionslösungen zwischen den Grundrechten, die ein strafwürdiges Verhalten schützen könnten, und den von diesem Verhalten beeinträchtigten Grundrechten anderer fehlt es[149].

---

146 BGHZ 43, 384 (387).
147 *Löwer*, in: v. Münch / Kunig, GG, Art. 9 Rdnr. 77.
148 BAGE 46, 322 (332); 54, 353 (357).
149 Anders insoweit offenbar *Bumke*, Grundrechtsvorbehalt, S. 90.

IV. Kollisionslösungen auf Grund von Spezialität

Das gilt zumal für den Konflikt zwischen dem Allgemeinen Persönlichkeitsrecht aus Art. 2 Absatz 1 und 1 Absatz 1 GG einerseits und der Meinungsfreiheit nach Art. 5 Absatz 1 Satz 1, Alt. 1 GG andererseits. Eine unmittelbare Drittwirkung entfaltet das Allgemeine Persönlichkeitsrecht nicht, auch nicht gegenüber Ehrabschneidern[150]. Eine Norm, der die direkte Vermittlung beider auf Verfassungsebene aber zuzutrauen wäre, ist in Art. 5 Absatz 2, Alt. 3 GG zu vermuten. Sie entfaltet zwar nicht schon „quasitatbestandliche" Begrenzungswirkung[151]. Der Begriff „Recht der persönlichen Ehre" verweist – neben zivilrechtlichen Unterlassungs- und Schadensersatzansprüchen – auf den strafrechtlichen Ehrenschutz. Es verankert ihn im Sinne einer Institutsgarantie im Grundgesetz. Indes erhebt es damit weder das in Bezug genommene Ehrenschutzrecht zu Verfassungsrang[152], noch läßt sich das Grundgesetz auf die Ebene des Strafgesetzes herab und regelt durch Verweisung selbst, welche Äußerungen etwa beleidigenden, verleumderischen oder kreditgefährdenden Charakter haben. All diese Konkretisierungen bleiben dem einfachen Gesetzgeber des StGB überlassen. Er hat hier einen Ausgestaltungsspielraum, und in seiner Ausgestaltung unterliegt er der Kontrolle am Maßstab des Grundgesetzes – insbesondere der Meinungsfreiheit im Sinne der Wechselwirkungstheorie[153]. Bei der Anwendung der Strafgesetzvorschriften ist der Verhältnismäßigkeitsgrundsatz zu beachten. Eine verfassungsunmittelbare Vorentscheidung über den Ausgang der konkreten Fallbeurteilung trifft auch Art. 5 Absatz 2 Alt. 3 GG nicht.

Ähnliches gilt aber auch für den verfassungsrechtlich am deutlichsten als strafwürdig gekennzeichneten Verhaltensbereich, nämlich für *friedensstörende* Handlungen. Art. 26 Absatz 1 GG spricht allerdings in Satz 1 schon selbst die Rechtsfolge der Verfassungswidrigkeit solcher Handlungen an. Für eine Abwägung zwischen dem hinter Art. 26 GG stehenden Friedensprinzip einerseits, Grundrechten wie der Berufsfreiheit der Söldner und Waffenhändler andererseits besteht insoweit in der Tat kein Raum, als friedensgefährdende Handlungen vorliegen. Das Grundgesetz gibt dem Friedensprinzip klar den Vorzug. Doch ist nur teilweise näher bestimmt, was unter einer Störung des friedlichen Zusammenlebens der Völker zu verstehen ist. Die Vorbereitung eines Angriffskrieges ist zwar unter keinen Umständen definitiv grundrechtlich geschützt; der ihr zustehende grundrechtliche Schutz muß sich immer der Wahrung des Friedens unterordnen. Im übrigen aber ist der Begriff der Friedensstörung stark konkretisierungsbedürftig. Um seine Auslegung bestehen in den Randbereichen zahlreiche Meinungsverschiedenheiten. Ob die Sanktionsnormen der §§ 80, 80a StGB ihn hinreichend konkretisieren, ist entsprechend strittig[154]. Ähnliches trifft auch auf die Ausfüh-

---

[150] Zutreffend *Stark,* Ehrenschutz, S. 41; a.A. *v. d. Decken,* NJW 1983, 1400 (1402); *Tettinger,* JuS 1997, 769 (770 f.).

[151] So – mißverständlich – *Sachs,* JuS 1995, 693 (694).

[152] So aber *v. d. Decken,* NJW 1983, 1400 (1402); *Gornig,* JuS 1988, 274 (278); *Buscher,* NVwZ 1997, 1057 (1059) m. w. Nachw.

[153] BVerfGE 7, 198 (207) u. ö.

[154] Nachw. bei *Streinz,* in: Sachs, GG, Art. 26 Rdnr. 33.

rung des spezielleren Art. 26 Absatz 2 GG durch das Kriegswaffenkontrollgesetz zu[155]. Eine abschließende verfassungsrechtliche Konfliktlösung jedenfalls enthält Art. 26 GG nicht.

3. Spezialität von Grundrechtsnormen

Nicht erst kollisionslösend, sondern kollisions*vermeidend* wirkt der Spezialitätsgrundsatz, wo er scheinbar bestehende Kollisionen zwischen Grundrechten und sonstigen Verfassungsnormen von vornherein ausschließt. Diese Wirkung ergibt sich, wenn eine der beteiligten Normen bei näherer Betrachtung nicht auf den vermuteten Sachbereich anwendbar ist, weil ihr eine Sonderbestimmung vorgeht (über *deren* Verhältnis zu der mutmaßlich kollidierenden Norm damit selbstverständlich noch kein Urteil möglich ist). Die Verdrängung durch eine speziellere Norm kann gleichermaßen Grundrechte wie anderweitige Verfassungsgewährleistungen betreffen. Sie tritt aber nur ein, wenn die *tatbestandlichen* Voraussetzungen der Grundrechte miteinander konkurrieren, nicht bereits, wenn die beteiligten Grundrechte im konkreten Fall auf dieselbe *Rechtsfolge* hinauslaufen.

a) Grundrechtsspezialität und Schrankenspezialität

Die Spezialität zwischen den *Tatbeständen* mehrerer Grundrechte gehört als Frage der Grundrechtskonkurrenz zwar nicht unmittelbar zum Thema verfassungsunmittelbarer Grundrechtsbeschränkungen; sie strahlt aber in diesen Fragenkreis aus. Spezialgrundrechte sind vielfach stärker gegen Eingriffe geschützt als ihre allgemeineren Nachbarn. Unmittelbar von Interesse ist hier ohnehin die Spezialität zwischen *Schrankennormen*. Soweit diese in Vorbehaltsbestimmungen niedergelegt sind, wird auch von einer Spezialität der Vorbehalte zu handeln sein. Besonderes Augenmerk verdient die in zweifacher Hinsicht enger gefaßte Frage, ob *Gesetzesvorbehalte* die Einschränkung der betroffenen Grundrechte auf Grund *verfassungsimmanenter* Schranken ausschließen (können). Sie ist daher in einem gesonderten Abschnitt zu behandeln.

aa) Tatbestandsspezialität und Realkonkurrenz zwischen Grundrechten

Echte Spezialität zwischen Grundrechten ist allerdings selten. Insbesondere das zumeist als „allgemeine" Handlungsfreiheit bezeichnete, aus Art. 2 Absatz 1 GG entwickelte Auffangfreiheitsrecht ist – anders als das in derselben Bestimmung verankerte Allgemeine Persönlichkeitsrecht[156] – eine subsidiäre, keine allgemeine-

---

[155] Dazu *Epping*, Kriegswaffenkontrolle, S. 209 und 223.
[156] Zur Normierung zweier getrennter Grundrechte in Art. 2 Absatz 1 GG s. nur *Jarass*, in: ders./Pieroth, GG, Art. 2 Rdnr. 1.

re Norm im Verhältnis zu den benannten Freiheitsrechten[157]. Dieser Unterschied ist nicht ohne praktische Bedeutung. Übereinstimmende Anwendungsbereiche besitzen Allgemeinnormen und Subsidiärnormen nur außerhalb des Anwendungsbereichs der jeweils vorgeordneten Sondernorm. Unterschiede ergeben sich dagegen, wo die Sondernormen prima facie anwendbar wären.

Während der Tatbestand einer lex generalis unabhängig von Bestand spezieller Normen formuliert ist, verweist eine subsidiäre Norm – ob dies nun in einem etwaigen Normtext zum Ausdruck kommt oder nur implizit mitgeregelt ist – auf das *Ausfallen* der besonderen Regel. Nichts anderes bedeutet der Ausdruck „subsidiär": die Wirkung dieser Normen füllt helfend, unterstützend eine Lücke, die sich durch den Ausfall der Wirkung der ihnen vorgehenden Normen öffnet. Damit setzen Subsidiärnormen voraus, daß die „unterstützten" Normen tatbestandlich auf den zu regelnden Fall anwendbar sind und erst durch Voraussetzungen auf einer späteren Prüfungsstufe von seiner definitiven Regelung ausgeschlossen werden. Im Gegensatz dazu können leges generales in der entsprechenden Situation, daß die jeweiligen leges speciales von der Anwendung ausgeschlossen sind, gerade *nicht* eingreifen. Ihr Tatbestand umfaßt einige, aber nicht alle von der Spezialnorm vorausgesetzten Merkmale. Zur Anwendung gelangt eine lex generalis deshalb nur, wenn einige, aber nicht alle Voraussetzungen der lex specialis vorliegen.

Ist die ihnen auf Grund von Spezialität vorgehende Norm aber tatbestandlich erfüllt, so kommen die Generalnormen nicht zum Zuge. Dieser Vorzugsmechanismus bleibt wirksam, wenn die lex specialis letztlich durch Schrankennormen verdrängt wird. In diesem Fall erfaßt die Verdrängungswirkung auch die allgemeinen Normen. Das bedeutet für den Grundrechtsbereich namentlich, daß Art. 2 Absatz 1 GG als Subsidiärnorm die menschliche Handlungsfreiheit im umfassenden Sinne nicht nur dort schützt, wo benannte Freiheitsgarantien nicht eingreifen[158]. Auch dort, wo der sachliche Schutzbereich eines besonderen Freiheitsrechts eröffnet ist, der definitive Schutz durch dieses Grundrecht aber ausfällt, weil der Betroffene persönliche Voraussetzungen nicht erfüllt[159], weil tatbestandsausschließende Merkmale vorliegen oder weil seine Schranken anwendbar sind[160], kommt die allgemeine Handlungsfreiheit zum Tragen. Definitiv durchgreifen wird sie allerdings in diesen Fällen kaum einmal, da sie im Vergleich mit allen anderen Freiheitsrechten die weitestmöglichen Schranken besitzt. Schon auf der Schutzbereichsebene

---

[157] In sich widersprüchlich BVerfG, NJW 1988, 2290 (2291); kritisch dazu auch *Sachs,* BayVBl. 1990, 385 (388).

[158] BVerfGE 6, 32 (36); 54, 143 (144); 75, 108 (154 f.).

[159] Insoweit ebenso *Jarass,* in: ders./Pieroth, GG, Art. 2 Rdnr. 9; *Löwer/Menzel,* WissR 1996, 237 (256 f.); *Sachs,* BayVBl. 1990, 385 (388 f.); *ders.,* KritV 1996, 125 (130); *Storr,* Verfassunggebung, S. 236; a.A. *Bleckmann/Wiethoff,* DÖV 1991, 722 (724); *Erichsen,* JURA 1987, 367 (369 f.); *Hillgruber,* MedR 1998, 201 (204 f.).

[160] A. A. *Jarass,* in: ders./Pieroth, GG, Art. 2 Rdnr. 2, der die Vorzugsmechanismen Subsidiarität und Spezialität vermengt.

verdrängt wird Art. 2 Absatz 1 GG von den verwirklichten Schutzbereichen besonderer Freiheitsrechte jedoch nicht.

Einen Fall echter und unvermittelter Spezialität zwischen Grundrechts- und grundrechtsgleichen Normen bilden die verschiedenen Ausprägungen der Vereinigungsfreiheit in Art. 9 Absätze 1 und 3 und Art. 21 Absatz 1 GG. Sowohl die Koalitionsfreiheit als auch die Parteienfreiheit sind, soweit sie dem Individuum die Gründung von und die Beteiligung an Gewerkschaften, Arbeitgeberverbänden und Parteien gewährleisten und soweit sie der Gruppierung selbst einen gewissen Aktionsradius sichern, spezielle Formen der Vereinigungsfreiheit.

Komplizierter verhält es sich mit nur mittelbaren Spezialitätsbeziehungen. Sie kommen zustande, wenn ein Grundrechtsschutzbereich zwar nicht im Verhältnis eines kleineren von mehreren „konzentrischen Kreisen" zu einem größeren dieser Kreise steht, beide aber unterschiedlich weit präzisierte Ausprägungen eines gemeinsamen, nicht eigens normierten Sachbereichs bilden. So liegt es bei den Grundrechten des Art. 5 GG. Sie können allesamt als Grundrechte der symbolischen Kommunikation aufgefaßt werden[161]. Abstufungen in spezialitätsähnlicher Form müssen hier aber einer anderen Regelungstechnik entnommen werden als der Inklusion aller Tatbestandsmerkmale der allgemeinen Vorschrift durch die besondere. Die Zusammenfassung in demselben Artikel, aber in verschiedenen Absätzen ist eine derartige, Spezialität andeutende Technik der Normpositivierung. In Art. 5 besteht ein solches – vom Verfassungsgeber angedeutetes – Spezialitätsverhältnis zwischen den Grundrechten des Absatzes 3 gegenüber den Grundrechten des Absatzes 1. Besitzt eine Äußerung künstlerische Qualität und ist sie in einem Presseerzeugnis abgedruckt, so geht für ihren Schutz die Kunstfreiheit der Pressefreiheit vor. Das gilt auch für den Vorgang der Verbreitung dieses Druckwerks. Er wird nicht von der Entstehung des künstlerischen Werkes „an sich" abgespalten und von Art. 5 Absatz 1 Satz 2 Alt. 1 GG erfaßt, sondern genießt als Wirkbereich der Kunst den Schutz des Art. 5 Absatz 3 Satz 1, Alt. 1 GG[162].

Das BVerfG hat daneben ein Verfahren der Konkurrenzbehandlung entwickelt, das zwischen Grundrechten, die in einer konkreten Situation nebeneinander anwendbar zu sein scheinen, fallbezogen einen Vorzug nach sachlichen Gesichtspunkten herstellt. Es setzt eine Konstellation voraus, in der mehrere Grundrechte gleichzeitig sachlich *berührt* sind, eines davon aber *stärker* betroffen zu sein scheint als die anderen. In einem solchen Fall wendet das BVerfG nur die Schranken des jeweils sachnächsten Grundrechts an. Die Einschränkungsvoraussetzungen werden formal dem Schrankenregime dieses „führenden" Grundrechts entnommen. Die materiell mitbetroffenen Grundrechte gehen in die Konkretisierung des Schutzbereichs des „führenden" Grundrechts und in seine Gewichtung im Rahmen der Verhältnismäßigkeitsprüfung ein. So hat das Gericht etwa im *Brokdorf*-Urteil nur Art. 8 Absatz 1 GG als Maßstab benützt und die Meinungsfreiheit als Abwä-

---

[161] Vgl. nur die Überschrift bei *Jarass/Pieroth*, GG, über Art. 5.
[162] Vgl. grundlegend BVerfGE 30, 173 (189).

IV. Kollisionslösungen auf Grund von Spezialität   283

gungsgesichtspunkt herangezogen[163]. Diese Konstruktion ist nicht als Rechtsfolgenlösung[164] zu verstehen. Das BVerfG verlagert vielmehr die praktische Konkordanz hinsichtlich der weniger stark berührten Grundrechte summarisch in eine Konkurrenzlösung vor. Das Verfahren erinnert an die Gesamtstrafenbildung im Strafrecht: zwar sind voneinander unabhängige Straftatbestände verwirklicht, erkannt wird aber dennoch auf eine einheitliche Rechtsfolge, die dem Grunde nach dem Gesetz zu entnehmen ist, das die höchste Strafe androht, der Höhe nach aber für die weiteren Straftaten zu schärfen ist[165].

Gegen dieses Verfahren ist nichts einzuwenden, solange das am stärksten betroffene Grundrecht zugleich das am schwersten einschränkbare ist. Die Parallele zum Strafrecht endet allerdings, wo das sachlich am stärksten berührte Grundrecht *leichter* einschränkbar ist als die mitbetroffenen Grundrechte. Auch in diesem Fall hat das BVerfG keine Bedenken dagegen, die Schranken des „Schwerpunktgrundrechts" anzuwenden. Dieses Verfahren droht indes – besonders im Verhältnis zwischen einfachen und qualifizierten Gesetzesvorbehalten, aber auch zwischen allen vorbehaltsunterworfenen und den vorbehaltlosen Grundrechten – die Bedeutung der Qualifikationsmerkmale strengerer Einschränkungsermächtigungen zu überspielen. Diese Merkmale erschweren dem Staat Eingriffe, die er auf der Grundlage eines einfachen Gesetzesvorbehalts leicht rechtfertigen könnte. Damit sie ihre Wirksamkeit nicht verlieren, muß sich beim Zusammentreffen mehrerer Grundrechte auf *einer* Seite der Kollision das „stärkste" unter ihnen durchsetzen[166].

Wird dagegen ein Eingriff, der mehrere Grundrechte beeinträchtigt, an weniger strenge Voraussetzungen gebunden als ein Eingriff, der nur ein vorbehaltlos oder unter qualifiziertem Vorbehalt gewährleistetes Grundrecht betrifft, so erleichtert die zusätzliche Grundrechtsbeeinträchtigung auf dem Umweg über die Grundrechtskonkurrenz die ursprüngliche Grundrechtsbeeinträchtigung – eine „Konkurrenzlösung", der man das Verdikt „Etikettenschwindel"[167] kaum ersparen kann. Daß das BVerfG im Beschluß zu § 6 HessUnivG[168] die Frage, ob Art. 5 Absatz 3 Satz 1 GG zugunsten des Tierschutzes einschränkbar ist, einfach ausgeblendet hat, wurde schon erwähnt. Auch überzeugt es nicht, wenn das BVerfG neuerdings – im Gegensatz zu seinen älteren Entscheidungen, die es falsch zitiert – den Gleichheitsaspekt des Art. 6 Absatz 1 GG hinter die Anwendung des allgemeinen Gleichheitssatzes *zurücktreten* läßt, sofern eine Ungleichbehandlung typischerweise Ehe-

---

[163] BVerfGE 69, 315 (343); ähnlich bereits BVerfGE 64, 229 (238 f.), 65, 104 (112 f.) und 67, 186 (195).
[164] Siehe oben § 3 II 1.
[165] Siehe *Ziekow*, Freizügigkeit, S. 427.
[166] Im Ergebnis richtig *Hufen*, DÖV 1983, 353 (357); *Berkemann*, NVwZ 1982, 82 (82); a.A. jedoch *Krüger*, DÖV 1997, 13 (19).
[167] So *Voßkuhle*, BayVBl. 1995, 613 (617); kritisch auch *Ziekow*, Freizügigkeit, S. 419 ff., 422.
[168] BVerfGE 48, 376 (389).

partner stärker betrifft als unverheiratete Paare[169]. Art. 6 Absatz 1 GG ist gegenüber dem allgemeinen Gleichheitssatz wie gegenüber der Garantie der allgemeinen Handlungsfreiheit in Art. 2 Absatz 1 GG die speziellere, da sachlich stärker definierte Norm. Die Rechtsfolgen des – zwar tatbestandlich durchaus einschlägigen – Art. 3 Absatz 1 GG werden insoweit verdrängt. Das Diskriminierungsverbot für die Ehe greift dagegen hier ein.

bb) Schrankenspezialität und Schrankenspezifik im Gefolge der Grundrechtsspezialität

Wichtiger als die Lösung von Grundrechtskonkurrenzen selbst erscheint für die Dogmatik verfassungsimmanenter Schranken die Folgewirkung der Grundrechtsspezialität für die Anwendung der jeweiligen Schranken. Wo nicht schon zwischen Vorbehalten oder zwischen sonstigen Schrankennormen des Grundgesetzes selbst Spezialitätsbeziehungen festgestellt werden können, dort kommt immer noch in Betracht, daß die Grundrechte, auf die sich Vorbehalte (anders als selbständige Schrankennormen) stets beziehen, untereinander im Verhältnis der Spezialität stehen und daß diese Spezialität auch die Konkurrenzregelung zwischen ihren jeweiligen Schranken leitet.

Wo *Grundrechte* in Spezialität stehen, verhalten sich zwar nicht notwendigerweise auch ihre Vorbehalte speziell zueinander. Die Übertragung der Schranken eines speziellen Grundrechts auf allgemeinere Grundrechte ist gleichwohl nicht zulässig[170]. Denn auch untereinander nicht spezielle Vorbehalte normieren je *spezifische* Schranken der Grundrechte, denen sie zugeordnet sind, Schranken, die vor allem auf spezifische, für den Sachbereich dieses Grundrechts typische *Gefährdungslagen* zugeschnitten sind[171]. Versuche, Gewährleistungs- und Schrankennorm eines Grundrechts aufzutrennen[172], verkennen den Sinn des Art. 1 Absatz 3 GG, gegen staatliche Beeinträchtigungen umfassend zu schützen – nicht nur gegen beiläufige und unabsichtliche Störungen, auch nicht nur gegen gesetzliche „Begrenzungs"-Versuche, sondern als allererstes gegen direkte und unverschleierte Einschränkungen.

Unzulässig ist daher eine Anwendung der in Art. 5 Absatz 2 GG genannten Schranken auf Art. 5 Absatz 3 GG. Es ist nicht etwa ein Redaktionsversehen, daß die Kunstfreiheit in Art. 5 Absatz 3 GG vorbehaltlos gewährleistet ist. Auch soweit die Kunstfreiheit eine spezielle Kommunikationsfreiheit ist, steht ihre Spezialität einer Unterwerfung unter die Schranken des Art. 5 Absatz 2 GG entgegen[173]. Erst

---

[169] BVerfG, NVwZ 1998, 726; anders die st. Rspr., vgl. BVerfGE 28, 324 (346 f.); offen in BVerfGE 75, 348 (357); w. Nachw. bei *Kingreen*, JURA 1997, 401 (405 f.).

[170] Grundlegend BVerfGE 30, 173 (191 f.); s. auch BVerfGE 32, 98 (107); 52, 223 (246); *Sachs*, Diskriminierungsverbot, S. 83 ff. mit umfangreichen Nachweisen in Fn. 208–216.

[171] *Knies*, Kunstfreiheit, S. 107; *Schwäble*, Versammlungsfreiheit, S. 130 ff.

[172] So jüngst *Planker*, DÖV 1997, 101 (102 f.).

recht kann der Vorbehalt des Art. 9 Absatz 2 GG nicht auf die spezielleren Grundrechte in Art. 9 Absatz 3 GG und 21 Absatz 1 GG und schon gar nicht auf Art. 4 Absätze 1 und 2 GG „transplantiert" werden[174].

Neben dieser Annex-Spezialität von Schrankennormen sind allerdings durchaus auch unmittelbare oder mittelbare Spezialitätsverhältnisse zwischen den Einschränkungsvorbehalte der Grundrechte *selbst* zu untersuchen. Die Vorbehalte bilden zwar kein geschlossenes Schranken*system* im strengen Sinne, dessen Entdifferenzierung zu befürchten wäre[175]. Aber der Gefahr einer Nivellierung ausgesetzt ist auch ein – schwächer formuliert – *abgestuftes* Verhältnis der Vorbehalte verschiedener Grundrechte zueinander[176]. Solche Schrankenstufen existieren innerhalb der Reichweite je *eines* Grundrechts schon bezogen auf verschiedene von ihm erfaßte *Sachbereiche*. Dafür, daß ein und dasselbe Grundrecht *einheitliche* Schranken habe, spricht allenfalls eine Vermutung[177]. Sie läßt Ausnahmen in verschiedenen Fällen zu: nicht nur hinsichtlich unterschiedlicher zeitlicher Phasen der Existenz von Grundrechtssubstraten[178], sondern auch für sachliche Ausschnitte einer einheitlich gewährleisteten Freiheitsberechtigung.

Art. 8 GG etwa enthält ein einheitliches Grundrecht der Versammlungsfreiheit, das nach seinem Absatz 2 einem Gesetzesvorbehalt nur insoweit unterliegt, als es unter freiem Himmel ausgeübt wird[179]. Auch das einheitliche Grundrecht der Berufsfreiheit wird, selbst wenn dies erst auf der Verhältnismäßigkeitsebene zum Ausdruck kommt, hinsichtlich der Berufs*wahl* nur mit höher bewerteten Schrankengütern konfrontiert, als es in bezug auf die Berufs*ausübung* dulden muß[180]. Die Trennung der Kunstfreiheit in Werk- und Wirkbereich wird verschiedentlich als Ansatz differenzierter Beschränkungsmöglichkeiten angesehen[181]. In die gleiche Richtung gehen Überlegungen, die Religionsfreiheit zwar weiter als ein einheitliches Grundrecht zu behandeln, das die Manifestation einer Glaubensüberzeugung mit umfaßt, aber die glaubensgeleitete Lebensführung weitergehenden Schranken zu unterwerfen als reine Kulthandlungen[182]. Entsprechend soll die Kirchengutgarantie des Art. 138 Absatz 2 WRV insoweit der Schranke der allgemeinen Ge-

---

173 BVerfGE 30, 173 (191 f.); *Losch,* Wissenschaftsfreiheit, S. 166; a.A. *Knies,* Kunstfreiheit, S. 257 ff., jedoch ohne nachhaltige Zustimmung in der Literatur.

174 So aber *Planker,* DÖV 1997, 101 (104).

175 So allerdings *van Nieuwland,* Theorien, S. 25 f.

176 Ebenso BVerfGE 6, 32 (37); *Schlink,* Abwägung, S. 47; *Merten,* in: FSchr. Carstens, S. 721 (732); *Menzel,* DÖV 1983, 805 (806); *Wülfing,* Gesetzesvorbehalte, S. 106.

177 So *Kloepfer,* Entstehenssicherung, S. 31.

178 *Kloepfer,* Entstehenssicherung, S. 80 f.

179 *Schwäble,* Versammlungsfreiheit, S. 132.

180 BVerfGE 7, 377 (401); vgl. a. *Lücke,* Berufsfreiheit, S. 45; *Hufen,* NJW 1994, 2913 (2917).

181 *Starck,* in: v. Mangoldt/Klein, GG, Art. 5 Rdnr. 207 f.; *Herdegen,* Gewissensfreiheit, S. 268 f.; *Friedr. Müller,* Freiheit der Kunst, S. 97 ff.

182 *Hellermann,* in: Grabenwarter u. a., Allgemeinheit der Grundrechte, S. 129 (137).

setze aus Art. 137 Absatz 2 WRV unterliegen, als sie nicht vom Grundrecht der Glaubensfreiheit aus Art. 4 Absätze 1 und 2 GG mit erfaßt ist[183]. Ohne hier zu diesen Vorstößen in der Sache Stellung zu beziehen, ist jedenfalls festzustellen, daß sie zu Recht eine zwangsläufige Einheit der Schranken eines einheitlichen Schutzbereichs verneinen.

Noch deutlicher erkennbar ist das Spezialitätsverhältnis zwischen bestimmten Vorbehalten einheitlicher Grundrechte, die sich nicht dadurch unterscheiden, daß sie auf getrennte Sachbereiche, sondern dadurch, daß sie auf verschiedene *Einwirkungsformen* abstellen. So behandelt Art. 13 Absatz 2 GG Durchsuchungen als eine Sonderform der Eingriffe in das Wohnungsgrundrecht, wie die Worte „im übrigen" in Art. 13 Absatz 7 GG zeigen. Auch Art. 16 Absatz 1 Satz 1 GG thematisiert in Gestalt des Entzugs der Staatsangehörigkeit einen Unterfall ihres Verlustes[184], den allgemein Art. 16 Absatz 1 Satz 2 GG normiert. Die Spezialität dieser Vorbehalte schließt es jeweils aus, die schärferen Einwirkungsformen, die die besonderen Vorbehalte in Art. 13 Absatz 2 GG unter besondere Voraussetzungen stellen bzw. in Art. 16 Absatz 1 Satz 1 GG ganz verbieten, unter Rückgriff auf die großzügigeren Voraussetzungen der Art. 13 Absatz 7, 16 Absatz 1 Satz 2 GG zuzulassen. Ob eine Auslieferung Deutscher auf der Grundlage kollidierenden Verfassungsrechts vor Art. 16 Absatz 2 GG gerechtfertigt werden kann, wird allerdings erstaunlicherweise kaum erörtert[185].

Eine *eigenständige* Spezialität von Schrankennormen liegt dagegen vor, wenn sie dasselbe Rechtsgut gewährleisten, aber zu seiner Sicherung Beschränkungen verschiedener Stufen ermöglichen, sei es gegenüber demselben oder gegenüber mehreren Grundrechten. Dabei kann es vorkommen, daß einzelne Sachbereiche des beschränkenden Rechtsgutes einen Schutz als Verfassungsgut genießen, andere dagegen nicht. Das trifft insbesondere für die oben schon untersuchten Rechtsgüter „Jugendschutz" und „Ehre" zu. Sie sind zum Teil Ausprägungen des Allgemeinen Persönlichkeitsrechts. Da sie insoweit von Art. 2 Absatz 1, 1 Absatz 1 GG geschützt sind, ist ihre Bezeichnung als Verfassungsgüter in gewisser Weise nicht falsch. Andererseits aber tauchen Aspekte des Jugendschutzes auch in Art. 6 Absatz 2 Satz 2 und Absatz 3, 11 Absatz 2 und 13 Absatz 7 GG auf.

Soweit sich diese Aspekte schon aus Art. 2 Absatz 1 und 1 Absatz 1 GG ergeben, sind die betreffenden Vorbehalte zwar deklaratorisch und damit im Grunde überflüssig. Eigenständige Bedeutung und damit Wirkungskraft kommt diesen Bestimmungen aber als spezifische Beschränkungsermächtigungen hinsichtlich der jeweils eigens in bezug genommenen Grundrechte zu, soweit sie es den Ermächtigungsempfängern ermöglichen, über den persönlichkeitsbezogenen Kern

---

[183] *Lücke,* JZ 1998, 534 (541).

[184] *Kokott,* in: Sachs, GG, Art. 16 Rdnr. 17; *Antoni,* in: Seifert/Hömig, GG, Art. 16 Rdnr. 2.

[185] Mit Ausnahme von *Schöbener/Bausback,* DÖV 1996, 621 (624) und *Schmalenbach,* AVR 1998, 294 (298 ff.).

IV. Kollisionslösungen auf Grund von Spezialität 287

der Begriffe Ehre und Jugendschutz hinaus auch ihren „Begriffshof" zu gewährleisten. Die Wendung des Grundrechts aus Art. 2 Absatz 1, 1 Absatz 1 GG ins Objektive begründet zunächst nur die Pflicht des Staates, auch ohne konkretes Gegenüber (also einzelne Grundrechtsträger) grundrechtsfreundlich zu handeln, also nicht nur bestimmte Beeinträchtigungen zu unterlassen, sondern auch die Rechtsordnung persönlichkeitsrechtsfreundlich zu gestalten. Davon wird der Sachbereich des Grundrechts aber nicht verändert. Im Gegensatz zu dieser Erweiterung der *Wirkungsrichtungen* ermöglicht ein Gesetzesvorbehalt zugunsten des Ehren- oder des Jugendschutzes die Ausdehnung des Schutzes dieser Güter auf andere, nicht zum Sachbereich des Persönlichkeitsrechts zählende, aber benachbarte *Sachbereiche*. Weiter bieten die Einschränkungsvorbehalte die Möglichkeit, den Begriffshof wie den Persönlichkeitskern dieser Güter über die objektivrechtliche Wirkung des allgemeinen Persönlichkeitsrechts hinaus mit zusätzlichen *Vorfeldsicherungen* und *Flankierungen* zu umhegen.

So verfestigt Art. 5 Absatz 2 Alt. 3 GG nicht nur diejenigen Bestimmungen des Ehrenschutzrechts im StGB und im bürgerlichen Recht, die die jedem kraft seines Menschseins zustehende Achtung als Person gegen private Angriffe absichern. Er verbietet dem Gesetzgeber auch, den Schutz der sogenannten *erworbenen* Ehre ganz abzuschaffen, die aus der Erfüllung sozialer und ethischer Pflichten erwächst[186]. Auch der Schutz der Jugend gegen Verwahrlosung kann im Rahmen der Vorbehalte der Art. 6 Absatz 3, 11 Absatz 2 GG weiter gehen, als es zum Schutz der Persönlichkeit der betroffenen Kinder und Jugendlichen erforderlich wäre. Staatliche Organe, die diese Ermächtigungen in Anspruch nehmen, können etwa auch die Abwehr von Gefahren ins Kalkül ziehen, die von verwahrlosten Kindern und Jugendlichen für die öffentliche Sicherheit ausgehen.

Daß diese weitere Sphäre solcher differenzierbarer Rechtsgüter in *Gesetzesvorbehalten* genannt ist, begründet indes noch nicht ihren verfassungsrechtlichen Rang, und sei es auch als Verfassungsgüter „im Rang unter den Grundrechten"[187]. Das gilt auch dann, wenn sie dem Gesetzgeber – wie Art. 5 Absatz 2 GG mit der Variante „Recht der persönlichen Ehre" – keine Freiheit lassen, ob er ein Gut schützen will oder nicht. Eine Anwendung der nach Art. 5 Absatz 2 Alt. 3 GG zulässigen Ehrenschutznormen auf künstlerische Invektiven, die nicht den Grad einer Schmähkritik erreichen[188], scheidet daher ebenso aus wie etwa eine Beschränkung der Abmeldefreiheit vom Religionsunterricht mit dem Argument, ein Kind ohne religiöse Grundsätze drohe zu verwahrlosen. Der Staat mag hier befugt sein, kompensatorisch einen Ethikunterricht vorzuschreiben; auch dies kann mit der Förderung der kindlichen Persönlichkeit aber nur insoweit begründet werden, als es von

---

[186] Eingehend zu diesen Ehren-Sphären *Tenckhoff,* Ehrbegriff, S. 181; *Ehmann,* JuS 1997, 193 ff.
[187] So zu Art. 5 Absatz 2 GG *Gornig,* JuS 1988, 274 (278); *v. d. Decken,* NJW 1983, 1400 (1402).
[188] Siehe dazu BVerfGE 82, 272 (281).

Art. 2 Absatz 1, 1 Absatz 1 GG geboten ist, nicht hingegen mit einer Übertragung der Eingriffsermächtigungen der Art. 6 Absatz 3 und 11 Absatz 2 GG.

b) Insbesondere: Verdrängung verfassungsimmanenter Schranken durch Gesetzesvorbehalte?

Nicht um Grundrechtsspezialität, sondern um eine echte Spezialität zwischen Schrankennormen geht es bei der Frage, ob die Ermächtigung zum Setzen bestimmter Schranken durch Gesetzesvorbehalte zugleich die Anwendung aller denkbaren anderen Schranken auf das von dem jeweiligen Vorbehalt betroffene Grundrecht ausschließt. Eine solche abschließende Wirkung der Vorbehalte könnte auch die Einschränkung auf Grund sonstigen Verfassungsrechts betreffen. Die Frage wird zum Teil rundweg bejaht, ohne daß zwischen den Gesetzesvorbehalten oder zwischen den auszuschließenden Schranken ein Unterschied gemacht würde[189]. Behutsamere Vertreter dieser Richtung wollen Grundrechte unter Gesetzesvorbehalt nur „behutsam" verfassungsimmanent beschränken, weil der Verfassungsgeber beabsichtigt habe, alle eventuellen Konfliktlagen unter Beteiligung des jeweiligen Grundrechts mit dem Gesetzesvorbehalt abschließend zu regeln[190]. Vereinzelt wird auch darauf hingewiesen, daß manche Vorbehalte durch die Verwendung des Wortes „nur" einen abschließenden Charakter der ausdrücklich zugelassenen Beschränkungen andeuten[191].

Diese Auffassungen haben für sich, daß sie auf Präzision und Beachtung des geschriebenen Verfassungsrechts pochen. Nur scheinbar stehen sie auch in einem Widerspruch zu der oben formulierten These, daß Gesetzesvorbehalte den Spielraum des beschränkenden Gesetzgebers im Vergleich zu der Ausgangslage *erweitern*, in der das Grundrecht als Verfassungsnorm nur durch andere Verfassungsnormen beschränkt werden kann, insbesondere nur zugunsten verfassungsrechtlich geschützter Güter. Gesetzesvorbehalte – daran ist festzuhalten – sind Ausnahmen von der Regel, daß nur die Verfassung selbst schutzwürdige Rechtsgüter festlegt, die eine Grundrechtseinschränkung rechtfertigen können. Das BVerfG sieht gleichwohl kein Problem darin, auch Grundrechte unter Gesetzesvorbehalt zugunsten sonstiger Verfassungsgüter einzuschränken, und zwar durchaus an den Voraussetzungen der geschriebenen Vorbehalte vorbei[192]. Eine Begründung für dieses Vorgehen gibt es nicht. Es ist aber im Ergebnis richtig.

---

189 *Wülfing*, Gesetzesvorbehalte, S. 62 f.
190 *Pieroth/Schlink*, Grundrechte, Rdnr. 365; *Pieroth*, AöR 114 (1989), 422 (444).
191 *Terwiesche*, Begrenzungen, S. 132 f.
192 Vgl. nur BVerfGE 41, 205 (217 f.); 53, 257 (295 f.) u. öfter; *Jarass*, AöR 120 (1985), 345 (372) m. w. Nachw. in Fußn. 11.

aa) Voraussetzungen und Hindernisse einer Sperrwirkung der Grundrechtsvorbehalte

Gesetzesvorbehalte haben zwar *Maßstabs*funktion für die verfassungsimmanente Einschränkung[193]. Eine *Ausschluß*wirkung entfalten sie ihr gegenüber nicht. Folge einer solchen abschließenden Wirkung der Vorbehalte wäre nämlich, daß Grundrechte, die das Grundgesetz ausdrücklich unter den Vorbehalt von Einschränkungen gestellt hat, gegen die Einschränkung zugunsten von Verfassungsgütern *stärker* geschützt wären als vorbehaltlos gewährleistete Grundrechte. Ihre erleichterte Einschränkbarkeit zu Zwecken, die der Gesetzgeber im Rahmen der Verfassung frei wählen kann, würde quasi kompensiert durch eine erschwerte oder ganz ausgeschlossene Beschränkung aus Gründen der Gewährleistung verfassungsrechtlich geschützter Güter.

Eine derartige Kompensation könnte einleuchten, wenn Verfassungsgüter und gesetzlich gewährleistete Güter nicht von Normen unterschiedlichen Ranges gesichert wären. Da aber die Gewährleistungsnormen beider Arten von Güter in einem Rangstufenverhältnis stehen, erscheint es eher plausibel, daß zwischen der Einschränkbarkeit im Interesse von Verfassungsgütern und im Interesse von einfachgesetzlich geschützten Gütern ein dem Rang der Gewährleistungsnormen entsprechendes Stufenverhältnis besteht. Aus der Vorbehaltlosigkeit eines Grundrechts ist zwar nicht zwingend zu schließen, daß es *stärker* gegen Einschränkungen geschützt sein müsse als ein Grundrecht unter Gesetzesvorbehalt[194]. Andererseits ist die Vorbehaltlosigkeit doch zumindest als Indiz dafür anzusehen, daß das betreffende Grundrecht Einschränkungen nicht in *größerem* Maße ausgesetzt sein soll als ein Grundrecht unter Gesetzesvorbehalt[195].

Grundrechte, die schon zugunsten von gesetzlich eingeführten Schutzgütern beschränkt werden können, können daher erst recht auch zur Sicherung verfassungsrechtlich vorgegebener Güter beschränkt werden. Für dieses Ergebnis spricht auch die Überlegung, daß der Gesetzgeber – ist er in der Auswahl der Zwecke frei, die er der Einschränkung vorbehaltsbestückter Grundrechte zugrunde legt – vom Grundgesetz in aller Regel nicht gehindert sein wird, verfassungsrechtlich gewährleistete Güter zum Einschränkungszweck zu erheben. Ein solcher Umweg über die eigene Zwecksetzungskompetenz des Gesetzgebers wäre aber umständlich und letztlich überflüssig. Die Zwecksetzung durch das Grundgesetz braucht der Gesetzgeber nur aufzugreifen, nicht zu verdoppeln.

Umgekehrt aber könnten die Vorbehalte mancher Grundrechte insoweit für die verfassungsimmanente Einschränkung von Bedeutung sein, als sie die Verfolgung einzelner *verfassungsrechtlicher* Zwecke bei der Beschränkung des betroffenen Grundrechts *ausschließen*. Unmittelbar beträfe zwar auch ein solcher Ausschluß

---

[193] So zu Recht *Wülfing*, Gesetzesvorbehalte, S. 56.
[194] So allerdings *Gusy*, JZ 1990, 640 (641).
[195] So schon *Ridder/Stein*, DÖV 1962, 361 (366).

nur die *vorbehaltene* Beschränkung. Er müßte aber gegen eine Umgehung unter direktem Rückgriff auf die verfassungsrechtliche Gewährleistung des Gutes gesichert werden, um effektiv wirken zu können. Die Kautelen, die der Vorbehalt errichtet, könnten sonst stets mit der Behauptung überspielt werden, die vorgenommene Grundrechtseinschränkung ziele direkt auf den Schutz des von dem Vorbehalt in Bezug genommenen Verfassungsgutes, ohne den Vorbehalt aber dafür in Anspruch zu nehmen. Vorbehalte, die auf Verfassungsgüter rekurrieren, könnten deshalb eine Sperre für die verfassungsunmittelbare Einschränkung des jeweiligen Grundrechts bilden.

Gesperrt sein kann so die Einschränkung im Interesse desselben Verfassungs*gutes* wie vorgesehen, jedoch auf andere *Weise* als vorgesehen. Die Sperre könnte darüber hinaus auch die Einschränkung zugunsten *anderer* Verfassungsgüter als des vorgesehenen erfassen. Die Reichweite der Sperre wird sich danach richten, ob der Vorbehalt nur bestimmte *Modalitäten* der Einschränkung vorschreibt oder die Einschränkung generell auf einen oder mehrere verfassungsgeschützte Zwecke begrenzt. Von vornherein auszuscheiden ist dagegen, daß ein eventueller Bezug von Vorbehalten auf Verfassungsgüter als Verbot zu verstehen sein könnte, dieses Verfassungsgut zur Beschränkung *anderer* Grundrechte als des Grundrechtes, dessen Vorbehalt es erwähnt, einzusetzen. Die exklusive Zuordnung eines Verfassungsgutes zu einem Grundrecht würde seine verfassungsrechtliche Gewährleistung wo nicht völlig entwerten, so doch auf ein Gebot der restlos grundrechtsunschädlichen Sicherung im übrigen reduzieren. Eine so weitgehende Ausschlußwirkung kann nicht aus der Regelung eines Vorbehalts abgeleitet werden, der nur auf die spezifischen Verhältnisse eines Grundrecht zugeschnitten ist, nicht aber in Spezialität zu den – vorbehaltenen oder verfassungsimmanenten – Schranken der anderen Grundrechte steht.

bb) Gewährleistungsnormen konkretisierende Vorbehalte als abschließende Schrankenregelungen

Eine abschließende Wirkung können somit zum einen solche Vorbehalte entfalten, die die gewährleistende Wirkung anderer Verfassungsnormen konkretisieren. Sie schließen den Rückgriff auf die allgemeineren Verfassungsnormen in dem Umfang aus, in dem sie deren Gewährleistungsgehalt in eine Ermächtigung zur Beschränkung bestimmter Grundrechte aufnehmen und umgießen. Zuweilen haben diese Vorbehalte auch Bedeutung für die gegenseitige Beschränkung nicht-grundrechtlicher Verfassungsgüter. Dieser Fall tritt vor allem dort ein, wo Grundrechte oder grundrechtsgleiche Rechte zugleich Ausprägungen eines Rechtssatzes sind, der zum „organisatorischen Teil" der Verfassung gehört. Ein solches grundrechtsgleiches Recht ist das Wahlrecht in seiner passiven Form, der Wählbarkeit, die in Art. 38 Absatz 2 GG individualrechtlich gewährleistet ist.

Das passive Wahlrecht erfüllt nicht allein oder auch nur vorrangig individualschützende Funktionen; vielmehr ist es als Recht des status activus Ausdruck der demokratischen Teilnahme des Bürgers an der Staatswillensbildung, letztlich also des Grundsatzes der Volkssouveränität (Art. 20 Absatz 2 Satz 1 GG)[196]. Es erstreckt sich auch auf die Einhaltung der in Art. 38 Absatz 1 GG normierten Grundsätze der Freiheit und Gleichheit der Wahl[197]. Einschränkungen des passiven Wahlrechts besonders in seinen Aspekten Allgemeinheit und Gleichheit ermöglicht Art. 137 Absatz 1 GG. Mit der Ermächtigung zum Erlaß von Inkompatibilitätsregelungen konkretisiert er den Grundsatz der Gewaltenteilung[198], der seinerseits eine besondere Ausprägung des Rechtsstaatsprinzip ist. Wesentlich ist hieran die *ausschließliche* Funktion des Vorbehalts als besondere Konfliktregelung zwischen den beteiligten allgemeineren Verfassungsnormen. Unter Berufung auf den Gewaltenteilungsgrundsatz oder das Rechtsstaatsprinzip können keine weitergehenden Beschränkungen der Wählbarkeit begründet werden als diejenigen, zu denen schon Art. 137 Absatz 1 GG ermächtigt. Ein solcher Schritt ist also durch die Spezialität der konkretisierenden Bestimmung versperrt.

Die Ausschlußwirkung besteht in der entgegengesetzten Richtung nicht weniger. Wie hinter dem Gewaltenteilungsgrundsatz letztlich das Rechtsstaatsprinzip steht, so konkretisiert Art. 38 Absätze 1 und 2 GG das Demokratieprinzip. Art. 137 Absatz 1 GG bringt die Gewaltenteilung als Element des Rechtsstaates außerdem mit einer weiteren Ausprägung des Demokratieprinzips zum Ausgleich, nämlich mit der in Art. 28 Absatz 1 Satz 2 GG niedergelegten Garantie der demokratischen Repräsentation in Kreisen und Gemeinden. Art 137 Absatz 1 GG erlaubt nämlich nicht nur, die Wählbarkeit einzelner einzuschränken; er macht es auch möglich, von der allgemeinen und gleichen Wahl der kommunalen Vertretungsorgane gemäß Art 28 Absatz 1 Satz 2 GG abzuweichen[199]. Ebensowenig wie unter Rückgriff auf das Rechtsstaatprinzip *Erweiterungen* der Inkompatibilitätsregeln über den von Art. 137 Absatz 1 GG zugelassenen Rahmen hinaus zu rechtfertigen wären, könnte unter Rückgriff auf den Demokratiegrundsatz eine *Einschränkung* der Ermächtigung zur Einführung von Inkompatibilitäten begründet werden. Art. 137 Absatz 1 GG soll gerade diesen Konflikt speziell normieren. Er ist insoweit zu beiden Seiten hin abschließend.

cc) Durch Verfassungsgüter qualifizierte Vorbehalte als abschließende Schrankenregelungen?

Nicht selten findet sich die Ansicht, Grundrechte könnten insbesondere dann nicht zugunsten sonstiger Verfassungsgüter eingeschränkt werden, wenn sie unter qualifiziertem Gesetzesvorbehalt stehen[200]. Dabei spielt der Gedanke, Gesetzes-

---

[196] Siehe jetzt BVerfG, DVBl. 1998, 1334 (1334).
[197] BVerfGE 13, 54 (91); 169, 92 (105 f.); 89, 155 (171).
[198] BVerfGE 48, 64 (82 f.); 57, 43 (62).
[199] *Magiera*, in: Sachs, GG, Art. 137 Rdnr. 3.
[200] Für „zweckausgerichtet qualifizierte Vorbehalte" *Bumke*, Grundrechtsvorbehalt, S. 174.

vorbehalte regelten die Beschränkbarkeit des jeweiligen Grundrechts stets abschließend, mit herein; ausschlaggebend ist aber für die meisten Vertreter dieser Auffassung, daß die detaillierten Einschränkungsvoraussetzungen, die mit Qualifikationsmerkmalen aufgestellt sind, nicht mit dem wenig differenziert erscheinenden Verfahren der verfassungsimmanenten Einschränkung überspielt werden dürften[201]. Damit ist eine eventuelle abschließende Wirkung von Vorbehalten, die durch die Erwähnung von Verfassungsgütern qualifiziert sind, auf denselben Wirkungsmechanismus zurückzuführen wie die soeben behandelte abschließende Konkretisierung des Verhältnisses von allgemeineren Verfassungsnormen durch einzelne Vorbehalte. Auch hier ist ausschlaggebend, daß die Gewährleistung des betroffenen Verfassungsgutes eine – nicht notwendigerweise sachlich weiter eingegrenzte, sondern vor allem – auf einen bestimmten Kollisionsgegner zugespitzte Regelung erhalten hat.

Qualifizierte Gesetzesvorbehalte verengen nun zwar allerdings zunächst nur den Gewinn an Beschränkungsmöglichkeiten, den ein einfacher Gesetzesvorbehalt dem Gesetzgeber verschaffen würde. Als spezifische Schranken-Schranken des jeweiligen Grundrechts könnten sie aber durchaus über die Begrenzung der vorbehaltenen Beschränkung hinausgehend auch die Anwendung anderer, und das kann nur heißen: verfassungsimmanenter Schranken auf das betreffende Grundrecht ausschließen oder zumindest modal begrenzen. In diesem Sinne könnten sie den Spielraum der Beschränkung auch verkleinern, soweit er auf die Sicherung von Verfassungsgütern abzielt. In Frage kommen allerdings nur Vorbehalte, die unmittelbar der Sicherung eines Verfassungsgutes dienen. Steht etwa hinter einem allgemeinen Gesetz im Sinne des Art. 5 Absatz 2 GG „letztlich" legitimierend die Menschenwürdegarantie, so macht dies den Gesetzesvorbehalt des Art. 5 Absatz 2 GG nicht schon überflüssig, wenn das einschränkende Gesetz als unmittelbar von ihm geschütztes Rechtsgut „die Menschlichkeit" dazwischenschaltet[202].

Auch hier ist die Idee der Spezialität von Einschränkungsvoraussetzungen tragende Erwägung: Tatbestandsmerkmale, die so fein ausziseliert sind wie z. B. die der Art. 16a Absätze 2 bis 4, 13 Absätze 2 bis 7 GG, lassen sich an Genauigkeit nicht vom groben Abwägen mit kollidierendem Verfassungsrecht übertreffen – sie müssen es also als spezielle Vorschriften verdrängen. Umgekehrt sollen sich Art. 13 Absatz 2 und 16a Absatz 4 GG als spezifische Bestimmungen über die Rechtfertigung von Eingriffen in die Grundrechte auf Unverletzlichkeit der Wohnung und auf Asyl nicht zur Rechtfertigung von Einschränkungen des Grundrechts aus Art. 19 Absatz 4 GG eignen[203].

---

[201] Allgemein *Huster,* NJW 1996, 487 (489 f.); für Art. 16a GG: *Rennert,* DVBl. 1994, 717 (721); für Art. 13 Absätze 2 und 7 GG: *Kutscha,* NJW 1994, 85 (87 f.).

[202] So in BVerfG, DVBl. 1994, 688 (690).

[203] Für Art. 13 Absatz 2 GG *Wolter,* DÖV 1997, 939 (943); für Art. 16a Absatz 4 GG: *B. Huber,* NVwZ 1997, 1080 (1081), *Pieroth,* in: Jarass/ders., GG (3. Aufl.), Art. 16a Rdnr. 24; anders in der 4. Aufl., Rdnr. 32 f.

Nahrung gegeben hat einer solchen Ansicht auch das BVerfG, wo es ausführte, Art. 9 Absatz 2 GG enthalte die „einzige von der Verfassung vorgesehene Begrenzung der Vereinigungsfreiheit"[204]. Dieser Gedankengang hat indes einen entscheidenden Haken: Spezialität setzt die sachliche Übereinstimmung der beteiligten Tatbestände in einem Teil ihrer beiderseitigen Merkmale voraus. Nun sind qualifizierte Gesetzesvorbehalte in diesem Sinn unzweifelhaft spezieller als *einfache* Gesetzesvorbehalte. Eine Spezialität der qualifizierten Einschränkungsvorbehalte vor einem *ungeschriebenen* Einschränkungsvorbehalt aller Grundrechte für die Wirkung *verfassungsrechtlicher* Schrankennormen kann indes von vornherein nur bestehen, wenn und soweit die qualifizierten Einschränkungsvorbehalte auf den Schutz von *Verfassungsgütern* abzielen[205]. Diese Überlegungen engen den potentiellen Anwendungsbereich der Ausschlußwirkung durch Verfassungsgüter qualifizierter Vorbehalte ein. Die konkrete Suche nach solchen Vorbehalten wirft denn auch nur geringen Ertrag ab. Auf den ersten Blick bieten sich hierfür die Bestimmungen der Art. 5 Absatz 3 Satz 2, 9 Absatz 2, 18, 21 Absatz 2, Art. 10 Absatz 2 Satz 2 GG sowie Art. 12a Absatz 1 GG an.

Ins Auge fällt zumal der *pauschale* Verfassungsschutz gegen eine „mißbräuchliche", weil feindselige Grundrechtsausübung, den die erstgenannten Vorschriften anstreben. Schwerer zu finden sind Bezugnahmen auf *einzelne* Verfassungsgüter. Art. 12a Absatz 1 GG ermöglicht die Verpflichtung von Männern zum Dienst in den Streitkräften. Hauptzweck der Streitkräfte ist nach Art. 87a Absatz 1 GG die Verteidigung. Das bedeutet aber nicht, daß Art. 12a Absatz 1 GG die Einschränkung des Grundrechts auf Freiheit von Arbeitszwang zugunsten *anderer* Zwecke, zumal zugunsten anderer Ausprägungen des der Verteidigung übergeordneten Verfassungsgutes der Friedenserhaltung ausschlösse. Zulässig ist die Inanspruchnahme auf Grund der Wehrpflicht für *jede* verfassungsmäßige Verwendung der Streitkräfte. Namentlich soll das Grundgesetz durch Art. 24 Absätze 1 und 2 GG die Teilnahme der Bundeswehr an Maßnahmen der internationalen Friedenssicherung zulassen[206]. Auch hierzu können Wehrpflichtige *im Grundsatz* herangezogen werden. Ob Wehrpflichtige bei Einsätzen außerhalb der Verteidigung eingesetzt werden dürfen, ist allein eine Frage der Verhältnismäßigkeit[207]. Ausgeschlossen wird von Art. 12a Absatz 1 GG im Umkehrschluß nur die Dienstverpflichtung in anderen als den dort genannten *Einrichtungen*. Von der Rechtfertigung von Grundrechtsbeeinträchtigungen durch die Verpflichtung zum Wehrdienst zu unterscheiden ist die Rechtfertigung von Grundrechtseingriffen im Wehrdienst. Hierfür bietet Art. 17a Absatz 1 GG eine spezielle Ermächtigung. Umstritten ist, ob er weitergehende Einschränkungen der Grundrechte im Soldatenverhältnis e contrario ausschließt[208].

---

[204] BVerfGE 80, 244 (255).

[205] Für Art. 13 Absätze 2 und 7 GG pauschal angenommen von *Frister,* StV 1993, 151 (153).

[206] BVerfGE 90, 286 (351 – Somalia-Einsatz).

[207] Näher *Baldus,* NZWehrr 1993, 92 (96); *Winkler,* NVwZ 1993, 1151 (1156); polemisch dagegen *Walz,* NZWehrr 1998, 110 (112).

Auch in den *durchgreifenden* Beispielen kann aber keine der oben vor aa) angedeuteten Schlußfolgerungen auf die Beschränkbarkeit des jeweilgen Grundrechts zugunsten anderer Verfassungsgüter oder desselben Verfassungsgutes gezogen werden. Denn hier handelt es sich durchweg nicht um Vorbehalte, die unmittelbar zur Gewährleistung der – mehr oder weniger konkret aufgeführten – Verfassungsgüter ermächtigen, um deren Sicherung es letztlich geht. Die zugelassenen Grundrechtsbeeinträchtigungen dienen vielmehr direkt nur dem Schutz eines Gutes, das seinerseits ein oder mehrere Verfassungsgüter absichert. Die dort eingeräumten Einschränkungsermächtigungen sind nicht oder zumindest nicht nur gegen ein unmittelbar gegen Verfassungsgüter gerichtetes Verhalten einsetzbar, sondern ihre konstitutive Bedeutung liegt darin, daß Gefährdungen *mittelbarer* Art, insbesondere eine dem Verfassungsgut abträgliche Beeinflussung der öffentlichen Meinung, bekämpft werden können. Damit wird also durchweg nur die *Vorfeldabwehr* von Verfassungsschäden erlaubt. Diese dient nicht unmittelbar dem Zweck, ein Verfassungsgut zu schützen, so daß sie ohne Ermächtigung durch den Einschränkungsvorbehalt nicht unter Eingriff in Grundrechte zulässig wäre. Da die verfassungsimmanente Beschränkung des jeweiligen Grundrechts mithin nicht seine Vorbehalte zu umgehen droht, ist es nicht nötig, diesen eine Ausschlußwirkung gegenüber der Beschränkung beizulegen.

Das zeigt sich schon bei der am weitesten gehenden Regelung der Art. 9 Absatz 2 und 21 Absatz 2 GG. Das Grundrecht der Vereinigungsfreiheit und das grundrechtsähnliche Recht der Parteienfreiheit können als einzige verfassungsmäßige Individualrechte einem generellen Verbot ihrer kollektiven Ausübung unterworfen werden. Allerdings trifft das Vereins- oder Parteiverbot unmittelbar immer nur die Gruppierung als solche[209]; die Mitglieder eines verbotenen Vereins oder einer verbotenen Partei sind von ihm nur insoweit betroffen, als sie weder weiter unter dem Namen dieser Vereinigungen agieren noch eine Ersatzorganisation gründen dürfen. Art. 9 Absatz 2, 21 Absatz 2 GG kann nun nicht im Umkehrschluß entnommen werden, daß *andere* Grundrechte *nicht* mit dem Ziel, verfassungsfeindliche Aktivitäten zu unterbinden, eingeschränkt werden könnten. Ebensowenig aber läßt sich aus diesen Vorschriften ableiten, daß der Schutz von Verfassungsgütern *im übrigen* kein zulässiger Zweck einer Einschränkung der (kollektiven) Vereinigungsfreiheit sein könne. Art. 9 Absatz 2 und 21 Absatz 2 GG thematisieren zwar einen Unterfall der „Verfassungsfeindlichkeit", nämlich die amtlich festgestellte „Verfassungs*widrigkeit*" der Vereinsziele bzw. der Parteitätigkeit. Sie schließen aber nicht im Gegenzug aus, daß die Rechte aus Art. 9 Absatz 1 und 21 Absatz 1 GG anderweitig verfassungsimmanent beschränkt werden.

Zum einen thematisieren Art. 9 Absatz 2 und 21 Absatz 2 GG nämlich nur *eine* Rechtsfolge, das Organisationsverbot. Andere Konsequenzen aus der Einschätzung eines Vereins oder einer Partei als „verfassungsfeindlich" werden nicht von einer

---

[208] Zusf. *Mutschler,* NZWehrr 1998, 1 (2).
[209] Dazu *Cremer/Kelm,* NJW 1997, 832 (836).

etwaigen abschließenden Wirkung dieser Schranken erfaßt, insbesondere nicht die Behandlung der *Mitglieder.* Maßstab hierfür sind die Schranken *ihrer* Grundrechte, die etwa aus Art. 33 Absatz 5 GG gewonnen worden sind. Im Gegensatz zu Art. 18 ist das Partei- oder Vereinsverbot in bezug auf den einzelnen nicht auf eine vergleichbar umfassende Rechtsfolge wie die *Verwirkung* bezogen. Weiter als bis zum Ausschluß der spezifischen Rechtsfolge Organisationsverbot kann die abschließende Wirkung einer etwaigen Qualifikation durch Verfassungsgüter auf der Tatbestandsseite der Bestimmungen nicht reichen. Vor allem aber stellen Art. 9 Absatz 2 und 21 Absatz 2 GG *tatbestandlich* nicht unmittelbar auf den Schutz bestimmter oder auch nur bestimmbarer Verfassungsgüter ab, sondern auf Eigenschaften und Verhaltensweisen der Gruppierungen, die als verfassungsgefährdend eingestuft sind, auf die „Richtung" des Vereins bzw. auf die „Ziele" einer Partei und das „Verhalten ihrer Anhänger". Schon diese Zwecksetzungen der Gruppierungen – für die das Verhalten der Parteimitglieder nur ein Indiz ist – rechtfertigen das Verbot, nicht erst ein akuter Angriff auf die Verfassungsordnung. Es geht hier also um präventive Maßnahmen, die den konkreten Schutz von Verfassungseinrichtungen gegen Angriffe bereits im Vorfeld zu vermeiden helfen sollen.

Auch *religiöse* Vereinigungen unterliegen den Schranken des Art. 9 Absatz 2 GG, insbesondere dem Verbot verfassungsfeindlicher Betätigung[210]. Hier zeigt sich besonders deutlich, daß diese Schranke nicht abschließenden Charakter haben und alle weiteren Aspekte des Schutzes von Verfassungsgütern gegen die Aktivitäten der Vereinigung ausschließen kann. Namentlich wenn sich eine Religionsgemeinschaft um ihre Anerkennung als Körperschaft des öffentlichen Rechts gemäß Art. 140 GG i. V. m. Art. 137 Absatz 5 Satz 2 WRV bemüht, ist es durchaus nicht unzulässig, zu prüfen, ob ihre Tätigkeit Grundrechte der Mitglieder verletzt[211]. Bedenklich ist allerdings der Rückgriff auf eine ungeschriebene Schranke der Anerkennungsfähigkeit wie der Loyalität der Gemeinschaft gegenüber dem Staat. Zumal wenn es Anzeichen dafür gibt, daß die Religionsvereinigung ihren Mitgliedern erfolgreich die Teilnahme an staatlichen Wahlen untersagt[212], brauchen die detaillierten geschriebenen Voraussetzungen der Verleihung von Körperschaftsrechten nicht um eine so fragwürdige Zusatzanforderung ergänzt zu werden. Eine Beschränkung des Verleihungsanspruchs im Interesse des Schutzes der Wahlrechte der Mitglieder ist von Art. 9 Absatz 2 GG nicht ausgeschlossen.

Selbst diejenige Bestimmung des Grundgesetzes, die vielleicht am klarsten eine verfassungsimmanente Schranke positiviert zu haben scheint, erweist sich bei näherem Hinsehen als Fall des vorbeugenden Schutzes der Verfassung, nicht als ausdrückliche verfassungsunmittelbare Normierung einer Beschränkung des betroffenen Grundrechts durch Verfassungsgüter. Art. 5 Absatz 3 Satz 2 GG erweckt den

---

[210] Umfassend *Alberts,* ZRP 1996, 60 (62 ff.).
[211] Vgl. BVerwG, NJW 1997, 2396 (2398).
[212] So im Fall des BVerwG, NJW 1997, 2396 (2398); vgl. auch OVG Berlin, NVwZ 1996, 478 (480).

Eindruck, als verbiete er von Verfassungs wegen die verfassungsfeindliche Ausübung der Lehrfreiheit. Träfe diese Auslegung der Bestimmung zu, so bliebe kein Raum mehr für Einschränkungen der Wissenschaftsfreiheit unter Berufung auf die Sicherung anderer Verfassungsgüter. Jede denkbare Beeinträchtigung anderer Verfassungsgüter durch die Auswirkungen der wissenschaftlichen Lehre, ob von Grundrechten Dritter oder sonstiger Schutzobjekte des Verfassungsrechts, wäre schon von Art. 5 Absatz 3 Satz 2 GG erfaßt. Die Wissenschaftsfreiheit ist ein einheitliches Grundrecht[213], das zwar nicht einheitliche Schranken zu haben braucht, bei dem aber systematische Schlüsse aus der Beschränkung einer Ausübungsform auf die parallelen Beschränkungen anderer Ausübungsformen gezogen werden können. Wäre nur die wissenschaftliche Lehre unter einen mutmaßlich umfassenden Verfassungsvorbehalt gestellt[214], so ergäbe sich im Umkehrschluß, daß verfassungswidrige Forschung unbeschränkt zulässig wäre – eine absurde Konsequenz.

Eine Interpretation des Art. 5 Absatz 3 Satz 2 GG mit ganz konventionellen Mitteln weist einen anderen Weg. Zum einen setzt Art. 5 Absatz 3 Satz 2 GG voraus, daß die Treuepflicht auf eine *bestehende* Lehrfreiheit trifft. Die Treueklausel ist schon deshalb kein Teil der Schutzbereichsbestimmung von Art. 5 Absatz 3 Satz 1, Alt. 2 GG – sogar verfassungsfeindliche Lehre ist „Lehre" i. S. d. Art. 5 Absatz 3 Satz 1 GG[215]. Auch die Schrankenwirkung der Klausel kanalisiert jedoch nicht die Einwirkungen sonstiger Verfassungsnormen auf die Wissenschaftsfreiheit.

Bereits der Wortlaut des Art. 5 Absatz 3 Satz 2 GG setzt eine *Pflicht* zur „Treue zur Verfassung" voraus, denn wo keine Verpflichtung besteht, besteht auch kein Anlaß klarzustellen, daß die Lehrfreiheit nicht davon „entbindet". Art. 5 Absatz 3 Satz 2 GG verweist damit auf eine gleichfalls *anderweitig* begründete Treuepflicht. Diese ergibt sich für beamtete und mit Abstrichen auch für angestellte Hochschullehrer an öffentlichen Hochschulen aus Art. 33 Absatz 5 GG. Nicht betroffen ist die verfassungsfeindliche Lehre Angestellter an Privathochschulen, die von vornherein nicht einer Verfassungstreuepflicht unterliegen. Diese Lehre kann nicht unter Berufung auf ihren verfassungsfeindlichen Inhalt unterbunden werden[216]. Im übrigen aber schließt Art. 5 Absatz 3 Satz 2 GG keine verfassungsimmanent begründeten Einschränkungen der Wissenschaftsfreiheit aus. Denn es geht in der Treueklausel nicht unmittelbar um den Schutz anderweitiger Verfassungsgüter. Art. 5 Absatz 3 Satz 2 GG soll das Entstehen eines verfassungsfeindlichen Klimas mit Hilfe des akademischen Lehrkörpers verhindern. Eine verfassungsfeindliche Lehre in diesem Sinne bedroht unmittelbar keine Schutzgüter des Grundgesetzes. Eine „verfassungsfreundliche" politische Stimmung im Volk ist selber nicht Verfassungsgut, sondern allenfalls ein günstiges Milieu, in dem Verfassungsgüter leichter gesichert

---

[213] BVerfGE 35, 79 (113).
[214] So *Alberts,* NVwZ 1994, 1150 (1152).
[215] A. A. *Dietlein,* Grundrechte, S. 116; vorsichtiger *Starck,* in: v. Mangoldt/Klein, GG, Art. 5 Rdnr. 271.
[216] *Starck,* in: v. Mangoldt/Klein, GG, Art. 5 Rdnr. 273.

IV. Kollisionslösungen auf Grund von Spezialität

werden können. Auch bei Art. 5 Absatz 3 Satz 2 GG geht es um eine *Vorfeldsicherung*, nicht um die Gewährleistung von Verfassungsgütern selbst. Erst recht erlaubt Art. 5 Absatz 3 Satz 2 GG damit keine Aussagen über andere, nicht in einem Spezialitätsverhältnis zur Wissenschaftsfreiheit stehende Grundrechte. Vor allem ermöglicht Art. 5 Absatz 3 Satz 2 GG nicht den Schluß, Beschränkungen zum Schutz der Verfassung bei *anderen* Grundrechten seien generell nicht zulässig.

Für den *Vorfeldbereich* wirkt die Treueklausel dagegen speziell und abschließend. Insofern enthält sie keinen deklaratorischen[217] und damit im Grunde überflüssigen Hinweis, sondern läßt Umkehrschlüsse zu. Das betrifft insbesondere die Kunstfreiheit. Ihre Einschränkung zum Zweck einer Vermeidung von „Autoritätsverlusten" des Staates wäre eine entsprechende Vorfeldsicherung; sie dient der Erhaltung eines „staatsbejahenden" Klimas. Dies kann aber nicht unmittelbar auf den Schutz von Verfassungsgütern gestützt werden, sondern dient ihm nur mittelbar. Als vorbehaltloses Grundrecht muß die Kunstfreiheit solche Einschränkungen nicht hinnehmen[218]. Entsprechendes gilt für die „öffentlichkeitsnahen" Grundrechte der Art. 8 Absatz 1 und 9 Absatz 1 GG. Solange der unmittelbare Schutz von Verfassungsgütern nicht in Frage steht, ist auch dort keine „verfassungsimmanente" Einschränkung im bloßen Interesse der Vermeidung von Ansehensverlusten des Staates zulässig. Insbesondere können Versammlungen verfassungsfeindlicher, aber noch nicht verbotener Organisationen in geschlossenen Räumen nur verboten werden, soweit sie unmittelbar dem Kampf gegen die freiheitlich-demokratische Grundordnung dienen und sich nicht auf verfassungsfeindliche Polemik beschränken. Die bloße Verfassungsfeindlichkeit des Zwecks einer parteinahen Stiftung ist nicht geeignet, die Eintragung in das Stiftungsregister zu versagen[219].

4. Zusammenfassung

a) Als einzige der klassischen Kollisionsregeln hat der lex-specialis-Grundsatz im Verfassungsrecht mehr als nur marginale Bedeutung. Gerade für die Lösung von Gewährleistungskollisionen kommt ihm zentrale Bedeutung zu. Dabei ist innerhalb seiner Anwendungsfälle ein grundsätzlicher Unterschied zwischen der Spezialität von Normen mit gleichgerichteten und der Spezialität von Normen mit gegenläufigen Rechtsfolgen festzustellen: Während spezielle *gleichsinnige* Normen schon den Anwendungsbereich der lex generalis um den Umfang ihres eigenen Tatbestands reduzieren, lassen *gegenläufige* Sondervorschriften den Anwendungsbereich der allgemeinen Norm unberührt. Sie gehen von einem engeren Tatbestand aus, setzen aber mit der lex generalis unvereinbare Rechtsfolgen. Erst dadurch wird ein Widerspruch zwischen den Rechtsfolgen beider Normen erzeugt; diesen löst die Kollisionsregel zugunsten der lex generalis.

---

[217] So *Arnold*, BayVBl. 1978, 520 (524).
[218] A. A. auch hierzu BVerfGE 81, 278 (294).
[219] OVG Münster, NVwZ 1996, 913 (916); bestätigt durch BVerwGE 106, 177 f.

b) Klare, einseitige abstrakte Vorzugslösungen zwischen Grundrechtsgewährleistungen und den Gewährleistungsnormen für andere Verfassungsgüter betreffen insbesondere Konfliktfälle, in denen auf einer Seite die Menschenwürdegarantie beteiligt ist. Spezielle Beeinträchtigungsverbote enthalten Art. 4 Absatz 3 Satz 1 GG, der den Zwang zum Kriegsdienst entgegen einer Gewissensentscheidung auch dann ausschließt, wenn der Dienst zur Erhaltung der staatlichen Existenz nötig wäre, und Art. 7 Absatz 2, Art. 140 GG i. V. mit Art. 141 WRV a. E., soweit der Zwang zur Teilnahme an konfessionellen Veranstaltungen die negative Religionsfreiheit der betroffenen Schüler und Anstaltsnutzer tangiert.

c) Als spezielle Normen würden Gesetzesvorbehalte der Grundrechte nur dann ausschließen, daß die mit ihnen jeweils verbundenen Grundrechte auf Grund Verfassungsrechts eingeschränkt werden, wenn die Gesetzesvorbehalte (ausnahmsweise) dem Schutz von Verfassungsgütern dienten. Das trifft aber auf keinen Gesetzesvorbehalt zu, insbesondere nicht auf Art. 5 Absatz 3 Satz 2 GG, der die Verfassungsordnung nicht unmittelbar schützt, sondern nur auf dem Umweg über die Loyalität des Volkes zum Grundgesetz.

V. Normeffektivität als Kollisionsregel?

Neben den allgemein anerkannten und auch vom Grundgesetz übernommenen Kollisionsregeln der Höherrangigkeit und der Spezialität wird gelegentlich eine eigene, verfassungsspezifische Kollisionsnorm aus dem Grundsatz größtmöglicher Wirkungskraft aller Verfassungsnormen hergeleitet. Sich durchsetzen soll nach dieser Ansicht eine Verfassungsbestimmung, die andernfalls ihre optimale oder sogar jegliche effektive Wirkung einbüßen müßte. Diskutiert wird dieser Vorzugsmechanismus unter dem Stichwort der „notwendigen" bzw. der „unvermeidlichen Freiheitsbeeinträchtigung"[220]. Die Notwendigkeit oder Unvermeidlichkeit der Beeinträchtigung soll sich dabei aus dem Zwang ergeben, einer anderweitigen Verfassungsbestimmung (mit gewährleistendem Inhalt) den ihr gebührenden Anwendungsbereich freizuhalten – frei von den *grundrechtlichen* Schranken *ihrer* Anwendung. Strikt zu unterscheiden ist die Effektivität verfassungsrechtlicher Normen in diesem Sinne von der ökonomischen Kategorie der Effizienz, das heißt des möglichst sparsamen Mitteleinsatzes zur Erzielung möglichst hoher Ergebnisse. Ökonomische Effizienz in diesem Sinne ist kein Wert von Verfassungsrang. Eine Einschränkung von Grundrechten zum Zweck effizienten Mitteleinsatzes ist daher nur zulässig, wenn das betroffene Grundrecht einen allgemeinen Gesetzesvorbehalt enthält[221].

---

[220] Vgl. insbesondere *Pestalozza*, Der Staat 11 (1972), 161 (183); *Pieroth*, AöR 114 (1989), 422 (446); *Menzel*, DÖV 1983, 805 (806); *Sachs*, in: Stern, Staatsrecht III/2, S. 559.
[221] *Eidenmüller*, Effizienz, S. 446 f.; *Häberle*, AöR 98 (1973), 625 (629).

Doch auch die Kollisionslösung kraft Normeffektivität ist letztlich ein Notbehelf. Sinn des Verfassungsrechts ist (zumindest auch), gegenläufige faktische Notwendigkeiten, politische Ziele und Entscheidungsalternativen nach rechtlichen Gesichtspunkten zu ordnen und sie gerade nicht dem freien Spiel der Kräfte zu überlassen[222]. Der Rückgriff auf die Effektivität der Güterschutznormen des Grundgesetzes dient letztlich der Entfaltung ihres schützenden Normzwecks und erfordert damit eine besondere Form der teleologischen Auslegung: zu ermitteln ist ein zentraler, notwendig oder unabweisbar nach Verwirklichung strebender Kern des Normzwecks Güterschutz. Die Argumentationsfigur der „notwendigen" Freiheitsbeeinträchtigung stellt darauf ab, daß bestimmte Verfassungsnormen ihren *Sinn* verlören, wenn es nicht möglich wäre, zu ihrer Verwirklichung auch Grundrechte einzuschränken.

1. Allgemeine Probleme der teleologischen Auslegung

Damit allerdings handelt man sich an dieser Stelle mit aller Schärfe die Einwände ein, denen jede teleologische Auslegung ausgesetzt ist. Während semantische und systematische Aspekte eher oder zumindest ebenso sehr bei der Erschließung von Verfassungsgütern aus dem Grundgesetz relevant werden, betrifft der teleologische Gesichtspunkt des „Sinnverlustes" vornehmlich die Fähigkeit von Verfassungsnormen zur Auflösung einer Kollision zwischen Grundrechten und anderen Verfassungsgewährleistungen. Das liegt am Ansatzpunkt der teleologischen Betrachtungsweise selbst: sie geht bei methodisch kontrolliertem Vorgehen von einem *schon festgestellten Zweck* des Gesetzes aus und bestimmt den Sinn des untersuchten Rechtssatzes danach[223]. Darin liegt ihre Parallele zur semantischen und zur systematischen Interpretation, die eine bestimmte Wortbedeutung bzw. einen irgendwie durchdachten Textaufbau als linguistischen Befund voraussetzen.

Die Gefahr, daß den (angeblich) kollidierenden Verfassungsnormen einfach Zwecke unterstellt und im nachhinein dem Gesetz selbst zugeschrieben werden, ist bei der teleologischen Auslegung stets latent vorhanden. Die aus diesem Grund gegen die eigenständige Rolle der teleologischen Auslegung geäußerten Zweifel[224] sind daher nur zu verständlich. Anlaß zur Skepsis besteht folglich insbesondere bei der „teleologischen" Erschließung von Zwecken eines Normenkomplexes, der – als Verfassung – prinzipiell keinem Einfluß von Wertungen höherrangigen Rechts unterliegt. Verfassungs*zwecke* können nur mit großer Vorsicht schon teleologisch begründet werden, da sie selbst die höchste Rechtfertigungsinstanz für rechtliche Zwecküberlegungen bilden. Die teleologische Begründung der Eigenschaft einer Verfassungsbestimmung als *Kollisions*norm ist dem Verdacht zirku-

---

[222] Ebenso *Friedr. Müller,* Einheit der Verfassung, S. 31; *Waechter,* Legitimation, S. 105.
[223] Vgl. *Winkler,* JuS 1995, 1056 (1057) m. w. Nachw.
[224] *Friedr. Müller,* Juristische Methodik, S. 208.

lärer Argumentation dagegen zwar nicht ganz enthoben, stößt aber auf weit geringere Vorbehalte. Der Normzweck, zwischen den Geltungsansprüchen anderer Normen eine Vermittlung herzustellen, ist aus Grundgesetzbestimmungen allerdings nicht leicht herauszulesen.

Ein wichtiger teleologischer Gesichtspunkt ist ebensosehr für die Dogmatik immanenter Schranken wie für die Beurteilung unterverfassungsrechtlicher Normen am Maßstab der Verfassung der Grundsatz „cessante ratione cessat ipsa lex"[225]. Die Reichweite jeden Gesetzes – auch verfassungsrechtlich garantierter Normzusammenhänge – endet dort, wo es seinen Zweck verfehlen würde. Andererseits erfreut sich ein letztlich teleologisches Argument für die Erstreckung verfassungsrechtlichen Schutzes auf weite Bereiche des unterverfassungsrechtlich geregelten Normbestandes großer Beliebtheit: das Topos der *Funktionsfähigkeit* verfassungsrechtlich gewährleisteter Institute und Institutionen. Hier ist besonders darauf zu achten, daß keine über die *ratio legis* hinausreichenden Behauptungen über faktische Notwendigkeiten dazu führen, daß Grundrechte in weiterem Maße eingeschränkt werden, als es der Zweck der Verfassungsgewährleistung verlangt.

2. „Effektivität" als Ausdruck der Spezialität und des Ausnahmecharakters der vorgehenden Gewährleistung

Wegen ihrer Unschärfen ist die teleologische Herleitung von *Kollisions*gehalten aus *güterschützenden* Verfassungsnormen nur ein Notbehelf. Wenn denn eine Verdrängung einer der beteiligten Gewährleistungsnormen – zumindest in Teilbereichen – unumgänglich erscheint, um die effektive Wirkung der anderen zu erreichen, fragt sich daher doch, ob sie sich nicht bei näherem Hinsehen bereits als Ergebnis einer der oben ausführlicher behandelten Kollisionsregeln entpuppt. Vorrang und Spezialität von Gewährleistungsnormen zeigen sich zuweilen erst auf den zweiten Blick, so daß es leicht scheinen kann, als würden sie nur um ihrer effektiven Wirksamkeit willen bevorzugt. Solche Vorzugsfaktoren sind deshalb oft versteckt, weil schon die anwendbare Gewährleistungsnorm erst aus einem Rechtssatz mit relativ hohem Abstraktionsniveau abgeleitet werden muß, da Verfassungsbestimmungen – grundrechtlicher und anderer Art – mit wenigen Worten oft große Gegenstandsbereiche abdecken.

Gerade wenn hinter Effektivitätsargumenten (oder ihrer Widerlegung) tatsächlich Spezialitätsverhältnisse stehen, ist dies schwer zu erkennen, weil sich die Spezialität u. U. erst zwischen den konkretisierten Gewährleistungsnormen herausstellt. Vordergründig mag die Verdrängung einer Norm dann darauf zu beruhen scheinen, daß die mit ihr kollidierende Norm ihre Wirkung und letztlich ihren Sinn verlöre, würde sie nicht in der Anwendung vorgezogen. Es läßt sich aber zeigen, daß der Gesichtspunkt der Wirksamkeitssicherung nicht einmal mit zur Begrün-

---

[225] Vgl. *Löwer*, cessante ratione, S. 12.

dung allfälliger Vorzugsregeln zugunsten sonstiger Gewährleistungen beiträgt, da alle Fälle, in denen die nicht-grundrechtliche Gewährleistung sich tatsächlich durchsetzen könnte, allein mit den hergebrachten Kollisionsregeln zu bewältigen sind, namentlich mit dem Spezialitätsgrundsatz.

a) Ausführung von Verfassungsgeboten

Auf den ersten Blick plausibel wirkt insbesondere die Annahme, verfassungsrechtliche *Gebote* müßten sich – jedenfalls gegenüber bloßen Erlaubnisnormen – *immer* durchsetzen, damit ihre Effektivität gesichert ist. Sie besticht nicht nur durch eine klare Unterscheidung von verschieden durchschlagskräftigen Normen anhand ihrer Normstruktur, es scheint auch zunächst einzuleuchten, daß Gebote schneller an Wirkungskraft verlieren als bloße Ermächtigungen: stellt eine Norm ihrem Adressaten ein bestimmtes Verhalten frei, so kann sie immer dann noch erfüllt werden, wenn der Adressat faktisch einen Spielraum behält, sich so oder anders zu verhalten. Ist ihm ein Verhalten aber geboten, so kann es durchaus schon als Fehlschlag der angestrebten Normwirkung betrachtet werden, wenn der Adressat sich nicht wie angeordnet verhält – egal, ob er es faktisch noch könnte oder nicht. Ein rechtlicher Zwang, ein bestimmtes Verhalten zu unterlassen, scheint damit die Normeffektivität von Geboten leichter zu beeinträchtigen als die von Erlaubnissen. Ein solcher rechtlicher Zwang geht namentlich von gegenläufigen Normen aus, für staatliches Verhalten also insbesondere von Grundrechten.

Selbst wenn diese elegante Lösung nach normtheoretischen Kriterien allerdings logisch unanfechtbar wäre – was hier noch für einen Moment offen bleiben soll[226] –, könnte sie verfassungsrechtlichen Gewährleistungsgeboten nichtgrundrechtlicher Art keinen regelmäßigen Vorrang vor grundrechtlichen Rechtsfolgen verschaffen. Denn auch aus Grundrechten ergeben sich vor allem staatsgerichtete Gebote. Die „klassischen" Eingriffs*verbots*wirkungen der Freiheitsgrundrechte etwa können auch als eingriffsbezogene Unterlassungs*gebote* formuliert werden. Trifft ein Schutzgebot für anderweitige Verfassungsgüter auf ein grundrechtliches Unterlassungsgebot, weil die Schutzmaßnahme just in dem zu unterlassenden Verhalten bestände, so liegt ein normtheoretisches Patt zweier Gebote vor. Ohne zusätzliche Kollisionsregeln zu Hilfe zu nehmen, richtet der Effektivitätsgrundsatz in der angeführten Fassung daher in solchen Konstellationen nichts aus[227].

aa) Erfüllung verfassungsrechtlicher Schutzpflichten

Fragwürdig sind schon aus diesem Grunde Versuche, verfassungsrechtliche Schutzpflichten unmittelbar als Ermächtigungsgrundlage für die zur Durchführung

---

[226] Siehe sogleich b).
[227] Ähnlich *Terwiesche*, Begrenzung, S. 63.

von Schutzmaßnahmen „notwendigen" Eingriffe in Grundrechte zu verwenden. Dieser Ansatz verlangt neben der schon für sich genommen problematischen Annahme, eine verfassungsrechtliche Aufgabe verleihe auch ohne gesetzliche Grundlage die ihr entsprechenden Befugnisse, daß Schutzpflichten ohne Rücksicht auf grundrechtlich verwurzelte *Unterlassungs*pflichten erfüllt werden müßten, die den Schutzmaßnahmen entgegenstünden. Zusammen mit der in den letzten Jahren zu beobachtenden Tendenz der Rechtsprechung, insbesondere den Grundrechten eine allgemeine Schutzpflicht des Staates zu entnehmen[228], könnte ein solcher allgemeiner grundsätzlicher, unmittelbar aus der Verfassung folgender Vorzug für die Erfüllung von Schutzpflichten die Abwehrwirkung der Grundrechte weitgehend leerlaufen lassen[229]. Nicht jeder Schutzauftrag verengt sich indes auch zu einer Schutzpflicht. Schutzgebote enthält das Grundgesetz besonders im grundrechtlichen Bereich zunächst nur als staatliche Aufgaben, nicht im Grade einer Pflicht[230]. Schon gar nicht ist die beiläufig vom BVerfG vorgetragene pauschale These haltbar, der Verpflichtung des Staates, die verfassungsmäßige Ordnung und die Grundrechte zu schützen, korrespondiere eine Pflicht der *Bürger*, sich an diesem Schutz zu beteiligen[231].

Noch vor dem Problem, wieso eine solche Mitwirkungspflicht *der Bürger* unmittelbar aus der Verfassung folgen soll, wirft eine so entgrenzte Behauptung die Frage auf, ob denn alle zum Schutz der Staatsordnung und der Grundrechte nötigen *Maßnahmen* schon von Verfassungs wegen feststehen. Inhaltlich wäre dafür erforderlich, daß sich Schutzpflichten zu so konkreten Handlungspflichten des Staates verdichten, daß daraus letztlich eine Pflicht zu ganz bestimmten, grundrechtsbeeinträchtigenden Maßnahmen – cum grano salis also eine „Eingriffspflicht" – resultiert[232]. In aller Regel ist der Staat aber nur verpflichtet, sich überhaupt schützend vor ein gewährleistetes Gut zu stellen. Gebunden ist er also nur im Hinblick auf das „ob", nicht auf das „wie" seines Tätigwerdens. Die konkrete Form des Schutzes zu bestimmen, obliegt grundsätzlich dem Gesetzgeber[233]. Sehr

---

228 Beispielhaft BVerfGE 92, 26 (46); BVerfG, NJW 1994, 647 f.; zustimmend *Isensee*, Grundrecht auf Sicherheit, S. 33.

229 Kritisch insbes. *Vesting*, NJW 1996, 1111 (1113): Tendenz zum „Wohlfahrtsstaat absolutistischer Prägung"; zust. dagegen *Muckel*, Religiöse Freiheit, S. 67; *H. H. Klein*, DVBl. 1994, 489 (493).

230 *Dietlein*, Schutzpflichten, S. 32; zu undifferenziert daher BVerfG, NJW 1994, 647; zu Recht vorsichtig auch *Engels*, AöR 122 (1997), 212 (228): Jugendschutz (nur) als „staatliche Aufgabe".

231 BVerfGE 38, 154 (164f.); 48, 127 (161). Übermäßig kritisch allerdings *Schnur*, Begründbarkeit der grundrechtlichen Schutzpflicht?, DVP 1998, 443 (449).

232 So ausdrücklich *Bumke*, Grundrechtsvorbehalt, S. 90f.

233 BVerfGE 96, 56 (64); BVerfG, DVBl. 1996, 556; EuGRZ 1998, 2961 (2962); NJW 1998, 3264 (3265); BVerwG, DVBl. 1996, 563 (564); *Classen*, JöR n. F. 36 (1987), 29 (44); *Hesse*, JZ 1995, 265 (266 f.); *Pietrzak*, JuS 1994, 748 (751); *Wahl*, DVBl. 1996, 641 (646 f.); insbes. in bezug auf Art. 20a GG *U. Becker*, DVBl. 1995, 713 (720); *Murswiek*, NVwZ 1996, 222 (225 f.); einschränkend BVerwG, DVBl. 1997, 719 (723).

fragwürdig ist namentlich im Fall der prominentesten Schutzpflicht für das ungeborene Leben aus Art. 2 Absatz 2 Satz 1 Alt. 1 i. V. m. Art. 1 Absatz 1 GG, ob die strafrechtliche Sanktion der Abtreibung als einer der schärfsten denkbaren Eingriffe in das Selbstbestimmungsrecht der Frau erforderlich und deswegen von Verfassungs wegen geboten ist oder nicht vielmehr indirekt wirkende Maßnahmen ebenso gut geeignet sind, um die Schutzpflicht zu erfüllen, wie namentlich staatliche Beihilfeleistungen an Schwangere und junge Familien.

Auch wenn sich Schutzpflichten zu konkreten Handlungspflichten verengen, läßt sich ein Primat des Schutzes gegenüber der Abwehrwirkung der Grundrechte jedenfalls nicht auf eine allgemeine grundrechtsdogmatische Regel stützen, nach der die verfassungsrechtlichen Handlungspflichten des Staates *grundsätzlichen Vorrang* vor seinen Unterlassungspflichten besäßen. Wenn man Schutzpflichten zutreffend als Ausgleichspflichten des Staates für die von ihm verantwortete Gefährdung von verfassungsrechtlich gewährleisteten Gütern erfaßt, fehlt es für eine solche Regel ohnehin an geeigneten Begründungswegen. Soweit staatliche Schutzpflichten aus *Grundrechten* folgen, beruht ihre Herleitung zwar auch auf dem Schutzgebot des Art. 1 Absatz 1 Satz 2 GG[234]. Doch ebensowenig wie das Gebot zur *Achtung* der Menschenwürde in dieser Vorschrift im Kollisionsfall dem Gebot zu ihrem Schutz vorgeht, verhält es sich umgekehrt: auch das Schutzgebot aus Art. 1 Absatz 1 Satz 2 GG geht nicht abstrakt dem Achtungsgebot vor. Um so weniger genießen unter Berufung auf ihre Grundlage in Art. 1 GG selbst *grundrechtliche* Schutzpflichten den Vorzug vor Achtungs-, also Unterlassungspflichten des Staates. Sollten Schutzpflichten daher überhaupt in der Lage sein, ihrer Erfüllung widersprechende Grundrechte zu verdrängen, so könnte diese Bevorzugung nur auf den Aspekt der zwingenden Berührung von Grundrechtsschutzbereichen gestützt werden[235]. Allein mit dem Gebotscharakter der Schutzverpflichtung aber läßt sich eine gesetzesungebundene Erfüllung von Schutzpflichten nach dem oben Gesagten jedoch nicht rechtfertigen, weil auch die mutmaßlich verdrängten Grundrechte dem Staat Schutz- und Unterlassungs*gebote* auferlegen[236].

bb) Ausführung verfassungsrechtlicher Erhaltungsaufträge

Wenn schon Schutzpflichten des Staates keinen unbedingten Vorrang vor seiner Pflicht zur Wahrung der Grundrechte besitzen, so leuchtet es um so weniger ein, weshalb es eine entsprechende Vorzugsregel für bloße Aufträge zum Schutz

---

[234] *Dietlein,* Schutzpflichten, S. 66; zur Fundierung als Korrelat einer vorverfassungsrechtlichen „Friedenspflicht" der Bürger s. *Isensee,* Grundrecht auf Sicherheit, S. 21; *E. Klein,* NJW 1989, 1633 (1636); *Schulte,* DVBl. 1995, 130 (132); dagegen zu Recht krit. im Hinblick auf die Schutzpflichten für zukünftige Rechtsträger *Pechstein,* Familiengerechtigkeit, S. 148 f.

[235] *Jarass,* AöR 110 (1985), 363 (384).

[236] Vgl. *Unruh,* Schutzpflichten, S. 86; im Erg. auch *Isensee,* Grundrecht auf Schutz, S. 43.

bzw. zur Erhaltung bestimmter Güter geben sollte. Nicht für jedes Verfassungsgut trifft den Staat in gleicher Weise eine *Schutz*pflicht wie eine *Achtungs*pflicht[237]; manchen kommt nur ein Schutz- oder Erhaltungs*auftrag* zugute. Aufträge unterscheiden sich von Pflichten durch ihren weniger zwingenden Charakter, da sie von vornherein unter einem stillschweigenden Vorbehalt des Möglichen stehen. Ihre Verbindlichkeit ist also zwar nicht schwächer, aber durch die Möglichkeit faktischer Hinderungen abgemildert. Um so weniger plausibel ist es, einen Erhaltungsauftrag als so zwingend anzusehen, daß seine Erfüllung *notwendig* mit Einbußen bei der Wahrung entgegenstehender grundrechtlicher Güter verbunden sein sollte.

So hat etwa die Erhaltung der Funktionsfähigkeit der Streitkräfte als solche nie genügt, um besondere Einschränkungen der Grundrechte von Soldaten über das in Art. 17a Absatz 1 GG erlaubte Maß hinaus zu rechtfertigen. Die maßgeblichen Entscheidungen des BVerfG zur Kriegsdienstverweigerung lassen sich vielmehr durchweg als Beispiele für die Herstellung eines schonenden Ausgleichs zwischen dem Grundrecht aus Art. 4 Absatz 3 Satz 1 GG und dem in Art. 87a Absatz 1 GG normierten Verteidigungsauftrag erklären. Gefährdet etwa eine dramatische Zunahme der Kriegsdienstverweigerungen die Funktionsfähigkeit der Streitkräfte, weil nicht mehr genug Wehrpflichtige zur Verfügung stehen, so folgt aus dem Verteidigungsauftrag auch eine Pflicht des Staates, eine Ernsthaftigkeitskontrolle in das Anerkennungsverfahren nach Art. 4 Absatz 3 Satz 2 GG einzubauen. Diese Kontrolle kann mit Einschränkungen des Rechts auf Kriegsdienstverweigerung verbunden sein[238] – etwa mit unvermeidlichen Irrtümern der Ausschüsse und Kammern für Kriegsdienstverweigerung über die Ernsthaftigkeit und damit über die Grundrechtsberechtigung einzelner Betroffener. Versagt ist dem Staat aber wegen der entgegenstehenden Spezialnorm des Art. 12a Absatz 2 Sätze 2 und 3 GG eine „Ernsthaftigkeitskontrolle" am Prüfstein der „lästigen Alternative", d. h. eines längeren Zivildienstes. Solange die Anerkennung als Kriegsdienstverweigerer nicht erfolgt ist, kann der Antragsteller von Verfassungs wegen zum Dienst in den Streitkräften herangezogen werden.

Die damit verbundene Einschränkung des Rechts aus Art. 4 Absatz 3 Satz 1 GG beruht allerdings nicht auf einem immanenten Toleranzvorbehalt des Grundrechts[239], sondern ist gleichfalls ein Ergebnis praktischer Konkordanz. Diese vorläufige Wehrdienstpflicht läßt sich damit rechtfertigen, daß der Staat in einer Situation, in der ein erheblicher Anteil der Antragsteller sich unberechtigt auf Art. 4 Absatz 3 Satz 1 GG beruft, guten Grund hat, an der Grundrechtsberechtigung jedes einzelnen zu zweifeln und ihn daher so lange als wehrdienstpflichtig zu behandeln, bis das Gegenteil feststeht. Einen dem entgegenstehenden Grundsatz „in dubio pro

---

[237] So aber – ohne weitere Begründung – *Murswiek*, Verantwortung, S. 226.
[238] A. A. BVerfGE 48, 127 (163); indifferent BVerfGE 32, 40 (46); in sich widersprüchlich BVerfGE 28, 243 (260).
[239] Zumindest mißverständlich daher BVerfGE 28, 243 (262); 32, 40 (47).

libertate" gibt es nicht[240]. Der Möglichkeit, daß der Betroffene tatsächlich zur Kriegsdienstverweigerung berechtigt ist, muß aber Rechnung getragen werden, indem seine Dienstleistungspflicht auf waffenlose Tätigkeiten begrenzt wird. Werden unberechtigte Anerkennungsverlangen nicht in nennenswertem Umfang gestellt oder gefährden sie die Funktionsfähigkeit der Streitkräfte nicht – etwa weil wie bei dem heutigen verkleinerten Umfang der Personalstärke der Bundeswehr ohnehin nicht alle tauglichen Wehrpflichtigen zum Dienst herangezogen werden können –, so rechtfertigt der Verteidigungsauftrag aus Art. 87a Absatz 1 GG es nicht, das Kriegsdienstverweigerungsrecht auch nur für die Übergangsphase zwischen Antrag und Anerkennung durch eine Pflicht zum waffenlosen Wehrdienst zu beschränken. Die Einberufungspraxis der Kreiswehrersatzämter verfährt seit langem nach diesen Grundsätzen. Sie sind jedoch auch verfassungsrechtlich geboten.

Dieses Beispiel macht deutlich, daß die „Notwendigkeit" von Freiheitsbeeinträchtigungen selbst in Existenzfragen des Staates im Rahmen einer normalen Zuordnung kollidierender Gewährleistungsnormen nach dem Grundsatz des schonendsten Ausgleichs abgearbeitet werden kann. Auch wo sich aus gegenläufigen Verfassungsnormen scheinbar zwingende Gebote zur Einschränkung von Grundrechten ergeben, ist Raum für gegenseitiges Nachgeben. Weicht tatsächlich in einzelnen Beziehungen das Grundrecht ganz zurück, so liegt dies gerade nicht am Gebotscharakter der entgegenstehenden Verfassungsnorm, sondern an ihrem – möglicherweise erst herauszuarbeitenden – Ausnahmecharakter gegenüber der grundrechtlichen Garantienorm.

b) Ausnutzung von Verfassungserlaubnissen

Zwingt schon die Ausführung von Verfassungs*geboten* nur ausnahmsweise zu Grundrechtsbeschränkungen, so läßt dies vermuten, daß bloße *Erlaubnisse* des Grundgesetzes zur Sicherung kollidierender Verfassungsgüter sich nur insoweit *ganz* gegen die Gewährleistung von Grundrechten durchsetzen können, als sie gerade speziell auf die betroffene Grundrechtsnorm zugeschnittene Schutzausnahmen gestatten. Eine bloße Erlaubnis erteilt etwa Art. 3 Absatz 3 Satz 2 GG dazu, Behinderte anders (nämlich besser) als Nichtbehinderte zu behandeln. Ein *Gebot* zur Besserstellung liegt darin weder für den Einzelfall noch als allgemeiner Verfassungsauftrag[241].

Notwendig ist ein Totalausschluß aber selbst bei speziellen Ausnahmen nicht immer. Das zeigt ein Seitenblick auf die geschriebenen Einschränkungsvorbehalte des Grundgesetzes: in den von ihnen ggf. unter ihrerseits beschränkenden Bedin-

---

[240] Ausdrücklich als Ausnahme vom grundsätzlichen Vertrauen des Staates für Erklärungen der Bürger BVerfGE 48, 127 (168); Ähnlich zur Anerkennung religiöser Einwände gegen ein Kreuz im Klassenzimmer jetzt BayVerfGH, BayVBl. 1997, 686 (689 f.).
[241] Für letzteres aber *Frowein*, in: FSchr. Zacher, S. 157 (161).

gungen zugelassenen Fällen kann von den gewährleistenden Rechtsfolgen der Grundrechte abgewichen werden, allerdings nur unter Beachtung formeller Voraussetzungen und unter Einhaltung des Verhältnismäßigkeitssatzes. Verfassungsunmittelbare Schrankennormen haben der vorbehaltenen Einschränkung von Grundrechten die Möglichkeit voraus, daß sie diese mäßigenden Kautelen beiseite schieben könnten. Fälle, in denen sie dies nicht bloß zu tun *scheinen,* sind aber bei näherem Hinsehen nicht auffindbar.

aa) Wahrnehmung von Ermächtigungen zu grundrechtsspezifischem Verhalten

Auf ihrer Spezialität und nicht auf der ihnen zugute kommenden Effektivitätssicherung beruht es insbesondere, wenn einzelne verfassungsrechtliche Ermächtigungen neben Eingriffen in die Grundrechte, denen sie als Einschränkungsvorbehalte textlich beigefügt sind, auch Beeinträchtigungen *anderer* Grundrechte rechtfertigen können. Insbesondere könnten die Ermächtigungen in Art. 12 a Absatz 1 GG und in Art. 12 Absatz 2 Halbsatz 2 GG beschränkende Wirkungen gegenüber dem allgemeinen Gleichheitssatz in seiner besonderen Ausformung als Diskriminierungsverbot aus Gründen der Geschlechtszugehörigkeit – Art. 3 Absätze 1 und 3 Satz 1 Alt. 1 GG – entfalten[242].

Bei Art. 12a Absatz 1 GG ist dies zwar offensichtlich, da er nur die Dienstverpflichtung von Männern erlaubt. Es ist zur Begründung dieser gleichheitsbeschränkenden Wirkung aber *nicht* erforderlich, darauf hinzuweisen, daß die Ermächtigung durch Art. 12a Absatz 1 GG leerlaufen müßte, wenn die unterschiedliche Behandlung von Männern und Frauen durch die gesetzlich eingeführte Wehrpflicht als Verstoß gegen Art. 3 Absätze 1 und 3 GG unzulässig wäre. Dieser Rekurs auf die Normeffektivität erübrigt sich, weil es auf der Hand liegt, daß Art. 12a Absatz 1 GG nicht nur eine Ermächtigung zur Beschränkung des Verbots von Arbeitszwang und eine verfassungsrechtliche Grundlage der durch § 7 SoldG statuierten Duldungspflicht der Soldaten für Lebens- und Gesundheitsgefahren des militärischen Einsatzes enthält[243], sondern auch die gegenüber Art. 3 Absatz 3 GG spezielle Erlaubnis, Männer und Frauen in bezug auf die Wehrpflicht ungleich zu behandeln. *Speziell* ist diese Norm zu Art. 3 Absatz 3 Satz 1 Alt. 1 GG, weil sie eine besondere Art von Ungleichbehandlung zwischen Männern und Frauen betrifft; indem sie diese Ungleichbehandlung vom Verbot der Geschlechterdiskriminierung freistellt, mit der allgemeinen Norm in Art. 3 Absatz 3 GG mithin nicht *gleich*gerichtet ist, sondern *gegenläufig* zu ihr wirkt, handelt es sich um eine spe-

---

[242] Vgl. zum Verhältnis von Art. 3 Absätze 1 und 3 GG BVerfGE 48, 346 (365 f.) m. w. N.; 52, 369 (374 ff.); *Osterloh,* in: Sachs, GG, Art. 3 Rdnr. 77 f.; *Jarass,* in: ders./Pieroth, GG, Art. 3 Rdnr. 2; *Starck,* in: v. Mangoldt/Klein, GG, Bd. 1, Art. 3 Rdnr. 254; zur strukturellen Konstruierbarkeit von Gleichheitsbeschränkungen *Sachs,* Diskriminierungsverbot, S. 23 ff.; *ders.,* in: HdBStR Bd. 5, § 126 Rdnr. 129 ff.

[243] Siehe dazu *Winkler,* NVwZ 1993, 1151 (1153).

V. Normeffektivität als Kollisionsregel?

zielle *Ausnahme*. Zum Kontrast: keine Spezialität, sondern eine auf dieser Stufe nicht lösbare Kollision besteht zwischen dem Verteidigungsauftrag des Art. 87a Absatz 1 GG und dem Benachteiligungsverbot des Art. 3 Absatz 3 Satz 2 GG, soweit es Behinderte als Belastung empfinden, wenn sie zur Erhaltung der Funktionsfähigkeit der Streitkräfte vom Wehrdienst ausgeschlossen werden[244].

Diese vielleicht pedantisch wirkende Darstellung einer einfach gestalteten Normbeziehung erleichtert es doch, das kaum kompliziertere und dennoch lange falsch behandelte Verhältnis von Art. 12 Absatz 2 Halbsatz 2 GG zu Art. 3 Absätze 1 und 3 GG richtig zu verstehen. Die Erlaubnis, herkömmliche, allgemeine und für alle gleiche Dienstpflichten aufrechtzuerhalten, stellt den Gesetzgeber nicht nur vom Verbot des Arbeitszwanges frei. Sie könnte – wie Art. 12a Absatz 1 GG – die im Rahmen zulässiger Pflichtdienste „notwendigen" gesetzlichen Einschränkungen des Rechts auf körperliche Unversehrtheit und evtl. sogar des Rechts auf Leben nach Art. 2 Absatz 2 Satz 1 GG rechtfertigen[245]; und sie kommt namentlich als *weitere Ausnahme* vom Diskriminierungsverbot nach Art. 3 Absatz 3 Satz 1 Alt. 1 GG in Frage. Art. 12 Absatz 2 GG umfaßt zwar auch Gleichheitselemente; diese lassen ihn indes nicht schon zu einem speziellen Gleichheitssatz werden, der Art. 3 GG *insgesamt* verdrängen würde. Zwar bedeutet „allgemein" in Art. 12 Absatz 2 GG, daß Dienstpflichten nur insoweit zulässig sind, als sie grundsätzlich jeden im Geltungsbereich einer pflichtbegründenden Norm betreffen, und „für alle gleich", daß die dem Grunde nach dienstpflichtigen Personen auch im Ausmaß gleich belastet werden[246]. Art. 12 Absatz 2 GG wiederholt damit Gebotswirkungen, die sich schon aus Art. 3 Absatz 1 GG ergeben, und spitzt sie auf den Sonderfall der Dienstpflichten zu[247]. Insoweit scheint er eine (gleichgerichtete) Spezialregelung zu bilden, die Art. 3 Absatz 1 GG von der Regelung dieser Fallkonstellation ausschließt. Keine Aussage trifft Art. 12 Absatz 2 GG mit den Merkmalen „allgemein" und „für alle gleich" aber zur Unterscheidung nach dem Geschlecht. Gegenüber dem sich aus Art. 3 Absätze 1 und 3 Satz 1 Alt. 1 GG ergebenden Diskriminierungsverbot ist er daher insoweit nicht speziell.

Ein möglicher Ausnahmecharakter des Art. 12 Absatz 2 GG gegenüber dem Diskriminierungsverbot nach Art. 3 Absatz 3 Satz 1 Alt. 1 GG ist allerdings nicht so deutlich aus dem Normtext abzulesen wie in Art. 12a Absatz 1 GG. Denn anders als dieser stellt Art. 12 Absatz 2 GG nicht ausdrücklich auf den Geschlechtsunterschied ab. Eine kontradiktorische Spezialität gegenüber Art. 3 Absatz 3 Satz 1 Alt. 1 GG müßte daher erst durch Auslegung der Begriffe des Art. 12 Absatz 2 GG ermittelt werden. Sie könnte sich nur aus dem Merkmal „herkömmlich" ergeben,

---

[244] Bsp. bei *Sachs*, RdJB 1996, 154 (172). Daß das Beispiel nicht an den Haaren herbeigezogen ist, zeigt der Sachverhalt in BVerfGE 86, 1 (3).

[245] Dazu *Sachs*, BayVBl. 1983, 489 (494).

[246] *Tettinger*, in: Sachs, GG, Art. 12 Rdnr. 155 f.

[247] So zum Einfluß des Art. 3 Absatz 1 GG im Normbereich des Art. 12a Absatz 1 GG dagegen BVerfGE 48, 127 (162 und 168).

sollte es sich nicht nur auf die *Art* der Dienstpflicht beziehen, sondern auch auf das *Geschlecht* der Verpflichteten. Diese Auslegung des Begriffs ist aber aus entstehungsgeschichtlichen Gründen unzutreffend. Der Verfassungsgeber wollte Dienstverpflichtungen, wie sie in der NS-Zeit bestanden (etwa zum Arbeitsdienst), ausschließen. Das sollte mit der Einführung des Wortes „herkömmlich" erreicht werden. Danach wollte der Verfassungsgeber mit diesem Begriff die Art der Dienstleistungspflicht, nicht jedoch den von ihr betroffenen Personenkreis festschreiben[248].

Art. 12 Absatz 2 GG ist damit keine spezielle Ausnahme von Art. 3 Absatz 1 und Absatz 3 Satz 1 Alt. 1 GG. Auch auf dem Umweg über den Topos der Normeffektivität läßt sich dieses Ergebnis nicht korrigieren. Zwar waren so gut wie alle traditionellen Dienstpflichten auf Männer beschränkt. Daß ihre Aufrechterhaltung als geschlechtsspezifische Pflichten an Art. 3 Absatz 3 GG zu messen ist (und in der Regel daran scheitern wird), droht Art. 12 Absatz 2 Halbsatz 2 GG aber nicht zu einer gegenstandslosen und in diesem Sinne wirkungslosen Norm zu degradieren[249]. Erlaubt ist nämlich die Ausdehnung herkömmlicher Dienstpflichten auf Frauen. Art. 12 Absatz 2 GG steht dieser Erweiterung des betroffenen Personenkreises gerade deshalb nicht im Wege, weil sein Herkömmlichkeitskriterium nicht das Geschlecht der bislang Verpflichteten einschließt. Zwischen dem Gleichbehandlungsgrundsatz des Art. 3 Absatz 1 i. V. m. Absatz 3 Satz 1 Alt. 1 GG und der Befugnis des Gesetzgebers zur Auferlegung herkömmlicher Dienstpflichten besteht nach alledem also nur eine scheinbare Kollision. Eine Kollisionslösung erübrigt sich, gleichviel ob diese über den Spezialitäts- oder einen Effektivitätsgrundsatz abgewickelt werden sollte.

bb) Gebrauchmachen von grundrechtsspezifischen Zuständigkeiten

Allein eine auf Spezialität und nicht etwa auf optimaler Wirksamkeit der Gewährleistungsnorm beruhende Kollisionslösung kommt auch dann in Frage, wenn Kompetenzvorschriften des Grundgesetzes einen Garantiegehalt besitzen, der nur unter Beeinträchtigung von Grundrechten gewahrt werden kann. Ist die Freiheitsverkürzung in diesem Sinne „unausweichlich", so liegt das gerade daran, daß die Kompetenzbestimmung eine Gewährleistungsnorm in sich trägt, deren Normbereich tatbestandlich vollständig im Schutzbereich eines oder mehrerer Grundrechte liegt. Diese Gewährleistungsnorm ist stets erst durch Interpretation zu ermitteln, weil primäres Regelungsthema einer Kompetenznorm die Zuständigkeitsverteilung ist, sekundäres allenfalls die Kennzeichnung einer staatlichen Aufgabe; die Gewährleistung von Gütern kann somit erst an dritter Stelle stehen[250]. Auf die

---

[248] BVerfGE 92, 91 (111 f. – Feuerwehrdienstpflicht); *Sachs*, VBlBW 1981, 273 (278); *Parodi,* DÖV 1984, 799 (803 f.); *Rozek,* BayVBl. 1993, 646 (651); anders noch BVerfGE 13, 167 (170 f.); VGH Mannheim, VBlBW 1983, 41 (42).

[249] So aber VGH Mannheim, VBlBW 1983, 41 (42).

V. Normeffektivität als Kollisionsregel?

Probleme bei der Herleitung gewährleistender Wirkungen aus primär zuständigkeitsverteilenden Normen wurde oben ausführlich hingewiesen.

Gerade ob die als Paradefall dienenden Art. 105 Absatz 1 und 106 Absatz 1 GG den Bestand von Finanzmonopolen garantieren, ist sehr zweifelhaft. Sieht man von diesen Bedenken ab und unterstellt einmal, daß Art. 105 Absatz 1 und 106 Absatz 1 GG eine Erhaltung der Finanzmonopole gebieten, so ist kaum in Zweifel zu ziehen, daß es sich bei ihrer Einrichtung um eine Regelung der Berufswahl handelt. Der monopolisierte Wirtschaftszweig scheidet als Feld möglicher beruflicher Tätigkeiten aus[251]. Soll diese Beeinträchtigung des Grundrechts aus Art. 12 Absatz 1 GG aber grundsätzlich gerechtfertigt sein, weil sonst Art. 105 und 106 GG etwas von vornherein grundrechtlich Unzulässiges regeln würden[252], dann beruht diese *Kollisionslösung* im Gegensatz zur Ableitung gewährleistenden Charakters aus Art. 105 f. GG *nicht* auf dem Ziel, dieser Garantie größtmögliche Wirkungskraft zu sichern. „Von vornherein grundrechtswidrig" könnte die Einrichtung von Finanzmonopolen nämlich nur unter der Voraussetzung sein, daß sie in *jeder* möglichen Gestaltung den Schutzbereich von Art. 12 Absatz 1 GG berührt. Monopolregelungen wären dann immer auch Berufswahlregelungen. Die mutmaßliche Gewährleistung der Finanzmonopole durch Art. 105 f. GG wirkt dann aber genau als gegenläufige *Spezialnorm* zur Garantie der Berufswahlfreiheit. Als Begründung des Vorrangs ihrer etwaigen Schutzwirkung vor der des Art. 12 Absatz 1 GG reicht damit der Spezialitätsgrundsatz aus; eines Rückgriffs auf besondere verfassungsrechtliche Kollisionsregeln bedarf es nicht.

Ein anschauliches Beispiel dafür, daß Kompetenzvorschriften sicher nicht nur durch „positive", einen Gegenstand schaffende, erhaltende oder sichernde Regelungen effektiv werden können, bietet Art. 74 Absatz 1 Nr. 26 Alt. 2 GG. Die Garantie der Menschenwürde verbietet Eingriffe unter so gut wie allen Umständen. Andererseits sei hier einmal vorausgesetzt, daß Art. 74 Absatz 1 Nr. 26 GG die künstliche Veränderung von Erbinformationen im Grundsatz für „verfassungslegitim" erklärt. Wenn die Erwähnung einer Einrichtung oder eines Sachbereichs in Verfassungsbestimmungen diese als verfassungsrechtlich legitim kennzeichnet, so bedeutet dies, daß der Gegenstand mit Billigung der Verfassung existiert, es ihn verfassungsrechtlich also geben *darf*, aber nicht zu geben *braucht*. Ergibt die verfassungsrechtliche Diskussion, daß jede Veränderung *menschlicher* Erbinformationen einen Eingriff in die Menschenwürde mit sich bringt[253], so kann die Kompetenz aus Art. 74 Absatz 1 Nr. 26 Alt. 2 GG insoweit nicht anders genutzt werden

---

250 Ohne daß sie allein durch ihre thematische Bezugnahme schon zu einem sekundären (oder tertiären) Norm*zweck* würde; so aber *Isensee,* Subsidiarität, S. 202.

251 So auch der Ausgangspunkt bei *Pieroth,* AöR 114 (1989), 422 (440); *Wülfing,* Gesetzesvorbehalte, S. 118 f.

252 *Pestalozza,* Der Staat 11 (1972), 161 (169).

253 Siehe dazu *Podlech,* in: AltK-GG, Art. 1 Rdnr. 51; *Zippelius,* in: BK-GG, Art. 1 Rdnr. 77; *Benda,* NJW 1985, 1732 (1733); *Enders,* EuGRZ 1986, 241 (249); *Riedel,* EuGRZ 1986, 469 (477).

als zum *Verbot* der Genmanipulation beim Menschen. Sollte die Gentechnik also durch Art. 74 Absatz 1 Nr. 26 GG auch eine Art von Verfassungsrang erlangt haben, so wäre doch jedenfalls ihre humangenetische Anwendung kein Gut, zu dessen Verwirklichung die Menschenwürde Einschränkungen hinnehmen müßte. Die Effektivität der Kompetenzvorschrift wäre dadurch durchaus nicht bedroht, zumal Regelungen über Genveränderungen an anderen Lebewesen in dieser Hinsicht zulässig blieben.

Bezeichnenderweise findet sich ein durchgreifendes Beispiel für die Beschränkung verfassungsrechtlicher Gewährleistungen auf Grund des Garantiegehalts einer Kompetenzvorschrift auch nicht im Verhältnis kompetentieller Gegenstände zu den Grundrechten, sondern in ihrem Verhältnis zur Eigenstaatlichkeit der Länder. Es geht auch hier – in erstaunlichem terminologischen Gleichklang – um die „unerläßlichen" Wirkungen einer Aufgabenerfüllung des Bundes, nur eben für die im betroffenen Sachbereich bestehende Zuständigkeit der Länder[254]. In der Literatur wird die Frage auch unter dem Stichwort einer „Doppelzuständigkeit" von Bund und Ländern erörtert[255]. Man kann sie aber als Konfliktfall zwischen materialen Verfassungsgehalten beschreiben: auf der einen Seite steht das Gut der Landesstaatlichkeit, das Art. 20 Absatz 1 GG über das Bundesstaatsprinzip gewährleistet. Es wird von der grundsätzlichen Zuständigkeitszuweisung an die Länder in Art. 30 GG abgesichert. Alle nicht ausdrücklich dem Bund vorbehaltenen Kompetenzen stehen danach den Ländern zu. Art. 30 GG schützt die Eigenstaatlichkeit der Länder also vor Kompetenzanmaßungen des Bundes.

Eines der die Substanz der Eigenstaatlichkeit der Länder konstituierenden Tätigkeitsreservate ist der Bereich der öffentlichen Sicherheit und Ordnung. Sowohl die Gesetzgebung als auch die Verwaltung auf sicherheitsrechtlichem Gebiet ist Sache der Länder, soweit nicht die Art. 70 ff. und 83 ff. GG ausnahmsweise den Bund für zuständig erklären. Ein wichtiger Teil dieser sicherheitsrechtlichen Kompetenzmasse ist der „abwehrende Brandschutz", d. h. die Hilfeleistung und Gefahrenabwehr bei Bränden. Er ist *gesetzlich* in den Feuerwehr- und Brandschutzgesetzen der Länder geregelt und wird *administrativ* durch zumeist kommunale Feuerwehren ausgeführt, die im zweigliedrigen Staatsaufbau der Bundesrepublik zum Staatsverband der Länder zählen. Läßt der Bund den abwehrenden Brandschutz für Einrichtungen der Bundeswehr durch die Bundeswehrverwaltung ausführen, so greift er folglich in die Gewährleistung des Art. 20 Absatz 1 GG ein. Diese Aufgabenwahrnehmung beeinträchtigt den Garantiegehalt des Art. 30 GG. Denn das Grundgesetz überträgt dem Bund auch nicht stillschweigend die Verwaltungskompetenz für diese Aufgabe[256].

---

[254] Daß (Grund-)Rechte und Staatlichkeit *inhaltlich* Verschiedenes sind, hindert nicht daran, ihre Kollision mit Kompetenzwirkungen *strukturell* gleich zu behandeln.

[255] Zur grundsätzlichen Möglichkeit solcher Fälle s. *Pestalozza*, in: v. Mangoldt/Klein, GG, Art. 70 Rdnr. 82, Art. 72 Rdnr. 252; *Oebbecke*, in: FSchr. Stree/Wessels, 1119 (1131).

[256] Insoweit a.A. BVerwG, DVBl. 1997, 954 (955).

V. Normeffektivität als Kollisionsregel?

Eine solche Bundeskompetenz folgt zum ersten nicht aus der Gesetzgebungskompetenz des Bundes für die Verteidigung nach Art. 73 Nr. 1 GG. Die Verwaltungskompetenzen des Bundes bleiben regelmäßig hinter dem Umfang seiner Gesetzgebungszuständigkeit zurück; das gilt auch hier[257]. Die Übertragung des abwehrenden Brandschutzes an die Bundeswehr*verwaltung* ist auch von der Zuweisung der militärischen Aufgabe „*Verteidigung*" an den Bund durch Art. 87a Absatz 1 GG nicht gedeckt. Würde Brandschutz mit zur Verteidigung zählen, so müßte die organisatorische Trennung zwischen Streitkräften und Bundeswehrverwaltung beachtet werden, die Art. 87a und 87b GG vorschreiben. Aufgaben der Verteidigung darf die Bundeswehrverwaltung gerade nicht ausführen. Eine Zuständigkeit der Bundeswehrverwaltung kann deshalb nicht aus einer „Ordnungsgewalt" der Bundeswehr als Annex der Verteidigungsaufgabe hergeleitet werden[258]. Vielmehr sind der Bundeswehrverwaltung von Verfassungs wegen nur die Aufgabenbereich des Personalwesens und der unmittelbaren Deckung des Sachbedarfs der Streitkräfte zugewiesen. Durch Gesetz können ihr weitere Aufgaben übertragen werden (Art. 87b Absatz 1 Sätze 2 und 3 und Absatz 2 GG). Der abwehrende Brandschutz gehört aber zu keinem dieser Aufgabenbereiche. Eine Verwaltungskompetenz des Bundes für den abwehrenden Brandschutz bei der Bundeswehr besteht daher nicht.

Die mit dem eigenständigen Brandschutz der Bundeswehr verbundene Schmälerung der von Art. 20 Absatz 1 GG gewährleisteten Landesstaatlichkeit auf diesem Gebiet läßt sich aber mit dem Schutz eines gegenläufigen Verfassungsgutes *rechtfertigen*. Der Verteidigungsauftrag der Streitkräfte aus Art. 87a Absatz 1 GG dient dem Schutz der demokratischen und rechtsstaatlichen Verfassungsordnung des Grundgesetzes. Daher ist die Erfüllung dieses Auftrages selbst ein Verfassungsgut. Kann der Verteidigungsauftrag nicht anders ausgeführt werden als durch Eingriffe in den eigenstaatlichen Bereich der Länder, so sind diese aus Art. 87a GG zu rechtfertigen.

Dabei ist allerdings der Verhältnismäßigkeitsgrundsatz zu wahren, nicht anders als dies bei verfassungsunmittelbar gerechtfertigten Grundrechtseinschränkungen geboten ist. Nur soweit sich der abwehrende Brandschutz in Bundeswehreinrichtungen gegen *militärspezifische* Gefahren richtet, darf der Bund danach in diese Landeskompetenz übergreifen; die Vorkehrungen für das allgemeine, jedermann treffende Risiko von Brandfällen kann und muß er dagegen den Ländern überlassen[259].

Keiner Rechtfertigung bedarf demgegenüber die Belastung der letztlich mit der Wahrnehmung der Landeszuständigkeit für den Brandschutz befaßten Gemeinden

---

[257] Allgemein BVerfGE 12, 205 (229); *Lerche,* in: Maunz/Dürig, GG, Art. 83 Rdnr. 31; konkret BVerwG, DVBl. 1997, 954; a.A. VGH Mannheim, DVBl. 1995, 365.

[258] Insoweit wie hier BVerwG, DVBl. 1997, 954 (955); a.A. VGH Mannheim, DVBl. 1995, 365.

[259] Im Ergebnis ebenso BVerwG, DVBl. 1997, 954 (955).

mit den Kosten dieser Aufgabe im Hinblick auf Art. 28 Absatz 2 GG. Ein etwaiger Eingriff in die Finanzgarantie des Art. 28 Absatz 2 Satz 3 GG wäre zum einen den Ländern zuzurechnen, weil sie es sind, die ihre Aufgabe an die Gemeinden delegieren. Seine Verhältnismäßigkeit wäre im übrigen mit Ausgleichszahlungen des Bundes gemäß Art. 106 Absatz 8 GG sicherzustellen[260]. Festzuhalten bleibt auch in diesem Zusammenhang, daß die Effektivität der Gewährleistungsnormen keinen abstrakten Ausgleich zwischen den betroffenen Verfassungsgütern möglich macht. Ihre Zuordnung bleibt vielmehr der Herstellung praktischer Konkordanz auf konkreter Ebene vorbehalten.

3. „Effektivität" als Schutz vor Wirkungslosigkeit?

Wann Freiheitsverkürzungen ansonsten, d. h. über den Anwendungsbereich der klassischen Kollisionsregeln hinaus, „unvermeidbar" sind, ist eine selten genau in Angriff genommene Frage. Sie ist zu stellen relativ zu den rechtlichen und tatsächlichen Möglichkeiten[261], eine Grundrechtsbeeinträchtigung zu vermeiden. Allein die rein faktische „Notwendigkeit", ein Gut zu gewährleisten, genügt jedenfalls nicht, um seine normative Durchsetzungsfähigkeit zu begründen. Sinn einer Verfassung ist es gerade, gegenläufige faktische Zwänge rechtlich zu ordnen; darin entfaltet sie ihre einheitsstiftende Funktion[262]. Besondere Aufmerksamkeit verdient die Annahme, allein das Effektivitätsstreben einer Verfassungsnorm könne ihr den Vortritt vor kollidierenden Gewährleistungen verschaffen – und das nicht nur, weil das Wirksamkeitstopos schon zur Begründung des gewährleistenden Gehalts anderer und z. T. sogar derselben Vorschriften eingesetzt wird[263]. Eine *allzu vielseitige* Verwendbarkeit schmälert allerdings stets die Überzeugungskraft einer Argumentationsfigur. Auch im Kompetenzrecht mehren sich die skeptischen Stimmen gegen eine überstrapazierende Benutzung des Effektivitätstopos[264].

a) Sachbezogene und rechtsbezogene Verfassungsnormzwecke

Die Normbezogenheit verfassungsrechtlicher Effektivitätsüberlegungen zeigt sich im Bereich der Grundrechte und ihrer Schranken deutlich. Schon der Begriff „Gewährleistung" bezieht sich auf das „Verwirklichen" oder „Wirksamwerden" eines Gegenstands *als Zweck* von Normen, d. h. als *ihre* effektive Anwendung. Das Gebot der Verwirklichung von Verfassungs*normen* im Sinne ihrer tatsächlichen und weitestmöglichen Anwendung ist etwas ganz anderes als der behauptete Ver-

---

[260] So auch BVerwG, DVBl. 1997, 954 (956).
[261] Formulierung in Anlehnung an *Alexy*, Theorie der Grundrechte, S. 75.
[262] *Friedr. Müller*, Einheit der Verfassung, S. 31.
[263] Skeptisch auch *Häberle*, AöR 98 (1973), 625 (630 f.).
[264] Siehe nur *Gramm*, DÖV 1999, 540 (546) m. w. Nachw.

fassungsrang der Wirksamkeit zweckbezogen eingerichteter *tatsächlicher* Strukturen, und hätte deren Einrichtung ihren Anlaß auch letztlich im Zweck einer Verfassungsnorm. Nichtsdestotrotz kann der verfassungsrechtlich geschützte Gegenstand, dessen Schutz effektiv zu verwirklichen ist, durchaus ein Realitätskomplex sein.

Eine andere Frage ist, ob nicht nur die Effektivität einer Norm selbst, sondern auch der Bestand des faktischen Substrats ihrer Verwirklichung verfassungsrechtlich geboten sein kann. Diese Frage wirkt nur auf den ersten Blick haarspalterisch. Bezugspunkt teleologischer Argumente können sowohl *rechtliche* als auch *tatsächliche* Gegenstände sein. Das Verfassungsrecht enthält einerseits Normgewährleistungen, andererseits Faktengewährleistungen. Das faktische Substrat kann normativ gewährleistet sein, aber ebenso kommt in Betracht, daß es nur mittelbar gegen Wegfall abgeschirmt ist, weil es für die Verwirklichung der gesicherten Norm nötig ist. Rechtlich geboten ist seine Existenz allein damit ohnehin noch nicht.

aa) Die Zweckbindung faktischer Gewährleistungen

Innerhalb der Gewährleistung faktischer Strukturen ist eine weitere Unterscheidung zu machen, nämlich zwischen der (bloßen) Sicherung der mit einem tatsächlichen Zusammenhang verfolgten *Zwecke* (Funktionsgewährleistung) und der (weitergehenden) Sicherung der zweckgerichteten Tatsachenstruktur *selbst* (Substanzgewährleistung). Es kann aber auch *kombinierte* Substanz- und Funktionsgewährleistungen geben. Selbstzweck ist die Garantie faktischer Strukturen dabei nicht. Ein Vorrang des Normzwecks der Sicherungsnorm besteht in dem Sinne, daß die tatsächliche Struktur nicht in einer Weise gesichert werden darf, die der Erreichung eines mit ihrem Schutz verfolgten Zwecks zuwiderläuft. Daß aus der Perspektive einer absichernden Verfassungsnorm aber immer ein Zweck mit der Gewährleistung faktischer Zusammenhänge verfolgt werden muß, trifft nur für den staatlichen Bereich zu. Die Selbstbestimmungsrechte des Individuums und autonomer Körperschaften bringen es mit sich, daß Grundrechte und Garantien nach Art der kommunalen Selbstverwaltung Sachbereiche auch einmal zweckungebunden schützen.

Für den Regelfall einer Begrenzung der Gewährleistung durch den Zweck zugrundeliegender Normen sind die Grundrechtsbeschränkungen durch den und im *Grundwehrdienst* ein Beispiel. Sie müssen unter dem Gesichtspunkt des Ausbildungszwecks bewertet werden, dem er im Hinblick auf seine Rechtfertigung durch Art. 12a Absatz 1 GG allein dient. Zweck des Wehrdienstes im Frieden ist die Ausbildung für die Verteidigung, wie sie in Art. 87a Absatz 1 GG als Aufgabe der Streitkräfte bezeichnet ist. Eine Ausbildung, die zur Aufgabenerfüllung nichts beiträgt, z. B. weil der Betroffene den Kriegsdienst mit der Waffe mit Aussicht auf Anerkennung verweigert, ist unzulässig, weil zwecklos[265]. Das BVerfG hat eine

---
[265] *Gusy,* JuS 1979, 254 (254 f.).

weitere Zweckbindung des Wehrdienstes zumindest angedeutet, als es die Funktionstüchtigkeit der Bundeswehr als Verfassungsgebot auf die Verpflichtung des Staates gestützt hat, die verfassungsmäßige Ordnung und insbesondere die Grundrechte zu schützen[266]. Auch die politische Treuepflicht der Beamten ist schon im Ansatz nur unter dem Gesichtspunkt zu rechtfertigen, daß das Funktionieren des öffentlichen Dienstes den Schutz der freiheitlich-demokratischen Grundordnung zum Ziel hat[267]. Die Verteidigung der grundrechtsschützenden Ordnung der Verfassung führt sich selbst ad absurdum, wenn sie die unveräußerlichen Grundsätze preisgibt, deren Schutz die Ordnung gerade bezweckt[268].

bb) Die indirekte Wirksamkeit von Normgewährleistungen

Dieselbe Unterscheidung braucht im Hinblick auf Normgewährleistungen nicht getroffen zu werden: Normen sind nie als *Selbstzweck* geschützt, sondern immer um des durch sie gesicherten Interesses oder Gutes willen; in diesem Sinne sind Normgewährleistungen immer Funktionsgewährleistungen. Als Beispiele für Normgewährleistungen werden üblicherweise die Institutsgarantien für Eigentum und Ehe genannt[269]. Inhalt einer Normgewährleistung ist aber nicht nur der Schutz vorgefundener Rechtsnormzusammenhänge, wie eine weitere Gruppe von Beispielen deutlich machen soll, nämlich die sogen. Normativbestimmungen des Grundgesetzes für die Gestaltung des Landesrechts. Wenn Art. 28 Absatz 1 Satz 1 GG die Grundstrukturen des demokratischen Rechtsstaates vorgibt, läßt er dem Verfassungsgeber durchaus weiten Spielraum bei der Ausgestaltung der Landesverfassung. Dagegen legen Art. 28 Absatz 1 Sätze 2 bis 4 GG die Gestalt des Landeswahlrechts bereits in recht weitgehendem Maße fest.

Gemeinsam ist ihnen aber, daß sie weder den Erlaß bestimmter Normen gebieten oder gar ersetzen noch die Abschaffung einzelner Normen des einfachgesetzlichen Rechts sperren. Die Wirkung solcher Gewährleistungen erschöpft sich mithin in dem Gebot, bestimmte Regelungsbereiche auf eine Art und Weise zu behandeln, die das Grundgesetz umreißt. Zur Lösung eines Einzelfalls unmittelbar anwendbares Recht enthalten weder Normativregeln noch Institutsgarantien. Das trifft nicht nur auf den von der gewährleistenden Norm ausgeübte Normbestandsschutz zu, sondern auch auf den Normanwendungsschutz[270].

---

[266] BVerfGE 38, 154 (167 f.); 48, 127 (161).
[267] So BVerfGE 39, 334 (347).
[268] BVerfGE 30, 1 (80 – Sondervotum *Geller/Rupp/von Schlabrendorff*).
[269] Zusammenf. *Lübbe-Wolff*, Eingriffsabwehrrechte, S. 130 f.
[270] *Lübbe-Wolff*, Eingriffsabwehrrechte, S. 121 f.

V. Normeffektivität als Kollisionsregel?

b) Das „Selbstverwirklichungsstreben" von Normen

Der Zweck der Norm bildet für beide Gruppen den Bezugspunkt der jeweiligen Effektivität. Ist kein Zweck einer Norm zu finden, so kann auch die Wirkungsweise und der Grad faktischer Effektivität nicht beurteilt werden. Hier hat die weitere Untersuchung anzusetzen. Vorbild der Interpretation sonstigen Verfassungsrechts können auch insoweit die Grundrechte sein. Ihre „Effektivität" ist Gegenstand einer umfangreichen Rechtsprechung des BVerfG, die hier nicht im einzelnen referiert werden kann. Doch lassen sich gewisse Grundlinien aufzeigen.

aa) Effektive Grundrechtsgeltung als Modell

Für seine Effektivitäts-Rechtsprechung ist das BVerfG oft gescholten worden, weil es die individuelle Freiheit einseitig betone. Diese Betonung ist jedoch keine Erfindung des Gerichts, sondern Folge der verfassungsrechtlichen Normierung von Grundrechten. Das Problem hat eine lange Tradition. Schon die rechtliche Anerkennung von Grundrechten überhaupt wurde in der konstituionellen Staatslehre mit der Befürchtung bekämpft, der Staat würde zerfallen, wenn er subjektiv-öffentliche Rechte des einzelnen anerkenne[271]. Verschärft wurde der Disput durch die klare hierarchische Überordnung des Verfassungsrechts, wie sie in Art. 1 Absatz 3 und 20 Absatz 2 GG ihren Ausdruck findet. Verfassungsmäßige Rechte des einzelnen werden dadurch mit den Ansprüchen des Staates an seine Bürger auf mindestens dieselbe Stufe gestellt. Technisches Vehikel der Effektivierung von Grundrechten ist nach mittlerweile gefestigter Rechtsprechung und Lehre die „objektivrechtliche" Dimension der Grundrechte. Sie ist vom Vorhandensein rechtsfähiger Grundrechtsträger abgelöst und gewährleistet einen „freiheitlich geordneten Lebensbereich" jenseits individueller Abwehr- und Leistungsrechte[272]. Ihr „objektivrechtlicher" Charakter schließt jedoch nicht aus, daß sie auch in einer „resubjektivierten" Wirkungsdimension subjektivrechtliche Ansprüche vermittelt[273]. Auch sind „objektive" Grundrechtsnormen nicht zwingend prinzipielle Gewährleistungen[274], sondern vermögen durchaus definitive Rechtsfolgen anzuordnen.

Die Effektivität des Grundrechtsschutzes enthält darüber hinaus aber noch ein Moment, das bis in die Drittwirkungsproblematik hinüberweist: Die meisten Grundrechte haben Normbereiche, die nicht allein im Rechtsverhältnis zwischen Staat und Bürger berührt werden können. Staatsgerichtet sind ihrem Schutzgut nach strenggenommen nur die Prozeßgrundrechte und Art. 19 Absatz 4 GG. Im übrigen aber beziehen sich die Schutzbereiche auf Güter, die auch, ja vornehmlich von Privaten gefährdet werden können oder andere Private beeinträchtigen. Ein

---
[271] Überblick bei *Masing*, Mobilisierung, S. 56 ff. und 151 f. m. zahlr. Nachweisen.
[272] *Krebs*, JURA 1979, 304 (309); H. *Dreier*, JURA 1994, 505 (509).
[273] A. A. *Jarass*, AöR 110 (1985), 363 (367).
[274] So *Jarass*, AöR 110 (1985), 363 (369).

effektiver Grundrechtsschutz berührt damit über die Staat-Bürger-Beziehung hinaus die Verteilung von Gütern zwischen Grundrechtsträgern. Diese güterbezogene Sichtweise steht allerdings im Gegensatz zu einer Grundrechtstheorie, die zwar absolute Rechte in den Grundrechten findet, diese aber gleichwohl nicht gegenüber jedermann bestehen läßt[275]. Daß Grundrechte als subjektiv-öffentliche Rechte regelmäßig keine Ansprüche gegen Privatpersonen begründen, schließt nicht aus, daß sie die grundrechtlich geschützten Güter auch vor Beeinträchtigungen *durch* andere als den Staat schützen. Diese Frage ist unabhängig davon zu beantworten, wer letztlich zur Unterlassung oder Abwehr der Beeinträchtigungen *verpflichtet* ist.

Es wäre allerdings irrig, anzunehmen, nur die Problematik grundrechtlicher Schutzaufgaben, -pflichten und -befugnisse sei ein Ergebnis des grundrechtlichen Effektivitätsdenkens. Das Bemühen um Effektivität beherrscht schon die „klassische" Abwehrfunktion der Grundrechte. Die weitergehenden – insbesondere die „objektiven" – Grundrechtsfunktionen lassen sich nicht von diesem freiheitsrechtlichen „Kern" des Grundrechts lösen und zu einem Gefüge verselbständigen, hinter dem der Sinn der Grundrechte als Abwehrrechte zurückträte[276]. Die objektivrechtliche Dimension kann das Individualgrundrecht deshalb in aller Regel nur verstärken, nicht aber einschränken[277]. Die Effektivität ist in diesem Zusammenhang vor allem ein Problem der *Eingriffs*bestimmung. Wirksam bleibt der Schutz der Grundrechte gegen staatliche Beeinträchtigungen nur, wenn er sich auch auf neue, ebenso freiheitsgefährdende staatliche Aktivitäten erstreckt wie die, auf die sich der überkommene Eingriffsbegriff bezieht[278].

Effektivitätssicherung ist aber auch Grundlage des Gedankens des Grundrechtsschutzes durch Organisation und Verfahren. Ausgangspunkt der dahingehenden Überlegungen waren die in ihrem tatsächlichen Bestehen „verfahrensabhängigen" Grundrechte, deren Ausübung eine staatliche Anerkennung voraussetzt, konkret also die Rechte auf Kriegsdienstverweigerung aus Art. 4 Absatz 3 und auf Asyl aus 16a Absatz 1 GG. Die organisatorische Grundrechtssicherung betrifft aber darüber hinaus auch alle anderen Grundrechte, soweit deren Ausübung tatsächlich von der Gestaltung staatlicher Verfahren abhängt. So ist das Grundeigentum an Baugrundstücken in seiner Nutzung von der Erteilung staatlicher Baugenehmigungen abhängig; die Indizierung jugendgefährdender Literatur kann die Kunstfreiheit der Autoren verletzen, wenn das Prüfungsverfahren nicht von einem hinreichend qualifizierten Gremium durchgeführt wird. Zwar kann auch die Gestaltung des Formalrechts z. T. als *Leistungs*aspekt der Grundrechte angesehen werden[279]. Da die Verfahrensgestaltung aber dazu führen kann, daß der Grundrechtsschutz faktisch

---

[275] *Henke,* DÖV 1984, 1 (3); *Jestaedt,* DVBl. 1997, 693 (694).
[276] BVerfGE 50, 290 (337).
[277] Ohne Ausnahme: *Pieroth/Schlink,* Grundrechte, Rdnr. 219.
[278] Vgl. im einzelnen *Bethge,* VVDStRL 97 (1998), S. 9 ff.
[279] Vgl. *Heyde,* in: FSchr. Zeidler, Bd. 2, S. 1429 (1430 f. und 1438).

V. Normeffektivität als Kollisionsregel?

ausfällt[280], spielt die Abwehrfunktion der Freiheitsrechte für die grundrechtliche Einwirkung auf das Verfahrensrecht jedoch eine mindestens ebenso große Rolle wie ihre Leistungsfunktion.

Letztlich kann offen bleiben, ob die Effektivität grundrechtsrelevanter Verfahren eher der abwehr- oder der leistungsrechtlichen Seite der Grundrechte zuzuordnen ist. Auch die Leistungsdimension der Freiheitsrechte dient ihrer Effektivitätssicherung, indem sie den Staat verpflichtet, die Grundrechtsausübung durch aktives Tun zu unterstützen und zu fördern. Der Grund hierfür liegt regelmäßig in einer besonderen staatlichen Verantwortung für knappe Güter, die als Grundlage der Freiheitsausübung unerläßlich sind[281]. Zusammenkommen müssen also drei Voraussetzungen, um eine staatliche Leistungspflicht aus Effektivitätsgründen auszulösen: *Knappheit* von Gütern, die zur Grundrechtsausübung gebraucht werden, ihre *Unersetzbarkeit* als Grundlage der Grundrechtsverwirklichung und eine besondere staatliche *Verantwortung* für die Verknappung oder das Fehlen von Alternativen. Während die ersten beiden Voraussetzungen Ergebnis der faktischen Lebensumstände sind, ist das dritte Element normativ.

Welche staatlichen Leistungen zur Freiheitssicherung im einzelnen aus Grundrechten abzuleiten sind, ist zwar Zentrum der Diskussion um Leistungsrechte, kann hier aber dennoch nur angedeutet werden. Das Spektrum reicht von der Eröffnung des Zugangs zu vorhandenen staatlichen Einrichtungen über die Neuverteilung privater Güter zur Erzeugung bisher fehlender Grundlagen der Grundrechtsausübung. Verfassungsdogmatisch aufschlußreicher ist die Palette an Gründen, aus denen eine Verantwortung des Staates für das Fehlen notwendiger Freiheitssubstrate sich ergeben kann. Diese Aspekte könnten auch für die Verantwortung für die Effektivitätssicherung nicht-grundrechtlicher Güter eine Rolle spielen. Weniger Bedeutung kommt in diesem Zusammenhang allerdings der *gleichheitsrechtlichen* Begründung von Leistungsansprüchen zu. Muß der Staat Leistungen unter den gleichen Voraussetzungen allen Grundrechtsträgern gleichmäßig gewähren, so handelt es sich um eine Art Übernahmeverantwortung: mit dem Beginn der Förderung einzelner wird der Gleichbehandlungsanspruch der anderen ausgelöst. Die Verantwortung des Staates kann indes auch in der *ausschließlichen Beherrschung* von Freiheitsgrundlagen durch den Staat oder in einer hoheitlichen *Ingerenz* in diese Grundlagen ihre Wurzeln haben. So muß der Staat die Zulassung zu Ausbildungsplätzen auf Grund von Art. 12 Absatz 1 GG gewähren, wenn er die Ausbildungsstätte monopolartig in die staatliche Verwaltung eingebunden hat[282], und einen für Großveranstaltungen allein tauglichen Versammlungsort zur Verfügung stellen, dessen – privatrechtlicher – Eigentümer er ist[283].

---

[280] *Dreier,* JURA 1994, 505, 512; *von Mutius,* JURA 1984, 529, 530.
[281] Siehe dazu insbes. *Murswiek,* Verantwortung, S. 228 ff.; *Albers,* DVBl. 1996, 233 (237 f.).
[282] Vgl. zusammenfassend BVerwGE 102, 142 (146).
[283] BVerwGE 91, 135 (1237 f.).

Die Freiheitschancen zurechenbar mindern kann der Staat einerseits, indem er *rechtliche* Hürden für die Freiheitsausübung errichtet, die auf Verfassungsebene liegen und daher nicht schon vom Vorrang des Grundrechts beseitigt werden. Dies trifft heute auf die Anforderungen zu, die nach Art. 7 Absatz 4 GG für die Genehmigung von Privatschulen erfüllt werden müssen[284]. Aber auch bloß „faktisch" kann der Staat grundrechtliche Freiheitsräume zurechenbar einengen und dafür ausgleichspflichtig werden, namentlich indem er die von Sonderrechtsverhältnissen betroffenen Personen für gewisse Zeiträume tatsächlich an der Ausübung grundrechtlich geschützter Tätigkeiten z. B. religiöser Natur hindert[285]. Gemeinsamer Nenner aller hier skizzierten Fälle der Sicherung „effektiver Grundrechtsgeltung" ist, daß es darum geht zu vermeiden, daß Grundrechte auf Grund der tatsächlichen Verhältnisse leere Verheißungen bleiben. Ein Unterlassen des Staates – Gegenstand der Abwehrfunktion der Grundrechte – genügt zum wirksamen Schutz der Grundrechtsgüter hier nicht mehr. Daraus folgt nicht etwa schon, daß die Grundrechte ihre „höchste mögliche Geltungskraft" erlangen müßten, was auf ihre Maximalgarantie hinausliefe[286]. Vielmehr soll ein drohendes Geltungsdefizit vermieden oder ausgeglichen werden.

bb) Maximalverwirklichung anderer Verfassungsnormen?

Die gewonnenen Gesichtspunkte lassen sich nun auch auf der „Gegenseite" für die effektivitätsorientierte Auslegung anderer Verfassungsnormen heranziehen. Geht es um den *effektiven Schutz* von Gütern, deren Gewährleistung durch die Verfassungsnormen anderweitig zu begründen ist, so folgt daraus allenfalls die Zulässigkeit von Grundrechtsbeschränkungen. Eine möglichst *weitgehende* Gewährleistungswirkung könnte auf den Grundsatz gestützt werden, daß Verfassungsnormen so auszulegen seien, daß sie optimale Wirkungskraft gewinnen[287]. Das BVerfG scheint diese Linie gelegentlich zu verfolgen. Es hat mit der Funktionsfähigkeit einer verfassungsrechtlich geschützten Institution zuweilen sogar eine Garantie ihrer *maximalen* Wirksamkeit verbunden, die als Maximalverwirklichung der – angeblichen – verfassungsrechtlichen Schutznormen dieser Einrichtungen zu verstehen ist. Mit einer begrifflichen Anleihe aus dem Europarecht hat *Bleckmann* diese Entscheidungen des Gerichts treffend als „Effet utile"-Rechtsprechung gekennzeichnet[288]. Wenn etwa die Funktionsfähigkeit der Streitkräfte ohne jeden Abstrich von Art. 87a Absatz 1 GG verlangt ist, dann nämlich deshalb, weil das Gericht die in Art. 87a Absatz 1 GG aufgefundene „*Grundentscheidung für eine*

---

[284] BVerfGE 90, 107 (115).
[285] BVerfGE 52, 223 (241); 93, 1 (24).
[286] So *van Nieuwland*, Theorien, 20; *Nipperdey,* in: Grundrechte IV/2, S. 745; *Ridder/ Stein*, DÖV 1965, 366 (366).
[287] *Hesse*, Grundzüge, Rdnr. 75; zuerst wohl *Thoma*, in: Nipperdey, Grundrechte und Grundpflichten der Reichsverfassung, 1929, S. 4; s. a. *Hubmann*, AcP 155 (1956), 126 (128).
[288] *Bleckmann*, DÖV 1983, 808 (808).

wirksame Landesverteidigung" maximal und bedingungslos verwirklicht sehen will[289].

Ein bedeutender Einwand gegen das Postulat einer Maximalverwirklichung von Normen ist aber schon, daß hier Effektivität mit Effizienz verwechselt wird. Darunter ist die maximale Zweckerreichung mit den gegebenen Mitteln zu verstehen. Allerdings ist Effizienz eine dem Verfassungsrecht bekannte Größe. Sie kommt etwa in Art. 108 Absatz 4 und 114 Absatz 2 GG als „Wirtschaftlichkeit" vor. Doch im Gegensatz zu ihr ist Effektivität nicht auf isolierte Wirkungssteigerung angelegt. Sie setzt stets das zu erreichende Ziel mit den dafür aufzuwendenden Mitteln ins Verhältnis und kann daher auch dann am besten verwirklicht sein, wenn eine Zweckverfolgung unterbleibt, weil sie zum Aufwand außer Verhältnis steht[290].

Vor allem aber läßt diese expansive Variante der Effektivität als größtmögliche Normverwirklichung die Eingebundenheit der betreffenden Normen in den Kontext der Verfassung außer acht. Ebensowenig wie die Grundrechte im Sinne ihrer größtmöglichen Wirkungskraft auszulegen und anzuwenden sind, verlangt eine gegenläufige Verfassungsnorm zwingend die Durchsetzung ihrer Gegenstände. Ihr wird damit zugleich Gewährleistungs- und (absolute) Vorrangfunktion gegenüber anderen Verfassungsnormen zuerkannt, was innerhalb des Grundgesetzes als eines Gefüges gleichrangiger Normen nicht begründbar ist. Die normative Kraft der Verfassung gebietet ihre *optimale*, nicht aber ihre maximale Geltung[291]. Verfassungsnormen als Optimierungsgebote verlangen die Abwägung gegenläufiger Prinzipien, nicht die unbedingte Durchsetzung eines von ihnen[292]. Da diese grundsätzlichen Überlegungen für jede Art von Gewährleistungsnorm gelten, ist die Auslegung anhand eines Grundsatzes maximaler Normverwirklichung generell abzulehnen.

cc) Minimalverwirklichung anderer Verfassungsnormen

Übrig bleibt als Effektivität im auslegungsmethodischen Sinn die Chance von Normen, *überhaupt* eine Regelungswirkung zu entfalten, also nicht ganz *leerzulaufen*. Es geht dabei um Anwendbarkeit i. S. des Vorhandenseins von Bezugspunkten in der Wirklichkeit, auf die eine Norm anwendbar ist; ohne potentiellen Anwendungsbereich kann sie weder beachtet noch mißachtet werden. Eine solche Minimaleffektivität ist vom Geltungsanspruch jeder Norm mit umfaßt[293].

Die aus dem Effektivitätsstreben jeder Norm häufig gezogenen Folgerungen erscheinen allerdings nicht zur Gänze als zwingend. So ist es insbesondere bei Normen mit Konditionalstruktur fraglich, ob ein in ihrem *Voraussetzungsteil* ge-

---

[289] *Lerche,* BayVBl. 1991, 517 (518).
[290] *Kunig,* Rechtsstaatsprinzip, S. 438.
[291] *Hesse,* Normative Kraft, S. 3 und 8 f.
[292] *Alexy,* Theorie der Grundrechte, S. 256 f.
[293] *Hesse,* Normative Kraft, S. 6; *Pestalozza,* Der Staat 11 (1972), 161 (184).

nanntes Gut gewährleistet sein soll. Richtiger erscheint zunächst eine schematische Beschränkung der Effektivitätsforderung auf die Rechtsfolgenseite der Norm; denn würde auch der Tatbestand stete Verwirklichung einfordern, so wäre die Anwendbarkeit der Norm in jedem Moment sichergestellt – und damit doch wieder eine Art von Maximalgarantie eingeführt. Besonders ins Auge fällt dies bei Teilen der Notstandsverfassung. Art. 35 Absatz 3 GG zum Beispiel kann nicht voraussetzen, daß Naturkatastrophen und weiträumige Unglücksfälle an der Tagesordnung sind. Auch Art. 115a ff. GG sind nicht auf ihre faktische Effektivität in dem Sinne angelegt, daß sie ohne wenigstens *einen* Verteidigungsfall leerliefen und der Verteidigungsfall daher ein verfassungsrechtlich geforderter Zustand sei.

Anderes gilt trotz der sachlichen Nähe schon für die Wehrpflicht. Schon vor ihrer Einführung folgerte das BVerfG aus der Existenz des Art. 73 Nr. 1 GG, daß die Einführung der Wehrpflicht nicht verfassungsrechtlich unzulässig sein könne, denn sonst verlöre Art. 73 Nr. 1 GG seinen Sinn[294]. Das war nicht nur angesichts der ausdrücklichen Absicht der Verfassungsänderung, die den Begriff Wehrpflicht in diese Kompetenzvorschrift hineingenommen hatte, ein korrekter Schluß aus der Entstehungsgeschichte der Norm – es war im historischen Kontext der Wiederbewaffnung die einzig sinnvolle Lesart des Art. 73 Nr. 1 GG: da es bislang weder Armee noch Wehrpflicht gegeben hatte, wäre ein anderer Gebrauch als durch Einführung der Wehrpflicht gar nicht möglich gewesen. Richtigerweise folgte aus dem Gebot, Art. 73 Nr. 1 GG a. F. nicht leerlaufen zu lassen, aber nur die *Zulässigkeit* einer Einführung der allgemeinen Wehrpflicht. Diese vor allem grundrechtlich bedeutsame Aussage war jedoch systematisch im Zusammenhang der Gesetzgebungskompetenzen deplaziert und wurde zu Recht von Art. 12a Absatz 1 GG (n. F.) als Grundrechtsbeschränkungsvorbehalt abgelöst.

Auch die im Ansatz berechtigten Schlüsse, die vielfach aus der Erwähnung von Gegenständen in Kompetenznormen gezogen werden, gehen meist zu weit. Art. 105 Absatz 1 und 106 Absatz 1 GG setzen zwar voraus, daß es Finanzmonopole irgendwann einmal gegeben hat. Damit beziehen sich sie sich auf den tatsächlichen Zustand des Rechts im Zeitpunkt ihres Erlasses. Eine Bestandsgarantie für Finanzmonopole kann daraus jedoch nicht abgeleitet werden[295]. Die Regelungsbefugnis des Bundes kann sich darin erschöpfen, daß er alle Finanzmonopole nach und nach abschafft und damit einen Ausgleich zwischen der grundrechtlichen Forderung nach freier Wahl des Gewerbezweiges und fiskalischen Interessen herstellt.

Die Minimaleffektivität von Verfassungsnormen ist auch *ratio* der Ableitung von ungeschriebenen Kompetenzen des Bundes aus geschriebenen Kompetenztiteln des Grundgesetzes, die das BVerfG „kraft Sachzusammenhangs" oder als „Annex" zur ausdrücklich normierten Kompetenz zugelassen hat[296]. Die besonders

---

[294] BVerfGE 12, 45 (50).
[295] *Tipke*, DÖV 1995, 1027 (1035); a.A. *Pestalozza*, Der Staat 11 (1972), 161 (187); *Pieroth*, AöR 114 (1989), 422 (440f.); *Wülfing*, Gesetzesvorbehalte, S. 118 f.
[296] BVerfGE 12, 205 (238); 22, 180 (210); 26, 281 (300).

V. Normeffektivität als Kollisionsregel?

problematische Figur einer Bundeskompetenz aus der Natur der Sache beruht dagegen nicht auf dem Effektivitätsgedanken[297]. Die auf den Sachzusammenhang abstellende Ausnahme vom Enumerationsgrundsatz der Art. 30, 70 und 83 GG steht und fällt mit der Annahme, daß einige geschriebene Bundeskompetenzen nicht sinnvoll ausgeübt werden könnten, wenn sie nicht um eng damit zusammenhängende Materien angereichert würden. Umgekehrt gründet die Legitimation von Annexkompetenzen auf der Überlegung, daß ihre Objekte bloße Anhängsel bundesstaatlicher Kompetenzgegenstände seien und deshalb nicht sinnvoll von den Ländern geregelt oder verwaltet werden könnten, ohne daß diesen die Zuständigkeit für den Gegenstandsbereich zusteht, der nun einmal ausdrücklich dem Bund zugewiesen ist. Beide Arten von Kompetenzbegründungen beruhen auf dem Gedanken der *effektiven* Ausübung einer Kompetenz, sei es, daß sie dem Bund *zusteht und* effektiv soll ausgeübt werden können, sei es, daß sie ihm zustehen *soll, damit* sie selbst effektiv ausgeübt werden kann. Parallel zueinander trägt dieser Gedanke sowohl ungeschriebene Gesetzgebungszuständigkeiten des Bundes als auch seine ungeschriebenen Verwaltungskompetenzen[298].

Wegen des Ausnahmecharakters, der den Kompetenzkatalogen des Grundgesetzes gemeinhin nachgesagt wird, sollen schon die geschriebenen, erst recht aber die im Hinblick auf das Bundesstaatsprinzip als problematisch angesehenen ungeschriebenen Bundeskompetenzen *eng* auszulegen und anzuwenden sein. Von den Vorfragen, ob die Enumeration von Kompetenztiteln wirklich ihren Ausnahmecharakter indiziert[299] und ob es methodisch korrekt ist, Ausnahmevorschriften stets eng auszulegen[300], kann hier abgesehen werden. Interessant ist vor allem die weitere Parallele, die sich zwischen der Begründung weiterer *Kompetenzen* aus vorgefundenen Kompetenzbestimmungen auf Grund des Grundsatzes der Normeffektivität einerseits und der Argumentation andererseits auftut, welche *Grundrechtsbeschränkungen* auf die Idee stützen will, vorhandene Kompetenzen des Bundes dürften nicht leerlaufen, weil die Wahrnehmung dieser Kompetenzen notwendig mit Grundrechtseingriffen verbunden sei[301]. Für diesen Bereich läßt sich der Ausnahmecharakter potentiell beschränkend wirkender Verfassungsnormen aus dem Regel-Ausnahme-Verhältnis von grundrechtlicher Freiheit und der Zulässigkeit staatlicher Beeinträchtigungen dieser Freiheit begründen.

Auch im Hinblick auf „notwendige" Grundrechtsbeschränkungen spielt die Wahrung einer minimalen Bedeutung der Kompetenznorm für die Gestaltung der

---

[297] Dazu näher *Lerche,* in: Maunz/Dürig, GG, Art. 83 Rdnr. 43; **Blümel,** HdBStR Bd. 4, § 101 Rdnr. 116.

[298] Zu diesen *Lerche,* in: Maunz/Dürig, GG, Art. 83 Rdnr. 43; BVerwG, DVBl. 1997, 954 (955).

[299] Aus guten Gründen ablehnend *Heintzen,* DVBl. 1997, 689 ff.

[300] Zum Grundsatz „singularia non sunt extendenda" vorsichtig kritisch *Larenz,* Methodenlehre, S. 325; vehement *Friedr. Müller,* Juristische Methodik, S. 210 f.

[301] *Pestalozza,* Der Staat 11 (1972), 161 (183); *Pieroth,* AöR 114 (1989), 422 (446); *Menzel,* DÖV 1983, 805 (806), jew. m. Nachw.

Realität die Schlüsselrolle. Ohne späteren Überlegungen damit vorzugreifen, kann auf die beschränkende Rolle der Normeffektivität von Kompetenzvorschriften auch im Fall der Begründung ungeschriebener Bundeszuständigkeiten hingewiesen werden. Betroffen von der Einschränkung ist, so wie dort Grundrechte, hier das Bundesstaatsprinzip. Es verlangt zwar selbst weder eine bestimmte Kompetenzverteilung zwischen Bund und Ländern, noch stellt es auch nur eine grundlegende Verteilungsregel nach Art des Art. 30 GG auf. Aber es gebietet, *bestehende* Kompetenzzuweisungen an den Zentralstaat oder an die Gliedstaaten strikt einzuhalten. *Seine* Wirksamkeit wird im Kompetenzverteilungsbereich daher zurückgedrängt, wo aus Effektivitätsüberlegungen eine bestehende Kompetenzordnung nicht nur ausgelegt, sondern ergänzt wird. Die ungeschriebenen Kompetenzen aus dem Sachzusammenhang und als Annex bilden damit auch ein Beispiel für die Einschränkung eines Verfassungsgrundsatzes auf Grund kollidierenden Verfassungsrechts.

dd) Die Obsoleszenz von Verfassungsnormen als Effektivitätsproblem

Verfassungsnormen können obsolet werden, wenn sie in der Wirklichkeit keinen Anwendungsfall mehr vorfinden. Dabei ist von einem Begriff des Obsoletwerdens auszugehen, der nicht die faktische Nicht(mehr)befolgung umfaßt, sondern nur das Fehlen tatsächlicher Bezugspunkte ihrer Anwendung[302]. So würde etwa Art. 6 Absatz 1 GG hinsichtlich der Ehe obsolet, wenn kein Paar mehr die Ehe schlösse und die verheirateten Paare nach und nach ausstürben. Vor diesem Hintergrund fragt sich, ob das Bestreben jeder Norm, in einem Mindestmaß Wirkung zu entfalten, die Normadressaten dazu verpflichtet, den *Wegfall* faktischer Normsubstrate zu verhindern. Eine derartige, dynamische Effektivitätswirkung entfalten Normen aber in der Regel nicht. Dagegen spricht schon, daß das Verfassungsrecht für manche Normen sogar regelrechte Effektivitäts*sperren* kennt. Dem Bundesrecht widersprechende Normen des Landesrechts können nicht effektiv werden, da Art. 31 GG ihren Geltungsanspruch „bricht" – sei es mit der Folge der Nichtigkeit oder der bloßen Unanwendbarkeit. Das betrifft auch Landes*verfassungs*recht[303].

Die Norm ist in allen diesen Fällen zwar – vorübergehend – nicht mehr wirklichkeitsbezogen wirksam. Sie ist aber als stille Reserve im Hintergrund noch vorhanden und für neu auftretende Anwendungsfälle aktivierbar. Diese Reservefunktion genügt als Minimalnormativität aus[304]. Gerade aus diesem Grunde hat es auch Sinn, Art. 31 GG in bezug auf Landesverfassungsrecht, das dem Grundgesetz widerspricht, außerhalb des Anwendungsbereichs des Art. 142 GG nur über-

---

[302] *Robbers,* in: FSchr. Benda, S. 209 (217); vgl. allgem. *Baumeister,* Rechtswidrigwerden, S. 299 ff.
[303] Vgl. *Löwer/Menzel,* WissR 1996, 237 (243).
[304] Ebenso *Robbers,* in: FSchr. Benda, S. 209 (218).

V. Normeffektivität als Kollisionsregel?

lagernde Wirkung zuzusprechen, nicht aber eine Nichtigkeitsfolge[305]. Beim Wegfall des widersprechenden Bundesrechts „lebt" das Landesrecht wieder „auf".

Daß die Effektivitätsforderung, die eine Norm aufstellt, auch ihrer Obsoleszenz entgegenstände, trifft daher in solcher Allgemeinheit nicht zu. Selbst wenn der Gegenstandsbereich einer Verfassungsnorm ganz wegfallen sollte, kann noch nicht von ihrer Ineffektivität die Rede sein. Dafür spielt es auch keine Rolle, ob der Staat selbst die Gegenstände abgeschafft oder beseitigt hat, auf die sich die Norm bezieht. Zum Beispiel bietet Art. 6 Absatz 1 GG keinen Schutz vor dem Verschwinden der Ehe aus der sozialen Wirklichkeit[306]. Art. 24 Absatz 3 GG gebietet nicht die Existenz einer internationalen Schiedsgerichtsbarkeit (die es bis heute nicht in der dort beschriebenen, anspruchsvollen Form gibt), sondern enthält – außer einem außenpolitischen Staatsgrundsatz, der die auswärtige Gewalt zum Hinwirken auf eine solche Einrichtung verpflichtet – eine Reservenorm der Beitrittsverpflichtung zum Zeitpunkt der Errichtung einer Schiedsgerichtsbarkeit. Solange es keine allgemeine, umfassende und obligatorische internationale Schiedsgerichtsbarkeit gibt, läuft namentlich die Pflicht des Bundes zum Beitritt aus Art. 24 Absatz 3 GG leer[307]. Da die Erwähnung internationaler Schiedsgerichte also nur Reservefunktion hat, bildet sie auch keine geeignete Grundlage für einen etwaigen Verfassungsrang des Bestands oder der Funktion internationaler Schiedsinstanzen.

Auch das bereits berührte Beispiel der Finanzmonopole ist entsprechend zu beurteilen: Der Staat ist nicht gehindert, das letzte noch bestehende dieser Monopole – das Branntweinmonopol[308] – abzuschaffen, da die Gesetzgebungskompetenz insoweit mit den bisherigen Legislativakten schon ausgeschöpft wurde. Die Wiedereinführung der abgeschafften Monopole wäre an Art. 12 Absatz 1 GG zu messen und nicht schon allein wegen Art. 105 Absatz 1 und 106 Absatz 1 GG zulässig[309]. Selbst wenn sie nach dieser Prüfung nicht schlechthin unzulässig ist[310], werden die genannten Bestimmungen nicht obsolet. Sie stellen dann immer noch klar, daß die Länder sowohl aus grundrechtlichen Gründen als auch aus Kompetenzgründen keine Finanzmonopole einrichten dürfen. Obsolet werden auch Gesetzgebungsaufträge nicht schon allein durch ihre Erfüllung. So hat Art. 33 Absatz 5 GG seinen Zweck nicht etwa erfüllt und ist deshalb für künftige Änderungen des Beamtenrechts unbeachtlich, weil das Beamtenrecht den hergebrachten Grundsätzen längst

---

[305] Wie hier *Heckmann*, Geltungskraft, S. 299; *Discher*, Landesverfassungsgerichte, S. 207; *Löwer/Menzel*, WissR 1996, 237 (244 f.); *Sacksofsky*, NVwZ 1993, 235 (239); restriktiv dagegen *Dietlein*, Grundrechte, S. 56 f.; *Storr*, Verfassunggebung, S. 230 f.; *Schmidt-Bleibtreu*, in: ders./Klein, GG, Art. 142 Rdnr. 3.

[306] S. schon oben § 2 III 4 b).

[307] *Jarass*, in: ders./Pieroth, GG, Art. 24 Rdnr. 20; *Geiger*, GG und Völkerrecht, S. 397.

[308] *Siekmann*, in: *Sachs*, GG, Art. 105 Rdnr. 13.

[309] So aber *Siekmann*, in: *Sachs*, GG, Art. 105 Rdnr. 15; *Birk*, in: AltK-GG, Art. 105 Rdnr. 9.

[310] So allerdings *Maunz*, in: *Maunz/Dürig*, GG, Art. 105 Rdnr. 38; *Fischer-Menshausen*, in: v. Münch/Kunig, GG, Art. 105 Rdnr. 15.

angepaßt ist. Die Institutsgarantie der hergebrachten Grundsätze hindert den Gesetzgeber weiterhin daran, die Grundstrukturen des Beamtenrechts zu verändern[311].

c) Einseitigkeit der Normeffektivierung?

Eine methodisch kontrollierte Verfassungsauslegung muß keineswegs den Nutzen einer Orientierung an Funktionsgesichtspunkten in Abrede stellen. Die Effektivität von Normen ist ein wichtiger Aspekt bei ihrer Auslegung. Auslegungsmöglichkeiten, die zur Unanwendbarkeit einer Bestimmung führen, weil die Ausführung der gefundenen Sollensanordnung rechtlich oder faktisch unmöglich ist, sind zum Beispiel auszuschließen. Umgekehrt kann zwischen verschiedenen realisierbaren Auslegungsvarianten diejenige den Vorzug verdienen, die den Normzweck am besten verwirklicht. Im Verfassungsrecht ist diese Auslegungsmaxime als Gebot zur Verwirklichung einer größtmöglichen normativen Kraft der Verfassung etabliert[312]. Sie hält zur größtmöglichen Entfaltung des – vorab mit den herkömmlichen Mitteln der Auslegung festzustellenden – Normzwecks an; ein Mittel, selbst diesen Zweck zu finden, ist die Effektivität der Norm dagegen nicht.

Einer Begründung bedürfte aber, weshalb das Effektivitätsargument die reguläre Prüfung einer Rechtfertigung von Grundrechtsbeeinträchtigungen auf diesen *einzigen* Aspekt sollte verkürzen können, wenn nur der *Zweck* einer anderen Norm in der Sicherung verfassungsrechtlich geschützter Güter liegt. Daß die gewährleistende Verfassungsnorm sich zur Wahrung ihrer Effektivität durchsetzen soll, bedeutet ja nichts anderes, als daß zu ihrer Verwirklichung eine Beeinträchtigung des gegenläufigen Grundrechts *erforderlich* ist. Ist die Wirksamkeit einer Güterschutznorm in Frage gestellt, so scheint eine sie sichernde Grundrechtsbeeinträchtigung schon dann zulässig zu sein, wenn sie das mildeste Mittel zur Effektivierung des Güterschutzes ist. Die übrigen Stufen der regulären Verhältnismäßigkeitsprüfung werden dabei ebenso übergangen wie die formalen Sicherungen des Grundgesetzes bei Grundrechtseinschränkungen. Wer das gebotene Schutzniveau und damit den Vergleichsmaßstab für weniger eingreifende Maßnahmen festlegt, bleibt ohnehin ungeklärt. Mit dem viel bemühten Grundsatz der Einheit der Verfassung ist eine derart einseitige Wirkung methodischer Grundsätze kaum zu vereinbaren. Das gälte umgekehrt auch für eine einseitige Effektivierung des Grundrechtsschutzes. Erstaunlich ist an dem Gedanken, die Durchsetzung von Grundrechten könnte andere Verfassungsnormen ihrer Effektivität berauben, auch eine unausgesprochene Voraussetzung. Wer diese Wirkung der Grundrechtsverwirklichung befürchtet, wirft dem Verfassungsgeber ja implizit vor, Normen niedergeschrieben zu haben, die definitiv nicht miteinander vereinbare Rechtsfolgen gebieten, und damit zugleich, einen unlösbaren Widerspruch innerhalb des Grundgesetzes erzeugt zu haben.

---

[311] *Köpp*, in: *Steiner*, Besonderes Verwaltungsrecht, S. 352; a.A. *Rottmann*, in: FSchr. Zeidler, Bd. 2, S. 1097 (1115 f.).

[312] *Hesse*, Verfassungsrecht, Rdnr. 75; *Friedr. Müller*, Juristische Methodik, S. 223.

V. Normeffektivität als Kollisionsregel?

Auch die Vorstellung immanenter Widersprüche des Grundgesetzes verträgt sich schlecht mit dem Gedanken einer Einheit der Verfassung. Zudem ließe sich fragen, ob der Staat sich auf die von ihm selbst erst herbeigeführte Alternativlosigkeit der Gewährleistung grundrechtsbedrohender Güter berufen darf, ohne zumindest bis zu einem gewissen Grad den Vorwurf rechtsmißbräuchlichen Handelns zu verdienen.

Diesen Einwänden ließe sich nun vielleicht mit dem Hinweis begegnen, daß Widersprüche sich nicht nur aus Normen allein ergeben können, sondern auch aus ursprünglich widerspruchsfreien Normen, die unter veränderten tatsächlichen Verhältnissen unvereinbare Gebote aufzustellen beginnen. Es liegt dann kein Verfassungswandel vor, bei dem sich die der Verfassung zugrundeliegenden *Wertmaßstäbe* verändern und die Verfassungsbegriffe mit neuer Bedeutung füllen[313]. Vielmehr kann sich auch die *Tatsachen*grundlage verfassungsrechtlicher Vorschriften so stark verschieben, daß sie das Gefüge der ihr aufliegenden Normen in Bewegung setzt. Gab es ursprünglich keinen Berührungspunkt zwischen den Regelungsthemata eines Grundrechts und einer anderen Verfassungsnorm, so schließt das nicht aus, daß später eine Überschneidung entsteht. War anfänglich – zumindest nach den Vorstellungen der Grundgesetzschöpfer – noch die gleichzeitige, beiderseits ungeschmälerte Verwirklichung von Grundrecht und gegenläufiger Gewährleistung möglich, so konnte die Verfassung (zumindest *prima facie*) volle Effektivität für beide Normen verlangen. Diese Forderung ist nicht mehr erfüllbar, wenn sich kraft unerwarteter tatsächlicher Umstände oder Veränderungen doch Verwirklichungskonkurrenzen einstellen.

Anschauliche Beispiele liefert die technische Entwicklung der Datenverarbeitung und der Telekommunikation. Daß das Eigentum an Mietwohnungen einmal mit der Informationsfreiheit kollidieren könnte, wenn Mieter Parabolantennen an die Außenwände montieren, um Satellitenfernsehsendungen zu empfangen[314], war 1949 nicht vorherzusehen. Mit dieser neuen Verwirklichungsform eines Grundrechts ist eine neue Kollisionslage erst entstanden. Mittlerweile hat sie sich schon so etabliert, daß ein Versuch Sinn ergibt, die diesbezüglichen Kollisionsregeln systematisch zu ordnen[315]. Ähnliches gilt im hier behandelten Bereich der Kollisionen mit anderweitigen Verfassungsgütern. Sollte Art. 73 Nr. 11 GG die Statistik für Bundeszwecke nicht nur als Kompetenzgegenstand erwähnen, sondern auch als schützenswertes Gut[316], so gefährdet ihre Erstellung in vernetzten EDV-Anlagen das informationelle Selbstbestimmungsrecht jedenfalls ungleich stärker als eine manuelle Erhebung und Verarbeitung der Daten[317]. Die Frage ist allerdings, ob es für die Lösung solcher unvorhersehbar entstandenen Konflikte tatsächlich

---

[313] Vgl. *Bryde*, in: v. Münch / Kunig, GG, Bd. 3, Art. 79 Rdnr. 11 m. w. Nachw.
[314] Vgl. nur BVerfGE 90, 27 (32 f.).
[315] *Mehrings*, NJW 1997, 2272 ff.
[316] So BVerfGE 65, 1 (50).
[317] BVerfGE 65, 1 (42 f.).

zwingend einer entsprechenden Lösungstechnik sui generis bedarf oder sie nicht vielmehr mit den herkömmlichen Mitteln der Methodenlehre befriedigend bewältigt werden können. Eher ist anzunehmen, daß die von tatsächlichen Veränderungen ausgelösten Inkongruenzen der normativen Situation meist auf hergebrachte Weise berichtigt werden können. *Klare, einseitige* Vorzugsregeln für die eine oder die andere Gewährleistungsnorm sind jedoch auch aus einer nachträglich entstandenen Gewährleistungskollision nicht der einzige denkbare Ausweg. Daß sich schon abstrakt betrachtet aus Effektivitätsgründen *immer* nur eine der beteiligten Normen durchsetzen könnte, trifft daher nicht zu. Zwischen den gleichrangigen Gewährleistungen des Grundgesetzes ist vielmehr – soweit möglich – gerade einer Lösung der Vorzug zu geben, die *beiderseits* einen möglichst großen Realisierungsgrad offen läßt. Sicher sind nicht alle Verfassungsnormen einer solchen Herstellung praktischer Konkordanz zugänglich. Wo eine Lösung dieser Art ausscheidet, ist aber die Annahme nicht ganz fernliegend, daß die in ihrer Wirksamkeit bedrohte Verfassungsbestimmung durch den Wandel der Umstände obsolet geworden ist.

Auch als Reaktion auf neue Kollisionen infolge veränderter Umstände kommt eine Optimierung aller beteiligten Verfassungsgüter in Betracht, wenn auch möglicherweise nur um den Preis gesteigerter staatlicher Aktivität auch in Form finanzieller Förderung eines oder aller beteiligten Verfassungsgüter. Ein Beispiel für die *gelungene* Herstellung schonenden Ausgleichs durch staatliche Leistungen ist die Kollision zwischen den Wirkungen der Sätze 1, 3 und 4 des Art. 7 Absatz 4 GG. Konnten Privatschulträger früherer Jahrzehnte noch ohne staatliche Hilfe den Betrieb ihrer Einrichtungen bezahlen, so ist dies unter den gegenwärtigen Verhältnissen finanziell so gut wie ausgeschlossen. *Daß* der Betrieb von Privatschulen teuer ist, liegt aber mit an den hohen Anforderungen an die Qualität ihres Unterrichts und an die soziale Sicherung der Lehrkräfte, die Art. 7 Absatz 4 Sätze 3 und 4 GG aufstellt. Durch diese normativen Erschwernisse droht das Grundgesetz selbst heute die Privatschulfreiheit tatsächlich auf eine nutzlose institutionelle Garantie und ein sinnloses Freiheitsrecht zu reduzieren[318]. Die Kollision zwischen der Gewährleistung der Freiheit einerseits, der Gewährleistung kultureller und sozialer Güter andererseits ergibt sich aus dem faktischen Umstand, daß diese Güter heute teurer sind als zur Zeit der Beratungen des Parlamentarischen Rates. Fördert der Staat Privatschulträger, so können sie den Anforderungen des Art. 7 Absatz 4 Sätze 3 und 4 GG an Lehrziele und Einrichtungen, Ausbildung und soziale Sicherheit der Lehrkräfte gerecht werden und müssen nicht auf den Betrieb ihrer Schulen verzichten. In dem Umfang, wie der Bestand von Privatschulen auf staatliche Förderung zwingend angewiesen ist, ergibt sich jedenfalls eine Pflicht des Staates zu diesen Leistungen aus Art. 7 Absatz 4 GG, wenn nicht auch ein subjektives Recht der Privatschulträger[319]. Hier *kann* der Staat nicht nur Abhilfe schaffen, indem er

---

[318] BVerwGE 23, 344 (347); 27, 360 (365); 70, 290 (292); 74, 134 (136); 79, 154 (157 f.).
[319] BVerfGE 90, 107 (117).

die Vereinbarkeit zweier Gewährleistungen durch finanzielle Unterstützung wieder herstellt; er *muß* es auch tun. Ob diese Pflicht auf der Verantwortung des Staates für die von ihm selbst verursachte Minderung der Freiheitschancen beruht[320], kann hier offen bleiben. Entscheidend ist, daß faktische Verwerfungen im Gefüge der grundgesetzlichen Gewährleistungen nicht nur durch eine normative Vorzugslösung für eine der beteiligten Garantien gelöst werden können, sondern auch durch ein beide Seiten optimierendes Leistungsangebot des Staates.

d) Zwischenbilanz

Auf Grund der vorstehenden Erwägungen ist schon abzusehen, daß der Gesichtspunkt der Normeffektivität keine ganz so große Rolle für die Herleitung und Anwendung verfassungsimmanenter Schranken aus dem sonstigen Verfassungsrecht spielen kann, wie die Diskussion über den Garantiegehalt der Kompetenznormen vermuten läßt. Besonders wenig Ausbeute verspricht dieser Auslegungsansatz für die Gewinnung einschlägiger Verfassungsgüter. Als etwas ergiebiger wird er sich im Rahmen der Herstellung eines Ausgleichs zwischen den Grundrechten und denjenigen Normen erweisen, die andere Verfassungsgüter gewährleisten.

4. „Effektivität" als Ausdruck oder Korrektiv des Platzes einer Gewährleistung in der Normhierarchie?

Nicht nur Spezialitätsverhältnisse zwischen Verfassungsnormen verbergen sich oft hinter einer Kollisionsentscheidung, die als Gebot einer effektiven Geltung der bevorzugten Bestimmung dargestellt wird. Die Fixierung auf das Topos notwendiger Freiheitsbeeinträchtigungen verdeckt zuweilen auch ein tatsächlich die Kollisionslösung zwischen zwei Güterschutznormen bestimmendes *Rang*verhältnis. Was als Verfassungsnorm zurückzutreten scheint, ist gelegentlich nur niederrangiges Recht, das nach dem Grundsatz lex superior derogat legi inferiori dem Grundgesetz zu weichen hat. Keine Anerkennung verdienen manche Ansätze, hierarchisch nachgeordneten Rechtssätzen mit Hilfe von Effektivitätserwägungen bewußt einen prima facie-*Gleich*- und definitiven *Vor*rang gegenüber Vorschriften des Grundgesetzes einzuräumen.

a) Normeffektivität im Verhältnis von Bundes- und Landesrecht

Ein klares hierarchisches Verhältnis besteht namentlich zwischen den Vorschriften des Grundgesetzes und (wirksamen) Bestimmungen der Landesverfassungen. Es wäre daher verfehlt, Normen der Landesverfassungen zur Sicherung ihrer

---

[320] Siehe dazu *J. P. Vogel*, DVBl. 1985, 1214 (1217) m. w. N.

Effektivität einen auch nur partiellen Vorrang vor dem Grundgesetz einzuräumen – auch wenn diese Umkehrung der Normenpyramide von dem Motiv beseelt ist, die Verfassungsautonomie der Länder zu stärken. Das Verhältnis zwischen wirksam zustande gekommenen, also insbesondere kompetenzgemäßen Normen des Bundes- und des Landesrechts ergibt sich durchweg aus den Kollisionsregeln der Art. 31 und 28 Absatz 1 GG. Sie gelten für Verfassungsnormen nicht minder als für Gesetze, Rechtsverordnungen und Satzungen[321].

aa) Landesrechtliche Schranken der Wirkung von Bundesgrundrechten?

Landesverfassungsrecht, das die Grundrechte des Grundgesetzes verletzt, ist wegen des Vorrangs des Bundesrechts nicht anwendbar. Es ist allerdings wegen seines Widerspruchs zu Bundesgrundrechten nicht schon kompetenzwidrig ergangen[322], weil die Grundrechte nicht in dem Sinne „negative Kompetenzvorschriften" sind, daß sie die Zuständigkeiten zum Regelungserlaß zwischen staatlichen Ebenen verteilen würden, sondern nur insoweit, als übrhaupt keine *staatliche* Ebene bestimmte Regelungen treffen darf. Etwas anderes folgt auch nicht aus Art. 28 Absatz 1 GG. Zwar sichert er den Ländern im Umkehrschluß ein begrenztes Maß an Verfassungsautonomie zu, soweit sie die Grundsätze des republikanischen, demokratischen und sozialen Rechtsstaates einhalten[323]. Art. 28 Absatz 1 GG ist insoweit keine echte Kompetenzvorschrift[324], sondern eine gegenüber Art. 31 GG spezielle Kollisionsnorm. Mit ihm erkennt das Grundgesetz die ausschließliche Zuständigkeit der Länder für ihre Verfassungsgebung an, bindet sie aber inhaltlich und statuiert den Vorrang der genannten Grundsätze vor entgegenstehendem – kompetenzgerechtem – Landesverfassungsrecht. Selbst wenn man die Grundrechte des Grundgesetzes in ihrem Wesensgehalt auf dem Wege über das Rechtsstaatsgebot mit in das Homogenitätsgebot einbezöge, wäre ein Verstoß der Landesverfassung gegen Bundesgrundrechte keine Kompetenzüberschreitung.

Daß Landesrecht einschließlich der Landesverfassung wirksame Beeinträchtigungen der Grundrechte des Grundgesetzes vornimmt, muß daher stets auf einer ausdrücklichen oder stillschweigenden Zulassung durch das Grundgesetz – oder mit seiner Billigung durch das sonstige Bundesrecht – beruhen. Der Musterfall einer solchen Zulassung sind die Gesetzesvorbehalte des Grundgesetzes, soweit sie explizit oder kraft sachlichen Bezugs auf Gegenstände der Landesgesetzgebung den Landes(verfassungs)gesetzgeber zu Einschränkungen von Grundrechten ermächtigen. Die Frage ist in diesem Abschnitt also zum einen, an welchen Stellen

---

[321] *P. M. Huber*, in: Sachs, GG, Art. 31 Rdnr. 2 und 8 f.

[322] So aber *P. M. Huber*, in: Sachs, GG, Art. 31 Rdnr. 9; *Bothe*, in: AltK-GG, Art. 31 Rdnr. 13.

[323] BVerfGE 36, 342 (361); *März*, Bundesrecht bricht Landesrecht, S. 187.

[324] Nur im untechnischen Sinne einer „negativen Kompetenzvorschrift", vgl. *März*, Bundesrecht bricht Landesrecht, S. 191.

V. Normeffektivität als Kollisionsregel?

das Grundgesetz *weitere* Ermächtigungen zur Grundrechtsbeschränkung erteilt, die weniger deutlich sind und deshalb möglicherweise zu dem Schluß verleiten können, das Landes(verfassungs)recht wirke aus Gründen seiner Effektivitätssicherung grundrechtsbeschränkend. Ist dieser Rahmen abgesteckt, bleibt zum anderen zu untersuchen, ob die Landesverfassungen Grundrechtsbeschränkungen *ausschließen* können, zu denen das Grundgesetz den Landesgesetzgeber ermächtigt. Auch hier hilft, wie sich zeigen wird, die Berufung auf die Effektivität der (Landes-)Verfassungsnorm nicht über den Vorrang des Grundgesetzes hinweg.

Höchst voraussetzungsvoll ist die scheinbar simple Behauptung, das Landesverfassungsrecht wirke „selbstverständlich" als immanente Schranke der (Bundes-) Grundrechte[325]. Von selbst versteht sich zwar, daß die Landesverfassung dem *Landes*gesetzgeber die Einschränkung von *Landes*grundrechten nicht nur ausdrücklich, sondern auch in Form verfassungsimmanenter Schranken einräumen kann. Bei der Einschränkung von *Bundes*grundrechten ist das weit weniger selbstverständlich.

Zwar bedürfte es näherer Begründung, weshalb eine Landesverfassungsnorm, die Bundesgrundrechte einzuschränken versucht, ultra vires erlassen und schon deshalb nichtig oder wegen des Grundsatzes der Normenhierarchie wirkungslos wäre[326]. Die Einschränkung bundesgesetzlicher Grundrechte durch den Landesgesetzgeber ist aus Sicht des Grundgesetzes vielmehr zunächst an der Bindungswirkung der Grundrechte gemäß Art. 1 Absatz 3 GG zu messen. Diese Bindung trifft den Landes- wie den Bundesgesetzgeber. Von ihr befreien zunächst grundgesetzliche Einschränkungsvorbehalte. Fehlen diese, so können Einschränkungsvorbehalte der Landesverfassung mit entsprechender Aussage nur dann wirksam eine Ausnahme von Art. 1 Absatz 3 GG zulassen, wenn sie ihrerseits *wirksam* sind. Sie dürfen dazu nicht dem Grundgesetz widersprechen, da sie sonst selbst nach Art. 31 GG unanwendbar sind. Ein solcher Widerspruch läßt sich nur vermeiden, wenn das Grundgesetz – wenn schon nicht selbst die Einschränkung – so doch die *Ermächtigung zu* Einschränkungen seiner Grundrechte zuläßt.

Eine Zulassung der Ermächtigung zur Einschränkung liegt nicht schon darin, daß das Grundgesetz den Ländern eine Kompetenz zur eigenständigen Verfassungsgebung einräumt, sei diese nun in Art. 70 GG begründet[327] oder in Art. 28 Absatz 1 GG vorausgesetzt. Das betrifft vor allem etwaige Versuche der Länder, den Grundrechtsschutz in ihren Verfassungen schwächer auszugestalten als im Grundgesetz. Ein Beispiel bietet Art. 31 Absatz 2 der Verfassung von Brandenburg. Soweit er dem Umweltschutz im Verhältnis zur Wissenschaftsfreiheit größe-

---

[325] So *Müller-Volbehr,* JZ 1995, 996 (997); ähnlich *Geis,* RdJB 1995, 373 (385 f.); andeutungsweise schon *ders.,* DÖV 1992, 522 (525); anders zu Recht *Löwer/Menzel,* WissR 1996, 237 (245 f.).

[326] Beide (einander ausschließenden) Thesen zugleich vertritt *Schwarz,* NdsVBl. 1998, 225 (229).

[327] So *Sachs,* in: FSchr. Stern, S. 475 (497).

res Gewicht einräumt, als Art. 20a GG ihm gegenüber Art. 5 Absatz 3 Satz 1 GG verschafft, ist eine solche Abweichung nicht von Art. 142 GG gedeckt; die Landesverfassungsnorm wird in diesem Umfang nach Art. 31 GG vom Bundesrecht verdrängt[328]. Gegen Landesgesetze zum Schutz der Umwelt sind in der betreffenden Grauzone auch risikoreiche Forschungsmethoden und -mittel zumindest *prima facie* abgesichert. Auch wenn die Institution Hochschule nach dem Landesverfassungsrecht eine stärkere Stellung gegenüber der Wissenschaftsfreiheit einzelner Hochschulmitglieder besitzt als nach Art. 5 Absatz 3 GG, überlagert das Grundrecht der Wissenschaftsfreiheit aus dem Grundgesetz nach Art. 31 GG diese institutionelle Mehrgewährleistung[329]. Dagegen kann eine Landesverfassung wegen Art. 142 GG wirksam „dasselbe" Grundrecht einem größeren Personenkreis zugestehen, als es das Grundgesetz tut, z. B. ein Recht auf Hochschulzugang auch Nichtdeutschen garantieren. Das betrifft etwa Art. 8 Absatz 1 NWVerf.[330].

Vor allem aber das Schulrecht liefert in gewissen Abständen Anschauungsmaterial für die These, landesverfassungsrechtliche Vorschriften könnten Grundrechte des Grundgesetzes einschränken, und zwar – weil es jedesmal um das vorbehaltlos gewährleistete Grundrecht der Glaubens- und Gewissensfreiheit ging – selbstverständlich als verfassungsimmanente Schranken. Im Fall der christlichen Gemeinschaftsschule, die in Bayern durch Art. 135 BayVerf. garantiert wird, wehrte das BVerfG noch das Ansinnen ab, das Grundgesetz regional eingefärbt zu interpretieren. Es legte vielmehr die Landesverfassungsbestimmung grundgesetzkonform aus[331]. Im Streit um die Anbringung von Kreuzen in bayerischen Klassenzimmern dagegen vertrat schon ein Teil des Senats die Auffassung, die verfassungsrechtliche Beurteilung müsse von den Gegebenheiten im Freistaat Bayern ausgehen, u. a. von dem in Art. 131 Absatz 2 BayVerf. vorgesehenen Bildungziel „Ehrfurcht vor Gott"[332]. Daraus zogen Teile der Literatur den Schluß, das Bundesstaatsprinzip gebiete es, den Ländern im Bereich ihrer Gesetzgebungs- und Verwaltungszuständigkeit für die Schule eine gegenüber der Bindung des Bundes größere Freiheit zur Grundrechtseinschränkung zu belassen[333].

Bevor man auf eine so vage Garantienorm für materiale Gestaltungsbefugnisse der Länder wie das Bundesstaatsprinzip zurückgreift, sollte man sich allerdings vergewissern, ob das Grundgesetz keine spezielleren Öffnungsklauseln für den Bereich des Schulrechts bereithält. Art. 7 Absatz 1 GG ist nicht allein eine Organisationsvorschrift; er erteilt dem Staat auch einen Bildungs- und Erziehungsauftrag einschließlich der inhaltlichen Festlegung der Ausbildungs- und Unterrichtsziele.

---

328 Vgl. BVerfGE 96, 345 (365 f.); eingehend *Dietlein,* Grundrechte, S. 52 ff.
329 A. A. *Kühne,* DÖV 1997, 1 (6).
330 *Kühne,* NWVBl. 1996, 325 (327).
331 BVerfGE 41, 65 (74 f. einerseits, 82 ff. andererseits).
332 BVerfGE 93, 25 (26).
333 *v. Campenhausen,* AöR 121 (1996), 449 (455 f.); *Geis,* RdJB 1995, 373 (385); *Heckel,* DVBl. 1996, 453 (459); nunmehr auch *Goerlich,* NVwZ 1998, 819 (821).

Der Staat kann daher in der Schule eigene Erziehungsziele verfolgen[334]. Schulische Erziehung ist notwendig mit einer Beeinträchtigung des Allgemeinen Persönlichkeitsrechts der Schüler verbunden; denn soweit die Schule sie erzieht, sind sie nicht ganz frei in ihrer Selbstbestimmung über die Formung ihres eigenen Charakters. Gleiches gilt für die Kindererziehung durch die Eltern. Es handelt sich damit bei dem Erziehungsauftrag des Staates um eine materielle Verfassungsposition, die mit dem Allgemeinen Persönlichkeitsrecht der Schüler und mit dem Elternrecht in Ausgleich zu bringen ist[335]. Diese materielle Verfassungsposition steht den Ländern als den für die Schule zuständigen Verwaltungsträgern zu. Damit ist aber nur die Kompetenzverteilung zwischen Bund und Ländern entschieden. Den Grundrechtsträgern gegenüber verstärkt die Zuweisung der Verwaltungskompetenz, die sich hier aus Art. 30 GG ergibt, keineswegs die Gestaltungsbefugnis der Länder; sie läßt sie überhaupt erst in deren Zuständigkeit übergehen. Art. 7 Absatz 1 GG ist daher indifferent gegenüber dem Inhalt und Ausmaß des eigenen Erziehungsrechts des Staates[336].

bb) Bundesrechtliche Schranken der Wirkung von Landesgrundrechten

Ebenso selbstverständlich – wenn nicht noch selbstverständlicher, soweit hier eine Steigerung möglich ist – wie die Befugnis des Landesverfassungsgebers zur Zulassung von Einschränkungen der Landesgrundrechte ist die Befugnis des *Bundes*verfassungsgebers, Einschränkungen der *Bundes*grundrechte zu erlauben – und nicht nur Einschränkungen durch Bundesrechtsetzung, sondern auch in Form von Landesrecht. Erneut ist auf die auch und gerade den Landesgesetzgeber ermächtigende Wirkung der grundrechtlichen Gesetzesvorbehalte des Grundgesetzes hinzuweisen. Doch auch ein beschränkender oder beschränkungsermöglichender Durchgriff des Grundgesetzes auf Grundrechte der *Landes*verfassungen erscheint weniger problematisch als der Übergriff einer Landesverfassung auf die Bindungswirkung der grundgesetzlichen Grundrechtsnormen. Der Vorrang des Bundesrechts ist grundsätzlich umfassend. Selbst rangniedere Vorschriften des Bundesrechts setzen sich nach Art. 31 GG – wenn auch nur im Einzelfall – gegenüber Landesverfassungsbestimmungen durch[337]. Ein Kompetenzverstoß ist bei Vorschriften der Bundesverfassung nicht denkbar; das Grundgesetz selbst ist auch nicht an seine diesbezüglichen Regeln in Art. 30, 70 ff., 83 ff. GG gebunden. Das Grundgesetz ist also durch nichts daran gehindert, die Wirkung landesrechtlicher Grundrechte (generell) aufzuheben oder (fallbezogen) einzuschränken.

Eine Beschränkung erlegt es seinem eigenen Vorrang allerdings in einem wichtigen Punkt durch Art. 142 GG auf. Diese Bestimmung stellt klar, daß die über das

---

334 BVerfGE 34, 165 (182); 47, 46 (71 f.).
335 BVerfGE 47, 46 (72 f.).
336 Ebenso *Pieroth,* DVBl. 1994, 949 (951).
337 BVerfGE 96, 345 (366).

§ 4 Verfassungsunmittelbare Vorzugsnormen

Grundgesetz hinausgehenden Grundrechte der Landesverfassungen ihre Wirksamkeit behalten und sie nicht schon kraft der Posteriorität des Grundgesetzes verlieren. Über seinen Wortlaut hinaus befreit Art. 142 GG aber auch Grundrechte in Länderverfassungen, die *nach* dem Grundgesetz entstanden sind, von der Verdrängung gemäß Art. 31 GG[338]. In seinen Anwendungsbereich fallen daneben Grundrechte der Länder, die grundrechtsgleichen Rechten entsprechen[339], z. B. dem Wahlrecht gemäß Art. 38 Absätze 2 und 3 GG. Weiter beläßt Art. 142 GG auch engeren Einschränkungsvorbehalten in den Landesverfassungen ihre Wirksamkeit. Nur wo das Grundgesetz erkennen läßt, daß es keine weitergehenden Bindungen der Landesstaatsgewalt zulassen will, als es selbst vornimmt, schließt es engere Vorbehaltsregeln der Landesverfassungen aus. Dies soll sich insbesondere aus Art. 9 Absatz 2 GG ergeben[340].

Art. 142 GG trägt gleichwohl weniger weit, als er auf den ersten Blick den Anschein erwecken mag. Gegen das Durchgreifen des übrigen *Bundes*rechts in die Rechtsordnungen der Länder schirmt er landesrechtliche Grundrechtsnormen keineswegs ab[341]. Einfache Bundesgesetze, Verordnungen oder Satzungen sind im Falle eines Widerspruchs zu Landesgrundrechten nicht in ihrer Wirkung gehemmt, und dies auch nicht territorial begrenzt auf das Gebiet des jeweiligen Landes. Die staatlichen Stellen dieser Länder unterliegen einer echten Doppelbindung, die zu unlösbaren Pflichtenkollisionen führen kann, wenn ein Landesgrundrecht konkrete, unmittelbar anwendbare Gebote erzeugt, die geltendem Bundesrecht widersprechen. In diesen Fällen löst Art. 31 GG die Kollision durch einen Anwendungsvorrang der bundesrechtlichen Norm[342].

Zusätzliches Konfliktpotential birgt die Möglichkeit, daß das *Grundgesetz* dem *Landes*gesetzgeber unmittelbar Einschränkungen nicht nur der Bundes-, sondern auch der *Landes*grundrechte einräumt. An einer solchen „Einmischung" ist das Grundgesetz nicht gehindert; auch Art. 142 GG betrifft nur die Wirksamkeit der weitergehenden Landesgrundrechte, nicht die weitergehender Bundeseinschränkungsvorbehalte. Einen Fall derartiger Ingerenz durch einen Gesetzesvorbehalt, der anders als die meisten ganz deutlich auf seine Einwirkung auf Landesgrundrechte hinweist, enthält Art. 137 Absatz 1 GG. Er ermächtigt nicht nur den Bundes-, sondern auch den Landesgesetzgeber; und er erlaubt nicht nur Einschränkun-

---

[338] Wie hier *Heckmann,* Geltungskraft, S. 299; *Discher,* Landesverfassungsgerichte, S. 207; *Löwer/Menzel,* WissR 1996, 237 (245); *Sacksofsky,* NVwZ 1993, 235 (239); sehr länderfreundlich auch *Goerlich,* NVwZ 1998, 819 (821 f.); restriktiv dagegen *Dietlein,* Grundrechte, S. 56 f.; *Storr,* Verfassunggebung, S. 230 f.; *Schmidt-Bleibtreu,* in: ders./Klein, GG, Art. 142 Rdnr. 3.

[339] BVerfGE 22, 267 (271); a.A. wohl nur noch *Hain,* JZ 1998, 620 (622).

[340] So namentlich *Tiedemann,* DÖV 1999, 200 (201).

[341] *Dietlein,* Grundrechte, S. 91; *Pieroth,* in: Jarass/ders., GG, Art. 142 Rdnr. 4; *P. M. Huber,* in: Sachs, GG, Art. 142 Rdnr. 9 und 12 m. w. N.; *Uerpmann,* Der Staat 35 (1996), 428 (437); a.A. wohl *Jarass,* NVwZ 1996, 1041 (1043 Fußn. 35).

[342] BVerfGE 96, 345 (366).

gen des Wahlrechts im Bund, sondern auch in den Ländern und Gemeinden[343]. Daß das Grundgesetz die Länder nicht daran hindert, das Wahlrecht im Bund für ihre öffentlich Bediensteten zu beschränken, bestätigt als bundesrechtlich zugelassene Ausnahme gerade den regelmäßigen Vorrang des Bundesrechts. Daß der Bund das Wahlrecht zu den Landesparlamenten und Gemeindevertretungen beschränken und daß ihn die Landesverfassung daran nicht hindern kann, ist unproblematisch.

Hier interessiert aber besonders der Fall, daß die Landesverfassung eine Beschränkung des Wahlrechts auf Landes- und Gemeindeebene durch die Landesgesetzgeber zu verhindern sucht. Eingetreten ist ein solcher Fall vor einiger Zeit in Brandenburg. Die damalige Fassung des Art. 22 BrbVerf. enthielt ein vorbehaltloses Wahlgrundrecht. Nach der hier als richtig unterstellten Auslegung des Landesverfassungsgerichts *wollte* der Verfassungsgeber damit die Einführung von Inkompatibilitätsvorschriften im Kommunalwahlgesetz verhindern[344]. Es fragt sich, ob er dies *konnte* oder daran durch Art. 137 Absatz 1 GG gehindert war. Ein wesentliches Argument gegen eine solche Sperre bundesverfassungsrechtlicher Gesetzesvorbehalte durch die Landesverfassung scheint zu sein, daß sie die effektive Geltung der Grundgesetznorm zu unterhöhlen droht. Würden *alle* Landesverfassungen die Einführung von Inkompatibilitätsregeln für Landtags- und Kommunalwahlen verbieten, so käme Art. 137 Absatz 1 GG in Gefahr, hinsichtlich der Alternativen „in den Ländern und den Gemeinden" leerzulaufen[345]. Zwar bliebe auch dann noch dem Bund die Möglichkeit unbenommen, selbst Unvereinbarkeiten von Amt und Mandat zu regeln, allerdings nur für Bundesbedienstete; für andere Angehörige des öffentlichen Dienstes würde ihm die Gesetzgebungskompetenz fehlen. Soweit sich Art. 137 Absatz 1 GG auch an die Landesgesetzgeber richtet, wäre er dann in der Tat unanwendbar. Daß Art. 137 GG nur eine Ermächtigung ausspricht und keine Pflicht zur Einführung von Unvereinbarkeitsregeln, räumt die Bedenken gegen Landesverfassungsnormen, die diese Einführung hindern, nicht aus[346]. Denn auch die bloße *Möglichkeit,* das Landeswahlgrundrecht einzuschränken, die Art. 137 Absatz 1 GG dem Gesetzgeber einräumt, ist durch ein landesverfassungsrechtliches Verbot völlig beseitigt. Eine Ermächtigung wird durch ein gegenläufiges Verbot nicht weniger ihrer Wirkung beraubt als ein striktes Gebot.

Indes liegt auch hier ein – komplizierter – Fall von normhierarchischer Kollision vor, der sich entsprechend mit dem lex-superior-Grundsatz lösen läßt. Der Fall ist deshalb kompliziert, weil zusätzlich der Kollisionsgrundsatz der Spezialität ein-

---

[343] *Menzel,* DÖV 1996, 356 (357); a.A. (nur Einschränkungen des Art. 38 GG, nicht der Landeswahlgrundrechte): *Stober,* in: BK-GG, Art. 137 I Rdnr. 178; (bloßer Appell an den Gesetzgeber): *Engelken,* DÖV 1996, 853 (861 f.); ganz übersehen von *Kluge,* NJ 1996, 356 (357).
[344] BrbVerfG, DVBl. 1996, 363 (366).
[345] So noch *Winkler,* JA 1997, 22 (23).
[346] So aber – im Einklang mit dem BrbVerfG – *v. Arnim* (Sondervotum), DVBl. 1996, 367 (368); *Menzel,* DÖV 1996, 1037 (1041).

greift. Art. 137 Absatz 1 GG steht nicht nur auf höherer Rangstufe als die Landesverfassung, er enthält zudem mit den Alternativen „Länder" und Gemeinden", soweit sie sich an den Landesgesetzgeber richten, Sondernormen für die Zulässigkeit von Inkompatibilitätsvorschriften des Landesrechts. Eine Landesverfassungsnorm, die das Wahlgrundrecht der Landesverfassung gegen Beschränkungen abschirmt, ist zwar durch Art. 142 GG von der Überlagerung gemäß Art. 31 GG ausgenommen[347]. Sie wird aber gleichwohl von der speziellen Ermächtigung des Art. 137 Absatz 1 GG verdrängt, wenn sie so unspezifisch ist wie das bloße Fehlen eigener Vorbehalte.

Ist sie dagegen auf denselben oder einen noch engeren Anwendungsbereich zugeschnitten als der grundgesetzliche Gesetzesvorbehalt, so stellt sich tatsächlich die Frage, ob die Normkollision nicht anstelle einer Spezialitätslösung zugunsten der Landesverfassungsnorm doch zugunsten der optimalen Wirkungskraft der Grundgesetznorm entschieden werden muß. Soll die Vorschrift des Landesrechts gerade gezielt die Verwirklichung grundgesetzlicher Rechtsfolgen vereiteln, so wird ein Vorrang des Bundesverfassungsrechts kraft Effektivität wohl zu bejahen sein. Nicht übertragen werden kann diese, für den detailliert ausdifferenzierten Vorbehalt des Art. 137 Absatz 1 GG spezifische Lösung auf andere, weitaus weniger vorkonkretisierte Einschränkungsvorbehalte, die sich (auch) an die Länder richten; zu denken wäre hier etwa an den Vorbehalt der öffentlichen Sicherheit und Ordnung in Art. 13 Absatz 7 GG.

b) Normeffektivität im Verhältnis von Verfassung und einfachem Gesetz

Ebensowenig wie Landesverfassungsrecht kann einfachgesetzliches Recht, geschweige denn im Rang noch unter dem Gesetz stehendes Recht die Grundrechte des Grundgesetzes „immanent" beschränken. Für Landesgesetze ergibt sich der Vorrang des Grundgesetzes aus Art. 31 GG, der insoweit keiner Spezialvorschrift zu weichen hat. Für bundes- wie landesrechtliche Normen an erster Stelle steht aber die Vorzugsregel des Vorrangs der Verfassung. Mit der „Gesetzgebung" meint Art. 20 Absatz 3 GG sowohl den Landes- als auch den Bundesgesetzgeber; ergänzt wird diese Bindungsformel durch den Vorrang der Verfassung als von ihr vorausgesetzte Kollisionsregel[348].

Die Idee, manche einfachgesetzlich geregelten Institute könnten Verfassungsgüter enthalten oder selber solche sein, knüpft sich an die verfassungsrechtliche Verankerung dieser Institute in normbezogenen Gewährleistungen des Grundgesetzes. Diese Garantien schützen die Funktion und zum Teil auch den Bestand gesetzlicher Normen gegen Eingriffe des Gesetzgebers. Welche Bedeutung ihnen im Hinblick auf Grundrechte zukommt, ist damit aber noch nicht ausgemacht. Wo sich

---

[347] Vgl. dazu BVerfGE 96, 345 (366).
[348] *Sachs*, in: ders., GG, Art. 20 Rdnr. 61 und 63; *Wahl*, Der Staat 20 (1981), 485 (485).

V. Normeffektivität als Kollisionsregel?

die Ausgestaltungsbefugnis des Gesetzgebers auf grundrechtsgeschützte Institute bezieht, besteht ohne Frage ein Spannungsverhältnis zwischen Grundrechtsgarantie und Ausgestaltungsoffenheit. Das gilt auch für Übergangsregelungen. Sie können dem Gesetzgeber im Extremfall einen beinahe „grundrechtsfreien" Gestaltungsraum eröffnen, wie Art. 143 Absatz 3 GG zeigt, der Beeinträchtigungen des Eigentums von der Bindung an Art. 14 Absatz 1 GG löst und damit bis an die Grenzen der Ewigkeitsgarantie, also bis zur Beeinträchtigung der Menschenwürde, ermöglicht[349]. Die Regel können solche Freiräume aber nicht sein. Weder ist die Erhaltung verfassungsrechtlich garantierter Rechtsinstitute von der Beachtung der Grundrechte freigestellt, noch gilt dies für die Sicherung des Bestands und der Funktion von einfachgesetzlich geregelten Institutionen wie insbesondere den Sonderstatusverhältnissen.

aa) Ausgestaltung von Rechtsinstituten

„Nebenwirkungen" auf die Ausübung von Grundrechten kann die Ausgestaltung verfassungsrechtlich geschützter Rechtsinstitute auslösen, selbst wenn diese nicht als solche auch grundrechtlich geschützt sind wie etwa die Ehe in Art. 6 Absatz 1 GG. Die Glaubensfreiheit, aber auch Gleichheitsgebote werden etwa von der Abschaffung gesetzlicher Feiertage berührt. Die Reichweite der institutionellen Garantie aus Art 139 WRV[350] hängt davon ab, ob und wenn ja in welchem Umfang der Gesetzgeber nach dieser Norm verpflichtet ist, anerkannte Feiertage beizubehalten. Es fragt sich, ob damit zugleich der Grundrechtsschutz im Ausstrahlungsbereich der Garantie auf das institutionell gebotene Maß begrenzt ist.

Innerhalb der institutionellen Gewährleistung des Art. 139 WRV ist zwischen *Bestandsschutz* und *Funktionsschutz* zu unterscheiden. Anders als einzelne Feiertage ist der Sonntag in Art. 139 WRV namentlich genannt. Unstrittig ist daher der Sonntag vor gänzlicher Abschaffung geschützt. Eine Verfügbarkeit der sonstigen Feiertage setzt voraus, daß Art. 139 WRV sich nicht auf einen festen Bestand an staatlich anerkannten Feiertagen bezieht; dies nimmt die ganz h. M. an[351]. Strittig war früher, ob auch eine Mindestzahl von *kirchlichen* Feiertagen geschützt bleiben muß[352]. Wenn keine bestimmten Feiertage vor Beseitigung gefeit sind, ist aber nicht bereits ihre Gesamtheit zum Abschuß freigegeben. Vielmehr muß der Gesetzgeber einer angemessenen Zahl von Feiertagen die staatliche Anerkennung belassen. Solange diese Zahl nicht unterschritten wird, besteht kein verfassungsrecht-

---

[349] *Bernsdorff,* NJW 1997, 2712 (2715); *Antoni,* in: Seifert/Hömig, GG, Art. 143 Rdnr. 4.

[350] Siehe *Kästner,* DÖV 1994, 464 (466) m. w. N.

[351] *Preuß,* in: AltK-GG, Art. 140 Rdnr. 69; *Hollerbach,* HdBStR VI, § 140 Rdnr. 62; *v. Campenhausen,* in: v. Mangoldt/Klein, GG, Art. 139 WRV Rdnr. 12; *Bergmann,* in: Seifert/Hömig, GG, Art. 140 Rdnr. 16; *Kästner,* NVwZ 1993, 148 (149); a.A. nur *E. Wolf,* JZ 1995, 139: alle am 11. August 1919 anerkannten Feiertage.

[352] So *v. Campenhausen,* in: v. Mangoldt/Klein, GG, Art. 139 WRV Rdnr. 12; a.A. *Preuß,* in: AltK-GG, Art. 140 Rdnr. 68; s. jetzt BVerfG, NJW 1995, 3378 f.

liches Hindernis, einzelnen Feiertagen aus wirtschafts- und sozialpolitischen Gründen die Anerkennung zu entziehen[353]. Art und Umfang des gewährleisteten Schutzes für anerkannte Feiertage sind durch seine in Art. 139 WRV angegebenen Zwecke umrissen[354]. Er muß hinreichen, um „Arbeitsruhe und seelische Erhebung" sicherzustellen. Damit überformen sozialpolitische und ethische Ziele die religionspolitische Tendenz des Staatskirchenrechts, in dessen Zusammenhang Art. 139 WRV steht[355]. Soweit diese Zwecke erreicht werden, kann der Gesetzgeber den Feiertagsschutz weithin frei ausgestalten.

Jedoch beeinträchtigt die Streichung eines konfessionsgebundenen kirchlichen anstelle eines konfessionsübergreifenden oder eines weltlichen Feiertags Art. 3 Absatz 3 Satz 1 GG. Vor einer kausal an den Glauben anknüpfenden Ungleichbehandlung schützt Art. 3 Absatz 3 Satz 1 Alt. 6 GG als lex specialis zu dem besonderen Gleichbehandlungsgebot aus Art. 4 Absätze 1 und 2 GG, das bei unabsehbaren Nebenfolgen auf die Religionsausübung subsidiär eingreift[356]. Daß dem Buß- und Bettag auf der Grundlage von § 58 Absatz 2 SGB-IX die staatliche Anerkennung entzogen wurde, muß daher vor dem Differenzierungsverbot des Art. 3 Absatz 3 Satz 1 GG gerechtfertigt werden. Von zu geringer zahlenmäßiger Stärke und sozialer Relevanz[357] kann im Fall der evangelischen Bekenntnisgemeinschaft jedenfalls keine Rede sein. Doch könnte Art. 139 WRV i. V. m. Art. 140 GG eine Differenzierung gestatten.

Die Dispositionsbefugnis des Gesetzgebers hat das BVerfG zum Anlaß genommen, bereits den *Eingriff* in das Grundrecht aus Art. 3 Absatz 3 Satz 1 GG zu verneinen[358]. Daß dem Gesetzgeber in gewissen Grenzen erlaubt ist, über die staatlich anerkannten *Feiertage* zu disponieren, stellt ihn jedoch nicht von der Bindung an sonstiges Verfassungsrecht frei. Daß kein Eingriff vorläge, ist kaum damit zu begründen, es handle sich um „Folgen der – bei Wahrung der Institutsgarantie – verfassungsrechtlich unbedenklichen Befugnis des Gesetzgebers zu regeln, ob und in welchem Umfang einzelne kirchliche Feiertage staatlich geschützt werden sollen"[359]. Daß eine Ausgestaltung des Instituts am Maßstab des Art. 139 WRV gemessen unbedenklich ist, besagt nichts für die Einschlägigkeit anderer Prüfungsmaßstäbe. Ein Eingriff liegt dann vor, wenn der Staat die Grundrechtsausübung in

---

[353] BayVerfGH, NJW 1982, 2656; *v. Campenhausen*, in: v. Mangoldt/Klein, GG, Art. 139 WRV Rdnr. 12; *Kästner*, NVwZ 1993, 148 (150 f.).

[354] BVerwGE 79, 118 (126); 79, 236 (241); 90, 337 (343); *v. Campenhausen*, in: v. Mangoldt/Klein, GG, Art. 139 WRV Rdnr. 29; a.A. *Preuß*, in: AltK-GG, Art. 140 Rdnr. 69.

[355] *v. Campenhausen*, in: v. Mangoldt/Klein, GG, Art. 139 WRV Rdnr. 8; *Kästner*, DÖV 1994, 464 (467 ff.).

[356] Unentschieden *Jarass*, in: ders./Pieroth, GG, Art. 3 Rdnr. 72.

[357] Für diese Kriterien *v. Campenhausen*, in: v. Mangoldt/Klein, GG, Art. 139 WRV Rdnr. 53; siehe aber BVerfGE 32, 98 (106).

[358] BVerfG, NJW 1995, 3378 (3379); ähnlich zu Art. 3 Absatz 3 Satz 2 GG jetzt auch BVerfGE 96, 288 (303, 307).

[359] So BVerfG, NJW 1995, 3378 (3379).

zurechenbarer Weise erschwert, und das ist hier der Fall. Auch Effektivitätsüberlegungen führen zu keinem anderen Ergebnis. Art. 139 WRV liefe nicht etwa leer, wenn bestimmte Feiertage jedenfalls isoliert nicht beseitigt werden dürften – ganz im Gegenteil, die Institutsgewährleistung würde dann noch grundrechtlich verstärkt. Das gesetzgeberische Ziel, die Finanzierung der Pflegeversicherung zu ermöglichen, genügte hier nicht zur Rechtfertigung einer Ungleichbehandlung entgegen Art. 3 Absatz 3 Satz 1 GG.

Das BVerfG deutete allerdings an, daß es sich in einem Dilemma befand, wollte es die Finanzierung der Pflegeversicherung nicht aufs Spiel setzen. Denn auch weltliche Feiertage wie der 1. Mai oder der 3. Oktober hätte der Gesetzgeber nicht ohne weiteres beseitigen können[360]. Der Grund ist in der verfassungsrechtlichen Abstützung dieser Feiertage in Art. 9 Absatz 3 GG und in der Präambel zu suchen, die Symbole für die Stellung der Gewerkschaften und für die Wiedervereinigung als legitim erscheinen lassen. Als bloß verfassungsrechtlich *anerkannte* Güter sind diese beiden Feiertage aber wohl von weniger hohen Eingriffsschwellen umgeben als kirchliche und obendrein nur von einer Konfession begangene Feiertage.

bb) Einrichtung von Sonderstatusverhältnissen

Nach wie vor besteht eine Tendenz zur Abschwächung der Grundrechtsgeltung in den früher als besondere Gewaltverhältnisse bezeichneten Sonderstatusverhältnissen der Soldaten, Schüler, Beamten und Strafgefangenen. Nachdem nicht mehr umstritten ist, daß der Vorbehalt des Gesetzes für Grundrechtseinschränkungen auch im Sonderstatus gilt[361], hat sich die Diskussion verlagert. Zwar ist in den letzten Jahren die Erkenntnis gewachsen, daß besonders in Einrichtungen des Staates, in denen Menschen unfreiwillig aufeinandertreffen, die Chance zur Ausübung von Grundrechten verknappt ist und dem Staat diese Verknappung auf Grund einer gesetzlich statuierten Anwesenheitspflicht – Wehrpflicht, Schulpflicht oder Pflicht zum Verbüßen einer Freiheitsstrafe – auch zuzurechnen ist[362]. Gleichwohl wird mit denselben Argumenten, die früher die Unzugänglichkeit der innerstaatlichen Bereiche Amt, Schule, Streitkräfte und Vollzugsanstalt für den Gesetzesvorbehalt begründen sollten, jetzt der Einschränkungscharakter grundrechtsrelevanter Ausgestaltungen abgestritten[363]. Einer Rechtfertigung bedürften Grundrechtsbeeinträchtigungen nach dieser Version der Impermeabilitätslehre überhaupt nicht mehr, *greift* doch die Gestaltung solcher Institutionen gar nicht in Grundrechte *ein*. Hinzugesellt hat sich den alten Argumentationsmustern aber noch der Topos eines

---

[360] BVerfG, NJW 1995, 3378 (3379).

[361] Grundlegend BVerfGE 33, 1 (10 f.). generell kritisch zur Figur „Sonderstatus" *Wülfing*, Gesetzesvorbehalte, S. 127.

[362] Klar in dieser Richtung die Entscheidungen zum Schulbereich: BVerfGE 41, 29 (49); 93, 1 (16).

[363] Vgl. allgemein *Gallwas*, Grundrechte, S. 135.

Gestaltungsspielraums des Gesetzgebers, der „notwendigerweise" Freiheitsbeeinträchtigungen mit sich bringe, aber seiner Natur nach nicht einem Rechtfertigungszwang unterliegen könne.

Der Textbefund ließe kaum auf eine so weitgehende Wirkung der Verfassungsnormen schließen. Zwar sind die herkömmlichen Sonderstatusverhältnisse im Grundgesetz mehr oder weniger deutlich angesprochen. Am klarsten kommen der Wehrdienst und der Ersatzdienst in Art. 12a und 17a Absatz 1 GG zur Sprache. Schüler werden nur indirekt mehrfach als Nutzer der Schule in Bezug genommen; persönlich werden sie nur nebenbei genannt, nämlich in Art. 7 Absatz 4 Satz 3 GG. Beamte kommen namentlich nur als Funktionsträger und Regelungsgegenstand des Beamtenrechts vor (Art. 33 Absätze 4 und 5 GG), ihr Status wird aber in Art. 33 Absatz 4 GG implicite definiert. Nur als Adressat einer Grundrechtseinschränkung sind die Strafgefangenen von Art. 12 Absatz 3 GG erfaßt. Wo ein Sonderstatusverhältnis ausdrücklich erwähnt ist, ermangelt die Erwähnung oft einer „schrankenspezifischen Aussagekraft"[364]. Das wird für Art. 33 Absatz 5 GG gerade im Vergleich mit Art. 12 Absatz 3 und 17a Absatz 1 GG deutlich.

Durch diese magere Textausbeute lassen sich Verfechter der alten Theorie des besonderen Gewaltverhältnisses nicht von der These abbringen, die Sonderstatus seien Räume, aus denen die Grundrechte in gewisser Weise ausgesperrt bleiben. Um ein grundrechtsverdrängende Wirkung zu erzielen, halten sie nicht mehr für erforderlich als eine verfassungsrechtliche „Anerkennung" der Sonderstatus. Da ihre inhaltliche Organisation mit den Auswirkungen auf grundrechtlich geschützte Güter altbekannt sei, folge nichts daraus, wenn die Verfassung zur Grundrechtsrelevanz der organisatorischen Gestaltung schweige; sie erkenne sie stillschweigend an. Diese Konsequenz aus einer verräumlichenden Sichtweise des Rechtsverhältnisses zieht namentlich *Loschelder*. Die Eingliederung in eine verfassungsgeschützte Einrichtung als deren „personelles Funktionselement" habe zur Folge, daß die staatlichen Dispositionen nicht mehr von „außen", begrenzend in den individuellen Lebenskreis eingreifen würden; sie „durchwirk(t)en" ihn vielmehr[365]. Die Betroffenen könnten sich nur noch auf einen personalen „Kernbereich" des Grundrechts berufen[366].

So nützlich geometrische Bilder oft bei der Klärung verfassungsrechtlicher Fragen sind, verdinglichende Schlüsse dieser Art lassen sie doch nicht zu. Über die mangelnde textliche Klarheit derjenigen Verfassungsbestimmungen, die zwar einen hergebrachten Typ von Sonderstatus in Bezug nehmen, ihn aber gerade *nicht* mit Eingriffsvorbehalten bewehren, wie dies Art. 17a Absatz 1 und Art. 12 Absatz 3 GG tun, hilft die Annahme einer stillschweigenden Akzeptanz für solche Beschränkungen nicht hinweg, die für die Funktionsfähigkeit der Einrichtung not-

---

364 *Merten*, in: FSchr. Carstens, S. 721 (733, 735).
365 *Loschelder*, in: HdBStR Bd. 5, § 123 Rdnr. 19.
366 *Loschelder*, in: HdBStR Bd. 5, § 123 Rdnr. 32; krit. dazu *Luthe*, DVBl. 1986, 440 (448 ff.).

wendig sein sollen³⁶⁷. Eine Rechtfertigung folgt in diesen Fällen nicht aus der Funktion des Sonderstatusverhältnisses als solchen im Sinne des nackten „anything goes". Maßgeblich ist vielmehr, ob und inwieweit es darum geht, den mit der Einrichtung jeweils konkret verfolgten *Zweck* zu erreichen³⁶⁸. Zu fragen ist jeweils nach der Funktion des Sonderrechtsverhältnisses. Es muß also etwa auf die Beeinträchtigung der Grundrechte anderer Schüler und ggf. Lehrer abgestellt werden, nicht einfach auf die „mit der Ausgestaltung des Schulverhältnisses notwendig verbundenen Freiheitsbeschränkungen"³⁶⁹. Dasselbe gilt bei Strafgefangenen für die aus der Ausgestaltung des Anstaltsverhältnisses folgenden Einschränkungen³⁷⁰. Entscheidend ist, in welchem Maße die mit der Einrichtung *verfolgten Ziele* erreicht werden können, wenn das Grundrecht zurücktritt. Nur wenn diese Ziele sich auf *Verfassungsgüter* beziehen, kann eine Einschränkung entgegenstehender Grundrechte auch verfassungsunmittelbar gerechtfertigt werden. Auch dann gelten notabene die allgemeinen Regeln, d. h. vor allem das Verhältnismäßigkeitsprinzip, ohne daß die institutionelle Einbindung insoweit auch nur ein graduelles Schutzdefizit für die Betroffenen mit sich bringen könnte.

Beispiele finden sich besonders zahlreich aber im öffentlichen Dienstrecht. Eine grundrechtsbeschränkende Wirkung geht auch hier nicht direkt von gesetzlichen Regelungen aus, und auch Art. 33 Absatz 5 GG als verfassungsrechtliche Regelung bezieht sich nur auf einfaches Gesetzesrecht, ohne es auf Verfassungsebene zu heben. Er enthält daher keine verfassungsrechtliche Gewährleistung des jeweils geltenden Beamtenrechts einschließlich disziplinarrechtlicher und sonst statusberührender Eingriffsgrundlagen³⁷¹. Art. 33 Absatz 5 GG kann damit materielle Verfassungsgüter nicht ersetzen, sofern Grundrechte der Beamten verfassungsunmittelbar eingeschränkt werden sollen. Es verwundert nicht, daß die Anforderungen an die kollidierenden Verfassungsgüter auch in diesem Zusammenhang um so höher sind, je tiefer ein Organisationsakt und die ihn ermöglichende Regelung in die grundrechtlich geschützte Sphäre des Beamten einwirken.

So bedürfen Einschränkungen der Freizügigkeit durch Normierung einer *Folgepflicht* von Regierungsbeamten bei der Verlegung ihrer Dienststelle von Bonn nach Berlin der Begründung mit der Erhaltung der Funktionsfähigkeit betroffener Verfassungsorgane³⁷². In anderen Fällen kann eine Pflicht zum Wechsel des Dienstortes nur gerechtfertigt sein, wenn die Behörde an einen zur Erreichung ihres ver-

---

³⁶⁷ Zu Recht kritisch gegenüber dem Begriff „Funktionsfähigkeit" als „materiellrechtliche(m) Passierschein der beschränkenden Staatsgewalt" (so *Merten,* in: FSchr. Carstens, S. 721, 731): *B. Fischer,* DVBl. 1981, 517 (519); anders *Lerche,* BayVBl. 1991, 517 (522). Differenzierend *Schwarz,* BayVBl. 1998, 710 (711).
³⁶⁸ Ebenso *Böckenförde,* DÖV 1980, 323 (325); *Sachs,* BayVBl. 1983, 460 (462).
³⁶⁹ BayVGH, BayVBl. 1975, 299 (300).
³⁷⁰ *Merten,* FSchr. Carstens, S. 721 (737); *Eick-Wildgans,* Anstaltsseelsorge, S. 143 und 164.
³⁷¹ A. A. BVerwG, DVBl. 1999, 1441 (1442) m. w. Nachw.
³⁷² VG München, NVwZ-RR 1995, 683; bedauernd dazu *Schwidden,* RiA 1995, 53 (62).

fassungsrechtlich gebotenen Auftrags besser geeigneten Standort umzieht. Dies mag bei Bundesoberbehörden mit der Nähe zum Sitz der Bundesregierung begründbar sein, wenn sie nicht gerade – was bei verselbständigten Fachbehörden wie dem Umweltbundesamt oder dem Bundeskartellamt in die Wahl des Sitzes eingeflossen sein kann – gerade durch örtliche Distanz Unabhängigkeit zeigen sollen. Kritischer zu betrachten ist trotz der verhältnismäßig geringeren Beeinträchtigung die Aufrechterhaltung des *Streikverbots,* einer Einschränkung des Koalitionsrechts, auch für die zu Privatunternehmen entsandten Beamten. War das Streikverbot bislang regelmäßig dadurch gerechtfertigt, daß eine Lähmung des Betriebs von staatlichen Dienststellen regelmäßig eine unabsehbare Vielzahl fremder Grundrechtsgüter in Mitleidenschaft zieht[373], betrifft ein Streik von Bediensteten der Deutschen Post AG in erster Linie deren wirtschaftliche Interessen wie bei jedem anderen privaten Arbeitgeber auch[374]. Schließlich ist die Koalitonsfreiheit Polizeibeamter, die eine gewerkschaftliche Leitungsposition bekleiden, auch geeignet, ein Auftreten in Uniform bei der öffentlichen Artikulation gewerkschaftlich organisierter Interessen aller vertretenen Beamten zu legitimieren[375].

Zu guter Letzt sind auch die Beeinträchtigungen der Meinungs- und der Vereinigungsfreiheit, die mit dem Eignungsmerkmal der *„Verfassungstreue"* schon für Beamtenbewerber entstehen, nur in dem Maße verhältnismäßig, wie das jeweilige Dienstverhältnis den Bewerber in die Nähe zum Kernbereich hoheitlicher Aufgaben des Staates bringt. Im Fall von Lehramtsbewerbern genügt die bloße Mitgliedschaft in radikalen, aber nicht verfassungswidrigen Parteien nicht, um ihre Eignung für den Schuldienst in Frage zu stellen, wenn sie die Gewähr dafür bieten, daß sie ihren Unterricht ebenso neutral und distanziert durchführen wie andere politisch engagierte Lehrer[376]. Eine dennoch befürchtete Einflußnahme auf die unterrichteten Kinder muß die Schulverwaltung jeweils mit den Mitteln des Disziplinarrechts unterbinden. Problematisch sind in diesem Zusammenhang Fälle, in denen Lehrer ihrer politischen oder religiösen Einstellung durch Haartracht, Kleidung u. ä. einen permanenten Ausdruck verleihen. Sofern darin tatsächlich ein Bekenntnis zu bestimmten Überzeugungen zum Ausdruck kommt und nicht nur das Bedürfnis möglicherweise hochsensibler Menschen, sich „anständig" zu kleiden, haben die betreffenden Lehrer der Erziehung ihrer Schüler zu Toleranz und Offenheit jedenfals den Vorzug vor der eigenen Religions- bzw. Meinungsfreiheit zu geben[377].

---

[373] Vgl. BVerfG, NJW 1996, 1902 ; ausf. *Jachmann,* ZBR 1994, 1 (4 f.).
[374] *Lorenzen,* PersV 1995, 99 (102); a.A. *Benz,* DÖV 1995, 679 (684).
[375] OVG Koblenz, DVBl. 1999, 330 (331 f.).
[376] EGMR, NJW 1996, 375 (377 f.); dagegen im Anschluß an BVerfGE 39, 334 (347) u. ö. *Häde/Jachmann,* ZBR 1997, 8 (13); zu Konsequenzen vgl. VG Sigmaringen, NVwZ 1998, 1104 (1105).
[377] Ebenso *Bader,* VBlBW 1998, 361 (364).

5. Zusammenfassung

a) Eine Kollisionsregel der Effektivität ist zur Lösung von Widersprüchen zwischen den Rechtsfolgen grundrechtlicher und sonstiger verfassungsrechtlicher Gewährleistungen nicht anzuerkennen. Sie kann die Frage nicht beantworten, welche der zur Wahl stehenden Rechtsfolgen eintreten und welche ausbleiben soll, ohne daß die eine oder die andere Gewährleistungsnorm nach anderen Kriterien als vorzugswürdig beurteilt wird. Dadurch verweist das Effektivitätsargument entweder zurück auf die klassischen Kollisionsnormen oder vorwärts auf die Gewichtung der Umstände des Einzelfalls.

b) Die meisten auf die effektive Geltung von gegenläufigen Verfassungsnormen abstellenden Rechtfertigungen für Grundrechtsbeeinträchtigungen können entweder schon nicht erklären, warum sie bestimmte Verwirklichungsalternativen nicht in ihre Betrachtung mit einbezogen haben, oder sie können nicht begründen, warum die beteiligte nicht-grundrechtliche Verfassungsnorm in einem Minimalmaß Anwendung finden müßte, das Grundrecht, das eingeschränkt werden soll, aber notfalls auch ganz zurücktreten sollte. Insbesondere ist nicht der Nachweis erbracht, daß eine Kompetenzbestimmung leerliefe, wenn die Kompetenz so wahrgenommen werden müßte, daß Grundrechte nicht oder nur in geringerem Umfang als durch die beabsichtigte Regelung betroffen sind.

c) Mit Effektivitätsgesichtspunkten läßt sich der von Art. 31 GG angeordnete Vorrang des Bundesrechts vor dem Landesrecht nicht aushebeln. Die Spielräume, die Art. 31 und 142 GG den Landesverfassungen eröffnen, genügen, um ihren autonom gesetzten Bestimmungen eine Wirkung zu erhalten, die zugleich der effektiven Geltung des Bundesstaatsgrundsatzes genügt.

§ 5 Grundzüge der Konfliktlösung im Einzelfall

Selbst wenn das Grundgesetz einem Grundrecht oder einer anderen Verfassungsnorm im Kollisionsfall grundsätzlich den Vorzug einräumt, ist damit doch noch nicht der konkrete Konflikt ausgeräumt, die Frage nicht beantwortet, welches der jeweils von den Verfassungsnormen geschützten und miteinander um ihre Verwirklichung konkurrierenden Lebensgüter im Einzelfall in welchem Umfang „Wirklichkeit gewinnen" soll. Damit bleibt hier noch eine nicht nebensächliche Problematik zu behandeln. Wo die Verfassung die Konfliktentscheidung nicht völlig durchnormiert, bleibt die Verantwortung des Staates doch erhalten, die von der Verfassung in einem weiten Sinne seinem Schutz anempfohlenen Güter miteinander in Ausgleich zu bringen, d. h. nicht nur theoretisch durch Erlaß von Normen, sondern auch praktisch durch eine Konfliktlösung im Einzelfall untereinander und gegeneinander zu sichern. Mit der abstrakten Vorzugsentscheidung ist diese Verantwortung noch nicht erfüllt. Zum einen muß auch eine prinzipielle Vorzugsentscheidung der Verfassung nicht zur ungeschmälerten Durchsetzung des bevorzugten Gutes führen, während das hintangesetzte gänzlich weichen müßte. In der Regel ist vielmehr das Gegenteil geboten. Zum anderen bedarf jede auch noch so klare Entscheidung zugunsten eines Verfassungsgutes der Umsetzung in Maßstäbe für die Lösung des einzelnen Konflikts[1]. Daß z. B. ein Grundrecht seinen Geltungsanspruch im Einzelfall gegen den Geltungsanspruch der mit ihm kollidierenden Verfassungsnorm durchsetzt, sagt an sich noch nicht viel über die Mittel und Wege zur Sicherung der grundrechtlich geschützten Lebensgüter im Einzelfall aus; dasselbe gilt *mutatis mutandis* auch im umgekehrten Fall.

Zu leicht macht es sich allerdings, wer nach der Feststellung, daß eine Kollision zwischen Verfassungsgütern vorliegt, unmittelbar in eine Güterabwägung oder sogar in eine Abwägung zwischen den beteiligten Verfassungsnormen eintritt[2]. Dies fordert skeptische Stimmen geradezu heraus, die Abwägungen als rational unkontrollierbare Verfahren brandmarken, mit deren Hilfe sich die abwägenden Gerichte – allen voran das BVerfG – einen funktionellrechtlich problematischen Entscheidungsspielraum verschaffen[3] und zugleich die Gefahr heraufbeschwören, daß Rechtssicherheit auf bloße Rechtsgütersicherheit reduziert wird[4]. Eine „unbe-

---

[1] Ebenso *Bumke*, Grundrechtsvorbehalt, S. 159.

[2] Z. B. *Leisner*, NJW 1997, 636 ff.; dagegen auch *Kemm*, NWVBl. 1997, 439 (445); *Gassner*, NJW 1998, 119 m. w. Nachw.

[3] *Friedr. Müller*, Einheit der Verfassung, S. 198 f.; *van Nieuwland*, Theorien, S. 134; *Schlink*, Abwägung, S. 152 f.; *ders.*, EuGRZ 1984, 457 (463).

[4] So die Befürchtung bei *Denninger*, KJ 1988, 1 (11).

stimmte Formel" von der Konkordanz verfassungsrechtlicher „Wertvorstellungen" wäre kein Ersatz für eine klare Dogmatik[5]. Diese Bedenken sind aber weitgehend gegenstandslos, wenn erst auf eine Abwägungsentscheidung zurückgegriffen wird, nachdem alle festeren normativen Vorgaben ausgeschöpft, also alle „Unwägbarkeiten" beseitigt sind[6]. Vor dem Rückgriff auf Güterabwägungen im Einzelfall sind insbesondere alle Abwägungsergebnisse, die das Grundgesetz selbst vertypt normiert hat, zu beachten[7]. Die Abwägung von Gütern – im Gegensatz zu einer gedanklich schwer nachvollziehbaren „Abwägung" der *Normen* selbst – ist ein danach letztlich unumgängliches Element der Kollisionslösung zwischen Verfassungsnormen. Ihre Rolle hält sich jedoch im gewohnten Rahmen der Verhältnismäßigkeitsprüfung[8], mag diese bei verfassungsimmanenten Einschränkungen auch einige Modifikationen erfahren.

Die Abwägung wird im Fall einer Kollision von Verfassungsnormen nämlich zu einem bloßen Teil des umfassenderen Konzepts *praktischer Konkordanz*[9]. Dieses Stichwort steht bei allen metaphysischen Anklängen nicht für eine ebenso unbestimmte „Zauberformel"[10]. Es bezeichnet vielmehr die methodische Forderung, alle an einer Kollision beteiligten Verfassungsnormen einander so „zuzuordnen", daß zwischen den von ihnen gewährleisteten Gütern ein „schonender Ausgleich" durch Optimierung beider Seiten erreicht wird[11]. Die gegebenen Freiheitsansprüche und Interessen sind miteinander kompatibel zu machen, indem die sie schützenden Normen beiderseitig eingeschränkt werden[12]. Praktische Konkordanz ist damit kein Norminterpretationsgrundsatz zur *Vermeidung* von Kollisionslagen[13], sondern eine Kollisions*entscheidungs*methode im Wege der „verhältnismäßigen Zuordnung" verschiedener grundgesetzlicher Gewährleistungsnormen im Einzelfall[14]. Ihre Besonderheit liegt vor allem daran, daß zwischen Verfassungsgütern zumeist keine schneidige Konfliktentscheidung an den scharfen Kanten nur ganz oder gar nicht erfüllbarer Regelnormen entlang vorzunehmen ist, sondern eine kompromißhafte, eben für alle Seiten schonende Lösung gefunden werden muß.

---

5 Darin ist *Böckenförde*, DÖV 1980, 323 (325) voll und ganz zuzustimmen.

6 Formulierung von *Gröschner*, JZ 1991, 628 (629).

7 Ähnlich *Friedr. Müller*, Einheit der Verfassung, S. 207; *Schlink*, EuGRZ 1984, 457 (463).

8 Ebenso BVerfGE 49, 24 (58); *Hopfauf*, NVwZ 1994, 566 (567); *Bleckmann*, JuS 1994, 177 (180); zweifelnd *Ossenbühl*, DVBl. 1995, 904 (906).

9 Grundl. *Zwirner*, Treuepflicht, S. 233 f.; weiterführend *K. Hesse*, Grundzüge, Rdnr. 72.

10 So *Lerche*, BayVBl. 1977, 177 (179); vgl. a. *Böckenförde*, DÖV 1980, 323 (325).

11 BVerfGE 41, 29 (51); 77, 240 (253); 81, 278 (292); *Gallwas*, BayVBl. 1976, 385 (387).

12 *Huster*, Rechte und Ziele, S. 74.

13 So *März*, Bundesrecht bricht Landesrecht, S. 104; ähnlich *Zippelius*, JZ 1999, 112 (115 f.).

14 *Hufen*, DÖV 1983, 353 (357); ähnlich auch schon *Lerche*, Übermaß und Verfassung, S. 153; *Scheuner*, VVDStRL 22 (1965), 1 (53). Plastisches Beispiel: OVG Nordrhein-Westfalen, NWVBl. 1999, 189 (191).

Diese Offenheit für die Einflüsse des Einzelfalls ist Ausdruck des Befundes, daß die Verfassung in weiten Bereichen auf eine definitive Konfliktregelung und damit auf nicht einlösbare Geltungsansprüche *verzichtet* hat. Das Grundgesetz bescheidet sich weithin mit prinzipiellen, im Einzelfall jeweils neu kombinationsfähigen und kombinationsbedürftigen Ordnungsimperativen. Gerade sein offener Charakter ermöglicht es dem Grundgesetz, sich wechselnden gesellschaftlichen Spannungen und Konflikten anzupassen, sie in lokalem Maßstab zu lösen und dabei doch im Großen entwicklungsfähig zu bleiben, anstatt auf Dauer unter einer Kruste festgewalzter Präjudizien zu erstarren[15]. Es zieht damit die Konsequenz aus der begrenzten Steuerungsfähigkeit des Verfassungsrechts in einer hochkomplexen Gesellschaft[16].

I. Abstrakt-generelle Eingriffsregelungen

Der ausgeprägte Einzelfallbezug der Konkordanzlösung schließt nun aber nicht aus, daß einzelne Schritte auf dem Weg zum konkreten Ausgleich schon auf einer abstrakt-generellen Ebene vorgezeichnet sind. Die Kollision von Verfassungsrechtssätzen läßt sich nicht ausschließlich im Wege konkretisierender Interpretation lösen[17], ohne die Direktivkraft der Verfassung zugunsten einer Definitionsmacht der Rechtsanwender aufzugeben. Gründe der Rechtssicherheit und Rechtsgleichheit könnten abstrakte Vorgaben durch allgemeine Normen sogar gebieten, gerade weil feste rechtliche Strukturen den Spielraum für Abwägungen im Einzelfall auf das unerläßliche, weil sachlich nötige Maß einengen. Insbesondere für den Vollzug der verfassungsrechtlich entschiedenen Gewichtung sind meist ausdrücklich positivierte Normen oder ergänzende ungeschriebene Grundsätze nötig, die bestimmte staatliche Organe zu konkreten Schutz- und Abwehrmaßnahmen ermächtigen. In diesem Sinne bedarf die verfassungsunmittelbare Grundrechtsbeschränkung stets einer *formellen* Rechtfertigung durch Ermächtigungsgrundlagen für die handelnden Organe der Staatsgewalt, so wie sie einer *materiellen* Rechtfertigung durch verfassungsrechtlich gewährleistete Güter bedarf. So wenig ein vorhandenes Gesetz die verfassungsrechtliche Legitimation von Einschränkungen ersetzt[18], so wenig begründet auch ein verfassungsrechtlich gewährleisteter Zweck allein die formelle Rechtmäßigkeit von Grundrechtseingriffen.

---

[15] *Grawert,* JuS 1986, 753 (756); *Lerche,* in: FSchr. Canaris, 1998, S. 7 (22).

[16] Vgl. *Hufen,* in: Grimm (Hrsg.), Steuerungsfähigkeit, S. 273 (281).

[17] Dafür aber *Achterberg,* Der Staat 8 (1969), 159 (176).

[18] Daher ist die Verwendung des Oberbegriffs „Begrenzung" für Schutzbereichs- und Schrankenlösungen grundrechtlicher Normzweckkonflikte (*Sachs,* in: Stern, Staatsrecht III/2, S. 226) zumindest unglücklich. Sie setzt voraus, daß das Schrankengesetz die verfassungsmäßige Legitimität seines Zweckes *in sich selbst* trägt. Gesetzesvorbehalte ermächtigen aber nur zur Setzung *gesetzlicher* Schrankenzwecke, und auch dies nur *im Rahmen* der Verfassung.

Die genauere Normierung der Rechtsfolgen aus der Lösung einer Kollision zwischen Verfassungsnormen könnte sich ebensogut aus dem untergesetzlichen Rechtssatzbestand wie aus dem einfachen Gesetzesrecht oder unmittelbar aus Verfassungsrecht ergeben. Es bleibt daher zu untersuchen, ob und wenn ja inwieweit diese Umsetzung der verfassungsrechtlichen Vorgaben in anwendbare Rechtssätze der gesetzlichen oder sogar der verfassungsrechtlichen Form bedarf. Insbesondere für den Fall, daß die Beschränkung (vorwiegend) auf seiten des beteiligten Grundrechts zu bewirken ist, ist den Anforderungen an Eingriffsermächtigungen im Interesse verfassungsrechtlich gewährleisteter Güter nachzugehen. Weiter ist die Frage zu beantworten, wie die maßgeblichen Normen im Einzelfall auszulegen und anzuwenden sind.

1. Gesetzliche Eingriffsregelungen

Das Grundgesetz selbst enthält nun bloß ausnahmsweise Anweisungen zu bestimmten Vollzugshandlungen, sei es, daß es dazu ermächtigt, sei es, daß es sogar dazu verpflichtet. In diesem Bereich sind die normativen Maßstäbe des Grundgesetzes nicht besonders dicht[19]. So enthält etwa Art. 140 GG i. V. mit Art. 139 WRV keine den Bürger unmittelbar bindenden Verhaltenspflichten und vermag einfachgesetzliche Schutzvorschriften zugunsten der Sonn- und Feiertage nicht zu ersetzen[20]. Als Ort für die Regelung der Voraussetzungen und Formen von Grundrechtseingriffen zugunsten anderer Verfassungsgüter kommt daher in erster Linie das Gesetz im formellen Sinne zum Zuge, also regelmäßig das parlamentarisch beschlossene Gesetz[21]. Das gilt allerdings nur, soweit sich das Grundgesetz nicht selbst die Regelung von Eingriffen vorbehalten hat.

a) Der Vorbehalt des Gesetzes
für verfassungsimmanente Beschränkungen

Mit gutem Grund wird die Aufstellung abstrakter Bestimmungen über die näheren Umstände der Eingriffe in Grundrechte weithin auch insoweit, als sie zum Nutzen verfassungsrechtlich gewährleisteter Güter geschehen, als Sache des Gesetzgebers betrachtet. Eingriffe in die Freiheitsgrundrechte unterliegen, anders ausgedrückt, auch dann dem Vorbehalt des Gesetzes, wenn sie verfassungsimmanent gerechtfertigt sind[22]. Ebenso wie die Begründung des Vorbehalts des Gesetzes in den Freiheitsrechten *und* im Rechtsstaatsprinzip ist auch sein Inhalt heute weit-

---

[19] *K. Hesse,* JZ 1995, 265 (270).
[20] BVerwG, NJW 1988, 2254 (2255); *Pahlke,* in: Essener Gespräche 24 (1990), S. 53 (68).
[21] *Wülfing,* Gesetzesvorbehalte, S. 39 f.; *Lücke,* Vorläufige Staatsakte, S. 157 ff.; a.A. etwa *Gramlich,* BayVBl. 1980, 358 (360); zu den Surrogaten des Parlamentsgesetzes als formelles Gesetz siehe *Sachs,* JuS 1995, 693 (695).
[22] *Gusy,* JZ 1992, 1018 (1019); *Knies,* Kunstfreiheit, S. 98 ff.

gehend außer Streit. Probleme bietet es allerdings noch, seinen *Anwendungsbereich* genau zu umreißen. Nur eine Facette dieses Problemkreises ist die Beschränkung des Vorbehalts des Gesetzes auf Eingriffe im „klassischen" Sinn, d. h. auf rechtsförmige, gezielte staatliche Einwirkungen auf die grundrechtlich geschützten Güter[23]. Auch die Anwendbarkeit des Vorbehalts des Gesetzes auf die verfassungsimmanenten Grundrechtseinschränkungen wird zuweilen in Frage gestellt. Sie scheitert aber weder an grundsätzlichen Schwierigkeiten noch an einem Gebot, verfassungsimmanente Schranken auch verfassungsunmittelbar zu konkretisieren.

Der Vorbehalt des Gesetzes verlangt, daß „Eingriffe in Freiheit und Eigentum" sowie alle für das Zusammenleben im Staat wesentlichen Fragen in ihren Grundzügen vom Gesetzgeber selbst geregelt werden. Beide Wurzeln des Vorbehalts des Gesetzes haben sowohl eine rechtsstaatliche Komponente als auch eine demokratische[24]. Auf verfassungsimmanente Beschränkungen kann der Vorbehalt des Gesetzes allerdings nur angewendet werden, wenn aus den Gesetzesvorbehalten der Grundrechte nicht schon hervorgeht, daß er im Grundrechtsbereich *insgesamt* einem spezielleren Regelungssystem zu weichen hat. Indes wird er hier nicht schon durch ein „System" der Gesetzesvorbehalte verdrängt[25]. Die ausdrücklichen Einschränkungsvorbehalte bilden schon in sich kein System, sondern antworten auf historisch erfahrene Gefahrenpotentiale der Grundrechte kasuistisch. Daraus und nicht aus einer Systematik erklärt sich die Auswahl der jeweiligen Vorbehaltsgüter[26]. Ein systematische Beziehung zwischen Vorbehalt des Gesetzes und besonderen Gesetzesvorbehalten besteht genauso wenig. Die Gesetzesvorbehalte verdrängen den Vorbehalt des Gesetzes daher kraft Spezialität weder dort, wo sie einschlägig sind, noch im Umkehrschluß dort, wo Grundrechte vorbehaltlos gewährleistet sind. Der Gesetzgeber hat gerade auch die für die Grundrechtsverwirklichung maßgeblichen Regelungen im wesentlichen selbst zu treffen, anstatt sie dem Handeln und der Entscheidungsmacht der Exekutive zu überlassen[27].

Das BVerfG hat sich nach einigem Zögern dafür entschieden, diesen grundrechtswesentlichen Charakter auch verfassungsimmanenten Einschränkungen zuzuerkennen. Zunächst hatte das Gericht nur angedeutet, es sei „Aufgabe des Gesetzgebers, Spannungsverhältnisse zwischen verfassungsgeschützten Gütern zu lösen"[28]. Seine

---

[23] Siehe dazu *Sachs*, in: *Stern*, StaatsR III/2, S. 82 ff.; *Eckhoff*, Grundrechtseingriff, besonders S. 237 ff.; speziell zu „symbolischen" Eingriffen in jüngerer Zeit *Heckmann*, JZ 1996, 880 (888); *Geis*, RdJB 1995, 373 (378 ff.).

[24] BVerfGE 40, 237 (249); 58, 257 (268) m. w. Nachw. u. st. Rspr.

[25] So aber andeutungsweise BVerfGE 40, 237 (249); krit. etwa *Bethge*, VVDStRL 57 (1998), S. 9 (28).

[26] *Gallwas*, Grundrechte, S. 110 und 117.

[27] BVerfGE 49, 89 (126); 77, 170 (230 f.); dazu *Kisker*, NJW 1977, 1313 (1317 f.); *Umbach*, in: FSchr. Faller, 111 (112); *v. Arnim*, DVBl. 1987, 1241 ff.; *Baader*, JZ 1992, 394 (397); *Gassner*, ZG 1996, 37 (55); rechtshistorisch *Böckenförde*, Gesetz, S. 271 ff.; *Krebs*, Vorbehalt, S. 16 ff.

[28] BVerfGE 41, 29 (51).

I. Abstrakt-generelle Eingriffsregelungen

anfängliche Zurückhaltung war in der terminologischen Unsicherheit darüber begründet, ob die Sicherung sonstigen Verfassungsrechts überhaupt zu Beschränkungen der Grundrechte führt oder vielleicht doch schon ihren Schutzbereich „begrenzt". Nachdem es diese Unsicherheit abgelegt hatte, bestand für das Gericht keine Veranlassung mehr, an der Geltung des Vorbehalts des Gesetzes in diesem Bereich zu zweifeln. Es sieht sogar eine Gesetzgebungspflicht, wo miteinander konkurrierende Freiheitsrechte aufeinandertreffen. Vor allem die verfassungsimmanenten Schranken *vorbehaltlos* gewährleisteter Grundrechte *müsse* der Gesetzgeber konkretisieren[29]. Diese Rechtsprechung hat mit gutem Grund überwiegend Zustimmung in der Literatur gefunden[30]. Nur mehr vereinzelt wird daran festgehalten, daß die Bestimmung verfassungsimmanenter Schranken nichts weiter sei als ein Nachzeichnen von Grenzen, ein Gesetz also deklaratorisch und im Grunde überflüssig sei[31].

Für die Anwendbarkeit des Vorbehalts des Gesetzes spricht schon ein Blick auf Art. 19 Absatz 1 Satz 1 GG. Sein Regelungsthema ist zwar nicht, *wann* „nach diesem Grundgesetz ein Grundrecht durch Gesetz oder auf Grund eines Gesetzes eingeschränkt werden kann", sondern er setzt eine Erlaubnis des Grundgesetzes zur Grundrechtseinschränkung voraus. Denkbar ist daher auch, daß das Grundgesetz Einschränkungen *ohne* gesetzliche Grundlage zuläßt. Art. 19 Absatz 1 Satz 1 GG zeigt gleichwohl, daß das Grundgesetz vom unmittelbaren oder mittelbaren Gebrauch eines Gesetzes als *Regelfall* der Einschränkung ausgeht. Eines zweifelhaften Analogieschlusses aus der ratio der Art. 1 Absatz 3, 19 Absatz 1 Satz 2 und Absatz 2 GG[32] bedarf es daher nicht. Wenig plausibel ist die Nichtanwendung des Vorbehalts des Gesetzes auf verfassungsimmanente Schranken auch im Vergleich mit der besonders vorbehaltenen Einschränkung von Grundrechten. Dabei kommt es auf die Diskussion über das zutreffende Verhältnis zwischen Gesetzesvorbehalten und Vorbehalt des Gesetzes[33] nicht an. Die Gesetzesvorbehalte schließen

---

[29] BVerfGE 83, 130 (142) – Hervorhebungen nicht im Original; ebenso andeutungsweise schon BVerfGE 47, 46 (78 f.); 49, 89 (126 ff.); 52, 283 (298); 58, 257 (269); 59, 231 (261 f.) und aus der Instanzrechtsprechung HessVGH, DVBl. 1996, 570.

[30] *Alexy,* Grundrechte, S. 112; *Sommermann,* Staatsziele, S. 424; *Erichsen,* JURA 1992, 142 (145); *Kluth,* JURA 1993, 137 (142); *Ketteler,* DÖV 1990, 954 (957); *Rottmann,* EuGRZ 1985, 277 (295 f.); *Mahrenholz,* RdJB 1998, 287 (299 f.); ausf. *Jachmann,* ZBR 1994, 1 (5 ff.); kritisch gegenüber Aufweichungstendenzen etwa *Kästner,* AöR 123 (1998), 408 (436 f.); aus kompetenzrechtlicher Perspektive auch *Bumke,* Grundrechtsvorbehalt, S. 201 ff.; *H. H. Rupp,* NVwZ 1991, 1033 (1036).

[31] So etwa BVerwG, DVBl. 1988, 1028; *Böckenförde,* Grundrechtsdogmatik, S. 21; *Ennuschat,* Militärseelsorge, S. 202, dessen Beispiel aber zeigt, daß das Grundgesetz den Konflikt zwischen Religionsfreiheit und Recht zur Seelsorge mit Art. 140 GG, 141 WRV a. E. *nicht* abschließend gelöst hat.

[32] *Wülfing,* Gesetzesvorbehalte, S. 43.

[33] Vgl. einerseits *Kloepfer,* JZ 1984, 685 (687); *Sachs,* in: Stern, Staatsrecht III/2, S. 373; *ders.,* in: Sachs, GG, Art. 20 Rdnr. 70; andererseits *Jarass,* in: ders./Pieroth, GG, Art. 20 Rdnr. 28a; *v. Münch,* in: ders./Kunig, GG, vor Art. 1 Rdnr. 54; ausf. *Krebs,* Vorbehalt, S. 68 f. und *Hermes,* Bereich, S. 92.

jedenfalls die „freiheitsstärkende" Funktion des allgemeinen Vorbehalts des Gesetzes mit ein[34], die aus der erhöhten Formschwelle resultiert, daß Grundrechtseingriffe grundsätzlich nur durch oder aufgrund eines Gesetzes vorgenommen werden dürfen. Für die zumindest als *nicht schwächer* denn die vorbehaltsunterworfenen Grundrechte geschützt zu behandelnden Grundrechte *ohne* ausdrücklichen Vorbehalt gilt erst recht, was den vorbehaltsunterworfenen Grundrechten an Sicherungen zugute kommt[35]. Schon gar nicht kann aus der Abwesenheit von Gesetzesvorbehalten geschlossen werden, die Exekutive dürfe auch gesetzes*frei* in die betreffenden Grundrechte eingreifen. Ausnahmen müssen eigens im Grundgesetz vorgesehen sein. Das folgt a minore ad maius aus Art. 2 Absatz 1 Halbs. 2 GG[36], da sein Schutz für das Grundrecht der allgemeinen Handlungsfreiheit praktisch auf den Vorbehalt des formell ordnungsmäßig zustandegekommenen und verhältnismäßigen Gesetzes reduziert ist. *Noch* geringere Absicherungen als diese wären gleichbedeutend mit völliger Schutzlosigkeit. Ein so schwach bewehrtes Grundrecht bräuchte erst gar nicht verfassungsrechtlich geregelt zu werden.

Daß der Vorbehalt des Gesetzes für verfassungsimmanent begründete Grundrechtseinschränkungen gilt, ergibt sich schließlich daraus, daß seine tragenden Gründe ohne Abstriche auch im Fall dieser Art von Einschränkungen von Bedeutung sind. Er wurzelt sowohl im Demokratie- als auch im Rechtsstaatsgrundsatz[37]. Wichtig ist angesichts der lapidaren Regelung der Verfassung gerade, daß Gesetze eine *konkretisierende* Regelung treffen, um die Sachverhalte hervortreten zu lassen, in denen Beschränkungen der Grundrechte möglich sind. Aus dem Befund allein, daß eine Güterkollision vorliegt, ergibt sich noch keine vollziehbare Handlungsanweisung. Mögen Schrankengesetze auch oft noch eines behördlichen Umsetzungsaktes bedürfen, der sie erst genau auf den konkreten Sachverhalt zuschneidet, so engen sie die behördliche Einschätzungsbefugnis in der Frage, ob ein Beschränkungsfall vorliegt, doch jedenfalls erheblich ein. Selbst wenn man die Wirkung kollidierenden Verfassungsrechts in einer Begrenzung der grundrechtlichen Schutzbereiche sieht, bedarf ihr Umfang im konkreten Fall noch einer „Verdeutlichung"[38]. Wo sich die *Ermächtigung* zu Eingriffen nicht unmittelbar aus der Verfassung ergibt – also in der überwiegenden Mehrheit aller Fälle –, da bedarf es eines Gesetzes außerdem schon, um die verfassungsrechtliche Kollisionslösung überhaupt gegenüber dem einzelnen durchsetzen zu können. Schließlich erfüllt ein

---

34 *Wülfing*, Gesetzesvorbehalte, S. 131; vgl. a. *Lübbe-Wolff*, Eingriffsabwehrrechte, S. 173 f.; ähnlich *Isensee*, in: FSchr. Sendler, S. 39 (41).

35 Ebenso *Neumann*, DVBl. 1997, 92 (98); *Staupe*, Parlamentsvorbehalt, S. 196 Fußn. 167; ähnlich *Muckel*, Religiöse Freiheit, S. 273; *Ziekow*, Freizügigkeit, S. 557 f.

36 *Lücke*, Berufsfreiheit, S. 52 m. w. Nachw.

37 *Staupe*, Parlamentsvorbehalt, insbes. S. 187 f.; *Burmeister*, Gesetzesvorbehalt, S. 71 ff.; *Hermes*, Bereich, S. 44 ff.; *Lücke*, Vorläufige Staatsakte, S. 157 f.; *Pietzcker*, JuS 1979, 710 (712); zusammenf. auch *W. Roth*, Faktische Eingriffe, S. 496 ff.

38 *Schnapp*, ZBR 1977, 208 (210); *Dietlein*, Schutzpflichten, S. 68 f. m. w. Nachw.; ähnlich *Morlok/Müller*, JZ 1997, 549 (553).

präzisierendes Gesetz auch dort, wo die Verfassung scheinbar klare Rechtsfolgen anordnet, zumindest noch eine wichtige *Warnfunktion*. Schon vor dem Erlaß von Gesetzen wirkt der Vorbehalt eines Parlamentsgesetzes freiheitsschützend, indem die öffentliche Debatte der Allgemeinheit Gelegenheit gibt, sich Auffassungen über den Vorgang zu bilden, und die Volksvertretung anhält, Notwendigkeit und Ausmaß von Grundrechtseingriffen zu klären[39]. Diese Vergewisserung am Normativen schließt nicht nur ein, daß sich der Gesetzgeber und die potentiellen Adressaten der Norm die Frage stellen, welche *Güter* verfassungsrechtlichen Schutz genießen und welche nicht; sie soll vor allem auch das Nachdenken darüber in Gang setzen, welche *Beeinträchtigungen* der individuellen Rechtssphäre zur Sicherung dieser Güter zugelassen werden und welche nicht.

Ausnahmen vom Vorbehalt des Gesetzes hat das BVerfG immer wieder für *Übergangszeiten* eingeräumt, nachdem es ein Gesetz für nichtig erklärt hatte, um einen Zustand zu vermeiden, der dem Grundgesetz „noch ferner" steht als die „Anwendung" des unwirksamen Gesetzes[40]. Diese Ausnahmen stellen aber den Charakter des Vorbehalts des Gesetzes als strikter, keiner Abwägung fähiger Grundsatz nicht in Frage, sondern bestätigen ihn. Als Behelfskonstruktion können sie nicht benutzt werden, um einen gesetzlosen Zustand auf Dauer zu rechtfertigen[41]. Über die angemessene Länge der Übergangsfristen bis zum Erlaß einer ausreichenden gesetzlichen Grundlage besteht allerdings keine Einigkeit. Für die Speicherung personenbezogener Daten durch das Bundeskriminalamt dürfte die 1983 gesetzte Frist im Jahr 1995 abgelaufen gewesen sein[42].

Kein auch nur provisorischer Ersatz mehr für ein eingriffsregelndes Gesetz mehr liegt jedenfalls heute in der früheren Auffassung, nach der *besondere Gewaltverhältnisse* als solche die Grundrechtsbeeinträchtigung gestatten[43]. In Betracht käme eine solche unmittelbar grundrechtsbeschränkende Wirkung der Sonderstatus allenfalls, sofern das Grundgesetz sie ihnen ausnahmsweise ohnehin auch für die Normallage zuschreibt. Ort einer solchen Ausnahmeregelung könnten die Art. 7 Absatz 1, 12a Absatz 1, 33 Absatz 5 und 104 GG sein. Doch zeigt sich rasch, daß alle diese Normen keine Ausnahmen begründen, sondern ihrerseits die Regel bestätigen. Art. 12a Absatz 1 GG verlangt ausdrücklich ein Gesetz für Grundrechtsbeschränkungen, die gerade durch die Verleihung des Soldatenstatus eintreten[44].

---

[39] BVerfGE 85, 386 (403 f.); OVG Bremen, NJW 1995, 1769 (1772).

[40] Vgl. statt aller Nachw. *Gubelt*, in: v. Münch / Kunig, GG, Art. 3 Rdnr. 47; *Hein*, Unvereinbarerklärung, S. 39–55; *Ipsen*, Rechtsfolgen, S. 110; *Schlaich*, Bundesverfassungsgericht, Rdnr. 366 ff.

[41] *Krumsiek*, DVBl. 1993, 1229 (1230); *Hillgruber*, JZ 1996, 118 (123 f.); *Wahl*, DVBl. 1996, 641; a.A. jedoch BVerfGE 85, 386 (401 f.).

[42] So auch HessVGH, DVBl. 1996, 570 (571); *Krehl*, NJW 1995, 1072 f.; a.A. OLG Frankfurt, NJW 1995, 1102 ff.

[43] So schon vor 20 Jahren BVerwG, BayVBl. 1979, 182; *Sachs*, BayVBl. 1983, 460 (463); a.A. noch kürzlich für den Soldatenstatus *Schmidt-Bremme*, NVwZ 1996, 455 (457).

[44] Siehe auch *Winkler*, NVwZ 1993, 1151 (1153).

Freiheitsentziehungen sind nur auf Grund eines Gesetzes zulässig, das den Art. 2 Absatz 2 Satz 3 und Art. 104 GG entspricht. Für die Regelung der Grundrechtseinschränkungen während des Freiheitsentzugs gilt der allgemeine Vorbehalt des Gesetzes. Was auf den Vollzug der Freiheitsstrafe zutrifft, gilt auch und erst recht für fürsorgliche Beziehungen zwischen dem Staat und dem einzelnen wie das Schulverhältnis[45]. Weder für Übergangszeiten noch generell erlaubt das Grundgesetz daher Einschränkungen der Grundrechte von Soldaten, Schülern, Beamten oder Strafgefangenen ohne Grundlage in einem Gesetz.

Schließlich wird der Vorbehalt des Gesetzes im Fall der verfassungsimmanenten Beschränkungen auch nicht durch einen Vorbehalt der Verfassung für die Zuordnung der in ihr selbst geschützten Güter verdrängt. Die Konfliktbewältigung ist auch in diesem Bereich ohne ausdrückliche Ermächtigung im Grundgesetz eine „geborene" Aufgabe des Gesetzgebers[46]. Auch hier kann nichts Gegenteiliges aus den Gesetzesvorbehalten der Grundrechte geschlossen werden. Den Aktionsradius des Gesetzgebers erweitern sie von verfassungsrechtlich vorgegebenen auf selbst gesetzte Ziele, sie begründen ihn nicht erst. Aus ihnen kann daher kein Vorbehalt der Verfassung abgeleitet werden. Auch die wenigen *verfassungsunmittelbar geregelten* Eingriffsermächtigungen[47] lassen nicht den Schluß zu, es bedürfe grundsätzlich einer ausdrücklichen Ermächtigung durch die Verfassung, wo kein Gesetzesvorbehalt besteht; dazu sind sie zu punktuell auf extreme Ausnahmefälle begrenzt. Ein Vorbehalt verfassungsrechtlicher Eingriffsermächtigung wäre auch nicht *praktikabel* angesichts der unvorhersehbaren Vielzahl und Komplexität möglicher verfassungsimmanenter Spannungslagen. Daher ist die Zwischenschaltung des Gesetzes nicht nur notwendige, sondern auch hinreichende Bedingung eines Eingriffs in Grundrechte zur Wahrung konkurrierender Verfassungsgüter, wenn die Verfassung nicht ausnahmsweise einmal konkrete Eingriffsermächtigungen enthält. Die Rechtsprechung läßt insbesondere Grundrechtseingriffe allein auf der Grundlage des gemeindlichen Selbstverwaltungsrechts nicht zu[48]. Daß der schrankensetzende Gesetzgeber bei seiner Konkretisierungsarbeit an den Maßstab des Grundgesetzes gebunden ist, versteht sich angesichts des Art. 1 Absatz 3 GG von selbst.

b) Inhaltliche Anforderungen an das kollisionsregelnde Gesetz

Aus der Anwendbarkeit des Vorbehalts ergeben sich einige Anforderungen, die speziell die gesetzlichen Eingriffsregelungen betreffen. Kann demnach (nur) der Gesetzgeber die notwendigen Ergänzungen regeln, die eine verfassungsrechtliche Vorzugsregelung zwischen mehreren Verfassungsgütern erst vollzugsfähig werden

---

[45] BVerfGE 33, 1 (13) – Strafgefangene; 40, 276 (283 f.) – Schüler.

[46] Vgl. BVerfG, DVBl. 1996, 558; *Lübbe-Wolff,* Eingriffsabwehrrechte, S. 151 f.; *Hermes,* Grundrecht auf Schutz, S. 135.

[47] Dazu sogleich 2.

[48] Vgl. BayVGH, BayVBl. 1998, 470.

lassen, so ist er bei dieser Ausgestaltung selbstverständlich nicht frei von inhaltlichen und formalen Bindungen. Die Anforderungen, die die beteiligten Verfassungsgüter selbst an die materielle Gestalt des kollisionsregelnden Gesetzes stellen, gleichen dabei den materiellen Bindungen der Anwendung von Verfassungs- und Gesetzesnormen auf den einzelnen Fall. Sie sind daher zusammen mit diesen sogleich unter II. zu behandeln. In der Sache geht es dabei vor allem um die Anwendung des Verhältnismäßigkeitsgrundsatzes[49] in der besonderen Form, die er im Rahmen der praktischen Konkordanz annimmt. Dort wird auch von der Wesensgehaltgarantie als einer besonderen Schranke der verhältnismäßigen Zuordnung zu handeln sein.

Auf die gesetzliche Zwischenebene beschränkt bleiben dagegen einige formale Folgerungen aus den Funktionen des Vorbehalts des Gesetzes, die mit ihm so eng verbunden sind, daß sie zum Teil nur idealtypisch von ihm getrennt werden können. Selbst wenn die Rechtsprechung die Sicherungen namentlich der Art. 19 Absätze 1 und 2 GG „versagen" ließe, wäre dies doch kein Grund, ihre Anwendbarkeit auf verfassungsimmanente Beschränkungen in Frage zu stellen[50], sondern vielmehr Anlaß, ihre Beachtung beharrlich einzufordern. Heute fast unbestritten ist zumindest, daß das Verbot des Einzelfallgesetzes nach Art. 19 Absatz 1 Satz 1 GG auch für Gesetze gilt, die verfassungsimmanente Schranken festlegen[51].

Das gilt namentlich für das *Bestimmtheitsgebot*. Es ist auf die verfassungsimmanente Grundrechtsbeschränkung anwendbar[52]. Allerdings ist es in seiner besonderen Ausprägung, die die Bestimmtheit von Gesetzen zur Umsetzung verfassungsimmanenter Schranken betrifft, relativiert durch ein gegenläufiges *Flexibilitätsgebot*. Es stellt sich hier mithin als Gebot der differenzierten und optimierenden, aber zugleich zum angemessenen Ausgleich im Einzelfall flexibel genug bleibenden Konkretisierung typischer Konflikte dar[53]. Verfassungsgüter können zum Beispiel im Kontext des öffentlichen Vereins- und Stiftungsrechts insbesondere durch den Begriff des Gemeinwohls in hinreichend bestimmter Weise umschrieben sein[54]. Je „tiefer" aber der Eingriff in die Substanz der Grundrechtssubstrate eindringt und je weniger er von dem geschützten Gut übrig läßt, um so konkreter muß das ihn tragende Gesetz sein[55], um zulässige von unzulässigen Eingriffen sicher zu trennen. Ausnahmen von dem „an sich" gebotenen Maß an Bestimmtheit aus bloßen

---

[49] Zu seiner Geltung im Bereich der verfassungsimmanenten Grundrechtsschranken allgemein *Mahrenholz*, RdJB 1998, 287 (301); *Muckel*, Religiöse Freiheit, S. 274; *Wülfing*, Gesetzesvorbehalte, S. 130; insbes. für die gesetzgeberische Typisierung *Hufen*, DÖV 1983, 353 (358).

[50] So aber *W. Schmidt*, AöR 106 (1980), 497 (512 f.).

[51] *Lücke*, Berufsfreiheit, S. 54 f.; anders nur noch *Erichsen*, JURA 1992, 142 (147).

[52] So auch *Discher*, JuS 1993, 463 (467); *Gassner*, ZG 1996, 37 (56).

[53] *Hufen*, DÖV 1983, 353 (358); *Loschelder*, HdBStR § 123 Rdnr. 24; *Sachs*, BayVBl. 1983, 460 (464).

[54] OVG Münster, NWVBl. 1996, 181 (182 f.).

[55] *Sachs*, BayVBl. 1983, 489 (491 ff.).

Praktikabilitätsgründen sind unzulässig[56]. Die gesetzliche Präzisierung der Voraussetzungen eines Eingriffs darf nicht durch erweiternde Anwendung der gesetzlichen Vorschriften wieder aufgelöst werden. Daher ist insbes. § 13 Absatz 1 Nr. 4 VersG strikt auszulegen[57].

Umstritten ist im Fall der verfassungsimmanenten Beschränkung weiter, ob das *Zitiergebot* des Art. 19 Absatz 1 Satz 2 GG anwendbar ist. Richtigerweise trifft dies zu. Gegen die Anwendung des Zitiergebots auf die Einschränkung zugunsten anderer Verfassungsgüter wird kaum mehr als das vordergründige Argument angeführt, es gehe bei der Kollision mit anderem Verfassungsrecht gar nicht um „Einschränkungen" im Sinne des Art. 19 Absatz 1 Satz 1 GG, auf die sich das Zitiergebot dem Textzusammenhang nach ausschließlich beziehe, sondern um „Begrenzungen" der Grundrechte, die die verfassungsmäßige Ordnung nur konkretisieren, ihr aber nichts hinzufügen[58]. Weshalb das Zitiergebot in diesem Fall nicht wenigstens in entsprechender Anwendung des Art. 19 Absatz 1 Satz 2 GG gelten sollte[59], warum also der Bezug von Art. 19 Absatz 1 Satz 2 GG auf den vorstehenden Satz abschließend gemeint sein soll, wird nicht erörtert. Ebensowenig überzeugt das nicht weniger formale Argument, jedenfalls grundrechts*gleiche* Rechte könnten ohne Beachtung des Zitiergebots eingeschränkt werden, da sie keine „Grundrechte" im Sinne des Art. 19 Absatz 1 Satz 1 GG seien[60].

Eine analoge Anwendung braucht allerdings schon deshalb nicht weiter diskutiert zu werden, weil das Zitiergebot sich bei richtiger Auslegung von Art. 19 Absatz 1 GG schon seinem Wortlaut nach auf verfassungsimmanente Beschränkungen der Grundrechte bezieht[61]. Auch bei diesen geht es um Fälle, in denen „nach diesem Grundgesetz ein Grundrecht ... eingeschränkt werden kann". „Nach diesem Grundgesetz" heißt nicht etwa kraft ausdrücklicher Anordnung des Grundgesetzes. Auch die ungeschriebene Klausel des Grundgesetzes, nach der Grundrechte im Interesse anderer Verfassungsgüter eingeschränkt werden können, ist eine Ermächtigung zur Einschränkung im Sinne des Art. 19 Absatz 1 Satz 1 GG. Der Wortlaut der Bestimmung ist für diese wie für die gegenteilige Deutung offen. Aus ihrer Entstehungsgeschichte kann jedenfalls nichts gegenläufiges geschlossen werden, da den Schöpfern des Grundgesetzes die Möglichkeit einer verfassungsimmanenten Beschränkung noch nicht bekannt war. Sie konnten sich also weder für noch gegen ihre Einbeziehung in Art. 19 Absatz 1 Sätze 1 und 2 GG ausspre-

---

[56] Anders noch BVerfGE 38, 154 (168).
[57] VGH Baden-Württ., NVwZ 1998, 761 (764). – Bedenklich BVerwG, NVwZ 1999, 991.
[58] BVerfGE 28, 36 (Ls. 1); 28, 55 (63); 28, 282 (293); der Rspr. folgend *Knies*, Kunstfreiheit, S. 111; *Heyde*, in: FSchr. Zeidler Bd. 2, 1429 (1490); *Pieroth*, AöR 114 (1989), 422 (444); *Sachs*, BayVBl. 1980, 4670 (463); *Mutschler*, NZWehrr 1998, 1 (3).
[59] Dafür etwa *Lepa*, DVBl. 1972, 161 (167).
[60] So *Beyer*, BayVBl. 1981, 233 (235); dagegen zu Recht *Lücke*, Berufsfreiheit, S. 55.
[61] So wohl auch *Hueck*, Versammlungsfreiheit, in: Grabenwarter u. a. (Hrsg.), Allgemeinheit, S. 179 (193).

chen. Immerhin wurde die Anwendung des Zitergebots nicht später durch Hinzufügung einer ausdrücklichen Beschränkung des Art. 19 Absatz 1 Satz 2 GG ausgeschlossen.

Für die hier vertretene Ansicht spricht weiter gerade der systematische Gesamtzusammenhang des Art. 19 Absätze 1 und 2 GG. Beide Absätze enthalten im übrigen allgemeine Anforderungen an grundrechtsbeschränkende Gesetze, die auch auf verfassungsimmanente Grundrechtsschranken angewandt werden. Daß es gerade im Fall des Art. 19 Absatz 1 Satz 2 GG anders wäre, ist nicht anzunehmen. Schließlich betrifft der Zweck des Zitergebots, den Gesetzgeber davon abzuhalten, daß er unbedacht Eingriffe in Grundrechte ermöglicht, die Zuordnung des betroffenen Grundrechts mit anderen Verfassungsgewährleistungen so sehr wie die Einschränkung zu Zielen, die der Gesetzgeber selbst gewählt hat[62]. Nach alledem ist der Auffassung zuzustimmen, daß auch Gesetze, die verfassungsimmanente Schranken vollziehbar machen, die betroffenen Grundrechte auf Grund des unmittelbar anwendbaren Gebots des Art. 19 Absatz 1 Satz 2 GG nennen müssen.

2. Verfassungsunmittelbare Eingriffsregelungen

Ist eine verfassungsrechtliche Durchnormierung nicht für jede verfassungsimmanente Grundrechtseinschränkung *geboten,* so ist die Verfassung doch andererseits auch nicht *gehindert,* die Konflikte selbst abschließend zu regeln, die das Nebeneinander von Grundrechten und anderen Gewährleistungen aufwirft. Der Vorbehalt des Gesetzes schließt diesen Selbsteintritt der Verfassung schon deshalb nicht aus, weil sie formell selbst ein Gesetz ist. Aber auch wenn das Grundgesetz dieses Kriterium nicht erfüllte, könnte es doch Ausnahmen vom Vorbehalt des Gesetzes regeln und damit zugleich implizit zulassen. Denn auch der Vorbehalt des Gesetzes steht nur auf verfassungsrechtlicher Ebene und würde von gleichrangigen Spezialvorschriften grundgesetzlicher Art daher verdrängt. Nach dem Grundsatz des Vorrangs der Verfassung dagegen gehen *bestehende* verfassungsrechtliche Eingriffsregelungen solchen des *einfachen* Rechts vor und schließen sie in ihrem Regelungsbereich von der Anwendung aus.

Allerdings setzt dies voraus, daß die fraglichen verfassungsrechtlichen Bestimmungen die Voraussetzungen einer Grundrechtseinschränkung so konkret nennen, daß sie ohne weiteres vollziehbar sind. Das Gebot der Rechtsklarheit gilt auch außerhalb des Gesetzesbereichs; denn für den einzelnen macht es keinen Unterschied, ob die abstrakten Ermächtigung, auf Grund derer er in Anspruch genommen wird, im Gesetz oder in der Verfassung steht. Auch von diesem Gebot könnte sich das Grundgesetz zwar wohl in Einzelfällen dispensieren. *Diese* Befreiung

---

[62] Siehe zu dieser Warnfunktion gerade im Fall der verfassungsimmanenten Schranken *Lübbe-Wolff,* Eingriffsabwehrrechte, S. 61; *Grothmann,* Grundrechtsschranken, S. 63; *Frister,* StV 1993, 151(153); *Lepa,* DVBl. 1972, 161 (167); *Terwiesche,* Begrenzungen, S. 249.

allerdings müßte selbst ausdrücklich im Text des Grundgesetzes abgebildet sein; denn nur dann kann sich der Bürger darauf einstellen, in welchem Umfang und in bezug worauf er mit einer vage gehaltenen verfassungsrechtlichen Eingriffsgrundlage zu rechnen hat. Selbst wenn z. B. das Sozialstaatsprinzip hinreichend konkrete Schutzgüter erkennen ließe, fehlte es ihm doch an einem klaren eingriffsrechtfertigenden Gehalt[63]. Auch Art. 136 Absatz 3 Satz 2 WRV schränkt nicht verfassungsunmittelbar die Religionsfreiheit ein, sondern bildet einen besonderen Gesetzesvorbehalt zu ihr[64].

a) Ausdrückliche Eingriffsermächtigungen

Ein hinreichend deutlicher Fall einer verfassungsrechtlichen Befugnisnorm zu bestimmten Eingriffen ist Art. 18 Satz 2 GG. Weitere Fälle von unmittelbar im Grundgesetz geregelten Eingriffsgrundlagen enthalten die Art. 13 Absatz 7 Halbs. 1, 40 Absatz 2 Satz 1 und 87a Absatz 3 Satz 1 GG.

Art. 18 GG ermächtigt das BVerfG zum Ausspruch des Verlusts der Einklagbarkeit grundrechtlicher Ansprüche, nach anderer Auffassung sogar zum Ausspruch des Verlusts des entsprechenden materiellen subjektiven Rechts. Auch Einzelmaßnahmen der Verwaltungsbehörden, die der Umsetzung des Verwirkungsausspruchs dienen, bedürfen – wie § 39 Absatz 1 Satz 4 BVerfGG bestimmt – keiner weiteren gesetzlichen Grundlage. Das BVerfGG ist insoweit deklaratorisch. Die Befugnis zum Ausspruch des Verlustes ergibt sich unmittelbar aus dem Grundgesetz. Art. 18 ersetzt insoweit die Eingriffsermächtigung[65]. Bedenklich ist diese Verlagerung der Eingriffsgrundlage von der gesetzlichen auf die verfassungsrechtliche Ebene nicht. Der mit ihr verbundene Verlust an Regelungspräzision wird mehr als wettgemacht duch die institutionelle Absicherung, die die Grundrechtseffektivität dadurch erfährt, daß die Zuständigkeit zum Verwirkungsausspruch nicht bei einer Verwaltungsbehörde oder auch nur bei den ordentlichen Gerichten liegt, sondern beim BVerfG. Damit ist die Eingriffsschwelle aufs Ganze gesehen gegenüber dem allgemeinen Vorbehalt des Gesetzes eher heraufgesetzt als gesenkt.

Der über Art. 140 GG zum Grundgesetz gehörende Art. 141 WRV, letzter Teilsatz dagegen *verbietet* gerade bestimmte Eingriffe, nämlich den Zwang des Staates gegenüber Anstaltsbenutzern zur Teilnahme an seelsorgerischen Veranstaltungen der Religionsgemeinschaften. Darin erschöpft sich der Regelungsgehalt des Zwangsverbotes. Daß es zugleich in das Recht der Kirchen zur Anstaltsseelsorge eingriffe[66], trifft nicht zu, denn dieses Recht umfaßt keinen Anspruch auf Verschaf-

---

63 Dies übergeht *Neumann,* DVBl. 1997, 92 (99).
64 BVerfGE 65, 1 (39); *Jarass,* in: ders. / Pieroth, GG, Art. 4 Rdnr. 18; a.A. *Häußler,* DÖV 1995, 985 (989); mißverständlich BVerfGE 49, 375 (376).
65 *Brenner,* DÖV 1995, 60 (65).
66 So *Ennuschat,* Militärseelsorge, S. 202.

I. Abstrakt-generelle Eingriffsregelungen

fung von Seelsorgeobjekten – und schon gar nicht unter Anwendung von Zwang. Mit Art. 141 WRV teilen zwei der drei tatsächlich im Grundgesetz selbst geregelten Eingriffsgrundlagen allerdings ihre geringe Signalwirkung für einen flüchtigen Leser. Sie fallen allenfalls durch den für Ausnahmebestimmungen charakteristischen Zug auf, daß sie Grundrechtsbeschränkungen an systematisch wenig passender Stelle normieren. Dort sind sie als Annexregelungen zu Themen angeführt, die sonst ganz im staatsorganisatorischen Kontext stehen.

So befaßt sich Art. 40 GG allgemein mit der Stellung des Organs Bundestagspräsident. Ins einzelne geht die Regelung seines Absatzes 2 im Hinblick auf die Ausübung polizeilicher Befugnisse in den Räumen des Bundestages, weil sie zumindest in politisch bewegten Zeiten große Bedeutung für die Sicherung der Mandatsausübung und der Funktion des Parlaments gegen exekutivische Übergriffe besitzt. Gegen Maßnahmen außenstehender Sicherheitsbehörden schützt Art. 40 Absatz 2 Satz 2 GG den Bundestag und seine Abgeordneten. Art. 40 Absatz 2 Satz 1 GG allerdings verleiht dem Bundestagspräsidenten nicht nur eine Kontrollmöglichkeit, sondern darüber hinaus *eigene* polizeiliche Eingriffs*befugnisse*. Er regelt nicht nur seine Zuständigkeit, sondern überträgt überhaupt erst die „Polizeigewalt" auf den Bundestagspräsidenten. Diese Polizeigewalt umfaßt die öffentlich-rechtlichen Befugnisse zur Abwehr von Gefahren für die öffentliche Sicherheit und Ordnung[67]. Art. 40 Absatz 2 Satz 1 GG tritt damit als Ermächtigungsgrundlage für den Bereich der Bundestagsräume an die Stelle der für die Sitzungsorte des Bundestages jeweils einschlägigen polizeirechtlichen Generalklauseln. Soweit die erforderlichen Maßnahmen zu Grundrechtseingriffen führen, sind diese direkt auf Art. 40 Absatz 2 Satz 1 GG zu stützen.

Umstritten ist, ob Art. 87a Absatz 3 Satz 1 GG den Streitkräften eine eigenständige Ermächtigung zu den dort angesprochenen Maßnahmen erteilt[68] und in diesem Rahmen selbst Grundrechtseingriffe rechtfertigen kann oder ob er nur auf das jeweils anwendbare Polizeirecht[69] oder auf Völkerrecht als Eingriffsgrundlage verweist[70]. Mit einer Auslegung als bloßer Hinweis auf die einschlägigen kriegsvölkerrechtlichen und polizeirechtlichen Ermächtigungen entsteht indes im Einzelfall nicht nur große Unsicherheit über den tatsächlichen Umfang, ja schon über die richtigen Maßstäbe militärischer Schutz- und Verkehrseingriffe. Diese Unsicherheit verträgt sich schlecht mit der besonderen Dringlichkeit einer Situation des äußeren Notstandes und mit der – verglichen mit Fachbeamten – geringen Vertrautheit von Soldaten mit besonderen Sicherheitsgesetzen.

Diese Auslegung übergeht zudem den Wortlaut und den Textzusammenhang von Art. 87a Absatz 3 Satz 1 GG. Gerade im Gegensatz zur Formulierung des

---

[67] *Magiera*, in: Sachs (Hrsg.), GG, Art. 40 Rdnr. 29.
[68] So *Mußgnug*, DÖV 1989, 917 (923).
[69] So *Dürig*, in: Maunz / Dürig, GG, Art. 87a Rdnr. 54 und zum Teil auch *Kokott*, in: Sachs (Hrsg.), GG, Art. 87a Rdnr. 41.
[70] So zum anderen Teil *Kokott*, in: Sachs (Hrsg.), GG, Art. 87a Rdnr. 39 f.

nachfolgenden Satzes lassen die Worte „haben ... die Befugnis" erkennen, daß Art. 87a Absatz 3 Satz 1 GG eine *eigene* Befugnis der Streitkräfte begründet, während ihnen nach Satz 2 erst *polizeiliche* Befugnisse übertragen werden müssen. Das Gegenargument, als staatsorganisatorische Vorschrift kümmere sich Art. 87a GG nur um die Kompetenzabgrenzung zwischen Staatsorganen[71], ist zu pauschal und nimmt diese inneren Differenzierungen des Verfassungstextes nicht zur Kenntnis. Richtig ist daher die Auffassung, nach der sich schon aus Art. 87a Absatz 3 Satz 1 GG die Befugnis der Streitkräfte zur Verkehrsregelung und zum Objektschutz im Verteidigungsfall und im Spannungsfall ergibt.

Art. 13 Absatz 7 Halbs. 1 GG schließlich läßt nach Wortlaut und systematischer Stellung keinen Zweifel daran aufkommen, daß er Eingriffe in Grundrechte ermöglicht und keinerlei Kompetenzverteilungsgehalt hat. Strittig ist jedoch, ob er die jeweils zuständigen Stellen unmittelbar zu (verhältnismäßigen) Eingriffen in die Unverletzlichkeit der Wohnung ermächtigt, sofern sie der Abwehr dringlicher Gefahren dienen[72], oder stillschweigend eine gesetzliche Grundlage für solche Eingriffe voraussetzt. Der letztgenannten Ansicht ist zuzugeben, daß grundsätzlich der allgemeine Vorbehalt des Gesetzes auch dort eingreift, wo die Vorbehaltsbestimmungen der Grundrechte nicht ausdrücklich als Gesetzesvorbehalte formuliert sind[73]. Anders liegt es aber im besonderen Fall des Art. 13 Absatz 7 Halbs. 1 GG, und wiederum gibt der Regelungszusammenhang dafür den Ausschlag. Der zweiter Halbsatz von Art. 13 Absatz 7 GG ist mit den Worten „auf Grund eines Gesetzes" eingeleitet. Deutlicher könnte der Verfassungsgeber kaum zu erkennen geben, daß er im ersten Halbsatz der Vorschrift *keinen* Gesetzesvorbehalt normiert hat[74]. Auch Art. 13 Absatz 7 Halbs. 1 GG bildet daher eine verfassungsunmittelbare Eingriffsgrundlage.

b) Ungeschriebene Eingriffsermächtigungen

Andere *verfassungsrechtliche* Eingriffsgrundlagen sind von den wenigen ausdrücklichen nicht ausgeschlossen. Das ist schon daraus zu schließen, daß diese nicht als ein geschlossenes System geregelt sind, sondern willkürlich über das Grundgesetz verstreut sind und mit Ausnahme von Art. 13 Absatz 7 GG nur bei Gelegenheit einer anderweitigen Regelung punktuell Aussagen über die Zulassung konkreter Maßnahmen treffen, ohne zumeist auch nur die eingreifenden Folgen für bestimmte Grundrechte zu bedenken. Ein Problem an etwaigen ungeschriebenen verfassungsunmittelbaren Eingriffsgrundlagen ist allerdings, daß sie nur schwer den rechtsstaatlichen Gebote der Vorhersehbarkeit und Berechenbarkeit von Ein-

---

[71] *Kokott,* in: Sachs (Hrsg.), GG, Art. 87a Rdnr. 39.
[72] So etwa *Kühne,* in: Sachs (Hrsg.), GG, Art. 13 Rdnr. 38; *Berkemann,* in: AltK-GG, Art. Rdnr. 67; *Bumke,* Grundrechtsvorbehalt, S. 202.
[73] *Jarass,* in: ders. / Pieroth, GG, Art. 13 Rdnr. 11.
[74] Ebenso *Sachs,* in: Stern, Staatsrecht III/2, S. 509 f.

griffsvoraussetzungen gerecht werden können[75]. Zwar könnte die Verfassung sich selbst Ausnahmen von den Anforderungen gestatten, die sie an einfache Gesetze stellt. Vom Bestimmtheitserfordernis kann sie sich allerdings nur dispensieren, wenn sich wenigstens diese Befreiung klar aus einer verfassungsrechtlichen Vorschrift ergibt, denn nur dann kann sich der Bürger zumindest auf das *Fehlen* klarer Eingriffsermächtigungen einstellen. Insbesondere Kompetenznormen taugen als Eingriffsgrundlagen noch weniger denn als Gewährleistungsnormen[76].

Im Ergebnis können auch Verfassungsnormen, die den Verfassungsorganen Aufgaben übertragen, nicht als implizite Ermächtigungen zu den damit verbundenen Grundrechtsbeeinträchtigungen ausgelegt werden. Ein solcher Schluß ist insbesondere weder aus der Stellung der beauftragten Organe noch aus einer mutmaßlich unausweichlichen Berührung von Grundrechten durch die Erfüllung der zugewiesenen Aufgaben zu ziehen.

aa) Besonderheiten der Aufgaben von Verfassungsorganen?

Verfassungsunmittelbare Eingriffsermächtigungen hat das BVerwG namentlich aus der Aufgabe der Bundesregierung zur Leitung „des Ganzen der inneren und äußeren Politik" gefolgert. Sie dürfe diese Aufgabe durch sachgerechte Aufklärung der Öffentlichkeit über die Gefahren erfüllen, die von verdorbenen Lebensmitteln oder sogenannten Jugendsekten ausgehen[77]. Indem das BVerwG hierbei auf die Verantwortung der Bundesregierung für das „Staatsganze" verweist, um eine in der Verfassung verankerte Befugnis zur Warnung der Bevölkerung zu begründen, stellt es maßgeblich auf die verfassungsmäßige Stellung der Regierung ab. Daß sich diese Befugnis gerade aus der verfassungsrechtlichen Stellung der Regierung ergeben soll, macht der Vergleich mit anderen Judikaten des BVerwG klar, in denen berufsständischen Selbstverwaltungskörperschaften die Befugnis zur Ahndung von Ordnungswidrigkeiten ihrer Mitglieder als mitgeschriebene Befugnis ihrer Ehrengerichte[78] oder zur Veröffentlichung von Warentests[79] ohne besondere gesetzliche Grundlage aberkannt wurde. Auch läßt sich die Äußerungsbefugnis der Regierung nicht etwa auf Grundrechte zurückführen, wie sie z. B. auch den öffentlich-rechtlich verfaßten Religionsgemeinschaften als Ausfluß der Religionsfreiheit zusteht[80]. Besonders deutlich ist die tragende Funktion der politischen Leitungsaufgabe der Regierungen für diese Befugnisse, wenn man bedenkt, daß Umweltschutzbehörden für vergleichbare Eingriffe einer gesetzlichen Grundlage durchaus

---

[75] Sehr kritisch daher *Bethge,* VVDStRL 57 (1998), S. 9 (47).
[76] So auch *Herdegen,* Gewissensfreiheit, S. 264; *Alexy,* Theorie, S. 118; a.A. *Murswiek,* Verantwortung, S. 274; unkritisch *Bayer,* Religions- und Gewissensfreiheit, S. 166.
[77] BVerwG, NJW 1991, 1771; DVBl. 1991, 699 (701).
[78] BVerwG, DVBl. 1995, 43 (46) – Lotsenbrüderschaft.
[79] BVerwG, DVBl. 1996, 807 (808) – Landwirtschaftskammern.
[80] Vgl. BVerfG, DVBl. 1993, 1203 (1204); BayVGH, NVwZ 1994, 787 (789).

bedürfen⁸¹. Auf die Regierungen beschränken ließen sich diese Befugnisse andererseits nicht. Die Staatsleitung ist Gemeingut aller Verfassungsorgane; ihre Ausübung steht ihnen „zur gesamten Hand" zu⁸². Auch ein Parlament kann daher aufgrund seiner Verantwortung für das Ganze der Politik Verlautbarungen mit faktisch grundrechtsbeschränkender Wirkung abgeben.

An der Unterscheidung zwischen der Begründung von Eingriffsbefugnissen aus den Aufgaben eines Verfassungsorgans einerseits und aus denen schlichter Träger mittelbarer Staatsverwaltung andererseits ist zumindest plausibel, daß die Schutzgegenstände verfassungsrechtlicher Aufgaben eher als verfassungsrechtlich garantierte *Güter* in Betracht kommen, als dies für die nur gesetzlich festgelegten Aufgaben der Selbstverwaltungsorgane gilt. Unterverfassungsrechtliche Aufgabennormen kommen als Grundlage unmittelbar verfassungsrechtlicher Befugnisse sicher nicht in Frage. Offen bleibt dabei jedoch, ob es für die Geltung des Vorbehalts des Gesetzes einen Unterschied macht, daß die Verfassung eine Aufgabe, die sie normiert, gerade einem Verfassungs*organ* auferlegt, statt ihre Zuweisung an ausführende Organe einer Entscheidung des Gesetzgebers zu überlassen. Auszuschließen ist zumindest, daß dies bereits aus einer allgemeinen Bereichsausnahme vom Vorbehalt des Gesetzes für verfassungsrechtliche Aufgaben folgt. Denn in diesem Sinne ersetzt die Verfassung *nicht* generell das konkretisierende Gesetz⁸³. Es kommt mithin auf die Frage an, ob aus einer verfassungsrechtlich festgelegten Aufgabe eine ihr entsprechende Befugnis abgeleitet werden kann.

Nicht ohne maliziösen Unterton ist dieser Schluß des BVerwG von einer Aufgabe auf eine Befugnis als „Folgerungsweise des Polizeistaates" kommentiert worden⁸⁴. Das Gericht ist denn mittlerweile auch vorsichtig wieder von seiner Extremposition abgerückt⁸⁵. Und in der Tat liegt der Verdacht nahe, daß bewußt oder unbewußt Reste obrigkeitsstaatlichen Denkens in eine Beurteilung regierungsamtlicher Verlautbarungen eingeflossen sind, die vor der Einstufung eines Akts gouvernementaler „Leitungstätigkeit" als Grundrechtsverletzung zurückschreckt. Dabei ist schon alles andere als klar, ob die Bundesregierung zur Warnung vor konkreten Gefahren im Einzelfall, die die Freiheitssphäre einzelner namentlich genannter Hersteller oder Religionsgemeinschaften als Informationseingriffe betreffen können, wirklich von Verfassungs wegen *zuständig* ist. Aus ihrer unbezweifelten Befugnis, Öffentlichkeitsarbeit zu betreiben, um in der Bevölkerung für Zustimmung zu ihrer Politik zu werben⁸⁶, läßt sich eine Ermächtigung zu Äuße-

---

⁸¹ HessVGH, DÖV 1995, 77 (78).
⁸² *Oldiges*, in: Sachs (Hrsg.), GG, Art. 62 Rdnr. 26 m. w. Nachw.
⁸³ So wohl *Leidinger*, DÖV 1993, 925 (930).
⁸⁴ *Gröschner*, JZ 1991, 628 (630); scharf ablehnend *Schoch*, DVBl. 1991, 667 (672 f.: „Rückfall hinter das 19. Jahrhundert"); insbes. zur Aufgabe Verfassungsschutz *Gusy*, BayVBl. 1982, 201 (203); a. A. namentlich *Murswiek*, Verantwortung, S. 273.
⁸⁵ BVerwG, NVwZ 1994, 162 (163); vgl. a. BVerwG, NJW 1996, 210 (211) zu öffentlichen Tadeln des Dienstherrn über einzelne Beamte.
⁸⁶ BVerfGE 44, 125 (147).

rungen über Gefahrenlagen im Einzelfall nicht herleiten, da insoweit vorrangige Verwaltungskompetenzen der Landessicherheitsbehörden bestehen[87]. Aber auch wenn es über die werbende Öffentlichkeitsarbeit hinaus eine Aufgabe zur „staatsleitenden" Beeinflussung der öffentlichen Meinung in wichtigen sozialen Fragen gibt, können damit Eingriffe in Grundrechte einzelner nur gerechtfertigt werden, soweit ein Gesetz dies zuläßt. Einen domaine réservé der Regierung mag es im Verfassungsstaat noch im Verhältnis zu anderen Verfassungsorganen geben[88], nicht aber gegenüber den Bürgern: die Wirkung der Grundrechte als „negative Kompetenznormen" trifft alle Träger der Staatsgewalt ohne Unterschied. Auch die Verfassungsorgane müssen im Regelfall mit gesetzlichen Grundlagen ausgestattet werden, wenn sie Grundrechtseingriffe vornehmen wollen[89].

bb) „Sollen impliziert Dürfen"?

Von diesem Grundsatz ist auch für Verfassungsorgane keine Ausnahme aus Gründen eines praktischen Bedarfs zu machen. Wo die Verfassung dem staatlichen Handeln Schranken setzt, sind diese einzuhalten, auch wenn den Handelnden ihre Überschreitung noch so zweckmäßig erscheint. Die Begrenzungswirkung der Verfassung für zulässige Staatstätigkeiten ist eine ihrer Minimalfunktionen, die sie schon als rechtliche Rahmenordnung erfüllen muß. Soweit sie darüber hinaus Ordnungsimperative für die gesellschaftliche Sphäre enthält, kann der Staat diese nicht als Ausnahmen von den ihm gesetzten Handlungsgrenzen in Anspruch nehmen. Um den Fehlschluß aufzudecken, der dem weithin akzeptierten Schluß von der *zwingenden Erforderlichkeit* einer Maßnahme zur Erfüllung einer Verfassungsaufgabe auf ihre verfassungsrechtliche *Zulässigkeit*[90] zugrundeliegt, ist dieser Schluß von der Aufgabe auf die *notwendigen* Befugnisse indes noch in drei Schritte zu zerlegen, die je für sich problematisch sind.

Vorauszusetzen ist dabei, daß eine Aufgabe bereits bestimmten Organen oder zumindest Funktionsbereichen übertragen ist. Könnten Staatsaufgaben schon vor jeder Kompetenzzuweisung Handlungsbefugnisse begründen, so würden sie in eine Generalermächtigung aller Staatsgewalten zu den für erforderlich gehaltenen Eingriffen in Grundrechte Dritter umschlagen[91]. Die formale Schutzfunktion der Kompetenznormen, ihre grundrechtssichernde Wirkung im Wege der Machtverteilung, die die Macht der einzelnen Träger von Staatsgewalt begrenzt, würde damit überspielt. Doch an diesem Punkt fangen die Schwierigkeiten erst an.

---

[87] A. A. *Wolf*, KJ 1995, 340 (349 f.); krit. auch *Bethge*, VVDStRL 57 (1998), S. 9 (49 f.); differenzierender Ansatz bei *Discher*, JuS 1993, 463 (471).

[88] *Böckenförde*, Organisationsgewalt, S. 57; vgl. a. *Oebbecke*, in: FSchr. Stree/Wessels, S. 1119 (1133).

[89] Im Ergebnis auch *Böckenförde*, Grundrechtsdogmatik, S. 21 Fußn. 35; *Engelbert/ Kutscha*, NJW 1993, 1233 (1234); a.A. *Scholz*, NVwZ 1994, 127 (131).

[90] Siehe etwa *Heintzen/Lilie*, NJW 1997, 1601 (1602).

[91] *Dietlein*, Schutzpflichten, S. 69 f.; *Wülfing*, Gesetzesvorbehalte, S. 28.

Schon die Verdichtung verfassungsrechtlicher Aufgaben zu zwingend erfüllbaren *Pflichten* des Staates ist keine Selbstverständlichkeit. Nicht einmal alle Freiheitsrechte begründen automatisch korrespondierende Schutzpflichten des Staates[92]. Wo Pflichten bestimmter staatlicher Organe sich aus dem Grundgesetz ergeben, lassen sie zumeist noch offen, auf *welche Weise* sie zu erfüllen sind. Das betrifft namentlich die meistdiskutierten staatlichen Pflichten, diejenigen zum *Schutz* grundrechtlich gewährleisteter Güter. Sie zu bestimmten Handlungsgeboten zu konkretisieren, ist gerade Sache des Gesetzgebers[93]. Nur ganz selten wird eine staatliche Pflicht sich schon auf Grund verfassungsrechtlicher Normen nur in einer *einzigen* Weise erfüllen lassen. Eine Verfassungsbestimmung, die schon in abstrakter Betrachtung eine so genaue Regelung trifft, ist nicht auszumachen.

Allerdings mag es verfassungsrechtlich gebotene Pflichten geben, die im Einzelfall oder typischerweise in einer Art von Fällen nur auf eine einzige Weise korrekt wahrgenommen werden können[94]. Daß bestimmte Maßnahmen zur Erfüllung von verfassungsmäßigen Aufgaben „*unvermeidlich*" sind, ist allerdings ein Urteil, das auf vielfältigen – und je weitgespannter die Aufgabe, desto weniger übersichtlichen – tatsächlichen Voraussetzungen beruht. Ihr Vorliegen festzustellen, ist von einer Vielzahl von Beobachtungen und prognostischen Wertungen abhängig. Gerade die Antwort auf die paradigmatische Frage, wann und mit welchen Mitteln der Gesetzgeber die staatliche Schutzpflicht für das ungeborene Leben hinreichend erfüllt, kann von so variablen Faktoren abhängen wie etwa der Zahl, der räumlichen Verteilung und dem jeweiligen Anteil der Ärzte und Kliniken, die in einem Land Schwangerschaftsabbrüche vornehmen. Daß sich eine verfassungsrechtliche Pflicht quasi auf natürlichem Wege zu konkreten staatlichen Verhaltenspflichten verdichtet, ist damit eher die Ausnahme als die Regel.

Diese Schwierigkeiten können letztlich zwar je nach der tatsächlichen Lage im Einzelfall entfallen. Aus der dann allerdings begründeten Pflicht des Staates, eine gebotene Maßnahme zu ergreifen, kann gleichwohl keine Erlaubnis zu ihrer Vornahme abgeleitet werden, die eine Ausnahme von dem aus Grundrechten zunächst folgenden Eingriffsverbot begründen könnte. Dies ist im Gegensatz zum vorstehend beschriebenen Problem eine Rechtsfrage, die sich mit normativen Maßstäben und daher fallunabhängig beantworten läßt. Auf den zur Begründung dieser Folgerung naheliegenden Grundsatz „impossibilia nulla est obligatio" kann sie aber selbst dann nicht gestützt werden, wenn er ein allgemeiner Rechtsgrundsatz ist, der auch im öffentlichen Recht ohne Einschränkungen und Modifikationen gilt. Genau genommen besagt er nämlich nur, daß sollen *können* impliziert. Wo es an der tatsächlichen Möglichkeit fehlt, verliert demnach ein Gebot seine Wirkung.

---

[92] So aber BVerfGE 92, 26 (46); BVerwG, NJW 1995, 2648 f. (Artemis und Aurora); s. im einzelnen *Vesting*, NJW 1996, 1111 (1113).

[93] *Dietlein*, Schutzpflichten, S. 67 f.; *Wahl/Masing*, JZ 1990, 553 (555); *Groß*, JZ 1999, 326 (331) m. w. Nachw.

[94] Dafür auch *Wülfing*, Gesetzesvorbehalte, S. 129.

Die Stoßrichtung dieses Prinzips verhält sich zu der hier angestrebten genau umgekehrt: tatsächliche Ohnmacht *befreit* von einer *Pflicht;* eine *bestehende* Pflicht dagegen verschafft nicht eine sonst fehlende rechtliche *Ermächtigung.* Sollen impliziert also *nicht* dürfen. Daß es verfassungsrechtlich legitim ist, ein bestimmtes Ziel zu verfolgen, begründet noch nicht einmal dann die verfassungsrechtliche Legalität der dafür eingesetzten Mittel[95], wenn diese Legitimität das besondere Ausmaß einer bindenden Verpflichtung annimmt. Deshalb folgen insbesondere aus *Schutzpflichten* nicht unmittelbar Eingriffsbefugnisse. Die Gewährleistung von „Schutz durch Eingriff" kann *nötig* sein, sie ist aber nicht deshalb schon auch ohne gesetzliche Grundlage *erlaubt*[96].

3. Zusammenfassung

a) Die unmittelbar verfassungsrechtliche Ermächtigung zu Grundrechtsbeeinträchtigungen zugunsten sonstiger Verfassungsgüter ist die Ausnahme, die Zwischenschaltung des einfachen Gesetzes als Ermächtigungsgrundlage die Regel. Seltene Beispiele für unmittelbare verfassungsrechtliche Eingriffsgrundlagen, die ein die Maßnahmen zur Herstellung des Ausgleichs im Einzelfall regelndes Gesetz ersetzen können, sind nur in Art. 13 Absatz 7 Halbs. 1, Art. 40 Absatz 2 Satz 1 und Art. 87a Absatz 3 Satz 1 GG zu finden. Implizite Eingriffsgrundlagen, die etwa in der Aufgabenzuweisung an die Bundesregierung zur Staatsleitung mitgeschrieben wären, sind selbst dann nicht anzuerkennen, wenn sich aus der Aufgabenzuweisung im Einzelfall ausnahmsweise konkrete Handlungsanweisungen ergeben.

b) Zur Regelung der Eingriffsvoraussetzungen im einzelnen ist der Gesetzgeber befugt, soweit das Grundgesetz nicht selbst (vorrangige) Bestimmungen trifft. Einen Totalvorbehalt verfassungsrechtlicher Regelung sämtlicher Voraussetzungen einer Grundrechtsbeeinträchtigung enthält das Grundgesetz nicht. Allerdings gilt der Vorbehalt des Gesetzes auch für Eingriffe zur Sicherung anderer Verfassungsgüter. Die Verankerung des zu sichernden Gutes auf Verfassungsebene ersetzt nicht die freiheitssichernde Funktionen des förmlichen Gesetzes. Bei der Regelung der Eingriffsvoraussetzungen ist der Gesetzgeber wie bei anderen Grundrechtsbeschränkungen auch zur Einhaltung des Zitiergebots, des Verbots von Einzelfallgesetzen, der Wesensgehaltgarantie und des Verhältnismäßigkeitsprinzips verpflichtet.

---

[95] *Kloepfer,* JZ 1986, 205 (207).
[96] HessVGH, DVBl. 1990, 63 (64); VG Köln, NVwZ 1999, 912; im Ergebnis auch *Discher,* JuS 1993, 463 (468); dagegen *Wahl/Masing,* JZ 1990, 553 (554); allgemein *H. Dreier,* Dimensionen der Grundrechte, S. 49 f.

II. Die Verhältnismäßigkeit der konkreten Zuordnung

Die abstrakt-generellen Vorgaben der Konfliktlösung entscheiden nach dem Vorstehenden nicht alle, statistisch gesehen wahrscheinlich nicht einmal die überwiegende Mehrheit aller verfassungsinternen Gewährleistungskollisionen. Es kommt in den übrigen Fällen also auf eine konkrete, auf den Einzelfall zugeschnittene Zuordnung der maßgeblichen Verfassungsnormen an. Unter der konkreten Zuordnung ist im Gegensatz zu einer abstrakten, die mit allgemeinen Regeln zu bewältigen ist, die Bildung einer Fallnorm zu verstehen, die einen schonenden Ausgleich zwischen den Schutzgütern verfassungsrechtlicher Gewährleistungsnormen im Einzelfall sicherstellt. Diese Fallnorm ist bezogen auf den jeweiligen Eingriffsakt und läßt sich deshalb nicht rechtsgrundsätzlich formulieren, sondern wird eigens zur Prüfung im Einzelfall erstellt[97]. So dienen etwa behördliche Kontrollverfahren vor der Erteilung einer Sondernutzungserlaubnis der Konfliktbewältigung nach Maßgabe des konkreten Falls anhand einer auf ihn zugeschnittenen Fallnorm[98]. Die Fallnorm ersetzt abstrakte Eingriffsregelungen, wo solche gar nicht vorliegen, oder ergänzt bestehende, die nicht alle Voraussetzungen eines Eingriffs regeln. Ihre fallbezogene Herausbildung ist geboten, um dem auch bei verfassungsunmittelbaren Einschränkungen der Grundrechte geltenden Grundsatz der Verhältnismäßigkeit Genüge zu tun.

1. Bedenken gegen den Einzelfallbezug der Kollisionslösung?

Bedenken würden gegen diese einzelfallbezogene Normbildung allenfalls durchgreifen, wenn sie zielorientiert auf ein bestimmtes *Ergebnis* der Prüfung hin zugeschnitten wäre. Bringt sie dagegen nur alle abstrakt geltenden normativen Vorgaben, die im Einzelfall zusammentreffen, auf einen Nenner, so dient sie gerade der Verdeutlichung des gegebenen Rechts. Kann sie in ihrer konkret gefaßten Aussage der Feinabstimmung dienen und mit offenen Begriffen helfen, gänzlich unplausible Ergebnisse zu vermeiden, so schmälert das ihre unbeeinflußte Normativität keineswegs. Ab einem gewissen Punkt ist das Eingehen auf den Einzelfall ohnehin unumgänglich, da die abstrakten Vorgaben die Mannigfaltigkeit der Realität nie ganz abdecken können. Ein Rest an vom Einzelfall abhängigen Faktoren läßt sich nie in abstrakte Normen fassen, da sie zu unberechenbar einmal auftreten, dann wieder fehlen. Die Abwägung liefert nicht etwa die maßgeblichen Normen an die Umstände des Einzelfalles aus[99]. Auf „mittlerer Ebene" zwischen diesen beiden Elementen der rechtlichen Entscheidung lassen sich abwägungsleitende Gesichtspunkte benennen, die man durchaus mit zum Verfassungsrecht zählen

---

[97] *Fikentscher,* Methoden des Rechts, Bd. 6, S. 202; *Friedr. Müller,* Methodik, S. 168 ff.
[98] BVerwG, NJW 1997, 406 (407).
[99] So aber *Muckel,* Religiöse Freiheit, S. 198 m. zahlr. weiteren Nachw.; *Mis-Paulußen,* Frage der Begrenzung, S. 127.

II. Die Verhältnismäßigkeit der konkreten Zuordnung

kann[100]. Sie lassen sich nur in einem topischen Verfahren erfassen, das beispielhaft auf solche Gesichtspunkte hinweist, die oft, aber nicht immer eine Rolle spielen und die damit auch keinen abschließenden Katalog bilden können. Erforderlich ist daher eine „Arbeitsteilung" zwischen Gesetzgeber und Gesetzesanwender im Einzelfall. Für die Normierung abstrahierbarer, typischer Konflikte ist der Gesetzgeber verantwortlich, im atypischen Einzelfall obliegt die konkrete Zuordnung insbesondere den Gerichten[101].

Soweit *Gesetze* die verhältnismäßige Zuordnung der kollidierenden Verfassungsnormen vorprägen, müssen sie genügend Spielraum lassen, um auf solche besonderen Umstände des Einzelfalls eingehen zu können. Insoweit müssen sich diese Gesetze darauf untersuchen lassen, ob ihre Vorgaben die verhältnismäßige Zuordnung der Verfassungsnormen nicht unverhältnismäßig stark einengen. Daher sind abstrakte Prüfungsmaßstäbe für die Verhältnismäßigkeit gesetzlich determinierter Eingriffe ebenso nötig wie konkrete Maßstäbe für die Eingriffsmaßnahme im Einzelfall. Der Wechsel des BVerfG zwischen abstrakten und konkreten Kriterien ist daher nicht widersprüchlich[102], sondern hängt vom Prüfungsgegenstand ab. Der Gesetzgeber darf nicht im Widerspruch zur Gleichrangigkeit der Gewährleistungsnormen einen *allgemeinen* Vorrang eines von mehreren in einer Sachlage typischerweise kollidierenden Gütern mit verfassungsrechtlichem Rang vorsehen[103]. Das schließt *Gewichtungs*vorgaben aber nicht aus. Nicht anders zu verstehen ist auch die verfassungskonforme Auslegung eines Gesetzes in der Weise, daß es die Vorrangentscheidung im Einzelfall nicht generell-abstrakt vorwegnimmt, sondern Abwägungen zwischen Grundrechten und Verfassungsgütern für den Einzelfall offen hält, statt sie selbst abschließend vorzunehmen[104].

Ein gerade wegen dieses Zusammentreffens von abstrakter Mindestvorgabe durch das Gesetz und notwendigerweise verbleibendem Spielraum für die Einzelfallentscheidung zum Dauerbrenner gewordener Fall ist die Entscheidung über die Indizierung nach dem Gesetz über die Verbreitung jugendgefährdender Schriften. Dieses Gesetz hat einige Vorrangentscheidungen zwischen den Verfassungsgütern, die der Jugendschutz gewährleistet, einerseits und den Grundrechten des Art. 5 Absätze 1 und 3 GG andererseits mit hinreichender Bestimmtheit selbst getroffen. Es stellt keinen scharfen Gegensatz zwischen Kunst und Pornographie her: ein pornographisches Buch kann Kunst sein und umgekehrt. Gleichwohl bleibt die Einstufung *einzelner* Werke offen und oft genug eine Gratwanderung. Der künstlerische „Wert" oder das Gefährdungspotential eines pornographischen Romans für kollidierende Grundrechte insbesondere von Kindern und Jugendlichen darf nicht die

---

[100] Ebenso *Holoubek,* in: Grabenwarter u. a. (Hrsg.), Allgemeinheit, S. 77 f.; *Jestaedt,* DVBl. 1997, 689 (695 Fußn. 36).

[101] *Hufen,* in: Hill / Hufen / Müller / Ullmann, Meinungsfreiheit, S. 1 (9).

[102] So aber *Sachs,* in: Stern, Staatsrecht Bd. III / 2, S. 569 f.

[103] *Kuhlmann,* NuR 1995, 1 (9 Fußn. 167).

[104] Vgl. etwa BVerfGE 47, 327 (380).

Subsumtion unter das Tatbestandsmerkmal „Kunst" bestimmen, kommt aber als Maßstab für die Verhältnismäßigkeit der Indizierungsentscheidung in Frage[105].

2. Optimale Güterverwirklichung im Regelfall als Gebot der Verhältnismäßigkeit

Während sich der Begriff der praktischen Konkordanz oder der verhältnismäßigen Zuordnung auf Verfassungs*normen* bezieht, geht es beim „schonenden Ausgleich" um eine optimale Verteilung von Realisierungschancen auf die am Konflikt beteiligten und von den Verfassungsnormen gewährleisteten *Güter*. In ihr erscheint die Prüfung der Verhältnismäßigkeit in einer besonderen, *immer* auf den Einzelfall bezogenen und dadurch den Gegebenheiten der Verfassungsnormkollision angepaßten Gestalt. Zwar hat es das BVerfG abgelehnt, das Verhältnismäßigkeitsprinzip außerhalb der Rechtfertigung von Eingriffen in die individuellen Freiheitsrechte anzuwenden[106]. Daraus könnte der Schluß gezogen werden, daß die Verkürzung des Schutzes für *Kollektiv*güter *nicht* in verhältnismäßiger Weise vorgenommen werden müsse. Jedoch steht hinter der Verhältnismäßigkeit des Ausgleichs im Einzelfall das Gebot einheitsstiftender Anwendung der Verfassung. Es gebietet, die Schutzverkürzung auch auf Seiten der sonstigen Verfassungsgüter schonend durchzuführen.

So muß der Infrastrukturgewährleistungsauftrag des Art. 87 f Absatz 1 GG so weit wie möglich erfüllt werden, auch wenn er mit den Grundrechten privater Postunternehmen kollidiert[107]. Die postalische Versorgung der Bevölkerung braucht nicht etwa auf eine minimale Grundversorgung zurückgestutzt zu werden, wenn nur so die Berufsfreiheit oder die Gewerbefreiheit privater Postunternehmer effektiv ausgeübt werden kann. Gleiches trifft auf die Konkurrenz öffentlich-rechtlicher und privater Rettungsdienstunternehmen zu: Um den Schutzauftrag für Leben und Gesundheit zu erfüllen, aber auch nur insoweit, kann die Berufsfreiheit der Rettungsdienstunternehmer im Interesse der „Funktionsfähigkeit des Rettungsdienstes" eingeschränkt werden[108].

a) Besonderheiten im Vergleich mit der regulären Verhältnismäßigkeitsprüfung

Keinen Unterschied gegenüber der Prüfung eines Eingriffs, der gesetzgeberisch erfundene Zwecke verwirklichen soll, weist die Prüfung eines Eingriffs in Grund-

---

[105] BVerfGE 80, 130 (138) – Mutzenbacher.

[106] BVerfGE 79, 311 (341 f.); 81, 310 (388); a.A. namentlich *Bleckmann,* JuS 1994, 177 (181).

[107] Vgl. *Stern,* DVBl. 1997, 309 (315 f.).

[108] Im einzelnen dazu *Winkler,* DÖV 1995, 899 (905).

rechte zur Erfüllung verfassungsrechtlicher Gewährleistungsgebote auf ihre Verhältnismäßigkeit zwar auf der Stufe der *Eignung* auf. Insbesondere hat der Gesetzgeber hier keine weitere Einschätzungsprärogative als bei der Setzung von Vorbehaltsschranken. Ganz im Gegenteil ist er zuweilen auch auf *bestimmte Mittel* festgelegt, deren Eignung zum Schutz bestimmter Verfassungsgüter die Verfassung unwiderlegbar vermutet. Art. 87a Absatz 1 GG zum Beispiel läßt als geeignetes Mittel der Friedenssicherung ausdrücklich die Verteidigung mit Streitkräften zu. Ausgeschlossen ist jedenfalls auch hier der Einsatz von Mitteln, die zur Sicherung der verfassungsmäßig gewährleisteten Güter denkbar *ungeeignet* sind[109]. Im Vergleich mit einer „normalen" Verhältnismäßigkeitsprüfung ergeben sich aber Unterschiede schon bei der Auswahl der tauglichen Eingriffs*zwecke* und dem Maß ihrer Durchsetzung. Ein vom Gesetzgeber angestrebter Einschränkungszweck ist starr, wird dafür aber im Falle eines Widerspruchs zu Verfassungsnormen „gebrochen". Der Schutz von Verfassungsgütern ist dagegen zwar ein feststehend gebotener, dafür aber *flexibler* Zweck[110].

Diese Flexibilität zeigt sich zwar schon in der normalen Verhältnismäßigkeitsprüfung: Grundrechte können im Rahmen des Erforderlichen und Angemessenen „schwächer" verwirklicht sein als die ihnen vom Gesetz gegenübergestellten Zwecke. So kann der Grundrechtsträger u. U. auf ein zumutbares Ausweichen verwiesen werden, um Grundrechtsbeeinträchtigungen zu vermeiden[111]. Die Flexibilität erstreckt sich aber im Rahmen der praktischen Konkordanz auch auf die Seite des beschränkenden Gutes. Die Prüfung der Verhältnismäßigkeit geht hier nicht einseitig von einem durch den Gesetzgeber vorgegebenen Zweck aus; sie setzt bei den beiden Gütern zugleich an, deren Sicherung Zweck der sie gewährleistenden Verfassungsnormen ist. Die Grundrechte stehen insoweit nicht einem vom Gesetzgeber gewählten Maß an Verwirklichung gesetzlich gekorener Güter gegenüber, das sich entweder ganz durchsetzt, wenn es als verhältnismäßig anzuerkennen ist, oder ganz weichen muß, wenn die Verwirklichung mit einer unverhältnismäßigen Einbuße für das betroffene Grundrecht verbunden wäre. Vielmehr ist zwischen Verfassungsgütern auf beiden Seiten in dem Sinne zu vermitteln, daß nach *alternativen* Möglichkeiten einer *gleichzeitiger* Realisierung zu suchen ist, die weniger weit reichen kann als von einem intervenierenden Gesetzgeber unter Umständen vorgesehen[112].

Der Unterschied gegenüber der regulären Verhältnismäßigkeitsprüfung erklärt sich aus dem Fehlen einer Vorauswahl am Maßstab des Grundgesetzes im Fall der im Grundgesetz selbst gewährleisteten Güter. Gesetzgeberisch erfundene Zwecke sind schon in einer Prüfung am Maßstab des Grundgesetzes verfassungsrechtlich vorgefiltert. Verfassungszwecke sind dieser *Legitimitätsvorprüfung* nicht ausge-

---

[109] So auch BVerfGE 33, 52 (86) – Sondervotum *Simon/Rupp-v. Brünneck.*
[110] Kritisch zur Anwendung des Verhältnismäßigkeitsgrundsatzes daher *Fohmann,* EuGRZ 1985, 49 (60); dagegen zu Recht *Mis-Paulußen,* Frage der Begrenzung, S. 213.
[111] BVerfGE 52, 223 (248).
[112] Vorbildlich OVG Nordrhein-Westfalen, NWVBl. 1999, 189 (191 f.).

setzt. Das bedeutet nicht nur, daß sie verfassungsrechtlich selbstverständlich legitim sind; sie sind auch nicht dem heilsamen Zwang zu einer eventuellen verfassungskonformen Auslegung im Lichte der von ihnen dann eingeschränkten Verfassungsnormen[113] ausgesetzt. Verfassungsnormen, die sonstige Güter gewährleisten, werden ja nicht etwa schon im Wege ihrer Auslegung einengend für eine möglichst konfliktfreie Begegnung mit den kollidierenden Grundrechten modelliert. Das Topos „Einheit der Verfassung" beeinflußt auch auf dieser Seite des Konflikts nicht die systematische Auslegung. Die Ausrichtung auf eine schonende Behandlung der betroffenen Einschränkungsgegenstände wird im Zusammentreffen verfassungsrechtlicher Gewährleistungen vielmehr durch die hier beschriebene Modifikation des Verhältnismäßigkeitsprinzips ersetzt[114].

Auch der Prüfung der Erforderlichkeit ist damit kein *festes* Maß an Erreichung des verfolgten Verfassungszwecks vorgegeben. Grundrechtsgüter wie sonstige Verfassungsgüter müssen – soweit nicht ausnahmsweise ihre unbedingte Verwirklichung geboten ist – nur relativ zu den rechtlichen und tatsächlichen Möglichkeiten, d. h. optimal gewährleistet werden. Dieser Umstand ist in der Grundrechtstheorie zunächst als Ausdruck eines Prinzipiencharakters der *Gewährleistungsnormen* aufgefaßt worden[115]. Neuere Untersuchungen haben gezeigt, daß die Gewährleistungsnorm als solche durchaus Regelnorm sein kann und dann für sich gesehen die *maximal* mögliche Verwirklichung des gewährleisteten Gutes fordert. Den nur „idealiter gebietenden" Gehalt eines Prinzips besitzt auch eine Kollisionsnorm nicht, die die Verwirklichung des Geltungsanspruchs verschiedener Gewährleistungen in Relation zu den rechtlichen und tatsächlichen Möglichkeiten setzt. Dieses Optimierungsgebot ist seinerseits eine definitiv geltende Regel. Prinzipiencharakter haben nur die von Optimierungsgeboten in bezug zueinander gesetzten idealen Schutzgebote[116].

b) Optimierung konkurrierender Güter durch „schonenden Ausgleich"

In den normalen, d. h. „weniger extremen Fällen"[117] besteht die Zuordnung aus einem gegenseitigen Nachgeben der beiderseitigen Interessen, das aber eben nicht bis zum totalen Ausfall einer Güterverwirklichung im Einzelfall führt, sondern auf beiden Seiten der Kollision nur ein partielles ist, m. a. W. noch einen Bestand an gewährleisteten Gütern übrig läßt. Zugemessen wird dieser jeweilige verbleibende

---

[113] Vgl. grundlegend BVerfGE 7, 198 (205 ff.) u. ö.
[114] Zu eng daher *Wendt,* AöR 104 (1979), 414 (430), der keinen Unterschied zur normalen Verhältnismäßigkeitsprüfung sieht.
[115] *Alexy,* Grundrechte, S. 218.
[116] *Sieckmann,* Regel- und Prinzipienmodelle, S. 83 f. und 87; *Rossen,* in: Grabenwarter u. a., Allgemeinheit, S. 41 (56).
[117] BVerfGE 81, 278 (293).

Verwirklichungsumfang im Wege der Abwägung. Insoweit fließen hier Angemessenheitskriterien schon in die Erforderlichkeitsprüfung mit ein. Zu berücksichtigen ist nämlich schon zur Bestimmung der jeweils *erforderlichen* Verwirklichung zum einen das Gewicht der grundrechtlich geschützten, konkreten *Interessen*. Sie werden auf dieser Stufe nicht unmittelbar gegeneinander abgewogen, sondern in Bezug zur – subjektiven und objektiven – Verwirklichung des jeweiligen Grundrechts – als Individualgrundrecht und objektivrechtliches Gebot – gesetzt (und entsprechend zur Verwirklichung der gewährleistenden Verfassungsnorm auf der Gegenseite, soweit dort kein Grundrecht beteiligt ist). Zum anderen ist das Maß der *Belastung* zu ermitteln, das von einer geprüften Ausgleichslösung für die Verfassungsgüter auf beiden Seiten in Einzelfall ausgeht.

Das „Schonende"[118] an diesem Ausgleich besteht darin, daß den beteiligten Gütern nicht bloß die beiderseits *größtmöglichen* Realisierungs*erfolge* einzuräumen sind. Zugleich müssen – sozusagen als *passive* Seite der Optimierung – ihre Realisierungs*einbußen* infolge der partiellen Durchsetzung des Konkurrenzgutes so *gering* wie möglich gehalten werden. Beide Komponenten der Güteroptimierung können sich auf denselben tatsächlichen Bereich beziehen, aber zumeist wird nur in der Weise ein Kompromiß zu erreichen sein, daß jedes Gut auf einem anderen Gebiet nachgibt, als auf dem, wo es sich durchsetzt. Um einen solchen Ausgleich zu erreichen, sind hier anders als bei einer Verhältnismäßigkeitsprüfung in bezug auf gesetzgeberisch gesetzte Zwecke *Alternativen* zu entwickeln, bei denen möglicherweise das mit der geprüften Lösung verfolgte Verfassungsgut weiter zurücktreten muß, dies aber durch einen Gewinn an Effektivität auf der Seite der eingeschränkten Verfassungsgarantie ausgeglichen wird, so daß sich insgesamt eine bessere, d. h. dem Optimum näherkommende „Effektivitätsbilanz" ergibt[119]. Gibt es einen besseren Ausgleich, so ist dieser vorzunehmen; eine suboptimale Lösung verletzt das zu stark eingeschränkte Grundrecht oder die zu stark eingeschränkte nichtgrundrechtliche Gewährleistung schon aus Gründen mangelnder Erforderlichkeit.

So muß sich das BVerfG fragen lassen, ob es den Konflikt zwischen der positiven Religionsfreiheit von Schülern, die ein Kreuz im Klassenzimmer zur Ausübung ihres Glaubens benötigen, und der negativen Religionsfreiheit von Schülern, die eben so ein Kreuz aus religiösen Gründen ablehnen, mit der Verbannung von Kreuzen jeder Art aus dem Klassenzimmer optimal gelöst hat. In dem ihm vorliegenden Fall hätte z. B. ein schonender Ausgleich in der Weise nahegelegen, daß ein kleines, dezentes Kreuz ohne Korpus an der Seitenwand des Zimmers an die Stelle des großen, aufdringlich gestalteten Kruzifixes an der Stirnwand getreten wäre[120]. Da schließlich auch Konfliktentscheidungen getroffen werden können,

---

[118] Vgl. insbes. *Rüfner*, in: Festgabe BVerfG, Bd. 2, S. 465 (467); *Alexy*, Grundrechte, S. 152.

[119] In knapper Form ebenso *Mahrenholz*, HdBVerfR, S. 1310, § 26 Rdnr. 69; *van Nieuwland*, Theorien, S. 123.

[120] Siehe *Heckel*, DVBl. 1996, 453 (479); *Winkler*, JA 1995, 927 (929).

die den konkurrierenden Gütern auf *allen* Seiten weniger Raum zur Verwirklichung zuteilen als die optimale Lösung, ist es weiter denkbar, daß ein geprüfter Ausgleichsversuch *alle* beteiligten Verfassungsnormen übermäßig beschränkt. Einem in diesem Sinne faulen Kompromiß scheint der bayerische Gesetzgeber die Frage des Kreuzes im Klassenzimmer allerdings mit dem *experimentum crucis* zugeführt zu haben, dem er dissentierende Schüler unterwirft. Entgegen der Auffassung des BayVerfGH kann es eine im Einzelfall unzumutbare und deshalb unverhältnismäßige Belastung für sensible Kinder bilden, wenn sie die Gründe offenlegen müssen, die sie zur Ablehnung des Kreuzes bewegen, wollen sie dessen Abnahme erreichen[121]. Gerade in einer Phase der Bildung religiöser Empfindungen ist die Unsicherheit und mangelnde Artikulierbarkeit religiöser Motive wesentlicher Ausdruck ihres engen Bezuges zum Kernbereich der sich entwickelnden Persönlichkeit und zum Anspruch der hier besonders verletzbaren Kinder auf Achtung ihrer Würde.

Die Auswirkungen einer Konfliktregelung in positiver wie in negativer Richtung können von einer zur Herstellung des Ausgleichs berufenen staatlichen Stelle im vorhinein natürlich meist nicht exakt bestimmt werden. Hier ist also eine Prognoseentscheidung zu fällen. Unmittelbar verfassungsrechtlich geboten sind solche Prognosen besonders dort, wo schon die Gewährleistung des einen Gutes isoliert betrachtet von zukünftigen Entwicklungen abhängt. Das Grundgesetz deutet in Art. 20a GG mit der „Verantwortung für die künftigen Generationen" sowie in Art. 115 GG, wo es die Belastung des Bundeshaushalts „in künftigen Rechnungsjahren" einschränkt, an, daß schon die Erhaltung der Güter natürliche Lebensgrundlagen und finanzielle Grundlagen des Staatshandelns einen Blick in die Zukunft voraussetzt[122]. Zulässig sind gesetzgeberische Prognosen immerhin im Hinblick auf die typisierende Gefahrenabschätzung beim Konflikt zwischen Kunstfreiheit und Jugendschutz[123].

Schon weil die Suche nach Alternativen meist Prognosen, aber auch ergänzende Wertungen nötig macht, ist sie zwar primär Sache des Gesetzgebers. Sofern dieser seine Aufgabe, eine Kollision verfassungsrechtlicher Gewährleistungen aufzulösen, allerdings nicht hinreichend erfüllt hat und nur ein einziger optimaler Ausgleich möglich ist, kann das BVerfG im Rahmen einer Übergangsregelung selbst die gebotenen Maßnahmen treffen. Dabei handelt es sich um einen Fall richterlicher Ersatzgesetzgebung, der – vergleichbar mit der Gestaltung von privaten Rechtsverhältnissen durch den Richter – subsidiär und für Übergangsphasen dort eingreift, wo es die primär regelungszuständigen Organe (oder Rechtssubjekte) versäumt haben, ihre Befugnisse auszuüben[124]. Instanzgerichte können zwar im

---

[121] A. A. BayVerfGH, BayVBl. 1997, 686 (690).
[122] *Waechter,* NuR 1996, 321 (326).
[123] *Beisel,* Kunstfreiheitsgarantie, S. 314 f.
[124] Vgl. zur Zulässigkeit „gesetzesvertretenden Richterrechts" *Jachmann,* ZBR 1994, 1 (11 f.).

Gegensatz zum BVerfG ebensowenig Übergangsgesetze schaffen, wie sie verfassungswidrige Gesetze verwerfen dürfen. Immerhin aber ist es ihnen erlaubt, evidente Fehlgriffe des Gesetzgebers bei der Suche nach dem optimalen Ausgleich festzustellen und als verfassungswidrig zu qualifizieren, z. B. zur Begründung einer Vorlage an das BVerfG im Verfahren der konkreten Normenkontrolle.

c) Inkurs: Die verhältnismäßige Lösung von Grundrechtskollisionen zwischen Übermaß und Untermaß

Soweit die Optimierung der jeweils geschützten Güter auch in der Kollision zwischen *Grundrechten* durch verhältnismäßigen Ausgleich zwischen den beiderseitigen Gewährleistungsnormen stattfindet, könnte befürchtet werden, daß – obwohl oben eine Bindung der Grundrechtsträger an den Verhältnismäßigkeitsgrundsatz abgelehnt wurde[125] – hier auf einem Umweg doch die Grundrechtsausübung auf „ihre" Verhältnismäßigkeit geprüft wird. Anlaß für eine solche indirekte Anwendung des Verhältnismäßigkeitsprinzips auf Grundrechtsbetätigungen scheint vor allem zu bieten, daß der Gesetzgeber, wo er Schutzpflichten für bestimmte Grundrechtsgüter zu erfüllen hat und dazu notwendigerweise Grundrechte anderer einschränken muß, nicht in eine „Klemme zwischen Übermaß- und Untermaßverbot" geraten soll[126].

aa) Allein Schutzpflichtenerfüllung als „Klemme" für den Gesetzgeber?

Auf den ersten Blick könnten sich nun wirklich Situationen ergeben, in denen das schutzpflichtgemäße Minimalmaß an Schutzmaßnahmen aus Sicht des von den Maßnahmen in seiner Freiheitsbetätigung betroffenen Grundrechtsträgers schon einen übermäßigen Eingriff bildet[127]. Der Gesetzgeber scheint vor dem Dilemma zu stehen, entweder seine Schutz- oder seine Achtungspflicht für die grundrechtlich geschützten Güter auf beiden Seiten eines Interessenkonflikts zu vernachlässigen – oder schlimmstenfalls (wenn er sein Heil in der Flucht durch die goldene Mitte sucht) alle beide zugleich. In einer immer enger werdenden und immer stärker mit gesundheitsgefährdenden Immissionen belasteten Welt können solche Konflikte zumal zwischen der Gesundheit von Nachbarn emittierender Anlagen und dem Eigentum der Anlagenbetreiber auftreten. Das mindestens gebotene Niveau an gesundheitlichem Schutz kann die Rentabilität bestimmter Anlagen bereits gegen Null tendieren lassen.

Allerdings stellt sich dieses Problem weder allein im Konflikt zwischen Schutzpflichten und Freiheitsrechten, noch steckt allein der Gesetzgeber in einer solchen

---

[125] § 3 III 2 d).
[126] Dies der Titel der Abhandlung von *Hain*, DVBl. 1993, 982 (982).
[127] So *Dietlein*, ZG 1995, 131 (136 f.); a.A. *Hain*, ZG 1996, 75 (80).

(mutmaßlichen) Zwickmühle. Jede Art von Grundrechtsgewährleistung, von welcher staatlichen Stelle sie auch verwirklicht wird, kann mit grundrechtlichen Imperativen zugunsten anderer, manchmal sogar derselben Grundrechtsträger konfligieren. Auch ist prinzipiell von keiner Art von Grundrechtsgewährleistung auszuschließen, daß sie sich zu einer Pflicht bestimmter Staatfunktionen und -organe verdichtet. Die „klassische" Abwehrfunktion der Freiheitsrechte begründet schon regelmäßig *Unterlassungspflichten* eingriffsbereiter staatlicher Stellen. Aus Freiheitsgrundrechten können sich im Zusammenspiel mit dem Gleichheitsgrundsatz oder mit hochgeschraubten normativen Voraussetzungen der Grundrechtswahrnehmung aber auch *Leistungspflichten* der zuständigen Staatsverbände ergeben[128]. Bei der Verteilung von grundrechtlich gebotenen Leistungen kann der Staat angesichts der Knappheit öffentlicher Mittel ebenso leicht in eine „Klemme" geraten wie bei der Verteilung tatsächlicher Voraussetzungen der Freiheitsausübung zwischen „aktiven", Dritte beeinträchtigenden Grundrechtsträgern und diesen gegenüberstehenden, sich „passiv" auf ihre Freiheits- und Integritätsrechte berufenden Dritten. Auch zwei „aktive" Grundrechtsträger können den Staat in einen unauflösbar scheinenden Gewährleistungskonflikt stürzen, wenn sie um die Benutzung eines und desselben faktischen Substrats ihrer Freiheitsbetätigungen konkurrieren. Man denke etwa an die Veranstalter und Teilnehmer zweier Versammlungen, die beide nur dann ihren Zweck erreichen könnten, wenn sie zu einer bestimmten, übereinstimmenden Zeit stattfinden könnten und für die der jeweils einzige in Frage kommende Versammlungsort eine öffentliche Straße ist, die auf einmal nur einer von beiden Platz bietet.

Bei näherem Hinsehen handelt es sich aber deshalb um ein Scheinproblem, weil das gebotene Schutzminimum – und ebenso das Minimum einer gebotenen Leistung – keine feststehende Größe ist. Da Schutzpflichten nur das Ob, nicht auch das Wie eines verfassungsrechtlich gebotenen staatlichen Tätigwerdens betreffen, kann aus ihnen nicht geschlossen werden, es gebe ein (notwendig mit dem erforderlichen Eingriff deckungsgleiches) Schutzminimum[129]. Nicht einmal die Abwehrfunktion der Grundrechte stößt auf ein absolut festliegendes „non minus infra", auch wenn es scheinen mag, als könne das gebotene Unterlassen immer nur völlige Untätigkeit sein. Zwar ist der Schutzbereich der jeweiligen Grundrechtsgarantie *tatbestandlich* bereits bei noch so geringem staatlichen Einwirken eröffnet, schon von der geringsten Versagung von Leistung oder Schutz tangiert. Damit ist aber noch nicht entschieden, welche der denkbaren *Rechtsfolgen* grundrechtlicher Gewährleistung ausgelöst werden.

So ist umstritten, ob Bagatellbeeinträchtigungen ausreichen, um die *Abwehr*wirkung von Freiheits- und Gleichheitsrechten zu aktivieren. Diese Frage wird zwar üblicherweise erst auf der Prüfungsstufe des Eingriffs diskutiert[130], weil sie erst

---

[128] BVerfGE 33, 303 (330); 90, 107 (116).
[129] Wie hier auch *Unruh,* Schutzpflichten, S. 86.
[130] Vgl. *Pieroth/Schlink,* Grundrechte, Rdnr. 286.

dann entscheidungserheblich ist, wenn ein konkretes staatliches Verhalten zu untersuchen steht. Vorentschieden wird sie aber auf der Schutzbereichsebene, die nicht nur die sachlichen Bezugsgegenstände und die persönlichen Voraussetzungen des Grundrechtsschutzes umfaßt, sondern auf der Rechtsfolgenseite auch die Auswahl an gebotenen Verhaltensweisen aus dem Kreis denkbarer Gewährleistungsdimensionen. Deutlicher als bei den Abwehrrechten ist dies im Fall von *Leistungs-* und *Schutz*ansprüchen als Rechtsfolgen von Freiheitsrechtsnormen zu erkennen. Schon tatbestandlich steht der Anspruch auf Zuweisung eines Studienplatzes, der angesichts des staatlichen Monopols für die Hochschulausbildung aus Art. 12 Absatz 1 GG folgt, unter einem „Vorbehalt des Möglichen"[131]. Ebensowenig ist es den Organen der auswärtigen Gewalt der Bundesrepublik Deutschland geboten, für jeden erdenklichen Schutz von Leben und körperliche Unversehrtheit zu sorgen, soweit die Gefährdungen von fremden Mächten ausgehen[132]. In all diesen Fällen wird ein *abstraktes* Minimalmaß an Schutz, Leistung oder Unterlassung schon einseitig oberhalb der Schwelle fixiert, ab der die Tatbestandsvoraussetzungen für den Schutzbereich erfüllt sind. Das vom Grundsatz praktischer Konkordanz gebotene Austarieren setzt erst jenseits dieser beiderseits gebotenen Minima an und bewegt sich in der Marge zwischen den jeweils gebotenen Minimalverwirklichungen auf das gemeinsame Maximum (und jeweilige Optimum) an Güterverwirklichung zu.

Die um den Veranstaltungsort konkurrierenden Versammlungen müssen sich zum Beispiel in engeren zeitlichen und / oder örtlichen Schranken halten, als es die völlige Erreichung ihres Zwecke erfordert hätte. Beiden wird eine Einbuße an Verwirklichungsumfang zugemutet; diese darf aber für keine Seite so weit führen, daß sie in der Öffentlichkeit kein Gehör findet, geplante Aussagen auf keinem Weg artikulieren kann oder auf einen ungeeigneten Versammlungsort verwiesen wird. Beide Veranstaltungen müssen in der Lage sein, von ihrem ursprünglichen Versammlungszweck noch ein Höchstmaß zu erreichen, ohne sich gegenseitig mehr als unvermeidbar zu stören. Der konkret gebotene Schutzumfang wird erst anhand der optimalen Verwirklichung aller beteiligten Verfassungsgüter unter „stetem Hin- und Herwandern des Blicks" festgesetzt. Daher sind die jeweils schonendsten Eingriffe auf beiden Seiten zugleich das jeweils mildeste Mittel zur Sicherung des Konkurrenzgutes. Das *konkrete* Mindestmaß an Erfüllung des einen grundrechtlichen Schutzgebotes wird so berechnet, daß es mit dem Höchstmaß an Beeinträchtigung auf der Gegenseite übereinstimmt[133], und umgekehrt. Mit dem Grundsatz praktischer Konkordanz nicht zu vereinbaren wäre eine einseitige Bevorzugung einer der Versammlungen nach Kriterien wie der früheren Anmeldung, der größeren Teilnehmerzahl oder ähnlichem.

---

[131] BVerfGE 33, 303 (333); 96, 288 (308) m. w. Nachw.

[132] Vgl. BVerfGE 49, 89 (141); 51, 324 (346 f.); 66, 39 (58 f.); BVerfG, NJW 1994, 1402; zu weitgehend *Lerche,* in: Bettermann / Nipperdey / Scheuner, Die Grundrechte, Bd. IV/1, S. 447 u. 496.

[133] Wie hier auch *Hain,* DVBl. 1993, 982 (983 f.); *ders.,* ZG 1996, 75 (80); *Starck,* JZ 1993, 816 (817); *Unruh,* Schutzpflichten, S. 87 f.

§ 5 Grundzüge der Konfliktlösung im Einzelfall

bb) Verhältnismäßigkeit der „Grundrechtsausübung"
durch die Hintertür?

Mit einer verschleierten Bindung der aufeinander treffenden Grundrechtsträger an den Grundsatz der Verhältnismäßigkeit ist dieses Verfahren nicht verbunden. Da immer staatliche Stellen zwischen die Kontrahenten treten und mit jedem von ihnen ein konkretes Grundrechtsverhältnis begründen, liegt es in ihrer Verantwortung, die Grundrechtskollision zu lösen und die Konkurrenz der beteiligten Grundrechtsinteressen notfalls abzufedern. Allein die Organe des Staates sind in diesen Grundrechtsverhältnissen an Grundrechte gebunden. Sie können sich den Betroffenen gegenüber auch nicht darauf berufen, daß sie zum Schutz oder zur Achtung der Grundrechte anderer selbst an den Verhältnismäßigkeitsgrundsatz gebunden sind. Ist es ihnen nicht möglich, die konkreten Minimalgebote auf beiden Seiten im Wege des schonenden Ausgleichs so zu bestimmen, daß sie nicht unter das je abstrakte Minimum an Güterverwirklichung sinken, so kann es dem Staat sogar geboten sein, kompensatorische Maßnahmen zu ergreifen – insbesondere selbst Leistungen zu erbringen –, um die unumgänglichen Minderungen an Grundrechtssubstanz unter dieses absolute Minimum auszugleichen.

Auch im Ergebnis unterscheidet sich diese Konfliktlösung zwischen Grundrechten von einer Schutzbereichsreduktion anhand des Verhältnismäßigkeitsprinzips[134]. Immerhin können die modalen Garantien, die die Grundrechtseinschränkung als „Schranken-Schranken" binden, hier eingreifen, so vor allem der Vorbehalt des Gesetzes. Bei einer Konfliktvermeidung im Wege der Schutzbereichsreduktion auf „verhältnismäßige Ausübungen" fällt diese formale Schutzwirkung von vorneherein aus.

d) Gesichtspunkte des Güterausgleichs im einzelnen

Bei der Bestimmung des angemessensten Ausgleichs ist die Gegenseitigkeit der vorzunehmenden Beschränkungen zu verwirklichen. Da Rangargumente hier keine Rolle spielen, kommt es entscheidend auf die Einhaltung gleicher Verhältnisse zwischen dem Maß an Gütereinbuße auf der jeweils einen und der Gewichtigkeit der damit verfolgten Interessen auf der jeweils anderen Seite an. Dieses Verhältnis muß bei einem *Kreuzvergleich* beider Einschränkungswirkungen etwa gleich groß sein. Erst auf dieser Ebene kommt eine etwaige abstrakte *Gewichtigkeit der Güter* auf beiden Seiten ins Spiel. Hier wie anderwärts bildet die Angemessenheitsprüfung eher ein Korrektiv für *abwegige* als einen eindeutigen Maßstab für *„richtige"* Ergebnisse. Gleichwohl kann sie zumeist nicht ganz durch abschließend regelnde normative Vorgaben ersetzt werden[135]. Eine mathematische Bestimmung des

---
[134] Was *R. Dreier,* DVBl. 1980, 471 (473) und *van Nieuwland,* Theorien, S. 147f. nicht hinreichend beachten.

[135] Vgl. einerseits *Pieroth/Schlink,* Grundrechte, Rdnr. 315, andererseits *Schlink,* EuGRZ 1984, 457 (461).

"richtigen" Verwirklichungsumfangs aller kollidierenden Güter ist ohnehin nicht möglich. Auch ökonomisch inspirierte Abwägungsmodelle müssen immer wieder auf Wertungsgesichtspunkte zurückgreifen[136]. Nur als Faustregel ist auch *Alexys* „Abwägungsgesetz" zu verstehen[137].

Als Maßstäbe für die Gewichtung der konkreten Interessen kommen – im Sinne einer nicht als abschließend zu verstehenden Aufzählung – letztlich nur *einige* der Gesichtspunkte in Frage, die dafür oft genannt werden. Zum Teil beziehen sie ihre maßstäbliche Geltung aus der Wirkung von Verfassungsnormen, die für den Fall zumindest mit relevant sind; zum anderen Teil aus der (begrenzten) Anerkennung, die das Grundgesetz der Bedeutung tatsächlicher Umstände des Einzelfalls als solcher beilegt.

aa) Normbezogene Gesichtspunkte

Auch unter den normbezogenen Gesichtspunkten sind wiederum abstrakte, die allein aus dem Zusammenhang des Verfassungsrechts erschlossen werden könnten, von konkreten zu unterscheiden, die sich erst aus dem Zusammenspiel von Normen des Grundgesetzes im Einzelfall ergeben. An diesem Zusammenwirken wird besonders gut der offene, bewegliche Charakter der Anwendung von Verfassungsrecht deutlich. Rein normative Gesichtspunkte *können* demgegenüber auf dieser Stufe der Konfliktlösung schon deshalb keinen bedeutenden Ertrag mehr abwerfen, weil sie weitgehend in die abstrakt vorentscheidenden Weichenstellungen der Schutzbereichsbestimmung und der Auflösung von Normkollisionen eingegangen sind.

So verspricht es kaum Gewinn, wenn als Argument für das besondere Gewicht – wie schon für den Rang – eines Grundrechts seine vorbehaltlose Gewährleistung angeführt wird[138]. Entsprechende, recht häufige Ausführungen des Bundesverfassungsgerichts sind wohl nur als emphatische Beteuerungen zu verstehen, daß ihm die Bedeutung der betroffenen Grundrechte durchaus bewußt sei – zumal sie in der anschließenden Abwägung dann regelmäßig weitgehend ohne Gewicht bleiben[139]. Keine entscheidende Bedeutung kann der Vorbehaltlosigkeit von betroffenen Grundrechten schon deshalb zukommen, weil die mit ihnen kollidierenden Gewährleistungen für Gemeinschaftsgüter in den seltensten Fällen unter dem Vorbehalt einer Einschränkung stehen[140]. Die Betonung der Vorbehaltlosigkeit würde in diesem Lichte eher den Umkehrschluß nahelegen, daß Grundrechte unter Geset-

---

136 Vgl. nur die Annäherungsversuche bei *Jansen*, Der Staat 36 (1997), 27 (44 ff.).
137 *Sommermann*, Staatsziele, S. 413; vgl. *Alexy*, Grundrechte, S. 146.
138 So *Graf*, Grenzen, S. 63; *Jansen*, Der Staat 36 (1997), 27 (51); *v. Mutius*, JURA 1984, 193 (201); *Scholler*, in: FSchr. Kriele, S. 321 (337); zurückhaltender *Lerche*, BayVBl. 1974, 177 (183); *ders.*, in: FSchr. Mahrenholz, S. 512 (523) („bonus"); skeptisch auch *Heyde*, in: FSchr. Zeidler, Bd. 2, S. 1429 (1432); *Palm*, Kunstförderung, S. 109.
139 Vgl. etwa BVerfGE 28, 243 (263).
140 Siehe zur „Angstklausel" des Art. 20a GG etwa *Steinberg*, NJW 1996, 1985 (1993); a.A. *Waechter*, NuR 1996, 321 (323).

zesvorbehalt in der Kollision mit Kollektivgüterschutzbestimmungen in der Regel nur geringes Gewicht hätten. Auch dies trifft indes nicht zu, weil die Funktion der Gesetzesvorbehalte nicht darin liegt, ein Gewicht der in ihnen genannten Güter oder der Grundrechte, denen sie beigegeben sind, auszudrücken.

Andererseits ist bislang noch kein geeigneter Platz aufgezeigt worden, an dem der Gesichtspunkt der „Fundamentalität" eines Verfassungsgutes für die Konfliktlösung mit weniger „fundamentalen" Gütern angemessen gewürdigt werden könnte. Diese Aufgabe kann nunmehr erfüllt werden. Indes ist auch im Rahmen der Vorbereitung von Verfassungsgütern auf ihre Abwägung untereinander nicht der Umstand allein „fundamental" genug, daß diese Güter im Grundgesetz und damit in der grundlegenden Normschicht der Rechtsordnung gewährleistet sind[141]. Die Erwähnung in der Verfassung ist erst die Grundlage der Gewährleistung verfassungsrechtlich geschützter Güter, nicht zugleich aber ein Indiz für ihr Gewicht[142]. Ebensowenig sind Güter, die in bestimmten, nämlich in *Grundsatznormen* des Grundgesetzes gewährleistet werden, allein wegen dieser Verankerung stärker geschützt als andere Verfassungsgüter[143]. Auch die Aufnahme eines Gutes in ein Staatsziel hat keine grundlegende Bedeutung, die sein besonderes Gewicht rechtfertigen würde[144]. Der richtige Kern der Ansichten, die auf den Fundamentalcharakter von Verfassungsgütern abstellen und ihnen daraus ein besonderes Gewicht verleihen, liegt vielmehr in der Beziehung des betreffenden Gutes zur Verwirklichung *weiterer* verfassungsrechtlich geschützter Interessen.

„Fundamental" ist in dieser Beziehung ein Verfassungsgut, das eine tatsächliche Voraussetzung der Verwirklichung anderer Lebensgüter des einzelnen oder der Gemeinschaft bildet. Allerdings ist damit nur der erste Schritt getan. Eine schlichte *tatsächliche* Grundlagenfunktion eines Gutes für andere Belange ist für sich genommen rechtlich unbeachtlich, wenn diese Belange nicht ihrerseits Rechtsgüter, also rechtlich geschützt sind. Daß das Leben trivialerweise Voraussetzung *aller* Tätigkeiten ist, mögen sie als Freiheitsbetätigung anerkannt sein oder nicht, begründet nicht seine „Fundamentalstellung", ebensowenig wie der Bestand des Staates schon deshalb ein fundamentales Gut ist, weil es ohne den Staat den wesentlichen Adressaten der Grundrechte und daher die Grundrechtsgewährleistungen nicht gäbe[145]. Entscheidend ist, daß die Güter, deren Existenz ganz oder zum Teil vom Bestehen des gewogenen Verfassungsgutes abhängt, ihrerseits zum Kreis der *Verfassungsgüter* gehören. Die Grundlagenfunktion für *einfachgesetzlich* garantierte Güter könnte einem Verfassungsgut im Konflikt mit einem anderen

---

[141] So noch *Kloepfer*, in: Festgabe BVerfG, Bd. 2, S. 405 (412); skeptischer wohl *ders.*, JZ 1986, 205 (207).

[142] Wie hier *Peters*, NuR 1987, 293 (295).

[143] So BVerfGE 35, 202 (225); 39, 1 (43).

[144] Dafür *Murswiek*, NVwZ 1996, 222 (227); *Berg*, in: FSchr. Stern, 421 (437) zu den Schutzgütern des Art. 20a GG.

[145] In diesem Sinne allerdings BVerfGE 12, 45 (51).

II. Die Verhältnismäßigkeit der konkreten Zuordnung

Verfassungsgut keine zusätzliche Durchschlagskraft verleihen. Nur seine mittelbare Bedeutung für die Verwirklichung anderweitiger Verfassungsgewährleistungen kann ihm einen gewichtigen, weil fundamentalen Platz eintragen. In diesem Sinne und nicht in dem einer bloßen geistesgeschichtlichen Verwandtschaft genießen die Religionsfreiheit und das allgemeine Persönlichkeitsrecht mit seinen besonderen Ausprägungen wegen ihrer Nähe zur *Menschenwürde* besonderes Gewicht in Abwägungen[146]. Aber auch die Bedeutung eines Verfassungsgutes für die Erreichung von Staatszielen verleiht ihm in der Abwägung ein höheres Gewicht. Insoweit hat etwa Art. 20a GG eine verstärkende Wirkung, wenn eine „umweltfreundliche" und eine „umweltfeindliche" Grundrechtsausübung kollidieren[147].

bb) Faktische Gesichtspunkte

Da normative Aspekte für die konkrete Abwägung meist nur spärlich vorhanden sind, bleibt im übrigen nur der Weg zu einer „Flucht in die Sache"[148] offen. Den Übergang zu den tatsächlichen Umständen, die ein besonderes Gewicht des einen oder des anderen Verfassungsgutes begründen können, bildet der Fall, daß Verfassungsgüter nicht mittelbar andere Verfassungsgüter „mit fördern" – also sozusagen mit weiteren Verfassungsgütern in Reihe geschaltet sind –, sondern *neben* anderen Verfassungsgütern auf derselben Seite der Kollisionsbeziehung stehen, mithin sozusagen parallel mit ihnen geschaltet sind. Diese Konstellation findet sich etwa in Form der *Grundrechtskumulation,* wenn sich ein Grundrechtsträger für dasselbe Verhalten auf mehrere Grundrechte berufen kann[149]. Nebeneinander stehen und am selben Strang ziehen können aber auch unterschiedliche Grundrechte *verschiedener* Personen, die gleichgerichtete Interessen schützen. Dabei kommt es nicht etwa auf das Zahlenverhältnis der Beteiligten auf den verschiedenen Seiten des Konflikts an, sondern auf den Reichtum an verschiedenen rechtlichen Aspekten, die für die Verwirklichung des mehrfach gewährleisteten Interesses sprechen.

Ganz auf die tatsächlichen Umstände des Einzelfalles kommt es schließlich bei der Frage an, in welchem *Umfang* die jeweils geschützten Güter konkret sachlich *betroffen* sind[150]. Hier ist nicht mehr die normative Ebene entscheidend, weil bereits feststeht, welche und wieviele Gewährleistungsnormen auf den konkreten Fall anwendbar sind. Die Fallnorm ist an diesem Punkt also schon herausgearbeitet. Auch sie hat aber noch eine offene Flanke, und diese betrifft die Bedeutung der konkret betroffenen Interessen für die Verwirklichung der Verfassungsnormen, mit

---

[146] BVerfGE 32, 98 (106); 33, 23 (28); 35, 202 (225); 54, 148 (153); ähnlich OVG Nordrhein-Westfalen, NWVBl. 1999, 189 (191).
[147] *Bernsdorff,* NuR 1997, 328 (334).
[148] Noch allgemeiner *Ossenbühl,* DVBl. 1995, 904 (908).
[149] BVerfG, NJW 1997, 185 (186); dagegen aber *Voßkuhle,* BayVBl. 1995, 613 (617).
[150] Vorbildlich etwa VG Hamburg, NVwZ 1994, 816 (817f.); OVG Nordrhein-Westfalen, NWVBl. 1999, 189 (191 f.).

anderen Worten, ihr sachliches Gewicht. Anders als durch eine Auswahl bestimmter Schranken nach dem Sachschwerpunkt des Falles droht die Suche nach dem sachlichen Schwerpunkt als einem bloßen Gewichtungsaspekt keine normativen Festlegungen zu überspielen, die im Vorhandensein oder im Fehlen von Vorbehalten liegen. Zu berücksichtigen ist in diesem Rahmen etwa, welchem Gut durch eine stärkere Verwirklichung des Gegengutes eher eine *gegenwärtige* Gefahr droht, d. h. nicht nur ein entferntes Risiko[151].

Vor allem ist aber von Bedeutung, ob die Gefahr, in die die Durchsetzung des einen Verfassungsgutes das andere stürzt, *schwer* ist, also eine bedeutende Einbuße an Substanz für das gewährleistete Gut zu befürchten ist, und ob sie *unmittelbar* droht, der Schadenseintritt also bei ungehindertem Verlauf direkt durch die Verwirklichung des sich durchsetzenden Gutes bewirkt würde[152]. In einem Konflikt zwischen der Meinungsfreiheit und dem Persönlichkeitsrecht ist zu berücksichtigen, wie weit das thematisierte Verhalten in seine Privatsphäre hineinreicht bzw. wie großen Öffentlichkeitsbezug es besitzt[153]. Besonders im Bereich der Wissenschaftsfreiheit ausgeprägt ist das Problem, daß die Wahrnehmung von Freiheitsrechten relativ unzugänglich für Prognosen über ihre Konsequenzen ist[154]. In diesem Zusammenhang spielt auch das Topos der *Funktionsfähigkeit* staatlicher Einrichtungen eine Rolle für die Herstellung des möglichst schonenden Ausgleichs[155]. Daß freilich ein Dokumentarfilm über den Kongo-Krieg geeignet sein könnte, den Bestand der Bundesrepublik Deutschland und ihrer freiheitlich-demokratischen Grundordnung unmittelbar zu gefährden, wie das BVerfG im Filmeinfuhr-Fall annahm, erscheint doch sehr zweifelhaft[156].

3. Alleinverwirklichung eines der konkurrierenden Güter als Ausnahme

Wie gesetzgeberisch erfundene Zwecke können sich Verfassungszwecke gegenüber dem Gewährleistungszweck kollidierender Grundrechte *total* durchsetzen, anders als jene allerdings nur in Ausnahmefällen. Auch diese Einschränkung der grundsätzlichen Gegenseitigkeit der Zuordnung ergibt sich als kompensatorisches Korrektiv für die *Starrheit* der verfassungsrechtlichen Zwecke aus dem Optimierungscharakter der praktischen Konkordanz. Optimierung bedeutet hier zwar, daß jede der beteiligten Normen nicht in einem von vornherein feststehenden und

---

[151] Vgl. BVerfGE 35, 311 (321); 57, 170 (177); BVerfG, NJW 1997, 185 (186 f.); aus der Lit. vor allem *Vesting,* AöR 122 (1997), 338 (366).

[152] Zu den Anforderungen „unmittelbar" und „gegenwärtig" s. BVerfGE 33, 52 (71 – Filmeinfuhr); anders BVerfGE 81, 278 (293); BVerwG, NVwZ 1994, 162 (163).

[153] *Hufen,* in: Hill / Hufen / Müller / Ullmann, Meinungsfreiheit, S. 1 (11 f.).

[154] *Kleindiek,* Wissenschaft und Freiheit, S. 191.

[155] Ähnlich *Schwarz,* BayVBl. 1998, 710 (712).

[156] Wie hier auch *Beisel,* Kunstfreiheitsgarantie, S. 135.

keinesfalls in absolut höchterreichbaren Maße, sondern nur, daß sie in *möglichst hohem Maße* „Wirklichkeit gewinnt". Man kann es auch auf die Kurzformel bringen: es ist nach einem Kompromiß zu suchen, der die Effektivität der Grundrechte insgesamt optimiert[157]. Zu diesem Zweck „geben" grundsätzlich sowohl das eine als auch das andere Grundrecht (bzw. das andere Verfassungsgut) ein Stück weit „nach". Vorrang hat der möglichst schonende Ausgleich. Scheitert dieser aber, so ist zu entscheiden, welches Interesse im Einzelfall zurückzutreten hat[158].

a) „Zwingende" Erforderlichkeit im Einzelfall

Das beiderseitige Optimierungsgebot im Konflikt zwischen mehreren Verfassungsgewährleistungen schlägt sich hier in der etwas etwas pleonastisch klingenden Formel von der „zwingenden" Erforderlichkeit nieder[159]. Strenggenommen gibt es keine Steigerung der Eigenschaft „erforderlich". Auf der Ebene der Erforderlichkeit ist wie sonst auch das mildeste Mittel zu wählen, um den Einschränkungszweck zu erfüllen. Mit dem Wort „zwingend" wird aber ausgedrückt, daß mehr vorliegen muß als die bloße Wahl des mildesten unter *gleich* wirksamen Mitteln zur Erreichung eines vorgegebenen Zwecks. Das Wort hängt mit dem Ausnahmecharakter der einseitigen Vorzugslösung auf dieser Stufe zusammen, wo das *beiderseitige* Nachgeben der um Verwirklichung konkurrierenden Interessen den Regelfall bildet. Der Terminus „zwingend erforderlich" weist darauf hin, daß der Einschränkungszweck gerade nicht feststeht, sondern quantitativ flexibel ist.

Andererseits fallen die Verfassungsnormen, deren Zweck die Sicherung von Verfassungsgütern ist, *nie* nach der Kollisionsregel des höheren Rangs ganz und gar aus dem maßgeblichen *Normenmaterial* für die Entscheidung eines Falls heraus, auf die sie tatbestandlich anwendbar sind. Wenn davon die Rede ist, daß eine Verfassungsnorm ausnahmsweise völlig „zurückgedrängt" werde[160], ist damit nur die Verwirklichung ihres Gewährleistungsinhalts im konkreten *Einzelfall* gemeint. Über die Masse vergleichbarer Fälle verteilt muß auch ein faktische Verwirklichungschance für die „zurückgedrängte", aber weiter im Hintergrund sichtbare Verfassungsnorm offen bleiben. Nur so ist ein gänzliches „Zurückdrängen" im Einzelfall auch mit der Forderung in Einklang zu bringen, der „sachliche Grundwertgehalt" der Norm müsse erhalten bleiben[161].

Dieses Minimum an effektiven Wirkungschancen sichert auf seiten der Grundrechte Art. 19 Absatz 2 GG. Die Wesensgehaltgarantie ist nicht mit dem Verhält-

---

157 Ebenso *Gallwas*, BayVBl. 1976, 385 (387).
158 BVerfGE 35, 202 (225); 47, 327 (380); 81, 278 (294).
159 BVerfGE 28, 243 (261); ähnlich BVerfGE 42, 95 (100): „unvermeidbare" Einschränkungen.
160 BVerfGE 28, 243 (261).
161 BVerfGE 28, 243 (261); wie hier verstanden bei *Hopfauf*, NVwZ 1994, 566 (567).

nismäßigkeitsgrundsatz identisch[162]; sie *begrenzt* als besondere Schranken-Schranke vielmehr gerade die Abwägung im Rahmen der Verhältnismäßigkeitsprüfung im engeren Sinn. Sie sichert die Effektivität der Grundrechte als Verfassungsnormen auch und gerade dagegen, daß sie in Kollisionsfällen regelmäßig „weggewogen werden". Eine Totalverdrängung der Grundrechtsnorm aus der Entscheidung einer Kollision zwischen ihr und anderen Verfassungsnormen darf es nach Art. 19 Absatz 2 GG „in keinem Falle" geben. Seine kategorische Formulierung schließt schon aus, daß die Wesensgehaltgarantie auf verfassungsimmanente Beschränkungen gar nicht zur Anwendung käme[163]. Sie steuert auch ihre *Auslegung* durch den Streit zwischen den verschiedenen „absoluten" Theorien. Hier stehen sich eine *generell*-absolute und eine *individuell*-absolute Variante gegenüber. Während Art. 19 Absatz 2 GG für die erstere nur fordert, daß jederzeit etwas vom absoluten Kern des *Grundrechts als Norm* erhalten bleibt[164], stellt die Gegenmeinung auf einen Mindestgehalt an *Grundrechtsgütern* in der Person des einzelnen Grundrechtsträgers ab[165]. Die individuell-absolute Theorie hat zwar die Grundkonzeption der Grundrechte des Grundgesetzes für sich, die ganz überwiegend Individualrechte garantieren und unter der Richtungsentscheidung des Art. 1 Absatz 1 GG stehen, daß der einzelne Mensch im Zentrum der Verfassungsordnung steht. Gegen die individuell-absolute Theorie spricht jedoch der systematische Zusammenhang der Absätze 1 und 2 von Art. 19 GG, die insgesamt Maßstäbe für den Beitrag allgemeiner Gesetze zu Grundrechtsbeschränkungen setzen. Die Einschränkung durch Gesetz kann nicht auf jeden möglichen Anwendungsfall gemünzt sein, will sie nicht gerade Art. 19 Absatz 1 Satz 1 GG verletzen.

Vor allem aber wäre schwer zu erklären, wie eine Einschränkung des Rechts auf Leben auf Grund von Art. 2 Absatz 2 Satz 3 GG überhaupt zulässig sein könnte, sofern sie vom individuellen Rechtsgut Leben immer etwas übrig lassen müßte. Art. 19 Absatz 2 GG muß sich zumindest in diesem Fall auf einen Restgeltungsbestand der Grund*rechtsnorm* beziehen. Es wäre widersprüchlich, wenn gerade das „fundamentale" Recht auf Leben der Wesensgehalt nur in generell-absoluter Form, als Sicherung minimaler Effektivität der Grund*rechtsnorm* bestände, für die auf dem Leben aufbauenden Grundrechte aber an einer individuell-absoluten Wesensgehaltlehre festzuhalten wäre[166]. Diese Differenzierung überzeugt nicht, da gerade das Leben als ausschließlich in seiner *Integrität* geschütztes Gut – noch dazu als ein fundamentales und nach einer Beeinträchtigung nicht wiederherstellbares Gut

---

[162] *Maunz*, in: Maunz/Dürig, GG, Art. 19 Absatz 2 Rdnr. 16 ff. Eine Neubegründung der relativen Wesensgehaltlehre auf normtheoretischer Grundlage versucht jetzt *Borowski*, Grundrechte als Prinzipien, S. 227 ff. Dabei übergeht er aber – m. E. zu Unrecht – die kategorische Formulierung des Wortlauts von Art. 19 Abs. 2 GG.

[163] *Herbert*, EuGRZ 1985, 321 (326).

[164] *Herzog*, in: FSchr. Zeidler Bd. 2, 1414 (1424 f.); *J. Ipsen*, JZ 1997, 473 (477); nicht berücksichtigt bei *Huster*, Rechte und Ziele, S. 84 f.

[165] *Pieroth/Schlink*, Grundrechte, Rdnr. 339.

[166] So aber *Pieroth/Schlink*, Grundrechte, Rdnr. 339.

– nach ihr einen *weniger* weitgehenden Wesensgehalt hätte als vergleichsweise unbedeutende Freiheitsgrundrechte. Der generell-absoluten Wesensgehaltgarantie ist daher ohne Ausnahmen der Vorzug einzuräumen. Der Wesensgehalt der Grundrechte bleibt demnach erhalten, wenn die Verdrängung immer nur einzelne Fälle betrifft, eine weniger radikale Entscheidung bei anderer Sachlage aber offen bleibt.

Ein *ungeschriebener* Grundsatz der Effektivitätssicherung eines absoluten Normkerns gilt für die *sonstigen,* kollektive Güter betreffenden Verfassungsgewährleistungen. Wie bei den Grundrechten fällt es schwer, positiv zu bestimmen, worin dieser generell-absolute Normkern besteht. Bei verfassungsrechtlich geforderten Einrichtungen wird auf jeden Fall der Bestand und zumeist der Umfang ihres Betriebes davon umfaßt sein, ohne den die Einrichtung faktisch ganz wegfiele. Für Grundrechtsnormen und sonstige Garantien des Verfassungsrechts kann die Effektivitätsgarantie vor allem bewirken, daß der Gesetzgeber daran gehindert ist, ihren definitiven Anwendungsbereich zwar bei einzelnen Einschränkungsmaßnahmen jeweils nur geringfügig zu verringern und so jeweils die Grenzen des Verhältnismäßigkeitsprinzips einzuhalten, auf lange Sicht aber die Realisierungschancen der Gewährleistungsnormen durch die Summation vieler Gesetze einzuschnüren[167].

b) *Bevorzugung kollektiver Verfassungsgüter vor Grundrechten?*

Schließlich erklärt die Beschränkung gänzlich einseitiger Vorrangentscheidungen auf den Einzelfall auch, weshalb in den entschiedenen Fällen stets das beteiligte *Grundrechtsgut* ganz zu weichen hatte und nie ein mit ihm konkurrierendes Kollektivgut[168]. Es handelte sich dabei immer um Verfassungsbeschwerden einzelner. Das völliges Zurücktreten von Gütern, die als Institutionen oder Werte im öffentlichen Interesse geschützt sind, hinter das Grundrecht eines einzelnen kam dort praktisch nie als Konfliktlösung in Betracht. Dies hat den folgenden Grund: Eine Bedrohung *kollektiver* Güter wächst sich leichter zu einem völligen Verlust dieser Schutzgüter aus als die – meist nur einzelne Menschen betreffende – Gefahr, daß im Einzelfall *Grundrechte* gänzlich zurücktreten müssen.

Andererseits ist allerdings zu befürchten, daß sich um die kollektiven Verfassungsgüter eine „Zwischenschicht" abschirmender Staffagebegriffe legt, die sich mit der Zeit verselbständigt und selbst Verfassungsrang anzunehmen scheint[169]. Zu

---

[167] Zur „Einschnürung" von Verfassungsgarantien durch kumulative Einwirkungen auf die Berufsfreiheit *Hufen,* NJW 1994, 2913 (2916) und auf die kommunale Selbstverwaltungsgarantie *Hufen,* DÖV 1998, 276 (280); allgemein *Hufen,* Diskussionsbeitrag, in: VVDStRL 57 (1998), S. 131.

[168] Vgl. *Kriele,* JA 1984, 629 (631); *Denninger,* in: FSchr. Wassermann, 279 (281); *Rühl,* Gewissensfreiheit, S. 380; *H. Schneider,* Güterabwägung, S. 224 ff.

[169] *Herzog,* in: Maunz/Dürig, GG, Art. 5 I/II Rdnr. 270 f.; *Buscher,* NVwZ 1997, 1057 (1058).

diesen Schlüssel- oder Vermittlungsbegriffen gehört namentlich das Topos der „Funktionsfähigkeit" verfassungsrechtlich vorgesehener Einrichtungen[170]. Indem schon diese vorgelagerten Schutzobjekte verfassungsrechtlich garantiert zu sein scheinen, verleihen sie den hinter ihnen stehenden Verfassungsgütern durch die Abstraktion von deren genauem Gewährleistungsinhalt einen Sicherheitszuschlag, der sie gegen jedwede noch so entfernte Gefährdung abschirmt. Sie verschieben damit das Gewicht in der Abwägung einseitig zugunsten der kollektiven Verfassungsgüter. Einer ähnlichen Privilegierung grundsätzlich fähig, bisher allerdings nicht mit ihr ausgestattet sind die integrierten Grundrechtsgüter, namentlich unabhängig von ihrem Individualbezug gewährleistete Institute wie die Ehe oder das Eigentum. Damit entsteht zugunsten kollektiver Verfassungsgüter eine Schieflage, da Grundrechte als Individualrechte einerseits schneller im Einzelfall, andererseits aber längst nicht so schnell als generelle Normen in Gefahr der Aushöhlung geraten, wenn die Konflikte zu ihren Ungunsten entschieden werden. Diese Entwicklung überwuchert das klare Normengefüge des Grundgesetzes[171] mit einem schwer durchdringlichen Geflecht von Schmarotzerbegriffen, die allein mit den kollektiven Verfassungsgütern in Symbiose leben. Die Effektivität der einen Verfassungsnorm darf jedoch nicht dadurch gesichert werden, daß sie auf Kosten der Wirksamkeit anderer Verfassungsnormen verabsolutiert wird[172].

Diesem Defizit der Wesensgehaltgarantie gegenüber der entsprechenden Mindesteffektivitätsgarantie auf der Seite nicht-grundrechtlicher Verfassungsgüter gilt es entgegenzusteuern. Der Kreis von „Gefährdungen" für kollektive Verfassungsgüter, die als Begründung für verfassungsimmanente Beschränkungen von Grundrechten angeführt werden können, ist auf solche Gefahren begrenzt, die Verfassungsgütern *unmittelbar* aus einem grundrechtlich geschützten Verhalten drohen (würden). Von den zulässigen Gründen für einen Totalausfall des Grundrechtsschutzes im Einzelfall ausgeschlossen ist damit der alleinige Schutz bloß mittelbarer „Verfassungsgüter", genauer also: des Schutzvorfelds der tatsächlich verfassungsrechtlich gewährleisteten Güter[173]. Besonders gilt dies für den Schutz einer nicht nach ihrer Bedeutung für den Fortbestand der betreffenden Einrichtung differenzierten „Funktionsfähigkeit" verfassungsrechtlich vorgesehener (und nicht einmal als solcher garantierter) Institutionen wie der Bundeswehr, der Strafrechtspflege[174] oder der geordneten Verwaltung. Sie muß aufgelöst werden in einzelne, konkrete Funktionen, deren Gewährleistung im Grundgesetz nachzuweisen ist. *Deren* Sicherung ist dann allein in der Lage, Grundrechte im Einzelfall ganz aus

---

[170] *B. Fischer,* DVBl. 1981, 517 (521); *Denninger,* in: FSchr. Wassermann, 1985, 279 (290); *Lerche,* BayVBl. 1991, 517 (518).

[171] Zur „Funktionsfähigkeit der Streitkräfte" so *Kalkbrenner,* BayVBl 1979, 81.

[172] *Häberle,* AöR 98 (1973), 625 (630 f.).

[173] *Murswiek,* Verantwortung, S. 225 spricht – mißverständlich – von derivativen *Verfassungs*gütern.

[174] Vgl. etwa zur Rechtfertigung von Briefkontrollen bei Strafgefangenen nach §§ 29, 31 StrVollzG BVerfG, NJW 1995, 1015 und 1477.

II. Die Verhältnismäßigkeit der konkreten Zuordnung

dem Rennen zu werfen. Die fehlende Zielauswahlkompetenz des Gesetzgebers darf m. a. W. nicht unterlaufen werden, indem einzelne Voraussetzungen für die Sicherung von Verfassungsgütern als „mittelbar" mitgesichert behandelt werden.

Das betrifft sogar im Grundgesetz ausdrücklich genannte, zweckgerichtete Strukturen. So ist zwar die Sicherung des Friedens ein Verfassungsgut, das von der Präambel, Art. 1 Absatz 2, 24 Absatz 3 und 26 GG in jeweils einzelnen Aspekten gewährleistet wird. Der schon mehrfach erwähnte Art. 87a Absatz 1 GG läßt als Mittel der Friedenssicherung daneben ausdrücklich die Verteidigung mit *Streitkräften* zu. Die Streitkräfte wachsen dadurch jedoch nicht *selbst* in die Rolle einer verfassungsmäßig gesicherten Einrichtung, weil sie nur an den Verteidigungsauftrag gekoppelt – und durch ihn bedingt – aufgestellt werden müssen[175]. Erst recht läßt sich nicht *noch* eine Stufe weiter gehen und sogar die Traditionspflege der Bundeswehr, soweit sie sich religiöser Formen bedient – z. B. der Kirchenlieder beim Großen Zapfenstreich – als Verfassungsgut qualifizieren, das sich dazu eignet, die Religionsfreiheit dissentierender Soldaten zu beschränken[176]. Ähnliches gilt für einfachgesetzliche Normen, die das Grundgesetz als Institute nur im Sinne ihrer in Bestandserhaltung „als solche" oder in einem „Kern" des Instituts schützt[177].

Auch die „Funktionsfähigkeit" der *Gemeindeorgane* ist als Ausprägung des durch Art. 11 Absatz 2 BayVerf. gewährleisteten Selbstverwaltungsrechts nur ein aus der Verfassung abgeleitetes, kein eigenständiges Verfassungsgut. Sie eignet sich daher nicht als verfassungsrechtlicher Maßstab für die Prüfung eines Gesetzes, das durch kommunalrechtliche Normen das als Gestaltungsmaxime des Kommunalrechts verfassungsrechtlich in Art. 7 Absatz 2 BayVerf. verankerte Demokratieprinzip konkretisiert. Solange dieses Gesetz nicht den Kernbereich des Selbstverwaltungsrechts berührt, kann es nicht nur andere Verfassungsentscheidungen konkretisieren, sondern zugleich den Inhalt der Selbstverwaltungsgarantie modifizieren. In diesem Rahmen ist auf *Verfassungsebene* praktische Konkordanz zwischen der Garantie der kommunalen Selbstverwaltung der Gemeinden auf der einen und der kommunalen demokratischen Mitwirkung als verfassungsunmittelbar konkretisierter Ausprägung des Demokratiegrundsatzes auf der anderen Seite herzustellen.

Schon diese Grundvoraussetzung läßt ein Urteil vermissen, das die demokratische Komponente des Art. 7 Absatz 2 BayVerf. ignoriert[178]. Zum zweiten ist bei der verfassungsrechtlichen Prüfung des ausführenden *Gesetzes* festzustellen, ob es eines der beteiligten Verfassungsgüter einseitig zur Geltung bringt oder einen schonenden Ausgleich mit dem kollidierenden Gut vornimmt. Art. 18a Absätze 8, 12 und 13 BayGO, die Bürgerbegehren eine Sperrwirkung und Bürgerentscheiden

---

[175] A. A. BVerfGE 44, 197 (206).
[176] So aber *Spranger*, RiA 1997, 173 (175); *Ennuschat*, Militärseelsorge, S. 206; im Ergebnis wie hier *Kiskalt*, NJW 1989, 2479 (2480). Noch erstaunlicher *Spranger*, DÖD 1999, 58 (60): Verfassungsgut der „Kameradschaftlichen Verbundenheit" der Streitkräfteangehörigen.
[177] *Lübbe-Wolff*, Eingriffsabwehrrechte, S. 152.
[178] BayVerfGH, BayVBl. 1997, 622 (625).

eine Bindungswirkung gegenüber entgegenstehenden Beschlüssen des Gemeinderats einräumen, konkretisieren die Mitwirkung der Gemeindebürger an der kommunalen Selbstverwaltung. Diese Bestimmungen greifen in den Kern der Selbstverwaltungsgarantie nicht ein, weil sie nur Entscheidungskompetenzen von dem kommunalen Vertretungsorgan Gemeinderat auf das nicht verfaßte kommunale Organ „Gemeindevolk" verlagern. Sie gestalten die kommunale Selbstverwaltung vielmehr im Lichte des Art. 7 Absatz 2 BayVerf. durch ein Element direktdemokratischer Mitwirkung aus. Ein Verstoß gegen Art. 11 Absatz 2 BayVerf. liegt darin nicht[179].

4. Zusammenfassung

a) Der Großteil aller Konfliktfälle zwischen Grundrechten und anderen Verfassungsgewährleistungen wird erst entschieden, indem die jeweils geschützten Güter einander nach einer fallbezogen gebildeten Regel zur Lösung der Kollision zwischen ihren Gewährleistungen zugeordnet werden. Anders als die klassischen Kollisionsnormen läßt diese Fallnorm Raum für die sektoriell oder graduell *teilweise* Verwirklichung der Rechtsfolgen aller beteiligten Gewährleistungsnormen. Denn bei der Erarbeitung dieser Norm ist der Gleichrang der verfassungsrechtlichen Gewährleistungen im Regelfall dadurch zu berücksichtigen, daß keines der von ihnen gesicherten Güter vollständig verwirklicht, keines aber auch vollständig beseitigt oder am Entstehen gehindert werden darf. Nur wenn der Kerngehalt einer Verfassungsgarantie über den Einzelfall hinaus bedroht scheint, rechtfertigt dies eine anders nicht vermeidbare völlige Beseitigung des Grundrechtsgutes im Einzelfall.

b) Die Ermittlung einer Maximalsumme an Güterverwirklichungen scheitert in aller Regel daran, daß der Verwirklichungsumfang verschiedener Güter nicht an einem einheitlichen Maß gemessen werden kann. Es ist daher zweistufig zu verfahren. Zunächst wird für jeden in Betracht kommenden Ausgleichsvorschlag ermittelt, in welchem Grad die beteiligten Güter im Vergleich zu dem je für sich betrachtet möglichen Maß tatsächlich realisiert werden. Anschließend werden diese Verwirklichungsgrade getrennt rechtlich bewertet. Dabei ist insbesondere in Betracht zu ziehen, wie nahe die konkrete Manifestation am normativen „Kern" der Gewährleistung liegt, ob sie tatbestandlich von mehreren Gewährleistungen geschützt ist und ob sie der Verwirklichung der konkurrierenden Güter nur Ressourcen entzieht oder sie unmittelbar beeinträchtigt. Diese Aufzählung ist aber nicht abschließend. Die Lösung, bei der das gewichtete Maß der Verwirklichung beider Güter (annähernd) gleich groß ist, schafft den „schonendsten Ausgleich".

---

[179] Anders auf der Grundlage des Topos „Funktionsfähigkeit der verfaßten Gemeindeorgane" BayVerfGH, BayVBl. 1997, 622 (626); wie hier dagegen *Jung*, BayVBl. 1998, 225 (230).

Dritter Teil

Fazit

§ 6 Ergebnisse in Thesen

I.

1. Die Figur der „verfassungsimmanenten Schranken" ist kein überflüssiges Relikt einer überwundenen Phase der Verfassungsrechtsprechung. Gerade die Fallgruppe der vorbehaltlosen Grundrechte, die sie veranlaßt hat, macht sie weiterhin nötig. Unbestritten ist, daß auch Grundrechte ohne Gesetzesvorbehalt nicht „schrankenlos" gelten. Da Grundrechte Rechtsnormen sind, können ihre Wirkungen im Vergleich zum theoretischen Maximum allerdings nur auf normativem Weg beschränkt werden. Der Grund oder *Zweck* dieser Reduzierung liegt in der Sicherung anderer Rechtsgüter in einem weiten Sinn, der rechtlich geschützte Interessen und Werte aller Art umfaßt. Die Sicherung anderer Güter und der Schutz der Grundrechte lassen sich im Oberbegriff der *Gewährleistung* zusammenfassen.

2. Der Gewährleistungsbegriff ist zwar weit, aber nicht völlig konturenlos. Seine Weite hängt damit zusammen, daß die Gewährleistung ein Normwirkungstyp der verfassungsrechtlichen Rahmenordnung ist. Die ungeschmälerte Erhaltung eines genau feststehenden Sachbestandes ist genauso von diesem Begriff erfaßt wie die prinzipielle Fortgeltung einer Norm, deren Sachbereich grundlegend umgestaltet oder sogar inhaltlich völlig ausgewechselt wird. Gemeinsam ist den Gewährleistungsfunktionen des Grundgesetzes aber, daß der Staat eine Verantwortung für die Sicherung eines positiv bewerteten Sach- oder Rechtszusammenhanges übernimmt.

II.

3. Das BVerfG postuliert zu Recht, daß Grundrechte ohne Gesetzesvorbehalt nur zu Gunsten von Rechtsgütern eingeschränkt werden können, die mit verfassungsrechtlichem Rang gewährleistet sind. Verfassungsrang besitzt ein Rechtsgut nur, wenn seine Gewährleistung mit den Mitteln juristischer Auslegung einer Bestimmung des Grundgesetzes (oder mehreren) entnommen werden kann. Die Nennung eines Gegenstands in einer Verfassungsbestimmung reicht danach nicht aus, um ihm Verfassungsrang zu verleihen. Gerade die in den Gesetzesvorbehalten

der Grundrechte genannten Sachbereiche sind in keinem Fall Verfassungsgüter, sondern allenfalls Vorfeldbereiche im Umkreis von Verfassungsgütern.

4. Formale Kriterien wie der „organisationsrechtliche" Charakter oder die Regelungssystematik des Grundgesetzes bieten keine hinreichenden Anhaltspunkte, um einzelne Regeln von vornherein als Gewährleistungsnormen auszuscheiden. Vielmehr bestimmt sich der Gewährleistungsgehalt einer Verfassungsnorm danach, ob sie überhaupt auf „Güter", „Werte" oder ähnliches Bezug nimmt und ob sie eine sichernde oder schützende Zielrichtung für diese Gegenstände erkennen läßt.

5. Kompetenzvorschriften schützen nach ihrem primären Normzweck vor allem das Kompetenzgefüge als ganzes (und mit ihm Aspekte der Gewaltenteilung) sowie die Träger von Kompetenzen gegen die Verletzung ihres Zuständigkeitsbereichs. Da Zuständigkeiten eine Aufgabe voraussetzen, deren Wahrnehmung einer bestimmten Stelle „zusteht", gewährleisten Kompetenzbestimmungen in zweiter Linie auch die Erfüllung von Staatsaufgaben. Dasselbe gilt erst recht für „reine" Staatsaufgabennormen. Zusätzlichen Begründungsaufwand erfordert der Nachweis, daß ein Gegenstand, auf den sich eine staatliche Aufgabe oder Zuständigkeit bezieht, als solcher von der Kompetenznorm gewährleistet sein solle.

6. Nicht jede Bestimmung des Grundgesetzes, die eine Institution oder ein Rechtsinstitut nur in irgendeiner Weise anspricht, gewährleistet es auch. Je abstrakter und sachlich umfassender ein Gegenstand ist, um so schwerer ist zu rechtfertigen, daß er als ganzer institutionell garantiert sein solle. Gewährleistende Normwirkung setzt voraus, daß die Grundgesetzvorschrift zumindest die *Funktion* der Einrichtung, u. U. auch ihre *Substanz* sichern soll.

7. Die Staats- und Verfassungsgrundsätze des Grundgesetzes sind zum ganz überwiegenden Teil zu wenig konkret gefaßt, um sich auch nur auf bestimmte Rechtsgüter zu beziehen, geschweige denn diese zu schützen. Soweit es Verfassungsnormen gibt, die präzisere Rechtsfolgen aus einzelnen Tatbestandselementen der Verfassungsgrundsatzbestimmungen ziehen, gehen diese konkreteren Bestimmungen den Grundsatznormen vor. Die Staatssymbole sind ebensowenig als Sinnbilder der Verfassungsgrundsätze verfassungsrechtlich gewährleistet wie als Symbole des Staates „als solchen".

III.

8. Die Verkürzung grundrechtlichen Schutzes zur Wahrung konkurrierender Güter sollte nicht mit dem mißverständlichen Ausdruck „Begrenzung" bezeichnet werden, sondern als Be- oder Einschränkung. Die tatbestandlichen *Grenzen* der grundrechtlichen Schutzbereiche legt ausschließlich der Grundgesetztext fest. Die Befugnis des Gesetzgebers zur Ausgestaltung rechtsgeprägter Schutzbereiche kann nur dort ausnahmsweise zur Sicherung gegenläufiger Interessen statt zur Wahrung des geschützten Grundrechtsgutes genutzt werden, wo der Grundrechtsschutz nicht

dem Grundrechtsträger als Individuum dient, sondern wenigstens auch kollektiven oder fremden individuellen Interessen.

9. Anders als die tatbestandlich erfaßten Schutzgüter sind die vom Grundrecht gebotenen Rechtsfolgen zumeist nicht ausdrücklich im Verfassungstext aufgeführt. Konkurrierende Verfassungsgüter können auf der Schutzfolgenebene berücksichtigt werden, indem einem Grundrechtsträger Ansprüche auf Wahrung und Förderung seiner gewährleisteten Rechtsgüter schon *prima facie* versagt werden, weil sie nicht zugleich mit dem Gegengut verwirklicht werden könnten. Ausnahmsweise vorhandene Ausschlußregeln zeigen aber, daß das Grundgesetz im Regelfall ebensowenig ungeschriebene Rechtsfolgenausschlüsse zuläßt wie zusätzliche, ungeschriebene Tatbestandsausschlüsse.

IV.

10. Eine Kollisionslösung nach dem Grundsatz der Nachzeitigkeit findet im Verfassungsrecht der Bundesrepublik Deutschland keinen geeigneten Ansatzpunkt in Form „ungleichzeitiger" Bestimmungen. Innerhalb des Verfassungsrechts gibt es keine Rangstufen und infolgedessen auch keine Kollisionslösungen auf Grund von Höherrangigkeit. Nicht einmal die Menschenwürdegarantie steht im Verhältnis zu den übrigen Grundrechten oder anderen Verfassungsnormen auf einer höheren Rangstufe.

11. Als einzige der klassischen Kollisionsregeln hat der lex-specialis-Grundsatz im Verfassungsrecht mehr als nur marginale Bedeutung. Gerade bei der Lösung von Gewährleistungskollisionen kommt ihm zentrale Bedeutung zu. Eine Kollisionsregel der Effektivität ist zur Lösung von Widersprüchen zwischen den Rechtsfolgen grundrechtlicher und sonstiger verfassungsrechtlicher Gewährleistungen nicht anzuerkennen. Sie kann nicht klären, welche der zur Wahl stehenden Rechtsfolgen eintreten und welche ausbleiben soll, ohne daß die eine oder die andere Gewährleistungsnorm doch schon nach anderen Kriterien (Spezialität, Rang) als vorzugswürdig beurteilt wird.

V.

12. Anders als den Gesetzesvorbehalten der Grundrechte fehlt den verfassungsrechtlichen Gewährleistungsnormen zumeist ein vorgezeichneter Bezug zu einzelnen Grundrechten. Die unmittelbar verfassungsrechtliche Ermächtigung zu Grundrechtsbeeinträchtigungen zugunsten sonstiger Verfassungsgüter ist daher eine Ausnahme, die Zwischenschaltung des einfachen Gesetzes als Ermächtigungsgrundlage die Regel. Implizite Eingriffsgrundlagen, die etwa in der Aufgabenzuweisung an die Bundesregierung zur Staatsleitung mitgeschrieben wären, sind selbst dann

nicht anzuerkennen, wenn sich aus der Aufgabenzuweisung im Einzelfall ausnahmsweise konkrete Handlungsanweisungen ergeben.

13. Im Gegensatz zur Gewährleistung ist die Kollisionslösung zwischen Grundrechten und sonstigen Verfassungsgarantien nicht dem Grundgesetz selbst vorbehalten. Sie kann und muß daher vom Gesetzgeber „nachgezeichnet" werden. Zur Regelung der Eingriffsvoraussetzungen im einzelnen ist der Gesetzgeber befugt, soweit das Grundgesetz nicht selbst (vorrangige) Bestimmungen trifft. Einen Totalvorbehalt verfassungsrechtlicher Regelung sämtlicher Voraussetzungen einer Grundrechtsbeeinträchtigung enthält das Grundgesetz nicht.

14. Allerdings gilt der Vorbehalt des Gesetzes auch für Eingriffe zur Sicherung anderer Verfassungsgüter. Bei der Regelung der Eingriffsvoraussetzungen ist der Gesetzgeber wie bei anderen Grundrechtsbeschränkungen auch zur Einhaltung des Zitiergebots, des Verbots von Einzelfallgesetzen, der Wesensgehaltgarantie und des Verhältnismäßigkeitsprinzips verpflichtet.

15. Grundrechtliche Gesetzesvorbehalte als spezielle Normen würden es nur dann ausschließen, daß die mit ihnen jeweils verbundenen Grundrechte auf Grund Verfassungsrechts eingeschränkt werden, wenn diese Gesetzesvorbehalte (ausnahmsweise) dem Schutz von Verfassungsgütern dienten. Das trifft aber auf keinen Gesetzesvorbehalt zu.

VI.

16. Der Großteil aller Konfliktfälle zwischen Grundrechten und anderen Verfassungsgewährleistungen wird erst im Einzelfall entschieden, indem die jeweils geschützten Güter einander nach einer fallbezogen gebildeten Regel zur Lösung der Kollision zwischen ihren Gewährleistungen zugeordnet werden.

17. Anders als die klassischen Kollisionsnormen läßt diese Fallnorm Raum für die sektoriell oder graduell *teilweise* Verwirklichung der Rechtsfolgen aller beteiligten Gewährleistungsnormen. Bei der Erarbeitung einer Lösung ist der Gleichrang der verfassungsrechtlichen Gewährleistungen im Regelfall dadurch zu berücksichtigen, daß keines der von ihnen gesicherten Güter vollständig verwirklicht, keines aber auch vollständig beseitigt oder am Entstehen gehindert werden darf.

18. Die Ermittlung einer Maximalsumme an Güterverwirklichungen scheitert in aller Regel daran, daß der Verwirklichungsumfang verschiedener Güter nicht an einem einheitlichen Maß gemessen werden kann. Die Lösung, bei der das gewichtete Maß der Verwirklichung beider Güter (annähernd) gleich groß ist, schafft den „schonendsten Ausgleich".

VII.

19. Was für die Grundrechtsdogmatik im allgemeinen gilt, trifft natürlich auch für den Teilbereich der verfassungsimmanenten Grundrechtsschranken zu: es gibt immer Fälle, in denen sie nicht weiterhilft. Wenn zum Beispiel künstlerisch, aber höchst provokant modellierte Gartenzwerge die Ehre eines Nachbarn verletzen, dem sie verblüffend ähnlich sehen[1] – dann muß wohl auf ein ganz undogmatisches Mittel zurückgegriffen werden, um den Konflikt beizulegen: nämlich auf behutsame Gruppentherapie[2].

---

[1] AG Grünstadt, NJW 1995, 889 („Frustzwerge").
[2] So zu Recht *Hufen,* JuS 1995, 1029 (1030).

Literaturverzeichnis

Achterberg, Norbert: Einwirkungen des Verfassungsrechts auf das Verwaltungsrecht, JA 1980, 210 ff. und 273 ff.

- Antinomien verfassungsgestaltender Grundentscheidungen, Der Staat 8 (1969), 159 ff.

Albers, Marion: Faktische Grundrechtsbeeinträchtigungen als Schutzbereichsproblem, DVBl. 1996, 233 ff.

- Zur Neukonzeption des grundrechtlichen „Daten"schutzes, in: Andreas Haratsch / Dieter Kugelmann / Ulrich Repkewitz (Hrsg.), Herausforderungen an das Recht der Informationsgesellschaft, Stuttgart u. a. 1996, S. 113 ff.

Alberts, Hans: Der Schutzbereich des Art. 4 I GG, dargestellt am Beispiel der Warnung vor sog. Jugendsekten, NVwZ 1994, 1150 ff.

- Das Verbot von Weltanschauungs- und Religionsgemeinschaften, ZRP 1996, 60 ff.

Alexy, Robert: Theorie der Grundrechte, 2. Auflage, Baden-Baden 1995 (1. Aufl. = Habil. Göttingen 1984)

- Grundrechte als subjektive Rechte und objektive Normen, Der Staat 29 (1990), 49 ff.

Anschütz, Gerhard: Die Verfassung des Deutschen Reiches vom 11. August 1919. Ein Kommentar für Wissenschaft und Praxis, 14. Aufl., Berlin 1933

Anschütz, Gerhard / *Thoma*, Richard (Hrsg.): Handbuch des Deutschen Staatsrechts, Band 2, Tübingen 1932 (zitiert: *Bearbeiter* in: Anschütz / Thoma, HdBDStR)

Arnim, Hans Herbert von: Zur „Wesentlichkeitstheorie" des Bundesverfassungsgerichts, DVBl. 1987, 1241 ff.

Arnold, Rainer: Verfassungstreue und Grundgesetz, BayVBl. 1978, 520 ff.

Baader, Emil: Parlamentsvorbehalt, Wesentlichkeitsgrundsatz, Delegationsbefugnis. Eine normanalytische Untersuchung zur Normsetzungsbefugnis und zur Ermächtigung von Selbstverwaltungsorganen, JZ 1992, 394 ff.

Bader, Johann: Zur Verfassungsmäßigkeit des obligatorischen Ethikunterrichts, NVwZ 1998, 256 ff.

- Darf eine muslimische Lehrerin in der Schule ein Kopftuch tragen?, VBlBW 1998, 361 ff.

Badura, Peter: Das Verwaltungsmonopol, Berlin 1963

- Urteilsanmerkung, JZ 1993, 37 f.

Bäumler, Helmut: Versammlungsfreiheit und Verfassungsschutz, JZ 1986, 469 ff.

Bäumlin, Richard: Das Grundrecht der Gewissensfreiheit, VVDStRL 28 (1970), S. 3 ff.

Baldus, Manfred: Die Verfassungsmäßigkeit der allgemeinen Wehrpflicht unter veränderten militärpolitischen Bedingungen, NZWehrr 1993, 92 ff.

– Die Einheit der Rechtsordnung. Bedeutungen einer juristischen Formel in Rechtstheorie, Zivil- und Staatsrechtswissenschaft des 19. und 20. Jahrhunderts, Diss. Frankfurt/M. 1993/94, Berlin 1995

Bamberger, Christian: Untersagung eines Theaterstücks. Anmerkungen zu OVG Rheinland-Pfalz, Urteil vom 02. 12. 1996, GewArch 1997, 359 ff.

– Verfassungswerte als Schranken vorbehaltloser Freiheitsgrundrechte. Vom Verfassungs- zum Gegenseitigkeitsvorbehalt, Diss. Passau 1998/99, Frankfurt 1999

Battis, Ulrich: Schutz der Gewerberäume durch Art. 13 GG und Wirtschafts-, Arbeits- und Steueraufsicht – BVerfGE 32, 54, JuS 1973, 25 ff.

– Berufsbeamtentum und Leistungsprinzip, ZBR 1996, 193 ff.

Battis, Ulrich / *Krautzberger*, Michael / *Löhr*, Rolf-Peter: Baugesetzbuch. Kommentar, 6. Aufl., München 1998

Baumeister, Peter: Das Rechtswidrigwerden von Normen. Eine rechtsdogmatische Untersuchung zu den Grenzen der Wirksamkeit und Anwendbarkeit von Normen; Probleme des Spannungsverhältnisses von Recht und Zeit, Diss. Mannheim 1994, Berlin 1996

Bayer, Klaus Dieter: Das Grundrecht der Religions- und Gewissensfreiheit unter besonderer Berücksichtigung des Minderheitenschutzes, Diss. Konstanz 1997, Baden-Baden 1997

Becht, Ernst: Die 5%-Klausel im Wahlrecht: Garant für ein funktionierendes parlamentarisches Regierungssystem?, Diss. Marburg 1989, Stuttgart u. a. 1990

Becker, Florian: Die Einschränkung der Prüfungsbefugnis des Bundesrechnungshofes durch das Fraktionsgesetz, ZG 1996, 261 ff.

Becker, Ulrich: Das „Menschenbild des Grundgesetzes" in der Rechtsprechung des Bundesverfassungsgerichts, Diss. Freiburg 1994, Berlin 1996

– Die Berücksichtigung des Staatsziels Umweltschutz beim Gesetzesvollzug. Zum Erlaß abfallvermeidender Maßnahmen durch die Verwaltung, DVBl. 1995, 713 ff.

Beisel, Daniel: Die Kunstfreiheitsgarantie des Grundgesetzes und ihre strafrechtlichen Grenzen, Diss. Tübingen 1997

Benda, Ernst: Humangenetik und Recht – eine Zwischenbilanz, NJW 1985, 1732 ff.

Benda, Ernst / *Maihofer*, Werner / *Vogel*, Hans-Jochen (Hrsg.): Handbuch des Verfassungsrechts, 2. Aufl., Heidelberg / Berlin / New York 1994 (zitiert: *Bearbeiter* in: HdBVerfR)

Benz, Hanspeter: Postreform II und Bahnreform – Ein Elastizitätstest für die Verfassung, DÖV 1995, 679 ff.

Berg, Wilfried: Über den Umweltstaat, in: Joachim Burmeister (Hrsg.), Verfassungsstaatlichkeit. Festschrift für Klaus Stern zum 65. Geburtstag, München 1997, S. 421 ff.

Berkemann, Jörg: Politisches Straßentheater – ohne Kunst?, NVwZ 1982, 85 ff.

– Zur logischen Struktur von Grundrechtsnormen, Rechtstheorie 20 (1989), 451 ff.

Berlit, Uwe: Die Reform des Grundgesetzes nach der staatlichen Einigung Deutschlands, JöR n. F. 44 (1996), 17 ff.

Bernsdorff, Norbert: Positivierung des Umweltschutzes im Grundgesetz (Art. 20a GG), NuR 1997, 328 ff.

– Aufhebung oder Kürzung von Verbindlichkeiten der DDR. Art. 135 GG in altem und neuem Zusammenhang, NJW 1997, 2712 ff.

Bethge, Herbert: Zur Problematik von Grundrechtskollisionen, Habil. Köln 1976, München 1977
- Die verfassungsrechtliche Problematik der Grundpflichten, JA 1985, 249 ff.
- Grundrechtsschutz für die Medienpolizei?, NJW 1995, 557 ff.
- Der Grundrechtseingriff, VVDStRL 57 (1998), S. 9 ff.

Bettermann, Karl August: Grenzen der Grundrechte, Berlin 1968

Bettermann, Karl August/*Nipperdey,* Hans Carl/*Scheuner,* Ulrich: Die Grundrechte. Handbuch der Theorie und Praxis der Grundrechte, Bd. IV/1, 2. Aufl., Berlin 1972

Beyer, Asco: Zur politischen Meinungsäußerung im besonderen Pflichtenverhältnis, BayVBl. 1981, 233 ff.

Bieback, Hans-Jürgen: Sozialstaatsprinzip und Grundrechte, EuGRZ 1985, 657 ff.
- Inhalt und Funktionen des Sozialstaatsprinzips, JURA 1987, 229 ff.

Bierling, Ernst Rudolf: Juristische Prinzipienlehre, Bd. 1, Freiburg 1894

Biermann, Christian: Der „Asylkompromiß" und das Bundesverfassungsgericht – BVerfG, Urteil v. 14. 5. 1996 – 2 BvR 1507, 1508, 1516, 1938, 2315/93 = NVwZ 1996, 678 ff. –, JURA 1997, 522 ff.

Binding, Karl: Die Normen und ihre Übertretung, Bd. 1, 2. Aufl., Leipzig 1890

Blaesing, Heiner: Grundrechtskollisionen, Diss. Bochum 1974

Blanke, Hermann Josef/*Hufschlag,* Hans-Peter: Kommunale Selbstverwaltung im Spannungsfeld zwischen Partizipation und Effizienz, JZ 1998, 653 ff.

Blanke, Thomas: Öffentlichkeit und staatliche Geheimhaltung: Der Auskunftsanspruch gegenüber Verfassungsschutzbehörden und Polizei, KJ 1988, 281 ff.

Bleckmann, Albert: Der Verfassungsvorbehalt, JR 1978, 221 ff.
- Die Völkerrechtsfreundlichkeit der deutschen Rechtsordnung, DÖV 1979, 302 ff.
- Zum materiellrechtlichen Gehalt der Kompetenzbestimmungen des Grundgesetzes, DÖV 1983, 129 ff.
- Schlußwort, DÖV 1983, 808 f.
- Begründung und Anwendungsbereich des Verhältnismäßigkeitsprinzips, JuS 1994, 177 ff.
- Verfassungsrang der Europäischen Menschenrechtskonvention?, EuGRZ 1994, 149 ff.
- Staatsrecht II – Die Grundrechte, 4. Aufl., Köln u. a. 1997

Bleckmann, Albert/*Wiethoff,* Claudia: Zur Grundrechtskonkurrenz, DÖV 1991, 722 ff.

Bock, Wolfgang: Die Religionsfreiheit zwischen Scylla und Charybdis, AöR 123 (1998), 444 ff.

Böckenförde, Ernst-Wolfgang: Gesetz und gesetzgebende Gewalt, 2. Aufl. Berlin 1981 (1. Aufl. = Diss. Münster 1957)
- Die Organisationsgewalt im Bereich der Regierung, 2. Aufl. Berlin 1998 (1. Aufl. = Habil. Münster 1963/64)
- Das Grundrecht der Gewissensfreiheit, VVDStRL 28 (1970), 33 ff.
- Grundrechtstheorie und Grundrechtsinterpretation, NJW 1974, 1529 ff.
- Die Methoden der Verfassungsinterpretation – Bestandsaufnahme und Kritik, NJW 1976, 2089 ff.

– Zum Ende des Schulgebetsstreits – Stellungnahme zum Beschluß der BVerfG vom 16. 10. 1979 (DÖV 1980, S. 333), DÖV 1980, 323

– Grundrechte als Grundsatznormen, Der Staat 29 (1990), 1 ff.

– Zur Lage der Grundrechtsdogmatik nach 40 Jahren Grundgesetz, Heidelberg 1990

Borowski, Martin: Grundrechte als Prinzipien. Die Unterscheidung von prima facie-Position und definitiver Position als fundamentaler Konstruktionsgrundsatz der Grundrechte, Diss. Kiel 1997, Baden-Baden 1998

Bothe, Michael: Erziehungsauftrag und Erziehungsmaßstab der Schule im freiheitlichen Verfassungsstaat, VVDStRL 54 (1995), S. 7 ff.

Braczyk, Boris Alexander: Rechtsgrund und Grundrecht. Grundlegung einer systematischen Grundrechtstheorie, Diss. Bielefeld 1995, Berlin 1996

Brandhuber, Klaus: Die Problematik des Schächtens im Lichte der aktuellen Rechtsprechung, NVwZ 1994, 561 ff.

Breitbach, Michael: Die Bannmeile als Ort von Versammlungen. Gesetzgebungsgeschichte, verfassungsrechtliche Voraussetzungen und ihre verfahrens- und materiellrechtlichen Folgen, Diss. Giessen 1993, Baden-Baden 1994

Brenner, Michael: Grundrechtsschranken und Verwirkung von Grundrechten, DÖV 1995, 60 ff.

Breuer, Rüdiger: Konflikte zwischen Verwaltung und Strafverfolgung, DÖV 1987, 169 ff.

Brockhaus – Die Enzyklopädie in 24 Bänden, 20. Aufl., Bd. 10, Leipzig 1998

Brohm, Winfried: Soziale Grundrechte und Staatszielbestimmungen in der Verfassung. Zu den gegenwärtig diskutierten Änderungen des Grundgesetzes, JZ 1994, 213 ff.

Brosius-Gersdorf, Frauke: Deutsche Bundesbank und Demokratieprinzip. Eine verfassungsrechtliche Studie zur Bundesbankautonomie vor und nach der dritten Stufe der Währungsreform, Diss. Hamburg 1997, Berlin 1998

Brünneck, Alexander von: Die öffentliche Meinung in der EG als Verfassungsproblem, EuR 1989, 249 ff.

– Die Freiheit der Wissenschaft und Forschung, JA 1989, 165 ff.

Brugger, Winfried: Verfassungsliberale Grundrechtstheorie, JZ 1987, 633 ff.

– Konkretisierung des Rechts und Auslegung der Gesetze, AöR 119 (1994), 1 ff.

– Würde gegen Würde? Lösung des Fallbeispiels in VBlBW 1995, 414, VBlBW 1995, 446 ff.

– Darf der Staat ausnahmsweise foltern?, Der Staat 35 (1996), 67 ff.

Bull, Hans Peter: Die Staatsaufgaben nach dem Grundgesetz, Habil. Hamburg 1973, Frankfurt 1973

Bumke, Christian: Der Grundrechtsvorbehalt. Untersuchungen über die Begrenzung und Ausgestaltung der Grundrechte, Diss. Köln 1996/97, Baden-Baden 1998

Burmeister, Günter Cornelius: Herkunft, Inhalt und Stellung des institutionellen Gesetzesvorbehalts: zugleich ein Beitrag zur Dogmatik des Verwaltungsorganisationsrechts, Diss. Regensburg 1991, Berlin 1991

Burmeister, Joachim: „Dienende" Freiheitsgewährleistungen – Struktur und Gehalt eines besonderen Grundrechtstypus, in: Joachim Burmeister (Hrsg.), Verfassungsstaatlichkeit. Festschrift für Klaus Stern zum 65. Geburtstag, München 1997, S. 835 ff.

Burmester, Gabriele: Verfassungsrechtliche Grundlagen beim Einsatz der Bundeswehr zur Verteidigung, NZWehrr 1993, 133 ff.

Busch, Eckart / *Werner,* Sascha: Der Buß- und Bettag: Umstrittener Spielball zur Erreichung sozialpolitischer Ziele, DÖV 1998, 680 ff.

Buscher, Jens Michael: Neuere Entwicklungen der straf- und ehrenschutzrechtlichen Schranken der Meinungsfreiheit und der Kunstfreiheit, NVwZ 1997, 1057 ff.

Caspar, Johannes: Tierschutz in die Verfassung? Gründe, Gegengründe und Perspektiven für einen Art. 20b GG, ZRP 1998, 441 ff.

Christensen, Ralf: Was heißt Gesetzesbindung? Eine rechtslinguistische Untersuchung, Diss. Heidelberg 1988, Berlin 1989

Classen, Claus Dieter: Die Ableitung von Schutzpflichten des Gesetzgebers aus Freiheitsrechten – ein Vergleich von deutschem und französischem Verfassungsrecht sowie der Europäischen Menschenrechtskonvention, JöR n. F. 36 (1987), 29 ff.

– Art. 103 Abs. 2 GG – ein Grundrecht unter Vorbehalt?, GA 1998, 215 ff.

Cremer, Hans-Joachim: Der Schutz vor den Auslandsfolgen aufenthaltsbeendender Maßnahmen. Zugleich ein Beitrag zur Bestimmung der Reichweite grundrechtlicher Verantwortung für die Folgewirkungen deutscher Hoheitsakte, Diss. Heidelberg 1993, Baden-Baden 1994

Cremer, Wolfram / *Kelm,* Torsten: Mitgliedschaft in sog. „Neuen Religions- und Weltanschauungsgemeinschaften" und Zugang zum öffentlichen Dienst, NJW 1997, 832 ff.

Czermak, Gerhard: Der Kruzifix-Beschluß des Bundesverfassungsgerichts, seine Ursachen und seine Bedeutung, NJW 1995, 3348 ff.

– Das Pflicht-Ersatzfach Ethikunterricht als Problem der Religionsfreiheit, des Elternrechts und der Gleichheitsrechte, NVwZ 1996, 450 ff.

– Urteilsanmerkung, BayVBl. 1998, 307 ff.

– „Gott" im Grundgesetz?, NJW 1999, 1300 ff.

Deger, Johannes: Sind Chaos-Tage und Techno-Paraden Versammlungen?, NJW 1997, 923 ff.

Denninger, Erhard: Der Schutz-Staat, KJ 1988, 1 ff.

– Verfassungsrechtliche Schlüsselbegriffe, in: Christian Breda u. a. (Hrsg.), Festschrift für Rudolf Wassermann zum 60. Geburtstag, Neuwied 1985, S. 279 ff.

– Möglichkeiten und Grenzen einer Bindung der Hochschulaufgaben an „humanitäre, ökologische und soziale Grundsätze", in: Rolf Stober (Hrsg.), Recht und Recht. Festschrift für Gerd Roellecke zum 70. Geburtstag, Berlin 1997, S. 37 ff.

Depenheuer, Otto: Integration durch Verfassung? Zum Identitätskonzept des Verfassungspatriotismus, DÖV 1995, 854 ff.

– Der Wortlaut als Grenze. Thesen zu einem Topos der Verfassungsinterpretation, Heidelberg 1988

– Der verfassungsrechtliche Verteidigungsauftrag der Bundeswehr. Grundfragen des Außeneinsatzes deutscher Streitkräfte, DVBl. 1997, 685 ff.

Deutelmoser, Anna: Angst vor den Folgen eines weiten Versammlungsbegriffs?, NVwZ 1999, 240 ff.

de Wall, Heinrich: Das Grundrecht auf Religionsunterricht: Zur Zulässigkeit der Verfassungsbeschwerden gegen das Brandenburgische Schulgesetz, NVwZ 1997, 465 ff.

- Die Einrichtungsgarantien deas Grundgesetzes als Grundlagen subjektiver Rechte, Der Staat 38 (1999), 377 ff.

Dietlein, Johannes: Die Lehre von den grundrechtlichen Schutzpflichten, Diss. Köln 1991, Berlin 1992

- Die Grundrechte in den Verfassungen der neuen Bundesländer, München 1993
- Das Untermaßverbot. Bestandsaufnahme und Entwicklungschancen einer neuen Rechtsfigur, ZG 1995, 131 ff.

Discher, Thomas: Mittelbarer Eingriff, Gesetzesvorbehalt, Verwaltungskompetenz: Die Jugendsekten-Entscheidungen – BVerwGE 82, 76; BVerwG, NJW 1991, 1770; 1992, 2496; BVerfG, NJW 1989, 3269 –, JuS 1993, 463 ff.

- Die Landesverfassungsgerichte in der bundesstaatlichen Rechtsprechungskompetenzordnung des Grundgesetzes. Zugleich ein Beitrag zur bundesstaatlichen Stufung des Rechts, Diss. Berlin 1996, Berlin 1997

Dittmann, Armin: Erziehungsauftrag und Erziehungsmaßstab der Schule im freiheitlichen Verfassungsstaat, VVDStRL 54 (1995), S. 47 ff.

Doehring, Karl: Kriegsdienstverweigerung als Menschenrecht?, in: Ingo von Münch (Hrsg.), Staatsrecht – Völkerrecht – Europarecht, Festschrift für Hans-Jürgen Schlochauer zum 75. Geburtstag, Berlin / New York 1981, S. 45 ff.

- Verbietet das Grundgesetz des freiwilligen Waffendienst von Frauen in der Bundeswehr? Zur Auslegung des Art. 12a Abs. 4 Satz 2 GG, NZWehrr 1997, 45 ff.

Doemming, Klaus-Berto von / *Füßlein,* Rudolf / *Matz,* Werner: Entstehungsgeschichte der Artikel des Grundgesetzes, Jahrbuch des Öffentlichen Rechts (JöR) n. F. 1, Tübingen 1951

Dörr, Dieter: Die deutsche Handelsflotte und das Grundgesetz, Habil. Köln, München 1988

Dolde, Klaus-Peter: Rückübertragung freigewordener Kasernengrundstücke, NVwZ 1993, 525 ff.

Dolzer, Rudolf / *Vogel,* Klaus (Hrsg.): Kommentar zum Bonner Grundgesetz, Losebl., Stand März 1999 (zitiert: BK-*Bearbeiter*)

Dreier, Horst: Dimensionen der Grundrechte, Hannover 1993

- Subjektiv-rechtliche und objektiv-rechtliche Grundrechtsgehalte, JURA 1994, 505 ff.
- Menschenwürdegarantie und Schwangerschaftsabbruch, DÖV 1995, 1036 ff.
- (Hrsg.): Grundgesetz. Kommentar, Bd. 1 (Art. 1–19), München 1996; Bd. 2 (Art. 20–82), München 1998 (zitiert: *Bearbeiter* in: Dreier, GG)

Dreier, Ralf: Forschungsbegrenzung als verfassungsrechtliches Problem. Zugleich Bemerkungen zur Theorie der immanenten Grundrechtsschranken, DVBl. 1981, 471 ff.

Dreier, Ralf / *Schwegmann,* Friedrich (Hrsg.): Probleme der Verfassungsinterpretation. Dokumentation einer Kontroverse, Baden-Baden 1976

Dürig, Günter: Der Grundrechtssatz von der Menschenwürde. Entwurf eines praktikablen Wertsystems der Grundrechte, AöR 81 (1956), 117 ff.

Eckertz, Rainer: Die Kriegsdienstverweigerung aus Gewissensgründen als Grenzproblem des Rechts, Diss. Freiburg 1984, Baden-Baden 1986

- Verfassungsrechtliche Determinanten des Kriegsdienstverweigerungs-Neuordnungsgesetzes – BVerfG, NJW 1985, 1519 –, JuS 1985, 683 ff.

Eckhoff, Rolf: Der Grundrechtseingriff, Diss. Münster 1991, Köln u. a. 1992

Ehmann, Horst: Zur Struktur des Allgemeinen Persönlichkeitsrechts, JuS 1997, 193 ff.

Ehmke, Horst: Prinzipien der Verfassungsinterpretation, VVDStRL 20 (1963), S. 53 ff.

Eick-Wildgans, Susanne: Anstaltsseelsorge. Möglichkeiten und Grenzen des Zusammenwirkens von Staat und Kirche im Strafvollzug, Diss. Regensburg 1993, Berlin 1993

Eidenmüller, Horst: Effizienz als Rechtsprinzip, Diss. München, Tübingen 1995

Eiselt, Gerhard: Zur Privatschulsubventionierung, DÖV 1987, 557 ff.

Eisenhardt, Ulrich: Der Begriff der Toleranz im öffentlichen Recht, JZ 1968, 214 ff.

Enderlein, Axel: Der Begriff der Freiheit als Tatbestandsmerkmal der Grundrechte, Diss. Erlangen 1994, Berlin 1995

Enders, Christoph: Die Menschenwürde und ihr Schutz vor gentechnologischer Gefährdung, EuGRZ 1986, 241 ff.

– Die Menschenwürde in der Verfassungsordnung. Zur Dogmatik des Art. 1 GG, Habil. Freiburg 1995/96, Tübingen 1996

Engelbert, Anke/*Kutscha,* Martin: Staatliche Öffentlichkeitsarbeit und Demokratieprinzip, NJW 1993, 1233 ff.

Engelken, Klaas: Verfassungsmaßstäbe für Unvereinbarkeits- und andere Hinderungsvorschriften bei kommunalen Mandaten, DÖV 1996, 853 ff.

– Vorzensur für schriftstellerische, wissenschaftliche, künstlerische und Vortrags-Nebentätigkeiten?, ZRP 1998, 50 ff.

Engels, Stefan: Kinder- und Jugendschutz in der Verfassung. Verankerung, Funktion und Verhältnis zum Elternrecht, AöR 122 (1997), 212 ff.

Ennuschat, Jörg: Militärseelsorge. Verfassungs- und beamtenrechtliche Fragen der Kooperation von Kirche und Staat, Diss. Bochum 1995, Berlin 1996

– „Gott" und Grundgesetz, NJW 1998, 953 ff.

Epping, Volker: Grundgesetz und Kriegswaffenkontrolle, Diss. Bochum 1992, Berlin 1993

– Grundstrukturen der Europäischen Union, JURA 1995, 449 ff.

Erbel, Günter: Rechtsschutz für Tiere – Eine Bestandsaufnahme anläßlich der Novellierung des Tierschutzgesetzes, DVBl. 1986, 1235 ff.

Erichsen, Hans-Uwe: Der Schutz der Allgemeinheit und der individuellen Rechte durch die polizei- und ordnungsrechtlichen Handlungsvollmachten der Exekutive, VVDStRL 35 (1976), 171 ff.

– Das Grundrecht aus Art. 2 I GG, JURA 1987, 367 ff.

– Die Verfassungsbeschwerde, JURA 1991, 638 ff. und 1992, 142 ff.

Evers, Hans-Ulrich: Die Befugnis des Staates zur Festlegung von Erziehungszielen in der pluralistischen Gesellschaft, Berlin 1979

Fehlau, Meinhard: Die Schranken der freien Religionsausübung, JuS 1993, 441 ff.

Fikentscher, Wolfgang: Methoden des Rechts, Bd. 4, Tübingen 1977

Fischer, Bianca: Funktionieren öffentlicher Einrichtungen – ein Verfassungsmaßstab?, DVBl. 1981, 517 ff.

Fohmann, Lothar: Konkurrenzen und Kollisionen im Verfassungsrecht, Berlin 1978
- Konkurrenzen und Kollisionen im Grundrechtsbereich, EuGRZ 1985, 49 ff.

Forsthoff, Ernst: Zur Problematik der Verfassungsauslegung (res publica 7), Stuttgart 1961

Frankenberg, Günter: Tierschutz oder Wissenschaftsfreiheit?, KJ 1995, 421 ff.

Franz, Fritz: Urteilsanmerkung, EuGRZ 1978, 303 ff.
- Die Asylgewährleistung der Bundesrepublik Deutschland im Spannungsfeld der obergerichtlichen Rechtsprechung, DVBl. 1978, 865 ff.

Frenz, Walter: Das Verursacherprinzip im öffentlichen Recht: zur Verteilung von individueller und staatlicher Verantwortung, Berlin 1997
- Das Prinzip widerspruchsfreier Normgebung und seine Folgen, DÖV 1999, 41 ff.

Friauf, Karl-Heinrich: Schranken der Grundrechte, JR 1970, 215 f.
- Verfassungsgarantie und sozialer Wandel – am Beispiel von Ehe und Familie, NJW 1986, 2595 ff.

Friesecke, Albrecht / *Friesecke,* Gisela: Rechtliche Grenzen emanzipatorischer Erziehung im staatlichen Schulwesen, DÖV 1996, 639 ff.

Frister, Helmut: Zur Frage der Vereinbarkeit verdeckter Ermittlungen in Privatwohnungen mit Art. 13 GG, StV 1993, 151 ff.

Frommer, Hartmut / *Dillmann,* Lothar: Die Frage nach der Religionszugehörigkeit bei der Aufnahme in öffentliche Krankenhäuser, BayVBl. 1972, 405 ff.

Frowein, Jochen Abr.: Die Überwindung von Diskriminierung als Staatsauftrag in Art. 3 Abs. 3 GG, in: Franz Ruland / Bernd von Maydell / Hans-Jürgen Papier (Hrsg.), Verfassung, Theorie und Praxis des Sozialstaats. Festschrift für Hans F. Zacher zum 70. Geburtstag, Heidelberg 1998, S. 158 ff.

Frowein, Jochen Abr. / *Stein,* Torsten (Hrsg.): Rechtliche Aspekte einer Beteiligung der Bundesrepublik Deutschland an Friedenstruppen der Vereinten Nationen, Wien / Berlin / New York 1990

Führ, Martin: Ökologische Grundpflichten als verfassungsrechtliche Dimension. Vom Grundrechtsindividualismus zur Verantwortungsgemeinschaft zwischen Bürger und Staat?, NuR 1998, 6 ff.
- Widerspruchsfreies Recht im uniformen Bundesstaat, KJ 1998, 503 ff.

Gallwas, Hans-Ullrich: Der Mißbrauch von Grundrechten, Diss. München 1961, Berlin 1967
- Faktische Beeinträchtigungen im Bereich der Grundrechte. Ein Beitrag zum Begriff der Nebenwirkungen, Berlin 1970
- Das Grundrecht auf Ausbildung gemäß Art. 128 Abs. 1 der Bayerischen Verfassung, BayVBl. 1976, 385 ff.
- Grundrechte, 2. Aufl., Neuwied 1995

Gassner, Erich: Zur Abwägung als Maßstabsproblem, NJW 1998, 119 f.

Gassner, Ulrich M.: Parlamentsvorbehalt und Bestimmtheitsgrundsatz, DÖV 1996, 18 ff.
- Gesetzgebung und Bestimmtheitsgrundsatz, ZG 1996, 37 ff.

Geddert-Steinacher, Tatjana: Menschenwürde als Verfassungsbegriff: Aspekte der Rechtsprechung des Bundesverfassungsgerichts zu Art. 1 Abs. 1 Grundgesetz, Diss. Tübingen 1989

Geiger, Rudolf: Grundgesetz und Völkerrecht, 2. Aufl., München 1994

Geis, Max-Emanuel: Kulturstaat und kulturelle Freiheit. Diss. Regensburg 1990, Baden-Baden 1990

– Ergänzung des Grundgesetzes um eine „Kulturklausel"?, ZG 1992, 38 ff.
– Zum Recht des Gemeinderatsmitglieds auf freie Meinungsäußerung in der Gemeinderatssitzung. Versuch einer dogmatischen Klarstellung, BayVBl. 1992, 41 ff.
– Die Kulturhoheit der Länder. Historische und verfassungsrechtliche Aspekte des Kulturföderalismus am Beispiel der Bundesrepublik Deutschland, DÖV 1992, 522 ff.
– Polizeiliche Handlungsspielräume im Vorbereich und Verlauf von außergewöhnlichen Demonstrationslagen, Die Polizei 1993, 293 ff.
– Geheime Offenbarung oder Offenbarungseid? Anmerkungen zum „Kruzifix-Beschluß" des Bundesverfassungsgerichts, RdJB 1995, 373 ff.
– Kirchenasyl im demokratischen Rechtsstaat, JZ 1997, 60 ff.

Gersdorf, Hubertus: Parlamentsvorbehalt versus Gesetzesvorbehalt? Anmerkungen zum Beschluß des Hessischen VGH zur Gentechnologie, DÖV 1990, 514 ff.

– Landesmedienanstalten als Träger des Grundrechts der Rundfunkfreiheit, in: Andreas Haratsch / Dieter Kugelmann / Ulrich Repkewitz (Hrsg.), Herausforderungen an das Recht der Informationsgesellschaft, Stuttgart u. a. 1996, S. 163 ff.

Gick, Dietmar: Freiheit und Grundgesetz, JuS 1988, 585 ff.

Giese, Friedrich: Die Grundrechte, Diss. Bonn 1905, Freiburg 1905

– Grundriß des Reichsstaatsrechts, 4. Aufl., Bonn 1926
– Die Verfassung des Deutschen Reiches. Taschenausgabe für Studium und Praxis, 8. Aufl., Berlin 1931

Goerlich, Helmut: Wertordnung und Grundgesetz. Kritik einer Argumentationsfigur des Bundesverfassungsgerichts, Baden-Baden 1973

– Krieg dem Kreuz in der Schule?, NVwZ 1995, 1184 ff.
– Art. 141 GG als zukunftsgerichtete Garantie der neuen Länder und die weltanschauliche Neutralität des Bundes, NVwZ 1998, 819 ff.

Gornig, Gilbert: Die Schrankentrias des Art. 5 II GG, JuS 1988, 274 ff.

Grabitz, Eckart: Der Grundsatz der Verhältnismäßigkeit in der Rechtsprechung des Bundesverfassungsgerichts, AöR 98 (1973), 568 ff.

Graf, Hans-Lothar: Die Grenzen der Freiheitsrechte ohne besondere Vorbehaltsschranke. Zugleich ein Beitrag zur Auslegung der Grundrechte, Diss. München 1970

Gramlich, Ludwig: Meinungsfreiheit des Schülers und das Tragen „politischer Plaketten", BayVBl. 1980, 358 ff.

Gramm, Christof: Zur Gesetzgebungskompetenz des Bundes für ein Umweltgesetzbuch. Zugleich ein Beitrag zur Auslegung von Art. 75 Abs. 2 GG, DÖV 1999, 540 ff.

Grawert, Rolf: Verfassungsmäßigkeit der Rechtsprechung, JuS 1986, 753 ff.

Grigoleit, Klaus Joachim / *Kersten,* Jens: Grundrechtlicher Schutz und grundrechtliche Schranken kommerzieller Kommunikation, DVBl. 1996, 596 ff.

Gröpl, Christoph: Das Fernmeldegeheimnis des Art. 10 GG vor dem Hintergrund des internationalen Aufklärungsauftrags des Bundesnachrichtendienstes, ZRP 1995, 13 ff.

Gröschner, Rolf: Urteilsanmerkung, JZ 1991, 628 ff.

– Menschenwürde und Sepulkralkultur in der grundgesetzlichen Ordnung, 1995

Gromitsaris, Athanasios: Laizität und Neutralität in der Schule. Ein Vergleich der Rechtslage in Frankreich und Deutschland, AöR 121 (1996), 359 ff.

Groß, Thomas: Die Schutzwirkung des Brief-, Post- und Fernmeldegeheimnisses nach der Privatisierung der Post, JZ 1999, 326 ff.

Grothmann, Torsten: Grundrechtsschranken Portugal – Deutschland: ein Rechtsvergleich, Diss. Regensburg 1995, München 1996

Grupp, Klaus: „Schülerstreik" und Schulbesuchspflicht, DÖV 1974, 661 ff.

Guntau, Burkhard: Der Ruf des Muezzin in Deutschland – Ausdruck der Religionsfreiheit?, ZevKR 43 (1998), 369 ff.

Gusy, Christian [scil.: Christoph]: Kriegsdienstverweigerung – das verwaltete Grundrecht – BVerfGE 48, 127 –, JuS 1979, 254 ff.

Gusy, Christoph: Bundes- und Landeskompetenzen für den administrativen Verfassungsschutz, BayVBl. 1982, 201 ff.

– Die Offenheit des Grundgesetzes, JöR n. F. 33 (1984), 105 ff.

– Familiennachzug und Grundgesetz, DÖV 1986, 321 ff.

– Urteilsanmerkung, JZ 1990, 640 f.

– Urteilsanmerkung, JZ 1992, 1018 ff.

– Urteilsanmerkung, JZ 1993, 796 ff.

– Die Zentralstellenkompetenz des Bundes, DVBl. 1993, 1117 ff.

– Rechtsgüterschutz als Staatsaufgabe. Verfassungsfragen der „Staatsaufgabe Sicherheit", DÖV 1996, 573 ff.

– Das parlamentarische Regierungssystem und der Bundesrat. Entwicklungsstand und Reformbedarf, DVBl. 1998, 917 ff.

Haas-Traeger, Evelyn: Sammeln für den Krieg? Gedanken zum Urteil des BVerwG vom 23. 6. 1981, DÖV 1983, 105 ff.

Habel, Ekkehard: Menschenwürde und natürliche Lebensgrundlagen, NuR 1995, 165 ff.

Hablitzel, Hans: Wirtschaftsverfassung und Grundgesetz, BayVBl. 1981, 65 ff. und 100 ff.

Häberle, Peter: Effizienz als Verfassungsprinzip, AöR 98 (1973), 625 ff.

– Die Wesensgehaltgarantie des Art. 19 Abs. 2 GG. Zugleich ein Beitrag zum institutionellen Verständnis der Grundrechte und zur Lehre vom Gesetzesvorbehalt, 3. Aufl., Heidelberg 1983

– Verfassung als öffentlicher Prozeß, 2. Aufl., Berlin 1996

– Europäische Rechtskultur. Versuch einer Annäherung in zwölf Schritten, Baden-Baden 1994

– Der Sonntag als Verfassungsprinzip, Berlin 1988

– Gibt es eine europäische Öffentlichkeit?, ThürVBl. 1998, 121 ff.

Häde, Ulrich: Die bundesstaatliche Finanzverfassung des Grundgesetzes, JA 1994, 1 ff. und 33 ff.

– Gesamtwirtschaftliches Gleichgewicht und europäische Haushaltsdisziplin. Zur innerstaatlichen Umsetzung der Verpflichtungen aus Art. 104c EGV, JZ 1997, 269 ff.

Häde, Ulrich/*Jachmann,* Monika: Mitglieder extremistischer Parteien im Staatsdienst. Zum Urteil des Europäischen Gerichtshofs für Menschenrechte vom 26. September 1995 (Vogt gegen Deutschland), ZBR 1997, 8 ff.

Händel, Ursula M.: Chancen und Risiken einer Novellierung des Tierschutzgesetzes, ZRP 1996, 137 ff.

Häußer, Otto: Zur Antragsbefugnis der Rechnungshöfe im verfassungsrechtlichen Organstreit, DÖV 1998, 544 ff.

Häußler, Ulf: Keine Verfassungsprobleme durch die Formalisierung des Kirchenaustritts, DÖV 1995, 985 ff.

– „Schulkreuze" im säkularen Staat. Zum Verhältnis von Grundrechtsschutz und Neutralitätsprinzip, ZevKR 43 (1998), 461 ff.

Hailbronner, Kay: Die Freiheit der Forschung und Lehre als Funktionsgrundrecht, Habil. Heidelberg 1977, Hamburg 1979

– Forschungsreglementierung und Grundgesetz, WissR 13 (1980), 212 ff.

Hain, Karl-Eberhard: Der Gesetzgeber in der Klemme zwischen Übermaß- und Untermaßverbot?, DVBl. 1993, 982 ff.

– Das Untermaßverbot in der Kontroverse. Eine Antwort auf *Dietlein,* ZG 1996, 75 ff.

– Urteilsanmerkung, JZ 1998, 620 ff.

– Rezension von *Joachim Vogel,* Juristische Methodik, JZ 1998, 1059 f.

Haratsch, Andreas: Die Befreiung von Verbindlichkeiten nach Art. 135a GG, Diss. Mainz 1997, Berlin 1998

Heckel, Martin: Das Kreuz im öffentlichen Raum. Zum „Kruzifix-Beschluß" des Bundesverfassungsgerichts, DVBl. 1996, 453 ff.

Heckmann, Dirk: Eingriff durch Symbole? Zur Reichweite grundrechtlichen Schutzes vor geistiger Auseinandersetzung, JZ 1996, 880 ff.

– Geltungskraft und Geltungsverlust von Normen, Habil. Freiburg 1997, Tübingen 1998

Heimann, Hans Markus: Zur Verfassungsmäßigkeit des Einsatzes Wehrpflichtiger außerhalb der Landesverteidigung, ZRP 1996, 20 ff.

Hein, Peter E.: Die Unvereinbarerklärung verfassungswidriger Gesetze durch das Bundesverfassungsgericht: Grundlagen, Anwendungsbereich, Rechtsfolgen, Diss. Bonn 1987, Baden-Baden 1988

Heintzen, Markus: Auswärtige Beziehungen privater Verbände, Diss. Bonn 1987/88, Berlin 1988

– Die Beidseitigkeit der Kompetenzverteilung im Bundesstaat, DVBl. 1997, 689 ff.

Heintzen, Markus/*Lilie,* Hans: Patientenakten und Rechnungshofkontrolle, NJW 1997, 1601 ff.

Heinze, Christian: Das Gesetz zur Änderung des Verfassungsrechts der Eisenbahnen vom 20. 12. 1993, BayVBl. 1994, 266 ff.

Heitsch, Christian: Prüfungspflichen des Bundesverfassungsgerichts unter dem Staatsziel der europäischen Integration – Auswirkungen des Art. 23 Abs. 1 GG auf die Kontrolle unterlassener Richtervorlagen gemäß Art. 177 Abs. 3 EGV durch das Bundesverfassungsgericht, EuGRZ 1997, 461 ff.

Hellenthal, Markus: Zur verfassungsrechtlichen Überprüfung von Entscheidungen des Bundes vor ihrem Erlaß, JURA 1989, 169 ff.

Henke, Wilhelm: Das subjektive öffentliche Recht, Tübingen 1968

– Juristische Systematik der Grundrechte, DÖV 1984, 1 ff.

Henneke, Hans-Günter: Der Schutz der natürlichen Lebensgrundlagen in Art. 20a GG. Inhalt und Wirkungen einer ausbalancierten Staatszielbestimmung, NuR 1995, 325 ff.

– Die Widerspruchsfreiheit der Rechtsordnung als Begrenzung der Gesetzgebungskompetenzen für Lenkungssteuern, ZG 1998, 275 ff.

Hennis, Wilhelm: Integration durch Verfassung? Rudolf Smend und die Zugänge zum Verfassungsproblem nach 50 Jahren unter dem Grundgesetz, JZ 1999, 485 ff.

Herberger, Maximilian / *Simon,* Dieter: Wissenschaftstheorie für Juristen, Frankfurt 1980

Herdegen, Matthias: Gewissensfreiheit und Normativität des positiven Rechts. Habil. Heidelberg 1989, Berlin u. a. 1989

– Objektives Recht und subjektive Rechte. Bemerkungen zu verfassungsrechtlichen Wechselbeziehungen, in: Heckmann, Dirk / Meßerschmidt, Klaus, Gegenwartsfragen des Öffentlichen Rechts, Berlin 1988

Der Neue Herder: Bd. 3, Ginseng bis Kollosseum, Freiburg 1967

Hermes, Georg: Das Grundrecht auf Schutz von Leben und Gesundheit. Schutzpflicht und Schutzanspruch aus Art. 1 Abs. 2 Satz 1 GG, Diss. Freiburg 1986, Heidelberg 1987

Hermes, Reinhard: Der Bereich des Parlamentsgesetzes. Diss. Hamburg 1988, Berlin 1988

Herzog, Roman: Grundrechte aus der Hand des Gesetzgebers, in: Walther Fürst / Roman Herzog / Dieter C. Umbach (Hrsg.), Festschrift für Wolfgang Zeidler, Bd. 2, Heidelberg 1987, S. 1415 ff.

– Unzulänglichkeiten des Verfassungstextes, in: Bernd Bender (Hrsg.), Festschrift für Konrad Redeker zum 70. Geburtstag, München 1993, S. 149 ff.

Hesse, Konrad: Die normative Kraft der Verfassung, in: ders., Ausgewählte Schriften, Heidelberg 1984, S. 3 ff.

– Grundzüge des Verfassungsrechts, 20. Aufl., Heidelberg 1995

– Verfassungsrechtsprechung im geschichtlichen Wandel, in: JZ 1995, 265 ff.

Heyde, Wolfgang: Der Regelungsspielraum des Gesetzgebers bei vorbehaltlos gewährleisteten Grundrechten, in: Walther Fürst / Roman Herzog / Dieter C. Umbach (Hrsg.), Festschrift für Wolfgang Zeidler, Bd. 2, Heidelberg 1987, S. 1429 ff.

Hillgruber, Christian: Der Schutz des Menschen vor sich selbst, Diss. Köln 1991, München 1992

– Richterliche Rechtsfortbildung als Verfassungsproblem, JZ 1996, 118 ff.

– Grundrechtsschutz des Arztes für die Vornahme von Schwangerschaftsabbrüchen?, MedR 1998, 201 ff.

Hippel, Eike von: Grenzen und Wesensgehalt der Grundrechte, Berlin 1965

Hobe, Stefan: Tierversuche zwischen Tierschutz und Forschungsfreiheit, WissR 31 (1998), 309 ff.
- Der kooperationsoffene Verfassungsstaat, Der Staat 37 (1998), 521 ff.

Hodenberg, Philipp von: Das Bekenntnis des deutschen Volkes zu den Menschenrechten in Art. 1 Abs. 2 GG, Diss. Heidelberg 1997, Baden-Baden 1997

Höfling, Wolfram: Offene Grundrechtsinterpretation, Diss. Köln 1987, Berlin 1987
- Vertragsfreiheit. Eine grundrechtsdogmatische Studie, Heidelberg 1991
- Staatsschuldenrecht. Rechtsgrundlagen und Rechtsmaßstäbe für die Staatsschuldenpolitik der Bundesrepublik Deutschland, Habil. Köln 1992, Heidelberg 1993
- Die Unantastbarkeit der Menschenwürde – Annäherungen an einen schwierigen Verfassungsrechtssatz, JuS 1995, 857 ff.
- Die Grundrechtsbindung der Staatsgewalt, JA 1995, 431 ff.
- Grundelemente einer Bereichsdogmatik der Koalitionsfreiheit. Kritik und Reformulierung der sog. Kernbereichslehre, in: Rudolf Wendt / Wolfram Höfling / Ulrich Karpen / Manfred Oldiges (Hrsg.), Staat – Wirtschaft – Steuern. Festschrift für Karl-Heinrich Friauf zum 65. Geburtstag, Heidelberg 1996, S. 377 ff.
- Haushaltsdisziplinierung der Länder durch Bundesrecht? Die Konvergenzkriterien des Maastrichter Vertrags und die Verteilung von Konsolidierungslasten im Bundesstaat, ZRP 1997, 231 ff.
- Kommunale Ansprüche auf Rückübertragung ehemaligen Reichsvermögens. Zur Aktualität des Art. 134 III GG, DVBl. 1997, 1301 ff.

Hönes, Ernst-Rainer: Historische Park- und Gartenanlagen zwischen Kunstfreiheit und Umweltschutz, DÖV 1998, 491 ff.
- Gartendenkmalpflege und Naturschutz, NWVBl. 1998, 383 ff.

Hofe, Gerhard: Abschied vom weiten Wohnungsbegriff des Art. 13 GG?, ZRP 1995, 169 ff.

Hoffmann, Josef: Kunstfreiheit und Sacheigentum. Bemerkungen zum „Sprayer-Beschluß" des BVerfG, NJW 1985, 237 ff.

Hoffmann-Riem, Wolfgang: Finanzkontrolle als Steuerungsaufsicht im Gewährleistungsstaat, DÖV 1999, 221 ff.

Hofmann, Hasso: Natur und Naturschutz im Spiegel des Verfassungsrechts, JZ 1988, 265 ff.
- Die versprochene Menschenwürde, AöR 118 (1993), 353 ff.

Holoubek, Michael: Bauelemente eines grundrechtsdogmatischen Argumentationsschemas: Schutzbereich – Eingriff – Schranken, in: Christoph Grabenwarter / Stefan Hammer / Alexander Pelzl / Eva Schulev-Steindl / Ewald Wiederin, Allgemeinheit der Grundrechte und Vielfalt der Gesellschaft, Stuttgart u. a. 1994, S. 61 ff.
- Der Grundrechtseingriff, DVBl. 1997, 1031 ff.
- Grundrechtliche Gewährleistungspflichten. Ein Beitrag zu einer allgemeinen Grundrechtsdogmatik, Habil. Wien 1996, Wien / New York 1997

Hopfauf, Axel: Zur Frage der Abschiebung anerkannter Asylberechtigter, NVwZ 1994, 566 ff.

Huber, Bertold: Auswirkungen der Urteile des BVerfG vom 14. 5. 1996 auf die Rechtsweggarantie des Art. 19 IV GG, NVwZ 1997, 1080 ff.

Huber, Ernst Rudolf: Bedeutungswandel der Grundrechte, AöR (n. F.) 23 (1933), 1 ff.

Huber, Peter Michael: Erziehungsauftrag und Erziehungsmaßstab der Schule im freiheitlichen Verfassungsstaat, BayVBl. 1994, 545 ff.

Hubmann, Heinrich: Grundsätze der Interessenabwägung, AcP 155 (1956), 85 ff.

Hueck, Ingo: Versammlungsfreiheit und Demonstrationsrecht: Sind unsere Versammlungsgesetze noch zeitgemäß?, in: Christoph Grabenwarter / Stefan Hammer / Alexander Pelzl / Eva Schulev-Steindl / Ewald Wiederin, Allgemeinheit der Grundrechte und Vielfalt der Gesellschaft, Stuttgart u. a. 1994, S. 179 ff.

Hufen, Friedhelm: Die Freiheit der Kunst in staatlichen Institutionen: dargestellt am Beispiel der Kunst- und Musikhochschulen, Habil. Hannover 1982, Baden-Baden 1982

– Zur rechtlichen Regelung der Straßenkunst. Kommunikativer Gemeingebrauch oder Verbot mit Erlaubnisvorbehalt?, DÖV 1983, 352 ff.

– Die Grundrechte und der Vorbehalt des Gesetzes, in: Dieter Grimm (Hrsg.), Wachsende Staatsaufgaben – sinkende Steuerungsfähigkeit des Rechts, Baden-Baden 1990, S. 273 ff.

– Fundamentalismus als Herausforderung des Verfassungsrechts und der Rechtsphilosophie, Staatswissenschaften und Staatspraxis 1992, 455 ff.

– Urteilsanmerkung, JuS 1993, 156 f.

– Berufsfreiheit – Erinnerung an ein Grundrecht, NJW 1994, 2913 ff.

– Diskussionsbeitrag, in: VVDStRL 54 (1995), 128 f.

– Urteilsanmerkung, JuS 1995, 1029 f.

– Inhalt und Einschränkbarkeit vertragsärztlicher Grundrechte, MedR 1996, 394 ff.

– Zuviel Meinungsfreiheit? Der verfassungsrechtliche Rahmen für eine demokratie- und menschenwürdige Streitkultur, in: Werner Hill / Friedhelm Hufen / Gerda Müller / Eike Ullmann, Meinungsfreiheit, Heidelberg 1997, S. 1 ff.

– Verwaltungsprozeßrecht, 3. Aufl. München 1998

Huster, Stefan: Rechte und Ziele. Zur Dogmatik des allgemeinen Gleichheitssatzes, Diss. Heidelberg 1993, Berlin 1993

– Das Verbot der „Auschwitzlüge", die Meinungsfreiheit und das Bundesverfassungsgericht, NJW 1996, 487 ff.

– Körperschaftsstatus unter Loyalitätsvorbehalt? – BVerwG, NJW 1997, 2396 –, NJW 1998, 117 ff.

Ipsen, Jörn: Wehrdienst, Ersatzdienst und Pflichtengleichheit, ZRP 1978, 153 ff.

– Rechtsfolgen der Verfassungswidrigkeit von Norm und Einzelakt, Baden-Baden 1980

– Gesetzliche Einwirkungen auf grundrechtlich geschützte Rechtsgüter, JZ 1997, 473 ff.

– Staatsrecht II – Die Grundrechte, 2. Aufl., Neuwied 1998

– Glaubensfreiheit als Beeinflussungsfreiheit? Anmerkungen zum „Kruzifix-Beschluß" des Bundesverfassungsgerichts, in: Görg Haverkate / Theo Langheid / Heinrich Wilms / Burkhard Ziemske, Staatsphilosophie und Rechtspolitik. Festschrift für Martin Kriele zum 65. Geburtstag, München 1997, S. 301 ff.

Isensee, Josef: Subsidiaritätsprinzip und Verfassungsrecht. Eine Studie über das Regulativ des Verhältnisses von Staat und Gesellschaft, Diss. Erlangen 1967, Berlin 1968

– Republik – Sinnpotential eines Begriffs. Begriffsgeschichtliche Stichproben, JZ 1981, 1 ff.

- Das Grundrecht auf Sicherheit. Zu den Schutzpflichten des freiheitlichen Verfassungsstaates, Berlin / New York 1983
- Das staatliche Gewaltmonopol als Grundlage und Grenze der Grundrechte. Der Vorbehalt der Friedlichkeit als Kriterium des Grundrechtstatbestandes und der Schutzpflicht, in: Everhardt Franßen (Hrsg.), Festschrift für Horst Sendler zu seinem Ausscheiden aus dem Amt als Präsident des Bundesverwaltungsgerichts, München 1991, S. 39 ff.
- Der Rechtsanspruch auf einen Kindergartenplatz. Ein Verfassungsproblem des Bundesstaates und der kommunalen Selbstverwaltung, DVBl. 1995, 1 ff.
- Grundrecht auf Ehre, in: Görg Haverkate / Theo Langheid / Heinrich Wilms / Burkhard Ziemske, Staatsphilosophie und Rechtspolitik. Festschrift für Martin Kriele zum 65. Geburtstag, München 1997, S. 5 ff.
- Vom Ethos des Interpreten. Das subjektive Element der Normauslegung und seine Einbindung in den Verfassungsstaat, in: Hans Haller u. a. (Hrsg.), Festschrift für Günther Winkler, Wien / New York 1997, S. 367 ff.

Isensee, Josef / *Kirchhof*, Paul: Handbuch des Staatsrechts der Bundesrepublik Deutschland, 9 Bde., Heidelberg 1988 – 1997 (zitiert: *Bearbeiter* in Isensee / Kirchhof, HdBStR)

Jachmann, Monika: Der Einsatz von Beamten auf bestreikten Arbeitsplätzen. Anmerkungen zu dem Beschluß des Bundesverfassungsgerichts vom 2. März 1993 – 1 BvR 1213 / 85 –, ZBR 1994, 1 ff.

Jansen, Nils: Die Abwägung von Grundrechten, Der Staat 36 (1997), 27 ff.

Jarass, Hans Dieter: Grundrechte als Wertentscheidungen bzw. objektivrechtliche Prinzipien in der Rechtsprechung des Bundesverfassungsgerichts, AöR 110 (1985), 363 ff.
- Bausteine einer umfassenden Grundrechtsdogmatik, AöR 120 (1995), 345 ff.
- Regelungsspielräume des Landesgesetzgebers im Bereich der konkurrierenden Gesetzgebung und in anderen Bereichen, NVwZ 1996, 1041 ff.

Jarass, Hans Dieter / *Pieroth*, Bodo: Grundgesetz für die Bundesrepublik Deutschland. Kommentar, 4. Aufl., München 1997

Jeand'Heur, Bernd: Verfassungsrechtliche Schutzgebote zum Wohle des Kindes und staatliche Interventionspflichten aus der Garantienorm des Art. 6 Abs. 2 Satz 2 GG. Habil. Hamburg 1992, Berlin 1993
- Grundrechte im Spannungsverhältnis zwischen subjektiven Freiheitsgarantien und objektiven Grundsatznormen. Zur Erweiterung der Grundrechtsfunktionen und deren Auswirkungen auf die Grundrechtsdogmatik, JZ 1995, 161 ff.

Jellinek, Georg: System der subjektiven öffentlichen Rechte, 2. Aufl., Tübingen 1905

Jesch, Dietrich: Gesetz und Verwaltung. Eine Problemstudie zum Wandel des Gesetzmäßigkeitsprinzips, 2. Aufl. Tübingen 1968

Jestaedt, Matthias: Zuständigkeitsüberschießende Gehalte bundesstaatlicher Kompetenzvorschriften, in: Josef Aulehner / Andreas Dengler / Karlheinz Konrad / Anna Leisner / Oliver Lepsius / Johannes Möller / Markus Möstl / Susanne Pfab / Michael Stender / Christian Waldhoff (Hrsg.), Föderalismus – Auflösung oder Zukunft der Staatlichkeit?, 1997, S. 315 ff.
- Staatliche Rollen in der Eltern-Kind-Beziehung, DVBl. 1997, 693 ff.

Jhering, Rudolf [von]: Der Geist des Rechts. Herausgegeben und eingeleitet von Fritz Buchwald, Bremen 1965

Jung, Otmar: Kommunale Direktdemokratie mit Argusaugen gesehen – Zeithistorische, verfassungsrechtliche und rechtspolitische Bemerkungen zu der Entscheidung des Bayerischen Verfassungsgerichtshofs vom 29. 8. 1997, BayVBl. 1998, 225 ff.

Jutzi, Siegfried: Staatsziele der Verfassung des Freistaates Thüringen – zugleich ein Beitrag zur Bedeutung landesverfassungsrechtlicher Staatsziele im Bundesstaat, ThürVBl. 1995, 25 ff.

– Landesverfassungsrecht im Bundesstaat des Grundgesetzes und [im] Staatenverbund der Europäischen Union, JA 1999, 901 ff.

Kästner, Karl-Hermann: Die „zweiten" Feiertage als politische Manövriermasse?, NVwZ 1993, 148 ff.

– Sonn- und Feiertage zwischen Kultus, Kultur und Kommerz. Rechtsgrundlagen des geltenden Schutzes von Sonn- und Feiertagen, DÖV 1994, 464 ff.

– Hypertrophie des Grundrechts auf Religionsfreiheit? Über das Verhältnis der Religions- und Weltanschauungsfreiheit zum Geltungsanspruch des allgemeinen Rechts, JZ 1998, 974 ff.

– Das Grundrecht auf Religions- und Weltanschauungsfreiheit in der neueren höchstrichterlichen Rechtsprechung, AöR 123 (1998), 408 ff.

Kalkbrenner, Helmut: Urteilsanmerkung, BayVBl. 1978, 80 ff.

Karpen, Ulrich: Das Erlöschen der venia legendi eines Privatdozenten bei Berufung an eine andere Hochschule, DVBl. 1975, 404 ff.

– Auslegung und Anwendung des Grundgesetzes. Vom liberalen Rechtsstaat zum demokratischen Sozialismus, Berlin 1987

– Die verfassungsrechtliche Grundordnung des Staates – Grundzüge der Verfassungstheorie und Politischen Philosophie, JZ 1988, 431 ff.

Karpen, Ulrich / *Hofer,* Katrin: Die Kunstfreiheit des Art. 5 III 1 GG in der Rechtsprechung seit 1985, JZ 1992, 951 ff. und 1060 ff.

Kelm, Torsten: Der gestrichene Buß- und Bettag, JURA 1997, 598 ff.

Kemm, Siegmar: Hausarbeit: Das hochbegabte Kind, NWVBl. 1997, 439 ff.

Kempen, Otto Ernst: Staatsräson über Verfassungsräson? Die „Funktionsfähigkeit der Bundeswehr" als ungeschriebene Grundrechtsschranke in Art. 4 III GG?, JZ 1971, 452 ff.

Ketteler, Gerd: Die Einschränkbarkeit nichtöffentlicher Versammlungen in geschlossenen Räumen, DÖV 1990, 954 ff.

Kiesel, Manfred: Die Liquidierung des Ehrenschutzes durch das BVerfG, NVwZ 1992, 1129 ff.

Kind, Werner: Die rechtlichen Grenzen der Glaubenswerbung, Diss. Bonn 1975

Kingreen, Thorsten: Das Grundrecht von Ehe und Familie (Art. 6 I GG), JURA 1997, 401 ff.

Kirchhof, Paul: Die Gewaltenbalance zwischen staatlichen und europäischen Institutionen, JZ 1998, 965 ff.

Kiskalt, Hans: Helm ab zum Gebet, NJW 1986, 2479 f.

Klein, Eckart: Rechtsprobleme einer deutschen Beteiligung an der Aufstellung von Streitkräften der Vereinten Nationen, ZaöRV 1974, 429 ff.

– Die Kompetenz- und Rechtskompensation. Überlegungen zu einer Argumentationsfigur, DVBl. 1981, 661 ff.

– Grundrechtliche Schutzpflicht des Staates, NJW 1989, 1633 ff.

- Gedanken zur Europäisierung des deutschen Verfassungsrechts, in: Joachim Burmeister (Hrsg.), Verfassungsstaatlichkeit. Festschrift für Klaus Stern zum 65. Geburtstag, München 1997, S. 1301 ff.
- Preferred-Freedoms-Doktrin und deutsches Verfassungsrecht, in: Eckart Klein (Hrsg.), Festschrift für Ernst Benda zum 70. Geburtstag, Heidelberg 1995, S. 135 ff.

Klein, Friedrich: Institutionelle Garantien und Rechtsinstitutsgarantien, Habil. Frankfurt/M. 1933, Breslau 1934

Klein, Hans Hugo: Verfassungsimmanente Bestandssicherungsklausel?, DÖV 1962, 41 ff.
- Verfassungstreue und Schutz der Verfassung, VVDStRL 37 (1979), S. 53 ff.
- Staatsziele im Verfassungsgesetz – Empfiehlt es sich, ein Staatsziel Umweltschutz in das Grundgesetz aufzunehmen?, DVBl. 1991, 729 ff.
- Die grundrechtliche Schutzpflicht, DVBl. 1994, 489 ff.

Klein, Hans Hugo/*Grabowski*, Jörg: Zur Öffentlichkeitsarbeit des Verfassungsschutzes. Bemerkungen zu dem Urteil des VG München vom 9. 7. 1980, BayVBl. 1980, 696, BayVBl. 1981, 265 ff.

Kleindiek, Ralf: Wissenschaft und Freiheit in der Risikogesellschaft, Diss. Giessen 1997/98, Berlin 1998

Kloepfer, Michael: Grundrechte als Entstehenssicherung und Bestandsschutz, Diss. München 1969, München 1970
- Grundrechtstatbestand und Grundrechtsschranken in der Rechtsprechung des Bundesverfassungsgerichts – dargestellt am Beispiel der Menschenwürde, in: Christian Starck u. a. (Hrsg.), Bundesverfassungsgericht und Grundgesetz. Festgabe zum 25jährigen Bestehen des Bundesverfassungsgerichts, 1976, Band 2, S. 405 ff.
- Der Vorbehalt des Gesetzes im Wandel, JZ 1984, 685 ff.
- Tierversuchsbeschränkungen und Verfassungsrecht, JZ 1986, 205 ff.
- Produkthinweispflichten bei Tabakwaren als Verfassungsfrage, Berlin 1991
- Umweltschutz als Verfassungsrecht: Zum neuen Art. 20a GG, DVBl. 1996, 76 ff.

Kloepfer, Michael/*Rossi*, Matthias: Tierschutz in das Grundgesetz? Zu den rechtlichen Konsequenzen einer Staatszielbestimmung „Tierschutz" im Grundgesetz – insbesondere zu ihren Auswirkungen auf die Forschungsfreiheit, JZ 1998, 369 ff.

Kluge, Hans-Georg: Vorbehaltlose Grundrechte am Beispiel des Schächtens, ZRP 1992, 141 ff.
- Verfassungs-Wortlaut als Kompetenzgrenze. Zur Inkompatibilitätsentscheidung des Brandenburgischen Verfassungsgerichts, NJ 1996, 356 ff.

Kluth, Winfried: Die Grundrechte des Art. 4 GG, JURA 1993, 137 ff.

Knemeyer, Franz-Ludwig: Freiheit von Forschung und Lehre – Hochschulautonomie, BayVBl. 1982, 513 ff.

Knies, Wolfgang: Schranken der Kunstfreiheit als verfassungsrechtliches Problem, Diss. München 1966, München 1967

Kniesel, Michael: Die Versammlungs- und Demonstrationsfreiheit. Aktuelle höchstrichterliche Rechtsprechung zu Art. 8 GG, NJW 1996, 2606

Knödler, Christoph: Wahlrecht für Minderjährige – eine gute Wahl?, ZParl. 1996, 553 ff.

Koch, Hans-Joachim/*Jankowski,* Klaus: Neue Entwicklungen im Verkehrsimmissionsschutzrecht, NuR 1997, 365 ff.

Koenig, Christian: Schadensersatzansprüche nach verfassungsgerichtlicher Ungültigkeitserklärung von Parlamentswahlen?, DÖV 1994, 286 ff.

Koenig, Christian/*Zeiss,* Christopher: Baukunst und Kunst am Bau im Spannungsfeld zwischen Bauplanungsrecht und Kunstfreiheit, JURA 1997, 225 ff.

Kopke, Wolfgang: Die verfassungswidrige Rechtschreibreform, NJW 1996, 1081 ff.

Kratzmann, Horst: Wehrpflicht, Kriegsdienstverweigerung und drei Leitprinzipien des Grundgesetzes, Der Staat 16 (1987), 187 ff.

– Gleichgewichtsregeln im Verfassungsrecht, Der Staat 19 (1990), 521 ff.

Krebs, Walter: Vorbehalt des Gesetzes und Grundrechte. Vergleich des traditionellen Eingriffsvorbehalts mit den Grundrechtsbestimmungen des Grundgesetzes, Diss. Bochum 1974/75, Berlin 1975

– Der Vorbehalt des Gesetzes, JURA 1979, 304 ff.

Krehl, Christoph: Die Umsetzung des Volkszählungsurteils 1983: Ist die Übergangsfrist für den Gesetzgeber abgelaufen?, NJW 1995, 1072 ff.

Kreutz, Markus: Die verfassungsrechtlichen Grenzen des Sozialstaats, ZfSH 1998, 534 ff.

Kriele, Martin: Vorbehaltlose Grundrechte und die Rechte anderer, JA 1984, 629 ff.

– Ehrenschutz und Meinungsfreiheit, NJW 1994, 1897 ff.

Krölls, Albert: Ein Grundrecht als Ausnahmerecht?, Anmerkungen zum Kriegsdienstverweigerungs-Urteil des BVerfG, KJ 1978, 413 ff.

Kröpil, Karl: Lehre von den immanenten Schranken als rechtstheoretische Begründung eines allgemeinen Mißbrauchsverbots im Strafverfahren, JuS 1999, 681 ff.

Krüger, Hartmut: Wissenschaftsfreiheit und Ehrenschutz, WissR 19 (1986), 1 ff.

Krüger, Herbert: Die Einschränkung von Grundrechten nach dem Grundgesetz, DVBl. 1950, 625 ff.

– Verfassungsvoraussetzungen und Verfassungserwartungen, in: Horst Ehmke u. a. (Hrsg.), Festschrift für Ulrich Scheuner zum 70. Geburtstag, Berlin 1973, S. 285 ff.

Krüger, Ralf: Rechtsgrundlage präventivpolizeilicher Maßnahmen bei nichtöffentlichen Versammlungen in geschlossenen Räumen, DÖV 1993, 658 ff.

– Rechtliche Problemfelder beim Einschreiten anläßlich nichtöffentlicher Versammlungen, DÖV 1997, 13 ff.

Krumsiek, Rolf: Die unendliche Geschichte des Justizmitteilungsgesetzes, DVBl. 1993, 1229 ff.

Kübler, Friedrich: Ehrenschutz, Selbstbestimmung und Demokratie, NJW 1999, 1281 ff.

Kühne, Jörg-Detlef: 45 Jahre Landesverfassung Nordrhein-Westfalen – Jubiläumsbemerkungen besonders zu ihrem Kulturstaatsteil, NWVBl. 1996, 325 ff.

– Die Landesverfassungsgarantien hochschulpolitischer Selbstverwaltung – ein unentfaltetes Autonomiepotential, DÖV 1997, 1 ff.

Kuhl, Thomas/*Unruh,* Peter: Tierschutz und Religionsfreiheit am Beispiel des Schächtens, DÖV 1991, 94 ff.

Kuhlmann, Hartmut: Aufnahme der Mitgeschöpflichkeit ins Grundgesetz?, JZ 1990, 162 ff.
– Der Mitweltschutz im gesamtdeutschen Grundgesetz, NuR 1995, 1 ff.

Kunig, Philip: Das Rechtsstaatsprinzip. Überlegungen zu seiner Bedeutung für das Verfassungsrecht der Bundesrepublik Deutschland, Habil. Hamburg 1985, Tübingen 1986

Kunig, Philip / *Uerpmann,* Robert: Zum Verlust des Status einer Körperschaft des öffentlichen Rechts am Beispiel der altkorporierten jüdischen Religionsgemeinschaft Adass Jisroël, DVBl. 1997, 248 ff.

Kutscha, Martin: Der Lauschangriff im Polizeirecht der Länder, NJW 1994, 85 ff.
– Grundrechte als Minderheitenschutz, JuS 1998, 674 ff.

Ladeur, Karl-Heinz: Ein Vorschlag zur dogmatischen Neukonstruktion des Grundrechts aus Art. 8 GG als Recht auf „Ordnungsstörung", KJ 1987, 150 ff.

Langer, Stefan: Asylrecht – ein strukturelles Verfassungsproblem der Staatengemeinschaft?, DÖV 1993, 273 ff.
– Strukturfragen der Berufsfreiheit, JuS 1993, 203 ff.

Larenz, Karl: Schuldrecht Besonderer Teil Teilband 1, 13. Aufl., München 1986

Larenz, Karl / *Canaris,* Claus-Wilhelm: Methodenlehre der Rechtswissenschaft (Studienausgabe), 3. Aufl., München 1995

Laudenklos, Frank: Gesetzesbindung, Sprachspiel und semantischer Kampf in ihrer Bedeutung für normgebundene Entscheidungen, in: Elisabeth Holzleithner / Nikolaus Forgó, Rechtsphilosophie und Rechtstheorie am Ende (des 20. Jahrhunderts), 1997, S. 12 ff.

Lecheler, Helmut: Leitungsfunktionen auf Zeit – Eine verfassungswidrige Institution, ZBR 1998, 331 ff.

Leidinger, Tobias: Hoheitliche Warnungen, Empfehlungen und Hinweise im Spektrum staatlichen Informationshandelns, DÖV 1993, 925 ff.

Leisner, Anna: Beamtenbesoldung als Sparpotential? Ein Beitrag zur Dogmatik des Alimentationsprinzips, ZBR 1998, 259 ff.

Leisner, Walter: Verfassungskonflikt zwischen Kirchen und Gewerkschaften. Gewerkschaftliches Zugangsrecht zu karitativen Einrichtungen der Kirchen?, BayVBl. 1980, 321 ff.

Leiss, Ludwig: Die Bedeutung künstlerischer Gestaltung für die Strafwürdigkeit einer Handlung, NJW 1962, 2323 ff.

Lepa, Manfred: Grundrechtskonflikte, DVBl. 1972, 161 ff.

Lerche, Peter: Übermaß und Verfassungsrecht, Habil. Berlin 1960, Köln u. a. 1961
– Grundrechtsbegrenzungen „durch Gesetz" im Wandel des Verfassungsbildes, DVBl. 1958, 524 ff.
– Stil – Methode – Ansicht. Polemische Bemerkungen zum Methodenproblem, DVBl. 1961, 690 ff.
– Schranken der Kunstfreiheit. Insbesondere zu offenen Fragen der Mephisto-Entscheidung, BayVBl. 1974, 177 ff.
– „Funktionsfähigkeit" – Richtschnur verfassungsrechtlicher Auslegung, BayVBl. 1991, 517 ff.
– Verfassungsfragen der Bundeswehrverwaltung, in: Hartmut Maurer (Hrsg.), Das akzeptierte Grundgesetz. Festschrift für Günter Dürig zum 70. Geburtstag, München 1990, S. 402 ff.

- Ausnahmslos und vorbehaltlos geltende Grundrechtsgarantien, in: Herta Däubler-Gmelin / Klaus Kinkel / Hans Meyer / Helmut Simon (Hrsg.), Gegenrede. Festschrift für Ernst-Gottfried Mahrenholz, Baden-Baden 1994, S. 515 ff.
- Infrastrukturelle Verfassungsaufträge (zu Nachrichtenverkehr, Eisenbahnen), in: Rudolf Wendt / Wolfram Höfling / Ulrich Karpen / Manfred Oldiges (Hrsg.), Staat – Wirtschaft – Steuern. Festschrift für Karl-Heinrich Friauf zum 65. Geburtstag, Heidelberg 1996, S. 402 ff.
- Facetten der „Konkretisierung" von Verfassungsrecht, in: Ingo Koller (Hrsg.), Einheit und Folgerichtigkeit im juristischen Denken. Symposion zu Ehren von Claus-Wilhelm Canaris, München 1998, S. 7 ff.

Link, Christoph: Staatszwecke im Verfassungsstaat, VVDStRL 48 (1989), 7 ff.

- Zeugen Jehovas und Körperschaftstatus, ZevKR 43 (1998), 1 ff.

Lisken, Hans: Gefährdungen der Gewissensfreiheit, in: Hans Jochen Vogel u. a. (Hrsg.), Die Freiheit des Andersdenkenden. Festschrift für Martin Hirsch zum 70. Geburtstag, Baden-Baden 1981, S. 529 ff.

Loeper, Eisenhart von: Tierschutz ins Grundgesetz. Die Bedeutung einer effektiven Tierschutzes für unser Rechts- und Wertbewußtsein, ZRP 1996, 143 ff.

Löwer, Wolfgang: cessante ratione cessat ipsa lex. Wandlung eines gemeinrechtlichen Auslegungsregel zum Verfassungsgebot?, Berlin / New York 1989

- Verfassungsrechtliche Thesen zur Rechtschreibreform, RdJB 1997, 226 ff.

Löwer, Wolfgang / *Menzel*, Jörg: Die Wissenschaft als Thema alter und neuer Landesverfassungen, WissR 20 (1996), 237 ff.

Löwisch, Manfred: Gemeinschaftsarbeiten für Bezieher von Arbeitslosengeld und Arbeitslosenhilfe in rechtlicher Sicht, NZS 1993, 473 ff.

Lorenz, Dieter: Wissenschaft darf nicht alles!, in: Peter Badura / Rupert Scholz (Hrsg.), Wege und Verfahren des Verfassungsrechts. Festschrift für Peter Lerche zum 65. Geburtstag, München 1993, S. 267 ff.

Lorenzen, Uwe: Die Postreform II: Dienst- und personalvertretungsrechtliche Fragen, Die Personalvertretung 1995, 99 ff.

Losch, Bernhard: Wissenschaftsfreiheit – Wissenschaftsschranken – Wissenschaftsverantwortung: zugleich ein Beitrag zur Kollision von Wissenschaftsfreiheit und Lebensschutz am Lebensbeginn, Habil. Tübingen 1991 / 92, Berlin 1993

Luchterhandt, Otto: Grundpflichten als verfassungsrechtliches Problem in Deutschland. Geschichtliche Entwicklung und Grundpflichten unter dem Grundgesetz, Habil. Köln 1985, Berlin 1988

Lübbe, Anna: Hat der Tierschutz Verfassungsrang?, NuR 1994, 469 ff.

Lübbe-Wolff, Gertrude: Die Grundrechte als Eingriffsabwehrrechte, Habil. Bielefeld 1987, Baden-Baden 1988

Lücke, Jörg: Vorläufige Staatsakte. Auslegung, Rechtsfortbildung und Verfassung am Beispiel vorläufiger Gesetze, Urteile, Beschlüsse und Verwaltungsakte, Tübingen 1991

- Die Berufsfreiheit. Eine Rückbesinnung auf den Text des Art. 12 Abs. 1 GG, Heidelberg 1994
- Zur Dogmatik der kollektiven Glaubensfreiheit. Eine Neubestimmung des Verhältnisses von Kirche und Staat am Beispiel des staatlichen Rechtsschutzes gegenüber Maßnahmen der Religionsgemeinschaften, EuGRZ 1995, 651 ff.

- Die Weimarer Kirchengutsgarantie als Bestandteil dieses Grundgesetzes, JZ 1998, 534 ff.

Luthe, Ernst-Wilhelm: Besonderes Gewaltverhältnis und „Sachstrukturen", DVBl. 1986, 440 ff.

März, Wolfgang: Bundesrecht bricht Landesrecht, Diss. Tübingen 1988, Berlin 1989

Mahrenholz, Ernst Gottfried: Darf die Schulverwaltung einer Schülerin das Tragen eines Schleiers in der Schule verbieten?, RdJB 1998, 287 ff.

Mainusch, Rainer: Lehrmäßige Beanstandung eines evangelischen Theologieprofessors, DÖV 1999, 677 ff.

Maisack, Christoph: Die Käfighaltung von Hennen im Lichte des Tierschutz- und des Grundgesetzes, NVwZ 1997, 761 ff.

Mangoldt, Hermann von / *Klein*, Friedrich (Begründer): Kommentar zum Bonner Grundgesetz, 2. Aufl., Bd. 1, Berlin / Frankfurt 1966; 3. Aufl., Bde. 1, 6, 8 und 14, München 1985, 1991, 1996 und 1991, Bd. 1, 4. Aufl., München 1999 (zitiert: v. Mangoldt / Klein / *Bearbeiter*)

Martens, Wolfgang: Öffentlich als Rechtsbegriff, Habil. Münster 1968, Bad Homburg u. a. 1969

Masing, Johannes: Die Mobilisierung des Bürgers für die Durchsetzung des Rechts, Diss. Freiburg 1996, Berlin 1997

Mattner, Andreas: Sonn- und Feiertagsrecht, 2. Aufl., Köln / Berlin / München 1991

Maunz, Theodor / *Dürig*, Günter (Begründer): Grundgesetz. Kommentar, Losebl., München, Stand Juni 1998 (zitiert: *Bearbeiter* in: Maunz / Dürig, GG)

Maurer, Hartmut: Staatsrecht. Grundlagen, Verfassungsorgane, Staatsfunktionen, München 1999

Mayer, Matthias: Religionsfreiheit und Schächtverbot, NVwZ 1997, 561 ff.

Mayer, Otto: Deutsches Verwaltungsrecht, 2. Aufl., Bd. 1, München / Leipzig 1914

Mehrings, Josef: Die Parabolantenne – eine unendliche Geschichte?, NJW 1997, 2273 ff.

Menzel, Andreas: Nochmals: Zum materiellrechtlichen Gehalt der Kompetenzbestimmungen des Grundgesetzes, DÖV 1983, 805 ff.

Menzel, Jörg: Unvereinbarkeit von Amt und Mandat in den Ländern nach Art. 137 Abs. 1 GG und Landesverfassungsrecht, DÖV 1996, 1037 ff.

Merkl, Adolf: Allgemeines Verwaltungsrecht, Wien / Berlin 1927

Merten, Detlef: Grundpflichten im Verfassungssystem der Bundesrepublik Deutschland, BayVBl. 1978, 554 ff.

- Grundrechte und besonderes Gewaltverhältnis, in: Bodo Börner / Hermann Jahrreiß / Klaus Stern (Hrsg.), Einigkeit und Recht und Freiheit. Festschrift für Karl Carstens zum 70. Geburtstag, Köln u. a. 1984, S. 721 ff.

Meyer, Justus: Politik, Kunst und Kommerz auf deutschen Straßen, DÖV 1991, 542 ff.

Mis-Paulußen, Ursula: Zur Frage der Begrenzung vorbehaltlos gewährleisteter Grundrechte unter besonderer, kritischer Berücksichtigung der Rechtsprechung des Bundesverfassungsgerichts, Diss. Köln 1997

Moderegger, Martin: Der verfassungsrechtliche Familienschutz und das System des Einkommensteuerrechts, Baden-Baden 1991

Morlok, Martin: Selbstverständnis als Rechtskriterium, Habil. Hagen 1991, Tübingen 1993

- Was ist und zu welchem Ende studiert man Verfassungstheorie?, Berlin 1988

Morlok, Martin / *Müller*, Markus H.: Keine Theologie gegen die Kirche / keine Theologie ohne die Kirche?, JZ 1997, 549 ff.

Muckel, Stefan: Muslimische Gemeinschaften als Körperschaften des öffentlichen Rechts, DÖV 1995, 311 ff.

– Die Rechtsstellung der Kirche bei der Errichtung eines theologischen Studiengangs an einer staatlichen Universität, DVBl. 1997, 873 ff.

– Religiöse Freiheit und staatliche Letztentscheidung: die verfassungsrechtlichen Garantien religiöser Freiheit unter veränderten gesellschaftlichen Verhältnissen, Habil. Köln 1996, Berlin 1997

Müller, Friedrich: Die Einheit der Verfassung. Elemente einer Verfassungstheorie III, Berlin 1979

– Freiheit der Kunst als Problem der Grundrechtsdogmatik, Berlin 1969

– Die Positivität der Grundrechte, 2. Aufl., Berlin 1990

– Juristische Methodik, 5. Aufl., Heidelberg 1993

Müller, Friedrich / *Pieroth*, Bodo / *Fohmann*, Lothar: Leistungsrechte im Bereich einer Freiheitsgarantie – untersucht an der staatlichen Förderung Freier Schulen, Berlin 1982

Müller, Thomas: Exekutivischer Geheimschutz und parlamentarische Kontrolle, Diss. München 1991

Müller-Volbehr, Jörg: Neue Minderheitenreligionen – aktuelle verfassungsrechtliche Probleme, JZ 1981, 43 ff.

– Das Grundrecht der Religionsfreiheit und seine Schranken, DÖV 1995, 301 ff.

– Positive und negative Religionsfreiheit. Zum Kruzifix-Beschluß des BVerfG, JZ 1995, 996 ff.

– Rechtstreue und Staatsloyalität – Voraussetzungen für die Verleihung des Körperschaftsstatus an Religions- und Weltanschauungsgemeinschaften?, NJW 1997, 3358 ff.

Münch, Ingo von: „Kirchenasyl": ehrenwert, aber kein Recht, NJW 1995, 565 f.

Münch, Ingo von / *Kunig*, Philip (Hrsg.): Grundgesetz. Kommentar, Bd. 1, 4. Aufl., München 1992; Bd. 2, 3. Aufl., München 1995; Bd. 3, 3. Aufl., München 1996 (zitiert: *Bearbeiter* in: v. Münch / Kunig, GG)

Murswiek, Dietrich: Die staatliche Verantwortung für die Risiken der Technik. Verfassungsrechtliche Grundlagen und immissionsschutzrechtliche Ausgestaltung, Habil. Saarbrücken 1985, Berlin 1985

– Privater Nutzen und Gemeinwohl im Umweltrecht. Zu den überindividuellen Voraussetzungen individueller Freiheit, DVBl. 1994, 77 ff.

– Urteilsanmerkung, JuS 1995, 1131 f.

– Staatsziel Umweltschutz. Art. 20a GG, NVwZ 1996, 222 ff.

Mußgnug, Reinhard: Die Befugnisse der Bundeswehr im Verteidigungsfall, DÖV 1989, 917 ff.

Mutius, Albert von: Die Versammlungsfreiheit des Art. 8 I GG, JURA 1988, 30 ff.

Mutschler, Bernd: Die Grundrechte der „Staatsbürger in Uniform", NZWehrr 1998, 1 ff.

Nawiasky, Hans: Die Grundgedanken des Grundgesetzes für die Bundesrepublik Deutschland. Systematische Darstellung und kritische Würdigung, Stuttgart / Köln 1950

Nettesheim, Martin: Art. 23 GG, nationale Grundrechte und EU-Recht, NJW 1995, 2083 ff.

Neumann, Volker: Sozialstaatsprinzip und Grundrechtsdogmatik, DVBl. 1997, 92 ff.

Niemöller, Martin / *Schuppert,* Gunnar Folke: Die Rechtsprechung des Bundesverfassungsgerichts zum Strafverfahrensrecht, AöR 107 (1982), 387 ff.

Nierhaus, Michael: Grundrechte aus der Hand des Gesetzgebers? Ein Beitrag zur Dogmatik des Art. 1 Abs. 3 GG, AöR 116 (1991), 72 ff.

Nipperdey, Hans Carl (Hrsg.): Die Grundrechte und Grundpflichten der Reichsverfassung. Kommentar zum zweiten Teil der Reichsverfassung, Berlin 1929

Oebbecke, Janbernd: Reichweite und Voraussetzungen der grundgesetzlichen Garantie des Religionsunterrichts, DVBl. 1996, 336 ff.

– Mehrfachzuständigkeiten in der Verwaltung als Verfassungsproblem, in: Wilfried Küper / Jürgen Welp (Hrsg.), Beiträge zur Rechtswissenschaft. Festschrift für Walter Stree und Johannes Wessels zum 70. Geburtstag, Heidelberg 1993, S. 1119 ff.

Olshausen, Henning von: Landesverfassungsbeschwerde und Bundesrecht, Habil. Mainz 1977, Baden-Baden 1980

Oppermann, Thomas: Verteidigungsauftrag und Wissenschaftsfreiheit, in: Bernd Becker / Hans Peter Bull / Otfried Seewald (Hrsg.), Festschrift für Werner Thieme zum 80. Geburtstag, Köln u. a. 1993, S. 671 ff.

Ossenbühl, Fritz: Probleme und Wege der Verfassungsauslegung, DVBl. 1965, 649 ff.

– Schule im Rechtsstaat, DÖV 1977, 801 ff.

– Abwägung im Verfassungsrecht, DVBl. 1995, 904 ff.

Ott, Sieghart: Zur politischen Betätigung von Religionsgemeinschaften und Weltanschauungsgemeinschaften. Bemerkungen zum Urteil des BVerwG vom 23. 3. 1971, DÖV 1971, 763 f.

– Die Begriffe „Ehe und Familie" in Art. 6 I GG, NJW 1998, 117 ff.

Otto, Hansjörg: Tarifautonomie unter Gesetzes- oder Verfassungsvorbehalt. Gedanken zur Funktionsgarantie des Art. 9 Abs. 3 GG, in: Karl August Bettermann / Manfred Löwisch / Hansjörg Otto / Karsten Schmidt (Hrsg.), Festschrift für Albrecht Zeuner zum 70. Geburtstag, Tübingen 1994, S. 121 ff.

Pache, Eckhart: Tierschutz oder Schächten?, JURA 1995, 150 ff.

Pagels, Carsten: Die Zuerkennung der Rechte einer öffentlich-rechtlichen Körperschaft an eine Religionsgemeinschaft – OVG Berlin, NVwZ 1996, 478 –, JuS 1996, 790 ff.

Pahlke, Armin: Sonn- und Feiertagsschutz als Verfassungsgut, in: Essener Gespräche 24 (1990), S. 53 ff.

Palandt, Otto (Begründer): Bürgerliches Gesetzbuch. Kommentar, 57. Aufl., München 1998 (zitiert: *Bearbeiter* in Palandt, BGB)

Palm, Wolfgang: Öffentliche Kunstförderung zwischen Kunstfreiheitsgarantie und Kulturstaat, Diss. Bonn 1996, Berlin 1998

Parodi, Silvana: Zum „Frauenfeuerwehrdienst" nach dem Grundgesetz, DÖV 1984, 799 ff.

Pauly, Walter: Sperrwirkungen des verfassungsrechtlichen Ehebegriffs, NJW 1997, 1955 f.

Pechstein, Mattias: Familiengerechtigkeit als Gestaltungsgebot für die staatliche Ordnung. Zur Abgrenzung von Eingriff und Leistung bei Maßnahmen des sogenannten Familienlastenausgleichs, Habil. Passau 1993 / 94, Baden-Baden 1994

Penski, Ulrich: Bestand nationaler Staatlichkeit als Bestandteil der Änderungsgrenzen in Art. 79 III GG, ZRP 1994, 192 ff.

Pestalozza, Christian *[Graf von]*: Der Garantiegehalt der Kompetenznorm, Der Staat 11 (1972), 161 ff.

– Verfassungsprozeßrecht, 3. Aufl., München 1991

Peters, Heinz-Joachim: Praktische Auswirkungen eines im Grundgesetz verankerten Staatsziels Umweltschutz, NuR 1987, 293 ff.

Pieroth, Bodo: Materiale Rechtsfolgen grundgesetzlicher Verfahrens- und Organisationsnormen, AöR 114 (1989), 422 ff.

– Erziehungsauftrag und Erziehungsmaßstab der Schule im freiheitlichen Verfassungsstaat, DVBl. 1996, 949 ff.

Pieroth, Bodo / *Schlink,* Bernhard: Christen als Verfassungsfeinde?, JuS 1984, 350 ff.

– Staatsrecht II – Grundrechte, 14. Aufl., Heidelberg 1998

Pietrzak, Alexandra: Die Schutzpflicht im verfassungsrechtlichen Kontext – Überblick und neue Aspekte, JuS 1994, 748 ff.

Pietzcker, Jost: Vorrang und Vorbehalt des Gesetzes, JuS 1979, 710 ff.

– Inzidentverwerfung rechtswidriger untergesetzlicher Rechtsnormen durch die Verwaltung, DVBl. 1986, 806 ff.

Pitschas, Rainer: Der Kampf um Art. 19 IV GG. Funktionsgrenzen des „Neuen Steuerungssystems" in der Verwaltungsgerichtsbarkeit, ZRP 1998, 96 ff.

Plander, Harro: Verteidigungsauftrag, Meinungsfreiheit und politische Betätigung im Kasernenbereich (§ 15 Abs. 2 SoldG). Anmerkungen zu BVerfG, DVBl. 1977, 2205, DVBl. 1980, 581 ff.

Planker, Markus: Das Vereinsverbot – einsatzbereites Instrument gegen verfassungsfeindliche Glaubensgemeinschaften?, DÖV 1997, 101 ff.

Pollern, Hans-Ingo von: Immanente Schranken des Grundrechts auf Asyl. Zugleich eine kritische Auseinandersetzung mit der Rechtsprechung des Bundesverwaltungsgerichts zur Einschränkbarkeit des Grundrechts auf Asyl, BayVBl. 1979, 200 ff.

Preu, Peter: Freiheitsgefährdung durch die Lehre von den grundrechtlichen Schutzpflichten. Überlegungen aus Anlaß des Gentechnikanlagen-Beschlusses des Hessischen Verwaltungsgerichtshofs, JZ 1991, 265 ff.

Raap, Christian: Zur Geltung der Wissenschaftsfreiheit in staatlichen außeruniversitären Forschungseinrichtungen, DÖD 1999, 57 f.

Rädler, Peter: Religionsfreiheit und staatliche Neutralität an französischen Schulen. Zur neueren Rechtsprechung des Conseil d'Etat, ZaöRV 56 (1997), 353 ff.

Ramsauer, Ulrich: Die Bestimmung des Schutzbereichs von Normen nach dem Normzweck, VerwArch 72 (1981), 89 ff.

Reichel, Ernst: Das staatliche Asylrecht „im Rahmen des Völkerrechts". Zur Bedeutung des Völkerrechts für die Interpretation des deutschen Asylrechts, Diss. Bonn, Berlin 1987

Reinemann, Susanne / *Schmitz-Henze,* Ralf: Die Rechtsprechung des Bundesverfassungsgerichts zur Koalitionsfreiheit – Widerspruch zum klassischen Grundrechtsverständnis oder richtungsweisende Trendwende?, JA 1995, 811 ff.

Renck, Ludwig: Verfassungsprobleme des Ethikunterrichts, BayVBl. 1992, 519 ff.
- Bestandsschutz für kirchliche Feiertage?, NVwZ 1993, 648 ff.

Rennert, Klaus: Fragen zur Verfassungsmäßigkeit des neuen Asylverfahrensrechts, DVBl. 1994, 717 ff.

Repkewitz, Ulrich: Kein freiwilliger Waffendienst für Frauen?, NJW 1997, 506 ff.
- Beschleunigung der Verkehrswegeplanung, VerwArch 88 (1997), 137 ff.

Ress, Georg: Wechselwirkungen zwischen Völkerrecht und Verfassung bei der Auslegung völkerrechtlicher Verträge, Berichte der Deutschen Gesellschaft für Völkerrecht 23 (1982), 7 ff.
- Staatszwecke im Verfassungsstaat, VVDStRL 48 (1989), 56 ff.
- Die richtlinienkonforme „Interpretation" innerstaatlichen Rechts, DÖV 1994, 489 ff.

Reuter, Alexander: Exportkontrolle bei Gütern mit doppeltem Verwendungszweck: Die neue Dual-Use-Verordnung der EU, NJW 1995, 2190 ff.

Richardi, Reinhard: Grenzen industrieller Sonntagsarbeit. Ein Rechtsgutachten, Bonn 1980

Ridder, Helmut / *Stein,* Ekkehard: Die Freiheit der Wissenschaft und der Schutz von Staatsgeheimnissen, DÖV 1962, 316 ff.

Riedel, Eibe H.: Gentechnologie und Embryonenschutz als Verfassungs- und Regelungsproblem, EuGRZ 1986, 469 ff.

Riegel, Reinhard: Die Bedeutung des Grundsatzes der Verhältnismäßigkeit und der Grundrechte für das Polizeirecht, BayVBl. 1980, 577 ff.

Riehle, Eckart: Funktionstüchtige Strafrechtspflege contra strafprozessuale Garantien, KJ 1980, 316 ff.

Robbers, Gerhard: Sicherheit als Menschenrecht. Aspekte der Geschichte, Begründung und Wirkung einer Grundrechtsfunktion, Habil. Freiburg 1987, Baden-Baden 1987
- Obsoletwerden von Verfassungsnormen?, in: Eckart Klein (Hrsg.), Festschrift für Ernst Benda zum 70. Geburtstag, Heidelberg 1995, S. 209 ff.

Röger, Ralf: Die Religionsfreiheit des Richters im Konflikt mit der staatlichen Neutralitätspflicht. Über die Unzulässigkeit des öffentlichen Tragens religiöser Symbole oder religiös bedingter Kleidung, DRiZ 1995, 471 ff.

Roellecke, Gerd: Verfassungsauslegung als Darstellung von Normativität, in: Stefan Smid / Norbert Fehl (Hrsg.), Recht und Pluralismus, Festschrift für Martin Pawlowski zum 65. Geburtstag, Berlin 1997, S. 137 ff.

Rohde, Franz: Die Nachzensur in Art. 5 Abs. 1 Satz 3 GG. Ein Beitrag zu einem einheitlichen Zensurverbot, Diss. Kiel 1996

Rohn, Stephan / *Sannwald,* Rüdiger: Die Ergebnisse der Gemeinsamen Verfassungskommission, ZRP 1994, 65 ff.

Rossen, Helge: Grundrechte als Regeln und Prinzipien, in: Christoph Grabenwarter / Stefan Hammer / Alexander Pelzl / Eva Schulev-Steindl / Ewald Wiederin, Allgemeinheit der Grundrechte und Vielfalt der Gesellschaft, Stuttgart u. a. 1994, S. 41 ff.

Roth, Wolfgang: Faktische Eingriffe in Freiheit und Eigentum: Struktur und Dogmatik des Grundrechtstatbestandes und der Eingriffsrechtfertigung, Diss. Mannheim 1994, Berlin 1994

Rothkegel, Ralf: Kirchenasyl – Wesen und rechtlicher Standort, ZAR 1997, 121 ff.

Rottmann, Joachim: Über das Obsolet-Werden von Verfassungsnormen, in: Walther Fürst / Roman Herzog / Dieter C. Umbach (Hrsg.), Festschrift für Wolfgang Zeidler, Bd. 2, Heidelberg 1987, S. 1079 ff.

Rozek, Jochen: Feuerwehrdienstpflicht, Feuerschutzabgabe und die „neue Formel" des Bundesverfassungsgerichts zu Art. 3 Abs. 3 GG, BayVBl. 1993, 646 ff.

– Urteilsanmerkung, BayVBl. 1996, 22 ff.

Rudroff, Natalie: Das Vereinigungsverbot nach Art. 9 Abs. 2 GG, Diss. Köln 1996

Rühl, Ulli F. H.: Das Grundrecht auf Gewissensfreiheit im politischen Konflikt: zum Verhältnis von Gewissensfreiheit und universalistischer Moral zu den Institutionen des demokratischen Verfassungsstaates, Frankfurt 1987

– Versammlungsrechtliche Maßnahmen gegen rechtsradikale Demonstrationen und Aufzüge, NJW 1995, 561 ff.

Rüfner, Wolfgang: Grundrechtskonflikte, in: Christian Starck u. a. (Hrsg.), Bundesverfassungsgericht und Grundgesetz. Festgabe zum 25jährigen Bestehen des Bundesverfassungsgerichts, 1976, Band 2, S. 453 ff.

Rupp, Hans-Heinrich: Verfassungsprobleme der Gewissensfreiheit, NVwZ 1991, 1033 ff.

– Methodenkritische Bemerkungen zum Verhältnis von tarifvertraglicher Rechtsetzung und parlamentarischer Gesetzgebungskompetenz, JZ 1998, 919 ff.

Sachs, Michael: Feuerwehrdienst und Gleichberechtigungsgrundsatz, VBlBW 1981, 273 ff.

– Die Pflicht zum Einsatz von Leben und Gesundheit in öffentlich-rechtlichen Dienstverhältnissen, BayVBl. 1983, 460 ff. und 489 ff.

– Grenzen des Diskriminierungsverbots. Eine Untersuchung zur Reichweite des Unterscheidungsverbots nach Artikel 3 Abs. 2 und 3 Grundgesetz, Habil. Köln 1984 / 85, München 1987

– Behördliche Nachschaubefugnisse und richterliche Durchsuchungsanordnungen nach Art. 13 II GG, NVwZ 1987, 560 ff.

– Ausländergrundrechte im Schutzbereich von Deutschengrundrechten, BayVBl. 1990, 385 ff.

– Die relevanten Grundrechtsbeeinträchtigungen, JuS 1995, 303 ff.

– Die Gesetzesvorbehalte der Grundrechte des Grundgesetzes, JuS 1995, 693 ff.

– Was kann eine Landesverfassung heute leisten?, KritV 1996, 125 ff.

– Das Grundrecht der Behinderten aus Art. 3 Abs. 3 Satz 2 GG, RdJB 1996, 154 ff.

– (Hrsg.): Grundgesetz. Kommentar, 2. Aufl., München 1999 (zitiert: *Bearbeiter* in: Sachs, GG)

Sachs, Michael s. auch unter → *Stern,* Klaus

Sacksofsky, Ute: Landesverfassungen und Grundgesetz – am Beispiel der Verfassungen der neuen Bundesländer, NVwZ 1993, 235 ff.

Säcker, Franz-Jürgen: Grundprobleme der kollektiven Koalitionsfreiheit. Rechtsquellen- und interpretationstheoretische Bemerkungen zur legislativen und judikativen Konkretisierung des Art. 9 Abs. 3 GG, Düsseldorf 1969

Säcker, Horst: Verfassungskonvent 1948, DÖV 1998, 784 ff.

Sattler, Andreas: Die rechtliche Bedeutung der Entscheidung für die streitbare Demokratie, Baden-Baden 1982

Schack, Haimo: Geistiges Eigentum und Sacheigentum, GRUR 1983, 56 ff.

Schäfer, Ludwig: Die politische Treuepflicht des öffentlichen Dienstes, BayVBl. 1983, 169 ff.

Schapp, Jan: Grundrechte als Wertordnung, JZ 1998, 913 ff.

Schatzschneider, Wolfgang: Rechtsordnung und „destruktive Kulte". Zur juristischen Auseinandersetzung mit den sog. neuen Jugendreligionen, BayVBl. 1985, 321 ff.

Scheuerle, Wilhelm: Das Wesen des Wesens. Studien über das sogenannte Wesensargument im juristischen Begründen, AcP 163 (1963), 429 ff.

Scheuing, Dieter H.: Deutsches Verfassungsrecht und europäische Integration, EuR Beiheft 1/1997, 1 ff.

Scheuner, Ulrich: Pressefreiheit, VVDStRL 22 (1965), S. 1 ff.

– Normative Gewährleistungen und Bezugnahmen auf Fakten im Verfassungstext. Ein Beitrag zur Auslegung des Grundgesetzes, in: Norbert Achterberg (Hrsg.), Öffentliches Recht und Politik, Festschrift für Hans-Ulrich Scupin zum 70. Geburtstag, Berlin 1973, S. 323 ff.

Schilling, Theodor: Rang und Geltung von Normen in gestuften Rechtsordnungen, Habil. Berlin 1994, Berlin 1994

Schink, Alexander: Umweltschutz als Staatsziel, DÖV 1997, 221 ff.

Schlaich, Klaus: Das Bundesverfassungsgericht. Stellung, Verfahren, Entscheidungen, 4. Aufl., München 1997

Schlink, Bernhard: Abwägung im Verfassungsrecht, Diss. Heidelberg 1975, Berlin 1976

– Freiheit durch Eingriffsabwehr. Rekonstruktion der klassischen Grundrechtsfunktion, EuGRZ 1984, 457 ff.

– Zwischen Säkularisation und Multikulturalität, in: Rolf Stober (Hrsg.), Recht und Recht. Festschrift für Gerd Roellecke zum 70. Geburtstag, Stuttgart 1997, S. 301 ff.

Schmalenbach, Kirsten: Die Auslieferung mutmaßlicher deutscher Kriegsverbrecher an das Jugoslawien-Tribunal in Den Haag, AVR 36 (1998), 285 ff.

Schmid, Viola: Die Familie in Art. 6 des Grundgesetzes, Diss. Erlangen 1988, Berlin 1989

Schmidt, Walter: Wissenschaftsfreiheit als Berufsfreiheit. Das Bundesverfassungsgericht und die Hochschulautonomie, NJW 1973, 585 ff.

– Der Verfassungsvorbehalt der Grundrechte, AöR 106 (1981), 497 ff.

Schmidt-Aßmann, Eberhard: Fehlverhalten in der Forschung – Reaktionen des Rechts, NVwZ 1998, 1225 ff.

Schmidt-Bleibtreu, Bruno/*Klein,* Franz: Kommentar zum Grundgesetz, 9. Aufl., Neuwied 1998

Schmidt-Bremme, Götz: Die Wehrverfassung als hinreichende Versetzungsermächtigung für Soldaten?, NVwZ 1996, 455 ff.

Schmidt-Jortzig, Edzard: Die Einrichtungsgarantien der Verfassung. Dogmatischer Gehalt und Sicherungskraft einer umstrittenen Figur, Göttingen 1979

– Gemeinden und Kreise vor den öffentlichen Aufgaben der Gegenwart, DVBl. 1977, 801 ff.

Schmitt, Carl: Verfassungslehre, München 1928
- Legalität und Legitimität, in: ders., Verfassungsrechtliche Aufsätze, 2. Aufl., Berlin 1973, S. 263 ff.

Schmitt Glaeser, Walter: Mißbrauch und Verwirkung von Grundrechten im politischen Meinungskampf. Eine Untersuchung über die Verfassungsschutzbestimmung des Art. 18 GG und ihr Verhältnis zum einfachen Recht, insbesondere zum politischen Strafrecht, Habil. Tübingen 1968, Bad Homburg u. a. 1969
- Das Grundrecht der Informationsfreiheit, JURA 1987, 573 ff.
- Grenzen des Plebiszits auf kommunaler Ebene, JURA 1987, 573 ff.

Schmitt Glaeser, Walter/*Horn,* Hans-Detlef: Die Rechtsprechung des Bayerischen Verfassungsgerichtshofes. Anmerkungen zu ausgewählten Entscheidungen aus jüngster Zeit, BayVBl. 1996, 417 ff.

Schmitt-Kammler, Arnulf: In hoc signo. Zum „Schulkreuz-Erkenntnis" des Bundesverfassungsgerichts, in: Rudolf Wendt/Wolfram Höfling/Ulrich Karpen/Manfred Oldiges (Hrsg.), Staat – Wirtschaft – Steuern. Festschrift für Karl-Heinrich Friauf zum 65. Geburtstag, Heidelberg 1996, S. 343 ff.

Schnapp, Friedrich E.: Praktische Konkordanz von Grundrechten und Sonderstatusverhältnis des Beamten. Kritische Anmerkungen und Versuch einer Weiterführung, ZBR 1977, 208 ff.
- Zur Dogmatik und Funktion des staatlichen Organisationsrechts, Rechtstheorie 9 (1978), 275 ff.
- Toleranzidee und Grundgesetz, JZ 1985, 857 ff.
- Die Grundrechtsbindung der Staatsgewalt, JuS 1989, 1 ff.
- Wie macht man richtigen Gebrauch von seiner Freiheit?, NJW 1998, 960

Schneider, Hans: Verfassungsrechtliche Grenzen einer gesetzlichen Regelung des Pressewesens. Rechtgutachten auf Anregung des Bundesverbandes Deutscher Zeitungsverleger, Berlin 1971

Schneider, Hans-Peter: Die parlamentarische Opposition im Verfassungsrecht der Bundesrepublik Deutschland. Habil. Freiburg, Bd. 1, Frankfurt 1974
- Vereinigungsfreiheit im Strafvollzug, in: Günter Kohlmann (Hrsg.), Festschrift für Ulrich Klug zum 70. Geburtstag, Köln 1983, S. 597 ff.
- Verfassungsinterpretation aus theoretischer Sicht, in: Hans-Peter Schneider/Rudolf Steinberg (Hrsg.), Verfassungsrecht zwischen Wissenschaft und Richterkunst, Festgabe für Konrad Hesse zum 70. Geburtstag, Heidelberg 1990, S. 39 ff.
- Der Wille des Verfassungsgebers: Zur Bedeutung genetischer und historischer Argumente für die Verfassungsinterpretation, in: Joachim Burmeister (Hrsg.), Verfassungsstaatlichkeit. Festschrift für Klaus Stern zum 65. Geburtstag, München 1997, S. 903 ff.

Schneider, Harald: Die Güterabwägung des Bundesverfassungsgerichts bei Grundrechtskonflikten. Empirische Studie zu Methode und Kritik eines Konfliktlösungsmodells, Baden-Baden 1979

Schneider, Peter: in dubio pro libertate, in: Hundert Jahre deutsches Rechtsleben. Festschrift zum 100jährigen Bestehen des Deutschen Juristentages, Bd. 2, Karlsruhe 1960, S. 263 ff.

Schnur, Reinhold: Begründbarkeit der grundrechtlichen Schutzpflicht?, DVP 1998, 443 ff.

Schoch, Friedrich: Das neue Kriegsdienstverweigerungsrecht, JURA 1985, 127 ff.
- Staatliche Informationspolitik und Berufsfreiheit. Das Urteil des BVerwG vom 18. 10. 1990 (3 C 2/88) im Spiegel der Rechtsordnung, DVBl. 1991, 667 ff.
- Das neue Asylrecht gemäß Art. 16a GG, DVBl. 1993, 1161 ff.

Schöbener, Burkhard/*Bausback,* Winfried: Verfassungs- und völkerrechtliche Grenzen der „Überstellung" mutmaßlicher Kriegsverbrecher an den Jugoslawien-Strafgerichtshof, DÖV 1996, 621 ff.

Scholler, Heinrich: Die staatliche Warnung vor religiösen Bewegungen und die Garantie der Freiheit der Religion, in: Görg Haverkate / Theo Langheid / Heinrich Wilms / Burkhard Ziemske, Staatsphilosophie und Rechtspolitik. Festschrift für Martin Kriele zum 65. Geburtstag, München 1997, S. 321 ff.

Scholtissek, Herbert: Innere Grenzen der Freiheitsrechte (Zum Verbot der Volksbefragung), NJW 1952, 561 ff.

Scholz, Rainer: „Neue Jugendreligionen" und Grundrechtsschutz nach Art. 4 GG, NVwZ 1992, 1152 ff.
- „Neue Jugendreligionen" und Äußerungsrecht, NVwZ 1994, 127 ff.

Scholz, Rupert/*Konrad,* Karlheinz: Meinungsfreiheit und allgemeines Persönlichkeitsrecht. Zur Rechtsprechung des Bundesverfassungsgerichts, AöR 124 (1998), 60 ff.

Schütz, Peter: Artemis und Aurora vor den Schranken des Bauplanungsrechts – BVerwG, NJW 1995, 2648 –, JuS 1996, 498 ff.

Schulte, Bernd H.: Rechtsgutsbegriff und öffentliches Recht, Frankfurt 1980

Schulte, Martin: Gefahrenabwehr durch private Sicherheitskräfte im Lichte des staatlichen Gewaltmonopols, DVBl. 1995, 130 ff.

Schuppert, Gunnar Folke: Grundrechte und Demokratie, EuGRZ 1985, 525 ff.
- Rigidität und Flexibilität von Verfassungsrecht. Überlegungen zur Steuerungsfunktion von Verfassungsrecht in normalen wie in „schwierigen" Zeiten, AöR 120 (1995), 32 ff.

Schur, Wolfgang: Anspruch, absolutes Recht und Rechtsverhältnis im öffentlichen Recht entwickelt aus dem Zivilrecht, Diss. Giessen 1992/93, Berlin 1993

Schwabe, Jürgen: Probleme der Grundrechtsdogmatik, Darmstadt 1977

Schwäble, Ulrich: Das Grundrecht der Versammlungsfreiheit, Diss. Freiburg 1974, Berlin 1975

Schwarz, Kyrill Alexander: Neue Staatsziele in der Niedersächsischen Verfassung, NdsVBl. 1998, 225 ff.
- Funktionsfähigkeit als Abwägungstopos. Anmerkung zur Entscheidung des BayVerfGH vom 29. 8. 1997 (BayVBl. 1997, 622 ff.), BayVBl. 1998, 710 ff.

Schwemer, Rolf-Oliver: Der Gottesbezug in Verfassungspräambeln, RuP 1996, 7 ff.

Schwerdtfeger, Gunter: Individuelle und kollektive Koalitionsfreiheit. Rechtliche Ausgestaltung, Betätigungsbereiche, Umfeld, Berlin u. a. 1981

Schwidden, Frank: Zur Frage einer Folgepflicht für Beamte und Arbeitnehmer anläßlich der vorgesehenen Verlegung von Parlament und Regierung, RiA 1995, 53 ff.

Seifert, Karl-Heinz (Mitbegr.)/*Hömig,* Dieter (Hrsg.): Grundgesetz für die Bundesrepublik Deutschland. Taschenkommentar, 6. Aufl., Baden-Baden 1999 (zitiert: *Bearbeiter* in: Seifert/Hömig, GG)

Sendler, Horst: Wundersame Vermehrung von Grundrechten – insbesondere zum Grundrecht auf Mobilität und Autofahren, NJW 1995, 1468 ff.

– Grundrecht auf Widerspruchsfreiheit der Rechtsordnung? Eine Reise nach Absurdistan, NJW 1998, 2875 ff.

Siebert, Wolfgang: Verwirkung und Unzulässigkeit der Rechtsausübung. Ein rechtsvergleichender Beitrag zur Lehre von den Schranken der privaten Rechte und zur exceptio doli (§§ 226, 242, 826 BGB) unter besonderer Berücksichtigung des gewerblichen Rechtsschutzes, Marburg 1934

Sieckmann, Jan-Reinard: Regelmodelle und Prinzipienmodelle des Rechtssystems, Diss. Göttingen 1987/88, Baden-Baden 1990

Smend, Rudolf: Verfassung und Verfassungsrecht (1928), wieder abgedruckt in: ders., Staatsrechtliche Abhandlungen und andere Aufsätze, 3. Aufl., Berlin 1994, S. 119 ff.

Sodan, Helge: Verfassungsrechtliche Grenzen der Tarifautonomie. Ein Beitrag zur Auslegung des Art. 9 Abs. 3 GG, JZ 1998, 421 ff.

Soergel, Hans Theodor (Begr.): Kommentar zum Bürgerlichen Gesetzbuch, 12. Aufl., Bd. 2, Stuttgart 1990 (zitiert: *Bearbeiter* in Soergel, BGB)

Sommermann, Karl-Peter: Staatsziele und Staatszielbestimmungen, Habil. Berlin 1995, Tübingen 1997

Spies, Axel: Verschleierte Schülerinnen in Frankreich und Deutschland, NVwZ 1993, 637 ff.

– Nochmals: „Verschleierte Schülerinnen", NVwZ 1994, 1193 f.

Spranger, Tade Matthias: Der Große Zapfenstreich – Religionsfreiheit im Wehrdienstverhältnis, RiA 1997, 173 ff.

– Schützt die Vereinigungsfreiheit den extremistischen Soldaten?, VR 1999, 20 ff.

– Uniformverbot und Versammlungsfreiheit, DÖD 1999, 58 ff.

Starck, Christian: Der verfassungsrechtliche Schutz des ungeborenen menschlichen Lebens. Zum zweiten Abtreibungsurteil des BVerfG, JZ 1993, 816 ff.

Stark, Ralf: Ehrenschutz in Deutschland, Diss. Köln 1994, Berlin 1996

Staupe, Jürgen: Parlamentsvorbehalt und Delegationsbefugnis. Zur „Wesentlichkeitstheorie" und zur Reichweite legislativer Regelungskompetenz, insbesondere im Schulrecht, Diss. Berlin 1985, Berlin 1986

Steidle, Gregor: Kunstfreiheit und Mitbestimmung im Orchester. Diss. Mainz 1997, Baden-Baden 1998

Steinberg, Rudolf: Verfassungsrechtlicher Umweltschutz durch Grundrechte und Staatszielbestimmung, NJW 1996, 1985 ff.

Steiner, Udo: Staat, Sport und Verfassung, DÖV 1983, 173 ff.

– (Hrsg.): Besonderes Verwaltungsrecht, 5. Aufl., Heidelberg 1995

Steinlechner, Wolfgang: Wehrpflichtgesetz. Kommentar, 5. Aufl., München 1996

Stern, Klaus: Die Bedeutung der Unantastbarkeitsgarantie des Art. 79 III GG für die Grundrechte, JuS 1985, 329 ff.

– Das Staatsrecht der Bundesrepublik Deutschland, Bd. 3: Allgemeine Lehren der Grundrechte, Teilbände III/1 und III/2, München 1988 und 1994 (§§ 79 – 82 bearbeitet von → *Sachs,* Michael)

– Postreform zwischen Privatisierung und Infrastrukturgewährleistung, DVBl. 1997, 309 ff.

Stieler, Frank: Satzungsgebung der Universitäten. Staatliche Aufsicht und Mitwirkung, Diss. Frankfurt 1985, Frankfurt u. a. 1985

Stober, Rolf: Grundpflichten versus Grundrechte?, Rechtstheorie 15 (1984), 39 ff.

Storr, Stefan: Verfassunggebung in den Ländern: zur Verfassunggebung unter den Rahmenbedingungen des Grundgesetzes, Diss. Jena 1994/95, Stuttgart u. a. 1995

Streinz, Rudolf: Bundesverfassungsgerichtlicher Grundrechtsschutz und Europäisches Gemeinschaftsrecht. Die Überprüfung grundrechtsbeschränkender deutscher Begründungs- und Vollzugsakte von Europäischem Gemeinschaftsrecht durch das Bundesverfassungsgericht, Habil. Passau 1987, Baden-Baden 1989

Studenroth, Stefan: Zeitlich begrenzte Ernennungen im Beamtenrecht. Zur Zulässigkeit und Notwendigkeit der Vergabe von Führungspositionen auf Zeit im Rahmen der Dienstrechtsreform, ZBR 1997, 212 ff.

Suhr, Dieter: Die Freiheit vom staatlichen Eingriff als Freiheit zum privaten Eingriff? Kritik der Freiheitsdogmatik am Beispiel des Passivraucherproblems, JZ 1980, 166 ff.

Tenckhoff, Jörg: Die Bedeutung des Ehrbegriffs für die Systematik der Beleidigungstatbestände, Berlin 1974

Terwiesche, Michael: Die Begrenzung der Grundrechte durch objektives Verfassungsrecht, Diss. Bochum 1998, Hamburg 1999

Tettinger, Peter J.: Das Recht der persönlichen Ehre in der Wertordnung des Grundgesetzes, JuS 1997, 769 ff.

Theis, Horst E.: Der Mißbrauch des Asylrechts und der Rechtsstatus der Asylbewerber, BayVBl. 1977, 651 ff.

Tiedemann, Paul: Der Vergleichsvertrag im kommunalen Abgabenrecht, DÖV 1996, 594 ff.

– Landesverfassung und Bundesrecht, DÖV 1999, 200 ff.

Tipke, Klaus: Über ungleichmäßige Besteuerung durch kommunale Verbrauchs- und Aufwandsteuern, DÖV 1995, 1027 ff.

Tödt, Heinz Eduard / *Eckertz,* Rainer: Friedenssicherung und Bundeswehr im Schulunterricht – Gewissensbildung oder Indoktrination?, KJ 1986, 480 ff.

Tsatsos, Dimitris Th. / *Wietschel,* Wiebke: Bannmeilenregelungen zum Schutz der Parlamente wieder in der Diskussion, ZRP 1994, 211 ff.

Turner, George: Grenzen der Forschungsfreiheit, ZRP 1986, 172 ff.

Uerpmann, Robert: Landesverfassungsrechtlicher Grundrechtsschutz und Kompetenzordnung, Der Staat 35 (1996), 428 ff.

Uhle, Arnd: Das Staatsziel „Umweltschutz" im System der grundgesetzlichen Ordnung, DÖV 1993, 947 ff.

– Das Staatsziel „Umweltschutz" und das Sozialstaatsprinzip im verfassungsrechtlichen Vergleich, JuS 1996, 96 ff.

Umbach, Dieter C.: Das Wesentliche an der Wesentlichkeitstheorie, in: Wolfgang Zeidler (Hrsg.), Festschrift für Hans-Joachim Faller, München 1984, S. 111 ff.

Unruh, Peter: Zur Dogmatik der grundrechtlichen Schutzpflichten, Berlin 1996 *van der Decken,* Georg: Meinungsäußerungsfreiheit und Recht der persönlichen Ehre, NJW 1983, 1400 ff.

van Nieuwland, Herwig: Darstellung und Kritik der Theorien der verfassungsimmanenten Grundrechtsschranken, Diss. Göttingen 1981

Vesting, Thomas: Prozedurales Verfassungsverständnis und Grundwerte. Zur Wertejudikatur des Bundesverfassungsgerichts, DIALEKTIK 1994, 65 ff.

– § 35 III BauGB zwischen Umweltschutz und Kunstfreiheit, NJW 1996, 1111 ff.

– Soziale Geltungsansprüche in fragmentierten Öffentlichkeiten. Zur neueren Diskussion über das Verhältnis von Ehrenschutz und Meinungsfreiheit, AöR 122 (1997), 337 ff.

Vitzthum, Wolfgang Graf: Staatszielbestimmungen und Grundgesetzreform, in: Albrecht Randelzhofer / Rupert Scholz / Dieter Wilke (Hrsg.), Gedächtnisschrift für Eberhard Grabitz, München 1995, S. 819 ff.

Vlachopoulos, Spyridon: Kunstfreiheit und Jugendschutz, Diss. München 1995, Berlin 1996

Vogel, Johann Peter: Die Bestandsgarantie des Art. 7 IV 1 GG, DVBl. 1985, 1214 ff.

Vogel, Klaus: Die Verfassungsentscheidung des Gundgesetzes für eine internationale Zusammenarbeit, München 1964

Vogel, Richard: Tragen „politischer Plaketten" durch Lehrer, BayVBl. 1980, 584 ff.

Voßkuhle, Andreas: Rechtsschutz gegen den Richter. Zur Integration der Dritten Gewalt in das verfassungsrechtliche Kontrollsystem vor dem Hintergrund des Art. 19 Abs. 4 GG, Diss. München 1991 / 92, München 1993

– „Grundrechtspolitik" und Asylkompromiß. Zur Verfassungsänderung als Instrument politischer Konfliktbewältigung am Beispiel des Art. 16a GG, DÖV 1994, 53 ff.

– Behördliche Betretungs- und Nachschaurechte. Versuch einer dogmatischen Klärung, DVBl. 1994, 611 ff.

– Bauordnungsrechtliches Verunstaltungsverbot und Bau-Kunst, BayVBl. 1995, 613 ff.

Waechter, Kay: Forschungsfreiheit und Fortschrittsvertrauen, Der Staat 30 (1991), 19 ff.

– Geminderte demokratische Legitimation staatlicher Institutionen im parlamentarischen Regierungssystem: zur Wirkung von Verfassungsprinzipien und Grundrechten auf institutionelle und kompetenzielle Ausgestaltungen, Habil. Berlin 1993, Berlin 1994

– Einrichtungsgarantien als dogmatische Fossilien, Die Verwaltung 1996, 47 ff.

– Umweltschutz als Staatsziel, NuR 1996, 321 ff.

Wahl, Rainer: Der Vorrang der Verfassung, Der Staat 20 (1981), 485 ff.

– Die doppelte Abhängigkeit des subjektiven öffentlichen Rechts, DVBl. 1996, 641 ff.

Wahl, Rainer / *Masing,* Johannes: Schutz durch Eingriff?, JZ 1990, 553 ff.

Walz, Dieter: Der „neue Auftrag" der deutschen Streitkräfte und das Prinzip der allgemeinen Wehrpflicht, NZWehrr 1997, 89 ff.

Wassermann, Rudolf (Hrsg.): Alternativ-Kommentar zum Grundgesetz, 2. Aufl., 2 Bände, Neuwied 1989 (zitiert AltK-*Bearbeiter*)

Weberndörfer, Frank: Schutz vor Abschiebung nach dem neuen Ausländergesetz, Diss. Marburg 1991, Stuttgart u. a. 1992

Wegmann, Bernd: Grundrechtskollision im Prüfungsraum, BayVBl. 1990, 673 ff.

Weigert, Manfred: Verweigerung des ehrenamtlichen Richterdienstes aus Religions- oder Gewissensgründen, BayVBl. 1988, 747 ff.

Wendt, Rudolf: Der Garantiegehalt der Grundrechte und das Übermaßverbot, AöR 104 (1979), 414 ff.

Werner, Gitta: Ethik als Ersatzfach?, NVwZ 1998, 816 ff.

Wiegand, Bodo: Das Prinzip Verantwortung und die Präambel des Grundgesetzes, JöR n. F. 43 (1995), 31 ff.

Wieling, Hans: Venire contra factum proprium und Verschulden gegen sich selbst, AcP 176 (1976), 334 ff.

Wießner, Siegfried: Asylverweigerung ohne Anerkennungsverfahren. Zur grundrechtlichen Relevanz sog. mißbräuchlicher Asylanträge, EuGRZ 1980, 473 ff.

Willke, Helmut: Stand und Kritik der neueren Grundrechtstheorie. Schritte zu einer normativen Systemtheorie, Diss. Tübingen 1974/75, Berlin 1975

Windel, Peter A.: Über Privatrecht mit Verfassungsrang und Grundrechtswirkungen auf der Ebene einfachen Privatrechts, Der Staat 37 (1998), 385 ff.

Winkler, Markus: Die Reichweite der allgemeinen Wehrpflicht, NVwZ 1993, 1151 ff.

- Funktionsfähigkeit des Rettungsdienstes contra Berufsfreiheit der Rettungsdienstunternehmer, DÖV 1995, 899 ff.
- Juristische Texte als „Werkzeuge", JuS 1995, 1056 ff.
- Kruzifix im Klassenzimmer, JA 1995, 927 ff.
- Landesgrundrechte und grundgesetzlicher Gesetzesvorbehalt, JA 1997, 22 ff.
- Toleranz als Verfassungsprinzip?, in: Ingo Erberich / Ansgar Hoerster / Michael Hoffmann / Thorsten Kingreen / Hermann Pünder / Rainer Störmer (Hrsg.), Frieden und Recht, Stuttgart u. a. 1998, S. 53 ff.

Wipfelder, Hans-Jürgen: Ungeschriebene und immanente Schranken der Grundrechte, BayVBl. 1981, 417 ff. und 457 ff.

- Die Verfassung als rechtliche Grundordnung von Staat und Gesellschaft, BayVBl. 1982, 161 ff.

Wolf, Ernst: Der letzte Buß- und Bettag?, JZ 1995, 139

Wolf, Rainer: Grundrechtseingriff durch Information? Der steinige Weg zu einer ökologischen Kommunikationsverfassung, KJ 1995, 340 ff.

Wolff, Hans Julius, in: Otto Bachof u. a. (Hrsg.): Forschungen und Berichte aus dem Öffentlichen Recht, Gedächtnisschrift für Walter Jellinek, München 1955, S. 33 ff.

Wollenschläger, Michael: Immanente Schranken des Asylrechts (Art. 16 II S. 2 GG). Zugleich ein Beitrag zur Lehre der Einschränkbarkeit von Grundrechte ohne Gesetzesvorbehalt, Diss. Würzburg 1971

- Das Asylrecht politisch verfolgter Ausländer, BayVBl. 1973, 460 ff.

Wollenschläger, Michael / *Schraml,* Alexander: Art. 16a GG, Das neue „Grundrecht" auf Asyl?, JZ 1994, 61 ff.

Wolter, Henner: Die Richtervorbehalte im Polizeirecht, DÖV 1997, 939 ff.

Wülfing, Thomas: Grundrechtliche Gesetzesvorbehalte und Grundrechtsschranken, Diss. Münster 1981, Berlin 1981

Würkner, Joachim: Das Bundesverfassungsgericht und die Freiheit der Kunst, Diss. Frankfurt 1993, München 1994

Würtenberger, Thomas: Kunst, Kunstfreiheit und Staatsverunglimpfung (§ 90a StGB), JR 1979, 309 ff.

Zeidler, Wolfgang: Grundrechte und Grundentscheidungen der Verfassung im Widerstreit. Festvortrag, Verhandlungen des 53. Deutschen Juristentags, München 1980, S. I 5 ff.

Zeiss, Christopher: Baukunst versus Bauordnungsrecht. Gedanken zu bauordnungsrechtlichem Nachbarschutz und gemeindlicher Selbstgestaltungsfreiheit im Spannungsfeld zur Kunstfreiheit, ZfBR 1997, 286 ff.

Zeitler, Franz-Christoph: Immanente Schranken oder Normenkonkordanz? Überlegungen zum Beschluß des BVerfG vom 26. 5. 1970, BayVBl. 1971, 417 ff.

Ziekow, Jan: Über Freizügigkeit und Aufenthalt. Paradigmatische Überlegungen zum grundrechtlichen Freiheitsschutz in historischer und verfassungsrechtlicher Perspektive, Habil. Berlin 1995/96, Tübingen 1997

Ziemske, Burkhard: Verfassungsrechtliche Garantien des Staatsangehörigkeitsrechts, ZRP 1994, 229 ff.

– Öffentlicher Dienst zwischen Bewahrung und Umbruch, DÖV 1997, 605 ff.

Zippelius, Reinhold: Über die rationale Strukturierung rechtlicher Erwägungen, JZ 1999, 112 ff.

Zuleeg, Manfred: Frauen in die Bundeswehr, DÖV 1997, 1017 ff.

Zwirner, Henning: Politische Treuepflicht des Beamten, Diss. 1956, Neudruck Baden-Baden 1987

Sachregister

Die Kurzbezeichnungen wichtiger Gerichtsentscheidungen sind kursiv gesetzt.

Alter als Grundrechtsvoraussetzung 188 f.
Anachronistischer Zug 63
Anerkennung von Rechtsgütern 39 ff.
Anstaltsseelsorge 273, 339
Arbeitsvermittlung 54
Asyl(-recht) 160, 210, 236, 262, 316
Ausbildungsförderung 101
Ausdrückliche Regelung 246 f.
Ausgestaltung (von Grundrechten) 195 ff.
Auslieferung Deutscher 286
Außenpolitik, private 94
Autorität des Staates 54, 168

Bannmeile 128
Begnadigung 79
Begrenzung oder Beschränkung der Grundrechte 29 ff., 176 ff.
Bergbahnen 78
Berufsausübung, Formen 209, 285
Berufsbeamtentum 113, 142 f.
Bestimmtheitsgebot 351
Biologiestudium, Praktika 205, 221
Brandschutz bei der Bundeswehr 310 f.
Brokdorf 282 f.
Bundesbank 125
Bundesflagge 63 f., 68
Bundesgerichte 131
Bundespräsident 79
Bundesstaat 151
Bundesverfassungsgericht (als garantiertes Organ) 127
Bundestagsabgeordnete, Organrechte 49
Buß- und Bettag 151, 336

cessante ratione legis cessat ipsa lex 300

Demokratieprinzip 260, 381

Effektivität 298 f.
Effet utile 318
Ehe 141, 201, 322
Ehre (als Verfassungsgut) 86, 260, 279, 286 f.
Einfuhrkontrolle:
– Elfenbein 167
– Filme (*„Der lachende Mann"*) 25, 48, 376
Einheit der Verfassung 68, 79 f., 173 f.
Einrichtungsgarantien → institutionelle Garantien, Institutsgarantien
Elternrecht 218
Erschließungsbeiträge 78
Erziehungsmaßnahmen, schulische 120
Ethikunterricht 122, 274 f.
Europäische Gemeinschaft / Europäische Union, Hoheitsakte der 93, 160 f., 211 ff.
Ewigkeitsgarantie (Art. 79 III GG) 335
– als Indiz für den Rang bestimmter Güter 253 ff.
Exorzismus 21

Familie 141, 201 f.
Fangschaltung 176, 179
Feiertage 121, 141 ff., 335 ff.
Feuerwehrdienstpflicht 308 Fußn. 248
Finanzmonopole 40, 309, 320, 323
Fraktionen 84
Freiheit als Rechtsgut 41 f.
Freiheitlich-demokratische Grundordnung 54, 77, 135 f., 156, 314
Freiheitssicherung durch Leistung 45 ff., 315 ff., 326 f.
Freiheitsvermutung, rechtstaatliche 59
Frieden, Friedensprinzip 54, 122 f., 158 ff., 205, 279, 381

Sachregister

Friedlichkeit als Grundrechtsgrenze 190 ff., 261
Frustzwerge 387

Geheim(nis)schutz 128 f.
Gemeindevermögen 74
Gemeinschaftsvorbehalt 23 f.
Gentechnik 309 f.
Gewährleistung 37 ff.
Gewaltverhältnis, besonderes 337 ff., 349
Glauben → Religion
Gleichgewicht, gesamtwirtschaftliches 73, 77, 177 f.
Gott 150
Grundentscheidung(en) 154 ff., 318
Grundlagenfunktion eines Gutes
– als Gewichtungsaspekt in der Angemessenheitsprüfung 374 f.
– als Indiz für den Rang bestimmter Güter 256 ff.
Grundrechtskumulation als Gewichtungsaspekt in der Angemessenheitsprüfung 375

Handelsflotte, deutsche 111, 248
Herrnburger Bericht 63, 66

Immanenz 25 ff.
Inanspruchnahme fremder Rechtsgüter 237 ff.
Individualgüter und Kollektivgüter 364, 379
In dubio pro libertate 180, 304 f.
Infrastrukturverantwortung 99, 142, 148, 364
Inkompatibilität 291, 332 ff.
Inkorporation der Art. 136–139 und 141 WRV durch Art. 140 GG 249 ff.
Institutionelle Garantien, Institutsgarantien 56, 110 ff., 138 ff., 199 ff.
Integration 69, 169 f.

Jugendschutz 152 f.

Kernenergie, Nutzung der 55, 77 f., 103 f.
Kirchensteuer 25, 54
Körperschaft des Öffentlichen Rechts 157 f., 225, 228

Kollektivgüter und Individualgüter 364, 379 ff.
Kollisionsnormen 244 ff.
Kollisionsvermeidung 175
Kommunale Selbstverwaltung 48, 110, 113, 140, 381
Kompetenz als Rechtsgut 49
Kompetenzbestimmungen(-vorschriften):
– Grundrechte als „negative K." 83, 100, 359
– als Verankerung von Güterschutznormen 91 ff., 101 ff.
– und Staatsaufgaben 97 ff.
Kompetenzwahrnehmungsschutz 92
Krankenhäuser 106
Kreuz im Klassenzimmer 236 f., 330, 367 f.
Kriegsdienstverweigerung 25, 27, 64, 229, 236, 272, 304, 316
Kulturgüterschutz 106
Kulturstaatsprinzip 122, 124, 153 f.

Landesmedienanstalten als Grundrechtsträger 131, 203
Landesverfassungen 124 f., 146 f., 314, 322 f., 327 ff.
Landesverfassungsgerichte 40, 115
Lebensschutz:
– „Einschränkung" 378
– Grundlagencharakter 257
– Menschenwürdebezug 258
Lehrbefugnis 153
lex specialis-Grundsatz 245
lex superior-Grundsatz 245

Menschenwürde 265 ff.
Mephisto 27, 36, 56, 62 f., 65
Mißbilligung von Gegenständen durch das Grundgesetz 75

Nacktkultur als Glaubensprinzip 21
Neugliederung des Bundesgebiets 86
Nominalrezeption 75
Normengewährleistung 32, 314 f.
Normen:
– materielle und organisatorische 82 ff.
– als Rechtsgüter 139 ff.

Obsoleszenz, Obsoletwerden 322 f.
Offenheit des Grundgesetzes 72 f., 187
Optimierung 364 ff.

Parlament, Funktionsfähigkeit und Vertrauenswürdigkeit 53, 127 f.
Partei(en):
- Funktionsfähigkeit 112
- Verbot 294 f.
Pflanzenschutz 76, 106
Polizeibefugnisse der Streitkräfte 355 f.
Polizeigewalt des Bundestagspräsidenten 355 f.
Polizeilicher „Rettungsschuß" 270 f.
Polygamie 21
Präambel 150
Praktische Konkordanz 343
Privatschulfreiheit 46, 179, 197

Qualifikationsmerkmale der Gesetzesvorbehalte 87 f.

Rechtsfolgen der Grundrechtsnormen 207 ff.
Rechtsgüter 31 ff.
Rechtsmißbrauch 231 ff.
Rechtsstaatsprinzip 162 ff.
Regierung, Funktionsfähigkeit der 53, 129 f.
Religion
- Ausübungsformen 208 f.
- Bekleidungsvorschriften 124
- Definitionsbefugnis 193
Religionsgemeinschaften 130, 157 f., 225
Religionsunterricht 274 f.
Reproduktionsförderung 137
Republikprinzip 170 f.
Rettungsdienst, Funktionsfähigkeit des 110, 364
Rüstungsforschung 75 f.

Schiedsgerichtsbarkeit 323
Schleier in der Schule 22
Schonend(st)er Ausgleich 366 ff., 376
Schule, Funktionsfähigkeit der 53, 119 ff.
Schulgebet 25, 63
Schulpflicht 119, 274

Schulsprache 120
Schutzdilemma 268, 369 ff.
Schutzpflichten 301 ff., 360
Schutzzweck als Grundrechtsgrenze 213 ff.
Schranke 29 ff.
Schrankenübertragung, -transplantation 88 f.
Sicherheit als Staatsaufgabe 98, 136 f.
Sonntag 143, 146
Sozialstaatsprinzip 161 f.
Sozialversicherung 54
Sperrklauseln 128
Spezialität 151 ff., 261 ff.
Sport 54, 169
Sprayer von Zürich 240 ff.
Sprengstoff 103
Staat:
- Bestand als Verfassungsgut 110, 132 ff., 259
- Funktion als Verfassungsgut 110, 136 f.
Staatssymbole 168 f.
Staatszielbestimmungen 148 ff.
Staatszwecke 149
Statistik 111, 325
Strafrechtspflege, Funktionsfähigkeit der 53, 114 f., 162 ff.
Straßenmaler 21
Straßenverkehr 54
Streikverbot für Beamte 340
Streitkräfte, Funktionsfähigkeit 66
Substanzgarantie für Einrichtungen 125 f.
Systematik 79 ff.

Tarifautonomie 200
Tatbestand der Grundrechtsnormen 184
Teilnahmezwang als Grundrechtseingriff 273 ff.
Textbindung 62 ff.
Tierschutz 54, 76, 104 f., 166 f., 283
Toleranz 123, 228 ff., 304
Totschlag auf der Bühne 21
Traditionspflege der Bundeswehr 117
Transparenz der Einschränkungsgründe 181 f.
Treueklausel (Art. 5 III 2 GG) 222 ff., 295 ff.
Trompetespiel 21

ubi ius, ibi remedium 210
Umweltschutzprinzip 148, 165 ff., 177 f., 205, 258 f., 329 f.
Unantastbarkeitsklauseln als Indiz für den Rang bestimmter Güter 255

Verantwortung 217 ff.
Verfassungserwartungen 219
Verfassungsgewohnheitsrecht 251
Verfassungsrecht, materielles 84
Verfassungsschutzämter 131
Verfassungstreue 340
Verfassungsvorbehalt für die Gewährleistung eingriffslegitimierender Güter 57 ff.
Verhältnismäßigkeit 118 f., 181, 260, 362 ff.
– als Grundrechtsgrenze 226 ff., 372
Versicherungswesen, öffentlichrechtliches 78 f.
Verteidigungsauftrag der Streitkräfte 47, 66, 116 ff., 159, 269 f., 272, 304
Verteidigungsfall 320
Verteidigungskrieg 269
Verteilungsprinzip, rechtsstaatliches 58 ff.
Verwaltung, Funktionsfähigkeit der 53, 113

Verwirkung 209 ff.
Vorbehalt des Gesetzes 345 ff.
Vorbehaltlosigkeit als Gewichtungsaspekt in der Angemessenheitsprüfung 373 f.
Vorfeldschutz 294
Vorrang 252 ff.
Vorzugsregeln, -normen 244 Fußn. 3

Waffen 103
Wahlbestandssicherung 54, 128
Wahlrecht 189 f., 290 f.
Wahlurlaub 277
Warnungen, hoheitliche 357 ff.
Wellensittich-Performance 21
Wertordnung, Wertsystem 27 ff., 173 f.
Wesensgehaltgarantie 377 ff.
Wiedervereinigungsgebot 150
Wissenschaft als Staatsaufgabe 153
Wissenschaftsfreiheit als Funktionsgrundrecht 202 ff., 220 ff.
Witwenverbrennung 21

Zensurverbot 265
Zwecksetzungskompetenz des Gesetzgebers 61

Schriften zum Öffentlichen Recht

775 **Freiheitsrechtliche Grenzen der Steuer- und Sozialabgabenlast.** Der Halbteilungsgrundsatz des Bundesverfassungsgerichts im Spannungsfeld von Globalisierung, Freiheitsrechten und Sozialstaatlichkeit. Von H. Butzer. 158 S. 1999 (3-428-09726-2) DM 98,– / öS 715,– / sFr 89,–

776 **Die Verwaltungsaktbefugnis.** Von C. Druschel. 294 S. 1999 (3-428-09628-2) DM 94,– / öS 686,– / sFr 83,50

777 **Organisationsrechtliche Probleme kommunaler Daseinsvorsorge in den Vereinigten Staaten von Amerika.** Von M. Eumann. 185 S. 1999 (3-428-09086-1) DM 92,– / öS 672,– / sFr 83,50

778 **Objektbezogene Legalplanung.** Zur Zulässigkeit von Investitionsmaßnahmen. Von C. Schneller. 232 S. 1999 (3-428-09624-X) DM 98,– / öS 715,– / sFr 89,–

779 **Die Konkursfähigkeit juristischer Personen des öffentlichen Rechts.** Von J. Lehmann. 195 S. 1999 (3-428-09495-6) DM 98,– / öS 715,– / sFr 89,–

780 **Möglichkeiten und Grenzen der Befristung parlamentarischer Gesetzgebung.** Von A. Chanos. 134 S. 1999 (3-428-09649-5) DM 92,– / öS 672,– / sFr 83,50

781 **Verwaltungsgerichtlicher Rechtsschutz in Konkurrenzsituationen.** Von W. Frenz. 123 S. 1999 (3-428-09379-8) DM 86,– / öS 628,– / sFr 78,–

782 **Die Beschränkungen des kommunalen Satzungsgebers beim Erlaß von Vorschriften zur Grabgestaltung.** Von T. M. Spranger. 378 S. 1999 (3-428-09397-6) DM 118,– / öS 861,– / sFr 105,–

783 **Bau, Erhaltung, Betrieb und Finanzierung von Bundesfernstraßen durch Private nach dem FStrPrivFinG.** Von S. Schmitt. 299 S. 1999 (3-428-09713-0) DM 98,– / öS 715,– / sFr 89,–

784 **Die selbstverwaltete Gemeinde.** Beiträge zu ihrer Vergangenheit, Gegenwart und Zukunft in Estland, Deutschland und Europa. Anläßlich des 750jährigen Jubiläums der Verleihung Lübischen Rechts an Reval (Tallinn) herausgegeben von W. Drechsler. 128 S. 1999 (3-428-09619-3) DM 78,– / öS 569,– / sFr 71,–

785 **Verfahrensliberalisierung im Bauordnungsrecht der Länder.** Dogmengeschichtliche Entwicklung und Neuausrichtung bauaufsichtlicher Präventivverfahren in Korrelation zu der Risikoverteilung zwischen Staat und privaten Rechtssubjekten. Von T. Gnatzy. 543 S. 1999 (3-428-09658-4) DM 148,– / öS 1.080,– / sFr 131,–

786 **Die Beschränkung der Meinungsfreiheit der Angestellten im öffentlichen Dienst.** Eine Analyse der Rechtsprechung des Bundesarbeitsgerichts zu § 8 Abs. 1 BAT. Von B. Wullkopf. 302 S. 1999 (3-428-09606-1) DM 98,– / öS 715,– / sFr 89,–

787 **Der Planergänzungsanspruch.** Zum Vorrang des Anspruchs auf Planergänzung gegenüber dem Anspruch auf Planaufhebung bei unvollständigen Planfeststellungsbeschlüssen. Von B. Hildebrandt. 289 S. 1999 (3-428-09706-8) DM 112,– / öS 818,– / sFr 99,50

788 **Raumordnung und Private.** Die Bindungswirkungen der Ziele und Grundsätze der Raumordnung bei Zulassungsentscheidungen über private Vorhaben. Zugleich ein Beitrag zur raumordnerischen Steuerung von Kiesabgrabungen. Von M. Spiecker. 427 S. 1999 (3-428-09820-X) DM 128,– / öS 934,– / sFr 114,–

789 **Der Weg zur neuen Erforderlichkeitsklausel für die konkurrierende Gesetzgebung des Bundes (Art. 72 Abs. 2 GG).** Renaissance alliierter Verfassungspolitik. Von C. Neumeyer. 180 S. 1999 (3-428-09489-1) DM 82,– / öS 599,– / sFr 74,50

790 **Der Anspruch auf gerichtliche Entscheidung in angemessener Frist.** Verfassungsrechtliche Grundlagen und praktische Durchsetzung. Von V. Schlette. 86 S. 1999 (3-428-09903-6) DM 86,– / öS 628,– / sFr 78,–

791 **Nachfolge im Öffentlichen Recht.** Staats- und verwaltungsrechtliche Grundfragen. Von J. Dietlein. 654 S. 1999 (3-428-09792-0) Geb. DM 148,– / öS 1.080,– / sFr 131,–

792 **Lokale Gerechtigkeit im Einbürgerungsrecht.** Von P. F. Bultmann. 257 S. 1999 (3-428-09958-3) DM 112,– / öS 818,– / sFr 99,50

793 **Das Flughafenasylverfahren nach § 18a AsylVfG in rechtsvergleichender Perspektive.** Von T. Laier. 286 S. 1999 (3-428-09702-5) DM 98,– / öS 715,– / sFr 89,–

794 **Der Drittschutz in der Baunutzungsverordnung durch die Vorschriften über die Art der baulichen Nutzung.** Von K. H. J. Petersen. 318 S. 1999 (3-428-09841-2) DM 108,– / öS 788,– / sFr 96,–

795 **Lebensschutz am Lebensende.** Das Grundrecht auf Leben und die Hirntodkonzeption. Zugleich ein Beitrag zur Autonomie rechtlicher Begriffsbildung. Von S. Rixen. 471 S. 1999 (3-428-09727-0) DM 128,– / öS 934,– / sFr 114,–

796 **Rechtstheorie und Rechtsdogmatik im Austausch.** Gedächtnisschrift für Bernd Jeand'-Heur. Hrsg. von W. Erbguth, F. Müller und V. Neumann. Frontispiz; 448 S. 1999 (3-428-09368-2) DM 148,– / öS 1.080,– / sFr 131,–

797 **Nachbarschutz und Rechtssicherheit im baurechtlichen Anzeigeverfahren.** Am Beispiel des Kenntnisgabeverfahrens nach § 51 LBOBW. Von K. Kruhl. 247 S. 1999 (3-428-09853-6) DM 98,– / öS 715,– / sFr 89,–

798 **Der Staat in der Rechtsprechung des Bundesverfassungsgerichts.** Von J. Alshut. 165 S. 1999 (3-428-09808-0) DM 88,– / öS 642,– / sFr 80,–

799 **Forschungsfreiheit und Embryonenschutz.** Eine verfassungs- und europarechtliche Untersuchung der Forschung an Embryonen. Von E. Iliadou. IV, 298 S. 1999 (3-428-09890-0) DM 118,– / öS 861,– / sFr 105,–

800 **Freiheit und Eigentum.** Festschift für Walter Leisner zum 70. Geburtstag. Hrsg. von J. Isensee und H. Lecheler. XIV, 1058 S. 1999 (3-428-09786-6) Lw. DM 248,– / öS 1.810,– / sFr 220,–

801 **Gerechtere Prüfungsentscheidungen.** Möglichkeiten und Grenzen der Herbeiführung materieller Gerechtigkeit durch gerichtliche Kontrolle und Gestaltung des Verwaltungsverfahrens. Von M. Lampe. 205 S. 1999 (3-428-09910-9) DM 98,– / öS 715,– / sFr 89,–

802 **Gefahrenabwehr.** Eine dogmatische Rekonstruktion. Von R. Poscher. 223 S. 1999 (3-428-09869-2) DM 86,– / öS 628,– / sFr 78,–

803 **Subjektive öffentliche Rechte auf Normerlaß.** Von M. Eisele. 251 S. 1999 (3-428-09887-0) DM 112,– / öS 818,– / sFr 99,50

804 **Grundrechtsdogmatik im Vertragsrecht.** Spezifische Mechanismen des Grundrechtsschutzes gegenüber der gerichtlichen Anwendung von Zivilvertragsrecht. Von D. Floren. 468 S. 1999 (3-428-09789-0) DM 124,– / öS 905,– / sFr 110,50

805 **Rechtsfindung im Verwaltungsrecht.** Grundlegung einer Prinzipientheorie des Verwaltungsrechts als Methode der Verwaltungsrechtsdogmatik. Von J. H. Park. XIX, 359 S. 1999 (3-428-09287-2) DM 128,– / öS 934,– / sFr 114,–

806 **Wahrnehmung von Aufgaben im Bereich der Gefahrenabwehr durch das Sicherheits- und Bewachungsgewerbe.** Eine rechtsvergleichende Untersuchung zu Deutschland und den USA. Von F. Huber. 364 S. 2000 (3-428-09781-5) DM 108,– / öS 788,– / sFr 96,–

807 **Die Grenzen der Verfassung.** Möglichkeiten limitierender Verfassungstheorie des Grundgesetzes am Beispiel E.-W. Böckenfördes. Von N. Manterfeld. 171 S. 2000 (3-428-09940-0) DM 88,– / öS 642,– / sFr 80,–

808 **Das Gewissen als Argument im Recht.** Von F. Filmer. 333 S. 2000 (3-428-09942-7) DM 138,– / öS 1.007,– / sFr 122,–